The General History
of the World

最新整理图文珍藏版

世界通史

图文再现世界"四史" 温故知新人类文明

中国书店

盟军在意大利的胜利

1944年1月初，德军在意大利南部失败后，被迫退守古斯塔夫防线。这条防线从那不勒斯以北地中海沿岸起，经加埃塔、卡西诺直到亚得利亚海滨的奥尔托纳，横贯意大利中部全境。该防线由大量的钢筋混凝土工事和雷区构成，被德军称作"坚不可摧"的防线。德军企图依托这条防线，阻止盟军占领意大利北部，保障整个欧洲战场南翼的安全。这时在意大利北部驻守的德军是凯塞林元帅指挥的"C"集团军群，下辖第十、第十四集团军，约21个师，370架飞机。第十集团军防守古斯塔夫防线；第十四集团军驻守在意大利北部地区，与当地的游击队作斗争。

1944年初，在意大利南部的盟军处于有利的作战态势。盟军力图迅速突破古斯塔夫防线，攻占罗马，尔后向意大利北部推进，歼灭意大利境内的德军，以配合西线盟军开辟第二战场的作战。这时，在意大利作战的盟军为美国第五集团军、英第八集团军和英独立第五军。这些军队合编为

第十五集团军群，由哈罗德·亚历山大指挥，共有19个师又4个旅，支援飞机约4000架，在地中海的舰船3000余艘。

为了突破古斯塔夫的防线，丘吉尔坚决主张在防线北面地中海海岸的安齐奥组织一次登陆作

墨索里尼在巴尔干地区投入大量新装备和人员，试图挽回在非洲失败的命运。

战，以配合正面军队的进攻。他把这一登陆比作是将一只"野猫"投入古斯塔夫防线北面的海岸，去"抓碎德国佬的心脏"。安齐奥位于罗马以南45公里，是一个滨海港口小镇。英、美首脑认为，在这里登陆取得胜利后，即可直取罗马，对于加速盟军在意大利的胜利有重要意义。

按照丘吉尔的意图，盟军很快制订了一个代号为"鹅卵石"

的登陆作战计划。计划规定，登陆部队在距前线 100 公里远的安齐奥登陆，从后方突击防御之敌，切断其退路，并配合美第五集团军从正面突破古斯塔夫防线，尔后攻占罗马，登陆前要对附近机场和交通线进行航空兵火力袭击，同时地面部队从防线正面实施牵制性进攻。为此，抽调美第五集团军所属第六军为登陆部队，该军下辖 2 个加强师（美、英各 1 个）、1 个伞兵团、5 个海军陆战营及专业部队，共 5 万人，并调集 126 艘战舰、250 艘运输舰和大约 700 架飞机参加这次登陆作战。

1 月 12 日，美第五集团军队从卡西诺地区发起了进攻，虽未突破德军防御，但却牵制了德军的预备队，为在安齐奥登陆创造了条件。

1 月 21 日晨，集结在那波利湾的登陆部队开始出发，当日午夜抵达安齐奥，并于次日凌晨 2 时即开始登陆。在这里防御的德军只有 2 个营和数个岸防连，而且未进入戒备状态，登陆部队几乎未遇抵抗就很快占领了安齐奥港，并把 3.6 万人和 3000 多辆车辆运送上岸。但是，登陆部队没有利用这一有利形势迅速推进，却奉命把固守滩头阵地作为首要

任务。由于登陆部队裹足不前，使德军得到喘息机会，乘机从第十四集团军调来部队加强了防御。以后，登陆部队虽然增加到 4 个师，但德军却把防御部队增加到 6 个师，并占据了有利地势，对登陆部队进行反击，丘吉尔首相的这只"野猫"一直未能伸出利爪施展威风，反被紧紧压缩在一个狭窄的登陆场上，盟军依靠绝对的空中优势，才勉强守住登陆场。这种局面一直持续到 5 月中旬。

在登陆部队毫无进展的情况下，美、英军队在 2 月中旬和 3 月中旬曾两次试图突破卡西诺防线，在意大利的美、英军队必须加强攻势，牵制更多的德军，以配合即将开始的诺曼底登陆。于是，经过休整和补充的美、英军队，决定在卡西诺至第勒尼安海滨发起新的进攻。拟以英第八集团军 12 个师向卡西诺至罗马方向推进，美第五集团军在滨海地带进攻，尔后与安齐奥登陆部队会合。

5 月 11 日深夜，盟军转入进攻，3 天后在许多地段突破了德军古斯塔夫防线。迫使德军退守从台伯河口至东海岸佩斯卡拉的凯撒防线。这一胜利为在安齐奥登陆的部队从滩头阵地向外扩展提

供了有利条件。5 月 22 日夜晚登陆部队发起进攻，并于 25 日与正面进攻部队会师。德军态势更加不利，只好继续向意大利北部撤退，占领从圣马力诺到卡拉拉的哥特防线。6 月 4 日，美、英军队开进罗马城。此后，美、英军队缓慢地向北推进，于 8 月月中进逼哥特防线。8 月中旬，盟军突破该防线。10 月，盟军前凸到腊万纳、法南查、维尔加托一线后，便停止了进攻。这时，希腊人民武装斗争风起云涌，英国为了扶持希腊地主资产阶级的统治，维持其势力范围，急忙从意大利抽调大批英军去镇压希腊民族解放运动。自此直到 1945 年春，意大利战场一片沉寂。

1945 年 4 月初，东线苏军和西线盟军同时对德国实施连续的大规模进攻，德国已面临全面崩溃的危险。在意大利南部的美、英军队乘机发起了最后的进攻，希望一举歼灭意大利北部的德军，结束在意大利的作战行动，前凸到南斯拉夫边境。这时，驻守北意大利的德军 "C" 集团军群已由 21 个师增至 26 个师，但大部分师都不满员，装备不齐，缺少技术兵器，坦克不超过 200 辆，飞机只有 130 架。德军用 20 个师在前线防御。盟军第十五集团军群共有 21 个师又 9 个旅，部队齐装满员，有坦克 2100 辆、飞机 5000 架，还有海军配合。

4 月 9 日，盟军全线发起进攻。德军无法阻止盟军的进攻，一再败退。至 4 月 23 日，盟军全线进抵波河，俘德军 3 万人，并于次日强渡了波河。这时，在意大利北部爆发了共产党领导的人民起义，起义者解放了许多城市。意大利法西斯头子墨索里尼在逃往德国的途中被游击队截获，于 4 月 28 日被处决，并暴尸在米兰市广场示众，受到应得的惩罚。当日，盟军进入米兰和帕多瓦。29 日，德军代表在卡塞塔签署了无条件投降书。30 日，盟军发表了胜利公报。5 月 2 日 12 时，双方停止了在意大利的一切军事行动。

盟军在意大利连同西西里岛共歼灭德、意军队 65.8 万人，并一直牵制着德军 1 个集团军群的兵力，这对于其他战场的盟军作战，起到了重要的配合作用。

解放法兰西

7 月 25 日登陆盟军开始大规

模进攻。布莱德雷从圣洛对德军发起攻势，不到一周时间便占领了阿佛朗什，迫使德军向东南方向退缩。希特勒急调驻加来地区的德军驰援诺曼底战线，但为时已晚。8 月 1 日勇敢的坦克司令美将巴顿率领的第三集团军从阿佛朗什出击，德军阻拦失利，巴顿的坦克兵分三路在开阔地驰骋：一路向西，切断布列塔尼半岛的德军防线；一路东南，于 8 月 8 日攻下勒芒然后驱车北上；一路东进，于 8 月 17 日攻下奥尔良，18 日进入夏特勒。与此同时，美加波联军从冈城南下，8 月 16 日占领法莱斯，与进抵阿尔让唐的由勒克莱尔将军指挥的法军第二装甲师形成阿尔让唐——法莱斯口袋，包围德军 8 个步兵师和 2 个装甲师，毙敌 1 万，俘虏 5 万。德军向塞纳河方向狼狈溃逃，盟军则乘胜追击，进逼法国首都巴黎。

8 月 15 日 "龙骑兵计划" 终于得以实施。美法军队从法国南部的土伦和戛纳之间登陆成功，并继续向北推进。盟军形成南北呼应之势，战局已经确定。

8 月 19 日盟军占领了塞纳河西岸的芒特，当天巴黎人民举行武装起义，与德国占领军进行了一周巷战，最后由勒克莱尔的坦克解决了问题。8 月 25 日勒克莱尔的第二装甲师进入巴黎，奉艾森豪威尔之命接受了德军的投降。面对重获自由的巴黎，凯旋的勒克莱尔是感慨万端。当天法国抵抗运动的领袖戴高乐驱车进入巴黎，房屋上下飘扬着欢迎的旗帜，大街小巷成了一片欢腾的海洋。30 日戴高乐宣布法兰西共和国临时政府开始施政。10 月下旬，盟

世界通史

最新整理图文珍藏版

1944 年部署在法国东部的盟军炮兵阵地

戴高乐走到凯旋门下

国相继承认戴高乐政府。

法国首都巴黎的光复标志着整个诺曼底战役的结束。盟军以伤亡21万人的代价使德军折损兵力近40万（其中一半是战俘），坦克1300辆，火炮2000门。这次前所未有的伟大战役不仅使德军遭受了决定性的打击，而且与东线苏军的反击相呼应，把欧洲的抵抗运动推向了最后的高潮。

比斯开湾空潜大战

抛出"血本"

1944年，随着德国法西斯在苏联战场、北非战场的节节败退，盟国乘胜追击，将重兵推进至法国西部，准备解放巴黎。

为此，希特勒调集了55个师的兵力，驻守在法国西部，以抗击登陆。同时命令空军和海军，一旦登陆发生，都要不惜血本，打击航渡之敌。

到1944年春，在法国作战的德国空军第3军，只剩下90架轰炸机和70架战斗机，实际上已名存实亡，派不上多大用场。希特勒倚重的是海军。可是，邓尼兹现时手头又有多少兵力可以调遣呢？王牌战列舰"提尔比兹"号

被英国袖珍潜艇炸伤后，4月底又遭到皇家海军舰载机的轰炸，这时已遍体鳞伤，正和5艘驱逐舰躲在阿尔腾峡湾内，动弹不得；"格纳森诺"号战列巡洋舰完全失去了战斗力，也无法出战；"希佩尔海军上将"号和"科隆"号正在修理；"舍尔海军上将"号、"吕佐夫"号、"欧根亲王"号等舰伤势累累，均呆在波罗的海内，以求暂避一时。事实上，它们已成了一些挨打的大目标，根本不能指望。

在西线，克朗克手上倒是有400多艘小型舰艇（其中驱逐舰5艘、鱼雷艇40艘、扫雷舰艇209艘、巡逻艇116艘、炮兵驳船42艘），但是，这些小舰小艇又能干些什么呢？在盟军强大的登陆编队面前，它们充其量也只能骚扰一下对方而已。看来，唯一能够担起打击航渡之敌重任的，只有靠他的掌上明珠——潜艇了。

1944年夏，柏林在英美空军的狂轰滥炸之下成了一座没有顶盖的碉堡，已毫无安全可言。纳粹海军总司令邓尼兹无可奈何，只好将他的司令部搬出了施泰因普拉茨大街的豪华大厦，迁到了贝尔瑙郊区的营地里。6月5日夜，当盟军千军万马抢渡英吉利

最新整理图文珍藏版

海峡的时候，他正躺在临时司令部的行军床上，昏昏熟睡。

6日清晨，副官走进了他的房间，交给他一份电报，电报是西线海军司令特奥多尔·克朗克上将拍来的，向他报告说：盟军在诺曼底登陆。登陆是预料之中的事，但登陆地点却令他颇觉意外。他走进隔壁房间，叫醒了戈德特少将和赫斯勒上校，然后直奔作战室。

作战室内挂着一副巨大的大西洋地图，上面标有每一艘潜艇的艇位。邓尼兹的目光从西向东移动，扫过比斯开湾、英吉利海峡、多佛尔海峡和北海，然后打量了一眼挪威海岸，又目光下移，死盯着瑟堡和勒阿弗尔之间的登陆地段。他脸色苍白，下颏尖瘦，已经全然没有战争初期的那种猖狂劲头了。他默然良久，才转过脸来招呼赫斯勒传达他的命令，让"农夫"艇群立即出击。

邓尼兹是干潜艇起家的，对潜艇战有着一种固执的偏爱。尽管他清楚地知道盟军会严密封锁英吉利海峡，但仍觉得冒这样的风险值得。因为击沉一艘满载军火燃油和其他作战物资的船舶，最多就牺牲一艘潜艇，而在岸上要想消灭同样的物资，至少要损失几倍、甚至几十倍的兵力。所以他才于5月中旬向克朗克发出了组建"农夫"艇群的命令。

命令的主要内容为：用37艘到40艘潜艇组成一支艇群；在入侵发生时（在最近几天即将发生），在港潜艇必须出击。6月6日，当他收到克朗克的电报后，又对第一批出击的潜艇发出了下述训令："参加登陆的每一艘船只，哪怕只载一辆坦克和几十个人，也得看成极其重要的目标，要不顾危险加以攻击。必须竭尽全力，拦截敌人的登陆运输队，不必顾及浅水、雷区或其他任何危险。在航渡中歼灭掉敌人的一兵一卒和一枪一炮，都会减少敌人成功的机会。给敌以损伤就是尽了职守，潜艇存亡，在所不计。"

显然，他是在强令部下进行自杀出击，就像一个输红了眼的赌徒，要孤注一掷了。

佩里中尉的巡逻方案

德军的反扑在盟军的意料之中。为此，盟军集结了一支庞大的反潜兵力，将英吉利海峡里里外外，封了个严严实实。海峡东部水浅，加上航道较窄，完全可以用水雷堵死。海峡西部较深，加上水面开阔，是设防的重点。

反潜兵力由水面舰艇部队和岸基航空兵构成。在英格兰南端 130 海里的洋面上，由"搜索者"号、"活动"号、"文德克斯"号护航航空母舰和 6 个反潜大队组成外层防护，负责拦截由大西洋和挪威基地赶来的敌艇；在布勒斯特和普利茅斯之间的海峡入口处，由两个反潜大队和 4 艘驱逐舰进行巡逻；在海峡群岛和托基之间，由 4 艘驱逐舰配合飞机行动，为第二道防线；第三道防线紧挨登陆场，在瑟堡和波特兰之间，兵力为 12 艘驱逐舰、护卫舰和 8 个近海舰艇大队。

岸基航空兵为第 19 大队，司令官赖安·贝克空军少将，下辖 25 个飞行中队，计有桑德兰式、惠灵顿式、解放者式、哈利法科斯式、蚊式、勇士式和剑鱼式飞机 350 架左右。为了能够日夜不停地搜索从爱尔兰南部到法国布列塔尼半岛之间的广阔水域，他同意了詹姆斯·佩里空军中尉制订的"软木塞"巡逻方案。

佩里根据每一种飞机的续航力，将要巡逻水域划分为 12 个框，并依次命名为 A、B、C、D、E、F、G、H、I、J、K、Z，每个框的周长等于一架飞机 30 分钟或 60 分钟的航程。如果周长等于 60

分钟的飞行距离，就由两架飞机以 30 分钟的间隔，绕着长方形框飞行。就这样，320 架飞机可以轮番升空，每隔 30 分钟就将这片 2 万平方海里的水域整个搜索一遍。

佩里的长方形框像一个巨大的"软木塞"，将英吉利海峡封得严严实实。为了检验它的巡逻效果，贝克在爱尔兰岛南部水域进行了一次实战演习。"海盗"号潜艇奉命完成 90 海里的航程，上方有飞机进行反潜巡逻。结果，在整整 28 个小时内，潜艇只在水面航行了 2 个小时。这 2 个小时是 9 次浮出水面的时间，每次上浮时间平均 13 分钟。由于上浮时间太短，潜艇根本无法充足电或补充压缩空气，从而完全失去了战斗力。"海盗"号艇长说："如果一艘德国潜艇遇到这种情况，那肯定会死无葬身之地。"

"农夫"潜艇的厄运

6 月 6 日 5 时 13 分，"农夫"艇群接到了火速出击的命令。艇群共有 49 艘潜艇，布勒斯特 24 艘、洛里昂 2 艘、圣纳泽尔 19 艘、拉帕拉斯 4 艘。可是，由于种种缘故，能够立即出海的只有 35 艘。

布勒斯特离诺曼底水域最近。6 日晚上，15 艘潜艇排成一路纵队，间距 300 米，鱼贯出港。海面月光闪烁，暗一片亮一片的。艇队驶达下潜点后，便改取270°航向，全速向英吉利海峡峡口逼近。

7日凌晨1时45分，天空中传来了飞机发动机单调的响声。U－256号潜艇首当其冲，遭到了"软木塞"巡逻机的攻击，潜艇开炮还击，在飞机投下深水炸弹的一刹那间，将飞机击落。飞机的残骸在水面燃烧着，将艇队四周的天空照得通红。U－256号潜艇也在劫难逃，被深水炸弹炸成重伤。

25分钟后，又一架惠灵顿式飞机飞来，从艇队右舷40°方向发起攻击。U－415号潜艇赶忙开火，但飞机疾如流星，从200米高度急冲到潜艇前方，投下了4颗深水炸弹，4声巨响把潜艇抛出了海面，将艇员摔倒。当潜艇跌回水面时，跃起的水柱又跟着下落，把成吨的海水从指挥台出入口灌进艇内。两台柴油机停止了转动，舵机严重受损，潜艇因伤势太重，只好掉头脱离艇队，和U－256号结伴返回了布勒斯特。

从圣纳泽尔、洛里昂和拉帕拉斯出航的潜艇也同样遭到了"软木塞"巡逻机的频频攻击，U－955号和U－970号潜艇被炸沉，U－212号和另外两艘潜艇被炸伤。天亮后，潜艇一艘接一艘地潜入水下，直到7日夜幕降临，才重新浮出水面，继续向东北方向全速行驶。

8日凌晨，加拿大皇家空军肯尼思·穆尔空军中尉驾驶一架解放者式飞机在英吉利海峡西口连连得手，半个小时内，仅用12颗炸弹，只两次交叉投弹，就分别击沉了U－629和U－373号潜艇。"农夫"艇群胆战心惊地缓缓向前推进，天亮时分，在一场激烈的战斗中，U－413号潜艇又被攻击，被一架哈利法科斯式飞机炸伤。

损失在不断增大。9日上午，在布勒斯特以西海面上，U－740号潜艇刚刚浮出水面为蓄电池组充电和补充压缩空气，就被一架解放者式飞机发现并击沉。10日，U－812号潜艇一命呜呼。

至此，"农夫"艇群已损失了1/3的兵力，可除了几艘闯到英吉

英国飞机用火箭攻击浮出水面的德国潜艇

利海峡西口外，其余的仍在比斯开湾内徘徊不前。克朗克向邓尼兹报告了这一严酷的事实，承认遭到了失败。同时，他下令没有装通气管的潜艇全部返回基地待命，而将突入登陆水域的希望，一股脑儿赌在装有通气管的潜艇身上。

可怜的"狩猎"者

当时的潜艇，普遍采用的是柴电动力装置，水面航行用柴油机，水下用电动机。由于蓄电池组的电能消耗相当快，所以潜艇要经常浮出水面，由柴油机带动发电机给蓄电池组充电，同时更换艇内的空气，并为高压空气瓶充气，奔赴作战水域时，潜艇绝大部分都是在水面赶路。"软木塞"巡逻机正是利用潜艇的这一弱点，通过反复迫使敌艇下潜，使其来不及充电和补充高压空气，从而达到使敌艇丧失作战能力的目的。对这一点，德国人早有警觉，他们搞出了一种名叫通气管的装置，使潜艇能在潜望镜深度行驶时就能为蓄电池组充电，从而无须浮出水面。

通气管露出水面部分的只有一米来高，在雷达屏幕上的回波信号相当小。这样，就无疑大大减少了潜艇被飞机发现的概率。

但是，由于法国的铁路遭到了盟国飞机连续不断的轰炸，许多改装用的配件无法运到比斯开湾的潜艇基地。因此，当邓尼兹下令组建"农夫"艇群的时候，49艘潜艇中只有9艘装上了通气管。6月10日，克朗克接到报告，只有6艘勉强进入了英吉利海峡西口，越过了两个反潜大队和4艘驱逐舰组成的第一道防线。

这6艘潜艇是U－621号、U－764号、U－953号、U－275号、U－269号和U－441号潜艇。其中，除U－441号潜艇外，其余5艘潜艇全部装有通气管。有鉴于此，他才在12日下达了装有通气管的潜艇继续出击，其余潜艇一律返航的命令。

U－441号潜艇奉命返航，其余5艇继续潜行，沿英吉利海峡缓缓东进。一连三天平安无事，直到15日，在拉阿格角附近，U－764号潜艇才首开杀戒，用鱼雷攻击了"布莱克伍德"号驱逐舰，使该舰身负重伤，在拖往波特兰港途中沉没，U－764号潜艇随即遭到其他反潜兵力的猛烈回击，只好带伤潜伏水下，不敢越雷池半步。

有两艘艇蓄电池能量耗尽躲进了海峡群岛根西岛的圣彼得港（仍在德军手中）。U－275号潜艇时运不济，随后被飞机炸伤。唯有图克曼海军中尉的 U－621 号潜艇神不知鬼不觉地突破了"软木塞"封锁，闯过了水面舰艇的三道防线，在通往诺曼底登陆场的主要运输线上占取了阵位，这是一个极其富饶的猎场，到处都有极好的攻击目标。在巴夫勒尔角，图克曼击沉了一艘坦克登陆舰，并朝两艘美国战列舰发射了鱼雷。鱼雷没有命中战列舰，警戒舰只闻警赶来，将图克曼赶出了登陆场。可怜的"狩猎"者刚刚闻到了腥味就被逐出了猎场。

天网恢恢

这时，有 5 艘装有通气管的潜艇已从挪威基地赶来，它们强行突破了 3 艘护航航空母舰和 6 个反潜大队组成的外层防护，杀气腾腾地逼近了英吉利海峡。15 时，在兰兹恩德角附近的海面上，U－767 号潜艇击沉了"穆尼"号驱逐舰。

不过好景不长，3 天后，丹克勒夫刚刚闯入海峡西口，进入盟军两个反潜大队和 4 艘驱逐舰组成的第一道防线，就被"哈夫洛克"号等 3 艘驱逐舰发现。三舰大显神威，很快就结果了 U－767 号潜艇，为"穆尼"号报了血海深仇。

余下的 4 艇冒死前进，到 6 月的最后一周，都各显其能，成功地溜进了英吉利海峡。但是，它们同样运气不佳，除了 1 艘侥幸逃脱之外，其他 3 艘均被反潜兵力击沉。

24 日，1 艘惠灵顿式飞机和两艘驱逐舰密切配合，几次攻击，就干掉了 U－971 号潜艇。

25 日，在波特兰海岬附近，"阿弗莱克"号和"鲍尔弗"号一顿猛攻，便使 U－191 号潜艇命归黄泉（在同一水域，第一批突入海峡的 U－269 号潜艇在隐藏了十余天之后，也遭到了"比克顿"号驱逐舰的致命打击）。

29 日夜晚，1 架解放者式飞机的利式探照灯罩住了 U－988 号潜艇露出水面的通气管。在进行深水炸弹攻击之后，飞机召来了就在附近巡逻的 4 艘反潜舰只。4 舰展开攻势，于次日晨击沉了潜艇。

侥幸进入登陆区的是 U－984 号潜艇，为它的同伙报了一箭之仇。29 日，它朝正在通过塞尔西角的 4 艘商船连续发射鱼雷，且全部命中目标。3 艘商船当即沉没，一艘跟跟跄跄勉强驶进了登陆滩头的人工港。

穷途末路

U－621 号和 U－984 号潜艇

的成功给溃败的"农夫"艇群带来了一线生机。邓尼兹和克朗克抓住不放,决计作垂死挣扎。他们又派出一艘艘装有通气管的潜艇,继续突击英吉利海峡。但是,在岸基航空兵第19大队和水面反潜舰只强有力的打击下,它们的反击成效甚微。从6月底到8月底,邓尼兹动用了30艘装有通气管的潜艇,在付出了损失20艘的重大代价之后,只取得了击沉5艘护航舰只、12艘商船、4艘登陆舰、击伤1艘护航舰只、5艘商船和1艘登陆舰的战果。和盟军横渡英吉利海峡的数以千计的舰船相比,这实在是一个微不足道的数字。

由于享有绝对的制空权和制海权,盟军登陆一帆风顺,不仅夺取了桥头堡,而且按照计划,有条不紊地向纵深推进。

6月18日,美国陆军第1军楔入科坦丁半岛,7月1日夺取瑟堡;第21集团军群以锐不可当之势,于7月9日攻下冈城。在盟军一鼓作气向法国中部挺进的时候,一支部队乘势夺取了布列塔半岛的雷恩城。8月4日,盟军在阿弗朗什突破德军防线,逼向了大西洋海岸的各海军基地。

在贝尔瑙营地,邓尼兹如坐针毡,惶惶不可终日。他已无法向布勒斯特、洛里昂、圣纳泽尔和拉帕拉斯运送弹药、燃油和潜艇备件了,这些基地已成了名副其实的陆上孤岛。8月24日~26日,在比斯开湾穷凶极恶3年之后,他下令德国潜艇钻出阴暗的洞库,绕过爱尔兰岛和苏格兰岛,向挪威海岸全线撤退。

比斯开湾空潜大战,使希特勒最后一点血本也输得精光,在不远的将来,历史将给予他最严厉的惩罚。

德国投降

德国在1944年受到苏军和西线盟军沉重打击后,处境更加艰难。到1945年初,希特勒德国在国际上更加孤立,在国内更加不得人心。内部矛盾加剧,军工生产下降,畜牧业减产,经济和军事力量都大大地削弱了。更为严重的是兵员缺乏。1944年德军人数减少了26%,德国已无力补充这样大的损失。但是,希特勒德国并不甘心失败,还妄图在东西两线同时做垂死挣扎。在东线,希特勒决心依靠经营多年的东普鲁士强大筑垒地域和新建的那雷夫河、维斯瓦河防御地区，以及难以通行的喀尔巴阡山，阻止苏军继续向波兰和奥地利推进。在西线，则坚守齐格菲防线和莱茵河，阻止美、英军队向德国腹地推进，并试图单独和美、英媾和。同时严密控制荷兰、丹麦、挪威，企图把战争无限期地拖延下去。这时，德军共有313师又32个旅，其中185个师又21个旅用于苏德战场，其余部队用于西线和控制占领区。

苏联在取得1944年决定性胜利之后，军民士气高涨，经济、军事实力大幅度增长，武器装备大大加强。到1945年初，苏军距柏林只有600公里。苏军的任务是，在最短时间内彻底粉碎法西斯德军，攻克柏林，胜利结束对德战争。这时，苏军已有640万人、火炮和迫击炮10万多门、坦克和自行火炮1.18万辆、作战飞机1.27万架。而德军这时在苏德战场只有370万人，火炮和迫击炮5.6万门，坦克和强击火炮8000辆，作战飞机4100架。苏军人员是德军人员的1.7倍，炮兵为1.8倍，坦克和自行火炮为1.5倍，飞机为3倍以上。苏军在作战指挥方面又有了新的提高，取得了连续实施大规模战略性进攻

战役、围歼德军重兵集团的经验，战斗力大大加强，具备了彻底战胜德军的条件。

西线盟军到1945年初不仅收复了西欧一些国家的领土，而且还挫败了德军在阿登地区的反扑，消耗了大量德军，迫使德军撤回原出发地域。同时，盟军兵源充足，兵方补给源源不断地运上欧洲大陆，战场形势对盟军十分有利。盟军企图利用对德作战的有利态势，迅速突破齐格菲防线，强渡莱茵河，向德国腹地推进，协同苏军共同击败法西斯德国。

1945年是最后战胜法西斯德国的1年。1月中旬，苏军以5个方面军的兵力在波罗的海至喀尔巴阡山1200公里宽的战线上，发起强大的进攻，同时在波兰和东普鲁士实施两个相互联系的战役，即维斯瓦河—奥德河战役和东普鲁士战役。尔后，苏军为了歼灭两翼德军，解除两翼威胁，又于2月至4月上半月在东波美拉尼亚（现波兰西北部）和奥地利实施了两个大规模进攻战役，即东波美拉尼亚战役和维也纳战役。这些战略性进攻战役的胜利实施，对于最后战胜法西斯德国具有重要意义。

维斯瓦河—奥德河战役

苏军1945年的进攻，首先是

在华沙至柏林这个主要战略方面上发起的，作战地域在波兰境内的维斯瓦河至奥德河之间，因此称维斯瓦河—奥德河战役。

苏军的这次进攻，本来计划在1945年1月20日开始，但1月6日丘吉尔给斯大林打电报说，德军在阿登地区疯狂反扑，盟军期望苏军及早在维斯瓦河发起攻势。因此，苏军于1月16日提前发起进攻。

德军"A"集团军群（1月26日改称"中央"集团军群，司令哈尔佩上将），辖2个合成集团军和1个坦克集团军，共有56万人、火炮和迫击炮约5000门、坦克和强击火炮1200余辆、飞机600余架。尽管德军为了削弱和阻止苏军而预先在维斯瓦河至奥德河之间建立了横贯整个波兰、纵深达500多公里的7道防御地区，但因兵力不足，防御仍很薄弱。

苏军第三坦克师与步兵协同展开巷战，向柏林发起进攻。

苏军白俄罗斯前线的红军军官在制定攻克柏林的作战计划

战役开始前，德军统帅部没有发现苏军在这一方向的进攻企图，错误地认为苏军将首先在南北两翼实施重要战役，尔后才可能在柏林方向上进攻，因而把配置在这里的许多兵团调往匈牙利和波美拉尼亚。到战役开始时，

为了歼灭掩护德国边境的德军"A"集团军群，为攻克柏林创造条件，苏军最高统帅部决定，以乌克兰第一方面军和白俄罗斯第一方面军利用在维斯瓦河两岸已经夺占的登陆场发起进攻，实施维斯瓦河—奥德河战役。战役目标是，两个方面军从各登陆场同时实施分割突击，突破德军防御后，迅速向纵深发起进攻，并在德军退却或预备队固守之前夺取中间防御地带，规定乌克兰方

面军的战役纵深为 280 至 300 公里，白俄罗斯方面军为 300 至 350 公里。为此，乌克兰第一方面军应先从桑多梅日登陆场向拉多姆斯科方向发起进攻，继而向布雷斯劳方向发起进攻。白俄罗斯第一方面军应实施 3 个突击：主要突击从马格努舍夫登陆场向波兹南方向实施；第二个突击从普瓦维登陆场向罗兹方向实施，尔后再向波兹南发起进攻；第三个突击从华沙以北向西方向实施，迂回并解放华沙。2 个方面军编成内

1945 年 4 月 30 日，苏军到达柏林市中心，他们在德国国会大厦楼顶挂出苏联国旗。

共有 16 个合成集团军、4 个坦克集团军、2 个空军集团军和若干个独立军及其他部队，共 220 万人，有火炮和迫击炮 3.3 万多门、坦克和自行火炮 7000 辆、飞机 5000 架。波兰第一集团军在白俄罗斯第一方面军编成内参加了解放自己国土的作战。进攻前 2 个方面军建立了强大突击集团。乌克兰第一方面军在桑多梅日登陆场集中了 8 个合成集团军、2 个坦克集团军、3 个独立坦克军的兵力，火炮和迫击炮 1.19 万多门、坦克和自行火炮 1434 辆，白俄罗斯第一方面军在马格努舍夫登陆场和普瓦维登陆场集中了火炮和迫击炮 1.3792 万门、坦克和自行火炮 768 辆。苏军对德军的火力优势超过几倍到十几倍。

苏军坦克炮直指莱希施泰格

世界通史

最新整理图文珍藏版

1月12日，乌克兰第一方面军发起进攻。两天后，白俄罗斯第一方面军也发起进攻。苏军很快突破了德国防御。从1月14日和15日起，德军开始撤退。至1月17日，苏军突破了德军防御正面500公里、纵深达100至150公里，德"A"集团军群主力被击溃，波兰第一集团军进入华沙，波兰首都获得解放。17日日终苏军前凸到赫林、罗兹、拉多姆斯科、琴斯托霍瓦、梅胡夫一线，完成了大本营赋予的当前任务，苏军的迅猛进攻，使德军统帅部慌了手脚，急忙从预备队、西线战场和苏德战场其他方向调来40个师，仓促组织防御，但未能阻止苏军进攻。苏军2个方面军在乌克兰第四方面军和白俄罗斯第二方面军于两翼的配合下，高速向纵深追击敌人。乌克兰第一方面军左翼军队先于1月19日攻占克拉科夫，尔后又开始争夺西里西亚工业区，并迫使德军撤退。方面军主力则向布雷斯劳方向进攻，1月22至23日前出至奥德河，并在许多地段强渡了该河。白俄罗斯第一方面军完成当前任务后，向波兹南方向挺进。1月25日强渡了瓦尔塔河，突破了波兹南防御地区，合围了德军6万

苏军士兵向英军士兵介绍希特勒与其妻子布劳恩于1945年4月30日自杀后的焚烧地

人。至此，大本营赋予的整个战役任务已经完成。但各方面军并没有停止进攻。乌克兰第一方面军解放了西里西亚工业区，巩固了奥德河西岸布雷斯劳、奥珀伦以南各登陆场。白俄罗斯第一方面军于1月26日开始，继续向纵深推进，克服了德军的筑垒防御，至2月3日前凸到奥德河，并在河西岸屈斯特林（科斯钦）地区夺取了登陆场。至此，2个方面军停止了进攻。

苏军在维斯瓦河—奥德河战

英国与苏联军官在柏林检阅第八骑兵部队

役中，全歼德军35个师，击溃25个师，波军同苏军一起作战，收复了波兰的大部领土。这次战役打开了通向柏林的大门，苏军向西推进570公里，到战役结束时，距柏林只有60公里了。

维斯瓦河—奥德河战役有几个特点：一是进攻的速度高、规模大。苏军在这次战役中的进攻速度是战争以来最高的一次，平均每昼夜达25公里，步兵有些天进攻速度每昼夜为45公里，快速兵团达70公里。进攻规模之大也是以前少有的。两个方面军的进攻正面开始为500公里，到战役结束已扩大到1000公里。大本营原规定战役纵深为280至350公里，但实际上达到了570公里。二是在主要突击方向上高度集中兵力兵器。据统计，在各方面军的主要方向上，集中了75%以上的合成军团和兵团，90%左右的坦克军团和兵团，75%～90%的炮兵和100%的航空兵。三是两个方面军相互协同，采取对敌防御全纵深实施正面突击的方法，分割德军战略防线，歼灭其各个孤立的集团。苏军的这次进攻，先是以优势兵力在4个方向同时实施迅猛突击，使德军失去相互间联系而变成孤立集团，然后以部分兵力加以围歼，主力（特别是坦克军团）则继续高速度向大纵深发起进攻。因此，苏军以较小的代价取得了重大胜利。

东普鲁士战役

东普鲁士（今分别属于立陶宛共和国和波兰）是纳粹德国东方重要的战略区和经济区。东普鲁士失守，既影响到柏林方向的安全，也将使德国经济实力受到严重削弱。因此，德军统帅部非常重视东普鲁士防御，多年来一直在那里构筑工事，企图依托经营多年的东普鲁士强大防御体系，阻止苏军推进，不让战火转移到德国本土。在苏军进攻前，德军在东普鲁士建成的防御体系，包括7道防御地区和6个筑垒地域，其中尤以马祖里湖附近及柯尼斯堡（今前苏联加里宁格勒）地区最为强固。德军以"中央"集团军群（司令莱因哈特上将，从1月26日起改称"北方"集团军群，司令伦杜利奇上将）在东普鲁士防守。该群辖2个野战集团军、1个坦克集团军和1个航空队，及其他部队共计78万人，有火炮和迫击炮8200门坦克和强击火炮700辆、飞机775架。

为了歼灭东普鲁士德军集团，保障在华沙至柏林方向进攻苏军的翼侧安全，苏军最高统帅部决心在实施维斯瓦河—奥德河战役的同时，以白俄罗斯第三、第二方面军在波罗的海沿岸第一方面军一部和波罗的海舰队的配合下，实施东普鲁士战役。战役企图是，以白俄罗斯第二方面军（司令员罗科索夫斯基元帅）向马林堡、埃尔宾方向实施突击，以白俄罗斯第三方面军（司令员切尔尼亚霍夫斯基大将，1945年1月18日切尔尼亚霍夫斯基在巡视前线时阵亡，从2月20日起由华西列夫斯基元帅接替指挥）由马祖里湖以北向柯尼斯堡实施突击，切断东普鲁士集团与其他德军的联系，并将其逼到海边后分割歼灭。参加进攻的苏军共有14个合成集团军、1个坦克集团军、5个坦克军和机械化军、2个空军集团军，共计167万人，火炮和迫击炮2.5万多门、坦克和自行火炮3859辆、飞机3097架。

1945年1月中旬，东普鲁士地区天气恶劣，航空兵不能出动。但为了保持同在华沙至柏林方向进攻的苏军的战略协同，白俄罗斯第三、第二方面军分别于1月13日和14日及时转入进攻。经过5至6天激战，至1月18日日终，2个方面军均已突破德军防御战术

地幅，为向柯尼斯堡和马林堡发展胜利、合围德"中央"集团军群主力创造了条件。德军在防御战术地幅被突破后开始撤退，苏军立即转入追击。1月26日，白俄罗斯第二方面军在埃尔宾以北前凸到波罗的海沿岸，切断了东普鲁士德军向西的退路。1月29日，白俄罗斯第三方面军与波罗的海沿岸第一方面军一部也进抵波罗的海沿岸，包围了柯尼斯堡。这样，到1月底2个方面军把东普鲁士德军集团约32个师的基本兵力分割成3个孤立的集团，其中最大的集团约20个师被合围在柯尼斯堡以南和西南地域，约有4个师被压缩到泽姆兰德半岛上，其余被围困在柯尼斯堡，各集团之间已失去了联系。

东普鲁士德军被分割以后，白俄罗斯第二方面军主力被调去实施东波美拉尼亚战役，歼灭东

德国陆军元帅凯特尔签署投降文件

在柏林朱可夫代表战胜国在德国投降书上签字

普鲁士德军的任务由白俄罗斯第三方面军完成。该方面军得到白俄罗斯第二方面军留下来的4个集团军的加强，同时波罗的海沿岸第一方面军从2月24日起改成泽姆兰德集群后也编入了白俄罗斯第三方面军。白俄罗斯第三方面军得到加强后，于3月13日重新发起进攻，至3月29日，歼灭了柯尼斯堡以南和西南地域的德军主力。尔后，方面军开始集中力量歼灭被围困在柯尼斯堡的德军。至4月9日，苏军攻占柯尼斯堡市及其要塞，歼灭了被围德军。从4月13日起，方面军在波罗的海舰队配合下开始进攻德军泽姆兰德集团，至4月25日歼灭了该集团。至此，整个东普鲁士德军集团被歼灭，白俄罗斯第三方面

军转入大本营预备队。

在东普鲁士战役中，苏军歼灭德军25个师，重创12个师，攻占了整个东普鲁士，使法西斯德国失掉了一个重要的战略基地。这次战役虽然到4月下旬才结束，但牵制了德军大量兵力，使之不能向柏林方向机动，大大有利于苏军在柏林方向的作战。

东波美拉尼亚战役

1945年2月初，在华沙至柏林方向上行动的苏军已前出至奥德河，而在东普鲁士进攻的苏军仍在东普鲁士作战。这样就在进至奥德河的白俄罗斯第一方面军和仍在东普鲁士作战的白俄罗斯第二方面军之间的东波美拉尼亚地区，形成了一个大约150公里宽的间隙地带。苏军在这里兵力空虚，白俄罗斯第一方面军的右翼暴露，后方受到威胁。德军统帅部为了改善柏林方向上不利的态势，决定以1月26日新组建的"维斯瓦"集团军群（司令希姆莱）的一部兵力对白俄罗斯第一方面军右翼实施反突击，妄图歼灭进至奥德河的苏军，尔后在东波美拉尼亚固守，以稳定柏林方向上的防御，德"维斯瓦"集团军群编有2个野战集团军和1个坦克集团军。德军统帅部拟以1个

野战集团军阻止可能从东普鲁士调来的苏军，以另 1 个野战集团军对白俄罗斯第一方面军右翼实施反突击，坦克集团军作为预备队。

苏军最高统帅部鉴于进攻柏林的苏军翼侧受到严重威胁，决定推迟实施进攻柏林的计划，先抽调兵力在东波美拉尼亚实施一次进攻战役，以消除这一威胁。2月9日，苏军最高统帅部发布训令，命令正在东普鲁士作战的白俄罗斯第二方面军将其右翼军队转隶白俄罗斯第三方面军，继续歼灭东普鲁士德军，而以中路和左翼军队去围歼东波美拉尼亚的德军集团，占领从但泽至斯德丁之间的东波美拉尼亚，并前凸到波罗的海沿岸。

2月10日晨，白俄罗斯第二方面军按照大本营的指令，从布

德军代表签署投降书

罗姆贝格（比得哥什）以北维斯瓦河各登陆场发起了进攻。德军于2月16日用6个师的兵力在施塔尔加德以南开始对白俄罗斯第一方面军在施塔尔加德以南开始对白俄罗斯第一方面军右翼实施反突击，并向西南方面压挤苏军，前进了8至12公里。白俄罗斯第二方面军前进70公里后，进攻受阻。苏军最高统帅部认为，在这种情况下，白俄罗斯第二方面军已不可能单独完成歼灭东波美拉尼亚德军集团的任务，因此，于2月17日决定，白俄罗斯第一方面军编组强大的突击集团（辖4个合成集团军，2个坦克集团军，其中包括波兰第一集团军）参加这一战役，苏军的目的是，以白俄罗斯第二方面军左翼军队由采姆佩尔堡（森普尔诺）以北地区向克兹林（科沙林）方向实施主要突击，以白俄罗斯第一方面军突击集团从阿恩斯瓦尔德（霍什奇诺）地区向科尔贝格（科沃布热克）实施突击，并前凸到波罗的海沿岸，把德军东波美拉尼亚集团分割成两个部分。尔后，白俄罗斯第一方面军突击集团向西北、白俄罗斯第二方面军向东北发起进攻，在波罗的海舰队配合下，各个歼灭被分割之敌。

这时，东波美拉尼亚德军集团已得到加强。在白俄罗斯第二方面军当面，德军部署了 23 个师，在白俄罗斯第一方面军突击集团当面部署了 19 个师。德军统帅部拟以 42 个师在东波美拉尼亚组织预有准备的防御，除了有效利用 1933 年构筑起来的所谓"波美拉尼亚壁垒"外，还在 2 至 3 月新构筑了许多永备工事和大量的野战防御工事。

2 月 23 日，苏军发出进攻命令。白俄罗斯第二方面军突击集团调整部署后于 24 日晨重新发起了进攻。3 月 1 日，白俄罗斯第一方面军突击集团也转入进攻。2 个方面军的部队对德军防御纵深实施深远突击，于 3 月 5 日前就突击到波罗的海沿岸克兹林和科尔贝格地区，将敌军分割成两个部分。尔后，白俄罗斯第一方面军突击集团把歼灭科尔贝格地区德军的任务交给波兰第一集团军，主力迅速向西北挺进，至 3 月 10 日前出至奥德河。白俄罗斯第二方面军则挥戈东进，向但泽方向进攻，于 3 月 28 日攻占格丁尼亚，3 月 30 日占领但泽。整个战役击溃德军 21 个师又 8 个旅，其中全歼 6 个师又 3 个旅，使柏林方向上苏军的右翼安全得到了可靠的保障。

战役结束后，苏军抽调 10 个集团军加强柏林方向，从而大大增强了进攻柏林的力量。

在维也纳方向的进攻

正当白俄罗斯第二、第一方面军在东波美拉尼亚节节胜利的时候，乌克兰第三、第二方面军于 1945 年 3 月又在匈牙利西部向奥地利首都维也纳方向发起了进攻。

苏军 1944 年第九次突击结束后，乌克兰第三、第二方面军前凸到匈牙利西部地区德拉瓦河、巴拉顿湖、埃斯泰尔戈姆一线。希特勒为了确保匈牙利西部石油产地和维也纳方向的安全，决定把党卫坦克第六集团军从西线调到匈牙利西部，企图在巴拉顿湖附近地区对苏军实施一次大规模反攻，迫使苏军退至多瑙河东岸，同时依托在沿匈牙利山林、奥匈国境线和维也纳接近地构筑的 3 道防御地带，阻止苏军向维也纳方向突进。

配置在维也纳方向的德军是"南方"集团军群（司令韦勒将军），辖第八、第六集团军、党卫坦克第六集团军和坦克第二集团军以及匈牙利第三集团军。德军这一兵力集团，连同与保加利亚、南斯拉夫军队对峙的德军，总共约有 40 万人，装备火炮和迫击炮6000 门、坦克和强击火炮 1600辆、装甲输送车 800 余辆，由第四航空队 700 架飞机支援。

苏军最高统帅部总的意图是，首先击退德军的反突击，尔后向维也纳方向进攻，攻占维也纳。为此，苏军拟以乌克兰第三方面军在巴拉顿湖附近地区组织防御，消耗和疲惫德军，然后以乌克兰第二、第三方面军在其相邻翼侧实施两个强大的突击：一个向肖普朗方向实施，目的是迅速歼灭德军党卫坦克第六集团军的基本兵力；另一个向杰尔方向实施，目的是歼灭埃斯泰尔戈姆德军集团。尔后，两个突击均应沿多瑙河南向维也纳方向发展。为保障这一主要突击，乌克兰第三方面军中路和左翼军队向西南方向、乌克兰第二方面军中路军队在多瑙河北岸配合进攻。苏军参加作战的乌克兰第三方面军和第二方面军左翼军队共有 7 个合成集团军（含保加利亚第一集团军）、1个坦克集团军、2 个空军集团军、4 个坦克机械化军、1 个骑兵军和多瑙河区舰队。

3 月 6 日，德军在巴拉顿湖附近地区实施了反突击。乌克兰第三方面军凭借预先构筑的工事进行了顽强防御，德军前进 7 ~ 12公里，但未能突破苏军防御。至 3月 16 日，苏军击溃了德军的反突击，使德军损失 4 万人和许多装备，为在维也纳方向进攻创造了条件。

3 月 16 日，乌克兰第三方面军突击集团（由 18 个师编成）出敌意外地发起猛烈进攻。德军开始未能进行有效的抵抗，一时陷于混乱。但苏军由于指挥不力、步炮协同不好和使用坦克不当等问题，也未能扩大战果，致使德军得以利用有利地形阻止了苏军前进。根据这一情况，苏军最高统帅部决定将在布达佩斯以西集结待命的近卫坦克第六集团军转隶乌克兰第三方面军。该坦克集团军于 3 月 9 日进入交战，很快击溃了顽抗之敌，德军党卫坦克第六集团军陷入被半合围的不利态势，于 3 月 21 日日终开始退却。3月 25 日，苏军越过了匈牙利西部巴空尼林山进行追击，3 月 30 日进入奥地利，并于 4 月 4 日日终前进抵维也纳接近地。乌克兰第三方面军左翼集团于 3 月 29 日在巴拉顿湖以南转入进攻，至 4 月 2 日攻占了匈牙利石油中心瑙杰考尼饶市，尔后向西北方向发起进攻。

乌克兰第二方面军以 12 个师

最新整理图文珍藏版

编成的突击集团于 3 月 17 日发起攻击，在多瑙河以南突破德军防御后，开始向杰尔方向发起进攻。方面军中路和右翼军队于 25 日突破防御后向布拉格方向突击。方面军左翼突击集团在中路部分部队和多瑙河区舰队协同下，于 3 月 28 日歼灭了多瑙河南岸埃斯泰尔戈姆—托瓦罗什德军集团，并攻占了杰尔等地。4 月 2 日，进攻军队进抵奥、匈边境。尔后，突击集团主力第四十六集团军北渡多瑙河，开始从北面迂回维也纳，切断德军退路。

4 月 5 日乌克兰第三方面军开始了进攻维也纳的战斗。第二天苏军突入市郊。守城德军 8 个坦克师、1 个机械化师和 15 个独立步兵营充分利用外围工事和市内建筑物进行坚守。苏军昼夜不停地进攻，经过激烈争夺，于 4 月 13 日攻占了维也纳。尔后开始追歼逃敌。乌克兰第二方面军在此期间强渡了多瑙河和摩拉瓦河，并向维也纳以北进攻。但德军抽调 8 个师加强对乌克兰第二方面军进攻地段的防御，使其进攻速度缓慢下来。因而维也纳守军得以从城北和西北方向撤退。4 月 15 日，2 个方面军前凸到摩拉瓦河、施托克劳、圣珀尔滕、马里博尔以东及德拉瓦河北岸一线。

苏军在向维也纳的进攻中，击溃德军 32 个师，俘 13 万人，并缴获大量武器装备。这一进攻肃清了匈牙利全境和奥地利东部及首都维也纳的德军集团，同时造成了对布拉格进攻的有利态势。

在这次进攻作战中，苏军先以 1 个方面军进行防御作战，消耗德军，然后再周密地组织 2 个方面军的协同动作，成功地歼灭了当面之敌。

易北河会师

1945 年 2 月初，西线盟军已击退德军在阿登地区的反扑，进逼齐格菲防线。东线苏军已完成维斯瓦河至奥德河的进攻，进至奥德河。在苏军对柏林已构成严重威胁的情况下，德军不得不把西战场半数以上的装甲师和大批的坦克、火炮调到苏德战场对付苏军的进攻，在西战场则企图以剩下的大约 59 个师，依托沿莱茵河西岸构筑的齐格菲防线，阻止美、英、法、加拿大联军的推进。德军 59 个师分别为 "H" 集团军群（司令施图登特上将）、"B" 集团军群（司令莫德尔元帅）和 "G" 集团军群（司令勃拉斯科维茨）所属，分散部署在整个防线上，战斗力已大大削弱。这时，希特勒虽然还用欺骗和强迫手段驱使德国人为法西斯卖命，但两线夹击的不利形势和盟军大规模持续的战略轰炸，已使德国军民丧失了信心。因此，联军统帅艾森豪威尔当时预言，如果再发动一次大规模的进攻，就可以使希特勒统治下的德国受到致命的打击。

为了组织一次大规模的进攻，盟军一面以每周1个师的速度向西欧增调部队，增强对德作战力量，弥补在阿登地区受到的损失；一面制定尔后总的军事行动计划。盟军总的计划是，首先歼灭莱茵河以西的德军，尔后强渡莱茵河攻占鲁尔区，继而发动最后的进攻，进抵易北河与苏军会师。

为了摧毁莱茵河以西的德军力量，盟军在全线展开了大约85个师的兵力，预定实施3个突击：在莱茵河下游地区，德军防御薄弱，由英军第二十一集团军群（辖加拿大第一集团军、英第二集团军和美第九集团军）在这里实施主要突击，首先渡过莱茵河；莱茵河中游地区，是德军齐格菲防线最坚固的部分，由美军第十二集团军群（辖美第一、第三集团军）在这里发起进攻。迫使德军撤至莱茵河东岸，并夺占登陆场，为强渡莱茵河作准备；在南部的萨尔盆地，由美军第六集团军群（辖法第一集团军和美第七集团军）与第十二集团军群一部共同实施向心突击，歼灭那里的德军，前出至莱茵河。

在下莱茵河以西地区，盟军决定：以加拿大第一集团军渡过马斯河向南和东南、美第九集团军渡过鲁尔河向东北同时实施向心突击，歼灭当面之敌，前出至莱茵河。美第一集团军一部负责掩护其右翼安全。2月8日，加拿大第一集团军在进行5个半小时炮火准备后发起进攻，2月13日突破德军主要防御地带后向东南推进，2月17日在戈赫一带受阻。美第九集团军原计划于2月10日发起进攻，但由于德军在2月9日炸毁了鲁尔河水闸使河水泛滥，美军进攻受阻达2个星期。2月23日，美第九集团军和第二集团军一部开始强渡鲁尔河，由于加拿大第一集团军的进攻吸引了当面德军的大量兵力，因此美军进展顺利。至3月2日，美军抵达靠近杜塞尔多夫的莱茵河，次日与加军在格尔登地域会师，使德军15个师陷入被围歼的威胁之中。在这种情况下，希特勒仍严令德军不准撤退，但这时候德军已处于崩溃状态，希特勒的命令已无济于事。德军在遭到损失之后慌忙撤退到莱茵河东岸。

在莱茵河中游以西地区，担负掩护美第九集团军右翼任务的美第一集团军一部于3月5日抵达科隆，并于3月7日攻占该市。与此同时，美第一集团军其他部队也向莱茵河迅速推进，3月7日在雷马根抵达莱茵河，并夺取了河上德军未及炸毁的"鲁登道夫"铁路大桥。美军利用这座桥通过了5个师的部队，很快在河对岸建立起一个宽40公里、纵深15公里的登陆场。美第三集团军一部于2月23日发起进攻后，在特里尔附近首先突入齐格菲防线。3月初，该集团军发动进攻，于3月9日至10日抵达莱茵河，其左翼与第一集团军部队会合。

这时，在莱茵河以西就只剩萨尔盆地的德军还在抵抗。守军部署在一个以莱茵河为底边、以摩泽尔河和齐格菲防线为另外两边的大三角形地域内。3月15日，盟军第六集团军群从齐格菲防线的南面发起进攻。与此同时，第十二集团军群一部也从北边的摩泽尔河发起攻击。两军同时实施强大的向心突击，于3月23日前出至莱茵河，并在奥彭海姆夺占了登陆场。至3月25日全部肃清了萨尔盆地的敌人。

在莱茵河以西的作战中，德军损失约20个师，被俘27.5万人，死伤在6万人以上。盟军进抵莱茵河后，德军就被压缩在莱茵河至奥德河这两条大河之间的地带内。这时，德军士气更加低落，军心更加动摇。

3月23日，盟军开始强渡莱茵河，并对河东鲁尔工业区实施突击。在鲁尔工业区防守的是西线德军最强大的集团——"B"集团军群。该集团军群辖29个师又1个旅，占西线德军总数的一半，由1704架飞机支援。参加作战的盟军是第二一、第十二集团军群和独立空降第十八军，共51个师又12个旅，支援飞机9000架。盟军企图以第二十一集团军群由威赛尔地域向鲁尔以北实施主要突击，以第十二集团军群从已取得的莱茵河登陆场向卡塞尔实施辅助突击，围歼德军鲁尔集团，尔后向易北河总方向发起进攻。

3月23日夜，第二十一集团军群主要突击集团发起进攻。1夜之间，英第二集团军和美第九集团军强渡了莱茵河，在东岸夺取了登陆场。第二天上午，空降第十八军在敌后实施空降，并很快与正面进攻的英军会合。至 28 日，登陆场已扩大到正面 60 公里、纵深 35 公里。第十二集团军群在辅助方向的进攻也很顺利，4 月 1 日即与第二十一集团军群的部队在利普施塔特地域会合，从而对鲁尔工业区的法西斯德军 18 个师，32.5 万人（含将官 30 人）达成合围。这时，艾森豪威尔发表了告德国军民书，敦促德国投降，但被围德军没有立即投降。

鲁尔集团被合围后，德军西部防线已基本瓦解，于是盟军统帅部决定以一部兵力歼灭被围德军（德军抵抗 18 天后，于 4 月 18 日投降），将主要力量转移到中央方向，立即在全线发起最后的进攻。盟军的计划是，以第十二集团军群在中央方向实施主要突击，直接向易北河中游推进；以第二十一集团军群在北翼向易北河下游进攻；南翼由第六集团军群攻入奥地利。

为了加强中央方向的突击力量，美第九集团军于 4 月 4 日由第二十一集团军群转隶第十二集团军群。第十二集团军群在鲁尔合围德军后，继续由卡塞尔地域向东推进，几乎未遇德军抵抗，于 4 月 16 日在维滕贝格和马格德堡地域进抵易北河，19 日攻占莱比锡，

尔后进入捷克斯洛伐克国境。25 日，美第一集团军的部队在托尔高地域的易北河上与苏军乌克兰第一方面军会师，德国即被分割成南北两部分。在北翼，第二十一集团军群向东北迅速推进，于 4 月 19 日至月底在许多地段前凸到易北河。尔后，英军强渡易北河继续向东推进，汉堡守军不战而降。5 月初，英军在易北河以东与苏军会师。在南翼，第六集团军群利用 3 月底夺占的奥彭海姆登陆场发起进攻后，迅速向东推进，于 4 月月中占领纽伦堡地域，至 5 月初攻入奥地利西部。与此同时，第十二集团军群的部队也进入奥地利的林茨地域。这时，盟军已经肃清了荷兰、挪威和意大利境内的法西斯军队，残余德军被压缩在柏林附近地域做垂死挣扎。

柏林战役

柏林是德国的政治、经济、军事中心和重要的交通枢纽，也是德国纳粹分子的最后巢穴。攻克柏林将意味着法西斯德国的灭亡和欧洲战争的结束。苏军根据苏、英、美等国关于把柏林划为苏军战区的协议，负责攻打柏林。

1945 年 1 月至 4 月中旬，苏军在东战场和盟军在西战场的进攻都取得了一系列胜利。

1945 年 5 月德国纳粹终于在投降书上签字

在东战场，苏军歼灭了柏林方向的德军重兵集团，在宽大正面上前出至奥德河和尼斯河，并占领了维也纳，从东面和南面包围了柏林，距柏林最近距离只有60公里。在西战场，盟军合围了鲁尔德军集团，进抵易北河，向汉堡、莱比锡和布拉格方向发起进攻，距柏林100至120公里。

德国丧失了鲁尔、西里西亚煤、钢产区和匈牙利、奥地利石油产地，军用物资的产量急剧下降。1945 年 3 月，德国钢产量只达 1944 年平均月产量的 15%，采煤量只达 16%；1944 年平均每月生产坦克 705 辆，而 1945 年第一季度平均每月生产坦克 333 辆。至 1945 年 4 月初，技术装备、武器和弹药生产量更加降低。由于油料供应严重短缺，使很大一部分飞机和坦克不能参加战斗。

苏军进攻柏林之前，德国在欧洲已失去了所有的盟国，政治上空前孤立，内部矛盾加剧，众叛亲离，分崩离析，国家经济崩溃，人心浮动。军事上不仅兵员缺乏，不得不把16 至 17 岁甚至年龄更小的少年拉去打仗，而且装备不足，补充困难，士气低落。法西斯德国已处于四面楚歌、土崩瓦解的境地，灭亡之日屈指可数。

希特勒不惜将儿童驱赶上战场

在希特勒的末日即将来临之时，1945 年 4 月 12 日下午美国总统罗斯福在美国佐治亚州温泉病逝。消息传到柏林，希特勒和他的宣传部长戈培尔等人一时欣喜若狂。纳粹头子们幻想历史的转折点已经到来，认为这是上帝要拯救第三帝国。他们曾设想派代表去和美国新任总统杜鲁门谈判并幻想能单独和美、英媾和，可是这类念头很快被无情的现实所粉碎。

但是，希特勒仍然力图拖延战争。他把59个师兵力，用于西线同盟军作战，而把214个师又14个旅的兵力用于苏德战场，竭尽全力固守柏林，妄图以此达到拖延战争的目的。德军统帅部在柏林方向部署了"维斯瓦"集团军群（司令海恩里齐上将）的全部和"中央"集团军群的大部兵力，共100万人，火炮和迫击炮1万多门、坦克和强击火炮1500辆、作战飞机3300架。德陆军总部预备队8个师。此外，柏林市内还有守备部队20多万人。为便于坚守，德军在奥德河、尼斯河地区构筑了3道防御地带，在柏林防御地域构筑了3道环形防御围廊。

苏军最高统帅部为了迫使德国无条件投降，尽快结束欧洲战争，决定从4月中旬，开始实施

遭到轰炸的德国总理府

柏林战役。苏军的计划是，以3个方面军的强大兵力，在远程航空兵和部分海军的协同下，在宽大正面上实施数个猛烈突击，迅速突破奥德河、尼斯河防御，合围德军柏林集团，同时予以分割歼灭，攻占柏林，并于战役结束前在易北河与美、英军会师。

参加柏林战役的苏军是白俄罗斯第一方面军、乌克兰第一方面军和白俄罗斯第二方面军，波兰第一、第二集团军、波罗的海舰队以及远程航空兵的部分兵力也参加了作战。该集团共有162个步兵师和骑兵师、21个坦克军和机械化军、4个空军集团军，约250万人，配备火炮和迫击炮约4.2万门、坦克和自行火炮6250辆、作战飞机7500架。苏军人员为敌人的2.5倍、炮兵为4倍、坦克和自行火炮为4.1倍、飞机约为2.3倍。

苏军最高统帅斯大林指令朱可夫元帅指挥白俄罗斯第一方面军攻占柏林。该方面军的任务是，从屈斯特林登陆场实施主要突击，攻占柏林，尔后前凸到柏林以西，战役结束时前凸到易北河。为保障主要突击的实施，方面军在屈斯特林（科斯钦）以南、以北同时实施两个辅助突击。乌克兰第

一方面军的任务是，突破尼斯河防御后，向贝尔齐希总方向实施主要突击，歼灭科特布斯和柏林以南地域的德军，攻占别力茨、维滕堡、德累斯顿地区，同时以一部兵力向包岑、德累斯顿方向实施辅助突击。白俄罗斯第二方面军的任务是，强渡奥德河后，在斯德丁（什切青）、施韦特地段突破敌防御，歼灭这里的德军，尔后攻占安克拉姆、德明、瓦伦、维滕贝格。

为了集中优势兵力实施突击，各方面军编组了强大的突击集团，3个方面军共编6个突击集团，其中3个主要突击集团：白俄罗斯第一方面军的主要突击集团由5个合成集团军、2个坦克集团军、

2个空军集团军和2个独立坦克军编成，共有43个步兵师、火炮和迫击炮9000门、坦克和自行火炮2347辆、飞机3988架；乌克兰第一方面军的主要突击集团由4个合成集团军、2个坦克集团军、1个空军集团军和2个独立坦克军编成，共有35个步兵师、火炮和迫击炮7400门、坦克和自行火炮1300辆、飞机2148架；白俄罗斯第二方面军主要突击集团由3个合成集团军、1个空军集团军、2个独立坦克军、1个机械化军和1个骑兵军编成，共有27个步兵师、火炮和迫击炮5744门、坦克和自行火炮976辆、飞机1360架。

在战役准备过程中，各方面军进行了大规模的变更部署；进行了周密的侦察，出动侦察机对柏林及3道防御地带进行了6次空中照相；在出发地域进行了大量的工程构筑，仅在奥德河上架设

德军军官普拉斯到达苏军指挥部谈判投降事项

正在欢呼庆祝胜利的苏军士兵

通向登陆场的桥梁就达 25 座；还周密地进行了战役伪装。例如在白俄罗斯第二方面军第二突击集团军地带内，设置了 350 个坦克模型和 500 个火炮模型，前面用垂直遮障遮挡，使德军误认为苏军将在斯德丁（什切青）以北地区实施主要突击，从而保障了苏军在柏林以东主要方向上的突击达成了突然性。

柏林战役从 1945 年 4 月 16 日开始，至 5 月 8 日结束，为期 23 天。战役分为 3 个阶段。

1. 第一阶段，苏军突破德军奥德河—尼斯河地区（4 月 16 日～19 日）

白俄罗斯第一方面军和乌克兰第一方面军于 4 月 16 日转入进攻。白俄罗斯第一方面军主要突击集团于拂晓前在 140 具探照灯的照射下，从屈斯特林登陆场发起进攻，很快突破了德军第一道阵地，但随即遭到顽强抵抗，进攻速度缓慢下来。苏军不断增加突击力量，并于进攻当日下午将 2 个坦克集团军投入交战。各坦克集团军均参加了对战术防御地幅的突破，从而提高了进攻速度，至 19 日日终，方面军在 70 公里正面上突破整个 3 道防御地带，突破纵深约 30 公里。同时，方面军

辅助集团顺利开进，在左翼创造了从北面迂回攻打德军法兰克福—古本集团的条件。乌克兰第一方面军强渡尼斯河后，于 4 月 18 日日终前突破了德军尼斯河 3 道防御地带，尔后强渡了斯普里河，3 天前进 30 公里，歼灭德军 14 个师，创造了从南面包围柏林的条件。这时，由于白俄罗斯第一方面军进展缓慢，苏军最高统帅部决定以乌克兰第一方面军各坦克集团军从南面突击柏林，白俄罗斯第二方面军于 4 月 18 日发起进攻，至 19 日强渡了东奥德河，占领了强渡西奥德河的出发地位。

就在苏军开始进攻柏林的前一天，希特勒发布了最后一道命令，警告官兵说"后撤便当场格杀勿论"，并欺骗官兵说，如果让苏军"蹂躏"了德国，老人和孩子将被残杀，妇女和姑娘将成为军妓，其余所有的人将被驱往西伯利亚。因此，苏军在通往柏林的道路上，仍然遇到了顽强的抵抗。

2. 第二阶段，苏军合围分割德军集团（4 月 19 日～25 日）

4 月 20 日，白俄罗斯第一方面军继续发起进攻，经激战后，突破了柏林远郊防御围廊。1 天以后，进攻部队突入城郊，开始了

市区交战。乌克兰第一方面军突破敌防御后，快速军团至20日前进95公里，从南面前凸到柏林接近地。21日，近卫坦克第三集团军突入柏林南郊，近卫坦克第四集团军进抵波茨坦市南郊。向德累斯顿方向进攻的方面军部队（包括波兰第二集团军）击退了敌人的反突击，保障了柏林方向上主要突击集团的进攻。

4月24日，白俄罗斯第一方面军近卫第八集团军和近卫坦克第一集团军、乌克兰第一方面军近卫坦克第三集团军和第二十八集团军在柏林东南会合，完成了对德军法兰克福—古本集团的合围，切断了该集团与柏林集团的联系。4月25日，乌克兰第一方面军近卫坦克第四集团军同白俄罗斯第一方面军第四十七集团军、近卫第二集团军在波茨坦以西会合，从而最后完成了对德军柏林集团的合围。同日，乌克兰第一方面军所属近卫第五集团军前凸到托尔高地区，同西线美军第一集团军所属部队会师。

3. 第三阶段，苏军歼灭德军被围集团，攻克柏林（4月26日～5月8日）

当苏军兵临柏林城下时，希特勒慌了手脚。4月19日，他曾

令海恩里齐的"维斯瓦"集团军群负责保卫柏林。3天以后，他又接管了柏林防御的指挥权。又过了2天，他又想重新任命柏林地区的军事指挥官。希特勒在4月20日他生日的时候曾想离开柏林，而且他的侍从和统帅部人员在10天前已去巴伐利亚建立了大本营，但他对是否要离开柏林一直犹豫不决。在大势已去的情况下，希特勒仍然幻想能继续拖延战争，因此他最后决定留在柏林，并命令将他继续留在柏林的消息通过无线电台广播出去，妄图以此鼓舞士气。

但是，希特勒的任何行动已不可能使德国逃脱彻底灭亡的命运。4月26日至5月1日，前凸到柏林东南的苏军沿向心方向实施突击，分割歼灭了德军法兰克福—古本集团。与此同时，合围柏林的苏军展开了强攻城市的激烈战斗。4月29日，被围德军被分割成3个孤立的部分。按照希特勒的命令，德军放水淹没了柏林市的地下铁道，淹死了在地下铁道内避难的成千上万的妇女、儿童和负伤的德军官兵。这一天，白俄罗斯第一方面军第三突击集团军步兵第七十九军打响了夺取国会大厦的战斗，经过逐层逐房

间的争夺之后，于 4 月 30 日下午苏军 2 个军士把红旗插上了大厦屋顶。5 月 2 日，德军完全停止了抵抗，柏林城防司令魏德林将军率残部投降。

在苏军开始夺占国会大厦的当天，希特勒已决定结束自己的生命。但他还念念不忘安排后事。他在遗嘱里，指定海军元帅邓尼茨继任政府首脑兼任武装部队总司令，同时还指定了戈培尔、博尔曼等一些人为新政府成员。4 月 30 日下午，希特勒在总理府的地下室自杀身死。骄横狂妄、凶残暴戾、恶贯满盈、妄图称霸欧洲和世界的法西斯元凶，终于结束了可耻的一生而遗臭万年。他的情妇爱娃·勃劳恩服毒死在他的身边。戈培尔命令纳粹党先锋队警卫员把他自己和妻子开枪打死。5 月 1 日，汉堡广播电台广播了希特勒丧命和邓尼茨继任的消息。

5 月 3 日至 8 日，白俄罗斯第一方面军向易北河推进，白俄罗斯第二方面军也在 5 月 3 日至 4 日前凸到易北河和波罗的海海岸，并与英军取得了联系。苏军在这次战役中共歼灭德军 93 个师，俘 48 万人，缴获坦克和强击火炮 1500 余辆、飞机 4500 架。

1945 年 5 月 8 日午夜，德军最高统帅部派出了以凯特尔元帅为首的代表，在柏林近郊卡尔斯霍斯特签署了无条件投降书。前苏联政府委派朱可夫元帅同盟军代表英国空军上将泰德等一起接受了德军投降。

二战后的德国首都柏林

柏林战役是第二次世界大战中欧洲战场的最后一次重大战役。尽管法西斯德国妄图阻止苏军的进攻，但已是垂死挣扎力不从心了。德军遭到最后一次毁灭性打击，德国最后败降。

斯大林在纪念十月社会主义革命 27 周年大会上（1944 年 11 月 6 日）指出，苏军最后一个使命"就是同我们盟国的军队一起完成粉碎德国法西斯军队的事业，在柏林城上升起胜利的旗帜。"苏军攻克柏林，完成了这一历史性任务。

在柏林战役中，苏军进攻正面约400公里，战役纵深白俄罗斯第一方面军和乌克兰第一方面军为160公里，白俄罗斯第二方面军为200公里。苏军进攻柏林的特点是：集中兵力兵器，编组强大的突击集团，连续突破德军防御。方面军集中步兵师60～80%，火炮和迫击炮60～95%，坦克和自行火炮80～95%，航空兵100%，从而在突破地段上形成对德军的绝对优势：步兵3至5倍，火炮和迫击炮5至10倍，坦克和自行火炮7至9倍，飞机2至4倍。由于苏军在决定性方向上集中优势兵力兵器，保证了连续突破德军奥德河——尼斯河防御地区；诸军兵种协同作战，迅猛的突击与分割、合围以及各个歼灭德军基本兵力相结合。柏林战役是苏军在卫国战争中进行的一次规模最大的城市进攻战役，在对柏林达成合围的同时，数个集团军从四面对城市发起强击，突破德军防御围廊，不断压缩被围之敌，对其实施分割歼灭。对德军法兰克福—古本集团的歼灭，不是在被围地域进行的，而是在其向西突围过程中，各方面军以预备队拦击，对敌翼侧实施猛烈突击，然后分割歼灭。对柏林集团的歼灭，是在对城市实施强攻过程中进行的；坦克军团用于外围机动作战，也用于城市市区作战。战役中，各坦克集团军对分割与合围德军集团起了重要作用，但白俄罗斯第一方面军的快速集团，在战役第一阶段一直协同步兵逐次突破德军防御，未能发挥坦克兵的机动能力，在对柏林攻坚过程中，坦克集团军受领了单独进攻地带，因其本身缺少步兵，独立作战遭到很大损失。乌克兰第一方面军，不得不以1个诸兵种合成集团军的步兵加强坦克第三集团军；苏军在市区进攻时，各师都派出了强击群（兵力1个班至1个排）和强击队（兵力1个连至1个营），加强火炮、坦克和工兵，对目标实施冲击。

布拉格战役

苏军攻克柏林后，在战场南部还剩下最后一个德军重兵集团盘踞在捷克斯洛伐克境内。德军的这一集团包括"中央"集团军群（司令舍尔内尔元帅）和新拼凑起来的"奥地利"集团军群（司令伦杜利奇上将）所属军队共2个野战集团军和3个坦克集团军，总兵力90余万人，法西斯德国曾企图利用这一集团在捷克斯洛伐克、奥地利和德国南部地区继续进行战争。苏军最高统帅部根据上述情况决定在最短时间内向布拉格进军，消灭德军最后一个重兵集团，结束欧洲战争。于是，在柏林战役末期，苏军最高统帅部即命乌克兰第一方面军调主力南下，会同乌克兰第二、第四方面军实施布拉格战役。

苏军布拉格战役的目标是，切断德军西退的道路，并利用对德军形成包围的有利态势，同时从数个方向向布拉格实施向心突击，合围并分割歼灭德军主力，解放布拉格和全部捷克斯洛伐克领土。参加作战的3个乌克兰方面军共有20个合成集团军、3个坦克集团军、3个空军集团军和其他部队，其中包括波兰第二集团军、罗马尼亚第一、第四集团和捷克斯洛伐克第一军，总共200余万人。

5月6日，乌克兰第一方面军右翼军队，在部分德军已经开始撤退的情况下，从德累斯顿以北直接转入追击。乌克兰第二、第四方面军于5月7日、8日相继发起进攻，9日苏军进入布拉格。同布拉格起义人民一起肃清了市内的德军。至5月11日，捷克斯洛伐克境内的德军已被完全歼灭，

德军被俘86万人，其中有60名将军。1945年5月11日，苏、美军队在卡罗维发利和克拉托维地域会合，苏军与盟军在欧洲同法西斯德军的作战至此结束。法西斯德国被彻底打败，各国人民和反法西斯武装力量取得了历史性的胜利。

盟军在太平洋上的最后进攻

1945年春，日本军国主义已处于日暮途穷的困境。在西线，美、英盟军已攻占意大利大部并对德国西部边境的齐格菲防线发动了总攻；在东线苏军已结束维斯瓦—奥德河战役，逼近了德国首都柏林。在亚太战场，盟军已攻占马里亚纳群岛和菲律宾群岛的莱特岛，从马里亚纳起飞的美国战略轰炸机对日本各大城市的空袭活动日益频繁，战争已迫近日本本土的接近地；英、美军队和中国远征军在缅甸也发起了反攻；在中国正面战场，日军进行的所谓"大陆打通作战"并未达到预期目的，而在敌后战场，中国共产党领导下的抗日军队正开展局部反攻；东南亚各国人民抗日武装斗争进入高潮，日本侵略

军处处被动挨打，"大东亚共荣圈"已陷入崩溃之中。由于长期进行侵略战争，日本的财力、物力已濒衰竭。国外资源供应断绝，国内工业濒于瘫痪，粮食匮乏，人民不满。法西斯日本的末日即将到来。

但是，日本军国主义分子并不甘心失败，仍然企图以尚存的400多万军队，做垂死挣扎，1945年初，日本最高战争指导会议和日军大本营海军部相继发布了"帝国陆海军作战计划大纲"和"决战非常措施纲要"，提出要竭力搜刮中国和东南亚各地的战略物资，不惜一切手段以增加重要军需物资的生产；同时确定下一步的作战重点是挫败美军继续向日本本土接近地的进攻，确保从菲律宾的吕宋岛经中国的台湾和上海、琉球群岛、小笠原群岛至南千岛群岛的前缘防线，并准备抗击美军直接在日本本土的登陆。日大本营的企图是在前沿岛屿拖住美军，进行持久的消耗战；同时幻想前苏联不参加对日作战，在前苏联的斡旋下寻求同美、英的妥协。

盟国在亚洲和太平洋地区的态势极为有利。由于欧战胜利在望，美、英陆续抽调兵力至太平洋战场，同盟国军队的兵力优势日益增大。1945年初，美军拟订了下一步在太平洋的作战计划：结束在菲律宾群岛的战役，并于2月19日前在硫磺列岛登陆，4月1日前在琉球群岛登陆，为进攻日本本土创造条件。

硫磺岛登陆

硫磺岛位于小笠原群岛南部，面积仅20平方公里，是一个没有完全冷却的火山岛，南端折钵山的火山喷口终年喷出的雾气和硫磺弥漫全岛，岛上大部地区都覆盖着火山灰烬。硫磺岛北距东京1200余公里，南离塞班岛1100余公里，是塞班岛和东京之间唯一的中继基地，又是日军抗击中太平洋美军的前沿防线，战略地位非常重要。

1944年以前，硫磺岛仅是日军东南太平洋和中部太平洋之间的一个航空和海运中继基地，岛上只有海军千余人守备。同年4月，马绍尔群岛失守之后，日军才开始重视小笠原群岛的防御问题。塞班岛失守后，日军大本营决定组成小笠原军团，并将硫磺岛的守备部队由原来的1500人增至2.3万人，编为1个步兵师团、1个旅团和1个联队。另有海军陆战队约7000人，飞机30余架。守备司令为陆军中将栗林中道。由于日军海、空部队在菲律宾决战中遭到沉重的打击，因此硫磺岛的守军只能在没有海空支援的条件下作战。栗林决心把硫磺岛变成一个坚固的要塞，在南部的折钵山构筑了坚固的核心阵地，以中部高地和2个机场及元山地区构成岛上的主要防御地带，在东、西岸滩还构筑了以永备发射点和支撑点为骨干的防御阵地。各阵地由混凝土工事和天然岩洞结合组成，并有地下交通壕相连接。在抗登陆作战上，栗林认为，面对掌握绝对海空优势的美军，歼敌于水际滩头的原则已不适用，因此主张把敌人放上岸来再打，以纵深的坚固筑垒阵地，逐次阻滞和消耗敌人。但海军坚决主张在水际滩头拦住敌人的进攻。最后栗林采取了折中的办法，即以纵深防御为主，滩头防御为辅的抗登陆作战原则。

美军在攻占莱特岛之后，决定越过台湾，攻占离日本更近的硫磺岛，战役企图是，为进攻日本本土扫清障碍，取得前进基地。该岛有2个大型机场和1个正在修建的机场。这些机场可以作为轰炸日本的B—29型飞机的紧急降落场，并为掩护轰炸机活动的战斗机提供基地。硫磺岛登陆由美军第五舰队司令斯普鲁恩斯上将任战役最高司令官。参加登陆的美军为第五两栖军，辖陆战第三、四、五师，各型舰艇800余艘，飞机2000余架，总兵力约22万余人。

1944年，美军士兵在硫磺岛上竖起美国国旗。

美军在登陆前对硫磺岛进行了长这6个月轰炸，共投弹1.3万余吨。仅登陆前的2个半月就出动重轰炸机2700架次，舰载机1000余架次。同期，美舰向该岛发射炮弹1.5万余发。在登陆前的3天中，美军舰对全岛进行了预先的炮火准备，发射炮弹7500吨。在登陆之前的2小时20分的直接舰炮火力准备时，又发射炮弹3.8万余发。据统计，在登陆前美军共消耗炸弹、炮弹2.4万吨，平均每平方公里1200余吨。但是，由于日军的工程构筑坚固隐蔽，深入地下，美军的轰炸收效很小。此外，美军为了孤立硫磺岛日军，在登陆前对日本本州和东京进行了 3 天空袭，共出动航母飞机 2700 余架次。

2 月 19 日晨，美军登陆部队第一梯队 2 个陆战师在硫磺岛东部岸滩登陆。美军登陆时，因海岸陡峭，又遇到了日军射击，伤亡 2400 多人。到当日日终时，登陆部队达 3 万人。登陆美军以 1 个师向南端火山——折钵山进攻，另一个师向南部机场推进。登陆的次日，美军夺取了南部机场。至 24 日，夺取了折钵山，同日，预备队 1 个师上陆完毕。2 月 25 日以后，3 个陆战师并列向北发起进攻，于 3 月 1 日攻下位于岛的中部的第二处机场。至 3 月 9 日，美军相继攻占了北部正在修建的第三处机场和两处高地，将日军压缩在岛屿北端和东北部的狭小地带内。3 月 17 日，残余日军 800人被美军包围。3 月 25 日夜，栗林率残部突围，大部被美军歼灭。3 月 26 日，美军宣布战役结束，清剿残余日军的行动一直延续至 4月底。硫磺岛一战，美军死伤 2.1万多人，占登陆部队约 1/3；日军守岛部队 3 万人中，被击毙 2.5 万余人，被俘 1000 人。

硫磺岛之战是一次对已被孤立的岛屿的登陆作战。日军在失去海空支援和后援断绝的情况下，主要依靠陆上兵力，利用坚固而隐蔽的工事进行顽抗，牵制了美军 22 万人达 1 个月之久。美军这次登陆估计不足，曾设想在 5 天内结束战斗，实际拖了 36 天。在预先火力准备时，由于对岛上的防御配系和工事构筑情况没有查明，炮击的效果较差。据调查，原计划在登陆前摧毁 914 个目标，结果只破坏了 194 个，占计划数的 20%。因此，陆上战斗相当激烈，美军前进缓慢，有时每天只能前进 4 米，伤亡大为增加。但日军弹药、物资储备有限。战斗后期，弹尽粮绝，只得一拼了事。

硫磺岛的占领为美国战略空军空袭日本本土提供了中继基地。4 月 7 日，从马里亚纳起飞的 B—29 型轰炸凯，首次在以硫磺岛为基地的 P—51 型战斗机的掩护下袭击日本。从此，日本本土处于美军飞机经常空袭之下。

冲绳岛登陆

冲绳岛是琉球群岛中最大的岛屿，面积 1220 平方公里。该岛位于日本和中国台湾之间，距两地均为 360 海里，是日本至台湾的岛屿锁链中重要的一环，也是掩护日本本土的最后一道屏障。岛上有那坝、嘉手纳、与那原、读谷四处机场和那坝军港，是距日本最近的一个较大的海空基地。

冲绳岛在日本本土防御计划中占有重要地位。日军在菲律宾"决战"失败之后，冲绳的作用更为突出。日军判断，美军在进攻日本本土之前，必将先在冲绳及其附近岛屿登陆，推进其进攻基地。冲绳一旦失守，日本本土、朝鲜和中国沿海一带的海空权将丧失，冲绳便成为美军进攻上述各地的最大基地。因此，在中国东海周围的防御，重点应放在冲绳诸岛。日军大本营在马里亚纳失守之后，重点加强了冲绳岛的防守兵力和工程的构筑，1945年初，防守该岛的兵力为陆军第三十二军，下辖2个师团、1个独立混成旅团、一支海军基地部队和其他支援单位，总兵力10万余人。第三十二军司令牛岛满中将兼任守备司令。为了确保冲绳的防守，日军大本营陆海军军部于3月初制定了代号为"天号作战"的航空兵决战计划，集中丁陆海军航空兵飞机2990架（其中自杀飞机1230架），分别部署于中国台湾、琉球群岛和九州等地；企图在美军登陆时，对支援登陆的

美国舰队和运输船团实施突击，以孤立上陆的美军，尔后由第三十二军实行陆上围歼，夺取冲绳争夺战的胜利，确保本土的安全。根据上述企图，第三十二军于1945年初重新修订了计划，放弃水际滩头歼敌原则，集中主力（2个师、1个旅）于岛的南半部，形成了以首里为中心的坚固筑垒阵地，准备实施陆上决战。

1945年3月26日，美军攻占冲绳岛以西岛屿后，于4月1日以2个军的第一梯队在冲绳岛西海岸的羽具岐海滩登陆。日军按计划不在水际滩头抗击，美军顺利上陆，占领了近岸的嘉手纳和读谷机场。当日日终时，上陆部队已有6万人。4月2日起，美军向纵深发起进攻，直插东海岸的中城湾，将冲绳岛拦腰切断为南北两部。4月3日起，陆军第二十四军和第三两栖军分别向南、北发起进攻。4月5日以后，日军抵抗逐渐增强，陆上战斗进入激烈阶段。

4月6日起，日军开始执行其"天号作战"。当日出动飞机400余架（包括自杀飞机）对冲绳附近海域美军舰队和登陆输送船只进行了猛烈的攻击。激烈战斗一直持续到下午，双方损失惨重。美军早已估计到日本将集中陆海

美军在琉球群岛进行两栖登陆作战

军飞机，特别是自杀飞机对美舰船进行攻击，因此在登陆前重点轰炸了日本本土和台湾的机场，日军飞机被击毁于地面的达3000多架。在登陆阶段，美军除了继续进行轰炸压制外，还以登陆区为中心组成了16个雷达哨位，加强警戒。尽管采取了以上措施，但美军在4月6日的作战中，仍被击沉驱逐舰3艘、坦克登陆艇1艘、军火船2艘，另有10艘受重创。日军损失特攻机300架。4月

由于美军的密集轰炸，冲绳岛首府的地面呈现蜂窝状。

7日，日本海军为配合航空兵作战，也开始执行"天号作战"，以战列舰1艘、巡洋舰1艘、驱逐舰8艘组成海上特攻部队，各舰仅有驶至冲绳的油料，也没有掩护飞机，企图破釜沉舟与美舰队决一死战。美快速航母编队迎战于九州以南海域，出动舰载机386架，一举击沉日舰7艘，包括号称世界最大的、排水量6.8万吨的战列舰"大和"号。日本舰队残余力量基本被消灭。此后，日军于4月中下旬和5月中下旬继续实施代号为"菊水作战"的自杀机攻击作战，虽取得一些战果，但对整个战局不起决定作用，反而加速了日航空兵的总覆灭。

在此期间，美第三两栖军的2个陆战师向冲绳岛北部顺利推进，于4月21日全部占领了该岛北部和伊江岛。陆军第二十四军的2个师向南进攻，克服了日军的顽强抵抗，于4月24日突破牧港防线，5月31日突破首里防线，6月22日突破南部最后一条防线，守岛司令牛岛满和参谋长切腹自杀。尔后美军转入搜索扫荡，至6月30日，美军的越岛进攻最后一次战役宣告结束。

冲绳登陆战役历时96天。日军伤亡11万余人，被俘9000人，

世界通史

最新整理图文珍藏版

损失飞机 7830 架（包括在地面被击毁的约 3000 余架），其中特攻机 2200 架、舰艇 20 艘。美军伤亡 7.5 万余人，损失飞机 763 架，损失驱逐舰以下舰艇 400 余艘，大多数是被神风自杀飞机击毁的。美第十集团军司令巴克纳中将于 6 月 18 日在前线观察所遭到日军炮击身亡。冲绳一战，美军取得了进攻日本本土的海、空军基地。日本以其航空兵的大部、残余海军舰艇和 12 万余人为代价，迟滞了美军的进攻，换得了苟延残喘的机会。

"神风"特攻队

"神风"特攻队

1944 年秋，在盟军的空中、海上与陆地的全面进攻面前，日本以常规战术难以抵挡，便把最后希望放在一种自杀行动方式——"神风敢死队"上。

1944 年 10 月，美军第 3 舰队所属的空军大队，在东南亚一带对日军占领地实施毁灭性的空中打击。

10 月 12 日，美军 600 余架舰载机对日军占领的台湾高雄、马公等港实施空袭。230 余架日机升空迎战，但都被实战经验丰富的美机打得落花流水。

10 月 22 日，美军又以迅雷不及掩耳之势，在菲律宾群岛中南部那个面积不大、不为常人注目的莱特岛大举登陆，日军仓皇逃窜。

莱特岛大登陆，标志着日军的全面性毁灭的开始。

此刻，日本海军的决策者们更是如坐针毡，万般无奈之际，只好实施大本营下达的"奏捷一号作战"命令。

所谓"奏捷"即决战胜利之意。日军大本营决定孤注一掷："只有向反攻的敌人进行毁灭性决战，才能扭转战局。"

于是，各兵种纷纷据此制订作战方案。企图做困兽之斗。

这是一个月黑风急的夜晚，

日本"神风特攻队"队员

海军中将大西泷治郎辗转反侧，难以入眠。

他脑子里总是放不下美国舰只与飞机狂轰滥炸日军的悲惨场面。该怎么对付这些该死的敌人呢？大西中将苦思冥想了许久。蓦地，他脑海中又闪现出坂田房太郎中尉的影子。正是他在偷袭珍珠港的战斗中，炸弹扔光了，又发现了美军的飞机库，出于对天皇陛下的忠诚，中尉驾机一头撞到机库，引起连锁爆炸。这叫特别攻击！

或许是法西斯军人黔驴技穷，大西的这一孤注一掷的自杀作战的罪恶计划竟然得到了许多日军将领的支持。驻守在马尼拉的第二航空战斗队司令官有马正文海军少将对此大加赞赏，积极筹备招募敢死队员。有马自己身先士卒，亲自参加特攻队。

"神风特别攻击队"一夜之间在日军大本营广为流传，它下辖"敷岛"、"大和"、"朝日"、"山樱"、"新高"等数支分队。大西在召见特攻队第一批飞行员时，歇斯底里地叫嚷：

"在这非凡的时代，不能不掀起一阵神风。"

神风特攻队驾驶的是一种性能较为低劣的飞机，它实际上是由人驾驶的可以追踪目标的"肉弹"。机上载有烈性炸药1000斤左右，置于飞行员座舱之前。一旦发现攻击目标，驾驶员便开机撞过去，炸弹同时也爆炸，与对方同归于尽。而且飞行员一律不带降落伞，谁也不希望生还。

死亡攻击

1944年10月22日，莱特湾战争全面爆发，美日双方都投入了大量空中兵力以求最后的胜利。但日军在美方强大的进击面前渐渐支撑不住了。看来，他们就要拿出自己的杀手锏——"神风特攻队"。10月25日清晨，菲律宾莱特湾雾气弥漫，但激烈的大海战不时把天空撕开一道道口子。呼啸的炮弹，巨大的水柱，还有被炮火击中冒着浓烟的军舰，把平静的莱特湾搞得乱七八糟。

无家可归的母亲和孩子们

上午 7 时 25 分，驻守在菲律宾马巴拉卡特飞机场的日本指挥官接到指令，美国航空母舰机动队在菲律宾西方海面上行动，估计是增援莱特湾海战，宜立即对美军航母实施毁灭性打击！

看来，真正的自杀行动就要从这里开始。只见 9 架"雷"式战斗机跃上云天。机场上的地勤兵看到，其中 5 架飞机刚离地，着陆轮胎就自行掉了。

这 5 架飞机就是神风特别攻击队首批特攻机。座舱里，这些一去不复返的亡命徒们头上扎着白色的缠头。在他们身边的空隙里，塞了整整 1000 余公斤的烈性炸药。抱着为天皇牺牲的必死信念，这些人一旦发现美舰，就连人带机撞下去，以实现对天皇的效忠。

自杀行动的成员都必须履行这样一个规定，飞机必须先绕机场 3 圈。这一次，只见 5 架飞机在机场上空绕场 3 周，表示向送行的人们告别。地面上全体军人肃立在起飞线，目送着他们远去。

10 时 40 分左右，特攻队飞临莱特湾上空。晨雾早已散去，海面上的一切看得清清楚楚。美军护卫航空母舰"姗鲁"号等舰船，刚刚经历了一场恶战，好不容易才摆脱了日本海军栗田舰队。他们做梦也没想到，自己还没有来得及歇一口气，又被神风特攻队盯上了。

对深藏在云端的特攻机，美舰竟毫无防备。尽管舰载雷达天线在转动，但此刻，观察员却趴在荧光屏前睡觉了，他们实在太疲劳了。

10 时 50 分，关行男上尉率领 5 架特攻飞机到达美舰队上空。说时迟，那时快，5 架日机带着毁灭的激情，分头不顾一切地朝舰队俯冲下来。

"敌机！敌机！"一名在甲板上担任观察任务的美军水兵望着直扑下来的日本飞机，惊得大喊起来。

话音未落，关行男上尉的那架装满烈性炸药的飞机已撞上了"姗鲁"号的甲板。随着"轰"地一声巨响，航空母舰上燃起大火。2 分钟后，下部汽油引火爆炸，巨大的火柱喷上空中 300 多米……

与此同时，"姗鲁"号周围也相继响起了巨大的爆炸声。其余特攻队的飞机也以同样的方法，撞向"吉堪贝"号，撞向"卡利宁贝"号，撞向"白王子"号……

5 架特攻机，击中 4 艘美军航

第四编 世界现代史

最新整理图文珍藏版

空母舰。21分钟后，首先惨遭厄运的"姗鲁"号慢慢沉没，另外3艘受到重创。

当天晚上，东京广播电台向全世界播发了神风特攻队首战告捷的头条新闻。第二天，另一队神风特攻队也想露一手，尝一回当"勇士"的滋味。然而这一回，他们拥抱死神是成功了，但攻击美舰却不像他们的队友那样走运。

这一批也有5架特攻机，分两个批次出击。而当时的美航空母舰正在收容追击栗田舰队后回来的飞机，甲板上，有的飞机刚刚降落，有的正在加油，还有的飞机正准备起飞。

当这一批特攻敢死队的特攻机呼啸而下时，雷达兵立即发现了日机的魔影。也许有了前一天的教训，各舰队马上组织火力封锁空中航线。由于以死相拼，特攻队员们几乎是无所顾虑，飞机冲向炽热的火网，笔直撞向护卫舰"姗帝"号。飞机贯穿了甲板，撞了一个大洞，当即便有43名官兵受重伤，但燃起的大火很快被早有防备的美国海军扑灭了。

另外几架特攻队飞机未能闯进火网，被护卫舰"斯瓦尼"号和"贝多拉贝"号炮火和机枪击落，撞入大海后爆炸。不过仍然有一架特攻机，被枪炮击中后，拖着黑烟栽下来时，该机飞行员居然能把行将爆炸的飞机驾驶到"斯瓦尼"号上空，并击中机库甲板爆炸。

由于前面几次自杀行动都取得了巨大成功，以致日军更加加紧实行这一方案，而神风特攻队这一自杀式的攻击震惊了美军舰队，许多人谈"神"色变。许多官兵一听到空中飞机的轰鸣，就以为神风特攻队又来了，简直是患了"神风"恐惧症。

"樱花""玉碎"

由于"神风"初战告捷，日本大本营犹如捞到一根救命稻草，想以此挽回败局。东京的战略家们接二连三地电令大西加快步伐，全力以赴实施"神风"攻击。

然而，"神风"毕竟是需要人去充当"肉弹"，而且是要会驾驶飞机的飞行员。有关当局曾打算募集亡命之徒，但这毕竟是一条送死之途，无论花多大代价招募，人数还是极为有限。由于此举难以推行，他们只得重找门路。为掩人耳目，他们还假惺惺地向飞行员保证："凡志愿特攻之义烈将士，以个人资格配属于作战队，临时编为特攻队，其家人都享有崇高荣誉，予以特殊照顾。"

尽管日军崇尚武士道精神，但真正甘当亡命之徒的也有限。随着战役的推进，志愿赴死的特攻队员越来越少。对大西将军而言，这可不是一个好消息。1944年11月，当他匆匆赶回东京，向海军部请求增加特攻机和驾机人员时，刚巧有一批被称之为"有人滑行炸弹"（代号"樱花"）的飞行员训练队结束。大西一听高兴万分，立即召见这群"樱花"战士。原来，上级是这样要求他们的：一旦发现目标，"樱花"们就驾着装满炸药的滑翔机从机舱内滑出，向目标作决死撞击。残酷的法西斯式的教育训练，使其中的许多人已经变态，他们几乎不知道为什么活着，只求为天皇陛下速死效忠。

　　大西将军一想到"樱花"就要在美军舰艇上盛开，给美军以沉重打击，不由得喜形于色。

　　这群特攻队员一个个抱着必死的信念。从入队的那一天起，他们就对着天皇的肖像宣誓。接下来，是进行近乎残酷的训练，尤其是直线俯冲科目，要求飞行到百米以下低空才拉起来。面对机舱外扑面而来的大海或原野，本能会引起特别攻击队的飞行员在最后的瞬间闭上眼睛，但闭眼就会影响命中目标的准确度。模拟训练甚至不允许飞行员闭眼。

　　极其艰苦的训练之后，就是最后的享受。被选作特攻队员的，大多是18至25岁的年轻人。他们中的许多人甚至还没有谈过恋爱。在最后时刻，军方给他们安排一批慰安妇。那个时候，他们可以没日没夜的放纵情欲。

　　11月下旬，日本刚刚造好的当时是世界上最大的航空母舰——"信浓"号，作处女航。大西选上的50名"樱花"也搭舰奔赴火线。但由于日方的密码信号早已被美国人一一截获，因此，"信浓"号刚刚驶离横须贺军港，美军海军就获得了相关的情报。两艘潜水艇悄悄埋伏在"信浓"号必经的路途上。

　　此刻，"信浓"号机舱一角，50名"樱花"战士在镇静地打扑

特攻队攻击美舰

克、下棋，有几个还在用飞机模型作俯冲动作。似乎前方等待着他们的不是死亡，而是某一个约会。11月29日，当"信浓"号航行到大孤南方30公里处时，突然舰身猛地一阵剧震，随即一团烈火便腾地燃烧起来。

原来，在水下等候多时的美潜艇"亚杰费雪"号早就通过声纳发现了航空母舰，而"信浓"号竟然一无所知。短短的几分钟内，随着几声猛烈的炸响，美潜艇发射的6枚鱼雷全部命中目标，冰凉的海水从泄漏处喷射。数小时后，"信浓"号沉没，50朵"樱花"尚未绽放就早早凋谢了。"樱花"凋谢的消息令大西沮丧，但早已经输红了眼的大西岂会善罢甘休。他又多方筹集，终于又组成了一支新的"神风敢死队"，准备对敌方进行疯狂的报复行动。而这支新的特攻队，又被天皇亲自命为"玉碎"行动。

1945年1月5日，"玉碎"行动拉开序幕。清晨，日本占有的马巴卡拉特机场就忙开了，115架装满炸药的特攻机齐刷刷地停在起飞线上。机舱内，全身戎装的特攻队员待命起飞，他们个个抱着必死的信念去迎接"胜利"的到来。

大约在7点过后，两架奉命侦察的飞机发回电报：在尼多罗岛西方海面发现大批美军舰船。大西中将马上明白了，这是运载美军登陆作战部队的，只有完全阻止其行动，才能为扭转战局争取时间。看来，关键的时刻来到了！大西决心孤注一掷，把剩余的全部神风特攻飞机都押在"玉碎"行动上。

在浓密的太平洋的晨雾中，15架日军特攻机从马巴拉卡特机场相继起飞。接着，又有8架特攻机迅速飞离易杰克机场，加入到这场以血肉作牺牲品的自杀行动中，同时担任侧攻任务的另外5架特攻机也从安赫洛机场起飞。

仰望着渐渐消失在天际的飞机，大西中将心中竟生出一丝悲哀。可马上他又露出了凶残的本

一艘美国航空母舰被一架神风突击队的飞机击中而引起大火

世界通史

最新整理图文珍藏版

性，拿起对空话筒狂喊："神风队员们，勇敢地出击，天皇陛下在注视着你们！"

终于，第一批飞机发现了海面上的目标，美军的舰载飞机同时起飞迎战，但美国人的行动显然已经晚了一步。他们本应在高空予以还击，但遗憾的是，大多数飞机刚刚升上半空，便遭到了特攻队的迎头撞击。"神风"队的这种拼命精神令美军飞行员丧胆。小田次郎驾驶的特攻机与一架美机相遇，准备格斗的美机还没转过神来，就与特攻机迎头相撞，空中爆出一个火球，随即又变成两团火球，一上一下地落入大海。

当然，美军绝不会这样轻易让对方得逞的。几架突袭到美军舰队上空的特攻机首先便遇到了猛烈的舰载炮火的猛烈攻击。舰船上，许多准备登陆作战的海军陆战队员也操起轻武器对空射击。一时间隆隆的炮声和哒、哒、哒的冲锋枪、轻机枪声响成一片，海面上到处是弥漫的硝烟。好不容易，左避右闪的大田津子上尉的特攻机终于冲破高射炮织成的火网，向一艘航空母舰飞驶而下，眼看就要撞上目标，舰上的美国人不由惊得大喊起来。好家伙，美军的海军陆战队也不含糊，各种轻重武器一齐开火，似乎大田津子被飞蝗般的弹雨击中了，在离航空母舰不远的空中，飞机突然失去控制，一头栽在距航空母舰50米左右的海面上，激起了一股冲天的水柱。美舰上的陆战队员终于松了一口气，一齐雀跃欢呼起来！

这一天双方空战的结果是，大西的"玉碎"行动派出的无数架神风战斗机纷纷在半空中坠毁，根本没有阻挡住美军的舰队，美军的舰船沉没两艘，有7艘受伤。随着美军在菲律宾的登陆，日军大本营在菲律宾的"神风"特攻作战宣告失败。

海底惊魂

1945年早春，日本在国外的占领地渐渐被美国人一一占领。美国人的舰艇与飞机已经铺天盖地地向日本本土进发了。看来，日本人得准备最后的一搏。一天，当和煦的春风撩开了日本海薄薄的晨雾，呈现在人们面前的却是血雨腥风的战火。

波涛汹涌的海面上，美军舰队摆开阵势，航空母舰"泰堪狄洛嘉"号、"朗克列"号威风凛凛，驱逐舰"马克多斯"号紧随其后。

日本神风特攻队的"新高"

队奉命出击。11架特攻机，全由舰载轰炸机充当，分成了3个编队，飞向战区。

厚厚的云层，为特攻队创造了条件，但还是在距舰队数十公里处被美舰雷达发现了。特攻机不顾一切地向美舰队猛冲，美军克拉曼机不时吐出火舌。不一会儿，两架特攻机被击落。特攻机编队队形立时乱了套。这一乱套给美军拦截带来了困难。特攻机四处奔逃，寻找攻击目标，美机穷追乱打，闹不好会击中自己的飞机。稍一迟疑，"神风"的第二攻击编队在第一队的掩护之下却乘隙突破了防线。空中响起一阵阵尖利的呼啸，一架架特攻机撞向美军舰艇。马上，两艘航空母舰上冒起一股黑色的烟柱。这场攻守之战实在是太触目惊心了：一架架日军飞机发疯一般直冲向美国航母，航母上的无数炮弹则雨点般落在了前来进攻的飞机上。一时间，天昏地暗，只有爆炸声伴着硝烟不断地响起……终于，势力占优的美军舰队最终还是成功地突破"神风"队的一次次死亡攻击，庞大的美军舰队还是如期攻到日本硫磺群岛，叩响了东京的前门。

日本大本营慌了手脚，可他们已拿不出足够的兵力来抵抗美军的精锐之师。这时，唯一被他们作为最后王牌的只有全力展开"神风"特攻队攻击。

东京近郊的海军基地，海军第3航空舰队寺网谨平中将担任神风特攻队的总指挥。尽管当时的神风特攻队也已日落西山，气息奄奄，但日本的武士道精神仍像鸦片一样刺激着特攻队员的灵魂，他们甘愿为天皇尽忠。

1945年2月中旬起，美军的舰载飞机频频向硫磺岛发动攻势，守岛部队连连告急。

最新组成的一支神风特攻队来不及模拟训练，便匆匆升上天空向美军攻击。

2月21日早晨，32架特攻机黑压压地飞离基地。硫磺岛海面，特攻机与美军展开激战，部分特攻机葬身大海，只有少许飞机特攻成功。尽管如此，这一誓死的自杀行动还是给美军带来了巨大的损失：这天美军1艘军舰、4艘运输船被击沉，还有3艘舰船受重创。

然而，力量的悬殊又使得最后的结果难以改变："神风"队最终还是未能保住硫磺岛。3月初，美军海军陆战队在硫磺岛实施登陆成功。

硫磺岛失守，东京前门洞开。扭转败局已经不可能了。但日本军界仍然把希望寄托在本土决战上。

3月21日，美军3艘航空母舰游弋于日本本土南方约4000公里的海面上。隐藏在云海深处的日军侦察机反复观察，竟没有发现舰队应该配备的护航飞机。

情报传到大本营，这帮输急了的赌徒像突然摸到一张救命牌。他们认为，进行全面反攻的时刻终于就要到来了！

"樱花出动！"日军神风特攻队的新一轮进攻总指挥官胡映辉郎觉得机会来了。此刻，机舱内"樱花"们一个个头缠白布，搭乘在"滑行炸弹"上，等待着他们引以为荣的时刻。这种"滑行炸弹"的威力美国人早已经领教过了：它是由一种滑翔机改装的，其头部装有一颗1200公斤的大炸弹，尾部还装着推力达800公斤的火箭发动机，其从高空投放后的最大时速竟达876公里。而当时美军最厉害的飞机也只有700公里。因此，他们只要瞄准了目标，就会以快速度冲过去，与对手同归于尽。

11时35分，野中少校指挥的18架飞机腾空而起。没想到，新的情报送来了，美军航空母舰上的护航力量远远超出日军的估计，特攻作战难以成功。这是怎么回事呢？原来，美国人早就料想到日本人会使出这最后的杀手锏。因而他们将计就计，故意先隐藏其空军主力，待日军出动后立即展开攻击。这一招果然十分有效！

日本人知道得实在太晚了！美军的50架克拉曼战斗机已向特攻队机群发起了猛烈攻击。护卫的日本战斗机左冲右突，迎战克拉曼机，但终因寡不敌众，只好听天由命。

日机为了与克拉曼飞机对抗，为减轻机载重量，只好舍弃了搭乘的"樱花"。在一阵阵"天皇陛下万岁"的喊叫声中，一朵朵"樱花"跃出机舱，消失在浩瀚的云海中。即使如此，仍有14架特攻机被击落，有两架企图撞击美机，自杀未遂，就一头栽向海面再也没有返航。

终于，"樱花"行动又一次被扼杀在摇篮之中。

冲绳海葬

冲绳，是日本的一个美丽的长形岛屿。岛的四周有许多陡峭的山岩、高耸入云的断崖，还有无数天然的溶洞，挂着一串串神态各异的钟乳石。

1945年4月1日，美军开始

向冲绳挺进。这当然不是因为它的美丽，而是因为它具有极其重要的战略地位。这个长达95公里的岛屿，是通往荷属东印度石油地带的必经之路，又处于东海、福建到朝鲜的中国沿岸的位置。对盟军来说，冲绳是攻向日本的最后跳板。为了能早日攻下这个战略要塞，美国人几乎投入了所有的海军与空军。

如此重要的战略地位，日本大本营已下死命令，不惜一切代价，誓死守住冲绳。于是，在这种危急情形之下，"神风"特攻队又一次首当其冲，充当侵略战争的炮灰。当时，日本陆军总参谋部是这样估计的：只要能集中4000名"滑翔人弹"，就可以把盟军总兵力的40%全部消灭，到那时，日军甚至还有可能进行全面反击，收复已经丢失的太平洋一带大片占领地。

4月12日，日军出动了80架神风特攻机，18个"樱花"搭机前往。为避免遭到美军拦截，攻击编队采取4条航路，分头向冲绳冲击。

装载"樱花"的陆军攻击队18架飞机冲在最前头，这时，机翼下出现了盟军舰队。

"准备出击！"为首的日本空军指挥员一声大喊，随机人员立即拉出炸弹飞机"樱花"。

顿时，机舱门洞开，载着几名日军的"樱花"飞向目标。数分钟后，只见"樱花"在美军驱逐舰"马纳多·亚华尔"号上盛开，50分钟后，该舰沉没。此次小规模进攻虽取得一定成效，但仍没能完全阻止美军的咄咄逼人的攻击势头。

在参加对日作战的所有舰只中，有一艘航母最令日本人恼火，那就是美国海军"大事业"号航空母舰。这是一艘老牌舰，它几乎参加了每一场海战，并先后击沉了70多艘敌舰，击落了千余架飞机。日本人将"大事业"号视为眼中钉，千方百计地想把它拔掉。

1945年5月15日早晨，日军侦察机发现了"大事业"号的行踪。很快，25架"神风"特攻机迅速从西南方飞来，直往航空母舰冲去。

"岂能让敌人轻易得手！"在美军舰队司令的指挥下，盟军的拦截异常勇猛，格斗战术远远超出日军刚刚训练完毕的"神风"飞行员。只见一架架"神风"机在半空便被击落，被汹涌的大海吞没。只有一架特攻机完成了真

世界通史

最新整理图文珍藏版

正的使命，撞入了"大事业"号的正中央，穿透了三层甲板。由于早作防备，抢修分队动作灵敏，进水口被堵住，"大事业"号终于没有沉没。

此后，为了阻止美舰的进攻，日军又先后投入了8批"神风敢死队"队员，其规模之大、来势之猛、攻击之狂、破坏之烈，令美国海军心惊肉跳。这一战斗的结果是：日军共击沉美舰36艘，击伤368艘，击毁美军舰载机735架，令美国舰队司令大为震惊。

但毕竟实力悬殊，不久，冲绳岛终于失守。

随着冲绳岛的失守，太平洋战争以日本法西斯的战败而告结束，"神风"特攻队也最终覆灭。

诚然，任何残暴的幻想，都无法挽救日本法西斯灭亡的命运，但日本"神风特攻队"这一野蛮而残酷的做法，却给人留下了永久的恐怖记忆。日本空军这种疯狂的反击作用虽不大，但足见二战中他们作为战争狂的狰狞面目。

1945年8月15日的夜晚，暮色掩盖下的东京郊外一幢别墅里，一个留着小胡子的矮胖子，跪在客厅的地板上，面前放着两架"零"式战斗机模型。此人就是日军神风特攻队的创始人——海军

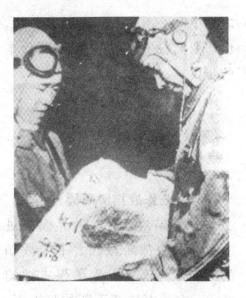

日军"神风突击队"队员在向国旗告别

中将大西泷治郎。白天，当他听完天皇的投降诏书后，便对一切都彻底绝望了。此刻，他取出那柄象征帝国武士精神的军刀，两行热泪夺眶而出。他想起了"零"式飞机撞向美军航空母舰的激烈场面，还有那3500余名以己身做"肉弹"的年轻飞行员。

只见他托起闪着寒光的军刀，猛地把军刀切入腹内。鲜血从伤口涌出来，脸上的痛苦样子十分难看。随着大西的一命呜呼，他率领的曾使盟国舰队恐怖一时的"神风特攻队"也终于随之覆灭。

对于日本"神风"特攻队的憨不畏死，我们只有用"其勇可嘉"来评价。但对于其效果我们却不敢恭维。虽然在表面上冲绳

之战中毁了不少美国军舰和飞机，但却依然没有阻挡美国进军日本的步伐。

美、日莱特湾大海战

为登陆作战扫清障碍

1944年，第二次世界大战进入最后的决战阶段，太平洋战场的军事形势已经发生了根本性的变化。在美军连续不断的打击下，日本在太平洋上苦心经营的外防御圈已经土崩瓦解。在马里亚纳海战中，美军又接连攻克了塞班岛、提尼安岛和关岛，使日本的内防御圈中的关键链条被砸碎。从而进一步改变了美日双方的战略态势，美军已经掌握了战略主动权，日本人在太平洋上的防御已岌岌可危。

塞班岛陷落以后，日本的防卫大门已被冲破，战争资源已经基本消耗殆尽，海军和空军已经没有和盟军作战的实力。这时候，日本大本营仍然企图负隅顽抗，制定了一个防守"核心圈计划"和防守"联络圈计划"。

决定这个计划以前，曾经有过4个方案。

第一个方案是"短期决战方案"。即把全部力量拿出来对付眼前，不考虑1945年以后的事情。

第二个方案是把现有的资财和兵员拿出7/10进行决战。如果决战失败，还可以据守本土，长期抗战。

第三个方案是先把现有的战斗力量拿出一半来迎战进攻菲律宾的盟军，剩余的一半准备防卫本土。

第四个方案是不再迎战或出击，把全部力量集中用于防卫本土，尽量打持久战。

这四个方案中，最终选定了第二方案，打算用7/10的力量进行决战，在重挫盟军作战意志以后争取停战或讲和。实际上，这四个方案无论哪一个都没有回天之力，只不过是垂死挣扎而已。

日本参谋本部于1944年7月21日决定下述基本方针：

一、加强菲律宾、台湾、南西各岛、本土、千岛群岛海洋一线的防卫。

二、上述地域不论何处遭受敌军进攻，随即集结陆海空军战力迎击。

三、在中国，按预定计划完成湘桂作战，用大陆交通补充海上交通的不足。

四、尽力用沿岸航路保证海

上交通。

鉴于美军下一步的攻击目标可能是菲律宾、台湾、西南诸岛（冲绳）、本土（九州、本州）及东北方向的千岛、库页岛（即桦太）、北海道，所以，把菲律宾方面的战事命名为捷一号作战；台湾方面命名为捷二号作战；本土方面命名为捷三号作战；东北方面命名为捷四号作战。命令捷一号捷二号应在8月末做好准备，捷三号和捷四号应在10月末做好决战准备。

捷一号的战略思想是：陆上的决战是在吕宋岛。如果美军进攻其他各岛，便由陆海军的航空兵力和海军舰艇进行决战。在海战方面，过去的主要攻击目标是航空母舰，这次改变为以击溃美国运输船团为主。陆战的战术也有改变，过去是集中力量在海岸击溃登陆部队，今后改为从海岸线后退构筑纵深阵地的战术，构筑"水边阵地"、"主抵抗阵地"、"预备主抵抗阵地"、"复郭阵地"等四段结构的阵地。

在盟军方面，美军最高指挥部通过过去数次大会战，已经对日本陆海空军的战略战术了如指掌，对日军还剩多少战斗能力也十分清楚，可以随心所欲愿意怎

么打就怎么打。盟军的战斗能力十分雄厚，日本已是强弩之末，力不从心。

在双方实力悬殊的情况下，美国参谋长联席会议已决定不再逐点进攻，而提出了直指日本本土的作战方案。美国海军司令金上将、太平洋舰队司令官尼米兹上将及其他海军指挥官们，主张在菲律宾南部的棉兰老岛取得空军基地后，干脆绕过菲律宾主岛吕宋岛，直取日本侵占的中国领土台湾及厦门一带，像瓶塞一样堵住日本本土和南洋之间的补给线，加紧海上封锁，同时空袭日本本土，置日本于绝对被动之中。

麦克阿瑟陆军上将不同意这个作战计划，坚决反对绕过菲律宾先取台湾。他主张在莱特岛首先登陆，拦腰斩断菲律宾防守线，

1944年10月20日，麦克阿瑟（戴墨镜者）视察莱特岛滩头阵地。

建立航空兵和后勤基地，然后进攻吕宋岛，切断日本本土与南洋之间的海上交通线。

7月7日，罗斯福总统亲自来到夏威夷，讨论今后的作战方针。在会上，麦克阿瑟将军坚决反对尼米兹的作战方针。他说：日军盘踞在菲律宾，菲律宾人民都在受苦受难，解放他们是美国的责任，所以一定要先拿下菲律宾。

之后，麦克阿瑟又和尼米兹直接会谈，详述自己的意见，认为台湾只不过是一个基地，消灭日军战略要地、收复菲律宾才是先决的。尼米兹最后同意了他的意见，于是夏威夷会议圆满结束，决定了先进攻菲律宾的方针。

1944年8月，尼米兹决定由哈尔西将军接替斯普鲁恩斯担任第3舰队（原第5舰队）的指挥官，具体负责登陆部队的海空掩护，其快速航空母舰编队仍由米切尔指挥，但番号改为第38特混舰队。

9月，在战役发起之前，哈尔西首先对菲律宾岛、台湾及琉球等地的日军航空基地进行了大规模的轮番轰炸。在空袭过程中，哈尔西发现菲律宾中部的日军防御非常薄弱，于是在9月13日极力向尼米兹将军建议：提前发起莱特岛登陆作战。他的建议得到了尼米兹和麦克阿瑟两位上将的赞同。9月15日，美参谋长联席会议作出决定：10月20日进行莱特岛登陆战役。

就在莱特湾战役即将开始之际，哈尔西又想到了台湾。他认为，台湾岛是日军"不沉的航空母舰"，而且台湾岛距莱特湾不远，日军的陆基航空兵肯定会对登陆的美军带来巨大影响，必须在登陆作战打响之前先将其除掉。为此，他命令米切尔"务必瘫痪岛上的机场，大量摧毁日军作战飞机"。

10月12日，天刚蒙蒙亮，米切尔将军率领他的第38特混舰队来到了台湾岛以东90海里的海面上。他命令航空母舰一字排开，其他舰只散开在四周进行保护。一切就绪后，他向母舰上的飞机下达了起飞命令。随着一发红色信号弹射上天空，航空母舰的飞行甲板上响起了隆隆的飞机马达声。不一会儿，400余架舰载机就腾空而起，齐向台湾岛方向飞去。

台湾岛日军指挥官福留繁海军中将发现美机后，采取了拼命的作战方式。他把230架战斗机全部派往空中，并命令全岛高射炮兵进入一级戒备状态、同时命令仅有的朋架"1"式陆上攻击机全部挂上鱼雷和炸弹，从另一个方向迂回袭击美舰队。

战后福留繁回忆说："一场可怕的空战在我的头顶上展开了。我们的舰载机大批地朝入侵的美机扑去。我们的飞机看来干得很漂亮。我想，我不能要求它们打得再出色了。片刻功夫，我看到飞机一架接一架起火，往下栽。'打得好！打得好！一次大胜仗！'我拍手称快。待近时一看，使我大失所望。天哪！那些被击落的都是我们的战斗机，而在我们头顶上耀武扬威盘旋的全是敌机！那些涂有美军标志的飞机，每一架机头，机翼处能喷出 4~6 道又粗又长的火舌，日机碰上这些火舌便开始起火、冒烟。而我们的'零'式战斗机射出的曳光弹道明显细小，那些 7.7 毫米口径的机枪子弹只配打打飞鸟，哪里能对付这些装备有厚厚的防护装甲的美国战斗机呢？简直是以卵击石。在这一边倒的片刻作战中，战斗很快结束了，我们彻底失败。"

尽管日机大部分被击落，但福留繁将军仍不死心。此时，他将他的全部希望都寄托在那 80 架攻击美舰队的"神兵"身上。可

不一会儿即得到了报告："我机群还未到达美舰队上空，便遭到'恶妇'式战斗机的拦截，在美机和美舰高射炮打击下，已损失 40 多架'1'式攻击机……"

这时，美军攻击机已将拦截的日战斗机全部消灭，开始在台湾岛上空扔炸弹了。台湾岛上的航空设施遭到严重破坏，而美军仅损失飞机 40 余架。

此后的 3 天内，米切尔又先后 3 次以大批轰炸机对失去防空能力的台湾岛进行轰炸。另外，从中国境内基地起飞的 11 架陆军航空兵巨型 B-29 轰炸机也轰炸了高雄地区。至此，日军在预定地区的航空设施全部被摧毁。

美军以损失 89 架飞机的代价，取得了击毁日军各型飞机近 1200 架的巨大战果。台湾岛已不可能对美军的莱特湾作战构成任何威胁了。在整个作战地区，美军已夺取了制海和制空权，为麦克阿瑟的登陆作战扫清了障碍。

10 月 14 日，米切尔将军心满意足地收回舰载机后，即下令返航。他将和哈尔西一起，挥师向菲律宾杀来。

初战锡布延海双方均遭重创

在菲律宾诸岛中，莱特岛"街亭虽小，关系重大"，是菲律

宾各岛的喉舌部位，也就成了双方必争之地。因此，在这一带日军也倾其海军全部实力，决心与美国人血战到底。10月20日，美军在菲律宾中部的莱特岛登陆，为了支援掩护登陆部队，美军把中太平洋战区的第3舰队和西南太平洋战区的第7舰队全部集中到了菲律宾东部海域，总兵力达12艘航空母舰、18艘护航航空母舰、12艘战列舰、20艘巡洋舰和104艘驱逐舰，只舰载飞机就有1800余架。

然而，就在美军登陆莱特岛的前两天，日本人碰巧截获了美军一份电报，这份电报正好为日军提供了所需要参考的重要情报，于是日本海军司令丰田下令实施"捷－1"作战计划，从而酿成了第二次世界大战中最后一次，也是规模最大的一次海战。

10月17日，美军攻占了莱特岛东面的苏鲁岛及迪纳加特岛。18日夜，日本大本营向日陆、海军颁布了开始"捷－1号作战"的命令。

20日拂晓，美军开始在莱特岛登陆，当天就夺占并建立了登陆场。由第7舰队组织的两栖编队的420艘各型运输舰船，载着213.5万吨的作战物资，云集在莱特湾内。由于登陆场有限，又无

大型港口，卸载工作进展得十分缓慢。

为了支援、掩护后续主力部队登陆，美军把中太平洋战区的第3舰队和西南太平洋战区的第7舰队全部集中到了菲律宾东部海域，总兵力达12艘航空母舰、18艘护航航空母舰、12艘战列舰、20艘巡洋舰和104艘驱逐舰，舰载飞机1280余架。美军自恃兵力雄厚，根本没有考虑对参战兵力实施集中统一的指挥，也没有建立统一的指挥部，第3舰队和第7舰队仍分属中太平洋战区和西南太平洋战区统辖。

美海军第7舰队由金凯德海军中将指挥，除两栖作战编队外，还有两个编队：炮火支援编队——辖有6艘老式战列舰、若干艘巡洋舰和驱逐舰，由奥尔登多夫海军少将指挥，其任务是对登陆兵实施舰炮火力支援，同时阻止日军舰沿苏里高海峡冲入莱特湾；另一个是空潜警戒编队——配置在莱特湾外偏东约70海里处，由斯普拉格海军少将统一指挥的3个护航航母小队组成，辖有4艘护航航母，以及若干艘驱逐舰，其基本任务是实施对空、对潜警戒，以及对己方的登陆部队进行空中支援。

第 3 舰队位于第 7 舰队的警戒编队以北，由哈尔西将军指挥。由于其部分兵力已转隶第 7 舰队，因此哈尔西当时只有第 38 特混编队，下辖 4 个特混大队，拥有航空母舰 16 艘，新式战列舰 6 艘，以及若干艘巡洋舰和驱逐舰。第 3 舰队的基本任务是防止日军舰艇穿过圣贝纳迪诺海峡，从北面冲进莱特湾。但是，尼米兹在莱特岛登陆战发起前，又给哈尔西部署了三项任务：担任战场警戒；防御日本海空军对莱特岛（湾）的反击 3 相机消灭日本海军主力。

日军当时十分清楚，残存的日本海军根本不是美国两个舰队的对手。因此，他们放弃了与美军舰队决战的指导思想，决定以打击美军登陆输送舰船为主，支援莱特岛的抗登陆作战。针对美军强大的攻势，为了通过莱特湾的南北两个海峡口，日军联合舰队精心设置了一个馋人的"诱饵"，即用小泽舰队将美海军主力诱至北方，然后栗田舰队乘机冲入莱特湾，全歼登陆美军。

20 日，栗田舰队驶入文莱锚地，并做好了战斗准备。他和西村中将指挥舰队，定于 25 日黎明一起冲入莱特湾。其行动方案是：他亲率"大和"、"武藏"等 5 艘战列舰，还有 10 艘重型巡洋舰、2 艘轻型巡洋舰、15 艘驱逐舰组成栗田舰队，从巴拉望岛西岸北上，经锡布延海，穿圣贝纳迪诺海峡，冲向莱特湾。西村海军中将指挥"山城"、"扶桑"号战列舰、1 艘重型巡洋舰、4 艘驱逐舰组成西村舰队，经苏禄海，穿过苏里高海峡，侧攻莱特湾。志摩舰队也同时南下助战，3 支舰队对莱特湾形成钳形攻势。

同日，小泽舰队沿丰后海峡开始机动。小泽及其官兵心里十分明白，"歼灭美军航空母舰编队"仅是字面上的任务而已，而牺牲本队，保障栗田等主力舰队作战才是真正的目的。小泽舰队看起来阵势堂堂，但舰载机只有 108 架，还不够几艘航空母舰编制数的一半，并且飞行员都是缺乏训练和实战经验的新手。因此，其战斗力可想而知。

21 日，正在南下的志摩舰队接到"从苏里高海峡向莱特湾冲进"的命令。这样，西村和志摩两个舰队决定同时从苏里高海峡冲进莱特湾。

10 月 22 日 8 时，栗田舰队由文莱湾出发，经巴拉望西方海面北上。西村舰队则于 22 日下午 3 时驶离婆罗乃港。志摩舰队驶向台湾海峡。小泽舰队也在台湾东方偏北的海面出现。各舰队都在按预定的计划开始行动。

但是，厄运首先笼罩在日军主力编队栗田舰队头上。10月22日夜，美军"飞鱼"号侦察潜艇发现了栗田舰队，并且马上向哈尔西作了报告。根据哈尔西的指示，"飞鱼"号呼唤同伴"绦鱼"号，一同尾随栗田舰队，并伺机攻击。

23日黎明，栗田在旗舰"爱岩"号重巡洋舰上下达"躲避潜艇曲折航行"的命令。但是，大祸仍然很快就临头了。正在舰桥上指挥的栗田感到脚下一阵强大的震撼，"爱岩"号中弹了。与此同时，邻舰"摩耶"号重巡洋舰也尾部起火。两艘战舰顿时被浓烟和火焰所笼罩，不到几分钟就沉入了海底。几艘驱逐舰迅速驶来营救，栗田和他的参谋们不得不在汹涌的海水中泅到救援舰上。

祸不单行。18分钟后，重巡洋舰"高雄"号也被两枚鱼雷击中，失去机动能力。栗田不得不派两艘驱逐舰护送"高雄"号撤离战区。

恼怒的日军开始攻击美军潜艇，驱逐舰发射的深水炸弹在辽阔的海面上激起一层层巨大的水柱。美军"飞鱼"号潜艇在躲避中不小心触礁沉没。

离莱特湾还有近两天的航程，日军不敢恋战，只好鸣锣收兵，调整队形继续前进。

栗田舰队在对潜艇防御的恐惧中迎来了日出。天亮后，栗田下令将指挥部移至"大和"号。坐在这艘当时世界上最大的战列舰上，栗田的心里才似乎有了一点平衡的安全感。

白天总算平静地过去了。夕阳西沉，夜幕又开始降临，栗田默默地祷告，并命令舰队全速航行。

哈尔西从美军"飞鱼"号22日夜发回的电报中得知，不久将有一支大的日军舰艇编队从北面向美军莱特岛登陆部队发动攻击。他仔细地琢磨着"飞鱼"号发回的电报："发现舰艇多艘，其中3艘属战列舰。"那么日军的航母在哪里？这是哈尔西此时最为关心的核心问题。

23日晨，哈尔西将他的第38特混舰队展开在圣贝纳迪诺海峡东部，并命令各大队开始搜索日军舰队。

上午9时左右，驶入锡布延海的栗田舰队被美侦察机发现。此时，哈尔西的第3舰队正在菲律宾以东海面待命，自北向南分别是薛尔曼少将的第3特混大队；博根少将的第2特混大队；戴维森少将的第4特混大队。莱特湾海域则是金凯德海军中将的第7舰队。

10时38分，美军第一攻击波12架SBD"无畏"式俯冲轰炸机和18架TBD"掠夺者"式鱼雷攻击机，在36架格鲁曼—6"恶妇"式战斗机的掩护下，向栗田舰队袭来。当美机飞临栗田舰队上空时，栗田几乎没有一架飞机在空中阻拦，只好靠舰上强大的防空火力来应付了。海空激战刚一开始，就有8架美机被击毁，但美机仍顽强进攻，重点指向"武藏"号战列舰。

"武藏"号是与"大和"同型的巨型战列舰，1937年动工，1942年底才下水。它的舰长263米，宽39米，满载排水量为7.2万多吨，全舰大小火炮共计152门。该舰重铝厚甲，装甲厚达410毫米，与"大和"号一起被称为"永不沉没的战列舰"。

面对猛扑而来的美机，"武藏"号上的152门大小火炮一起开火，在巨舰上空织成了一张密集的弹网。但是，仍不能有效阻挡美鱼雷机的攻击。不一会儿，就有3条鱼

雷和3枚炸弹击中了"武藏"号右舷。

12时整，36架TBD"掠夺者"式鱼雷攻击机和24架TB"复仇者"式鱼雷攻击机，在18架"恶妇"式战斗机的掩护下，对栗田舰队进行了第2次空袭。在纷纷坠落的炸弹中，又有3枚重磅炸弹和2条鱼雷击中了"武藏"号，其中2枚穿透了两层甲板后爆炸，造成巨大破坏。

12时22分，第3攻击波的42架飞机又蜂拥而至。"武藏"号战列规再遭劫难，又有3条MK－13型新式鱼雷击中"武藏"号右舷，剧烈的爆炸几乎把右舷的外装甲全部撕裂。此后，4枚重磅炸弹又命中同一部位，使海水大量涌入，舰首开始下沉。

14时22分，60架美机又发起了第4次攻击，仅"武藏"号就遭到近40架SBD"无畏"式俯冲轰炸机和TBD"掠夺者"式鱼雷攻击机的攻击。被8枚炸弹命中后，这艘巨舰的上层建筑全部被破坏，舰首继续下沉。

15时左右，近100架美机又前来光临栗田舰队。美"企业"号航空母舰上的飞行大队长史密斯海军中校，带着12架SBD"无畏"式俯冲轰炸机直扑"武藏"

号，接着 10 架 TBD "掠夺者" 式鱼雷攻击机又呼啸而来，顷刻间就有 12 枚重磅炸弹和 11 条 MK-13 型鱼雷命中 "武藏" 号。"武藏" 号一下子就消失在鱼雷和炸弹爆炸所激起的冲天水柱和团团浓烟之中。15 时 55 分，这艘 "永不沉没的战列舰" 翻转着它那庞大的身躯，带着遍体鳞伤沉入了锡布延海，长眠在那海藻丛生的海底，为 "武藏" 号陪葬的舰员近 2500 人。

此时，日军舰队虽然遭到了重创，但整个舰队仍具有相当强的战斗力。为暂时避开美军的攻击，栗田中将下令："紧急撤退！" 实际上是为了给哈尔西制造一个假象。

16 时 22 分，哈尔西得知日舰队撤退的消息后，便判断日本人损失惨重，正在落荒而逃。他们已不可能对美登陆部队构成任何威胁了，因而也就没有进行正准备实施的第 6 次空袭。可是，一直没发现日本人的航空母舰，却使哈尔西焦急不安。日本人的航空母舰究竟在哪儿？

此时，正在向南急驶的小泽心急如焚，因为他得知栗田舰队已经遭到美机猛攻后，就一再发出明码电报，以期引起哈尔西的注意。然而，哈尔西的飞机正在

猛烈地轰炸栗田，根本没有发现小泽这块送到嘴边的 "肥肉"。"诱饵" 不灵，小泽也只好豁出去了，主动发起攻击。

10 月 24 日下午 15 时，小泽几乎出动了全部作战飞机，向美军第 3 舰队的一支轻型航空母舰特混舰队大模大样地发动袭机。

当第一攻击波 60 余架飞机抵达美舰队上空时，这支轻型特混舰队仅从 "埃塞克斯" 号上起飞了 7 架 "恶妇" 式战斗机迎战，其余不适于空战的舰载攻击机只好像摆设一样整齐地排放在飞行甲板上。可就是这不起眼的 7 架战斗机，却发挥了巨大作用。美军飞行员几乎是个个身手不凡，在半小时的空战中，戴维·麦克坎贝海军中校和他的僚机罗伊·拉辛格上尉击落了 15 架日机，麦克坎贝独自击落 9 架，创造了太平洋战争中一次战斗单机击落敌机的最高纪录。

可 7 架飞机毕竟无法完全挡住 60 余架飞机的攻击，有近 20 架日机飞抵 "埃塞克斯" 号上空。但是，这些刚刚补充的新飞行员水平也确实太差，他们投下的炸弹竟然没有一枚命中，只是围着美舰激起了无数冲天的水柱，美舰却毫无损伤。

第 2 攻击波的 80 架飞机为了

世界通史

最新整理图文珍藏版

取得战果，集中全力攻击了"普林斯顿"号轻型航空母舰，这艘舰上仅有的8架战斗机全部升空。美军飞行员凭借其飞行技能和机载武器火力的优势，一下子就击落20架日机。舰载高射炮密集的防空火力也击落10架日机。

一位战斗机飞行员卡尔·布朗海军上尉说："我们将80架日机拖住了15分钟……击落了28架。按说，我们不能用8架'恶妇'式战斗机去对付80架敌机，但在它们攻击我们军舰的时候，我们必须首先攻击它们……我们开足油门，紧追不舍，用一切火力射击。"

然而，这些勇敢的美国飞行员仍未能挽救这艘航空母舰的命运。在一片不太引人注意的云层里，一下子钻出了8架日俯冲轰炸机，它们一出现便开始俯冲攻击，美军根本来不及作出反应，便有3枚重磅炸弹落在了这艘巨舰的飞行甲板上，恰好有一枚穿透甲板钻进机库爆炸，并引爆了机库内6架已挂上鱼雷的TB"复仇者"式鱼雷攻击机，顿时燃起了冲天的大火。不一会儿，又一声"轰隆隆"的巨响，"普林斯顿"号尾部的鱼雷库被大火引爆，这艘倒霉的巨舰，顷刻间就在近

千名舰员的陪同下一起沉入了波涛汹涌的大洋。这是两年前所罗门海空战中"大黄蜂"号被击没以来，美国损失的第一艘航空母舰。

17时整，有"蛮牛"之称的哈尔西得到了日舰载机袭击"埃塞克斯"号的消息后，立即率庞大的特混舰队高速北上。此时，他一心只想着要击毁日本人的航空母舰，根本不知道日本航空母舰实际上是纸老虎，舰上几乎没有飞机了。他认为，日本航空母舰是他最重要的攻击目标，而这恰好中了日本人的圈套。后来，哈尔西在他的回忆录中写道："我走进作战室，用手指着海图上300海里以外的日本北方舰队说，我们驶向这里……向北追歼他们。"

17时50分，他电告金凯德："栗田舰队业已受创西撤，我正率3支舰群北上，以期能于25日拂晓袭击敌军航空母舰。"就这样，哈尔西这支"猛虎"终于离开了他应该保护的登陆部队，被日本人调离下"山"了。

日军三支舰队无力冲入莱特湾

接到"从苏里高海峡向莱特湾冲进"的命令后，志摩舰队于24日黎明从哥伦湾出发，由苏禄海南下，与西村舰队在棉兰老海

会师。24日傍晚，由于没有收到栗田通知推迟攻击的电报，两个舰队经过暮色苍茫的棉兰老海，按照预定的攻击时间，向莱特湾挺进。此时，西村舰队领头，志摩舰队在后，相距约60海里。

其实，志摩舰队还在苏禄海航行时，美军第5航空队的侦察机就发现了它。后又跟踪发现了西村舰队。

金凯德认为，这两支舰群同属于一个编队。他自信地判断，这支编队的前进目标肯定是经过苏里高海峡驶向莱特湾。金凯德确信，哈尔西的第3舰队会有效打击从北面来的日本舰队。因此，他命令第7舰队全力去封锁苏里高海峡，并由奥尔登多夫海军少将负责具体指挥。奥尔登多夫手中拥有老式战列舰6艘、重型和轻型巡洋舰各4艘、驱逐舰21艘、鱼雷艇39艘。他在苏里高海峡由远及近，布设了鱼雷艇、驱逐舰和战列舰三道防御，严阵以待，等候日军舰队的来临。

24日23时，美军的鱼雷艇开始袭击进入攻击区的西村舰队。由于日舰用探照灯和速射炮联合抗击，使美军的鱼雷艇不能有效地发射鱼雷，勉强发射的鱼雷也都没有命中目标。但是，美军的

鱼雷艇在攻击的同时，却将西村舰队的情况随时向奥尔登多夫作了报告。25日凌晨2时，美军鱼雷艇部队放弃了攻击，撤出战斗。

2时30分，美军的驱逐舰投入了战斗。美军驱逐舰部队分为两个分队，从东西两个方向向西村舰队发射鱼雷。不料日军早有警觉，用探照灯把美舰照得雪亮，并施以猛烈的炮击。美军驱逐舰顿感苗头不对，迅速施放烟幕撤出了战斗。但是，美舰发射的鱼雷还是收到了一定效果。日军1艘驱逐舰被击沉，另有2艘被击伤。旗舰"山城"号战列舰也被美军的数条鱼雷击中，爆炸沉没，西村等海军官兵也随舰一起消失在漆黑的苏里高海峡之中了。另2艘日本战列舰"扶桑"号也中了1条鱼雷，舰长坂匡海军少将接替指挥，率领残存的舰艇继续沿海峡北上。

此时，奥尔登多夫的第三道防御——战列舰和巡洋舰编队，已经在海峡口一字排开，张着炮口等待着这份丰盛的"夜餐"。

凌晨3时50分，当日舰进入美军战列舰和巡洋舰的射击范围时，美舰突然一齐开火。经过20多分钟的激烈炮战，西村舰队已不复存在了，只剩下1艘断后的

驱逐舰在负伤后见势不妙夺路而逃，从死亡的地狱中捡回了一条性命。在混战之中，美也有1艘驱逐舰——"格兰特"号稀里糊涂的中了12发炮弹而沉没。除此之外，美舰无一伤亡。

1小时之后，志摩舰队步西村舰队的后尘而至。随即，志摩舰队也是首先遭到了美军鱼雷艇的攻击，该编队1艘轻巡洋舰当即中雷负伤，航速随之下降。但是，整个志摩舰队继续前进。不久，志摩便看见正在燃烧下沉的日军舰艇。

紧接着，舰上的雷达又发现了前方有美国军舰，志摩随即命令驱逐舰发射鱼雷攻击。但毫无效果。而志摩的旗舰随即转向，不料又撞上了1艘正在下沉的日军舰艇。被撞舰上日军愤怒的谩骂声立即使志摩清醒地意识到：此处已成为日军舰艇的"坟场"。此时，他又回想起自昨天下午接收到栗田舰队的一份电报后便中断了联系，只收到了联合舰队司令长官的回电："仰仗神明的庇佑，全军猛进突击。"但是，栗田在哪里？志摩意识到，此时前进的危险性太大。于是决定撤退，以期另寻战机。

天亮后，美机向撤退的志摩舰队发起了攻击。由于日军已有准备，美军攻击效果甚微，只是将受伤落伍的"阿武隈"号轻巡洋舰击沉而已。

此时，莱特岛滩头，大批的舰船正在继续卸载，岸边是堆积如山的物资。

栗田舰队在24日经历了美机接连5波攻击后，紧急撤退。夜幕又一次降临了，黑暗笼罩着栗田舰队。然而，栗田的内心却依旧十分紧张。在这狭隘的圣贝纳迪诺海峡是否会有水雷？哈尔西的战列舰是否已在海峡出口摆好了"T"字阵列？栗田内心越想越恐惧，但没有其他选择，只有"仰仗神明庇佑"了。

栗田命令整个舰队列成编队，做好在海峡口炮战的准备。接着，栗田向舰队全体官兵发出了一道措词直率的命令："冒全军覆没的危险，猛进突破，一举歼灭敌军。"面色憔悴神情紧张的日本水兵登上了炮位，不知道等待他们的将是什么样的命运。

25日1时左右，栗田舰队（当时尚有战列舰4艘，重巡洋舰6艘，轻巡洋舰2艘和驱逐舰11艘）驶出了圣贝纳迪诺海峡。雷达迅速扫描了周围50海里的海面，没有发现任何美军，连一艘警戒的舰船都没有！栗田十分惊讶，同时心中的希望之火重新燃起：沿萨马岛东岸南下，向莱特湾挺进！

天色越来越亮，一轮红日从东方的海平面上冉冉升起。栗田发布了新的命令，舰队进入防空航行队形。

6时45分，日军瞭望哨突然发现东南水平线上有4根耸立的桅杆。栗田及参谋人员又惊又喜，认定这就是哈尔西的航空母舰编队。"抓住天赐良机，保持现有队形，立即突击。"栗田发出紧急命令。

实际上，这支美军舰群是C·斯普拉格海军少将指挥的护航航母小队，代号"塔菲3号"。

6时58分，"大和"号战列舰上的460毫米巨炮开始射击，美舰周围立即掀起了高达百米的巨浪。顷刻之间，日军各舰炮火齐鸣，美军被猛烈的炮火所覆盖。

C·斯普拉格拼命向金凯德呼救。金凯德及时向哈尔西通报，并要求他给予支援。7时30分，哈尔西电告金凯德："我正率部攻击敌航母，难以脱身。"金凯德又下令镇守苏里高海峡的奥尔登多夫率战列舰编队火速北上支援斯普拉格。不料，奥尔登多夫回电：

"此时油弹不足，尚需补给，即使不补给也要2个小时以后才能赶到。"

2个小时以后的第7舰队可能早已被日军舰队消灭了，莱特岛的运输船和堆积如山的滩头物资可能早就上西天了。怎么办？金凯德心急如焚。

此刻，在萨马岛海面上，斯普拉格正以16节的速度落荒而逃，而日舰以30节的高速穷追不舍。

日舰愈追愈近，施放烟幕已经没有任何作用。为了赢得时间，斯普拉格命令担任警戒的驱逐舰反扑过去，实施自杀性攻击。美军3艘驱逐舰奉命调转头来，迅速扑向日舰，一进入8000米有利射程后立即发射鱼雷。日军1艘巡洋舰被击中，其他日舰不得不暂停追击，进行规避。3艘美军驱逐舰不依不饶，仍然对日舰进行猛烈的炮击。

对于重铝厚甲的日军战列舰和巡洋舰来说，驱逐舰的火炮攻击犹如隔靴搔痒。相反，3艘美驱逐舰却被日舰的巨炮轰得百孔千疮，其中两艘迅速沉没。当日舰再次追近的时候，斯普拉格又命令4艘护卫舰冒死拦击，结果又是以卵击石，1艘沉没，3艘负伤失去了战斗能力。

至此，斯普拉格的招数已经用尽。栗田舰队横展在 15 海里宽的海面上，对美舰展开最后的"围剿"。1 艘护航航母中弹后主机停车，减速掉队，9 时 7 分，带着周身大火沉入海底。另外两艘护航航母也中弹数发，但由于仅穿透舰体而未爆炸，逃脱了厄运。

正当斯普拉格绝望之时，日舰突然停止了射击，转向回撤。身陷绝境的斯普拉格终于从死亡地狱中逃了出来。

原来，栗田舰队分得很散，"大和"号与大部分舰艇失去联系。栗田考虑到冲入莱特湾后的燃料问题，便下令停止追击，让其他舰向"大和"号靠拢。10 时 30 分，栗田舰队集合完毕，开始南下。11 时 20 分，航向东南，向最终目标——莱特湾进击。

12 时 30 分，栗田对战场情况作出如下判断：因为与美航空母舰群交战而耗费了时间，失掉了策应苏里高方向部队的时机，因此不到午后不能冲入莱特湾；在午前的战斗中，根据美军"请求援助"和"2 小时以后"的报文内容，美舰船不在湾内的可能性很大；随后窃听电报又得知：美方命令航空母舰飞机在塔克洛班基地着陆，又在莱特岛南面集中

以多艘航母为主体的舰队，日方如冒险冲入湾内，在狭小海面无法自由行动，将受到美大量飞机的集中攻击，战况对日方十分不利。

基于上述判断，12 时 36 分，栗田下达"全舰队北进"的命令。栗田想在莱特湾外与赶来支援的美军舰队再决战一场。

至此，日军派往莱特湾阻止美军登陆的三支舰队中的西村舰队被消灭，志摩舰队带伤撤离，栗田舰队已经到了莱特湾又命令"全舰队北进"。他们无一冲入湾内，使湾内的美军得以从容地卸载那堆积如山的物资。

美军乘胜追击锁定胜局

24 日，小泽将舰队分为前卫和本队两个舰群进行活动，以便吸引美军的注意。晚 8 时，当小泽得知栗田舰队已经返航后，便命令舰队收拢，向北方退避。不久，小泽又接到联合舰队司令的"仰仗神明庇佑，全军猛进突击"的电令。子夜，他又率部再度折回南下。

25 日 6 时左右，小泽舰队的本队与前卫部队在预定海域会合。此时，小泽拥有大型航母 1 艘、轻型航母 3 艘、战列舰 2 艘、轻巡洋舰 3 艘和驱逐舰 8 艘。

与此同时，在甲板上待机的美军第一攻击波的 180 架飞机也跟随着侦察机起飞了。由于美军突击机群在空中得到了及时的引导，8 时稍过就发现了小泽舰队。美机立即开始冲破日舰空中火力屏障和仅有的 13 架日军战斗机的拦阻，进行猛烈的攻击。小泽的"千岁"号轻型航母首先被炸沉，"瑞鹤"号航母也被鱼雷击中。此外，还有 1 艘驱逐舰被美军击沉。

小泽在美机的猛烈攻击中，不忘自己的使命。8 时 30 分，他向栗田发了一份电报："敌舰队已被我诱至北方，目前正在集中火力向我进攻。"然而，对于这份极为重要的电报，栗田却没有收到。

10 时，美军对小泽舰队进行了第二次攻击。此次空袭中，日军 1 艘巡洋舰被击伤，航速降为 10 节；"千代田"号轻型航母也中弹起火、开始倾斜。

此时，哈尔西早已杀红了眼，根本顾不得认真地分析金凯德的数份求救电报，他要集中全力消灭眼前这股残存的敌人。

常言道：旁观者清，当局者迷。远在千里之外的夏威夷，尼米兹发电告诫哈尔西"上当了"。直到此时，哈尔西才大梦初醒。他立即火速收兵，亲自率战列舰

编队先行，第 38 特混舰队和第 4 特混大队随后，日夜兼程赶往莱特湾。留下米切尔海军中将指挥第 2 和第 3 两个特混大队，继续追歼小泽舰队。

11 时 45 分，米切尔指挥第 3 批突击机群发起第三次攻击，袭击了残存的日军航空母舰。结果，"瑞凤"号被重创，"瑞鹤"号又被 3 条鱼雷击中，不久也沉没了。这艘日本惟一尚存的参加过偷袭珍珠港航母的沉没，表明美国海军已经报了当年的"一箭之仇"。

午后，美军第 4 次派出突击机群，终于将奄奄一息的"瑞凤"号航母也送入了海底。

18 时，小泽舰队在暮色中开始撤退。撤退途中又遭到美潜艇的袭击，1 艘负伤的巡洋舰又被击沉。此外，小泽放弃的重伤的"千代田"号轻型航母，也被美军水面舰艇给击沉了。

此次战斗中，日军先后被美军击沉了 4 艘航空母舰，1 艘巡洋舰，两艘驱逐舰。损失虽然相当惨重，但是却达到了引诱美军机动部队北上的目的。然而，小泽所付出的巨大牺牲却没有换取日军预想的战果。因为栗田并没有利用小泽创造的这一有利战机，去争取莱特湾抗登陆作战的胜利。

小泽成了白白送给敌人的诱饵。

26日8时34分，哈尔西命令随后赶到的第4特混大队的30架美机，向栗田舰队撤退的方向追击。日军"大和"号战列舰被2枚炸弹击中，另艘巡洋舰"能代"号也中雷沉没。

至此，人类历史上规模最大的、以登陆与抗登陆为背景的海战——莱特湾大海战，终于落下了帷幕。此次海战，作战空间在东西宽600海里、南北长2000海里的广阔海域全面展开，双方共计参战的作战舰艇293艘，飞机1996架。

莱特湾海战的结果，极大地影响了莱特岛陆上作战的进程和结局。12月7日，美军第77师从海上迂回到西海岸上陆，使陆上日军腹背受敌。12月30日，美军宣布基本上占领莱特岛，歼敌5万余人。

在莱特湾大海战中美军参战兵力多达航空母舰16艘、护航航母18艘、战列舰12艘、重巡洋舰11艘、轻巡洋舰15艘、驱逐舰144艘、护卫舰25艘、运输舰后勤辅助舰592艘、飞机近2000架、在战斗中被击沉航空母舰1艘、护航航母2艘、驱逐舰2艘、护卫舰1艘、被击伤护航航母4艘驱逐

舰2艘、护卫舰3艘、潜艇1艘；损失飞机162架，伤亡不足3000人。

日军参战的兵力可以说倾其所有，共有航空母舰4艘，战列舰2艘、重巡洋舰14艘、轻巡洋舰7艘、驱逐舰32艘、飞机约600架、在战斗中被击沉航空母舰4艘、战列舰2艘、重巡洋舰6艘、轻巡洋舰4艘、驱逐舰10艘、被击伤航空战列舰1艘、战列舰4艘、重巡洋舰3艘、轻巡洋舰2艘、驱逐舰3艘；损失飞机288架，伤亡超过1万人。

经此一役，美军全歼了日本航空母舰编队，夺取了菲律宾海域的控制权。而显赫一时的日本帝国气数将尽，濒临灭亡的边缘。

战后，日本海军大臣米内光政在评价莱特湾海战对日本帝国的影响时说："我觉得这就是终结！"

综观莱特湾大海战，日军失败的原因除了战略上整个局势极为不利、战术上兵力处于绝对劣势外，还有如下一系列具体原因。

航空兵力薄弱。特别是飞行员在训练水平、战术素养上都与美军相差得太远。美国"埃塞克斯"号上起飞了7架"恶妇"式战斗机顶住了日本第一攻击波的

60余架飞机,而"普林斯顿"号轻型航空母舰仅有的8架战斗机竟然打乱了日本第2攻击波的80架飞机!具有武士道精神的日本飞行员不可谓不勇敢,然而在战场上为何这样的笨拙呢?很简单,就是因为缺乏足够的训练。当然,可以说这个责任并不完全在于这些年轻的飞行员,因为他们可能刚刚懂得什么叫做飞行就被派到了战场。这也说明日本在这场战争中消耗太大,已经没有支持这场战争的资源和潜力了。

总之,这场大海战创下了几项世界纪录:战场广,战区东西宽600海里,南北长2000海里;时间长,不算莱特岛登陆,从23日到26日双方军舰整整厮杀了3个昼夜;规模大,不含麦克阿瑟的登陆船队,双方参战舰达293艘,飞机达1996架。

此次大战的特点是,美军凭势,日军斗巧。胆大妄为的哈尔西上钩使美军险遭不测,而优柔寡断的栗田的失误却使日军功败垂成。经此一战,日本海军彻底丧失了海外作战能力,南洋日军尽成孤军,以上种种原因,促使日本不可避免地走向失败。

"本土决战"的失败

硫磺岛和冲绳岛相继失守后,战火已临近日本本土,法西斯日本已处于败降前夕。但日本军国主义者乃不甘心灭亡,他们一方面极力准备在本土实行决战,妄图进行最后的挣扎;另一方面又幻想在有利的条件下谋求妥协,以保住军国主义势力。早在3月20日,日军大本营制订了在本土决战的"决号作战准备纲要",其基本内容是:利用本土作战的"有利条件",先以残存的陆海军、航空兵实行特攻作战,力求在海上挫败准备登陆的盟军;尔后将日本本土全部地面兵力,集中于主要方向,实行纵深配置,对上陆的盟军部队进行坚决抵抗,以决战争胜负。

日军判断,盟军将于6月以

美军战机攻击日本军舰队

世界通史

最新整理图文珍藏版

后，在九州、四国地区登陆，初秋以后在本州的关东地区登陆。为此，日本必须在此之前以关东和九州为重点完成本土作战准备。从 1945 年 2 月起，日本加紧从中国东北和朝鲜等地向本土调集兵力，加修重点地区的工事，竭力提高军需生产。日大本营确定，在 7 月以前，在全国实行第三次动员，使本土总兵力达到 250 万人，飞机达 7000 架，以便遂行决战。与此同时，日军实行了战时组织体制改革，撤销了原东部、中部及西部军司令部，成立了专门担负本土作战任务的 5 个方面军司令部和专负地区警备任务的 5 个军管区司令部。至 6 月中旬，日本在本土共集中步兵 53 个师团、25 个旅团，2 个战车师团、7 个战车联队，4 个高炮师团。陆军航空兵编为 3 个军，共有特攻机 2100 架，其他飞机 1100 架。海军仅有驱逐舰 19 艘、潜艇 38 艘。至

7 月底，组成特攻突击队 33 个、特攻艇 2593 只。海军飞机共有 5200 架，大部为特攻机。进行本土决战的陆海军总兵力达 240 万人。

为了把日本国民驱上战场，日政府于 6 月 22 日和 23 日相继颁发了"义勇兵役法"和"国民义勇战斗队统率令"，规定 15～60 岁的男性公民和 17 岁～40 岁的女性公民均须服役，适龄人员都要编入"国民义勇战斗队"，从事各项为战争服务的活动。根据这项法令组织起来的"国民义勇战斗队"，包括男女老少在内，总人数达 2800 万。日本实行决战的指导思想，就是在海上、空中和陆上都实施不断的特攻作战，以挽救军国主义者失败的命运。所谓陆上特攻战法，除拼刺刀之外，还包括对坦克实行肉搏攻击，用一个兵拼搏炸毁一辆坦克。日军参谋次长河边在 6 月 8 日御前会议上

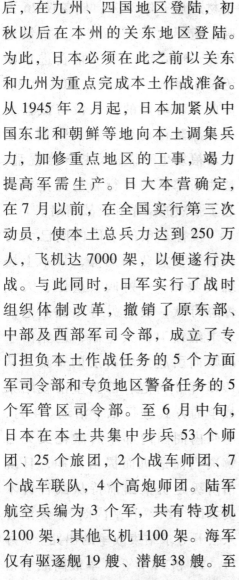

日本最大的无畏战舰"大和"号

"谢尔曼"喷火坦克专门用来消灭躲藏在岩洞中的日军

声称，实行本土决战对美军不利，而对日军则"绝对有利"。他叫嚷再把"皇国的万物众生统通化为战力"，"发挥一亿国民的特种攻击精神"，以"互相刺杀的战法"消灭敌人，保卫国土。

日本军国主义分子的叫嚣掩盖不了其衰亡的实质，也扭转不了日本面临总崩溃的败局。从1944年底以来，日本海军已彻底被击溃，航空兵也遭到毁灭性打击。特别是日本从南方掠夺战略资源的运输线已被切断，国内资源枯竭，储备告罄，不仅严重影响了作战，生活保障也极端困难。至1945年3月底，作为战争和一切经济活动的大动脉石油的储存量仅有40万吨，海空作战已难以保障，汽车燃料和重油至二季度即将全部用完。和1943年相比，

钢材产量下降35%，储备仅26万吨，造船业降至27%，飞机制造64%，轻武器50%。粮食进口断绝，年度米产量只有300万吨。因此，新动员的部队没有武器装备，部队行动受到很大限制，全国口粮发生恐慌，局势异常混乱，法西斯部队的横行和与民抢粮引起了强烈的反军和反战情绪。

接替东条的小矶内阁已无力控制日益恶化的局势，日本上层统治集团——财阀、重臣、天皇惊恐万状，被迫另寻出路。他们力求继续卫护天皇制，避免由于战败而引起工农阶层的革命。从1945年2月起，部队重臣就结束战争的方式进行私下活动。4月，小矶内阁因内部矛盾激化又无法解决当前危机而提出辞职，日统治阶级趁机推出前侍从武官铃木贯太郎组织"和平内阁"，逐渐转入公开寻求结束战争的出路。5月11、12和14日，日本最高战争指导会议决定，要努力防止前苏联参加对日战争，并请前苏联从中斡旋，同美、英进行和谈。6月22日，日本天皇亲自召集最高战争指导会议成员，提出迅速谋求结束战争的途径。日本政府确定通过前苏联驻日大使和日本驻苏大使向苏方交涉，希望前苏联以

"中立国"身份在日本和西方盟国之间进行调停，沟通谈判道路。日本还准备派出前首相近卫文麿赴苏交涉。但前苏联政府以各种理由没有接受日本政府的要求。7月26日，美、英、中发表波茨坦公告，要求日本无条件投降，否则必将受到毁灭性打击。但日政府认为公告对保留天皇制没有保证，态度犹豫，企图继续通过前苏联斡旋。铃木在军部的压力下公开表示，日本对公告绝对置之不理，并将把战争进行到底。由于日本统治集团顽固不化，使日本人民遭受了更加惨重的灾难。

早在1944年12月，美国参谋长联席会议根据战况的发展，拟订了在日本本土实施登陆的计划。他们的设想是，在占领冲绳之后，加紧对日本的轰炸和海空封锁，以摧毁敌人的抵抗意志。尔后于1945年11月在日本南部的九州登陆，建立海空基地，为1946年3月在本岛登陆创造条件。1945年3月，美国参谋长联席会议重新改组了太平洋战区的指挥机构，麦克阿瑟负责全部地面部队的指挥，尼米兹负责海军的指挥，太平洋战区的战略空军由斯帕兹上将统一指挥。5月25日，参谋长联席会议正式下达了在日本九州和本州的关东地区登陆的时间和要求的指示。

太平洋美军根据参谋长联席会议指示，于5月底开始拟订在九州和关东地区登陆的具体计划。计划规定：在登陆前，要以驻马里亚纳群岛、硫磺岛和冲绳岛的全部美军航空兵与太平洋舰队相配合，摧毁日本海空基地和工业设施，瘫痪其海陆交通，消灭日本本土和亚洲大陆上的全部日军飞机，摧毁上陆地区的日军防御设施，切断本州与九州等本土岛屿之间的联系，以及本州南北的陆上交通，以便彻底孤立九州、特别是上陆地区的日军。此外，战略空军还要担负对一些战略目标（如大城市）的轰炸任务，以瓦解敌人的士气。美军计划在九州南部地区的登陆兵力为第六集团军，下辖4个军共14个师。登陆之后，每隔30天增加3个师，总兵力为81.5万人。登陆部队的海空支援由太平洋舰队第三、第五舰队和太平洋地区的航空兵担任。在本州的关东地区的登陆，将由3个集团军、4个军共25个师实施，总兵力达117万余人。登陆计划详细拟订了对付日本自杀飞机和自杀艇的计划，要求首先摧毁日军的自杀飞机基地，压制登陆地区 800 公里以内的所有机场，在船团和登陆地区上空保持强大的航空兵掩护群，在敌机、艇可能出击的方向派出雷达监视机和雷达哨艇，昼夜不间断地进行巡逻，最后，还要求各种舰船上都配备一定数量的高射炮。美军预计，通过以上措施，可以使自杀机、自杀艇的攻击成功率由冲绳作战时 1/15 降至 1/20。

日海军王牌战列舰"武藏"号

在拟订对日本本土登陆计划之前，美军就开始了对日本的战略轰炸。从 1944 年 6 月 15 日开始，美国战略空军 B—29 型超级空中堡垒约 50 架从中国和印度的基地起飞，对日本钢铁工业城市八幡进行了轰炸。1944 年下半年，美机从上述基地共出动 10 次，投弹 800 吨。自从占领马里亚纳群岛之后，美战略空军又以该群岛为出动基地，对日进行大规模轰炸。1945 年 3 月 9 日，美军一次出动 B—29 型机 234 架对东京进行面积轰炸，共投燃烧弹 1667 吨，使该市 1/4 地区燃起了大火，

烧毁房屋 26.7 万幢，死伤市民 18.5 万人。此后，大阪、神户、名古屋、横滨也都遭到燃烧弹的袭击而部分被烧毁。从 1945 年 6 月 17 日至 8 月 14 日，美机向日本的 58 个城市投燃烧弹 8.5 万吨，摧切面积占这些城市的一半，炸毁房屋 250 万幢，1300 万居民逃到郊区。至 8 月 14 日日本投降前，美战略空军第三一五联队对日本炼油厂和油库共投弹 9100 吨，日本仅有的一点石油储存被炸毁 1/7，炼油能力下降 80%。

1944 年底，日本海运能力已由开战时的 600 万吨下降至约 300 万吨。莱特湾海战以后，日本和南方的运输线已被切断。日本的海运活动仅限于中国东海和日本海，仅有的航路是经过对马海峡到朝鲜和中国华北、东北的航线。1945 年春、夏，硫磺岛、冲绳岛作战时，美国开始对日本本土岛屿的封锁。从 3 月底以后，在下关海峡两侧和神户、广岛、佐世保等港湾布雷。5 月份，美军在本州的西海岸从新潟至下半各港、濑户内海和北九州等沿海都进行了大面积的布雷。美第二十航空队对日本的空中布雷持续 4 个半月之久，出动飞机 1700 多架次，共投水雷 1.4 万枚，击沉击伤日

本船只 670 艘，共 139 万余吨，使日本海上交通陷于停顿，下关海峡，名古屋、横滨、东京和盐釜等港口先后被封锁。

美军占领冲绳以后，全部美舰投入对日本的轰炸和炮击活动。7 月 10 日起，美快速航母编队的舰载机对东京周围机场、本州北部和北海道的函馆、室兰及津轻海峡的火车轮渡等目标进行了大规模轰炸。北海道对本州的煤炭供应几乎断绝。美舰还对横须贺港内残存的日海军舰只进行了袭击，击沉各型舰只 22 艘，对日立、神户、大阪、舞鹤、清水等港口和城市进行了直接的炮击。

盟军的轰炸、炮击和封锁，使日本经济陷于瘫痪，社会陷于混乱。日本 1/4 的住房被毁，死 26 万人，伤 41 万余人，2300 万人无家可归。粮食进口已不可能，各种物资极端缺乏，法西斯日本已面临绝境。

日本投降

原子弹的研制

原子弹又称裂变武器。它是利用铀等重原子核在中子作用下发生裂变链式反应时，瞬间释放

1945 年，被原子弹炸后的广岛。

出巨大能量，起到杀伤破坏作用的核武器。通常由核料、炸药、中子源、起炸装置和弹壳等部分组成。原子弹的威力通常在几百到几万吨 TNT 当量之间。这种武器，是足以毁灭人类的武器。而这种武器却又很少使用，唯一遭到原子弹打击的，就是第二次世界大战中的日本。

1939 年 8 月的一天，一封由著名科学家爱因斯坦签名的信，放在了美国白宫椭圆形办公室罗斯福总统的办公桌上："总统阁下：……元素铀在最近的将来，将成为一种新的、重要的能源。……在不远的将来，有可能制造出一种威力极大的新型炸弹。……目前德国已停止出售它侵占的捷克铀矿的矿石。如果注意到德国外交部次长的儿子在柏林威廉皇帝研究所工作，该所目前正在进行和美国相同的对铀的研究，

就不难理解德国何以会有此举了。"

罗斯福总统默默地读完了爱因斯坦的信,他有些犹疑不定;这件事非同小可,这种谁也没见过的原子弹能否制造出来?人员、经费、保密问题如何解决?假如制造中不慎爆炸怎么办?

他召来了科学顾问萨克斯,萨克斯提醒他说,当年拿破仑就是因为没有采用富尔顿创造蒸汽船的建议,最终没能渡过英吉利海峡征服英国。如今,德国正在

B-29型"埃诺拉·盖伊"号轰炸机地勤组及驾驶员保罗·蒂贝茨中校(中)

疯狂扩军备战,一旦他们得逞,美国就会处于危险被动的境地。

经过一周的思考和研究,10月11日,罗斯福决定对爱因斯坦的信作肯定的回答。他按了一下手边的电铃按钮,指着一大堆各种说明资料,对应声而入的军事助手平静地说道:"这件事必须很好地处理"。

按照罗斯福的指令,一个代号为"S-11"的特别委员会很快成立起来,开始了核试验研究。

1942年8月,美国陆军工程兵团建筑部副主任格罗夫斯将军主持"S-11"特别委员会的科学家和高级管理人员召开会议,制定了一个名叫"曼哈顿"的新计划。计划规定,研究工作所有指挥权都集中在"曼哈顿"工程管理处。格罗夫斯将军坐镇华盛顿"曼哈顿"总部,而新墨西哥州荒原上的原子实验室由著名科学家罗伯特·奥本海默主持。他们俩每天通过电话联系,及时解决工作中出现的问题。

整个工作受到严格保密,连副总统杜鲁门也是在1945年罗斯福死后接任总统时才得知这一计划。

与此同时,纳粹德国也在加紧研究制造原子弹。1942年6月,罗斯福与丘吉尔会晤,全面衡量了双方研制原子弹工作进展情况。他们从情报中获悉,德国占领挪威后,便命令挪威一家生产重水的工厂每年向德国提供5吨重水。重水是使原子反应堆中

的中子得以减速的缓冲材料。有了重水就能控制反应堆，制造原子弹就有了可能。为了阻止德国制成原子弹，必须炸毁挪威的重水工厂，切断德国的重水来源。

1943 年 2 月 17 日，盟国派出的突击队经过一次失败后，终于潜入了挪威重水工厂。他们把炸药贴在重水罐的桶板上，点燃了导火索，随着"轰"的一声爆炸，所有罐中的重水流入了下水道。

这次爆破的胜利，使这个重水工厂至少一年之内无法再生产出一滴重水。纳粹德国制造原子弹的工作受到了阻碍。为了抢在德国人之前造出原子弹，美国向欧洲战场派出了"阿尔索斯"行动小组，专门在欧洲各地搜捕德国科学家和收集德国制造原子弹的情报。美国认为，得到一个第一流的德国科学家，比俘获 10 个师的德军还要重要。

1944 年春季，"阿尔索斯"行动小组忽然发现，在德国占领区的小镇黑兴根，有一个德国"U 计划"基地，这一情况传到了美国陆军总部。陆军参谋长马歇尔和几个高级将领趴在地板上的大地图上找了半天，才找到了这个不知名的小镇。他们当即决定，派出一个突击兵团袭击黑兴根。

行动获得了成功，黑兴根的这个"U 计划"基地被彻底破坏。

1945 年 7 月 16 日 5 时 30 分，美国制造的第一颗试验性原子弹在新墨西哥州爆炸成功。一道闪电划破了黎明的长空，一团巨大的火球升上 8000 米高空，大地也在微微颤抖。美国整个西部都听到了爆炸巨大的声响，面对着这个强大的爆炸，参与试验的每一个人都感到了恐惧。

美国第一批制造出三颗原子弹。第一颗试爆的原子弹命名为"瘦子"，另外两颗分别叫"胖子"和"小男孩"。

战局发展态势

1945 年，随着第二次世界大战战局的迅速发展，日本军国主义已处于空前孤立的最后挣扎阶

苏联第一颗原子弹的
核心部位

段。意大利和德国这两个法西斯国家相继投降，欧洲形势发生了根本变化。日本所面对的不仅是亚洲各国人民，而是世界反法西斯同盟的强大压力。陷在中国大陆的日军已经失去了往昔的势头，处处被动挨打，正在滑向深渊。在东南亚，各地的抗日武装日益强大，在美英军节节胜利的鼓舞下，掀起了救亡图存的新高潮。美军在夺取硫磺岛、冲绳岛之后，已把战火引向了日本本土。

日本虽然在军事上败局已定，但是，日本军国主义势力不甘心于失败。他们准备把日本国民，特别是那些受反动民族主义情绪煽动起来的年轻人，推向拼死顽抗的绝路，实施本土决战，妄图以流血震惊美国，争取在较为有利的条件下结束战争，而不是"无条件投降"。1945年春天，日本进行军事动员，降低征兵年龄，扩大征兵范围，并从中国、朝鲜等地向本土调兵。7月，全国实行第三次动员。这时，日军的人数达到720万，较年前的380万几乎增加了一倍；飞机达到7000架。6月8日，日军参谋次长在御前会议上宣称，在日本本土决战，对美军不利，对日有"绝对优势"，提出"发挥1亿国民的特种攻击

精神"，以"互相刺杀的战法"，消灭敌人，保卫大日本帝国国土。

广岛的遗物

7月17日至8月2日，苏美英3国在柏林郊外的波茨坦举行会议，会议还讨论了日本问题，并通过了《波茨坦公告》，要求日本政府立即宣布"所有日本武装部队无条件投降"。这个公告以中、美、英3国的形式公布。苏联当时还没有对日宣战，后来，苏联出兵对日宣战时，也在《公告》上签了字。但是，日本拒绝执行《波茨坦公告》。在这种情况下，反法西斯同盟国认为，要使日本真正接受《公告》的要求，举行投降，还要在战场上进行最后的军事较量。

1944年12月，美军参谋长联席会议拟订了在日本本土实施登陆的计划。1945年3月，重新改组了太平洋战区的指挥机构，麦克阿瑟负责全部地面部队的指挥，尼米兹

负责海军指挥，战略空军由斯帕兹上将统一指挥，继而又下达了登陆日本本土的日期。

4月1日，美军在日本冲绳登陆，作战82天，阵亡将士1.25万人。日军虽然战败，冲绳被攻克，但是，美军对日本人的作战表现已有切身领教。因此，美军统帅部认为，美军要在日本本土登陆，将要付出巨大的伤亡代价。那么，如何用较小的代价迫使日本法西斯投降呢？

用原子弹袭击日本的轮廓由模糊变得清晰起来。

美国准备对日本实施原子打击，其动议绝非在《波茨坦公告》发表之后，也不是在原子弹试验成功之后，应该说是早有准备的。他们早已在太平洋的提尼安岛上准备了作战基地，并组建了执行投放原子弹的第五零九混合大队，由蒂贝茨上校指挥。

1945年7月27日到8月1日，美国每天都出动飞机在日本各城市上空散发波茨坦公告和传单。传单上警告说，如果不接受波茨坦公告，它们将会受到更猛烈的空中轰炸。每次传单散发之后，紧接着就是一次普通炸弹的猛烈轰炸。日本政府对此无动于衷。

8月1日，执行轰炸任务的美军第五零九混合大队进行了最后一次演习。

8月2日，大队接到命令，派出7架B29飞机轰炸广岛。其中一架飞机运载原子弹，由大队长蒂贝茨亲自驾驶，另两架飞机担任观测，3架飞机担任气象侦察。此外，还有一架飞机作为预备队，留在硫磺岛机场，随时准备替换发生故障的飞机。在轰炸以后，还指定有两架飞机进行效果检查。第二十航空队负责担任援救任务。

8月5日下午2时，按蒂贝茨母亲的名字命名，代号为"埃诺拉·盖伊"的B29飞机装载了原子弹，弹身上满是用铅笔写的给日本天皇的信。这天晚上，飞行员们吃惊地从蒂贝茨那里获悉，他们要执行的具体任务是扔一颗破坏力有2万吨梯恩梯炸药的特殊炸弹。

5日傍晚，最后的检查工作已经全部完毕，原子弹安然无恙，飞机随时可以起飞。

8月6日，起飞基地提尼安岛时间1时17分，3架气象飞机首先起飞。2时45分，装载原子弹的飞机机组共12人也上了飞机。

"起飞"命令下达后，装载原子弹的飞机冲向跑道，加速前进。

1945 年 8 月 9 日，美国对日本的长崎扔下了历史上第二颗原子弹。

但是，由于飞机太重，上面除了装有 5 吨重的原子弹以外，还有 2 千 6 百升汽油。飞机以每秒 80 米的速度全速滑行，可是飞机仍起飞不了。已经看到跑道尽头了，蒂贝茨万分焦急，身上浸出汗水。在这千钧一发之际，他用尽全力把驾驶杆一拉，机头终于抬起来了，紧接着其他飞机也跟着依次起飞。载着原子弹的飞机和观测飞机起飞后，在硫磺岛上空集合，然后爬到航行高度。按原先规定，如果广岛、小仓和长崎这 3 个城市都被云遮，不便目视，可以把

原子弹带回。据气象机构报告，当时广岛上空云量极少，完全可以目视轰炸。因此决定轰炸广岛。机上工程人员把原子弹各部件进行最后装配、检查。观测飞机用降落伞投下测量仪器，进行最后测量。

这天，广岛天气晴朗，气候炎热。广岛时间 7 时 9 分，响起一阵警报，美军飞机数架，飞入广岛上空，盘旋几周后又飞离而去，没有轰炸。8 时整，广岛上空出现 3 架飞机。虽然这时已经发出了空袭警报，但广岛居民好像没听见似的。因为美军飞机不断对日本国土进行轰炸，市民都疲惫了。因此广岛市民很少有人进入防空壕进行隐蔽，他们有的正在工作，有的正在街上，有的还在翘首仰望飞机，指指画画。

机组人员都戴好了每人发到的电焊工用护目镜。他们已经发现了广岛的主要标志相生桥，它坐落在广岛市中心。

蒂贝茨打开了自动驾驶仪。投弹手菲莱少尉俯身把左眼贴在诺尔敦瞄准器上，相生桥进入瞄准器的十字线上。他打开自动投弹系统，启动了电子投弹器。

8 时 15 分 17 秒，飞机骤然爬升，把大型黑色圆筒状的原子弹

从大约1万米的高空投了下去。这时飞机急忙作了一个155度的大转弯,向下俯冲,使飞行高度下降300米。为了不使飞机遇到危险,设计者给原子弹带上用尼龙做的降落伞,以延长原子弹在空中降落的时间,以使投弹飞机有足够的时间脱离现场。随即,另一架观测飞机舱门打开,3个包裹落下,变成了降落伞。吊在它下面的形状像灭火器一样的圆筒,是一架把爆炸数据发射回去的发报机。

霎时,原子弹爆炸了,戴着特别护目镜的机组人员看到一道紫白色闪光,随之而来的是震耳欲聋的大爆炸。顷刻之间,在广岛上空有一团直径约3英里的深灰色烟云,烟云中心腾起一道白色烟柱。烟云在顶部形成蘑菇状,然后离开烟柱。而烟柱体顶部又形成蘑菇状。

广岛成了一片火海。在爆炸中心500米之内的温度接近100万度,实际上把所有的东西都烧成

广岛原子弹爆炸后的惨状

灰烬。居住在爆炸中心方圆800米内的所有居民都被杀死。爆炸引起了巨大震波。震波又引起火灾。浓厚的黑烟、碎石和蒸汽迅速冲入天空,在高空形成一片蘑菇云,完全遮住了太阳。

驻守在广岛的第二军司令藤井在最初几分钟内就被烧死在城堡附近的司令部内。整个指挥系统失灵了。军通讯大楼的通讯器材完全被破坏,无法使用。

在距爆炸中心16公里以外的地区,人们仍然感到炽热的气流。由于市民没有防原子的知识,当原子弹爆炸后放射性污染还很严重的情况下,就到受炸地区行走,加上救护机构被摧毁,受伤人员没有得到及时救治,致使死亡率大增。

广岛化为焦热火海,广岛被摧毁了!

据事后统计,广岛当日死亡7万多人,受伤和失踪者达到5万多,占城市总人口的一半。市区76000多幢建筑物中,有48000幢完全被毁,半毁的为22000幢。

与此同时,执行轰炸任务的美军3架飞机返回提尼安岛,受到一大群高级官员的迎接。其中有从关岛特意赶到的空军第二十航空队司令斯波茨将军。在驾驶

员蒂贝茨走下飞机时，给他戴上了一枚杰出飞行十字奖章。后来，参加这次特殊任务的其他人员都由空军授予了勋章。

广岛的悲剧并没有使日本政府立即同意接受"无条件投降"。他们把希望寄托在苏联调停上。出乎日本人的预料，苏联人民委员莫洛托夫告诉日本驻苏大使说，因为日本仍在进行战争，拒绝接受《波茨坦公告》，使日本请求苏联调解远东战争的建议没有希望。苏联政府遵守苏、美、英三国首脑在雅尔塔会议的义务和要求，即苏联有条件地正式承担了在德国投降及欧战结束两个月或3个月内，参加对日作战。

原子弹的袭击，苏联的参战，日本帝国主义走投无路，被逼近死角。8月9日上午，日本最高战争指导会议在皇宫地下防空洞里举行，讨论是否接受《波茨坦公告》以结束战争。正当会议在激烈争论中进行的时候，美国在长崎投下了第二颗原子弹。

第二颗原子弹是内爆式的钚弹，绰号叫"胖子"。这颗原子弹的投掷日期，最初的计划是8月20日，后来又改为8月11日。8月7日，在轰炸广岛成功的第二天，又从预订的时间表里减去了

一天。但是，根据天气预报，8月9日是个好天气，而8月9日以后将有连续5天的坏天气。这就给决策人提出了一个非常简单又非常严峻的问题，要么再提前一天，要么就推迟5天。他们选择了前者。

这是个艰难的选择，这是个冒险的选择。工程技术人员认为，这样干很不可靠。他们警告说，缩短整整两天的时间，将妨碍一系列重要的检查程序。但是"命令就是命令"，他们决定执行。

8月9日凌晨3时47分，"胖子"在热带暴雨中，伴着闪电划破的朦朦黑夜的亮光起飞了。驾驶载运原子弹的飞行员是查理·斯威内少校。与这架飞机同时起飞的还有两架观察机。

这次轰炸目标只指定了两个，主要是小仓，其次是长崎。为了尽可能轰炸第一目标，规定不管天气预报如何，轰炸机必须尽量靠近第一目标飞行，只有在肯定第一目标没有进行目视轰炸的可能以后，再飞往第二个目标。为了避免进行摄影的飞机提前到达现场，要求他们在飞过硫磺岛以前，必须与硫磺岛和提尼安岛两地核对情况。如果由于情报不充分而产生怀疑，摄影飞机就必须把两个

世界通史

最新整理图文珍藏版

目标都拍摄下来。但是，担任照相任务的 B29 轰炸机不知什么原因，未能按时赶到屋久岛汇合地点。前两架飞机的驾驶员焦急地在空中盘旋了 45 分钟，仍未能见到他们的伙伴。最后得到指挥官同意，它们即飞向自己的第一个目标——九州的小仓（这里有日本的重要兵工厂）。

当飞机抵达小仓上空时，由于城市烟雾很浓，飞机在那里环绕飞行 3 圈，投弹手克米特·比汉没有发现目标。而排在轰炸名单上的第三个城市新泻，路途太远，飞去有困难。由于飞行燃料不够，于是，飞往机器制造业集中的长崎这个候补目标试投。这时，机上的燃料已不多了，没有再多的选择余地，只能做最后一次行动。再迟延有可能飞不回去。

长崎是个有 20 万人口的城市。这个城市建在一些陡峭的小山上。它的港湾面对东海。长崎是寓言传说中风景特别秀丽的港口，市区面朝港湾，浦上川从北面流进该湾。长崎很早就成了日本的主要对外贸易港口。

10 时多，飞机飞到长崎上空，发现这里的天气也不好，云量很浓，目视条件并不比小仓好。于是决定采用雷达轰炸。

10 时 58 分，在即将准备用雷达指挥投弹的一瞬间，突然发现云雾中出现了一个小孔隙，随即改为轰炸目标。投弹手比汉瞄准了山谷中的一条跑道投下了原子弹。但是，原子弹并没有投到原定的目标点，而是投到了该目标以北 1.5 英里的地方，即浦上河流域，落在两家大兵工厂之间，把两家生产军用物资的工厂炸个粉碎。

轰炸长崎的原子弹从 29000 英尺的高度投下。11 时 2 分，长崎出现了异常炽亮的蓝色闪光。先是沉闷的隆隆声，接着刮起一阵狂风。

少倾，又一次颤动。冲击波和震动延续了 5 分钟的样子。当时，一架日本水上飞机在 7000 米的高空穿进云层，向长崎飞去。飞机从云层钻出来时，驾驶员看到一根巨大的黑烟柱，上面"像一个怪物的脑袋"，不断地向上翻动，不时呈现出各种光怪陆离的色彩。热度很高的烟云也使飞机和机上人员恶心呕吐。从拉开的舱盖涌进一些黑色的尘土。

由于气候不好没有立即派出空中侦察机。一周后天气转好，获得的空中侦察照片表明，长崎市 44% 被毁掉。

一声爆炸，长崎这座城市的20万居民中，约78000人死亡，负伤者亦达70000多人。伤亡人数占全市总人口的2/3。

杜鲁门的决定

1945年8月5日下午，代号为"埃诺拉·盖伊"的B29型轰炸机装载了原子弹。6日凌晨2时45分三架B29型机由提尼安岛的起飞，经航程3200公里，8时正，抵达日本上空，高度9400米，执行原子弹突袭任务。

9点14分17秒，"埃诺拉，盖伊"轰炸机的视准仪对准了广岛一座桥的正中时，自动装置被打开了。60秒钟后，原子弹从打开的舱门落下。为了尽量远离爆炸地点"埃诺拉·盖伊"瞬即155度转弯，俯冲下来，飞行高度下降了300多米，45秒钟后，原子弹在离地600米空中爆炸。立即发出令人眼花目眩的强烈的白色闪光，广岛中心上空随即发生震耳欲聋的大爆炸。大地被震得微微颤抖。滚滚浓烟腾空而起。一些烟是红色的，一些是黑色的。瞬时城市冒起黑焦油式的浓烟，在19000米的高空形成巨大的蘑菇状烟云，霎时便竖起几百根火柱，广岛市马上沦为焦热的火海，气浪沸腾。

8月6日，开完波茨坦会议的杜鲁门总统，乘坐"奥克斯塔"号巡洋舰，正中回国途中，心情激动异常。他认为原子弹对美国和他本人来说，不仅是一种军事武器，可以对付日本，也是一种外交武器，可以抑制苏联。便决定对日本进行原子弹突袭，借以敦促日本投降。他指令"8月3日以后，只要天气允许，即可使用特殊炸弹以目视轰炸突袭广岛、小仓、新泻、长崎等目标之一"。8月1日，美在提尼安岛组装原子弹。但由于3日后天气一直不好，最后选定8月6日为突袭日期。此时此刻，杜鲁门总统预备了整整三页的声明，等着太平洋地区传来的消息。

上午10点30分，代理白宫新闻秘书埃本·艾尔斯在早晨例行的新闻发布会上对记者说，他没有什么新东西好告诉大家，但晚些时候也许会有。在史密斯不在时，代替史密斯在白宫采访的合众社记者查尔斯·法格斯问道，这是不是一个一般性的、好的或热门的消息。

艾尔斯说："这将是一个非常好的消息。"

半小时之后，艾尔斯又把记者们叫到"奥克斯塔"作战室内，由杜鲁门亲自向聚集在作战室内的军官严肃地宣布：

"美国第一次对日本使用了爆炸力相当于两万吨梯恩梯的原子弹。这种新式炸弹，现在还在生产，威力更大的型号也正在研制之中。"后，艾尔斯宣读了杜鲁门总统三页纸的一项声明中的几段，并把声明的文本分发给大家。就在记者通过电传打字机咔嚓咔嚓地往全国和全世界传播这条消息时，华盛顿其他的消息闸门也敞开了。

在国防部，一位负责公共关系的将军打开保险柜，将一叠叠预先准备好的绝密材料分给记者。从国会山则传出了这样的消息；国会的一些委员会对于自己授权政府开支的 20 亿美元，政府除了告诉他们这笔钱将用于"曼哈顿计划"外，其他情况对他们也一概保密。就连副总统杜鲁门，也是在 1945 年 4 月罗斯福死后接任总统时才获悉的。

曼哈顿计划是罗斯福制定的。三十年代中期，德国科学家哈恩·斯托拉斯曼和犹太女科学家迈特纳发现了铀 238 如在中子轰击下就会产生链式反应的核裂变。由于纳粹德国疯狂迫害知识分子和犹太人，迈特纳、特勒、西拉德和其他杰出的科学家，包括科

杜鲁门

学巨人爱因斯坦在内，先后逃离德国，迁居美国。1939 年 8 月西拉德等人听说德国科学家打算要分裂原子的消息时，请求爱因斯坦出面写信给美国总统罗斯福。要他警惕纳粹有制造原子弹的可能性；制造原子弹非同小可，人手、经费、保密问题如何解决？罗斯福经过一周的思索，终于在 10 月 19 日对爱因斯坦的信作了肯定的回答。他按了一下电钮，指着一大堆各种说明资料，对应声而入的军事助手平静地说："这件

事必须处理一下。"

随即，按照罗斯福的指令，组成了一个以"S——11"为代号的特别委员会，由陆军工兵部队的韦斯利·格罗夫斯少将领导。具体科研由杰，奥本海姆为首的科学家进行。格罗夫斯领导委员会制定了一个命名为"曼哈顿"的计划。计划投入人力约50万，经费达22亿美元。研究工作所有权都集中在"曼哈顿"工程管理处。格罗夫斯将军坐镇华盛顿"曼哈顿"总部。"曼哈顿"计划大致有三方面内容：生产钚、生产浓缩铀235和研制炸弹。1942年12月，铀235链式反应度验成功；翌年4月在美国新墨西哥州阿拉莫斯成立原子能研究所。在橡树岭、汉福特两家工厂配合下，开始原子弹的设计与制造。

每天，格罗夫斯与在研究所的奥本海姆通话数次，以便及时解决工作中出现的问题。科学家们研究了两种原子弹：一种以铀原料为基础的原子弹，绰号"小男孩"。每颗需要60公斤铀，经过6个月加工提炼后，才能制造；另一种以钚原料为基础的原子弹，绰号"胖子"，每颗仅需12磅钚，1个月加工即可制成。1945年7月16日，美国试验钚原子弹成功。

加上试爆命名为瘦子的原子弹，第一批共制造出三颗原子弹。

正在参加波茨坦会议的杜鲁门得知原子弹试验成功，别人种树，他来摘桃，心里非常高兴。于是他在8月2日的回国途中，授权美军在8月3日后可对日投掷两颗原子弹。

美国原子弹突袭日本的哪个城市，在此之前，杜鲁门总统成立了一个目标选择特别委员会，研究具体突袭目标。1945年夏，美国对选择突袭目标，众议纷纭。陆军要求对日入侵作战，海军建议封锁日本，陆军航空队主张以常规轰炸方式摧毁日本。唯有科学家们主张使用原子弹作为结束战争的手段。

原子弹要袭击有选择的日本城市，不在于军事效果，而在于制造恐怖气氛。美国负责官员支持科学家的意见并将各种建议送交杜鲁门，杜鲁门又去征求英国首相丘吉尔的意见。

"一次或两次袭击可能结束战争，给日本挽回其'体面'的台阶，这样可解除日本决死作战的武士道精神。"丘吉尔说。

杜鲁门指令委员会选择好目标，美国把突袭日本的目标从17个城市减至5个，在执行轰炸前一个月又筛选出广岛、小仓、长崎、新泻四处，去掉京都地区。7月23日格罗夫草拟突袭计划，最后经正在参加波茨坦会议的杜鲁门总统批准。7月26日至8月1日，盟国飞机在日本各城市上空散发了150万张传单，300万张美、英、中发表的《波茨坦宣言》，敦促日本立即无条件投降。传单对这些城市发出警告，说它们将受到猛烈的空中轰炸。但日本政府并没有表示接受《波茨坦公告》的任何迹象。这样，杜鲁门便按原来计划，对日本使用原子弹。

但是，日本政府并未因广岛悲剧而立即同意接受波茨坦最后通牒，即无条件投降。而苏联政府遵守对盟军的义务，接受盟军的要求，宣布从8月9日对日宣战。美国在9日上午11时30分，又在长崎投下第二颗原子弹，两次突袭共杀伤239000人，数十万人无家可归。给日本人民带来惨重灾难。日本终于在8月15日宣布无条件投降。

原子弹的威力何在

美国对日使用原子弹的决定迄今仍是世界军事史上作出的最有争议的决定。美国政府官员反复强调，虽然广岛和长崎原子弹的投掷给日本人民带来大规模的伤亡和破坏，却减少了美军和日本更大的伤亡。曼哈顿计划的负责人格罗夫斯将军认为，杜鲁门费了不少脑筋作出的对日使用原子弹的最后决定，"将永远被认为是无比勇敢和聪明的行动。"在对日战争胜利两周年的纪念会上，有人问杜鲁门，他是否由于当初下令毁灭了广岛而心里感到遗憾。他若有所思地回答道："没有。……做这桩事固然我也感到害怕，但是我肯定救了五十万条生命。这是不得已而为的。"1946年麻省理工学院长卡尔·康普顿在《大西洋》月刊上撰文辩解说："我相信，如果有这种炸弹而不用，事后就无法向自己国人交代。"他建议持批评意见的人，应该回忆一下轰炸德累斯顿市和汉堡市所引起的

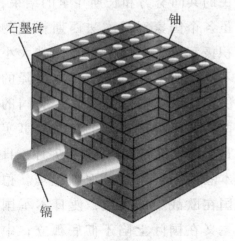

芝加哥费米核反应堆

石墨砖　铀　镉

大火，和 B—29 轰炸机两次对东京空袭投掷的燃烧弹，其中一次杀死12.5 万日本人，另一次近十万人。他意思是说，如果道义这个问题可用统计数字来衡量的话，那么，决定使用核武器对付日本，远远不是最大的罪过。

然而，有些美国军事领导人对杜鲁门使用原子弹的决定纷纷提出异议。道格拉斯·麦克阿瑟将军在战后一再认为，从军事角度看，为了迫使日本投降而使用这种炸弹是"完全不必要的"，因为在那时，日本无疑已到了彻底崩溃的边缘。艾森豪威尔将军、李海海军上将、金海军上将、阿诺德空军上将和英国前首相丘吉尔也持同样看法。战后美国战略轰炸调查处的报告更为明确："即使不投原子弹，即使俄国不参战，即使不制订进攻的计划，日本也是会投降的。"

另外一些科学家和外交家则侧重从政治上着眼来考虑使用原子弹的问题。英国著名物理学家布莱克特指控说，美国政府抢在苏联参战之前匆忙对日使用原子弹，"与其说是第二次世界大战的最后一次军事行动，不如说是现在正在进行的对苏外交冷战的最初一次大规模作战。"国务卿贝尔纳斯明确地声明说，亮出原子弹是为了使俄国在欧洲更加驯服。苏联官方学者甚至认为："无论从战略上或战术上看，都没有任何必要使用原子弹。所以说，使用原子弹基本上只带有政治色彩，是美国帝国主义企图显示其原子威力，以便在解决远东问题上削弱苏联的地位，并把战后的日本变成它在亚洲的重要基地；而建立美国的世界霸权，是使用原子武器的更大的政治目的。"他们的结论是："原子弹不能决定战争的结局"，只有"苏联的参战，消灭了日本黩武主义者手中的王牌"，"才决定了战争的结局。"

客观地说，反法西斯战争的胜利和日本的无条件投降，是美国、中国、苏联和所有其他参加反法西斯统一战线的世界各国人民的共同努力和长期斗争的结果，虽各个国家对日本法西斯作战的积极程度，时间长短和贡献大小不同，但不能把迫使日本投降的决定性因素简单地归之于美国的两颗原子弹或苏联的参战。事实是，战争进行到 1945 年 7 月，日本法西斯的统治已面临绝境。德国在欧战中的失败，使日本军国主义在国际上陷于彻底孤立；中国的持久抗战，拖住了日本陆军

世界通史

最新整理图文珍藏版

主力，歼灭日本军事力量一百多万人；美、英盟军在太平洋战场反攻节节胜利，基本上摧毁了日本的庞大舰队和空军力量，切断了日本与南方的海上联系；美军对日本本土岛屿的大规模轰炸、炮击和封锁，使日本的战时经济遭到彻底破坏，石油和粮食不能进口，工业原料极端缺乏，人民反战情绪高涨，国内各种矛盾十分尖锐。日本法西斯的末日指日可待。有些日本上层统治者已经意识到，他们的失败已不可避免，期望通过苏联从中斡旋，同美、英进行和谈，幻想要有利条件下结束战争。但日本军方顽固派不甘心于灭亡，还试图作最后一次较量。这时，美国原子弹的投掷和苏联出兵对日作战，起了加速日本帝国主义崩溃和日本政府作出无条件投降决定的作用。

1945 年 3 月美军占领硫磺岛后轰炸更为频繁，平均每月 3000 多架次，7 月份高达二万架次。特别是 3 月 9 日和 5 月 19 日对东京的两次大空袭，使东京损失最为惨重。3 月 9 日至 10 日大空袭，使东京 15 平方英里的人口密集区化为焦土，市民被烧死者达九万八千人。5 月 19 日大空袭，使皇宫的部分宫殿亦被烧毁，东京市

区一半以上化为一片灰烬。美军不加区别地对日本大中小城市 98 座进行狂轰滥炸，其中 72 个城市并无军事设施，甚至"避开要害部门而过"。美国对日本滥施轰炸，一方面使日本全国生产陷于瘫痪状态，亦使日本统治集团受到震惊，起到迫使其尽快投降的作用；另一方面，"已经隐藏着战后要在美国统治下把日本培育成远东工厂的意图"，因而受到世界公正舆论的谴责。截至日本投降，被炸大城市的烧毁率为：京滨地区为 56%，名古屋为 52%，阪神地区为 57%。中小都市也在 40% 以上，个别城市如福井市高达 96%。共烧房屋 221 万户，受灾人 920 万，炸死 35 万，炸伤 42 万。

美国于 1945 年 7 月 16 日第一颗原子弹试爆成功后，为掌握对日最后一战的主动权，总统杜鲁门决定向日本投掷仅有的另外两颗原子弹。8 月 6 日上午 8 时 15 分，美国在居民密集的广岛市投下了第一颗原子弹，9 日上午 11 时 30 分，又在长崎投掷了第二颗原子弹。如将爆炸后几年内因原子病而死亡者计入在内，广岛死亡 20 万人左右，长崎死亡 12 万 2 千人。美国投掷原子弹，确实可使美国军人减少牺牲，也造成日本统治集团

最新整理图文珍藏版

的恐惧，加速他们作出日本投降的决定，但美国使用这种大规模的杀人武器时，日本败局已定，从军事来说是毫无必要的，而且死伤的大部分是和平居民。

8月8日夜11时（莫斯科时间为下午5时），苏联政府对日宣战。9日零时，百万苏联红军以迅雷不及掩耳的猛烈攻势向侵占中国东北的关东军及朝鲜、库页岛日军发起全面进攻。当时关东军有60至70万人，精锐已抽调南下，装备水平亦大不如前。在苏军打击下，一周之内即迅速崩溃。除8万3千余人被歼灭外，其余59万4千人全部投降。

与此同时，中国和亚洲各国人民也对日本侵略军展开了大反攻。

在中国敌后根据地战场，于苏联宣布对日作战的第二天，即8月9日，毛泽东发表《对日寇的最后一战》，指出："最后地战胜日本侵略者及其一切走狗的时间已经到来了"，"中国人民的一切抗日力量应举行全国规模的反攻"翌日，八路军总司令朱德发布大反攻命令，要求八路军、新四军及其他人民武装向日伪军展开全面进攻，并限令为伪军无条件投降。11日，八路军总部又发布六项命令，要求各解放区武装部队展开积极进攻，迫使日伪军投降。八路军、新四军及其他人民武装，在东北、平津、归绥、太原、平汉、陇海、济南、胶东、津浦、沪宁、运河、广（州）九（龙）前线，向日伪军发起猛烈反攻，取得了巨大胜利，占领了广大农村。在总反攻期间，收复国土31万5千平方公里，解放190座城市，歼灭日伪军23万人以上。

在中国国民党战场，蒋介石集团在美国支持下，也展开反攻抢占和接受沦陷区。国民党军队主要是占领城市。国民党陆军总司令部指派第一战区司令长官胡宗南到洛阳、第二战区司令长官阎锡山到太原、第三战区司令长官顾祝同到杭州、第五战区司令长官刘峙到南阳、第六战区司令长官孙蔚如到武汉、第七战区司令长官余汉谋到潮汕、第九战区司令长官薛岳到南昌、第十战区司令长官李品仙到徐州、第十一战区司令长官孙连仲到天津、第十二战区司令长官傅作义到归绥、第二方面军司令长官张发奎到广州、第三方面军司令长官汤恩伯到上海、第四方面军司令长官王耀武到长沙"接受日寇投降"。

1945年9月9日，日本派遣

军总司令官冈村宁次大将在南京向中国政府代表何应钦上将签署了投降书。标志着中国人民的八年艰苦、英勇的抗战，终于取得了最后的胜利。

在朝鲜，金日成将军命令长期战斗在朝鲜和中国东北的朝鲜人民军转入全面反攻，发动解放祖国的大决战。并在苏联红军帮助下解放了朝鲜，结束了日本帝国主义长达36年的殖民的统治。在越南，1945年8月13日印度支那共产党在新潮召开全国代表会议，决定举行总起义。当天夜里发布了总起义命令。越南从北到南处都爆发了人民武装起义。8月17、18日，首都河内数十万群众举行政治总罢工。19日10万群众的示威游行转为武装起义，当晚，起义军解放了河内。8月23日爆发顺化起义，25日爆发西贡起义。日本傀儡政权保大"皇帝"被迫

占领哈尔滨市的苏军一部

下台。越南八月革命取得了最后胜利，不仅制服了日本法西斯，而且推翻了近百年的帝国主义统治和上千年的封建君主专制制度。

在马来亚，抗日军于1945年8月通过英勇的战斗，强令日军投降，并接管了城市和乡村。9月5日，英军在新加坡登陆。9月12日，日军向盟军东南亚战区最高司令蒙巴顿将军投降。

美国对日本本土的轰炸及投掷原子弹，苏联的对日宣战，以及中国和亚洲其他各国人民的大反攻，敲响了日本法西斯的丧钟，终于迫使日本除迅速接受波茨坦公告宣布投降外，别无他途。

苏军出兵中国东北

1941年4月，苏、日两国政府签订《苏日中立条约》。签约同时，日本声明"尊重蒙古人民共和国之领土完整与神圣不可侵犯性"，前苏联声明"尊重满洲帝国（注，即伪满）之领土完整与神圣不可侵犯性"。条约签订以后，苏、日之间一直保持着正常的外交关系。

在太平洋对日作战中，美、英两国从其自身利益出发，不断要求前苏联参加对日作战，前苏联政府一直未予允诺。1945年2月，苏、美、英3国首脑在雅尔

塔举行的会议上，前苏联有条件地正式承担了在德国投降及欧战结束后2个月或3个月内，参加对日作战。

苏军进入满洲里

1945年春季之前，日本关东军的作战计划，一直根据日军大本营"北进"方针，拟在迅速结束侵华战争后，准备对苏作战，配合德国，进攻前苏联远东地区。德、日协议规定，以东经70度线为德、日作战分界线。日本关东军按照进攻企图和计划进行部署。

中国的持久抗战，粉碎了日军的企图，打乱了它的战争时间表；德国在欧战中失败；英、美军队在太平洋的反攻节节胜利；日本的经济、军事力量大为下降，国内矛盾更加尖锐；在亚洲、太平洋战争过程中，关东军大批主力被调往中国关内和南洋战场，新建的一些师团战斗力不强，使整个关东军的战斗力大为削弱。在这种情况下，日军大本营不得不改变计划。

1945年春，关东军的作战计划由进攻改为防御性的持久作战，关东军按照防御作战要求，重新组建部队，调整部署，加紧防御准备。日军关系，苏军对德作战结束后，需要休整，对日作战时间可能在1946年春季，最早也要在1945年9月上旬。苏军的主要进攻方向，可能由前苏联远东滨海地区向中国东北实施。据此判断，日军确定关东军防御的重点在中国东北的东部方向。

当时，日军关东军辖第一、第三、第十七共3个方面军和独立第四军，共31个师团、13个旅团、

苏联红军解放大连时，受到大连民众热烈欢迎的情景。

约 97 万人，火炮 5000 余门，坦克 160 辆、飞机 1800 架。另有伪满和伪蒙军约 20 万人。其部署为：

第一方面军：10 个师团约 24 万人，主要担负中国东北东部方向防御，抗击苏军的进攻。

第三方面军：9 个师团约 20 万人，是关东军的机动部队，主力配置在长春、沈阳地区，准备向苏军可能进攻的方向机动使用。以 1 个师团担任中国东北西部方向的边境防御。

苏联红军向中国东北兴安岭地区的日军发起进攻

独立第四军：3 个师团约 10 万人，担任中国东北北部和西北部的防御。

第十七方面军：9 个师团约 21 万人，是关东军的战役预备队，配置在朝鲜境内，策应中国东北和日本本土作战。

关东军的防御计划要求，以

1/3 左右兵力配置在边境主要防御地段上，依托筑垒工事和有利地形，抗击苏军的进攻，掩护主力机动。以 2/3 兵力作为战役机动部队，配置在纵深，随时准备前凸到受威胁方向，以反突击制止苏军突破并阻止其进攻。计划还规定，如苏军优势过大或反突击失利，则退至长春、沈阳、锦州地区进行坚守。如这一地区不能坚守，则将主力撤至朝鲜境内，依托中朝边境山区凭险固守，以持久战策应本土决战。当条件有利时，决不放弃实施反攻，甚至进一步占领前苏联远东部分领土。

前苏联在对德作战尚未完全结束时，已开始拟制对日作战计划并进行作战准备。从 1945 年 2 月开始，苏军在极严格的保密与伪装下，从欧洲战场抽调大量军队输送至远东，其中包括成建制

1945 年，日本海军士兵举着白旗投降。

的 4 个集团军，共约 75 万人，使远东地区的兵力增至 80 个师、46 旅，共 158 万余人，2. 6 万余门火炮和迫击炮、5500 余辆坦克和自行火炮、5300 余架飞机、670 余艘各型舰艇，形成了对日关东军的兵力优势。同时，苏军储备各种作战物资，改善交通条件，加速进攻准备。

为了领导对日作战的陆军和海军，成立了远东苏军总部，任命华西列夫斯基元帅为总司令。

苏军企图是，使用 3 个方面军从西、东、北 3 个方向，向中国东北纵深实施向心突击，夺取沈阳、长春、哈尔滨、吉林，切断关东军与关内日军及在朝鲜日军之间的联系，全歼关东军主力，占领中国东北全境。主要突击方向选在日军设防薄弱的西部。苏军的进攻部署是：

后贝加尔方面军（司令员前苏联元帅马利诺夫斯基）：辖 4 个合成集团军、1 个坦克集团军、1 个骑兵机械化集群，共 37 个师、20 个旅，约 65.4 万人。方面军集中基本兵力于蒙古东部塔木察格布拉克地区，向沈阳、长春方向实施主要突击。坦克集团军在主突方向第一梯队内行动。同时，方面军实施两个辅助突击，一个

向张家口、承德方向；一个向海拉尔、齐齐哈尔方向。方面军进攻正面约 2300 公里，进攻纵深约 1000 公里。

远东第一方面军（司令员前苏联元帅麦列茨科夫）：辖 4 个合成集团军，共 32 个师、14 个旅，约 58.7 万人。方面军集中基本兵力于兴凯湖东南地区，向绥芬河、牡丹江方向实施主要突击，尔后向吉林、哈尔滨推进。同时，实施两个辅助突击，一个向密山方向；一个向汪清、延吉方向。

远东第二方面军（司令员普尔卡耶夫大将）：辖 3 个合成集团军及其他部队，共 11 个师、12 个旅，约 33.7 万人。方面军集中基本兵力兵器于列宁斯科耶地区，沿松花江向哈尔滨实施主要突击。同时，实施两个辅助突击，一个向饶河、宝清方向，一个向孙吴、齐齐哈尔方向。

亚洲和太平洋战争后期，日军在中国战场和太平洋战场节节失利。日本统治集团感到大势已去，期望通过前苏联的斡旋，谋求在对日有利条件下结束战争。

日本法西斯投降

在中美苏英及亚洲其他各国人民的共同打击下，日本法西斯已完全陷入绝境。1945 年 8 月 9

日上午 10 时 30 分，日本最高战争指导会议在皇宫内举行，铃木首相首先表示，鉴于目前形势，日本只有接受波茨坦公告，陆军大臣阿南唯几和参谋总长梅津美治郎要求先讨论应否把战争继续下去，海军大臣米内光政建议附带条件接受波茨坦公告，外务大臣东乡茂德认为只可讨论附带"维持国体"条件一个问题。由于意见分歧，未能取得一致意见。同日下午 2 时半至晚 10 时半，铃木内阁连续召开紧急会议。阿南等仍主张除"维持国体"外，还必须附带三个条件：日本自行处理战犯；自主解除武装；盟军不得

进驻日本，万一进驻，也应限制在最小范围内以最低数量实行短期占领。因此仍未做出任何决定。同日午夜，昭和天皇在皇宫防空洞内召开御前会议，会议讨论了两个多小时，与会者意见形成三

南京陆军总部举行了中国战区日本投降签字仪式

比三，仍相持不下，毫无结果。铃木根据事前同木户内大臣等人的默契，在会议即将结束时起立面请天皇"圣断"。天皇表示本土决战毫无可能，只有接受波茨坦公告。御前会议遂于 10 日凌晨 2 时 30 分结束。铃木立即召开内阁会议，让阁员们在同意接受波茨坦公告的文件上签字。10 日上午 6 时 45 分，日本外务省打电报给驻中立国瑞士和瑞典的日本公使，请两国政府将日本接受波茨坦公告的照会转交中美苏英四国政府，但附有一项"谅解"，即认为波茨坦公告"不包含变更天皇统治国

日本无条件投降签字仪式

家大权的要求"。

8月12日凌晨,日方收听到美国广播同盟国的答复,12日下午6时后,日本驻瑞士和瑞典公使相继发回美国国务卿贝尔纳斯代表美英苏中四国政府的正式复照。主要内容是;"自投降之时刻起,日本天皇及日本政府统治国家之权力,即须听从于盟国最高司令官","按照波茨坦公告,日本政府之最后形式将依日本人民自由表示之意愿确定之。"对此复照,日本统治集团再次争议。13日上午9时,最高战争指导会议开会,下午4时,内阁又举行会议,争论均无结果。与此同时,美军舰基飞机猛烈轰炸关东和东北地区,又在广播中谴责日本故意拖延时间,并从13日下午5时至14日清晨派出飞机在东京等地大量散发日语传单,载明8月10日日本政府接受波茨坦公告的照会电文和同盟国的复照。这样就把日本政府一直讳莫如深的交涉秘密公之于日本人民,使日本统治集团深为不安。14日上午10时50分,天皇再次防空洞召开御前会议,会上仍争议不定,最后,天皇在凄惨沉寂中开始讲话。他说:"我的异乎寻常的决心没有变……如果继续战争,无论国体或

是国家的将来都会消失,就是母子都会丢掉。现在如果停战,可以留下将来发展的基础……希望赞成此意。"天皇讲话后,铃木表示当即起草停战诏书,会议于正午结束后,日本政府随即拟就一份宣布接受波茨坦公告的诏书以及给同盟国的电报稿。这两份文件于14日23时拍发,天皇诏书还于23时20分录了音。近卫第一师团中的几名法西斯军官于14日深夜至15日凌晨,闯进皇宫,图谋劫夺天皇诏书录音盘。事败自杀。15日晨,陆军大臣阿南切腹自杀。此后,一批死硬的法西斯分子如陆军元帅杉山地、陆军大将本庄繁等亦纷纷自杀。15日正午,日

战败后的日本天皇裕仁

本广播协会广播了天皇宣读"终战诏书"的录音。至此，日本正式宣布接受波茨坦公告，向盟国投降。标志着日本法西斯彻底崩溃。

8月15日，铃木内阁总辞职。8月17日，皇族东久迩稔彦组阁，近卫文鹰以副首相身份参加内阁，重光葵担任外相。同日，昭和天皇发布敕谕，命令国内外日本军队立即停止一切战斗行动。

8月28日，美军先头部队在东京附近的厚木机场着陆，开始对日本本岛实行占领。

9月2日上午9时，在停泊于东京湾的美国战列舰"密苏里号"上举行了签降仪式。首先由日本外相重光葵代表天皇和政府、陆军参谋总长梅津美治郎代表大本营在投降书上签字。接着麦克阿瑟上将以盟国最高司令官的身份签字。然后是接受投降的9个盟国代表分别代表本国依次签字：美国代表尼米兹海军上将、中国代表徐永昌将军、加拿大代表穆尔·戈斯格罗夫上校、法国代表雅西，勒克莱尔将军、英国代表布鲁斯·弗雷泽海军上将、苏联代表杰列维扬科中将、澳大利亚代表托马斯·布莱梅将军、荷兰代表赫尔弗里希海军中将、新西兰代表艾西特空军中将。至此，正式宣告了日本法西斯战败投降，德意日轴心国发动的第二次世界大战，也以反法西斯同盟国的胜利而同时宣告结束。

第二节　文化中兴：艺海拾贝　科技撷英

沃森·瓦特发明第一个雷达装置

1919 年，英国人沃森·瓦特发明第一个雷达装置，雷达从此成为远距离军事探测装备。

军用飞机在第一次世界大战中出现后，像英国这样一些国土面积小、无回旋余地的国家往往来不及下达防空命令，来袭飞机的炸弹就已经落到了头上。因此，英国政府决定要研制一种能够远距离发现飞机的仪器。

沃森·瓦特，苏格兰物理学家

英国科学家沃森·瓦特从声音传播的回声中得到了启示。他认为电磁波传送出去以后，遇到障碍必定有向回反射的可能性，如果发明一种装置既能够发射电磁波，又能够接受反射波，就可以在很远的距离上探测到飞机的行动。1919 年，沃森·瓦特将第一个雷达装置研制成功，1935 年又研制成使用 1.5 厘米波的新式飞机探测雷达装置 GH 系统。1938 年，GH 系统正式投入使用，部署在英国的泰晤士河口附近，对飞机的探测距离达 250 千米。到 1941 年，英国沿海岸线部署了完整的雷达警戒网，同年英国还研制出超短波雷达，在第二次世界大战中发挥了重要的作用。

法国画家雷诺阿去世

1919 年 12 月 3 日，法国印象主义大画家雷诺阿在他的戛纳别墅中去世，享年 78 岁。

1841 年，雷诺阿生于法国中部利摩日裁缝世家。他自幼就显示了非凡的艺术天赋，不仅能画一手好画，而且在唱歌方面也十分出色。13 岁那年，家境贫寒的雷诺阿被送进瓷器厂做工，为工厂主画瓷器。在工作之余，雷诺阿常到罗浮宫去画一些古代雕塑的速写。后来，他转到另一个工场改画扇面和屏风。1861 年，雷诺阿进入格莱尔的画室学习。

物质波理论的创立者德布罗意

《乡村舞会》

1863 年，格莱尔关闭画室后，雷诺阿就开始了他独立的艺术探索。他一边研究古代大师的作品，一边在风景画家狄亚兹的引导下从事外光写生。1868 年，雷诺阿完成了他具有印象主义倾向的杰作《青蛙塘》。1870 年，他应召加入了骑兵团，普法战争结束后又回到巴黎。从 19 世纪 70 年代开始，雷诺阿是新派艺术家聚集地盖尔波瓦咖啡馆的常客，在那里他和莫奈、西斯莱等人一起探讨绘画中光与色的表现等问题。雷诺阿也是第一次印象派画展和以后几次展览的主要组织者和参加者之一。

雷诺阿的代表作品有：《两姐妹（阳台上）》、《包厢》、《青蛙塘》、《莫奈夫人像》、《莎玛丽夫人像》、《亨利奥夫人》、《夏班提埃夫人和她的孩子们》、《伞》、《金发浴女》等。

1886 年，随着印象派小团体的解体，雷诺阿开始对过去该团体的艺术理论和实践进行反思，他甚至开始否认自己属于印象派。在印象派画家中，雷诺阿确实显得与众不同。在他的作品中，风景并不是主要题材，他所描绘的主要是人物，尤其是充满青春活力的女性。尽管他十分重视对光和色的表现，但从未放弃对形体的塑造。雷诺阿晚期的艺术风格主要表现在一系列的裸女作品中。

德布罗意与物质波理论

德布罗意（1892－1987）是法国著名理论物理学家，物质波理论的创立者。

德布罗意认为，任何运动着的物体都伴随着一种波动，而且不可能将物体的运动和波的传播分开，这种波称为相位波。存在相位波是物体的能量和动量同时满足量子条件和相对论关系的必然结果。德布罗意以狭义相对论原理和严格的量子关系式为基础，通过严格的论证得到：相位波的波长是普朗克常数，是相对论动量，这就是著名的德布罗意波长与动量的关系。此外，德布罗意把相位波的相速度和群速度（能量传递的速度）联系起来，证明了波的群速度等于粒子速度，确定了群速度与粒子速度的等同性。他的这些研究成果形成了比较完整的物质波理论。这一理论为建立波动力学奠定了坚实基础。由于这一划时代的研究成果，使他获得 1929 年的诺贝尔物理学奖，同时也使他成为第一个以学位论文获得诺贝尔奖金的学者。

美国摄影家曼·雷的《安格尔小提琴》

曼·雷是美国 20 世纪最著名的超现实主义摄影家和画家。他多才多艺，在美国当代艺术发展上占有举足轻重的地位。1924 年他的作品《安格尔小提琴》堪称世界摄影史上最优照片之一。

这幅作品主要以人体为描绘素材，给人印象是具有一种强烈的形式感，这位女士的背部整洁对称而线条优美流畅，令人想到小提琴盒的造型。曼·雷为了更加强化出这种感觉，索性在女士后背画上两个所有提琴身上都有的音孔，摄影与绘画、现实与想象、似与不似，这种种不同都被曼·雷融为一体。曼·雷曾说过："我摄我所不欲画，我画我所不能摄。"总之，因为有着创造性的思维，对曼·雷来说，没有什么不可以，也没有什么不可能。

人类完成首次环球飞行

1924年4月6日，由美国飞机设计家道格拉斯设计与制造的"世界巡航者"号双翼机从西雅图市起飞，开始首次环球航行。飞机越过太平洋，途经日本、中国、缅甸、泰国，以及中东、巴尔干地区，于7月14日平安抵达巴黎。次日，又穿越大西洋后，于9月28日，终于飞返始发地西雅图。历时175天，共着陆57次，飞完42400千米。

这次环球飞行的成功，使美国公众对航空的兴趣空前高涨，促使许多工业家投资航空业的开发，并带动了科技领域航空技术市场化的进程。这种社会环境推动美国航空技术迅猛发展，居于世界领先地位。

电视的诞生

电视的诞生，是20世纪人类最伟大的发明之一。1925年10月2日，英国科学家约翰·洛吉·贝尔德在他的实验室里成功地进行了一次影像试验。在试验装置上他应用电子管放大器并使用一个孔径上带有透镜的尼普科盘来扫描景象，每秒5幅图像，各个图像80条扫描线。随后，约翰·洛吉·贝尔德对他的朋友比尔进行动作扫描，因而映像接收机里，也同样收到了比尔表演用的玩偶的脸。尽管图像很小，暗淡而且摇晃不定，但却是一次成功的试验，意味着电视诞生了。

在他以前，许多科学家的重要发明为他的电视系统奠定了基础。这些科学家是：发现化学元素硒的瑞典科学家布尔兹列斯、发现硒元素光电效应的英国科学家约瑟夫·梅、发明机械扫描罗盘以解决图像传送问题的德国科学家保罗·尼普柯夫、发明电子

最新整理图文珍藏版

贝尔德最初的实验装置

火箭之父戈达德

显像管的俄国教授鲍里斯·罗津等等。据统计，从 1919 年到 1925 年，各国科学家提出的有关电视的发明专利申请达 100 多项。

世界上第一枚液态燃料火箭发射

1926 年 3 月，美国物理学家戈达德在马萨诸塞州沃德农场成功地发射世界上第一枚液态燃料火箭。火箭长约 3.4 米，发射时重量为 4.6 千克，空重为 2.6 千克。飞行延续了约 2.5 秒，最大高度为 12.5 米，飞行距离为 56 米。这是一次了不起的成功，它的意义正如戈达德所说的："昨日的梦的确是今天的希望，也将是明天的现实。"

美国考古探测队发现玛雅人建筑

1926 年 2 月 8 日，美国考古探测队证实了长期以来传说的关于丛林中有一座消失了的玛雅人城市的说法。他们在加勒比海岸附近发现了一座埋没的玛雅人城市。这座被认为叫"姆伊尔"

玛雅人的金字塔

的城市，曾是玛雅人各城市与中美洲之间重要的通商路线的途经站。据考察家们说，他们发现的10余座建筑和6座寺院保存完好。

法国印象派绘画大师莫奈去世

1926年12月6日，法国印象派绘画大师莫奈去世，终年86岁。

1840年10月14日，莫奈生于巴黎。1845年，莫奈随父亲来到一个名叫勒阿弗尔的港口

印象画派代表人物莫奈

城镇，并在那里度过了他无拘无束的少年时代。他自幼厌恶学校，但惟独喜欢画画，15岁就已展露出绘画的天赋。后来，他认识了青年画家欧仁·布丹，在布丹的启迪下，他逐渐走上了艺术的真正道路。1859年，他到巴黎学画。1874年，他同其他二十多位法国画家一起组成了一个"无名画家协会"，在巴黎举行一个画展，引起了很大轰动。其中，莫奈的画《日出·印象》受到人们的普遍关注，此画奠定了他在现代画坛上的地位。

莫奈的创作目的主要是探索表现大自然的方法，记录瞬间的感觉印象和他所看到的充满生命力和运动的东西。他曾长期探索光色与空气的表现效果；常在不同的时间和光线下，对同一对象连续作多幅描绘，从自然的光色变幻中抒发瞬间的感受。莫奈很重视笔触，并运用不同的笔触充分表现色彩以符合自然的本来面貌。晚年的莫奈把全部精力都投入到了作品《睡莲》上，这也成了他后半生惟一的主题。

莫奈的主要作品有：《草地上的午餐》、《圣阿德列斯的阳台》、《花园里的女人们》、《日出·印象》、《巴黎圣拉查尔火车站》、

《干草垛》，其中以《鲁昂教堂》、组画《睡莲》最为著名。

格楚德·厄德勒第一次横渡英吉利海峡

在游泳运动员眼里，横渡海峡是极富挑战性、最令人神往的项目。在世界上许多著名的海峡中，横渡难度较大、参与人数最多、影响最为深远的当数英吉利海峡。

在马修·韦伯横渡成功后的二十多年中，不少人曾尝试横渡英吉利海峡，但鲜有成功的例子。直到1911年，托马斯·伯杰斯在他第13次尝试中才为横渡又增添了一个成功者。如此低的成功率让人们对横渡英吉利海峡的兴趣大减，直至20世纪20年代，横渡活动才进入新一轮高潮。1923年，

一个意大利人首次从法国一端下水，成功横渡英吉利海峡。1926年8月5日，美国奥运会游泳冠军格楚德·厄德勒从法国的内兹出发，耗时14小时39分钟，抵达多佛尔，不仅成为第一个成功横渡英吉利海峡的女性，同时也刷新了首渡成功者马修·韦伯创造的21小时45分钟的横渡纪录。

魔术大师哈里·霍迪尼逝世

1926年10月31日，魔术大师哈里·霍迪尼在底特律去世，终年52岁。他以锁链锁不住、密封箱子关不住、能轻而易举地从监狱脱身而闻名于世。

霍迪尼在表演中几乎没有东

厄德勒回到家乡

哈里·霍迪尼

西能将他禁锢，在手腕和脚腕都被绑住的情况下，他仍能从一个沉入水底的被锁住的大铁箱中逃脱。他也曾经从保险柜中、银行金库中和监狱地牢中逃出来。他身体的每个部位都灵巧异常，能用一只脚的脚趾将绳子打结或将绳结解开。许多人看过他的表演，都为之震惊，称他是伟大的逃跑表演艺术家。

《爵士乐歌星》剧照

人类第一次实现远程电视传播

1927 年 4 月 27 日，美国贝尔电话实验室在纽约和华盛顿之间使用有线方式传送电视节目，播出了当时的联邦商业部长赫伯特·胡佛（后当选美国第 31 届总统）的演说。就此人类第一次实现远程电视传播。

有声电影的诞生

1927 年，美国著名的华纳制片公司推出了电影史上第一部有声片《爵士乐歌星》，给世界电影带来了一场翻天覆地的革命。在这之前，人们只能借助乐师给电影配乐；在日本，甚至有专门的

说唱演员，当影片放映时，他们以说唱形式讲解影片的内容。所配乐曲一般是由乐师根据银幕展示的剧情即兴演奏。当有声片在美国出现后，上述情况发生了根本的变化。

在《爵士乐歌星》中，演员阿尔·乔尔森担任主角，他的声音稍微有些呆板，不如电话传送得清晰，演员的动作与他们的语言脱节，声音没有像在广播里那样抑扬顿挫，但无论如何，这是一次首创。

《爵士乐歌星》的情节部分地反映了乔尔森真实的一生，像他所扮演的主人公一样，乔尔森出身一个犹太家庭，这个家对他的爵士歌手的职业是很不赞成的。乔尔森同父母的疏远及到后来的飞黄腾达是这部影片的精彩之处。他扮演黑人，深情地演唱了圣歌

《柯尔·尼德里》和《妈妈》。

体坛名将巴贝·鲁思

棒球于 20 世纪 20 年代进入成熟期，1927 年，美国著名棒球运动员巴贝·鲁思（1895 -

巴贝·鲁思

1948）创下了一个赛季 154 场比赛 60 次本垒打的纪录，该纪录 34 年后被打破。巴贝·鲁思曾率领纽约的扬基队，赢得了众多世界大赛的冠军，并因其本垒打的力量而成为民族英雄。此事件后来被美国弗吉尼亚州阿灵顿的新闻博物馆评选为 20 世纪 100 大新闻之一。

青霉素的发明

青霉素是抗菌素的一种，是从青霉菌培养液中提制的药物，是第一种能够治疗人类疾病的抗生素。

青霉素的发现者是英国细菌学家亚历山大·弗莱明。1928 年，他在检查培养皿时发现，在培养皿中的葡萄球菌由于被污染而长了一大团霉，而且霉团周围的葡萄球菌被杀死了，只有在离霉团较远的地方才有葡萄球菌生长。他把这种霉团接种到无菌的琼脂培养基和肉汤培养基上，结果发现在肉汤里，这种霉菌生长很快，形成一个又一个白中透绿和暗绿色的霉团。通过鉴定，亚历山大·弗莱明知道了这种霉菌属于青

细菌学家——弗莱明

世界通史

最新整理图文珍藏版

霉菌的一种，接着他又把这种霉菌接种到各种细菌的培养皿中，发现葡萄球菌，链球菌和白喉杆菌等都能被它抑制。这极大地鼓舞了正急于找到一种治疗化脓性感染药物的弗莱明。经过一系列试验和研究，亚历山大·弗莱明肯定地认为这种霉菌可能成为一种可以全身应用的抗菌药物。于是，他把这种霉菌分泌物的液体叫做"青霉素"。

米老鼠诞生

迪斯尼电影制片公司生产的动画片是好莱坞动画电影的代表。这一电影类型的创始人是娱乐业大王沃尔特·迪斯尼。1928年，迪斯尼创造了著名的卡通形象米老鼠，而且亲自为其配音。随后，迪斯尼又将此卡通形象拍成电影，在美国播出后立刻引起了轰动。剧中主角是一只有着大而圆的耳朵，穿靴戴帽的小老鼠。它虽然没有说什么话，但是随着轻快的音乐而跺脚、跃动、吹口哨……这可爱的形象，博得所有观众的喜欢，不到几年，米老鼠就成了举世闻名的"明星"。迪斯尼也因此名声大振，他的动画制作公司

沃尔特·迪斯尼与米老鼠

从而成为全美最受欢迎的公司。

美国天文学家汤博发现冥王星

19世纪后期，寻找"海"外行星逐步成为热潮。1894年，美国天文学家珀西瓦尔·洛威尔创办了洛威尔天文台。此后，他就在那里研究和搜索"海外行星"。洛威尔用一架折射望远镜拍摄天空照片，记录了成千上万颗暗星的位置。

1929年1月，汤博继承了洛威尔的事业。汤博生于1906年，他

从小酷爱天文学，并自制一架望远镜，从事天文观测。他到洛威尔天文台后，就开始对"行星X"进行搜索。当时的台长维斯托·斯莱弗还专门建造一架33厘米的反射式天体照相仪。汤博经过日夜努力的工作，终于在1930年1月23日和29日夜晚拍摄到双子座附近的天区有一颗移动十分缓慢的新行星，斯莱弗台长立即对该天体作进一步的观测证实，到1930年3月13日，终于正式宣布发现了一颗海外行星。这个人类为之探索研究了将近一个世纪待解的谜，终于被解开了。

美国天文学家汤博

由于这颗行星远离太阳，接收到的阳光远远少于其他行星，它的星体上是一片黑暗、寒冷、阴森的世界。因此，人们用希腊神话中生活在幽暗阴冷之中的冥界之神普鲁托（Pluto）的名字来为它命名，即今天我们所说的"冥王星"。

回旋加速器的发明

英国理论物理学家爱丁顿曾经提出了一个设想，认为人类可以建造一种能量很高的仪器，能使原子核发生像太阳内部核反应一样的反应。在爱丁顿的提议下，美国著名的物理学家劳伦斯开始研制加速器。劳伦斯首先想到电动机的原理，普通的电动机是靠转子中通电流来实现在磁场中旋转的，那么能不能不用转子，直接让运动电荷代替电流来实现在磁场中旋转呢？劳伦斯以惊人的想象力设计，研制回旋加速器。他不久便提出了回旋加速器的原

劳伦斯和他的回旋加速器

世界通史

最新整理图文珍藏版

理，并且制作出一个像儿童玩具一样精致的回旋加速器模型。他用两个D形空盒拼成一个圆形空腔，中间留一条缝隙，带电粒子在缝隙中由带正、负电的D形盒所形成的电场来加速，进入D形盘后在磁场的作用下旋转，最后带电粒子以很高的能量像炮弹一样从一个出射窗打出来，用来轰击靶原子。1930年，劳伦斯经过长期努力终于研制成世界上第一台回旋加速器。

美国发明家托马斯·爱迪生逝世

1931年10月9日，享誉世界的美国电学家和发明家爱迪生在新泽西的西奥兰治镇家里逝世。10月21日，全美国熄灯以示哀悼。

爱迪生实验室内景

爱迪生于1847年2月11日出生于俄亥俄州的米兰，从小未受到过正统的教育，他的母亲当他的"家庭教师"辅导他自学。12岁时，由于家庭生活困难，爱迪生开始在列车上卖报，并用自己赚来的钱在行李车上建立了一个化学实验室。不幸有一次化学药品着火，他连同他的设备全被扔出车外。另外有一次，当爱迪生正力图登上一列货运列车时，一个列车员抓住他的两只耳朵助他上车，这一行动导致爱迪生终身耳聋。1862年8月，爱迪生在火车轨道上救出了一个即将遇难的男孩。孩子的父亲对他非常感激，但由于无钱可以酬报，愿意教他电报技术。从此，爱迪生便和电的新世界发生了联系，踏上了科学的道路。

1868年，他发明了一台选票记录仪，想推销给国会，但没有被采用。爱迪生的第一项发明没有找到市场使他更注意发明的实用性。1869年，爱迪生由波士顿移居纽约。他改进了金指示器电报公司的电报机，得到公司经理的赏识，并受聘于该公司。1870年，爱迪生移居新泽西州，开始了他的高效发明时期。1874年他改进了打字机。1876年，他给贝尔发明的电话加装了炭精话筒，提高了受话的声响。

1876年，爱迪生创办了著名的实验室。在这个实验室里，他打破了以往科学家个人独自从事研究的传统，组织一批专门人才，由他出题目并分派任务，共同致力于一项发明，从而开创了现代科学研究的正确途径。1877年，爱迪生发明了留声机，使他名扬四海。1878年，他开始白炽灯的研究，在十几个月中经过多次失败后，于1879年10月21日成功

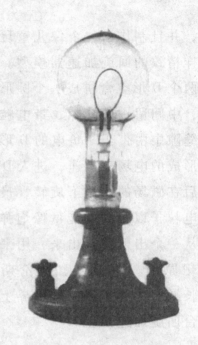

爱迪生发明的灯泡

伟大的发明家爱迪生

地点亮了白炽炭丝灯，稳定地点亮了两整天。1882年，他在纽约珍珠街创办世界第二座公用火电厂，建立起纽约市区电灯照明系统，成为现代电力系统的雏形。电照明的实现，不仅大大改善了人们生产劳动的条件，也预示着日常生活电气化时代即将到来。1883年，爱迪生在试验真空灯泡时，意外地发现冷、热电极间有电流通过。这种现象后来称为爱迪生效应，成为电子管和电子工业的基础。1887年，他移居西奥兰治，并于同年在该市创建规模更大、装备也更新的实验室，即著名的爱迪生实验室（后人称之

为发明工厂）。在这里，他根据伊斯曼的发明，制作了自己的照相机。1914年，他用留声机和照相机制成了最早的有声电影系统。

晚年，爱迪生的发明和革新包括蓄电池，水泥搅拌机、录音电话、双工式和多工式电报系统、铁路用制动器等。第一次世界大战期间，他任海军技术顾问委员会主席，指导鱼雷和反潜设备研究，发明了几十种武器。为此，美国政府于1920年授予他卓越服务奖章，法国政府授予他军团荣誉勋位。1928年美国国会授予他荣誉奖章。终其一生，爱迪生和他的实验室共获1093项发明专利权。

爱迪生一生发明众多，但他毕竟缺乏系统的科学知识，因而对现代技术的发展不能作出正确判断。19世纪末，交流输电系统已经出现，但他仍坚持直流输电，

爱迪生发明的留声机

并在与威斯汀豪斯发生的激烈竞争中丧失了承建尼亚加拉水电站的合同；他的实验室盲目试制磁力选矿设备，耗尽了发明电灯所得的资金，最后不得不放弃。但是，爱迪生在电力开发、电器制造推广和电能应用等方面所作的贡献，使他成为人类历史上最伟大的发明家之一。

毕加索

稚童学画

闻名世界的大画家毕加索，1881年10月25日出生在西班牙美丽的城市马拉加。她的母亲叫玛丽亚·毕加索。她曾经回忆说，毕加索学会发的第一个音节是"匹兹"，就是铅笔的缩音，也许注定了他的一生将和绘画结缘。毕加索的父亲是一位绘画教师，受父亲的影响，小毕加索非常喜欢画画。上学后，他对其他文化课没兴趣，唯独对绘画情有独钟，在他所有的作业簿上都画着各种人物。而他又特别喜爱画鸽子，为此常把鸽子带进教室。

14岁时，父亲把他送到规模和名气都较大的巴塞罗那美术学校学习。当时所有希望入学的孩

毕加索12岁时创作的素描作品

子都要接受考核，考题是画一个披着被单的模特儿和一个站立的裸体人像素描，要求一个月完成。可毕加索只用一天时间就完成了。阅卷老师们非常震惊：这个孩子竟然有这么高的素描艺术水准，因此特批毕加索直接进入高级班学习。

崭露头角

15岁时，毕加索创作了《科学与仁慈》这幅作品。在画中，他描绘了一位身患重病、卧床不起的母亲，正在接受医生的搭脉诊断，同时用忧伤的眼神望着修女怀抱中的孩子。作品展示了毕加索深厚的人道主义精神，而更深刻的含义在于揭示只有科学和宗教才能把人类从病痛和困境中解脱出来的道理。

1897年，《科学与仁慈》入选西班牙全国美展，获得金奖。后来，毕加索孤身前往首都马德里，以优异的成绩获得了圣斐尔南多皇家美术学院的入学资格。但学校教条而死气的教学方式使毕加索厌倦，他开始逃学，常常独自一人到户外去写生。资助他上学的叔叔得知后，气愤地断绝了他的经济来源。偏巧此时毕加索又害了一场大病，无奈只好回到乡间父母身边疗养。在乡间疗养的时期，毕加索结识了许多农民朋友，他们悲惨的生活境况令毕加索非常同情。根据这一生活现象，他创作了《阿拉贡人的风俗》，这幅作品在马德里和马拉加的画展上都获得了金奖。

身体恢复以后，毕加索便来到巴黎。在乡间与农民的亲身接触，使他逐渐深入到下层人民的生活中，同情他们的不幸遭遇的同时，还用自己的画笔讽刺、揭露人吃人的资本主义本质。这个时期，毕加索的绘画风格可以说是忧伤的蓝色调。作品中描绘了无数张冷淡的表情和干枯的面容，这些孤独者身体僵直，弱不禁风，显然是遭到了社会抛弃的形象。因此他绘画中的这一时期被称为"蓝色时期"，代表作有《人性》、《喝苦酒者》、《两姐妹》等。

经过长年漂泊，1904 年，毕加索终于定居巴黎，因为和美丽姑娘奥莉维叶的结合，毕加索的生活中充满了甜蜜和欢乐，也使

毕加索像

他的画由抑郁的、冰冷的蓝色调陡然变为温暖而柔和的粉红色，充满了生活的幸福和青春的活力。因此，这个创作时期被称为"玫瑰色时期"，代表作有《演员》等。

艺术巨人

毕加索对非洲艺术雕塑所具有的鲜明的立体感非常感兴趣，使他萌生了一个把立体感融入到绘画艺术创作中的想法。由此，他开始了新的追求和探索。画是平面的，局限于对物体进行正面、侧面、顶面和底面的描绘，为了显示内在的、人眼看不到的结构，毕加索想出了把物体的原有形象破坏掉，重新分解，然后再根据意境进行主观组合拼装的办法。后人把他的这种艺术尝试称为"立体主义创作"。

毕加索 1907 年完成的《亚威农少女》，是他立体主义创作的代表作。整幅作品历时四个月，共画了 17 张草图，完全打乱了传统绘画的技巧。作品中描绘了五个裸体少女，身躯上没有什么装饰，都呈粉红色。左面三个少女的身体呈菱形，眼睛则呈橄榄形，好像都戴上了面具，并有了黑人雕刻的特点。其中一个人的手反转到身体的侧右方向拉着赭红色的

最新整理图文珍藏版

《科学与仁慈》

幕布；还有一个人竟然只拥有一只眼睛，而且几乎占了整个脸上的全部位置。另两个裸女则是正面像，而尖尖的鼻子却是侧面的，面目狰狞，好似从阴间飘荡回来的女鬼一般。一个蹲在地上脸部转向右方，另一个站着的脸部呈现为一个突出的鼻状物。这五个裸体少女依次排开，从左下方到右上方呈一个对角线，在蓝色背景衬托下显得格外突出。这样一幅画作问世后，立即在巴黎画坛引起巨大的震动，人们褒贬不一。持否定态度的人说毕加索是疯子，好端端的五个少女让他画成人不人鬼不鬼的样子，这分明是对绘画艺术的亵渎；持肯定态度的人认为这是一种全新的表现手法。这幅画在问世整整三十年后才正式展出，为毕加索赢得了巨大的声誉。

和平使者

在毕加索生活的那个时期，正是他的祖国西班牙多灾多难的时期，人民生活在水深火热之中。1936年11月，佛朗哥在德、意法西斯的支持下进攻首都马德里，揭开了西班牙内战的序幕。

《格尔尼卡》壁画

听到祖国惨遭蹂躏的消息后，毕加索愤怒不已，56岁的他紧握画笔，满怀悲愤地创作了巨幅壁画《格尔尼卡》。《格尔尼卡》宽四米多，长约九米，采用白、黑、灰作为基调，蕴含着一股悲壮的气氛。画面上人物众多，呈现出挣扎、控诉、呼号的状态，作品中有四位妇女，她们尖叫着，哀号着，或从燃起火的楼房奔跑而下，或抱着死去的婴孩对天而哭，或绝望地伸展着手……在画面的左上方有一头冷漠无情的牛顶立着犄角，一匹奔跑的马被长矛刺穿了背……这些都具有深刻的象征意味：公牛是残暴和黑暗的象征，而马则代表了人民……整幅作品体现了毕加索对德、意法西斯的强烈控诉，对罪恶战争给人民带来苦难的无情鞭挞。

1944 年 9 月，毕加索加入法国共产党，积极投入到反法西斯斗争中。同年，毕加索将一幅石版画捐赠给保卫世界和平大会。画面上是一位美丽的少女头像，在少女头像的旁边有一只鸽子振翅欲飞，表达了人民对和平的追求和渴望。后来，那自由飞翔的白鸽就成了和平的象征，人们都称它为"和平鸽"，而毕加索则被尊称为"和平鸽之父"。

智利著名诗人聂鲁达写诗赞誉他说：毕加索的和平鸽展开翅膀，飞翔在世界的每一个角落，没有任何力量，可以阻碍它的翱翔。

1971 年，90 高龄的毕加索在法国卢浮宫举办画展，法国总统乔治·蓬皮杜亲自前来剪彩，并热情洋溢地说："毕加索是一座火山……不管画的是女人的面容，还是小丑的角色，都会迸发出青春的火焰。"1973 年 4 月 7 日，因患严重流感，毕加索死在自己的战场——画室中，终年九十二岁。生前，他曾经说过："回到斗牛场吧，那里

可以死得其所。"终于，他如愿以偿壮烈地死在了自己的"斗牛场"——画室中。

弗洛伊德

学海泛舟

弗洛伊德是奥地利人，1856 年 2 月出生在弗赖贝格市，四岁时，随全家迁居到维也纳，此后他的一生就几乎全在那里度过了。幼年时父亲教他读书识字，后以优异的成绩考入中学。在校期间，弗洛伊德是公认的出类拔萃的好

弗洛伊德像

学生，他对各类知识都有浓厚的兴趣。1873 年，弗洛伊德以优异的成绩考入维也纳大学医学院，广泛的兴趣促使他如饥似渴地听取每一堂课。他的勤奋使生理学教授布吕克非常喜欢，于是就让他到自己的实验室做助手。在吕克的指导下，弗洛伊德接受了科学研究的启蒙教育。弗洛伊德毕业后，开始进行皮肤科、眼科以及神经精神科等学科的临床实践。

1881 年，弗洛伊德来到当时欧洲权威的神经病理学研究中心，拜沙比特里尔医院院长沙考特教授的门下，主要从事歇斯底里病的研究。歇斯底里病又叫癔症，是常见的神经官能症，女性发病比例较大，多由神经因素使大脑功能失调而导致发病。沙考特教授把这种病确定为一种神经系统疾病，不少病人在他的电疗、浴疗、推拿和催眠等治疗方法的作用下完全恢复了健康。弗洛伊德被他的催眠疗法深深吸引，从而确定了自己的主攻方向——神经病治疗。

独树一帜

弗洛伊德正式行医后就始终坚持对歇斯底里病的研究与治疗。多年的临床实践使他积累了丰富的临床经验，三十九岁时，弗洛伊德与人合作，出版了《论歇斯底里现象的心理机制》。他在著作中着重描述了发生这种疾病的原因——"潜意识"的存在。弗洛伊德认为人在产生意识的过程中，有一种无法探测的心智过程，那就是"潜意识"。"潜意识"处在人的心灵深处，在它受到诱导和启发后，才会转化成为人的"意识"。"潜意识"成为弗洛伊德研究精神分析学的理论雏形，后来，他沿着这条线索继续前进并逐渐丰富发展完善，取得了一个又一个成功。

但弗洛伊德对歇斯底里的成果并没有获得医学界的认可，相反却遭到了压制和排斥，有人说他的观点是异端邪说，但弗洛伊

弗洛伊德接受英国广播公司记者的采访

德并没有动摇研究的信心，而是义无反顾、更加积极地投入到探究人类精神活动奥秘的探索中。1895 年，凝结着他多年研究心血的《歇斯底里研究》出版了。在著作中，他指出了对抗"本能"的方法，并提出了"抑制"学说。他认为有两条路可以走进人类的心理世界：一是进行自我分析，二是对梦进行解析。而专门探讨梦的专著又在 1897 年 7 月出版。这部《梦的解析》的出版标志着弗洛伊德在对人类精神活动的研究上又跃升到了一个新的台阶，也标志着精神分析学的正式诞生。

驰名世界

20 世纪后，弗洛伊德以及他的学说已经驰名国外了。1909 年，美国克拉克大学举行 20 周年校庆，校长斯坦利·荷尔亲自邀请他参加，并授予他名誉博士学位。在这次应邀赴会的过程中，他在该校分五次进行了题名为《精神分析的起源和发展》的演讲，演讲全文后来被译成多种文字，在世界范围内广泛流传。

作为学者，弗洛伊德的著作有广大的读者，认同他观点的精神分析学会纷纷在欧洲大城市中建立。荷兰精神病学家和神经学家协会以及英国心理学会都邀请他做名誉会员。1919 至 1939 年间，他的名誉达到了最高峰，无人不晓弗洛伊德和他的学说。但由于在 1923 年他被发现患了口腔癌，从 1932 年起先后做过 30 多次手术，再加上 1938 年纳粹德国入侵奥地利，作为犹太人的弗洛伊德晚年的境况更加悲惨，以 82 岁的高龄随家人一路艰辛地逃到伦敦，不久就在 1939 年 9 月 21 日死去。

罗曼·罗兰

敏感的少年

罗曼·罗兰 1866 年 1 月 29 日出生在法国克拉姆西古镇的一个律师家庭，当时普、奥之间正进行着大规模的战争，社会动荡不安。虽然身处乱世，但幼年的罗曼·罗兰受外界影响不大，生活得非常幸福；虽然身体瘦弱，但心灵却异常敏感，对外界事物有独特的理解。在母亲的影响下，小罗兰对音乐产生了浓厚的兴趣，莫扎特、贝多芬等人的古典音乐令他痴迷，艺术大师莎士比亚的剧本更使他着魔……这一切，都对他的成长产生了巨大影响。在上大学时，罗曼·罗兰曾与俄罗

青年时的罗曼·罗兰

斯批判现实主义文学大师托尔斯泰通过信，托尔斯泰的"不以暴力抗恶"、"道德上的自我修养"、"博爱"等思想对他产生了深远的影响。

1889年，罗曼·罗兰大学毕业后，以官费生身份前往罗马研究历史。1892年，学成回国后，先后在巴黎几所中学和巴黎大学教授音乐史课程。这期间，他受法国民主主义文化的熏陶，对资本主义社会的丑恶深恶痛绝。

走上创作之路

1895年，罗兰获得了博士学位。这时，整个西欧资本主义社会弥漫着颓废的文艺思潮，罗兰感到自己有责任走上创作之路去扭转这种现象。在开始创作时，他侧重于历史剧，并写了大量的论文，希望建立一种为广大人民提供精神食粮的"人民戏剧"，但却受到资产阶级的疯狂指责，这使他清醒地认识到：资本主义社会的利己主义已到了相当严重的程度。

20世纪初，他的创作进入到一个让世人"呼吸英雄的气息"的新阶段，为那些具有巨大精神力量的英雄们树碑立传是这一阶段的主题，几年中他就连续写了《贝多芬传》、《米开朗琪罗传》和《托尔斯泰传》等几部名人传记作品，还发表了以贝多芬为原型的第一部长篇小说——《约翰·克利斯朵夫》，这部被高尔基称为"长篇叙事诗"的作品在1913年获得法兰西学院文学奖金。

《约翰·克利斯朵夫》以主人公约翰·克利斯朵夫的生平为主线，描述了这位音乐天才成长、奋斗以及最终失败的人生悲剧。

罗曼·罗兰的葬礼队伍

罗曼·罗兰

出身贫苦的克利斯朵夫，凭着天赋非凡的音乐才能，再经过自己多年的刻苦学习后，终于成为一名卓越的作曲家。但由于一直醉心于推动音乐的革新，所以受到国内保守势力的非议和迫害，无奈之下，他来到当时欧洲文艺的中心——法国。可是，对艺术的理解与追求在法国也同样无法获得发展。为了捍卫真正的艺术，他同反动势力斗争。由于他只是采取个人奋斗的斗争方式，不联系群众，因而只得到了少数人的支持，并没有取得什么结果，他晚年时只能在孤独和宁静中生活。

罗曼·罗兰通过这部巨著控诉了德国、法国、瑞士、意大利等资本主义国家对艺术的摧残，表达了他对这一现象的憎恨。

反战斗士

第一次世界大战爆发时，罗曼·罗兰正在瑞士，战争的残酷使他感到莫大的痛苦。他发表了《致霍普曼的公开信》，公开谴责这位德国作家为帝国主义战争所作的宣传和吹捧。随后又写了一系列反战文章，来揭示露战争的罪恶，这些文章被汇编成著名的文集《超脱于混战之上》。1915年，因为"他的文学作品中的高尚理想和他在描绘各种不同类型人物所具有的同情和对真理的热爱"，罗兰被授予诺贝尔文学奖。第二次世界大战爆发后，他又积极投身于反法西斯反侵略运动之中。

经过二十多年的探索，罗曼·罗兰于1931年郑重发表了《与过去告别》一文，批判了自己过去所走过的错误道路，并开始积极投身于进步的政治活动，以及反对帝国主义战争、保卫和平的活动之中，还担任了国际反法西斯委员会主席，积极声援西班牙人民的反法西斯斗争，出席了巴黎保卫和平大会，成为进步的反帝反法西斯的文艺战士。

　　1944 年 12 月 30 日，曾为自己的祖国和世界人民的美好未来而不断奋斗的文学家和社会活动家——罗曼·罗兰，离开了人世，享年 78 岁。

第三节 社会生活：生活百科 民俗缩影

全球病毒性流感夺走百万人生命

流行性感冒简称流感，是一种具有高度传染性的流行性感冒病毒所引起的急性传染病。由于传递迅速，故容易发生流行甚至世界性的大流行。1918 年开始的那次流感使全世界 2000 万到 4000 万人丧生。

这次流感以空前的速度和毒性向世界各地传播。流感病菌的新菌株首先出现在西班牙，它迅速传染于欧洲部队和美军之中，并且严重危及着因战争所造成的紧张和营养不良、体质虚弱的民众。瘟疫从欧洲迅速传到亚洲，估计仅中国就有数百万人被夺去

感染流感的人们

生命。

在美国，联邦公共卫生局透露平民的死亡率远远超过在国外的军队，而死于流感的士兵又比战死的多。据报告统计在两个月里，46个城市中死于流感的人数将近8万。高峰期时，两星期之内，死亡人数约为4万。

当时，研制抗流感疫苗的尝试没有成功，大多数国家的医药来源已紧张到极点，结束瘟疫的希望十分渺茫。

印象派音乐的代表人物德彪西去世

1918年3月25日，法国著名作曲家、印象派音乐的代表人物德彪西去世，终年56岁。

1862年，德彪西出生在圣日耳曼广昂一个小资产阶级家庭中。1873年，德彪西考入巴黎音乐学院，并在那里学习了11年，专修钢琴、音乐理论与作曲，学习成绩优异，连年获得奖金和奖章。1884年，他的大合唱《良子》获得巴黎音乐学院的最高荣誉：罗马奖金。1879年，德彪西在莫斯科度假时，与俄罗斯民族乐派"强力集团"接触。1880年至

1882年期间，他作为贵族梅克夫人的家庭钢琴教师，又曾多次到俄国。1885年至1886年，德彪西在罗马生活了一年。德彪西一生不曾就职，也很少作为钢琴家和指挥家在公众场合出现。在30余年的创作生涯里，他形成了一种被称为"印象主义"的音乐风格，对欧美各国的音乐产生了很深远的影响。

印象派音乐代表人德彪西

德彪西的作品在音乐上部分受到俄罗斯音乐影响，同时又受到文学上、绘画上的象征派、印象派的影响，形成自己的独特的音乐风格。他力求在音响中刻画

出瞬间的感觉、短暂的印象、情绪上的细微差别、景象的轮廓等。

德彪西的主要作品有：歌剧《佩利亚斯和梅丽桑德》，舞剧《玩具盒子》，管弦乐作品《牧神午后》前奏曲、《夜曲》，交响素描《大海》，钢琴曲《版画》、《快乐岛》、《前奏曲》、《意象集》等。

英国飞艇往返飞越大西洋成功

1919 年 7 月 13 日，英国飞艇"R·34"号到达普尔海姆基地，完成了首次跨越大西洋的往返空中飞行。飞行路线从苏格兰的爱丁堡起飞到达美国纽约的米尼奥拉，然后返回英格兰。

"R·34"号飞艇于 7 月 2 日上午飞离爱丁堡，7 月 6 日上午到

"R·34"号在飞行途中

达米尼奥拉。飞行时间为 4 天零 12 小时，飞行的航线为 3200 英里，平均时速为 30 海里，数千名观众聚集在纽约市米尼奥拉的罗斯福机场观看飞艇的着陆。"R·34"号驻留在米尼奥拉，直到 7 月 10 日才开始返回飞行。飞艇起飞后飞越纽约市上空，继而飞越纽芬兰然后跨越大西洋。回程飞行时间为 75 小时。除了 30 名机组人员外，"R·34"号飞艇还携带了一名未安排在旅行行程上的旅客。威廉·巴兰坦是一名 23 岁的装配工，在最后阶段被排出机组人员之外，因他藏在了飞艇上，这样便成为世界上第一位跨越大西洋飞行的偷乘者。

可口可乐公司成立

可口可乐公司是美国最大的软饮料、糖浆、果汁及咖啡、茶叶生产企业之一。1919 年，可口可乐正式注册，并组成该公司。早在 1886 年，一位居住在美国佐治亚州亚特兰大的药剂师约翰·彭伯顿，用古柯叶子与可乐果核混合制成了一种棕色的果汁。彭伯顿把这种果汁作为一种包治百病的良药在店内出售，他将它命

名为"可口可乐"。但是光顾"可口可乐"的人寥寥无几,于是彭伯顿将它卖给了药剂师阿萨·坎德勒。

坎德勒接手以后,决定把可口可乐作为一种苏打水饮料而非药品出售并为这种软饮料登了大量的广告,很快,顾客们都慕名而来。坎德勒的两位合作伙伴建议将罐装可口可乐改为瓶装,坎德勒接受了这个建议。不久,他们三个人都成了百万富翁。到1903年,古柯叶子已不再是制作可口可乐的原料了。但由于可口可乐公司坚守其配方秘密,所以配制可乐的精确成分与剂量至今仍是一个谜,无人知晓。

可口可乐之父——阿萨·坎德勒

第一次世界大战让可口可乐有机会走出美国,跻身国际市场。

可口可乐公司给在欧洲作战的美国士兵免费提供大量罐装饮料,可口可乐大受士兵们的青睐,以至于美国陆军要求可口可乐公司在欧洲建立10家工厂。战后,这些工厂仍没有停业。如今,可口可乐已遍及全球。

安德鲁·卡内基逝世

1919年8月11日,从一文不名的移民变成了美国钢铁大王,创造了被人们称为"美国梦"奇迹的安德鲁·卡内基因支气管炎病发在马萨诸塞州影溪庄园中逝世,终年84岁。

安德鲁·卡内基于1835年出

美国钢铁大王安德鲁·卡内基

世界通史

最新整理图文珍藏版

生在苏格兰邓弗姆林，是一位穷纺织工人的儿子。11岁随父迁至美国宾夕法尼亚州阿勒格尼。13岁起靠打工维持生计，进过棉幼厂、煤矿，当过邮电员。

国际联盟成立

1920年1月10日，国际联盟成立。

国际联盟的主要机构有大会、理事会、秘书处，并附设国际法庭、国际劳工局等，其中最主要机构是理事会。国际联盟主要受英法两国操纵。根据《国联盟约》，理事会的职责是：草定裁军计划，审核承担委任统治的各国提出的年度报告，保障会员国领土完整，向大会提出解决国际争端的议案，对侵略者实行经济和

1920年位于日内瓦的国际联盟总部大楼

军事制裁等。国际联盟虽然是各国为防止武装冲突、加强普遍和平与安全而建立国际机构的第一次尝试，但在实践中并没有起到维护和平的作用。

美国妇女获得选举权

1920年美国宪法的第19条修正案签署成法，美国妇女获得选举权。

美国妇女游行

美国妇女争取参政的斗争要追溯到1848年7月，在纽约州塞尼卡·福尔斯村的韦斯利安卫理公会教堂，召开了美国第一届妇女权利大会。美国女权主义运动的先驱伊丽莎白·凯蒂·斯坦顿与被后人称为"女权运动之母"的莫特和安东尼组织召开了讨论"社会、公民、宗教状况和妇女的

权利问题"的会议，并发表了一个模仿《独立宣言》的《妇女伤感宣言》，该宣言指出："男人与女人生而平等；造物主赋予她们若干不可剥夺的权利，其中生命权、自由权和追求幸福的权利……"在宣言的激励下，美国妇女成立了妇女参政组织，掀起了轰轰烈烈的妇女参政运动。这次大会的召开标志着美国女权运动的正式开始。

在经历了一个曲折的艰难历程后，从1890年开始，美国女权主义运动者全力组织妇女参加争取参政权的运动，一度分裂的美国妇女又重新联合起来。而妇女的各种组织也相继增加。到1914年，许多不同的妇女组织都在妇女参政的旗帜下聚集起来了。1916年，妇女们又重新组建了妇女党。1917年，妇女国会同盟和妇女党多次组织了连续24小时对白宫的示威，当时总统威尔逊下令把她们逮捕入狱。全国妇女参政协会采取了游行、集会、游说等多种方式，对议会施加影响。美国妇女争取参政权的运动克服了种种阻力，一直持续到最后的胜利。1919年，美国国会通过了宪法第19号修正案，明确规定妇女享有选举权和被选举权。一年以后，经各州批准正式执行，美

国妇女终于获得了参政权。

比利时安特卫普奥运会

安特卫普是比利时一个省城，跨斯海尔德河两岸，为欧洲北部贸易中心，世界大港之一。当第七届奥运会决定在这里召开的消息传来后，安特卫普市民热情满怀，忘我地劳动，兴建了一个能容3万多人的体育场和其他体育设施。这次运动会没有邀请第一次世界大战的元凶德国及其同盟者，以示对他们破坏和平奥林匹克运动的惩罚。但是，比利时组委会犯了一些差错，即没有邀请刚刚成立新政权的苏联参会。

运动会于1920年8月14日正式开幕，8月29日闭幕。参赛国家共有29个。首次参加的有阿根

1920安特卫普奥运会开幕式

廷、摩纳哥、巴西、南斯拉夫和捷克斯洛伐克，爱沙尼亚、芬兰也以独立的身份参加了比赛。运动员共 2607 人，其中女选手 64 人。人数最多的前三名国家是：比利时 332 人、法国 292 人、美国 282 人。比赛增加了许多项目，列入了上届取消的自由式摔跤、拳击、马球、橄榄球、曲棍球等，恢复了停了 16 年的举重比赛。除重新列入冬季项目的花样滑冰外，还首次增加了冰球，这也是夏季奥运会最后一次举行这类比赛。

本届奥运会成绩名列前三名的国家是：美国、瑞典、英国，获奖牌数分别为 96 枚、64 枚、30 枚。东道国列第五位，奖牌总数 22 枚，这也是比利时在历届奥运会上成绩最好的一次。

夏奈尔 5 号香水问世

夏奈尔 5 号香水是风靡全球的名牌香水。它是法国著名服装设计师夏奈尔于 1921 年所研制的，并随即开始上市。据说因她与沙皇俄国的一位公爵的异国之恋，激发了灵感，凭着她独特的叛逆精神，创制了世界著名的现代复合醛香型香水。因为她把

服装设计大师——夏奈尔

"5"视为一吉祥的数字，遂取名"夏奈尔 5 号香水"。

夏奈尔 5 号香水在包装款式和色彩选用方面都颇有特色，它采用透明式包装，展示出香水的实体形象，使人一目了然，色彩选用为蓝色（基督教徒视蓝色为尊贵的色彩），给人以梦幻之感，故而征服了全球的风雅女士。夏奈尔 5 号香水也是迄今为止最受人们喜爱的香水之一。每一代人，无论他们当时的社会趋势怎样，他们都会欣赏并使用这种高贵而豪华的香水。因此，它也为法国服装师夏奈尔女士创造了天文数

字的销售额。

印度不合作运动达到高潮

第一次世界大战以后，印度人民掀起了民族独立运动高潮。英国殖民当局采取镇压政策，制造了"阿姆利则惨案"。1920年，印度资产阶级政党国民大会党通过了甘地提出的"非暴力不合作计划"，改变大战期间同英国合作的态度，宣布要采取"和平和合法的手段"，来取得印度的自治。不合作运动的措施包括：印度人放弃英国殖民当局给予的头衔和名誉职位；对英国人的立法机关、法院和学校实行普遍抵制；号召家家户户恢复手工纺织和抵制英货；逐步进行抗税斗争。非暴力不合作运动形成了声势浩大的群众运动，1921年，这项运动达到

甘地自行纺织抵制英货

高潮，沉重地打击了英国殖民者，增强了印度人民的民族自尊心和自信心。

空中加油首次出现

早在1903年，随着世界第一架飞机问世，飞机发明家就提出了"空中加油"的设想：首先通过减少载油重量，让飞机飞起来，再由飞机空中加油，让它飞得更远。

空中加油

世界上首次空中加油出现在1921年的一天，富于冒险精神而又充满想象力的美国人威利·梅伊把一个装有航空汽油的罐子绑在背上，从一架林肯型飞机的机

世界通史

最新整理图文珍藏版

翼上，爬到另一架飞行的 JN－24 型珍妮飞机的机翼，并运动到其发动机旁，将油罐中的航空汽油倒进发动机燃料箱，从而成功地完成了第一次空中加油。从此，开始了人类对空中加油技术的开发。

1923 年，美国陆军的两架单引擎 DH－4B 飞机在飞行途中，其中一架飞机燃料将尽，另一架飞机迅速抛掷出一条 10 多米长的软管。缺油飞机的飞行员紧紧抓住软管，并把它接到自己飞机的油箱上。很快，燃油从一架飞机流入另一架飞机的油箱。随后，两架飞机又进行了一次同样动作的加油，从而开始了世界上真正意义的空中加油。

现代舞蹈在美国兴起

从 1921 年开始，现代舞蹈在美国形成了一股强劲舞蹈流派。其创始人是伊莎多娜·邓肯，她反对芭蕾的程式和形式主义倾向，提倡以自然的舞蹈动作、自由地表现思想感情。这不仅对僵化了的传统观念是个冲击，为现代派舞蹈的发展开拓了广阔天地，同时也将舞蹈艺术从少数权威垄断中解救出来，使其成为群众艺术。

随着现代舞在世界上广为流传，新的形式主义也渗透其中，各种现代舞派别不断产生。其中主要有表现派、立体派、抽象派和动力派等。表现派的现代舞宣扬感觉第一，把直觉看作是认识世界的惟一方法，确立没有音乐伴奏的舞蹈。立体派的现代舞强调舞蹈者"姿势的外部变化"，用一种立体的东西覆盖着人体服装，由舞蹈者本人去移动这些服装，这更突出了服装道具的表现力。抽象派的现代舞是以抽象的语言去表现所谓纯粹的精神世界，追求新奇、怪诞，让观众欣赏污迹的样式。后来，这些派别在西方并不受欢迎，所以有些自然就被淘汰掉了。

最畅销美国杂志《读者文摘》创刊

1922 年 2 月 5 日，享誉全球的美国杂志《读者文摘》创刊。创办人是美国的华莱士夫妇。华莱士原为电气公司职员，被解雇后，因他对杂志文章颇感兴趣，且具有缩写文章才能，他决定和妻子利拉·艾奇逊一起出版一种袖珍杂志，并称它为《读者文摘》。不久，他们仅以5千美元的资本在纽约格林威治村的一家非法酒店楼下开设一个办公室，开始征求订户。同年2月，第1卷第一册开始出版，其目的是在日常生活中向读者通报信息，给读者以娱乐、鼓励和指导。第一篇文章的标题是"如何在精神上保持年轻"，篇幅为一页半。

到1939年，《文摘》已行销300万册。随着销售额的增长，该刊也逐步进行改进，并用英、法、西、葡、德、意、瑞典、挪威、芬兰、丹麦、中文、日等多种文字出版。此外还有盲文版，大字号版，录音带版等。内容也比以前更加广泛，不但摘登各大报刊上的一些名记者、名作家的文章，而且还包括政治、国际时事、生活知识、通俗科学、哲学、历史、文学、教育等各方面内容。《读者文摘》的宗旨是"投读者所好、为读者服务"。

埃及法老图坦卡蒙墓被发现

1922年秋，英国考古学家卡特在埃及底比斯的古代王陵地区经长期探测发掘，发现一座古埃及王陵。11月4日，他在这座墓道尽头打开墓门小孔，发现墓门封印，确定为古埃及18王朝末皇帝图坦卡蒙之陵墓。

图坦卡蒙陵墓其葬仪之豪华、葬品之丰富为现今所知的一切古代墓葬之冠。棺椁内外8层，外4层为木制圣柜，用石英岩雕成的内椁，椁内置3层人形棺，外两层为木质贴金，最内层为纯金制

华莱士夫妇纪念邮票

图坦卡蒙的木乃伊金棺

世界通史

最新整理图文珍藏版

图坦卡蒙墓黄金面罩

成，重 60 千克，每层棺上均有大量金银珠宝，雕镂精细。棺内木乃伊遗体还罩有金面具，配以鹰、蛇表征的王徽，刻制之华美为世所罕见。墓内随葬品数以千计，包括金银家具、雕像、武器、王杖、包金战车等，历十余年才清理完毕。现墓内金棺、金面具和随葬物陈列于埃及开罗博物馆，被公认为古埃及文物中最珍贵的代表。

反苏维埃的社会革命党

十月武装起义胜利以后，社会革命党右派不承认苏维埃政权，退出了苏维埃二大。以后他们就千方百计地要推翻新生的工农革命政权。当克伦斯基率领的部队攻占加特契纳和皇村并向彼得格勒逼近时，社会革命党中央发布宣言，号召群众支持叛军。与此同时，社会革命党的领导人阿夫克森齐也夫和郭茨等在首都组织士官生叛乱作为策应。

武装叛乱失败后，社会革命党又企图利用立宪会议来破坏十月革命的成果。1917 年 11 月底它带头组织了"保卫立宪会议联盟"，在群众中进行反苏维埃的宣传，同时继续策划叛乱。11 月 26 日至 12 月 5 日，社会革命党召开第四次代表大会。这是左派正式分裂出去以后召开的第一次代表大会。切尔诺夫和晋季诺夫分别作了形势报告的中央工作报告。大会的一个中心问题是立宪会议。大会的决议指出："社会革命党应当比任何时候都大声疾呼'全部政权归立宪会议！'的口号"。尽管社会革命党从苏维埃政权一诞生起就对它采取了敌视的立场和行动，直到 1918 年夏季为止，但社会革命党始终作为一个合法的政党在国内开展活动。它不仅在苏维埃三大选出的中央执行委员会中有 7 个席位，而且在很多地方苏维埃和苏维埃执委会中有自己的代表。

《布列斯特和约》签订以后，社会革命党加紧了反对苏维埃政权的步伐。1918年3月，和约签订以后不久，社会革命党中央就发表声明说："人民委员政府背叛了民主的俄国，也背叛了革命和国际，它应当被打倒……社会革命党将竭尽全力推翻布尔什维克统治"。1918年5月，社会革命党第八次会议的一个决议进一步指出，"党的基本任务是为恢复俄国的独立、为复兴俄国的民族和国家的统一而斗争……布尔什维克政权是实现这些目标的主要障碍。因此，一切民主力量当前的迫切任务是消灭这一政权"。在会议的另一个决议中还提到："为了建立

在全国性的立法会议基础上的有组织的民主政府的利益，可以允许盟国军队开入俄国领土"。

在制造舆论的同时，它也进行了实际活动。1918年3月，社会革命党人萨文科夫与原沙皇军队的上校彼尔胡罗夫相勾结，建立了"捍卫祖国与自由联盟"，在雅罗斯拉夫尔、穆罗姆、雷宾斯克等地多次发动反苏维埃政权的武装叛乱。阿夫克森齐也夫伙同一些人民社会党人和立宪民主党人组织了"复兴俄国同盟"，进行公开的反革命破坏活动。这两个组织都秘密接受协约国帝国主义分子的财政资助。社会革命党对1918年5月开始的捷克军团叛乱起了推波助澜的作用。它们相互勾结，在全国范

苏维埃的土地属于集体农场管理

世界通史

最新整理图文珍藏版

围内发动了旨在推翻苏维埃政权的国内战争。

在国内战争初期，在被白卫军和武装干涉者暂时占领的土地上，如阿尔汉格尔斯克、萨马拉、西伯利亚、里海东部等地区，社会革命党组织了一系列反革命"政府"。它们废除了苏维埃政权的法令，恢复了革命前的很多旧制度，对布尔什维克和工农革命群众进行了残酷的镇压和迫害。在这些"政府"中，影响最大和最具有代表性的是萨马拉的"立宪会议委员会"。

萨马拉是社会革命党的势力比较集中的一个地区。在萨马拉省苏维埃执委会中社会革命党人占很大比重，执委会主席克利穆什金便是社会革命党人。从1918年春季起，他们就在城乡开展反苏维埃政权的宣传鼓动，特别是煽动群众反对布尔什维克党的粮食政策。他们还组织武装力量，建立密谋组织，准备随时发动反革命暴乱。1918年6月8日，叛乱的捷克军团占领了萨马拉。社会革命党人以军团作后盾，在当天就宣布成立自己的"政府"。最初的"立宪会议委员会"共5名委员，都是社会革命党人，主席是沃尔斯基。到9月末委员增至97人，但仍是社会革命党独揽大权。该"政府"还建立了以社会革命党人罗哥夫斯基为首的"部长会议"。在16名"部长"中除1名孟什维克（伊·马伊斯基——劳动部长）和2名无党派人士外，都是社会革命党人。在1918年6~8月间，"立宪会议委员会"统治的范围包括整个萨马拉省、辛比尔斯克省、喀山省、乌发省以及萨拉托夫省的一部分。"立宪会议委员会"解除了银行、工厂和其他私人企业的国有化，将它们交还给原主经营；在农村，口头上仍坚持土地社会化的要求，但同时又明令规定1917至1918年度的冬季作物一概由播种者，即原来的地主来收获。从社会革命党领导的各个"政府"的所作所为可以看到，他们在反革命的道路上已经走得相当远了。

从1918年末开始，随着高尔察克、邓尼金等白卫反革命势力的崛起，国内战争进入了一个新的阶段。在这一阶段，地主资产阶级保皇派成了反苏维埃政权的主力。社会革命党和他们发生了激烈的矛盾。这就使社会革命党不得不改变原来的反革命策略，提出要走所谓"第三条道路"，并称自己为"第三势力"。

1918 年 12 月 5 日，在乌发举行的社会革命党中央委员会议上正式提出要改变对苏维埃政权的态度，并且决定将高尔察克占领区内的各级党组织转入地下。1919 年 2 月 6 日至 8 日，在莫斯科召开了党的代表会议，决议谴责各资产阶级政党"妄图建立个人独裁和恢复不受限制的横征暴敛"，并表示要停止反苏维埃的武装行动，因为这种行动会"助长反动势力的气焰"。1919 年 6 月在莫斯科举行党的第九次会议，正式宣布"停止对布尔什维克政权的武装斗争，代之以通常形式的政治斗争"。会议的决议对所谓"第三势力"作了很明确的概括："第三势力既不是布尔什维克主义，也不是复辟势力"；"它既反对无产阶级专政，也反对地主资产阶级反动派，只有它才能把俄国从死胡同中拉出来"。

社会革命党在策略上的这种转变并不表明它对苏维埃政权的基本立场有了变化。对此，该党的第九次会议的决议说得很坦率："党作出放弃与布尔什维克统治进行武装斗争的决定是出于对当前整个政治局势的考虑，不应把它理解为接受（即使是暂时的和有条件的）布尔什维克政权"。"不

能允许那种有害的幻想，似乎布尔什维克专政可以逐渐转变为人民政权"。事实上也是这样。社会革命党，特别是它的地方基层组织，在提出"第三条道路"的策略以后，从未停止过反苏维埃政权的武装叛乱活动。这种两面派的行径引起了广大基层党员日益增长的不满。

国内战争结束以后，濒临瓦解的社会革命党还企图继续活动，成立了由 5 名委员组成的秘密的领导机构——中央局。1920 年 9 月，召开了党代表会议，号召全党行动起来，准备武装暴乱推翻无产阶级专政的苏维埃政权。1921 年 2 月，党中央发表了《关于策略问题的指示》，要求各地方组织积极开展武装叛乱活动，推翻布尔什维克统治，在俄国建立"民主的国家机构"。1921 年 8 月，在萨马拉举行的一次中央秘密会议指出："以革命手段推翻共产党专政的问题，已经刻不容缓地提上了日程，这是有关俄国劳动民主派生死存亡的问题"。此后，各地的党组织加紧了反革命的武装叛乱活动。

1922 年，苏维埃政府对 34 名社会革命党的重要人物提出起诉，罪名是进行反苏维埃国家的

颠覆和恐怖活动。审判结束后，大批党员纷纷宣布与党脱离关系。1923年3月，由乌拉尔和西伯利亚的一些党员发起召开了党代表大会。大会解散了党的中央机构，号召党员加入俄共（布）。大会选出了一个执行小组，任务是解散本党。至1924年初，国内各地党组织业已完全解散，据此，执行小组于1924年2月停止活动。

班 廷

优秀的医生

1891年11月14日，班廷出生在加拿大的阿里斯顿。母亲生班廷时留下了病根，一直卧床不起，这对小班廷的影响很大。他暗下决心，长大后一定要做一名医生，把妈妈的病治好。十八岁，班廷以优异的成绩考进了多伦多医学院，为实现儿时的梦想迈出了第一步。班廷学习非常刻苦，他的成绩一直名列前茅。他心中憧憬着成为医生的一刻，遗憾的是，母亲没有等到那一天就去世了。班廷大学毕业的时候，第一次世界大战还在酣战中，前线由于伤员很多，所以非常需要医生，

班廷立即应征入伍了。作为一名优秀的外科医生，他在战场上挽救了无数士兵的生命。

战争结束后，带着战争在胳膊上留下的一块深深的弹痕，班廷回到了祖国加拿大，并在多伦多儿童医院当医生，后又在安大略州的伦敦城小镇行医，由于和平年代外科手术少，他的收入难以糊口，便又在安大略医院找了份临时工，作实验示范教员。

灵光一闪

班廷的实验示范课深刻、有趣，一丝不苟。1920年10月30日晚上，按照惯例，他要为第二天的胰脏功能示范实验进行准备。胰脏在消化方面的作用极大，它的分泌液能消化人体内的糖，分解脂肪和蛋白质，如果没有胰脏，人就会得糖尿病而死去。班廷想："能不能为欧美众多的糖尿病患者做点事情呢？如果将胰脏的导管扎住，时间一长，胰脏就会退化，这样一来，就可以使胰岛细胞不受消化液的影响，从而提取出健康的胰岛细胞……"

想到这，班廷兴奋不已。为了验证自己的想法，他找到当时著名的胰脏生理和病理方面专家麦克洛德教授，请求帮助。麦克洛德教授给他提供十条狗，并让

身着军装的班廷

21岁的医科学生查尔斯·贝斯特做他的助手。贝斯特非常熟练地测定了狗的体液和血液中确切的含糖量等问题。班廷的手术更是无可挑剔，两个人都对实验的成功信心十足，接着就给十只狗分别做了手术。

在炎热的夏天里，实验很快超过了预定时间，最终没有成功。但他们并没有没灰心，似乎看到了成功的曙光，于是继续干了起来。不久，班廷就在狗已经萎缩的胰脏中提取出了感兴趣的东西——胰岛细胞中的物质，并用它成功救活了一条狗！他们发现，胰岛提取物可以维持患糖尿病的狗的生命。为了得到更多的这种物质而又不杀死狗，班廷和贝斯特从屠宰场中带回了九只牛的胰脏，从中提取岛素，很快获得成功。后来，两人为了科学，又勇敢地先后在自己身上做了实验，最终证明它对人体也是无害的。

终获成功

1921年秋，班廷的老同学乔得了严重的糖尿病。班廷望着痛苦的乔说："乔，说不定我很快就可以治你的病！"1922年2月的一天，病入膏肓的乔来到了班廷的实验室，贝斯特给乔注射了一针胰岛素……时间很快过去了，乔

班廷（右）和助手贝斯（左）

的精神好了起来，当天晚上，乔吃了几年来第一顿正经的晚餐。乔以为自己真的痊愈了，可第二天，却又恢复到原有症状。班廷和贝斯特继续为乔注射，很快，就用尽了所有的胰岛素……

麦克洛德教授意识到这项研究成果的重要性，马上带领自己的全部助手，投入到班廷和贝斯特的工作中来。不久，班廷在全美医学大会上宣读了胰岛素论文。胰岛素可以治愈糖尿病的消息不胫而走，糖尿病患者们纷纷上门求治，但班廷他们提取的胰岛素太有限……

麦克洛德教授在美国医师协会的会议上宣布：找到了医治糖尿病的方法，更使胰岛素成了世界上传诵最多的词汇，世界上许多医学实验室都在进行制取胰岛素的实验，很快一批批毒性更小、药性更强的胰岛素被制取出来，治疗糖尿病患者的胰岛素充足了。加拿大政府拨出巨款资助班廷进行科研工作，许多具有爱心的资助者纷纷赠款。很快，由班廷出任院长的班廷糖尿病研究院在加拿大的多伦多创立了，糖尿病研究进入到科学而有序的阶段。

日本关东大地震

1923 年 9 月 1 日，日本主岛本州相模海底发生了一次 8 级以上大地震。几分钟内，往北约 80 千米的东京和横滨市的许多建筑物都成了一片瓦砾。在东京，当时许多家庭正在他们传统的炭炉上烧饭。地震使炉灶翻倒，引起了大火。火势从城市的木房屋蔓延开来。家家户户惊恐出逃，接着人们发现自己已被困在火墙与隅田川之间。蔓延的大火迫使他们跳入河中，但也未能幸免于难。东京市内交通、水电供应严重破坏，谣言四起，一片混乱。军警当局也乘震灾之际而肆虐，进行诬陷、刑讯、屠杀朝侨和旅日华

地震后的东京

侨。他们在人类抗灾史中留下了血腥的一页。

日本关东大地震其袭击范围之广、受害面积之大、死亡人数之多，实为日本历史上所罕见。地震以及由地震引发的火灾、海啸给日本造成了巨大损失。东京、横滨在这场灾难中受害最深。东京城内85%的房屋毁于一旦，横滨96%的房屋被夷为平地。整个关东受灾地区，14.3万人丧生，20多万人负伤，10多万人无家可归，财产损失高达300亿美元。人口稠密的东京地区受灾最重，死亡人数也最多，达到7.1万人，其中大火烧死5.6万多人，海啸吞没了1万多人，地震中房屋倒塌压死了3千多人。

第一届奥林匹克冬季运动会

1924年1月26日至2月4日，在法国的夏蒙尼举行第一届冬季奥林匹克运动会。这实际上还是一次欧美的冰雪赛。

为了纪念"现代奥林匹克之父"顾拜旦退休，国际奥委会决定将首届冬奥会的主办权交给法国的夏蒙尼。冬季比赛项目从这届起首次与夏季奥运会在不同的

第一届冬奥会的开幕式

时间举行。这届冬奥会共设越野滑雪、雪橇、花样滑冰、速度滑冰和冰球5个项目共14枚金牌。美国的查尔斯·朱特劳在男子500米速滑项目获得冠军，也成为冬奥史上第一个冠军。挪威名将托·豪格在18千米越野滑雪比赛中获得首届冬奥会第一个滑雪冠军，他还获得另两项冠军，成为冬奥史上第一位连得3枚金牌的运动员。获奖牌最多的运动员是芬兰的克拉斯·桑伯格，他共获3金1银1铜。年龄最小的运动员为11岁的挪威女子花样滑冰运动员索尼娅·赫妮……

第一届奥林匹克冬季运动会的奖牌榜是：挪威获4金7银7铜，列奖牌榜第1；芬兰获4金3银3铜，列奖牌榜第2；奥地利获2金1银，列奖牌榜第3。

世界通史

最新整理图文珍藏版

奔驰汽车公司成立

奔驰汽车公司是世界十大汽车公司之一，也是世界上资格最老的厂家，它以生产高质量、高性能的豪华汽车闻名于世。它创立于1926年，创始人是卡尔·本茨和戈特利布·戴姆勒。它的前身是1886年成立的奔驰汽车公司和戴姆勒汽车公司。1926年两公司合并后叫戴姆勒—奔驰汽车公司，而轿车产品的品牌名称为梅赛德斯－奔驰。公司总部设在德国斯图加特。

时至今日，戴姆勒—奔驰公司已成为一家很大的集团控股公司，下设四家子公司，梅塞德斯—奔驰汽车股份公司是其中最大的子公司。1998年，奔驰公司与美国的克莱斯勒公司合并成"戴姆勒·克莱斯勒"公司。

1926年生产的奔驰汽车

英国 1926 年总罢工

"红色星期五"

第一次世界大战是英国从强盛走向衰落的重要转折点。战争严重地削弱了英国在世界上的政治和经济地位。英国在战争中损失了1/3的国家财富，而且还从美国的债权国变成了债务国。到1919年，英国欠美国的债务达8.5亿英镑，内债比战前增加了9倍，在经济上陷于困境。由于缺乏资本，采煤、纺织、造船等老工业部门的设备得不到更新，生产效率很低，处于衰落状态。

大战过程中和战后，英国殖民地的民族解放运动高涨起来，民族工业有了发展。而且，美国和日本等国资本，趁战争之机渗入到英国的一些殖民地。法国和德国从战争的打击下复苏后，重新成为英国的竞争对手。战时和战后发生的这些变化，使英国在世界市场上的竞争能力相对削弱，海外市场逐渐缩小。这些外部原因加剧了国内的经济困难。战后，经济陷于长期萧条状态，直到1929年，工业总产值才勉强达到1913年的水平。而煤产量还没有达到战前水平，1928 年，英国煤产量比 1913 年还低 17% 以上。

　　资产阶级企图把困难转嫁到劳动人民身上。一位保守党经济学家认为，"提高工业中的工作效率，减少工资，增加工时，就能使英国重新获得它在 4 年战争中所失去的大部分东西。"资本家增加工时和降低工资的企图，导致阶级矛盾激化和阶级斗争的高涨。

火柴厂女工罢工

　　1923 年，法国出兵占领德国的重要产煤区鲁尔。德国煤炭的生产和出口急剧减少。这给英国煤炭业造成了一个短暂的繁荣机会。矿工通过斗争，于 1924 年 6 月同矿主签订了新的工资协议。矿工的处境得到了一些改善。同年，法国从鲁尔撤兵。德国借助

美国资本，使鲁尔地区的煤炭生产迅速恢复，出口增加。英国煤的出口锐减。国际竞争的加剧使英国采煤业的景况更加恶化。矿工失业人数增加到 12 万以上，至少有 50% 的矿工不能整周工作。矿主们为了降低生产成本，决定降低工资和增加工时。1925 年 6 月 30 日，矿主们宣布从 7 月 31 日起，停止实行 1924 年的工资协议，废除全国统一的工资率，而以地区性的工资合同取而代之；保证矿主 12% 的最低利润率；把工作日从 7 小时延长到 8 小时。如果实行这一办法，矿工们的工资将削减 13% ～ 47%（视各地区的条件而定）。矿主们威胁道，如果矿工拒绝上述建议，他们就将于 7 月 13 日开始同盟歇业。矿工们愤怒地拒绝了矿主们的建议。

　　这次矿工们得到了兄弟工会的支援。7 月 18 日，职工大会总理事会通过了充分支持矿工反对降低生活水平的正义斗争的决议。总理事会还指定了一个特别工业委员会，同矿工联合会执委会保持经常的联系。7 月 30 日，各工会执委会代表会议通过了对煤炭实行禁运的决定。代表会议授权总理事会给予矿工以财务支持和号召工会罢工。当天夜晚，3 个铁

路工会的执委会向它们的成员分发指示，于从矿主总同盟歇业开始生效的 7 月 31 日午夜 12 时起，停止煤炭装卸和运输。在全国停止煤炭供应，将使国家经济受到严重影响。保守党鲍德温政府对工人阶级联合行动缺乏准备，不得不暂时让步。7 月 31 日（星期五），政府决定给煤矿工业为期 9 个月的补助（到 1926 年 4 月 30 日为止），使矿主维持矿工的工资水平和劳动条件。政府指定了一个以赫伯特·塞缪尔爵士为首的皇家委员会，调查煤矿工业的情况。矿主接受了政府的建议，矿工们取得了重大的胜利，这一天被称为"红色星期五"。

两个阶级的较量

5 月 2 日夜间，白厅发出了"行动"的电报信号。同一天，"供应维持组织"声明，整个组织移交政府指挥。在此以前，民政专员及其下属已各就各位。

5 月 3 日中午，从唐宁街 10 号发出正式通知，总理事会同政府的谈判结束。当天午夜，总罢工开始。5 月 4 日，被列为第 1 线的各部门工人纷纷停止工作。群众的战斗热情超过了总理事会的估计。计划罢工的只有 250 万人，可是还在头几天，罢工人数即超过 400 万。一些地方的工人尚未得到关于罢工的正式通知，就自动地停止了工作。许多不属于"第 1 线"的工人和非工会会员也参加了罢工。英国大部分企业停产。平时喧闹的工厂、码头、车站寂静下来，火车、电车和汽车停驶，交通运输陷于瘫痪，全国经济生活一片混乱。印刷工人的罢工使全国大部分报纸停刊，在 1870 种日报中，只剩下 40 种继续出版。报纸的运送需要经过罢工机关的许可。在爱丁堡等城市，各种报纸的停刊使统治阶级丧失了重要的舆论工具。工人举行浩大的示威游行，在他们的脸上流露出必胜的信心。全国失业工人运动委员会决定支持罢工，坚决不当工贼，在爱丁堡，因爱丁堡大学部分学生破坏罢工斗争，该城的面包工人拒绝为他们烤制面包。

由于总理事会对罢工未作严密部署，罢工缺乏统一指挥，领导罢工的主要责任，落到了地方工会组织的肩上。在 5 月 2 日到 10 日之间，各地工会都成立了罢工组织，它们有的叫罢工委员会，有的叫行动委员会，在有些地方，罢工由地方工会理事会领导。这些委员会吸收了各工会执委会和

最新整理图文珍藏版

地方工会的罢工委员会的代表参加，具有广泛的权力，罢工领导机构组织了群众性的纠察队，以防止工贼的破坏。经过罢工机构批准运送食物的汽车，都贴着写有"经职工大会许可"的通行证。

部理事会对罢工的态度与普通工人截然不同。普通工人对共同事业充满了高度的热情，而总理事会的领袖们则把这次罢工看成是一场未能避免的灾难。罢工开始后两天，总委员会才建立了5个委员会，分别处理交通运输、情报、食品供应、管理指导和财务等事项。

许多地方的罢工领导机构显示了很高的工作效能。在煤炭工业的重要基地诺森伯兰—达勒姆地区，罢工的领导机构是由各地工会理事会的代表组成的行动委员会，它出版了《工人记事报》，向工人们提供有关罢工的正确消息。该报提出了"不减少一个便士的工资，不增加一分钟的工作时间，不要任何妥协"的口号，在罢工中起了积极作用。行动委员会控制了交通和供应，行使了地方政权的许多职能。纽卡斯尔地区的民政专员金斯利·伍德也不得不请求行动委员会协助。

工人纠察队与工贼们进行了英勇的斗争。在格拉斯哥、利兹、爱丁堡等大城市，罢工工人用石头砸碎工贼的汽车车窗，破坏汽车发动机，割断输油管。工贼们不得不用木板钉住车窗，用铁丝网封住引擎箱。

英国共产党在罢工过程中始终站在斗争的最前列。共产党提出了"矿山无偿国有化和工人监督"、"保守党政府辞职和建立工党政府"等主张，呼吁建立工人自卫队以对付供应维持组织和法西斯分子。共产党告诫工人不要局限于自卫，"既然战斗已经打响，取得胜利的唯一道路就是勇往直前，狠狠地打"。共产党出版了打印的《工人通报》，广泛地进行政治鼓动。

英国工人阶级的斗争得到了国际无产阶级的同情和支持。4月16日，国际矿工联合会声明，一旦英国发生罢工，将对输往英国的煤炭实行禁运。4月17日，红色工会国际向阿姆斯丹国际建议，组织各国工人和国际工人组织援助英国矿工。这个建议遭到阿姆斯特丹国际的拒绝。之后，红色工会国际又向英国职工大人理事会提议，由红色工会国际倡议，召开愿意援助英国矿工的各国工会组织的国际会议，以协调和安排对矿工的援助和支持。4月30日，红色工会国际号召所属工会和各国工人采取行动，一旦英国矿主开始同盟歇业，就立即将以下口号付诸行动："不许给英国一克煤！"

各国工人积极响应了红色工会国际的号召。苏联工人在全国各地举行了声援英国工人兄弟的集会和示威游行，并募集了200万卢布的捐款（但遭到职工大会的拒绝）。德国汉堡的码头工人、海员对开进港口的船舶，实行严格的监督措施，阻止把煤运往英国。法国、荷兰等国的工会也表示要采取措施，阻止向英国运煤。美国、加拿大、墨西哥、日本、爱尔兰、比利时、捷克斯洛伐克、印度等国工人也以不同方式对英国工人阶级的斗争表示支持。处在苦难中的中国工人阶级节衣缩食，为英国罢工工人募集捐款。上海工人举行群众集会，通电声援英国工人兄弟。

在总罢工的强大压力下，资产阶级营垒开始出现裂痕，他们中的一些代表人物主张向工人阶级让步。纽卡斯尔市议会呼吁首相，在原有基础上结束同盟歇业。5月7日，坎特伯雷大主教出面调停，他请求双方"以团结合作的精神，为共同的利益……"而靠拢。他建议停止总罢工和同盟歇业，把政府补助延长一个时期，在此基础上，在矿主和矿工之间重开谈判。一些资产阶级集团亦支持这项建议。自由党议会党团主席劳合·乔治说："我相信，如果我们支持政府在罢工尚未停止时就拒绝进行谈判，斗争就可能变成长期的，并且会给整个国家造成严重损失。"

可是，当时以财政大臣丘吉尔为代表的资产阶级强硬派在政府中占了主导地位。政府动员了手中的一切力量，对罢工进行镇压。政府派海军战舰运送必需物资，派士兵到电厂、码头顶替罢工工人。军队帮助运送邮件、运输和分配汽油。5月8日，伦敦一个粮食运输队从码头向海德公园的政府粮食仓库运粮时，政府调动了20辆装甲车，大批士兵和警察押运。第二天，汽车载着钢盔的士兵和警察在伦敦街头示威，企图吓唬罢工工人。在罢工期间，政府大量扩充警察力量，特别警察的人数从罢工前的9.8万人增加到22.6万人。警察大批逮捕罢工积极分子。印刷、传播和保存用复印机印刷的罢工公报被视为非法，遭到禁止，违者处以3个星期到 3 个月的监禁。工人纠察队经常遭到袭击。英格兰和威尔士有 3000 多人以"煽动叛乱罪"和因"暴力行动"被判处徒刑。格拉斯哥有 200 人因"阻碍交通"而遭逮捕，有 1000 人被判刑，伦敦共产党总部几乎天天遭到袭击，各地有许多共产党员被捕。

政府控制的广播电台和报纸大肆进行反对罢工的宣传，煽动中、小资产阶级仇视罢工的情绪，涣散工人的斗志。5 月 5 日，政府利用工贼的力量出版了《不列颠公报》，丘吉尔直接控制该报。鲍德温于 5 月 6 日在《不列颠公报》上发表的文告称："立宪政府正受到攻击"，"总罢工是对国会的挑战，而且是通向无政府主义的道路"。他号召全国人民支持政府，以维护人民的"自由和特权"。统治阶级的代表人物不断地进行威胁和恐吓。5 月 6 日，约翰·西蒙爵士在下院叫嚣说，这次罢工是"完全违反宪法和非法性质的……每一个劝诱和推动罢工过程的工会领导人，要拿出他财产的最后一文来赔偿破坏的损失"。5 月 9 日，有消息说，政府要逮捕总理事会和地方罢工委员会成员，废除劳资争执法，并准备把宣布总罢工为非法的一项法律草案提交国会审查。

工人阶级勇敢地接受了统治阶级的挑战。面对资产阶级宣传机器对罢工的诽谤和攻击，纽卡斯尔行动委员会的通报回答说："工人阶级还没有对宪法发起有意识的革命进攻，但如果资本家们声明，宪法禁止工人们为保卫自己的面包而进行斗争，那么宪法就需要迅速地、彻底地改写"。

罢工的失败

罢工运动的空前规模和工人群众高涨的战斗热情，使总理事会的工会官僚们惊慌失措，来自统治阶级的镇压和恐吓更使他们非常害怕。他们唯恐运动失去控制而转入政治斗争的轨道，更谈不到站在运动前面积极领导。总理事会没有很好进行捍卫罢工的宣传，只是在政府出版了《不列颠公报》以后，才于 5 月 5 日晚

英国伦敦的士兵庆祝历史上最大的罢工结束

世界通史

最新整理图文珍藏版

出版了《英国工人报》。《工人报》受到总理事会的种种限制，仅限于消极防守，而不敢揭露政府镇压罢工的种种罪行。报纸对警察和工人的冲突闭口不谈，唯恐刺激工人情绪。《工人报》不是号召罢工者积极行动，而是要他们离开街头，待在家里，或者举行文娱、体育活动，遵守"秩序"。加的夫罢工委员会劝告工人们："保持微笑，不要受挑动。回到你们的园子中去，看看妻子和孩子们。如果你家没有园子，那就到郊外去。到公园和公共游乐场去。"

工党和总理事会的头目们内心是反对总罢工的。在罢工刚刚开始那天早晨，工党议会党团的领袖拉姆齐·麦克唐纳就公开扬言，他"不喜欢总罢工"。5月9日，在罢工的高潮中，总理事会成员托马斯也说："我从不掩饰我不赞成总罢工的原则"。这充分暴露了他们在统治阶级进攻面前的怯懦心理和推卸责任的企图。《曼彻斯特卫报》对总理事会成员们的心理状态作了生动的描述："总理事会是和革命的行动委员会完全相反的。聚集在这里的是一群萎靡不振的工会官僚……由于害怕可能发生混乱而意志颓丧，他们经常受到各种耸人听闻的传说

的影响，他们与大工业中心的联系逐渐削弱，而他们最害怕的，是自己发动起来的力量会脱离自己的控制"。罢工开始不久，工会首领们就开始与官方代表秘密接触，企图尽快结束罢工。5月7日，麦克唐纳声明："我正在尽一切努力，保证把每一分钟都用以争取和平解决这一冲突，并达成协议。"

从5月8日开始，总理事会开始背着矿工联合会同赫伯特·塞缪尔爵士进行秘密谈判。塞缪尔实际上是政府手中的工具。他在罢工的关键时刻出面调停，目的在于瓦解工人斗志，加深总理事会与矿工联合会之间早已存在的裂痕，起武力镇压所不能起到的作用。塞缪尔曾明确声明，他并未得到政府授权，因此不能代表政府作任何保证。总理事会急于通过谈判结束罢工，所以根本不顾及塞缪尔的地位。塞缪尔于5月11日起草了一份关于停止罢工的条件的备忘录（所谓《塞缪尔备忘录》，其中包括恢复谈判、暂时恢复政府津贴、降低工资等内容）。总理事会决定接受《塞缪尔备忘录》，停止总罢工，并于5月11日召来矿工联合会的负责人赫伯特·史密斯、阿瑟·库克等，

最新整理图文珍藏版

企图把总理事会的意志强加于他们。矿工代表对事先未征求他们的意见就接受《塞缪尔备忘录》一事向总理事会提出抗议，并拒绝接受总理事会的决定。后来库克说，总理事会的决定是"日复一日的怯懦的顶点"。

就在这一天，根据总理事会事先的安排，第二线的机器制造工人和造船工人也投入罢工，使罢工人数达到近600万人，总罢工进入最高潮，运动方兴未艾。这一天，官方广播也承认，"罢工还没有削弱的迹象"。这是一次力量的较量，也是一次意志的较量。总罢工只要坚持下去，就可能迫使政府和矿主们让步，罢工就有可能获胜。可是，第2线工人投入罢工的指示生效刚刚12小时，5月12日午后1点，无线电广播传来了停止罢工的消息。工人们简直不敢相信自己的耳朵。他们被总理事会出卖了。

5月12日正午，托马斯和贝文等总理事会代表到唐宁街10号求见首相。他们通知鲍德温，总理事会已决定停止罢工。托马斯和贝文企图从首相那里得到某些保证，以便使事情"重新走上正确轨道"，使雇主让罢工工人不受阻碍地恢复工作。但鲍德温摆出一副受降者的姿态，对总理事会代表的讲话表现得很不耐烦。他以忙为借口，轻蔑地把他们打发走了。

次日，《英国工人报》发表了总理事会的公告。公告说，总理事会得到保证，煤矿问题将得到解决，因此宣布结束罢工。这纯粹是一种欺骗。政府的正式公告说，政府将不强迫雇主让参加过罢工的工人复工，政府并未承担这样的义务，由于罢工使生产下降，以及由于雇主对"自愿劳工"（工贼）承担了义务，解雇罢工工人势在难免。这对总理事会不啻是一记响亮的耳光。

停止总罢工的决定在工人群众中引起了惶惑和愤怒。地方罢工组织纷纷向伦敦的总理事会发电报、写信，询问到底发生了什么事情。许多工会都要求对停止罢工的原因作出解释。木器工人联合会要求召开特别会议，讨论停止罢工的问题。铁路工人问道：为什么在罢工明显要取得胜利的时候，他们要忍受失败的耻辱？许多地方的工人都拒绝复工。罢工仍在好多地方继续着。

总理事会宣布停止罢工以后，资本家趁机反攻，他们纷纷降低工资，解雇罢工工人。5月13日，铁路公司宣布，铁路工人的罢工破坏了协定，所以参加罢工的人都被解雇，他们只有在单独签订合同的基础上才能重新受雇，企图借此大幅度削减工资。为反击资本家的进攻，有些地方的罢工委员会致电总理事会，要求恢复总罢工。铁路、码头、旅客运输和印刷等行业的工人又继续罢工了好几天。由于工人们的坚决斗争，资本家降低工资和延长工作时间的企图，才未能完全得逞。

经过若干后续作战后，其他行业的工人们都陆续复工了，但矿工们拒绝接受屈辱性的条件，继续顽强地战斗着。他们孤军作战，处境十分艰难。资产阶级开动宣传机器，对矿工发动猛烈的进攻。6月1日，宣布延长《紧急权力法》，数以百计的矿工纠察队和罢工积极分子遭到逮捕。矿工的集会受到冲击，矿工遭到殴打。政府千方百计地阻止国外援助的金钱和物资到达矿工手中。地方当局断绝了对矿工家属的救济。矿工向"三角同盟"的铁路工人和运输工人会求助，希望他们停运煤炭，但未得到响应。矿工们请求阻止转运煤炭和禁止外煤输入英国也受到总理事会阻挠。矿工们坚持罢工近七个月，工会基金耗尽，矿工及其家属受着饥饿的煎熬，最后被迫于11月30日停止罢工。

总罢工的失败给英国工人运动造成了严重的后果。资产阶级趁机降低工资、延长工作时间和限制工会权利。1926年7月1日，国会废除了1919年颁布的七小时工作日法，在煤矿重新恢复八小时工作日制。1927年7月，国会通过《劳资争议与工会法》。宣布总罢工为非法。凡是发展为一个行业或是工业部门以外的"图谋直接地或以使社会遭受困难的方法来强迫政府"的罢工，都在禁止之列。群众性的纠察活动受到限制。法律禁止工会用工会经费支持他们在公共团体中的代表，禁止国家机关工作人员和邮务人员参加职工大会和工党，限制工会为工党筹集政治基金。这一反动立法极大地削弱了工人阶级在长期斗争中争得的权利。

由于总罢工的失败，工会会员的工党党员人数急剧下降。工会基金减少，工会的行会习气得以保存下来。工会右翼首领们利用总罢工和矿工罢工的失败，来证明他们的投降主义的正确性，公开号召工人同资本家合作，以消除萧条的根源和创造繁荣的条件。以帝国化学托拉斯领导人阿尔弗雷德·蒙德为代表的垄断资本家，对工会右翼首领的态度大加赞赏。1928年，以蒙德为首的垄断资本家使团通过同职工大会首领的谈判，使通过调解解决纠纷的方法制度化，成立了有双方代表参加的工业理事会，以调解劳资冲突，于是产生了臭名昭著的蒙德主义。

1926年大罢工失败的原因是多方面的。统治阶级为对付这次罢工作了长期的、周密的准备，并动用了军队、警察和整个国家机器反对工人阶级。工人方面虽然人数众多，但工会的最高领导权掌握在右翼领导人手中，他们随时准备同资本家妥协，不愿领导工人群众进行坚决的斗争。右翼领导人推行阶级投降主义政策，破坏了工会运动的团结。另外，改良主义在工人队伍中有根深蒂固的影响。英国共产党人数少，在工人中影响不大，起不到领导核心的作用。

这次大罢工暴露了英国资本主义深刻的矛盾和存在着尖锐的阶级斗争，戳穿了改良主义者鼓吹的资本主义已进入国内和平时期的神话，总罢工对统治阶级是一次沉重打击，它使资本家损失了1.6亿个工作日。资本家所遭受的物质损失难以计算。据拉姆齐·麦克唐纳估计，到1926年10月为止，煤矿业争端和总罢工造成的损失不下5亿英镑。从这个意义上来说，这次总罢工的结局，也算不上是统治阶级的胜利。

1926年总罢工是第一次世界大战后英国工人运动中左翼势力发展的结果，是两次大战之间，矿工和其他行业的工人同资本家阶级斗争发展的顶峰。总罢工显示了工人阶级在对国家政治和经济制度进行革命改造方面的潜在力量，为以后的斗争积累了宝贵的经济。在罢工过程中，工人群众的先进部分逐渐认清了工会官僚们的叛卖嘴脸，认识到以革命领导取代改良主义领导的重要性。在1927年1月20日举行的工会执委会特别代表会议上，许多代表对总理事会在罢工前缺乏准备，在罢工斗争中同塞缪尔进行秘密谈判，和在未从政府提到任何许诺的情况下就停止罢工等问题进行的批评，就表明了基层工会对总理事会投降主义政策的认识。工人阶级的先进部分从痛苦的经历中认识到，政府是有产阶级利益的忠实捍卫者，当劳资冲突影响到整个统治阶级利益时，政府就会动用整个国家机器，来捍卫资本的利益。因此，工人阶级要捍卫自身的利益，就必须团结一切可以团结的力量，同资产阶级进行顽强的斗争，方有可能取得胜利。

1926 年总罢工虽然失败了，但它显示了工人阶级团结战斗的伟大力量，在英国工人运动史上写下了光辉的一页。

日本进入昭和时代

1926 年，日本大正天皇驾

刚继位的日本裕仁天皇

崩，皇太子裕仁登基，改年号"昭和"。昭和时代初期，日本军国主义的侵略扩张大规模展开。1931 年（昭和 6 年），九一八事变爆发，日军侵占中国东北。1937 年（昭和 12 年）7 月 7 日，日军挑起"卢沟桥事变"，发动全面侵华战争。同年 12 月 13 日，侵华日军占领南京，发动了长达 6 周、惨绝人寰的"南京大屠杀"。1941 年（昭和 16 年），日军偷袭珍珠港，太平洋战争爆发。这一系列战争，给中国、朝鲜、东南亚及太平洋地区的人民带来地狱般的灾难，同时，日本人民也承受着战争所带来的苦难。这是日本历史以及中日关系史上最黑暗的时期。而昭和天皇裕仁，对于这一系列战争的发动有着不可推卸的责任。

1945 年（昭和 20 年）8 月 15 日，日军投降。美军占领日本，改日本专制天皇制为君主立宪制，天皇作为日本的象征被保留下来。1972 年（昭和 47 年）7 月，田中角荣出任日本首相，开始执行"多边自主"外交政策。1989 年（昭和 64 年，平成元年），昭和天皇病亡。皇太子明仁即位，改年号为"平成"。

首次穿越大西洋的单人飞行

1927 年 5 月 21 日，美国明尼苏达州的查尔斯·林白空军上尉成为第一个单人飞越大西洋的人。林白驾驶的是装有 220 马力发动机的"圣路易斯精神"号瑞安单

林白和他驾驶的"圣路易斯精神号"

翼飞机。他从 5 月 20 日下午 12 时 52 分从美国纽约长岛的罗斯福基地起飞，于 5 月 21 日晚上 10 时 21 分在法国巴黎布尔歇机场降落，全程 5810 千米，历时 33 小时 29 分。林白因此而闻名于世。1929 年，林白由其妻陪同作欧、亚、非洲之间的勘察飞行，航程 46400 千米。1933 年为测试北、南大西洋航线，林白又飞行 48280 千米。

第二次世界大战后林白任美国航空公司和美国空军技术顾问。1974 年 8 月 26 日林白卒于夏威夷。

第九届阿姆斯特丹奥运会

1928 年第九届奥运会在荷兰的阿姆斯特丹举行。这次奥运会有几项创举：首次点燃奥运圣火，大型成绩显示板，开幕典礼放和平鸽，田径场跑道一圈 400 米等，这些都成为以后奥运会的模式。

运动会于 5 月 17 日至 8 月 12 日举行。参赛的有 46 个国家，首次参加国有马耳他、巴拿马和罗得西亚。中国派出了一名观察员出席。

运动会取消了橄榄球、马术、网球、射击等项目，但首次列入

阿姆斯特丹奥运会开幕式

世界通史

最新整理图文珍藏版

了女子体操。本届奥运会值得纪念的是，国际业余田径联合会终于一致同意列入女子田径项目。这是继第3届奥运会列入女子游泳、击剑比赛后，女子体育运动的又一次开放。

此次奥运会的成绩为：美国队名列第一，共获金牌22枚，银牌18枚，铜牌16枚；德国队名列第二，共获得金牌10枚，银牌7枚，铜牌4枚；芬兰名列第三，金牌、银牌各得8枚，铜牌9枚。

苏联第一个五年计划开始实施

从1928年起，苏联开始实施国民经济建设的第一个五年计划。国家计划委员会按照不同方案编制计划，广泛听取各方面的意见，并提请联共（布）第十六次代表会议进行讨论。5月，第五次苏维埃代表大会讨论并批准了第一个五年计划，其要点如下：1. 最大限度地发展作为国家工业化基础的生产资料的生产；2. 大力加强城乡的社会主义经济成分而排挤国民经济中的资本主义成分，在合作化和集体劳动的基础上吸引千百万农民参加社会主义建设，帮助个体农户反对富农的剥削；

3. 消灭农业过分落后于工业的现象，并基本上解决谷物问题；4. 大力提高工人阶级与农村劳动群众的物质文化水平；5. 在发展同基本农民群众的新的结合形式的基础上加强工人阶级的领导作用；6. 在反对国内外阶级敌人的斗争中巩固无产阶级专政的政治、经济阵地；7. 提高各民族，各落后地区和州的经济和文化；8. 大力加强国防力量；9. 在经济和技术方面赶上并超过先进的资本主义国家。该计划确定了优先发展重工业的方针，规定了广泛实现社会主义公有化的计划和积累与消费的比例。在计划实施的过程中，劳动人民提出了"五年计划四年完成"的

1928年的斯大林

口号。经过苏联全国人民的努力，任务以四年零三个月的时间提前实现了。

第一届电影"学院奖"在好莱坞颁奖

《翼》影片中的三位主人公

1929 年 5 月 16 日，由电影艺术与科学学院设立的电影奖——电影学院奖（又称奥斯卡金像奖）首次颁奖。颁奖典礼是在好莱坞的罗斯福饭店花房大厅举行，有 250 人参加，每张门票售价 10 美元。

当时 22 岁的新秀珍妮特·嘉娜因主演 3 部电影而获最佳女演员奖；埃米尔·詹宁斯因主演两部电影而获最佳男演员奖；1928

年制作的《翼》被评为最佳影片；华纳兄弟影业公司的《爵士歌王》与查理·卓别林主演的《马戏团》同获特别奖。

美国"繁荣"背后的危机

第一次世界大战以后，资本主义国家间的关系暂时缓和，1924 年至 1929 年，资本主义处于相对稳定时期。在此期间，各个资本主义国家大力发展经济，从而使世界资本主义生产发展较快，出现了一时的"繁荣"。美国的汽车工业，电气工业、钢铁工业和建筑业的生产都出现高涨局面。20 年代的美国，收音机相当普及，电冰箱、洗衣机、吸尘器、电话开始进入富人家庭，有声电影也问世了。因这一时期，正是美国

《马戏团》剧照

世界通史

最新整理图文珍藏版

柯立芝

世界经济大危机爆发

柯立芝总统在任期间，因而人们把这时期的美国，称为"柯立芝繁荣"。美国资产阶级宣扬说资本主义已取得"永久的稳定"，但实际上，在"繁荣"的背后，经济危机的萌芽正暗中滋长。

世界经济大危机爆发

1929 年 10 月，美国纽约华尔街股票价格暴跌，股票大量抛售，美国股票市场崩溃，从而宣告经济危机的到来。到 11 月中旬，纽约证券交易所股票价格下降 40% 以上，证券持有人损失达 260 亿美元，严重削弱金融制度，动摇企业界信心，阻碍工、

农业发展，缩小海外购买和投资，使美国经济陷入停滞状态。从 1929 年至 1932 年，破产银行达 101 家，破产企业 109371 家，全部私营公司纯利润从 1929 年的 84 亿美元降为 1932 年的 34 亿美元。1931 年美国工业生产总指数比 1929 年下降 53.8%。农业总产值从 1929 年的 111 亿美元，降到 1932 年的 50 亿美元。在外贸方面，进口总值从 1929 年的近 40 亿美元，降到 1932 年的 13 亿美元，出口总值从 53 亿美元降到 17 亿美元。

由于工业、农业、商业萎缩，到 1933 年 3 月，美国完全失业工人达 1700 万，约有 101.93 万农民破产，沦为佃农、分成制农民和雇农，许多中产阶级也纷纷破产。美国国民收入从 1929 年的 878 亿美元，降到

等待政府救济粮的失业者

首届世界杯足球赛开幕

1933 年的 402 亿美元，1933 年的商品消费额，下降到 1929 年水平的 67%。

危机期间，一方面生产过剩、商品积压，甚至销毁大量农产品和牲畜，另一方面广大劳动人民又缺衣少食。据 1932 年 9 月美国《幸福》杂志估计，全国有 3400 万成年男女和儿童，即约占全国总人口的 28% 无法维持生计。200 万人到处流浪，栖息在破烂的"胡佛"村落里。

这次由美国股市引发的全国危机整整持续了 4 年，波及整个资本主义世界，使世界贸易缩减 2/3，并进一步激化资本主义世界的各种矛盾，德、意、日三国法西斯乘机上台，相继发动了侵略战争，直至 1939 年爆发第二次世界大战。

世界足球的专门机构国际足联成立于 1904 年，但直到 1924 年巴黎奥运会足球才被列为正式奥运会比赛项目，1928 年 5 月 26 日，国际足联在阿姆斯特丹会议上讨论并通过了将于 1930 年举办一项新的足球赛事的议案，这项赛事将向全世界的所有国家敞开大门。1929 年 3 月 18 日，巴塞罗那会议投票选举乌拉圭成为首届世界杯的主办地。乌拉圭是最早开展足球运动的国家之一，1924 年、1928 年获两届奥运会足球冠军，而 1930 年，又恰逢乌拉圭独立 100 周年。

本届世界杯的举办时间为 7 月 13 日至 30 日。为举办本届比赛，乌拉圭修建了一个能容纳 10 万人的"百年体育场"作为世界

1930 年乌拉圭队全家福

杯主赛场，但在开赛 7 天之后才落成。

虽然只有 13 个国家参加了这届世界杯，但是，球员们在赛场上的球技足以证明：世界杯是世界上最高水平的足球赛事。

两支南美球队阿根廷队和乌拉圭队进入到最后决赛，上半场阿根廷队以 2 比 1 领先，在东道主球迷的助威声中，下半场乌拉圭队连续三次洞穿对手的大门，最终以 4 比 2 夺得冠军奖杯。

美国纽约帝国大厦落成

1931 年 4 月 9 日，纽约帝国大厦建成。它是 20 世纪 30 年代至 70 年代间世界上最高的建筑。因帝国州是美国纽约州的别称，大厦因此而得名。大厦建造历时两年，建筑占地长 130 米、宽 60 米。大厦的建筑师为施里夫、拉姆和哈蒙，工程师是巴尔科姆。

帝国大厦号称 102 层，由地面至顶层的观光平台高度为 381 米，1950 年在顶部加建电视塔后为 448 米。大厦只有下面的 85 层供租赁用，标准层高约 3.5 米。上面的 17 层实际上是以电梯为主的塔楼，当初设计时曾设想作系泊飞艇之用。1916 年纽约市颁布的法规规定，凡高层建筑每到一定高度，必须从马路向内退一段距离。因此，大厦在第 6 层、第 25 层、第 72 层、第 81 层和第 86 层分别缩进，体形略呈阶梯状。

大厦为钢框架结构，采用门洞式的连接系统，即在大梁与柱的接头处，把梁两端的厚度加大，呈 1/4 圆型，以增加梁和柱的铆接面。大厦的重量为 365000 吨，用钢 51900 吨，每平方米用钢 206 千克。帝国大厦比例匀称，它的外形轮廓一度成为摩天大楼的象征。大厦底部 5 层的外墙为石灰石和花岗石贴面，自第 6 层起即以金属板窗框和窗间墙相间。那些由镀镍钢板组成的垂直向上的图案，在朝阳和晚霞辉映之下，光彩耀目，为建筑造型艺术效果开辟了新的境界。

帝国大厦远景图

著名的黑帮头子卡彭入狱

1931 年 10 月 24 日，大名鼎鼎的犯罪大王艾尔·卡彭因偷税漏税而被判 11 年徒刑。在当时，这个判罚在美国有史以来是因偷、漏税而被判处最严厉的一次。除了长期服刑以外，卡彭还被罚款 5 万美元，并被责令偿付诉讼费和 137328 美元的拖欠税款。

11 年前卡彭从纽约的布鲁克林来到芝加哥，他从一个收入微薄的酒贩一步步爬上了这个城市最有钱的黑帮头子的位置，并利用各种卑鄙的手段进行犯罪活动。他喜欢穿丝绸衬衫、昂贵的西装和钻石皮带扣。

卡彭和他的律师

威尼斯电影节

1932 年，贝尼托·墨索里尼在水城威尼斯创办了世界上一个国际电影节。它的目的是为了促进电影工作者的交往和合作，为发展电影贸易提供方便。后来人们称之为"国际电影节之父"。

威尼斯电影节是世界上历史最悠久的国际电影节，它比戛纳电影节早 14 年，比柏林电影节早 19 年。起初，电影节主要奖项分为"最佳外国片"、"最佳意大利

第一届威尼斯电影节最佳女演员海伦·海丝

电影"、"最佳导演"，"最佳男演员"和"最佳女演员"。第一届威尼斯电影节于同年 6 月 6 日揭幕，

共有 29 部影片参展，没有固定的评审委员会，由观众投票选出喜欢的电影和演员，结果千奇百怪，连米老鼠都上了最佳男主角的选票。后来威尼斯电影节一度被法西斯政府控制，奖杯叫"墨索里尼杯"。1953 年撤了"最佳意大利电影"，增设了"圣马克银狮奖"，显示了威尼斯电影节在逐步走向国际化。

威尼斯电影节最大特点是独立自主的原则和冒险精神，宗旨是"电影为严肃的艺术服务"，评判标准为"艺术性"。戛纳电影节兼顾影片的商业性和艺术性，而柏林电影节注重意识形态。

芝加哥世界博览会标志

1933 年世界博览会

1933 年，美国在芝加哥举办了主题为"一个世纪的进步"的世博会。这是第一次有主题的世博会，要求参展者围绕一个共同的题目设计和创作自己的展品。会上展出的多是百年科技的成果，引人入胜的当数绚丽的霓虹灯景，而引起轰动的则是航空技术、有空调设施的新建筑等科技新成就。这届世博会使人们看到了一个世纪以来科技的巨大进步，备受鼓舞。从此以后，每一届世博会都确定了一个极富意义的主题。

金门大桥建成

金门大桥是世界上最壮观、最大的单孔吊桥之一，它始建于 1933 年 1 月，竣工于 1937 年。大桥位于旧金山湾入口处，修建耗资达 300 万美元，总长度是 8700 英尺，主跨为 4200 英尺，大桥主跨中部的垂直净高位 220 英尺，塔高 746 英尺。

当初建造时遇到的最大困难是太平洋潮汐，其每天 4 次涌过金门桥址。桥墩位于海中 1100 英尺的地方，向下至 65 英尺深的海底岩石上。桥墩的四周修建了混凝土护栏，呈圈形，30 英尺厚，90 英尺深。在修建的四年间因为脚手架事故而导致 10 人死亡。

在橘黄色的桥梁两端矗立着钢柱，柱端用粗钢索相连，钢索中点下垂，几乎接近桥身，钢索和桥身用一根根细钢绳连接起来。整座金门桥显得朴素无华而又雄伟壮观。

自从 1937 年竣工以来，已经有 160 万辆机动车行驶过这条通往旧金山的桥梁，在经历数年的潮湿大雾和海洋盐水的侵蚀后，大桥的桥面行车道已经出现了恶化的情况。为此，旧金山政府又进行了大量的工程建设，将原来的混凝土桥面以更轻的更坚实的钢制桥面代替，并铺上环氧沥青，这样就大大减轻了桥的重量，延长了桥的寿命。如今，金门大桥已成为旧金山人民的骄傲。

第二章

冷战、霸权、和平与发展年代

第二次世界大战后，世界在政治、国际关系、思想文化与艺术、世界经济、科学技术等方面获得了较为迅速和平稳的发展。从整体世界的角度看，一定意义上讲，它可以被视为世界现代史上的"黄金时代"。

冷战专指20世纪40年代中后期到80年代末，在两大政治制度——资本主义与社会主义，首先是美国和苏联之间发生的政治的、意识形态的、经济的，包括局部冲突在内的阵营对抗。在"冷战"的大背景下，美苏不仅刻意追求政治和军事上的霸权，还追求经济霸权、文化霸权、知识霸权、信息霸权、科技霸权和意识形态霸权。竞争是指包括美苏争霸在内的，存在于两大阵营和两个超级大国之间、发达国家和发展中国家之间、民族独立国家之间，广泛地表现在经济、科技、知识、文化和教育等方面的优势争夺。

在此期间，社会主义阵营出现了不同苏联模式的"南斯拉夫模式"、"匈牙利模式"和"中国模式"。西方阵营内部的竞争促成了西欧经济政治的迅速复兴和西欧出现一体化大趋势，导致70年代初的西方阵营内部出现西欧、日本与美国三足鼎立之势。

崛起是指原欧美殖民地国家的民族民主运动的浪潮高涨和第三世界国家作为独立的政治、外交和经济力量登上国际舞台。如"亚非会议""不结盟首脑会议""七十七国集团"的出现标志着第三世界国家在经济上进一步走上联合斗争的道路。

20世纪70年代初至20世纪末，这是争取和平与发展和改革的年代。这一时期世界史发展继续了20世纪以来整体性、现代化和全球化的发展趋势，在政治、外交、经济、社会、科技、文化等具体内容方面呈现明显的特点和新趋势。在此阶段科学技术革命表现了前所未有的成就和影响。科学技术作为直接的和间接的生产力，极大地推动着社会的进步，是历史发展的有力杠杆。

和平与发展是相互依赖和相互促进的关系，和平环境是发展的坚实基础和必要条件。正是由于70年代以来局部战争及时平息、世界大战因素及时扼制、美苏霸权普遍衰落和多极化趋势的加强，东西方冷战逐步缓和直至彻底结束，在东西问题得到基本控制和最终解决的基础上，南北问题也随之缓和并趋于解决。于是，美、苏（俄）、中、日和西欧多极力量的兴起，持续半个多世纪的全球冷战的终结，第三世界政治和经济

世界通史

最新整理图文珍藏版

2884

的独立发展，世界经济的现代化、一体化、集团化、区域化和全球化的大趋势，成为"东""西""南""北"四方"共赢"的全球幸事。但是，20世纪90年代中期以来，人类共有的和平环境受到了新的不安全因素的挑战，即除了极端民族主义、宗教极端主义、国际恐怖主义等传统的不安全因素，金融安全、环境安全、食品安全、文化安全、信息安全等非传统安全因素的影响力大大地提高了。

改革是这一时期世界各国政治经济发展中的另一个明显主题。西方国家的改革主要是围绕着工资、就业、福利进行的，口号是实现"充分就业"、"公平分配"。西方国家的社会经济改革在较大程度上稳定社会局势和缓和了社会矛盾，在一定程度上使西方国家获得了自我更新的良药。

20世纪70年代后，苏联、波兰、南斯拉夫、捷克斯洛伐克、匈牙利等国都相继进行了改革，但由于改革方向和改革时机未能抓好，上述国家的改革最终大多都归于失败，并出现了苏联解体和东欧剧变现象。而中国自20世纪70年代末开始的改革始终坚持"一个中心，二个基本点"的方向、"摸着石头过河"的策略、"对内搞活，对外开放"的方针，取得了巨大的成就。

最新整理图文珍藏版

第一节　史海钩沉：重大事件　历史典故

纽伦堡军事法庭

纽伦堡欧洲国际军事法庭从1945年11到1946年3月进行了错综复杂、旷日持久的审案工作。这是一场艰苦的、面对面的舌战。法庭成为同德国法西斯战犯最后较量的战场。四国检察官分别对被告们作出详尽的指控。法庭共进行公开审判403次，多次传讯每一名被告。请200多位证人出庭作证。请143人提供调查记录。还允许22名德国律师为被告进行辩护，同时接受了律师们提交法庭的30万条书面证明材料。最后在3月8日至6月26日准予被告行使答辩权。在审讯过程中，法庭的做法充分体现了公正、人道、民主的精神，从而更加显示了法律的尊严。审讯始终是一场激烈的唇枪舌战。因为要在法庭上彻底战胜纳粹被告，并从法律的角度定下历史的铁案，就必须让被告在大量确凿的人证物证面前理屈词穷，从根本上服罪（而不是表面上，有些人表面上可能决不服输或只是假服），所以这样的较量并不亚于在枪林弹雨的战场上展开的交锋。

一些顽固的被告竟当庭宣扬悖谬的纳粹理论以为法西斯开脱罪责，对此，法庭理所当然地进行了有力驳斥。

辩护方面（包括某些律师）反复提出了"无法规定者不罚"的理由，一再抗辩说：追溯既往地运用法律是不允许的，言下之意是，在他们谋划和发动侵略战争时，还不存在禁止密谋和进行侵略战争的法律规定，因之不能给他们定罪。检察方面义正辞严地指出，这恰恰说明法西斯分子从来就无视国际法。法庭列举了海牙、凡尔赛、洛迦诺、凯洛格—白里安等一系列国际条约的具体条文，一一说明德国法西斯对奥地利、捷克斯洛伐克、波兰、丹麦、挪威、比利时、荷兰、卢森堡、法国、英国、南斯拉夫、希腊、苏联及美国的战争从根本上违背了国际法规，是赤裸裸的侵略战争。而侵略战争历来属刑事犯罪。

被告还提出一种"你亦同样"的论调，企图通过诬蔑对方也犯有同样的"罪行"，而将自己的罪行勾销。他们制造"双方都违法"的谬论，达到"合理"地追究对方法律责任，"双方均不追究"的目的，实质为自己开脱。法庭戳穿了被告们玩弄的"相互抵消法"，指出他们妄图把自己的侵略行径同盟国、受难人民反侵略战争和反法西斯抵抗运动混为一谈。是只许侵略者挑衅而不许受害者作正义还击的强盗逻辑。

被告们还试图以"执行命令"为自己辩解，有军衔者尤其把这点奉若至宝。这是自我洗刷的托词，犯罪已无法抵赖，但不承认是罪犯，因为自己只是执行者，法律责任只能由发布命令的人来承担。按照这种逻辑，最后就只需对希特勒一人治罪，他既已身亡，被告们都可逃脱法网了。但法庭有力地引证道："即使在最富有盲目服从传统的德国，即使在元首国家时期，德国军事刑法第四十七条仍然规定：就是下属人员，假如他知道上级命令以违反民法或军法的犯罪行为为目的时，再执行这道命令也应受到惩罚。"这一论据使被告们无以对答。最后法庭斩钉截铁地裁断："执行上级命令不属减刑之列！"

被告戈林在这类诡辩中表现最为狡黠、蛮横，他准备与法庭对抗到底，公然声称不承认法庭的职权，还在下面暗搞攻守同盟，破坏审讯。对这样顽固的罪犯，法庭与监狱管理人员与之进行了针锋相对的斗争。

经过九个月艰苦斗争，法庭基本上达到预期的目的。1946年8月31日，法庭给各被告以最后辩护发言的机会并宣布休庭一个月，对案情加以缜密分析及研究最后

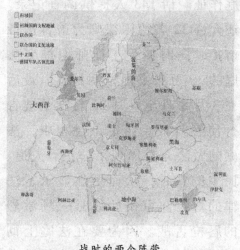

战时的两个阵营

判决。

1946 年 9 月 30 日，纽伦堡欧洲国际军事法庭宣读了长达 250 页的判决书，判刑情况下如下：

判处被告共 22 名（其中一人缺席）。

判处绞刑者 12 名：戈林、里宾特洛甫、罗森堡、凯特尔、施特莱歇尔、约德尔、绍克尔、弗兰克、弗利克、卡尔腾布龙纳、赛斯·英夸特、鲍曼（缺席）。

判处无期徒刑者 3 名：赫斯、冯克、雷德尔。

判处 20 年徒刑者 2 名：席腊赫、施佩尔。

1934 年的爱因斯坦

判外 15 年徒刑者 1 名：牛赖特。

判处 10 年徒刑者 1 名：邓尼茨。

被告巴本、沙赫特、弗里切被宣判无罪，予以释放。

以下各组织被宣判为犯罪组织：德国政治领袖集团、秘密警察和保安勤务处、党卫队。

宣判完毕后附加一则说明：凡有上诉者，可在四天之内向管制委员会呈递"宽恕请求书"。

之后，庭长又宣布了苏联方面的不同意见。苏联法官、司法少将伊特·尼基钦科认为，不宣告德国内阁、参谋本部及国防军最高统帅部为犯罪组织，判处被告赫斯无期徒刑，宣告被告沙赫特、巴本、弗里切无罪而予以释放是不正确的，是没有根据的。苏联法官在长达 30 页的意见书中详尽阐述了自己的理由。他列举了上述三组织的累累罪行，认定其均为犯罪组织。同时一一摆出四名被告的材料说明均属罪大恶极，认为应将赫斯判处死刑。另外三名均应定罪，不该释放。

1946 年 10 月 1 日下午，纽伦堡法庭正式闭庭。

从退庭之后到行刑之前，被告里宾特洛甫、弗兰克、赛斯·英夸特、席腊赫、施佩尔、邓尼茨六人先后上诉，要求减刑。戈林上诉要求改绞刑为枪决。以上请求均被驳回，法庭一律维持原判。

整个审讯期间，世界公众密切注视着纽伦堡的动向。对德国首要战犯判刑的消息尤使全世界人心大快。苏联《真理报》在判决宣布之后发表的评论说："一切进步的人民，诚实的人民都衷心满意地欢迎国际法庭的判决书。这是无情的、坚决而公正的判决。"而苏联法官所持的不同意见也在民众中得到强烈共鸣。判决公之于世后，人们纷纷谴责法庭对巴本、沙赫特、弗里切三被告的过度宽恕。法、美、英、奥、挪等国进步报刊先后载文，"对释放战犯表示惊愕"、"遗憾"。柏林十万工人举行罢工，抗议开释战犯。德国统一社会党领导人皮克和格罗提渥发表联合声明，要求对纳粹罪犯严加惩处。值得注意的是"三被告在得知获释时没有任何人比他们本人更觉吃惊"。他们不敢离狱。沙赫特供认："余深惧德国民众……实觉无处容身"，要求暂时"准予留狱"，巴本欲往法国，但法国拒绝为其办理过境手续。当然也有极少数人指责"纽伦堡是胜利者的法庭"，"违背了法律不溯既往的原则"，甚至反对通过设立国际法庭的方式惩处战犯。

1946 年 10 月 16 日对死刑犯处以极刑。凌晨 1 时 11 分，是里宾特洛甫第一个被套上绞索，2 时许，10 名死囚先后在绞架上结束了罪恶的生命。罪首戈林在临刑前两小时吞服氰化钾毙命。鲍曼"需追捕归案后处死"，余犯皆投入狱中服刑。

客观地说，纽伦堡审判是一次公正的、经得起历史考验的审判。第二次世界大战是人类历史上一场空前的浩劫，5000 万无辜人民惨遭屠戮，广袤的和平土地落得满目疮痍，甚至化为焦土。尸横遍野的战场、灭绝营、毒气室、焚尸炉……构成了名副其实的死亡工厂，而法庭正是对一惨绝人寰罪恶的主要肇事者加以惩处，从而在全世界伸张正义，所以是符合人民意愿的。同时对战犯的惩治也是世界反法西斯斗争的重大胜利，它巩固了第二次世界大战的成果。纽伦堡所审理的是历史上规模最大、案情最复杂、犯罪事实最令人发指的大案。而审讯和定案又是严格依靠证据进行的。司法人员能严肃、缜密、客观地依法审案、定审，也为国与国联合共同制裁侵略者提供了先例。纽伦堡审判揭开了国际司法史上新的一页。在人类历史上，这是第一次给予侵略战争的密谋者、组织者、执行者以公开公正的处分，它表明："破坏和平和违反人道从法学的观点上是构成犯罪的"。美国首席检察官杰克逊谈到："纽伦堡判决的重要性并不在于它怎样忠实地解释过去，它的价值在于怎样认真地儆戒未来。"他认为，审判有两大任务，"一是核实纳粹重大历史罪行的证据，二是解释并规定新形成的国际法基本准则。"后一点在国际范围内是一次新的开拓，而且初见成效，对后来的"联合国国际法委员会"是有启示的。所以有人把纽伦堡审判喻为"国际刑法史上第一部非常重要的文件。"

有人说，纽伦堡审判是"最使德国人民难堪之事"。实际上决不可把德国法西斯与德国人民混为一谈。如果当初德国大众欣然接受了希特勒的计划，那么就根本不需要什么冲锋队、盖世太保了。但纽伦堡审判对德国人民也是有益的教育，因为"德国人民通过纽伦堡审判第一次认识到在他的名义下对手无寸铁者、犹太人、病人、被绑架和被拘捕者所犯下的罪行"。

纽伦堡法庭不宣布德国内阁、最高统帅部和参谋本部为犯罪组织，释放沙赫特、巴本和弗里切

三被告是不妥的。杰克逊先生在1955 年也承认：如果当时对沙赫特的案件"进行非常慎重的调查，那么起诉肯定也不至于败诉"。另外，联邦德国历史学家埃德曼认为："如果法庭……有中立国参加，那么法庭的设立就会有更大的说服力。"这种见解也属探讨此课题的一家之言。

远东国际军事法庭

第二次世界大战，是人类历史上最大的一场浩劫，给各国人民造成了空前深重的灾难。遭受日本侵略的中国、东南亚等各国人民，在这场战争中付出了重大代价。据不完全统计，仅中国在战争中，军队伤亡达 380 余万人，民众伤亡达 1800 余万人，财产损失达一千多亿美元。日本法西斯侵略者令人发指的罪行，使受害各国人民和支持正义的人们从大战初期起就主张，战后应严厉惩处战争罪犯，不能像以前那样，仅仅惩办违反战时国际法规的战犯，而且要惩办对战争本身负有罪责的人，即对准备、发动、进行侵略战争的人，追究其作为战犯的责任。

1941 年 12 月 4 日，苏联政府发表声明说："在战争胜利并相应地惩处希特勒罪犯后，苏维埃国家的任务将是保证持久正义的和平"。1942 年 8 月，美国总统罗斯福根据对欧、亚侵略者的调查，主张要在实际进行犯罪活动的国家内进行审判。1943 年 10 月，美、英、中、荷、澳大利亚等国设立了战争罪犯调查委员会。1943 年 11 月 20 日在莫斯科发表的苏、美、英三国外长关于德国暴行的宣言指出：凡是应该对暴行和罪行负责、或者曾经同意进行暴行和罪行的德国军官、人员和纳粹党员，将被解回他们犯下罪恶行为的国家，以便按照这些被解放的国家和将在这些国家建立的自由政府的法律加以审判和惩处；这一宣言不影响主要罪犯的案件，他们罪行没有特殊的地理位置，他们将按照盟国政府的共同决定受到惩处。

1945 年 8 月 8 日，苏、美、英、法根据上述莫斯科宣言，在伦敦签订了《关于控诉和惩处欧洲的轴心国主要战犯的协定》，及其附件《欧洲国际军事法庭宪章》。欧洲国际军事法庭从 1945 年 11 月 10 日在纽伦堡开庭，到 1946 年 10 月 1 日结束。

战争罪犯调查委员会表示，日本战犯也应受到与德国战犯同样的处理。1945 年 7 月 26 日，中、美、英三国促令日本投降之波茨坦公告第十项规定："吾人无意奴役日本民族或消灭其国家，但对于战罪人犯，包括虐待吾人俘虏者在内，将处以法律之严厉制裁。"1945 年 12 月 16 日至 26 日，在莫斯科召开的苏、美、英三国外长会议决定（中国也同意），驻日盟军统帅应采取一切必要措施，以实现日本的投降条件，占领并管制日本。他必须实施波茨坦公告的条件，包括惩办日本战犯。

经盟国授权，驻日盟军最高统帅麦克阿瑟于 1946 年 1 月 19 日颁布了《特别通告》及《远东国际军事法庭宪章》（同年 4 月 26 日修正）。设立东京法庭的根据，是 1943 年 12 月 1 日的开罗宣言、1945 年 7 月 26 日的波茨坦公告、1945 年 9 月 2 日在美舰"密苏里"号上签署的日本投降书和 1945 年 12 月 26 日的莫斯科会议决定。法庭宪章共 5 章 17 条，规定了任务、组成、诉讼程序及其管辖权。其内容与《欧洲国际军事法庭宪章》大同小异。美国迫于战后初期世界民主舆论的压力，同时为了适当打击日本竞争者，在进行一系列民主改革的同时，不得不同意进行东京审判。但在东京审判无论开始或结束的时间都比较晚，由于战后国际形势的发展，这种时间上的差异也就使东京审判及其结果更多地反映了美帝国主义的要求。随着时间的推移，包庇日本战犯的意图变得越来越明显，甚至反映在法庭的一些程序和技术性问题上。

东京审判并不是以所有的战犯为对象，而只是审理和惩办主要的甲级战犯，其他较次要的战犯由被侵略国设庭审理和处置。宪章第五条规定，法庭有权审理三种犯罪：（甲）破坏和平罪，即计划、准备、发动或实行被宣告的或未被宣告的侵略战争，或参加为达成上述任何行为的共同计划或阴谋；（乙）战争犯罪，即违反战争法规和惯例的行为；（丙）违反人道罪，即在战争发生前或战争进行中，对任何平民之谋杀、灭绝、奴化、放逐，及其他非人道行为，或因政治或种族关系，为执行或关涉本法庭管辖范围内之任何罪行而为之迫害，不问其是否违反所在国之国内法。凡参与策动、或执行任何犯上述罪行的共同计划或同谋之领袖、组织

者、教唆犯及共犯，对任何人在执行此项计划中所为之一切行为均应负责。主要战犯称为甲级战犯，因为破坏和平罪属甲类，这种罪行是由侵略国最高负责人所犯。

宪章第二条规定，东京法庭应由盟军最高统帅从日本投降书签署国及印度、菲律宾提出的人员中任命6名以上、11名以下法官组成。纽伦堡法庭的组成及有关事项都是根据完全平等选举和表决的原则，而东京法庭的法官和检察官却不经选举，而是由盟军最高统帅即麦克阿瑟任命。这种作法从组织程序上保证了美国意图的贯彻。1946年2月18日，麦克阿瑟任命澳大利亚的韦伯为首席法官，另外还任命了10名法官（中、苏、美、英、法、荷、菲律宾、加拿大、新西兰、印度）。被任命的首席检察官是接近杜鲁门的美国律师约瑟夫·B·基南，其他30名检察官大都来自上述诸国。

宪章第九条丙款规定，为对被告进行公正审理，各被告有权为自己选择辩护人，但法庭可随时不承认本人选择的辩护人。日本方面的辩护人有鹈泽总明等28人，美国方面有柯尔曼等22人。

1945 年 9 月 11 日，前首相东条英机等 39 名战犯被捕；11 月 19 日，宣布逮捕小矶国昭等 11 名战犯；12 月 2 日，宣布逮捕平沼骐一郎、广田弘毅等 59 名战犯；12 月 6 日，逮捕近卫文麿、木户幸一等 9 名战犯。其中除旧有意义的战争罪犯之外，还包括对战争本身负有责任的人。在准备审判时，苏联曾建议，组织和发动侵略战争的财阀头目如鲇川、岩畸、中岛、藤原、池田等也应与东条同时受审。但这个建议被首席检察官基南否决，这些人被捕后又很快被释放。在美国的包庇下，日本财阀头目得以免于受审。对发动侵华战争和屠杀中国人民的战犯，如派遣军总司令西尾寿造、烟俊六、华北方面军司令官多田骏等，到 1945 年底才能动，冈村宁次则逍遥法外。

用中国俘虏进行生物武器试验的日本战犯也受到美国的包庇。据参与东京审判的荷兰法官伯纳德·列凌克透露，这种试验杀死了两千名中国人。有关人犯战后逃回日本，被捕后送往美国。美国人答应，只忠实地说出他们通过自己的犯罪行为所得到的全部知识，就不予起诉，后来美国人遵守了诺言，但苏联审讯了犯有这类罪行的日本罪犯，并把起诉书送到东京。实际上，东京审判的首席检察官知道此事，但在法庭上根本不予追究。

关于国家元首应对发动侵略负刑事责任问题，第一次世界大战后对前德皇威廉二世的处理，至少从形式上已有了先例。第二次世界大战后，《欧洲国际军事法庭宪章》第七条规定："被告之官职上地位，无论系国家之元首或政府各部之负责官吏，均不得为免除责任或减轻刑罚之理由"。而《远东国际军事法庭宪章》中相应的第六条却回避了国家元首的责任问题。该第二条措辞改为："被告无论何时期内之官职上地位，被告按政府指示或上级官员指示而行动的情况，均不得使其免除对被控所犯任何罪行之责任。"同是关于被告责任问题，东京法庭宪章第六条与纽伦堡法庭宪章第七条不同，恰恰删除了"国家元首"字样，这绝非是偶然，而是反映了美国的需要。

1946 年 4 月 29 日，即审判开始前四天，对东条英机等 28 名甲级战犯正式起诉。法庭就设在原日本陆军省即所谓的军部，庭长室就设在东条英机原来的办公室里。5 月 3 日，法庭在军部会议厅

世界通史

最新整理图文珍藏版

2894

召开第一次公开会议，开始审理。由于中国法官梅汝璈的据理力争，法官座次除首席法官外，按日本投降书各受降国的签字顺序美、中、英、苏、加、法……等排定。审理采用英、美法律，分立证和辩论两个阶段，手续烦琐，迁延时日。3 日至 4 日，首席检察官基南宣读长达 42 页的起诉书。

起诉书指出，从 1928 年 1 月 1 日至 1945 年 9 月 2 日，日本的对内对外政策"被犯罪的军阀所控制和指导。这种政策是重大的世界纠纷和侵略战争的原因，同时也是爱好和平各国人民的利益和日本人民本身的利益遭受重大损失的原因。"起诉书列举出 55 项罪状。其中第一项罪状称："控告全体被告，在 1928 年 1 月 1 日至 1945 年 9 月 2 日这一期间，以领导者、组织者、教唆者或同谋者的资格，参与共同计划或阴谋，欲为日本取得对东亚、太平洋、印度洋以及其接壤各国或邻近岛屿之军事、政治、经济的控制地位，为达到此目的，使日本单独或与其他国家合作，对任何一个或一个以上之反对此项目的国家从事侵略战争。"第二十七项罪状是"对中国实行侵略罪状"。第五十五项罪状称："应其官职应负有

采取适当方法确实遵守及防止违反战争法规和惯例之法律上的义务，而竟完全漠视和蔑视其法律上的义务。"检察官根据以上各项罪状追究被告的个人责任。被告中罪状最少的也有 25 项，最多的达 54 项。但在 5 月 6 日，当时在法庭受审的全体被告 27 人竟都声辩自己"无罪"。东条英机竟说："对一切诉因，我声明无罪。"

审理期间共开庭 818 次，法官内部会议 131 次，有 419 位证人出庭作证，779 位证人提供供述书和宣誓口供，受理证据 4336 份，英文审判记录 48412 页。整个审判长达二年半之久，耗资 750 万美元。到 1948 年 4 月 16 日，法庭宣布休会，以作出判决。从 1948 年 11 月 4 日开始，宣读长达 1231 页的判决书，到 12 日才读完。

判决书由三部分组成。第一部分：一、法庭的设立和审理；二、法（甲，法庭的管辖权；乙，对俘虏的战争犯罪的责任；丙，起诉书）；三、日本的义务和权利。第二部分：四、军部控制日本、准备战争；五、日本对中国的侵略；六、日本对苏联的侵略；七、太平洋战争；八、违反战争法规的犯罪（暴行）。第三部分：九、起诉书中罪状的认定；十、

判决。判决书肯定日本的内外政策在受审查的时期（1928～1945年）内都是旨在准备和发动侵略战争。

被告最初是 28 人，但前外交大臣松冈洋右和前海军大将永野修身病死，为日本侵略炮制理论根据的大川昭明因发狂而中止受审。结果只对 25 人进行了审判和判决。对七人处以绞刑（东条英机、广田弘毅、土肥原贤二、板垣征四郎、木村岳太郎、松井石根、武滕章），对 16 人处以无期徒刑（荒木贞夫、桥本欣五郎、烟俊六、平沼骐一部、星野直树、贺屋兴宣、木户幸一、小矶国昭、南次郎、冈敬纯、大岛浩、佐滕贤了、岛田繁太郎、白鸟敏夫、梅津美治郎、铃木贞一），判处二人有期徒刑（东乡茂德 20 年，重光葵 7 年）。

由于美国的操纵和包庇，判决书对有些战犯的判词太轻，对有些史实解释失当。例如，松井石根 1937 年任华中方面军司令官，统率上海派遣军和第十军。他在 1937 年 12 月 13 日统率军队占领南京，指挥日军犯下了震惊世界的"南京大屠杀"暴行，被杀害的中国人达 30 万以上，日军在南京疯狂烧杀掳掠，砍头、劈

脑、切腹、挖心、水溺、火烧、砍去四肢、割生殖器、刺穿阴户、肛门等无所不用其极。日军的这些残酷暴行，比德军在奥斯威辛集中营单纯用毒气屠杀更加灭绝人性。但判决书却对他在第二十七项罪状"对中国实行侵略战争"上，"判决为无罪"，硬说"1937年和 1938 年时他在中国的军事职务，就其本身论，不能认为与实行侵略战争有关"。再如，重光葵除在苏、英等国任大使时的反动活动外，还在 1931～1932 年任驻中国公使，1942～1943 年任驻汪精卫伪政府大使时期，为策应日本的军事侵略，进行了大量罪恶活动。由于在审判期间，美国国务院和英国外交部提供文件为他开脱，判决书说他的活动"未超过职务的正当范围"，"不是阴谋分子之一员"，"并未实行侵略战争"等，因而仅判七年徒刑。1948 年 11 月 12 日苏联《消息报》曾载文批评，指出这种判决本身就是袒护。此外，判决书认为，日本与德国共谋破坏和平的罪行还缺乏证据，那只是两国总参谋部中个别人员的私人图谋，与日本政府无涉。判决书极力强调日本军部在实行侵略计划方面的罪行，减轻日本政府和垄断资本的

责任。

尽管存在上述问题，东京法庭的判决总的说来还是严正的，受到世界舆论的欢迎。1948 年 11 月 28 日，苏联《消息报》发表《东京审判的总结》一文，指出："苏联人民也像全世界一切正直的人们一样，对法庭的判决非常满意……，法庭的功绩在于，尽管日本主要战犯的辩护人和保护者们机关用尽，国际反动势力施展了许多诡计，甚至法庭的某些法官也当了他们的代言人，但法庭还是做出了合乎正义的和严厉的判决"。

1948 年 11 月 12 日，远东国际军事法庭宣告结束。

联合国成立

酝酿建立联合国

1937 年 7 月，日本帝国主义开始全面侵略中国。1939 年 9 月，德国法西斯突然袭击波兰，从这一天起，全世界笼罩在战争的阴影之下。很快，战火就蔓延到世界上六十多个国家和地区，把二十多亿人卷入到战争的巨大灾难之中。全世界人民都在期待着粉碎法西斯侵略，渴望着持久的世界和平。1943 年 10 月，中、美、英、苏四国代表相聚莫斯科，发表了《普遍安全宣言》，呼吁建立国际安全机构。此后，中、美、英与苏、美、英先后举行了开罗会议和德黑兰会议，商讨战胜德、日法西斯及战后重建工作的构想，为大国的合作奠定了基础。在苏、美、英三国首脑举行德黑兰会议期间，美国总统罗斯福和苏联领导人斯大林会晤后，正式提出了成立联合国的建议。

随着世界反法西斯战争的逐步胜利，建立一个维护世界和平的共同机构联合国，已成为人们普遍关注的话题。

敦巴顿橡树园会议

1944 年 8 月至 10 月，在美国华盛顿的敦巴顿橡树园，美、苏、中、英四国代表共同起草了联合国章程。

激烈的权力之争

由于苏联是当时唯一的社会主义国家，它意识到战时虽然是朋友，但战后必与美英等成为竞争对手，因此苏联坚决提出苏、英、美、中、法五个常任理事国应当享有否决权，就是说联合国安全理事会五国中只要有一个国家反对，表决就会无效。否则，自己将在很多问题上成为少数，而失去自己的权力。英、美早就意识到了这一战略目的，因此坚决反对"否决权"，强烈主张少数服从多数的原则。

出于同样的目的，为增加自己的力量，苏联又提出自己的两个加盟共和国乌克兰和白俄罗斯直接成为联合国成员，这样苏联就相当于拥有了三票的表决权，英、美当然更不能接受了。双方就这样为了各自的利益争执不下，问题久久不能解决。

为了借助苏联的力量打败德、日法西斯，减轻英、美军队的压力，罗斯福和丘吉尔在苏联召开的雅尔塔会议上同意了苏联的建议和要求。并决定4月间在美国旧金山召开世界各国反法西斯国家代表大会，讨论联合国成立问题。

和平的聚会

1945年4月25日，全世界反法西斯国家的代表齐聚美国旧金山，讨论联合国成立问题。

下午4时，满载着46个国家代表的车队在蒙蒙的细雨中，驶向了旧金山市歌剧院。美国有156名代表，中国有75名代表，英国有65名代表，苏联有15名代表。这4个发起国与其他国家的代表共850人同时进入了歌剧院，沸腾的人群向他们抛撒着鲜花。

开幕式很快就结束了，歌剧院外成千上万伫立倾听的市民看见代表们高兴地走出会场，一起兴奋地高呼着"和平！和平！"，声音久久回荡在旧金山上空。

4月26日，按照会议议程，美国、中国、苏联、英国四个发起国的外交部长依次发言，纷纷表示要竭尽全力共同维护世界

联合国宪章签字仪式

和平。

会议热热闹闹地开了两个月，那些旁观的国家也纷纷加入，会员国很快达到了 50 个。6 月 26 日，大会一致通过了《联合国宪章》，各国代表分别在宪章上签字。中国共产党的代表董必武作为中国代表团 75 名成员之一，也在宪章上庄严地签上了自己的名字。

新的世界格局

早在二战刚结束的 1947 年，丘吉尔针对当时的境况就曾十分悲痛地说："看看现在的欧洲是什么样子？它不再是以前工业高速运转、商业繁荣的场所。现在，它只是一堆瓦砾，是一个恐怖的藏尸所，而且是瘟疫和仇恨的发源地。"他十分形象地描绘了当时整个欧洲大陆所呈现出的衰败景象。

的确，刚刚经历了第二次世界大战浩劫的西欧和东欧破烂不堪，城市被严重摧毁，弹坑累累、土地荒芜、民穷财尽。而美国和苏联的实力却在不断膨胀，迅速窜升为战后两个新的超级大国。经济崩溃、需要大量重建资金的欧洲各国，不得不纷纷向美、苏寻求援助和支持。在军事上，西欧向美国靠近组成了北大西洋公约组织，而东欧则依靠苏联组织的华沙条约组织对抗北约。在经济上，美国的"马歇尔计划"向西欧提供了大量重建资金，而东欧所依赖的经济互助委员会，只是承担理论上输送苏联支援物资的责任。

两大军事政治集团对峙局面的确立，形成了二战后新的世界格局，那种整块大陆被欧洲列强疯狂瓜分的原有世界格局一去不复返了。

美苏的相互猜忌

在整个欧洲都被美、苏两国划分成势力范围的情况下，欧洲列强对自己的殖民地也无力控制了，不管列强们是否同意，殖民地全都开始摆脱他们的控制，独立运动风起云涌，以适应美、苏主宰的世界格局。

作为两个地域都非常辽阔的大国，早在 19 世纪 90 年代时，美国和俄国就因在中国东北的利益而发生过冲突。1917 年俄国十月革命后，两国的竞争由原来的帝国主义国家间的利益冲突开始上升成为意识形态的对立。就这样，在1933年之前，美国与苏联一直没有建立外交关系。美国人始终牢记着，正是由于1917年苏维埃政府单方面与德国媾和签署了停战协定，才使得西方国家不得不背负单方面对抗德国的压力。而苏联人也不会忘记，1918年美国曾经与列强一起派兵参与支援反布尔什维克的匪徒武装叛乱，干预苏联内战，妄图扼杀新生的苏维埃政权。

虽然苏联在二战中曾与英美等一起对德、日、意法西斯作战，但这不是一种正常的现象，因为双方的固有矛盾依然存在。苏联人在德国法西斯大兵压境的情况下，只好暂时与英美达成妥协，并一直没有忘记，罗斯福因共同利益曾经答应过将会在欧洲开辟第二战场的承诺。但直到1944年6月，英美盟军才在诺曼底登陆，这是苏联人发出请求两年之后才等来的结果。而在这两年中，苏联遭受了惨重的损失。苏联人不会忘记，正是由于西方国家人为地将进攻计划推迟了，所以才使得苏联不得不在两年之久的时间里，单独承受德国的军事打击。

冷战开始

1945年5月，第二次世界大战欧洲战场战事结束后，苏联和美国、英国、法国等西方国家的军队就沿着中欧的一条分界线分别驻扎着。随后举行的雅尔塔会议又确认了任何一方都不应该将对方赶出当前所在地区的原则。因此，苏联占据三分之一、美国占据三分之二的状况得到认可。但美国与苏联在意识形态上的巨大差异，决定着他们对事情的看法也截然不同。

冷战从第二次世界大战结束时开始，直到20世纪90年代初苏联解体时为止。冷战期间，对立的两大阵营只是在经济、哲学、文化、社会和政治立场方面产生严重对立，朝鲜战争、越南战争和阿富汗争端虽然也是两大阵营对立、矛盾激化后在某些区域的集中体现，但是两个超级大国并未直接交火，而是通过资金和武器来帮助各自支持的国家或组织，让他们作为双方的代理人来充当马前卒。所以说双方冷战政策的最基本特征是遏制对方但不付诸武力，竞争的一个主要领域就是

世界通史

最新整理图文珍藏版

科学技术，还有十分隐蔽的间谍战和政治宣传战。

"日不落帝国"

19 世纪时，得意忘形的英国殖民者曾狂妄宣称："大英帝国无落日。"就是说，大英帝国的领地布满全世界，无论地球怎样旋转，总有一部分领地向着太阳。当时英国倚仗其经济和军事实力，运用炮舰政策，疯狂地推行强权政治，侵略魔爪伸到了世界各地，按照"我的是我的，你的也是我的"的强盗逻辑，把凡是能够抢到的土地都据为己有。1876 年，英国的殖民地面积已达 2250 万平方公里；1914 年更扩大为 3350 万平方公里，人口也达到 3.9 亿多万，分别为其本土面积和人口的 110 倍和 9 倍，超过了其他帝国主义国家殖民地面积的总和，建立了一个地跨五大洲的殖民大帝国，可谓盛极一时。但是，"千里搭凉棚，没有不散的筵席"，随着无产阶级革命的胜利进军，随着被压迫民族、被压迫人民解放运动的蓬勃发展，特别是经过第一次和第二次世界大战，英帝国很快土崩瓦解，无可挽回地衰落下去了。

1952 年 7 月，英国首相丘吉尔在一次会议上发出了"流水落花春去也"的慨叹："曾经是伟大辉煌而今仍然相当可观的英帝国，以它的威力、尊严、统治地位和权力，竟然不得不担心我们是否能支付每日的开支，这种景象确实悲惨。想到这一点我心如刀割。"

大英帝国的兴衰，也是与海上霸权的得失紧密相连的。

火与血的道路

英帝国为了争得海上霸权，征服和掠夺海外殖民地，从 15 世纪末到 19 世纪初，对外发动了近二百次战争，走过了一条火与血的道路。这个过程，大体上可以分为四个阶段，即：一、资产阶级革命前；二、资产阶级革命时期；三、资本主义制度确立后；四、工业革命以后。

在第一阶段，即 1640 年之前，英国还不是世界瞩目的大国。它虽然野心很大，但是其力量还不足以与别的殖民大国相匹敌。它在这个时期的海上活动主要是利用海盗抢劫和贩卖奴隶。但是，有时为了争夺殖民利益，它也不惜与强敌一决雌雄。比如，1588 年，英国就孤注一掷地与西班牙"无敌舰队"进行了一场大海战，结果大获全胜。

在第二阶段，即从 1640 年爆发资产阶级革命到 1688 年资产阶级的统治在英国确立的近五十年中，虽然复辟与反复辟的斗争非常激烈，但是，不管是资产阶级还是封建贵族当权，都没有放松对外侵略扩张。由于对西班牙和荷兰战争的胜利，他们谋求海上霸权的野心更大了。

在第三阶段，由于资本主义制度的确立，英国的经济得到很大发展，使它有了在世界范围内争霸的力量，于是，英国便与其他殖民大国展开了更大规模的争夺。这个阶段，英国的主要对手是法国。17 世纪末，法国已发展成欧洲大陆最强的军事封建国家，它不但有称霸欧洲的野心，而且在亚洲和美洲大抢殖民地，这当然是英国所不能容忍的。1688 至 1697 年，法国与荷兰作战，英国乘机加入荷兰方面。经过九年的战争，法国失败，被迫退回了以前从西班牙夺去的许多土地。

1700 年，西班牙国王查理二世死后无嗣，法国与奥地利爆发了争夺西班牙王位的战争。英国害怕西班牙余下的海外殖民地被法国夺去，加入奥方对法作战。1713 年，战争以法国失败而结束，英国割去了法国在北美的广大殖民地，并夺得了地中海战略要地直布罗陀。

1740 年至 1748 年，法国与奥地利又进行了争夺奥地利王位的战争。英国再一次站在奥地利一边，同法国作战。战争在美洲、印度、非洲、地中海等地同时进行。英国在海上摧毁了法国海军，击沉了大部分法国的主力舰和巡洋舰。战争结束后，法国只剩下了 67 艘大型舰艇，比英国少了 73 艘。英国取得了二比一的海上实力优势。

法国不甘心失败，决心寻找机会夺回失去的殖民地。1756 至 1763 年，英法两国又展开了争夺霸权的大决战。这次战争历史上称为"英法七年战争"，它波及的范围更广。法国把奥地利拉到自己一边，英国则和普鲁士勾结在一起。在欧洲，英国在大陆上取战略守势，让普鲁士牵制法国的主力；在海上则取攻势，用海军封锁法国的海岸，并利用突然袭击的手段，歼灭了停泊在海港中的法国舰队的主力。在北美，英国对法国猛烈进攻，步步紧逼。1759 年，攻占法国的主要据点魁北克，1760 年又占领了另一个大城市蒙特利尔。法国被迫一退再退，最后在加拿大全军溃败，加

世界通史

最新整理图文珍藏版

拿大全部落到英国手里。在印度，1761年英军攻克了法国在印度的最后一个堡垒本地治里。

在这一阶段，英国为它长达一百多年的海上霸权地位奠定了基石。

在这之后不久，英国开始进行工业革命，广泛采用机器生产，生产力得到了迅速提高。新的经济实力，为英国称霸海上提供了更雄厚的物质基础。英国国会一再通过大规模加强海军的法案，规定英国海军实力要等于两个其他海上强国实力的总和，叫做"双强标准"，在全世界展开了更疯狂的掠夺。在这第四阶段，英国与俄国进行了争霸战争。

19世纪初，沙皇俄国成了"欧洲宪兵"，到处进行干涉和侵略。它骄横不可一世，妄图建立一个统治全世界的大斯拉夫帝国。它把侵略的矛头首先指向中东地区，而英国想独吞这个地区也为时已久。这样，俄、英便发生了尖锐冲突。当时，统治中东地区的奥斯曼帝国已经衰落，双方都想利用这个时机大捞一把，英、俄关系日趋紧张。开始，老奸巨猾的英国并不自己出面，而是联合法国策动土耳其与沙俄争夺克里木半岛和南高加索。1853年10月，俄、土战争爆发，俄国海军在土耳其北部黑海沿岸摧毁了土耳其舰队。英国见势不妙，才联合法国正式参战。英法联合舰队同时在黑海、波罗的海、白令海和堪察加半岛东岸对俄军大举进攻，但都遭到了激烈的抵抗。从1854年秋起，英、法把兵力集中起来，在克里木半岛与俄军决战。在兵力和技术上占优势的英法军队把俄国海军围困在塞瓦斯托波尔港，经过将近一年的战斗，终于攻克该城，决定了俄国的败局。1856年3月，战争双方签订了巴黎和约，俄国被迫拆除黑海沿岸的要塞，失去了在黑海保有舰队的权力。

这次战争后，英国控制了土耳其，加强了在巴尔干半岛和西亚的势力。它的海军在黑海已无可匹敌，更加巩固了海上霸主地位。

英国就是这样，按照弱肉强食的资产阶级法则，用数量越来越多的舰队和口径越来越大的火炮，打开了一条通向霸主地位的道路。

在称霸的日子里

殖民主义、帝国主义称霸海上的目的，就是要最大限度地奴役和掠夺各国人民。英国在称霸海上的日子里，正是发财最多，掠夺最多的一个殖民帝国。

在美洲，英国于1733年就在东起大西洋沿岸西至阿巴拉契山脉的整个狭长地带，建立了13个殖民地。在英法七年战争后，法属加拿大以及阿巴拉契山脉以西到密西西比河的辽阔地区都升起了英国的米字旗。

英国殖民者在美洲大陆对土著居民——印第安人的压榨和屠杀是极其残暴的。他们强迫印第安人从事最繁重的劳动，随意杀戮。在印第安人的累累白骨上，英国殖民者建起了一个个城市和工业中心。为了巩固海上霸权，他们利用美洲廉价原料和劳动力，大力发展造船业。18世纪中期，英国的船只有1/3是在美洲殖民地建造的。利用这些船只，英国殖民者从北美运走了数百万公斤黄金和上亿公斤白银，以及无以计数的木材、皮革、粮食等等物品。

在印第安人大量死亡，英国殖民者感到劳动力缺乏时，他们同其他殖民国家一样，也做开了罪恶的奴隶贸易，从非洲往美洲贩卖黑人奴隶。在欧洲装运价值十英镑的一百加仑甜酒，在西非就可换一个奴隶，而这个奴隶在美洲奴隶市场上，卖价却高达500英镑左右。1783年至1793年，英国利物浦商人贩卖奴隶30万，获得暴利1500万英镑。由于有大利可图，英国利用其海上霸权垄断了资本主义世界全部奴隶贸易的一半以上。它从非洲贩走的黑奴数目，等于所有其他贩奴国家总和的四倍。利物浦和普利茅斯的繁荣，乃至英国舰队的强大，都是建立在罪恶的奴隶贸易之上的。这种灭绝人性的贸易，构成了英国历史上最黑暗、最可耻的一页。

英国和其他殖民国家所进行的奴隶贸易，使至少一亿黑人丧失了生命。但是，不屈的黑人奴隶从来没有向殖民者低过头，他们英勇地进行了无数次激烈的反抗。仅见于文字记载的，从黑人奴隶制度开始推行到最后被废除的近二百五十年间，黑奴的反抗就不下二百五十次，而这个数字，只不过是反抗总数的很小一部分而已。

英国还对非洲的领土蚕食鲸吞，先后占领了纳塔尔（现属南非）、贝专纳（现名博茨瓦纳）、南非、苏丹、桑给巴尔、肯尼亚、乌干达、尼亚萨兰（马拉维）、塞拉利昂、黄金海岸（现名加纳）、尼日利亚等地。

为了取得具有重要战略地位的埃及，控制连通欧亚海上交通的苏伊士运河，缩短军舰和商船掠夺亚洲的航程，英国殖民者使尽了卑鄙野蛮的手段。1875年，英国利用埃及的财政困难，以四百万英镑廉价购得了埃及在苏伊士运河的全部股份，占运河股票总额的44%，从而在很大程度上取得了控制运河的特权。1876年至1882年，英国又勾结法国，把埃及财政置于它们直接控制之下，由英国管理国家收入，法国管理支出。1878年，它们又得寸进尺，组成"欧洲人内阁"，英国人担任财政部长，法国人担任公共工程部长，使埃及的主权丧失殆尽。这种无耻的控制和干涉激起了埃及人民的强烈反抗。

1881年初，农民出身的青年军官阿拉比领导开罗卫戍部队起义，要求撤换内阁，召开国会。英、法企图收买阿拉比，遭到拒绝。于是，他们又舞起了"炮舰政策"这根大棒。于1882年5月派舰队到亚历山大港示威。但是，炮舰吓不倒埃及人民，他们举行示威，对阿拉比表示坚决支持。阿拉比在人民的支持下准备和敌人决战，下令修建亚历山大港炮台。蛮横的英国政府7月10日向埃及发出最后通牒，限24小时内停止炮台修筑。第二天就派舰队向亚历山大港炮轰了十小时，接着派2.5万名士兵登陆，大肆劫掠。阿拉比领导人民对侵略者进行了坚决抵抗，但是，最后终于在内外敌人的夹击下失败。埃及被英国全部占领。

英国殖民者把印度作为侵略亚洲的基地，印度便首当其冲地受到了英国的浩劫。1760至1780年间，英国用从孟加拉搜刮的捐税，向印度"购买"了价值高达1200万英镑的原料和粮食。英国东印度公司占领孟加拉后，从国库抢走了3700万英镑的财富，还有2100万英镑落入公司高级职员的腰包。英国强盗克莱武一人就抢走了20万英镑和无数珍宝。他后来在英国国会上说："富裕的城市在我脚下，壮丽的国家在我手中，满贮金银珍宝的财宝库在我眼前。我统共只拿了20万英镑。直到现在，我还奇怪那时为什么那样留情。"这是何等无耻，何等嚣张！从1757到1815年，英国共从印度榨取了约十亿英镑的财富。19世纪初，英国在继续加强税收掠夺的同时，又开始把印度变成英国商品的倾销市场，用新的资本主义方式剥削印度人民。从

1814 到 1835 年，英国对印度输出的棉织品从不足 100 万码增加到 5100 万码以上。从 1818 到 1836 年，英国对印度输出的棉纱增加了 5200 倍。在英国的残酷掠夺和商品倾销的打击下，印度的社会生产力遭到了严重破坏，使大批手工业工人失业，大批田园荒芜。印度的纺织品曾远销亚洲和欧洲市场，但是，到了 1840 年，一直非常繁荣的印度纺织业中心达卡城人口从 15 万减到 3、4 万，满城野草，瘟疫流行。连英国总督也不得不承认："这种悲惨的境况，在商业史上是无与伦比的。棉织工人的白骨使印度平原都白成一片了。"

面对英国的残暴侵略和掠夺，印度人民的反抗斗争从来没有停止过。1857 至 1859 年爆发的印度民族大起义，震撼全世界。起义军曾攻克德里，狠狠地打击了英国在印度的殖民统治。

18 世纪 60 年代，英国殖民者强迫印度农民种植鸦片，用以到中国"换取"白银和毒害中国人民。这种罪恶的鸦片贸易也是靠炮舰政策支持的。英国在两次鸦片战争中，用海盗舰队打败了清政府，使中国成了英国鸦片的倾销地。英国从鸦片贸易中获得的纯收益，在鸦片战争前每年已达几十万到一百几十万英镑，鸦片战争后每年更增加到 200 ~ 400 英镑。1835 至 1872 年间，英国在中国倾销鸦片所获的暴利达 1.4 亿多英镑。无怪乎英国殖民者无耻地叫嚷："万物莫好过于鸦片。"对于英国利用鸦片攫取暴利、毒害中国人民的罪恶行径，中国人民进行了坚决抵抗和斗争。1841 年，广东三元里数万群众奋起反抗，围歼英军 200 余名。1900 年又爆发了轰轰烈烈的义和团运动，使英国等殖民者吓破了胆。

鸦片战争后，英国侵略军在亚洲又先后侵占了克什米尔、亚丁港、阿富汗、缅甸等地。

18 世纪末，英国殖民者把大批苦役运到澳大利亚殖民地去发展养羊业。1840 年又迫使新西兰承认英国为宗主国。这样，英国殖民者的侵略魔爪就把整个地球都包起来了。

对殖民地人民的掠夺和剥削，大大刺激了英国经济的膨胀。从 1845 到 1870 年，英国工业的棉花用量差不多增长了一倍，棉织厂由 1900 家增加到 2400 家。1855 到 1864 年，煤的产量由 6000 万吨增加到 9000 万吨。1848 到 1870 年，铁的产量由 200 万吨增加到

600 万吨。煤、铁的产量都占世界总数的一半左右。1850 到 1870 年，英国输出的机器总值由 100 万英镑增加到 530 万英镑。英国为了改进它的舰队，还第一个由用木材造船改用金属造船。

一个英国大资本家在 1895 年说过："我们应当占领新领土，来安置过剩人口，为工厂和矿山生产的商品找到新的销售地区。我常常说……要是你不希望发生内战，你就应当成为帝国主义者。"这就是英国殖民者的无耻自白！

海上霸权的丧失

当英国殖民者把自己的国家称为"日不落帝国"的时候，他们是何等骄横跋扈啊！但是，历史的发展规律毕竟是任何人也无法抗拒的。挂在军舰炮管上的大英帝国的"太阳"，随着海上霸权的丧失，很快就陨落了。

首先是在第一次世界大战中，英国的海上霸权受到了沉重的打击。

19 世纪末 20 世纪初，世界进入了帝国主义阶段。列宁指出："帝国主义的一个重要的特点，是几个大国都想争夺霸权"。由于英国等老牌的殖民国家已把世界分割完毕，美国和德国等后起的帝国主义国家就强烈要求重新瓜分世界。特别是德国，它拥有的殖民地还不到英国的 1/10，殖民地人口仅及英国的 3%，因此，急切地想得到新的市场和原料基地。德国首相皮洛夫气急败坏地叫嚷："让别的民族去分割大陆和海洋而我们德国人只满足于蓝色天空的时代已经过去了，我们也要求日光下的地盘。"其争霸的矛头，首先指向英国。所以，英德矛盾成了当时帝国主义国家之间的主要矛盾。为了战胜英国，德国拼命扩充海军。德皇威廉二世露骨地宣称："德国的殖民目的，只有德国已经成为海上霸主的时候，方能达到。""我们的未来在海上。"1898 年，德国制定了一个为期 20 年的海军建设计划，一年后又把这个计划扩大了一倍，大大加快了发展海军的步伐。1905 年，英国拥有普通型装甲舰 65 艘，德国已拥有 26 艘。德国发展海军的计划和速度使英国大为震惊。同年，英国建造了新型的号称"无畏舰"的主力舰，认为这是自己海军力量的一个飞跃，德国在几年之内是无法建造的，可以粉碎德国争霸海洋的梦想。但是，德国毫不示弱，也马上建造了"无畏舰"。到 1908 年，英国建成 12 艘，德国建成九艘，德国的海军力量迅速

最新整理图文珍藏版

赶了上来。

在疯狂扩军的同时，英国又企图用谈判的办法来压德国就范，维持自己的海上优势。在1907年海牙召开的世界和平会议上和1908年英王爱德华七世和德国国王威廉二世的谈判中，英国都提出了有利于自己的所谓限制海上军备的建议，但是，德国根本不买账。双方的军备竞赛更加剧烈了。

为了加强各自的争霸地位，德国和奥、匈、意等国结成同盟，形成了"同盟国集团"；英国和法、俄等国缔结协约，形成了"协约国集团"。两个集团尖锐对峙，愈演愈烈，终于在1914年夏季爆发了第一次世界大战。先后参加这次大战的国家有30多个，卷入的人口达十几亿，占当时世界总人口的3/4。战争主要在欧洲大陆进行，在海上的争夺也十分激烈。

战争开始时，以英国为首的协约国在海军方面占优势。协约国拥有主力舰23艘，而同盟国只有17艘。在其他水面舰艇和潜水艇方面，协议国领先更多。在这种情况下，德国舰队被迫以防御为主，英国舰队则积极活动，封锁德国海岸，保卫交通线。1914

年8月28日，英国海军在北海赫耳果兰岛击沉德国三艘巡洋舰，一艘驱逐舰。12月8日，英国又在马尔维纳斯群岛（福克兰群岛）附近全歼了德国的一支舰队。1916年5月31日到6月1日，想突破封锁的德国舰队发动了日德兰大海战。德国出动了101艘军舰，英国以151艘截击。激战中英国被击沉14艘，德国被击沉11艘。但德国舰队仍无法突破封锁，被迫败退。这些战斗表明，英国海军在第一次世界大战中还基本上控制着制海权。

对此，英国人得意洋洋。1918年11月当第一次世界大战以协约国的胜利而结束时，英国外交大臣大吹大擂："目前，不列颠的旗帜，已飘扬在一个强大而统一的帝国领土之上！我们的意见，对于各国人民的意志，或是对于决定人类的命运，有着极大的影响，这都是前所未有的。"

但是，这位傲慢的外交大臣夸的海口再大，也掩盖不了问题的实质：英国赢得了战争，但失掉了优势，特别是失掉了海军优势。战争大大削弱了英国的经济和军事力量。英国的商船在战争中损失了70%，而美国和日本的造船业和海军力量却在战争期间有了巨大的增长。英国的海上霸权没有被德国抢去，却越来越被后起的美国夺取了。

1917年，伟大十月社会主义革命的胜利，动摇了整个资本主义制度。英国殖民者对这一胜利恨得要死，怕得要命，在直接武装干涉失败后，就纵容希特勒重新武装德国，企图祸水东引，让法西斯德国扼杀苏维埃政权。1935年6月18日，根据德国要求，英、德签订了"海军协定"，规定德国与英国海军舰只总吨位为35：100万。当时英国拥有120万吨位的舰艇，而德国只有7.86万吨。这样一来，德国海军可以增加四倍多，给了德国一个疯狂扩军的借口和机会。但是到头来，英国搬起石头砸了自己的脚，德国扩充起来的军队，在东侵之前，首先把矛头指向了西方。1939年9月1日，德国法西斯突然大举袭击波兰。在国内外舆论的强大压力下，英、法被迫对德宣战。第二次世界大战全面爆发。1940年5月10日，当德军进攻荷兰、比利时、卢森堡时，几十万英法联军不堪一击，节节败退。6月初，英国派出860多艘舰船，把退到法国敦刻尔克的30万英军和一些法军撤往英国。在撤退中，有243

艘舰船被德国飞机炸沉，还丢失大炮2400门，各种机动车8.2万辆，弹药7000吨。后来，只是由于希特勒忙于准备集中力量进攻苏联，英国才幸免于灭亡。但是，希特勒却用飞机对英伦三岛狂轰滥炸，用潜艇在海上严密封锁。德国潜艇在战争初期就击沉英国商船670多艘，使英国惊恐万状。为了输入粮食和原料，这个昔日的海上霸王不得不向美国屈膝求援，甚至要求用美洲东岸的一些岛屿，换取美国50艘超龄的破旧军舰。1941年12月，日本又乘英国之危，袭击马来亚英国海军基地，炸沉了英国大型主力舰"威尔士亲王号"和"击退号"，接着，又从英军手中夺取了新加坡等地。英国首相丘吉尔惊叫道："新加坡的陷落对于英国是历史上从来没有过的最大灾祸。"1945年8月，当德、意、日等法西斯在世界人民的打击下先后投降时，英国已经是一个百孔千疮的破落户了。

无可挽回的衰落

英国的衰落从19世纪末就开始了。英国资产阶级为了从海外攫取高额利润，大量输出资本，不但使国内工业技术装备的更新受到严重阻碍，而且造成了上百

最新整理图文珍藏版

万靠"剪息票"过活的食利阶层。1899 年，英国从海外投资中得到了近一亿英镑的收入，而同年的对外贸易利润只有 1800 万英镑。主要靠剥削殖民地过日子的英帝国，典型地反映了帝国主义的寄生性和腐朽性。加之由于受资本主义经济政治发展不平衡规律的支配，后起的帝国主义国家与英国激烈竞争，使它不可避免地从顶峰上跌落下来。19 世纪 90 年代，美国的工业产值就超过了英国。20 世纪初，德国也超过了英国。英国炮舰政策在第一次世界大战中的破产，使这种衰落更加迅速和无可挽回了。

第一次世界大战后，英国由原先的债权国变成了债务国，不得不变卖四分之一的海外投资还债。由于靠炮舰政策掠夺的财富大量减少，战后不久，1920 至 1921 年，英国就发生了严重的经济危机。工业生产下降了 46%。由这次危机开始，英国经济陷于长期的萧条之中。1924 年，英国在资本主义世界工业中所占的比重，由第一次世界大战前的14.5% 下降到 9%；而同期美国却从 36% 上升为 48.5%。

第二次世界大战对英国的打击更甚于第一次，战争期间，它的国内资本共减损 40 亿英镑，还变卖了 10 亿英镑的海外投资，积下了 30 亿英镑的外债。战后，英国经济长期发展缓慢，除早已落后于美国外，1955 年又被西德超过，1964 年又被法国超过，1965年又被日本超过，使英国在资本主义各国中，退到了第五位。

在这同时，这个当年的"海上霸王"的海军力量也无足轻重了。1946 年，英国造船总吨位占资本主义国家总数的 53%，到1957 年下降为 17%。它甚至把当年引为骄傲的两艘八万吨级邮船——"玛丽皇后号"和"伊丽莎白皇后号"卖给了美国，以"皇后"还债。1974 年，英国只有主要水面作战舰艇七十四艘，而美国有 177 艘，苏联有 221 艘。两个超级大国已完全不把英国放在眼里，它们到处挖英国的墙脚，攫取它的利益。

两次世界大战还促进了民族解放运动的蓬勃发展，许多殖民地纷纷独立，使"日不落"帝国土崩瓦解。第一次世界大战后，英属阿富汗、爱尔兰、埃及、伊拉克等先后独立；第二次世界大战后，亚、非、拉人民的反殖斗争更加风起云涌，缅甸、印度、巴基斯坦以及非洲和拉丁美洲数以十计的国家，也先后赶走了英国殖民者，赢得了民族独立。现在的"英联邦"，已经成了个名存实亡的空架子。

当年自称"日不落"的海上霸王，就这样"日落西山，气息奄奄"了。

联合国大会第一届第一次会议在伦敦举行

1946 年 1 月 10 日至 24 日，联合国大会第一届第一次会议在伦敦举行，51 个成员国代表出席。

首任联合国秘书长——特里格夫·赖伊

比利时的保罗·亨利·斯巴克当选为会议主席。2 月 1 日，挪威的特里格夫·赖伊为第一任联合国秘书长。至此，联合国组织系统正式开始启动。

英雄甘地

回国斗争

1869 年 10 月 2 日，甘地在印度出生，由于其父曾任土邦大臣，所以他长大后得到了到英国接受高等教育的机会。在英国，甘地接触了很多自由和平等的思想，而这时的印度还在英国的殖民统治之下，印度社会中存在着的不平等也深深地刺伤了他的心。因此，他决心改变这种屈辱的状况。大学毕业后，他去南非做了一名律师，他凭借着超人的胆识和坚强的意志，很快就赢得了大家的信任和支持，并顺利地成为印度

年轻的甘地

侨民反对种族歧视斗争的领袖。从南非回到印度之后，他便顺理成章地成为印度民族独立运动的领袖。

甘地是一个极为虔诚的教徒，而佛教与印度教一样，在印度的影响十分深远。这两种宗教有一个共同之处，就是反对暴力，主张用和平的方式解决争端。受佛教思想的影响，甘地创造出了一种独特的争取民族独立解放的方式，人们把它称为"非暴力不合作运动"。"非暴力不合作"的主要内容包括两部分："非暴力抵抗"和与英国殖民者"不合作"的态度。即印度人民不接受英国人授予的公职和爵位；不去参加殖民政府组织的任何集会；不进入英国统治者的公立学校，不接受英国教育，自设私立学校不购买英国货物和英式服装，自己纺纱织布；不买英国公债，不去英国银行存款，等等。甘地宣称，斗争的目的是达到自治，"如有可能就实行帝国内部的自治，如有必要就实行脱离帝国的自治"。

海边煮盐

1930年，为争取印度独立，甘地决定以破坏食盐专营法作为运动的开端。当时，英国殖民当局对食盐生产进行垄断，激起了当地人民的强烈不满。已经60岁的甘地号召印度人民用海水煮盐，抵制当局的食盐专营法。

向丹迪海滨进发的甘地及其追随者

3月12日，甘地率领79名信徒，从阿默达巴德出发，前往西海岸，徒步426千米，沿途成群农民随行，经过24天的长途跋涉，等他到达海边时，这个队伍的人数已经上升到千余人。甘地先在海边进行祈祷，然后亲自动手煮盐，持续3周。史称食盐进军。当局闻讯后，大肆镇压。5月4日，甘地被捕。

甘地被捕的消息迅速传遍了整个印度，这引起了印度国民的极大愤慨，当时有数万名自愿者要求与甘地共同坐牢。为此，殖民当局逮捕了六万多人，但是这一行为又激怒了更多的人。各地很快都爆发了武装起义，有一些地方甚至宣布独立，并建立了自己的政权。英国殖民政府对革命

世界通史

最新整理图文珍藏版

甘地从海边抓起一把盐

不复存在，人心开始涣散，仍然坚持斗争的少数人也遭到了不同程度的镇压。

甘地不愿看到更多的暴力和流血事件，所以仍然坚持"非暴力"的斗争形式，但协议的结果和他努力争取的印度独立相差太远。于是，他又积极地发动了几次"个人不合作运动"，继续为获得独立的胜利而奋斗。

甘地在为祖国获得独立解放积极奋斗的同时，也为消除种姓制度以及解除印度教和伊斯兰教之间的纷争而奔走斗争。他周游全国，并到处演讲，还常常因此而绝食祈祷。因而，人们经常可以看到这位老人，他身体消瘦、

形势的扩大极为震惊，他们立刻改变了策略，1931 年 1 月，殖民当局将甘地释放，同时撤销了对国大党的取缔禁令。随后，他们又与甘地达成了一项协议，即《甘地——艾尔文协定》：甘地改变和停止不合作运动，当局释放政治犯人，并且允许沿海人民自己煮盐。

"自由的建筑师"

殖民当局虽然做出了妥协，但这只是满足了印度人民的部分要求，依然没有使印度获得独立。协议签订后，革命斗争的精神便

甘地的葬礼

神情疲倦，但他依然冒着生命危险，继续坚持在调解两个教派的争端之中。

1947年6月，印度半岛终于出现了两个独立的主权国家，以印度教为主的印度和伊斯兰教为主的巴基斯坦。但不幸的是，在1948年1月30日晚，已经79岁的甘地在德里作晚祷时，被印度教一名极右派分子开枪暗杀。

马歇尔计划正式实施

马歇尔计划又称《欧洲复兴方案》。第二次世界大战后，美国国务卿马歇尔于1947年6月5日参加哈佛大学毕业典礼时，发表了美国援助欧洲的演说，首先提出援助欧洲经济复兴的方案，因此而得名。1948年4月3日美国国会通过《对外援助法案》，马歇尔计划正式执行。其主要内容是：美国拨款100多亿美元援助西欧各国，以复兴战后经济；受援国必须购买一定数量的美国货，尽快撤除关税壁垒，取消或放松外汇限制，接受美国对使用美援的监督，向美国提供本国和殖民地生产的战略物资；设立由美国政府控制的经济合作

总署，控制"对等基金"，保障美国的私人投资和开发的权利。英、法、意、联邦德国等西欧国家和土耳其共16国相继接受这些条件，并分别同美国签订双边协定。马歇尔计划原定为5年（1948－1952），1951年底美国宣布提前结束。

柏林危机与德国分裂

第二次世界大战，德国战败，美、苏、英、法4国分区占领了德国。1945年6月5日，占领区当局在柏林开会，联合发表《关

阿登纳

美英法三国会晤

于德国占领区的声明》，规定东区由苏联占领，西区为美、英、法 3 国占领，柏林由 4 国共管。随后成立了盟国管制委员会，对德国实行管辖。

1948 年 3 月 20 日，苏联宣布退出盟国管制委员会。6 月 19 日，针对美国于 6 月 18 日宣布将于 20 日在德境西区进行币制改革的声明，苏联发表了政府声明，指出大柏林属苏占区内，是苏占区的一部分；宣布为了防止对苏占区货币流通的破坏，苏联将采取措施加强管理、控制西方国家进入柏林的通道。柏林危机由此开始。

6 月 22 日，苏、美、英、法在柏林召开会议讨论柏林货币问题。苏联代表在会上宣布，苏联决定在柏林发行新货币，美国随即宣布把德境西区货币改革扩大到柏林西区。

柏林危机全面爆发，一时苏占区和德境西区关系非常紧张，交通、运输中断，居民来德被限制，柏林市政管理陷入混乱，人心惶惶。战争气氛笼罩着柏林。美国为了进一步实现其分裂德国的阴谋，大肆宣传核恐怖，并蓄意制造第三次世界大战即将爆发的假象，以迷惑人心。

1949 年 4 月 8 日，美、英、法 3 国外长在华盛顿签署关于德国的协议，单独就西德的成立以及西德与 3 国的关系作出规定。

经过苏联与美、英、法的谈判，5 月 5 日达成协议，4 国政府在莫斯科、华盛顿，伦敦和巴黎同时发表公报宣布：5 月 12 日解除德国各占领区和柏林之间的交通限制，5 月 23 日将在巴黎召开 4 国外长会议讨论德国问题。5 月 8 日，西德制宪议院委员会通过了《德意志联邦共和国基本法》（通称"波恩宪法"）。5 月 12 日，美、英、法 3 国批准了该宪法。5 月 12 日，柏林的"封锁"全面解除，至此柏林危机结束。5 月 23 日，德意志联邦共和国宣告成立，首都为波思。10 月 7 日，德意志民主共和国宣告成立。

第一次中东战争

中东地区，是亚、非、欧三洲连接的地区，主要包括埃及、

— 1914年的奥匈帝国、德国知俄罗斯帝国
—— 1920年的国家边界

今日的中东

叙利亚、黎巴嫩、伊拉克、约旦、科威特、巴勒斯坦、巴林、卡塔尔、也门、沙特阿拉伯、阿拉伯联合酋长国、阿曼、土耳其、塞浦路斯、伊朗和以色列等广大地区，总面积为 749 万平方公里，

人口约 1.7 亿。中东地区不仅战略地位极为重要，而且蕴藏有十分丰富的石油资源。第二次世界大战前，这一地区主要受英国和法国殖民主义控制。战后，美国乘英、法势力的削弱，乘虚渗透，逐步取代了英、法两国的地位。这一地区历史遗留的各种问题，随着国家的独立和发展而不断激化，使这一地区长期处于动荡不安之中，武装冲突和局部战争不断发生，成为世界重要"热点"地区。

1948 年 5 月 14 日，犹太人宣告成立以色列国。当日夜半，埃及、叙利亚等 6 个可拉伯国家集中数万军队，从 3 个方向向以色列发动进攻。史称第一次中东战争，巴勒斯坦战争；以色列则称为独立战争。

战后，阿拉伯国家与以色列

埃及首都开办的皇家国会广场

在巴勒斯坦及其周围地区连续爆发多次较大规模的局部战争，有其深刻的历史渊源和国际背景。

历史上，阿拉伯人与犹太人的祖先均为古代的闪族，约在公元前30世纪，闪族中的迦南人（即阿拉伯人）建立了巴勒斯坦历史上第一个国家。公元前1020年，自阿拉伯半岛移居至巴勒斯坦的闪族希伯来人，建立希伯来王国。随后，这一王国分裂为以色列王国与犹太王国，均统称为犹太人。公元前722年与前586年，这两个国家先后被亚述帝国和巴比伦王国所灭亡。公元2世纪，罗马帝国军队征服这一地区，将居住在巴勒斯坦地区的犹太人驱逐出境。从此，犹太人被迫流落世界各地。犹太人坚信自己乃是"神所选择的子民"，坚持信奉犹太教，坚持犹太人的生活方式，矢志不与其他民族同化。因而，当罗马帝国确立基督教为其国教时，犹太教便被视为异教而遭到迫害，这种迫害延续到中世纪，被基督教宣布为邪教而遭取缔时，愈演愈烈。一直到1789年法国大革命后，对犹太人的迫害才趋向缓和。但到第二次世界大战期间，希特勒纳粹屠杀、迫害犹太人，达到了无以复加的地步。

从罗马帝国逐出犹太人之后，巴勒斯坦地区便成为阿拉伯人的居住区。1917年11月6日，英国军队占领巴勒斯坦地区，尔后于1922年对这一地区实行委任统治。之后，英国又将这一地区一分为二：以约旦河为界，约旦河东部

以色列步兵

称为外约旦，成立外约旦酋长国，1949年后改称约旦哈希姆王国；约旦河西部仍称巴勒斯坦。第二次世界大战中，希特勒纳粹对犹太人的大肆屠杀和迫害，激起犹太复国主义运动的蓬勃兴起，犹太人开始向巴勒斯坦地区移民。自1939～1944年，从欧洲各地移居巴勒斯坦的犹太人4.4万人。连同第一次世界大战后回迁的犹

太人，使巴勒斯坦地区的犹太人增至44万多人。英国委任统治当局在巴勒斯坦地区，实行支持犹太人、压制阿拉伯人的政策，并鼓励世界各地区的犹太人向巴勒斯坦地区移民，使这一地区的犹太人从1918年的5万余人，至1946年剧增到60余万人，加剧了阿拉伯人同犹太人的矛盾与冲突。同时，犹太人对英国采取的限制政策也日益不满，进行反限制斗争。在这种情况下，英国于1946年9月和1947年1月，先后两次召开巴勒斯坦地区的阿拉伯人与犹太人在伦敦举行会议，会议建议建立阿拉伯区与犹太区，仍由英国实行委任统治，遭到双方的强烈反对未遂。美国乘机插手，

致使英国束手无策。英国终于在1947年4月，将对巴勒斯坦委任统治问题交联合国处理。联合国为此组成了由11个国家参加的巴勒斯坦特别委员会，并赴巴勒斯坦调查考察，提出了两个解决方案。一是印度、伊朗、南斯拉夫等提出的，建立巴勒斯坦联邦，阿拉伯人与犹太人分别实行地区分治；二是加拿大、捷克等提出的，在巴勒斯坦地区分别成立阿拉伯国与犹太国，对耶路撒冷则实行国际化。1947年11月29日，联合国第二次大会决定采纳加拿大、捷克等国提出的解决方案。会议以美苏等33国赞成，英国等10国弃权，阿拉伯国家联盟等13国反对的情况下，以超半数通过了"关于巴勒斯坦将来分理（分治计划）问题的决议"，决议规定：英国于1948年结束委任统治

埃及海军的易卜拉欣·阿瓦尔驱逐舰被以军俘获

以色列军队在内盖地沙漠行军

世界通史

最新整理图文珍藏版

后，在巴勒斯坦成立阿拉伯国和犹太国，阿拉伯国面积为 1.1 万平方公里，犹太国面积为 1.4 万多平方公里。耶路撒冷及其郊区则由联合国负责管理。根据这一决议，占人口总数 2/3（约 130 万）以上的阿拉伯人，其国土面积仅占巴勒斯坦总面积的 42.88%；而人口总数不及 1/3（约 60.2 万）的犹太人，其国土面积为 56.47%。此前，犹太人居住区仅占巴勒斯坦面积的 6%。巴勒斯坦的阿拉伯人与犹太人实行分治政策，为这一地区战乱频繁埋下了深重的祸根。

联合国通过巴勒斯坦分治决议案后半年，1948 年 5 月 15 日，犹太人成立以色列国。在以色列发表独立宣言 11 分钟后，美国便宣布承认以色列国，尔后前苏联成为第二个承认以色列国的国家。对于联合国的分治决议案，阿拉伯联盟国家一直是持反对态度的。尽管它们内部意见不一，存在着严重矛盾。但从 1948 年 2 月 9 日、4 月 16 日、4 月 25 日召开的几次会议来看，在对待阻止建立以色列国，阿拉伯联盟统治巴勒斯坦，甚至不惜以武力阻止联合国分治决议的实施等问题上，意见是一致的。于是，犹太人宣布成立以色列国，便成为第一次中东战争的导火索。

在战争爆发的初期阶段，阿拉伯联盟军队总兵力约 4 万人，其中埃及投入 3 个旅、1 个守备队，伊拉克 3 个旅、1 个守备队，叙利亚 3 个旅，外约旦 2 个旅、1 个守备队，黎巴嫩和阿拉伯解放军 6 个营、4 个守备队，拥有各型飞机 131 架，舰船 12 艘，坦克装甲车 240 辆，各种野战炮 140 门。以色列军队总兵力约 3 万人，作战部队 10 个旅，各型飞机 33 架，舰船 3 艘，坦克装甲车 3 辆，65 毫米野战炮 5 门。交战双方兵力对比，从兵力、兵器上看，阿拉伯联盟军队占有较大优势，以色列居于明显劣势地位。

整个战争进程，大致经历以下 3 个阶段：

第一阶段（1948.5.15.～1948.7.8.）

该阶段大致经历了阿拉伯联盟军队向以色列发动进攻，双方

美丽而神秘的宗教圣城耶路撒冷

实行第一次停火，以及以色列军队准备反攻和进攻等3个过程。

阿拉伯联盟军队的作战企图是，由埃及、叙利亚和黎巴嫩3国军队，分别从南北两个作战方向压迫与钳制以色列军队，渡过约旦河，攻击海法，进而夺占耶路撒冷。其中，南线为埃及军队2个旅，约为1万人，包括装备有"谢尔曼"式坦克的装甲部队，还有5个步兵营、1个机枪连、1个炮兵团，15架战斗机。其作战部署和作战目标是，以1个加强旅沿海岸公路向北推进，夺占特拉维夫；以另1个旅经比尔谢巴指向耶路撒冷。北线，叙利亚以2个机械化旅的主力向太巴列湖南端实施辅助进攻；黎巴嫩军队与阿拉伯解放军则分别对海法与太巴列湖西侧实施攻击。东线，伊拉克则集中主要兵力自纳布卢斯分别向特拉维夫与海法发动进攻；外约旦军队分兵向特拉维夫与耶路撒冷实施突击。

以色列军队部署：北部地区3个旅，中部地区2个旅，南部地区2个旅，耶路撒冷及其他通道以及拉特伦地区各部署1个旅。

战争初期，以色列三面临敌，处于明显不利的境地。在南线，阿拉伯军队于5月21日进抵伯利恒、阿什杜德一线，并继续向耶路撒冷和特拉维夫发动攻势。但在北线，叙利亚军和黎巴嫩军从5月16日～19日，同以色列军队在太巴列湖南部展开激战，以空军首次支援地面作战，迟滞了叙、黎军的进攻。在东线，伊拉克兵分三路向约旦河以西推进，攻占了距地中海仅有10公里的图勒卡姆后，继续向海边突击，几近把以色列拦腰切断。外约旦军在南线的埃及军队协同下，夺占了耶路撒冷旧城阿拉伯地区，同时在旧城犹太人居住区，逼使以150名武装人员和1700名居民向外约旦军投降。

阿拉伯联盟国家向以色列发动进攻的第三天，美国即向联合国安理会提出一份决议案，要求

西奈战役后，以色列国防部长达扬与兴高采烈的士兵们在一起。

安理会出面，命令交战双方在36小时内停火；前苏联也要求就美国的提案进行表决，还要求阿拉伯国家立即停止军事行动。英国则站在阿拉伯联盟国家一边，明确表示不能将巴勒斯坦的局势，说成是"对和平的威胁"。经过10余天的反复磋商协调，交战双方终于同意从6月11日开始停火四周。

四周的停火时间，为以色列获得了喘息时机和作进一步战争准备的时间。在这期间，以色列从美国、西欧一些国家和捷克等，得到了一大批武器装备，继续进行动员和军事训练，重新组织了步兵、炮兵、装甲兵和空、海军，组建了4个军区，实现了国防军的统一领导。与此同时，阿拉伯联盟国家也利用停火的时机，继续作了一次军事准备，主要包括：对驻地内的作战部队进行重新编组，埃及作战部队增至1.8万人，伊拉克作战部队增至1.5万人，叙利亚和黎巴嫩的作战部队也有所增加，使阿拉伯联盟国家的作战部队增到4.5万人。

第二阶段 （1948.7.9. ～10.14.）

在该阶段中，以色列经过充分准备，首先向阿拉伯联盟国家发起攻势，战事持续至10月14

日，交战双方实现第二次停火。

7月9日，以色列军队向阿拉伯联盟国家军队发动攻势，持续至18日，称为"10天进攻"。以色列这次发动的进攻行动，从根本上改变了第一阶段不利的作战态势。进攻行动大致可分为3个步骤：第一步，以军在中央战线加强了特拉维夫的阵地，夺回通至耶路撒冷的公路。以色列在此集中了4个旅（包括1个装甲旅），对特拉维夫东南约12英里的卢德和腊姆拉城，实施突击和合围，并大量投入自行火炮、装甲输送车辆，空军直接支援地面作战，一举打通了通往耶路撒冷的公路。第二步，以军在中央战线进行反攻作战的同时，以1个旅的兵力分4路向北实施反击，试图攻占太巴列湖以北约旦河流域30公里正面的桥头阵地，一举击退叙利亚军队。但由于以军兵力分散，未形成重点，被叙军击败，未能实现作战企图。以军吸取兵力分散的失败教训，决定先行击退拿撒勒与加利北部的黎巴嫩军队和阿拉伯解放军。由卡梅尔指挥的2个营，利用夜间实施攻击，夺占了沙德阿姆尔和拿撒勒地区，直到夺占了整个西加利利地区。第三步，进军耶路撒冷。

其作战企图是：首先夺占旧城西南马纳哈与艾因卡里姆谷地，以控制旧城和占领耶拉赫贾拉；夺回耶路撒冷，并切断阿拉伯人到新城的通道。以军投入1个旅的兵力，经过反复争夺，于7月15日攻占了巴纳哈谷地的大部地区。但对耶路撒冷旧城的突击，被埃及军队阻击于锡安门附近，未实现夺占旧城的作战企图。7月18日联合国安理会关于阿以停火令时限已到，战斗停止。

以色列通过"10天进攻"，占领了阿拉伯人的土地约1000平方公里，改善了战略地位，并将6万多阿拉伯居民逐出卢德和腊姆拉城，成为难民流入阿拉伯占领区。以色列还利用停火的时机，继续实行大量移民计划，扩充兵员和武器装备，截至10月初旬，以色列军队增到约8万人。

第三阶段（1948.10.15.～1949.3.）

以色列军队再次发动攻势，进一步改善了其战略态势和战略地位。

以色列利用第二次停火时机，扩充了国防军，改善和充实了武器装备，加紧了再次发动进攻的作战准备。10月15日，以军破坏停火令，向阿拉伯联盟国家再次发动攻势。双方参战兵力：以色列投入陆军9.93万人，12个旅，坦克、装甲车等战斗车辆315辆，各型火炮近300门，空军各型飞机近80架，海军各型舰艇15艘；阿拉伯联盟投入陆军7万人，18

巴勒斯坦村民被赶出家园，走在特拉维夫——耶路撒冷公路上。

以军通信兵

个旅，坦克、装甲车等战斗车辆625辆，各型火炮532门，空军各型飞机160余架，海军各型舰艇46艘。阿拉伯联盟在兵力对比上略占优势。

10月15日下午，以军以4个旅向埃及军队发起进攻，以空军轰炸了埃军阿里什机场和基地，但未能予以彻底摧毁。以军的进攻受到埃军的顽强反击而归于失败。次日以军运用装甲兵部队与炮兵的协调行动，向曼希方向埃军发动进攻，仍遭致失败。在这种情况下，以军决定改变进攻方向，将主攻方向改向胡莱卡特。进攻是于10月19日22时发起的，以军一举突破成功，夺占了从1947的11月以来一直被围困的通向内格夫地区的走廊，随后又于10月21日夺占了有500名埃及军队驻守的比尔谢巴，从而切断埃及军队通向北方的后方补给线，孤立了担任防守希布伦的埃及军队，并于10月27日夺占了阿什杜德。10月28日，北线以色列作战部队从塔尔希哈、萨费德向萨萨方向发动进攻，以空军集中力量袭击这地区的军事目标，并直接支援地面部队作战。以军终于10月31日攻占了萨萨和胡拉谷地。

与此同时，以色列在黎巴嫩边境地区的作战部队，也陆续夺取了北至利塔尼河、南至马利基亚一带。11月19日，南线埃及军队从加沙地区向内格夫沙漠推进，并于12月7日向以军发动攻势，但被以军击退。12月22日，以色列军队发动了代号为"霍霍夫"的进攻作战。以军以戈兰尼旅对加沙地区的埃军进行钳制性进攻，阿隆师集中主力从比尔谢巴向奥贾发动攻势，夺占阿里什。随后又于12月28日夺占了阿布奥格拉。旋即调头向北推进，直指阿里什及其附近的海湾地区。正当以色列军队准备对埃及军队实施决定性打击之时，英国出面斡旋，要求以色列从埃及领土上撤出；埃及也于1949年1月7日提出停战。以色列同意埃及所提要求，双方停止战斗。2月24日，埃、以双方在罗得岛签订了停战协定。

以色列侦察部队

但到 3 月 6 日，以色列再次发动军事进攻，用 2 个旅的兵力向内格夫沙漠推进，不仅保住了埃拉特，而且占领了其附近地区。从 3 月 23 日以后，以色列在联合国代表的组织主持下，先后与黎巴嫩、外约旦和叙利亚等国家签订了停战协定。停战协定生效时双方军队实际控制线，使被定为停火线，也成为后来不断爆发武装冲突的直接隐患。

在整个战争期间，以色列亡 6000 人，伤 1.5 万人。阿拉伯联盟国家军队亡 1.5 万人，伤 2.5 万人。以色列夺占了巴勒斯坦 4/5 的土地，达 2 万多平方公里，较联合国"分治"决议所确定的面积多出 6700 平方公里。有 96 万巴勒斯坦人被逐出家园，流离失所，成为难民。

北大西洋公约组织成立

1949 年 4 月 4 日，美国、加拿大、英国、法国、比利时、荷兰、卢森堡、丹麦、挪威、冰岛、葡萄牙和意大利等 12 国在美国首都华盛顿签订了《北大西洋公约》，宣布成立北大西洋公约组织，简称北约。

北大西洋公约组织会场

8 月 24 日公约生效。以后又有希腊、土耳其、西德、西班牙加入，至 1982 年共有 16 个成员国。条约规定：缔结国实行"集体防御"，当缔结国中的任一国遭到"武装攻击"时，其他缔结国应"采取视为必要之行动，包括武力之使用"。该组织总部设在布鲁塞尔。主要机构有各成员国国防部长组成的部长理事会和各国参谋长组成的军事委员会。另设欧洲盟军最高司令部、大西洋盟军司令部和海峡司令部。欧洲盟军最高司令部下设中欧、北欧、南欧和地中海 4 个盟军司令部。最高司令由美国将军担任。

苏联研制成功原子弹

1949 年，苏联哈萨克斯坦荒无人烟的草原上，一声惊天动地的轰响，宣告了苏联第一颗原子弹试验的成功，打破了美国仅仅保持了4年的核垄断。

1942年11月，代号为"第二实验室"的苏联原子能研究机构正式成立。斯大林亲自任命库尔恰托夫担任实验室负责人。莫洛托夫代表政府负责此项工作。1943年，美国研制原子弹的工作全面展开。1945年7月，在波茨坦会议上，美国总统杜鲁门向斯大林透露了美国有原子武器的信息。接着8月6日、9日，美国的两颗原子弹在日本的广岛和长崎爆炸。斯大林震怒了，他下令解除了莫洛托夫的职务，成立了直属国防委员会的原子弹研制委员会，由贝利亚全权指挥。几十个研究所和工厂划归原子能工业部，上千名专家投入原子弹的研制工

作。一场全面加速研制原子弹的"战斗"开始了。1946年12月25日，苏联建成了第一座原子反应堆。1948年，美、英等国在国际上掀起反共浪潮，在冷战局面不可避免的形势下，苏联最高领导下达"死命令"，必须在1949年年底前制造出第一批供试验用的原子弹。1949年8月29日，苏联在哈萨克斯坦的谢米巴拉金斯克试验场成功地爆炸了第一颗原子弹。

朝鲜战争

朝鲜战争是第二次世界大战后规模最大的局部战争之一，有近20个国家和地区（朝鲜民主主义人民共和国、中国、南朝鲜、美国、英国、加拿大、土耳其、

最新整理图文珍藏版

苏联第一颗原子弹爆炸

美国士兵乘船进入北朝鲜，朝鲜局势恶化。

新西兰、法国、澳大利亚、泰国、菲律宾、希腊、荷兰、比利时、哥伦比亚、埃塞俄比亚、南非联邦、卢森堡）卷入了这场战争。双方投入战场的兵力，高峰时达320多万。这场战争对朝鲜、对中国、对亚洲以及对战后整个世界政治、经济、军事等方面，都产生了深远的影响。

早在1910年，日本强迫朝鲜签订了"日韩合并条约"，朝鲜被日本侵吞，并且沦为日本的总督管辖区。日本侵占朝鲜后，即以朝鲜为跳板，加紧向中国进行侵略。1931年"九·一八"事变后，日本强占了中国东北。朝鲜人民、中国人民为反对日本帝国主义的侵略，进行了长期艰苦卓绝的斗争。

第二次世界大战后期，美、英、中3国于1943年12月1日在

美国总统杜鲁门授权麦克阿瑟向"三八线"以北大举进犯

开罗宣言中表示，打败日本后，把日本侵占中国的领土东北、台湾、澎湖列岛等归还中国，使朝鲜自由独立。后来在德黑兰会议时，斯大林对开罗宣言的内容表示支持，并说朝鲜应当获得独立。

1945年2月举行雅尔塔会议时，罗斯福和斯大林在非正式谈话中又讨论到朝鲜问题。罗斯福提出朝鲜应当由苏联、中国和美国3个国家的代表负责托管。他并以菲律宾为例，说明要使朝鲜能完全自治，将需要很长时间，菲律宾群岛花了40年，朝鲜也许只需要20年或30的。斯大林说，托管时间愈短愈好，他还认为应当请英国一起来商量。在此次会议上，关于苏联参加对日作战的条件，罗斯福同意恢复1905年日俄战争以前俄国在远东所获得的利益。1945年5月7日，德国宣布无条件投降。7月，美、英、苏3国举行波茨坦会议，讨论德国战败后的欧洲战后处理及关于苏军对日参战的协议等问题。会议对朝鲜的军事占领或托管问题未讨论，只是由美国参谋长联席会议主席马歇尔和苏军总参谋长安东诺夫就美、苏两军的作战区域进行了磋商。通过了海、空军的一条作战分界线，但对地面部队的

作战分界线并未达成协议。当安东诺夫向马歇尔探询美军有没有同苏军在朝鲜半岛实施联合登陆作战的意向时，马歇尔表示美军地面部队尚未准备近期在朝鲜登陆作战。8 月 6 日和 9 日，美国在广岛和长崎投掷了原子弹。8 月 8 日，前苏联对日宣战。1 个星期内，苏军消灭了日本关东军主力。接着进军满洲和北朝鲜。与此同时，另一支苏军在北朝鲜登陆。13 日解放了雄基，接着在清津战役中消灭了驻朝日军主力，进驻罗津、罗南、咸兴、元山等地。8 月 15 日，日本宣布投降。同日，美国将以北纬 38 度线为分界线，命令朝鲜境内之日军，三八线以北向苏军、三八线以南向美军投降的文件转交苏联和英国等同盟国征求意见。对此，斯大林 8 月 16 日的答复，没有反对三八线，另外提出了共同占领日本北海道的要求。此要求被美国拒绝。此后，苏军即停止在三八线附近，未再向南前进。20 多天后，即 9 月 8 日，美军第二十四军，在朝鲜仁川登陆，次日进驻汉城。

美、苏军在战后分驻三八线南北地区，由于两国政府的政策截然不同，朝鲜终于分裂成南北朝鲜，种下了战争的种子。

1945 年 12 月，在莫斯科举行的苏、美、英 3 国外长会议上，美国提出以美、苏、英、中 4 国对朝鲜实行托管的方案，企图使美获得实际统治权。前苏联没有同意美国方案而提出了自己的提案。最后三外长以前苏联提案为基础达成了协议。协议主要内容为：1. 为重建朝鲜成独立国家，特设立一个朝鲜临时民主政府；2. 为协助组成朝鲜临时政府，由美、苏占领军代表组织一个联合委员会，协商组成临时政府方案。1946 年 1 月 ~ 1947 年 5 月，美、苏联合委员会围绕组成什么样的

1950 年，美登陆舰在仁川港的人员和武器装备。

美国政府宣布武装干涉朝鲜内政，总统杜鲁门前往前线视察。

朝鲜临时政府问题展开针锋相对的斗争。美国的目标是要组成以南朝鲜李承晚集团为首的亲美的朝鲜临时政府，前苏联的目标是建立以北朝鲜民主革命政党为主导的朝鲜临时政府。但到1948年8月，南朝鲜通过"单独选举"成立了以李承晚为总统的"大韩民国"政府。南朝鲜李承晚政府成立后，加快了早已开始的扩军备战步伐，企图以武力解决问题。

1945年8月，金日成所率抗日部队配合苏军对日作战，胜利返回朝鲜国土。随后，在朝鲜北部实行了一系列反帝、反封建的民主改革，建立了各级地方政权和朝鲜人民军。1946年8月，北朝鲜共产党和新民党合并为劳动党。朝鲜劳动党领导朝鲜民主爱国力量于1948年8月25日进行了

朝鲜人民军统帅金日成

民主选举，成立了朝鲜民主主义人民共和国。9月任命金日成为内阁首相。

朝鲜民主主义人民共和国成立后，苏联宣布从朝鲜撤军。从10月份起，驻北朝鲜的苏军开始撤退，到12月底全部撤完。

南北朝鲜分别成立政府后，各自都加强武装力量建设，准备在必要时依靠武力实现统一。于是，南、北朝鲜之间的斗争日益尖锐，局势日趋紧张。据统计，从1949年1月到12月，三八线上的武装冲突达1000次以上。1950年6月25日，朝鲜南北之间终于爆发了大规模内战。

朝鲜战争按战争进程可分为两个时期。第一个时期，朝鲜人民军单独与美军、南朝鲜军作战。这个时期分为两个阶段：从1950年6月25日至9月14日为第一阶段，朝鲜人民军连续进行了五次进攻战役，由三八线进至洛东江；从9月15日至10月中旬为第二阶段，美军和南朝鲜军发起反攻，朝鲜人民军被迫由洛东江向北部中朝边境地区撤退。第二个时期，中国人民志愿军入朝后和朝鲜人民军一起共同对以美军为首的"联合国军"作战。这一时期也分为两个阶段：第一阶段，从1950

年 10 月 19 日至 1951 年 6 月上旬，中朝人民军队进行 5 次运动战战役，恢复了朝鲜民主主义人民共和国三八线以北领土；第二阶段，从 1951 年 6 月中旬至 1953 年 7 月 27 日，中朝人民军队在三八线地区胜利地进行了阵地防御和阵地进攻作战，迫使美军在停战协定上签了字。

人类第一枚氢弹试爆

1949 年 9 月，苏联第一颗原子弹爆炸成功的消息传出，美国

氢弹之父特勒

政客们大吃一惊。失去了"惟一拥有核武器的国家"这一战略优势后，美国不得不开始考虑研制威力更大的炸弹，以便在与苏联

的军备竞赛中处于领先地位。1950 年 1 月，美国总统杜鲁门下令研制威力更强的"超级炸弹"。匈牙利籍科学家特勒和他的同事们将此构想变成了现实。这个研究小组包括特勒、加尔文和洛斯阿拉莫斯实验室的数学家乌尔迪等人。试验工作进行得十分顺利，短短 1 年多的时间，小组就将 65 吨重的装置架在了一个高 6 米、直径 1.8 米的钢制框架上，装满核聚变原料——液态氚，并配备冷却系统使氚处于极低温。从远处望去，它就像一个比汽车还大的大暖瓶，小组给它取名叫"麦克"。1952 年 11 月 1 日，这枚氢弹在美国政府托管的马绍尔群岛的恩尼威托克小岛上引爆，爆炸产生了 1000 万吨火药的威力，相当于广岛原子弹的 700 倍。这枚

乔治六世和伊莉莎白王后在英国会议上

氢弹起爆之后，整个小岛连同钢架都在巨大的爆炸声中沉入太平洋深处。全世界为之震惊。

英国国王乔治六世去世

1952 年 2 月 6 日，英国国王乔治六世去世，他的女儿伊丽莎白二世继任王位。

乔治六世是乔治五世的次子，1920 年就读于剑桥大学三一学院。同年 6 月 3 日，封约克公爵。1923 年 4 月 26 日，与苏格兰国王罗伯特一世之后代伊丽莎白结婚，打破了英国王子向来与外国王室联姻的惯例。1937 年 5 月 12 日，乔治六世加冕。他继位之后，社会上纷纷谣传爱德华已经打消同辛普森夫人结婚的念头，一度危及国王的地位。乔治六世和王后力挽狂澜，赢得了正直与真诚的名声。二战前乔治六世力主英法团结，并与美国总统罗斯福是很好的朋友。但是他也支持首相张伯伦对德、意的绥靖政策。1940 年 5 月，张伯伦下台，他选择了丘吉尔为首相，并且无保留地支持丘吉尔的战时首相地位。二战期间，他拒绝了人们要他离开伦敦的劝告，冒着敌机轰炸的危险，每天访问部队、工厂，并曾多次视察战场，赢得了人民的爱戴。此爱戴之深只有丘吉尔首相可相比拟。当他逝世的消息公布后，全国上下一片哀悼，正说明他在人民中的地位。

斯大林逝世

1953 年 3 月 5 日，苏联主要领导人、最高统帅、战略家斯大林因患脑溢血抢救无效在莫斯科逝世，享年 73 岁。

1879 年斯大林生于格鲁吉亚哥里城，1899 年因积极参加革命活动被学校开除。从此，他走上了职业革命家的道路。

十月革命胜利后，苏维埃俄国开始了反对外国武装干涉和国

一代伟人溘然长逝

世界通史

最新整理图文珍藏版

内战争的伟大斗争，斯大林多次受列宁的委派，前往最关键的战线指挥战斗。1922年4月，斯大林在俄共（布）第11次代表大会上当选为党中央总书记。列宁逝世后，他领导苏联党和人民在最困难的条件下进行社会主义建设。1941年6月22日，德国法西斯向苏联发动了进攻，斯大林于7月3日发表广播演说，号召苏联人民不仅要消除本国面临的危险，还要帮助在德国法西斯奴役下的欧洲各国人民。此后担任苏联国防委员会主席和苏联武装部队最高统帅，领导苏联人民经过艰苦奋战，最终打败德国法西斯，取得伟大的卫国战争的胜利。战后，斯大林担任苏联党中央总书记、部长会议主席，领导苏联人民恢复和发展战后经济，迎接"冷战"的挑战。

斯大林在一生中也犯过许多过失。在20世纪30年代肃反扩大化，使一大批苏联党和军队的优秀干部遭到残酷迫害。在指导国际共产主义运动时，他把苏联一国的经验绝对化，忽视了把马克思主义的基本原理与各国革命的具体实践相结合，采取了不少不妥当的做法，对国际共产主义运动造成了不良影响。

苏联保安机关领导人贝利亚被枪决

贝利亚在苏联政坛上曾经是个不可一世的人物。他一生中所担任的职务之多、之高，在苏联政治历史上是绝无仅有的。

苏联秘密警察首领贝利亚

贝利亚于1899年3月29日出生在俄国格鲁吉亚的墨克哈里村，1953年斯大林逝世后，任苏联部长会议第一副主席兼内务部长。同时，他还是苏联英雄、列宁勋章获得者。

1953年12月17日的《真理报》和《消息报》公布了《贝利亚罪行调查报告》，宣称："贝利亚利用他的职位，组织阴谋家集团，仇视苏联政府。他的罪恶企图是利用内务部的中央机构和地方机构为外国资本的利益服务，他们的阴谋计划是妄图使内务部凌驾于党和政府之上，夺取政权，废除苏联工农制度，复辟资本主义和建立资本主义的统治"，"破坏集体农庄制度，给国家的粮食供应造成困难"，"进行暗杀活动，杀害许多忠于党的老布尔什维克"……1953年6月26日，贝利亚在中央全会上突然被捕并以叛国反党和搞恐怖活动等罪名而被秘密处决。这个仅位于斯大林一人之下的第二号人物，在一夜之间却成了魔鬼、暴君、刽子手和蠢材的代名词。

英国女王伊丽莎白二世加冕

1953年6月2日，伊丽莎白公主坐在一辆金碧辉煌的马车上，几匹骏马牵引的马车载着她缓缓通过伦敦大街，此时她的许多崇拜者都纷纷拥上街头目送她的四轮马车抵达威斯敏斯特大教堂。

她走下马车，头戴沉重的王冠缓步穿过铺着地毯的大厅。在千名安静的贵宾面前，主教背诵了沿用几个世纪的祷词，伊丽莎白公主继承了王位。

加冕后的伊丽莎白二世

教堂外面，200万民众冒着寒冷潮湿的天气观看了这一盛大场面。至少3万观众前一天晚上就在白金汉宫前的林荫道边搭起帐篷过夜。观礼台座位的入场券在黑市上转手卖到40至50英镑，而在俯瞰道路的最佳地点，一个阳台的租费高达3500英镑。同时，英国约有一半人在全国各地250万台电视机前观看了当天的重大新闻。

世界通史

最新整理图文珍藏版

美国原子弹设计人员罗森堡夫妇被处决

1953年6月19日，美国政府不顾世界范围的抗议，在证据不足的情况下便将所谓"原子间谍"罗森堡夫妇送上电椅处决，这是美国历史上第一次夫妻同时被处以死刑。

罗森堡夫妇

自称最尊重公民司法权益的美国，在罗森堡夫妇一案中却表现得理屈词穷。法庭公布的"罪证"只是说，有一个叫格林格拉斯的人招供，其姐姐和姐夫罗森堡夫妇可能是苏联间谍，因为姐夫曾动员他为苏联服务。除了那个卑鄙的亲戚的口供，再也拿不出其他"间谍"证据。

在洛斯阿拉莫斯，罗森堡夫妇并未从事很多机密的工作。美国联邦调查局私下称，逮捕他们的根据是截获的苏联外交密码，里面提到其代号，却因高度机密又不能提供给法庭。1951年4月，在众参两院议员们"肃清共产党间谍"的叫嚣声中，法院虽证据不足，仍判处二人死刑。此案成为美国历史上争执最大的司法事件，许多律师乃至官员都认为这是一起冤案。

感到难以圆场的联邦调查局曾对罗森堡夫妇表示，如果认罪并招供，可以免死并减刑。这对夫妇却坚决否认间谍指控，在法庭大义凛然地自我辩护。随后，白宫和最高法院前不时有游行人群抗议，世界上也有24个国家发起了声援运动。巴黎有数万人到美国外交机构前示威，伦敦交通被游行堵塞，中央情报局驻爱尔兰情报站受到袭击……各社会主义国家也纷纷就这一事件进行强烈谴责。面对抗议，美国偏要表示强硬，在1953年6月19日下令将2人处决。

日内瓦会议

召开日内瓦会议，是根据 1954 年 2 月，苏、美、法、英 4 国外长柏林会议的决定召开的。柏林会议曾就朝鲜和印度支那问题达成这样的协议："鉴于用和平方法建立一个统一与独立的朝鲜将是缓和国际紧张局势和恢复亚洲其他地区和平的重要因素；建议由苏维埃社会主义共和国联盟、美国、法国、联合王国、中华人民共和国、南朝鲜、朝鲜民主主义人民共和国及其他有武装部队参加朝鲜战争并愿意参加会议的国家的代表于 1954 年 4 月 26 日在日内瓦举行会议，以期对朝鲜问题和平解决。"协议还提出"同意

四巨头齐聚日内瓦 （由左到右）布尔加宁（苏联）、艾森豪威尔（美国）、佛尔（法国）和艾登（英国）

在那个会议上还要讨论恢复印度支那和平的原题，届时将邀请苏维埃社会主义共和国联盟、美国、法国、联合王国、中华人民共和国及其他有关国家的代表参加……"。

这一协议的达成，首先是中国人民以及朝鲜、印度支那各国人民坚持反对帝国主义侵略，争取世界和平斗争的重大成果。朝中人民和印度支那人民在两个战场上不断取得的胜利，从根本上迫使美、法等国，不得不同意坐到谈判桌上来，讨论和解决朝鲜问题以及恢复印度支那和平问题。其次，也是苏联政府坚持不懈地争取大国协商，谋求解决重大国际问题的努力的结果。苏联政府早在 1953 年 9 月 28 日，及以后致法、英、美 3 国政府的历次照会中，就一再建议召开 5 大国会议，审查和解决国际紧张局势的问题。

第二次世界大战后，美国国力空前增强，它处在扩张的势头上，通过各种手段，妄图在世界上建立它的霸权地位，扼杀亚洲人民，特别是中国人民革命事业的胜利成果，用军事冒险行动征服朝鲜，进而进攻中国。它盗用联合国名义，纠集 15 个国家，共同进行了这场侵略战争。但是朝

中两国人民并肩战斗通过 5 大战役把美国侵略者及其帮凶赶到三八线以南，美国并被迫同意在板门店举行停战谈判，于 1953 年 7 月 27 日签订了停战协定。

朝鲜停战协定签订后，朝中方面反复建议用和平方式统一朝鲜，并坚决主张迅速召开解决朝鲜问题的政治会议，但都遭到了以美国为首的侵略集团的无理反对和拒绝。美国侵略军，还用武力劫夺朝中两国的被俘人员，使遣返战俘和解决朝鲜和平统一的会议迟迟不能召开。

印度支那战争，是法帝国主义强加在印度支那人民身上的侵略战争。正如周恩来总理当时指出："印度支那战争是法国殖民主义者挑起的一个企图重新奴役印度支那人民的殖民战争……"。1946 年 9 月，法国趁日本法西斯覆灭和中国国民党军队撤退之机，派军队进驻越南，占领西贡，设立专员公署企图重新恢复殖民统治。1946 年 12 月，法国撕毁"法越初步协定"，向越南民主共和国发动了进攻，但法帝国主义并未能征服印度支那各国人民，自 1946 年开始的抗法斗争，使它陷入了进退维谷的困境。从战争开始到 1954 年 3 月共有 38 万 1000 多法军与越南伪军被歼，3/4 的越南领土获得了解放，柬埔寨和老挝人民也奋起反抗。到 1953 年 10 月，法国不得不承认老挝为法兰西联邦内的独立国家，同意柬埔寨在 1946 年 1 月废除保护制，1953 年宣告完全独立。法国在印度支那战场上所消耗的军费，已从 1947 年的 2300 亿法郎增加到 1952 年的 18000 亿法郎，1953 年，达 40000 亿法郎。美国从 1949 年起把印度支那列为侵略对象，干涉越南战争，企图遏制亚洲革命，1950 年 2 月，美国承认了越、老、柬 3 国的伪政权，美国一方面供给法国军队以军费，从 1951 到 1954 年，美国提供的大量军事援助，分别占法国侵越军费的 30%、35%、47% 和 78%，一方面又借机插手印度支那战争，直接派遣军事使团，利用法国屡屡失败的"窘境"，加强"对印度支那的干涉，以图逐步代替法国在印度支那的地位"。印度支那各国人民在对法帝国主义进行英勇斗争的同时，不断提出和平解决印度支那问题的建议。早在 1946 年至 1947 年间，胡志明主席就几次呼吁，在尊重印度支那人民民族权利的基础上进行和平谈判。1953 年 11 月，胡志明主席在答《瑞典快报》

最新整理图文珍藏版

记者的谈话中，再次表示了关于和平解决印度支那问题的主张。越南人民的立场，获得了世界各国人民的普遍支持。与印度支那各国人民血肉相连的中国人民，在全力支持他们的反抗斗争的同时，也一贯主张和平解决印度支那问题，实现印度支那人民的独立、自由和民主的愿望。由于侵略印度支那的战争，法国国内的阶级矛盾也空前地激化起来，人民反战情绪愈益高涨，对统治集团极为不满，连法国侵越军总司令也哀叹"印支战争不能获得军事胜利来结束"。1948 年，法国国民议会投票反对侵越战争的非共产党议员仅 5 人，到 1954 年 3 月，增加到 160 余人。法国议会也不得不提出要"用一切可能办法通过谈判谋取全亚洲和平"。

越南劳动党和越南人民军在抗法救国的斗争中日益壮大。1951 年越南人民接连发动了中游战役、西北战役、东北战役、东北战役、宁平战役，解放了大片国土，歼灭大量法军。1953 年，越南劳动党根据抗法战争形势，决定在奠边府发动战略进攻，在中国军事顾问团的直接帮助下，战役从 1954 年 3 月 13 日开始，经过 55 天的激战，5 月 7 日解放奠边府，歼灭法军 1 万 6000 人。正是在这种形势下，在中朝人民和印度支那人民斗争节节胜利，在全世界人民渴望和平解决朝鲜问题和恢复印度支那和平的形势下，达成了柏林 4 国外交部长协议，并如期举行了日内瓦会议。

日内瓦会议一开始，就围绕着和平解决朝鲜问题展开了激烈的辩论和尖锐的斗争。中国、苏联和朝鲜民主主义人民共和国的代表团，以诚意和协商的精神，与参加会议的各国一起谋求日内瓦会议的成功。朝鲜民主主义人民共和国代表团在讨论朝鲜问题的第一次会议上，就提出了《关于恢复朝鲜的国家统一和举行全朝鲜自由选举的方案》的建议。方案的中心内容是：一、举行全朝鲜的选举"以组成朝鲜的统一政府"；二、一切外国武装力量"在 6 个月内撤出朝鲜"；三、恢复朝鲜的统一，"把朝鲜统一成为一个统一的、独立的、民主的国家"。这一方案，完全符合朝鲜人民恢复祖国统一的全民族的愿望，也符合加强各国人民之间和平的利益，因而得到中苏两国外交部长的坚决支持。周恩来外长在阐明中国的立场时指出：朝鲜民主主义人民共和国的建议应当"成为和平解决朝鲜问题的协议的基础"。同时又提出日内瓦会议不能回避的一个重要问题，即关于战俘问题。因为在朝鲜停战前后，美韩当局强迫扣留了48000余名朝中被俘人员，使他们不能重返祖国。为此，在5月3日的会议上，周恩来外长严肃提出"必须采取措施，保证1953年6月和1954年1月被强迫扣留并编入军队的朝中被俘人员得以重返祖国"。

恢复朝鲜统一，首先是朝鲜人民自己的事情，任何企图把朝鲜人民所不能接受的，关于朝鲜国家的政治和社会制度的解决办法强加给他们，都是通不过的。朝鲜民主主义人民共和国的3项建议，不仅符合民主原则，也符合朝鲜人民的根本利益，本应被接受作为日内瓦会议解决朝鲜问题的基础。但是美国及受其控制的国家，从一开始就毫无诚意，顽固地反对朝鲜、中国以及苏联和平解决朝鲜问题的建议，坚持把1950年10月7日联合国的非法决议强加给日内瓦会议，即让美军长期留驻朝鲜，以确保全朝鲜局势的"长期稳定"。联合国关于朝鲜问题的协议，是根本违反联合国宪章的宗旨和原则的，是为

扩大美国侵略朝鲜战争的目的。美国的目的是在于利用谈判，提出用扩大李承晚统治到全国的办法"统一朝鲜"的计划。其核心是：中国人民志愿军从北朝鲜撤出，美国军队继续留在南朝鲜；北朝鲜交给美国军队占领，在那里举行由联合国"监督"的选举。美朝集团的建议，充分暴露了美帝国主义妄图吞并整个朝鲜的野心。对此，周恩来外长严正指出"由于美国的操纵，联合国已被置于朝鲜交战一方的地位，失去了公平处理朝鲜问题的资格和道义力量"。

在日内瓦会议上，美国纠集其他侵朝国家，一再阻挠会议的正常进行，甚至以中断会议相要挟。但中、苏、朝3国代表团，始终本着协商与和解的精神。竭尽全力促使朝鲜问题达成能为各方都接受的协议，并准备为此做出各种妥协，只要这种妥协不危害朝鲜人民的利益和世界和平与安全事业。

为了打开僵局，朝鲜民主主义人民共和国代表团曾提出：同意美国军队和中国人民志愿军，按照均等比例的原则从朝鲜分阶段撤退；中国代表团在5月22日的会议上提出："为了协助全朝鲜

委员会根据全朝鲜选举法在排除外国干涉的自由条件下举行全朝鲜选举，成立中立国监督委员会，对全朝鲜选举进行监督。"苏联代表团团长、日内瓦会两主席之一莫洛托夫支持朝、中两国的建议，并认为，会议在许多问题上的观点已经趋于接近，应当把观点吻合或接近的一些条款确定下来，而继续讨论有争议的问题。上述建议充分表现了中、苏、朝3国力求和解的真诚愿望和协商精神。但是，所有这些建议，都遭到美国及其侵朝国代表团的反对。他们顽固地坚持由联合国监督朝鲜的选举，甚至扬言，如果由联合国监督选举的问题达不成协议，会议将不可能完成关于朝鲜问题的任务。

在这种情势下，朝鲜、中国和苏联，又相继提出了3个有助于达成协议的新建议，以期在最后时刻挽救会议免于破裂。这些建议是：南日外务相提出的保证朝鲜和平状态的6点建议；周恩来外长提出的由中、苏、英、美、法、朝鲜民主主义人民共和国和大韩民国举行限制性会议，讨论巩固朝鲜和平的有关措施；莫洛托夫外长提出的由会议的参加国发表共同宣言，保证不采取任何

可能足以对维持朝鲜和平构成威胁的行动的建议。

美国肆意破坏日内瓦会议，拒不接受朝、中、苏3国代表团提出的合理建议，纠集15个参加侵略朝鲜的国家发表了一个《16国共同宣言》，硬要日内瓦会议接受。该宣言以抹杀事实颠倒黑白的手段，表明美国等国决心使会议在未达成任何协议的情况下结束。这理所当然地遭到了中、苏、朝3国拒绝。在会议即将陷于破裂的时刻，周恩来外长提出了一项最低限度的、最具有和解性的建议："日内瓦会议与会国家达成协议，它们将继续努力以期在建立统一、独立和民主的朝鲜国家的基础上达成和平解决朝鲜问题的协议。关于恢复适当谈判的时间和地点问题，将由有关国家另行商定。"周恩来外长这种力求和解、仁至义尽的让步，受到与会许多国家的代表的赞赏和同意，其中包括日内瓦会议两主席之一、英国外交大臣艾登，但却遭到美国代表团的无理拒绝。

日内瓦会议关于和平解决朝鲜问题的讨论，历时51天在没有达成任何协议的情况下，于6月15日结束。

显然，日内瓦会议的破裂，

并非由于日内瓦会议没有可能对和平解决朝鲜问题在已经一致或接近一致的基础上继续讨论，并求得协议。会议的破裂只是由于美国的一意孤行，拒绝协商。美国应负日内瓦会议朝鲜问题谈判破裂的责任。

日内瓦会议自5月8日至7月21日，讨论了另一项议程，即恢复印度支那的和平问题。

印度支那问题的讨论，是在越南人民对法国侵略军的反击取得决定性胜利的形势下开始的。5月7日，奠边府战役的胜利，沉重地打击了法国侵略者，它对日内瓦会议恢复印度支那和平的讨论，当然是有重要意义的。这时，法国已无力继续进行印度支那战争。

5月8日，会议一开始，越南民主共和国代表团，就提出了恢复印度支那和平的8项具体建议，以作为谈判的基础。其核心是：法国承认"越南在越南整个领土上的主权与独立，并承认高棉与寮国的主权与独立"；"在规定的时限内，自越南、高棉、寮国领土上"撤退法国的军队；在印度支那3国"举行自由普选"并建立"统一的政府，不允许有外来的干涉"；印度支那3国政府，承认"法国在这些国家内现存的经济与文化上的利益"，并同意研究自愿"加入法兰西联邦的条件"。

越南民主共和国代表团，还阐明提出上述建议的目的在于：一、停止战争、建立和平；二、保证在承认印度支那人民的民族权利的基础上恢复和平；三、建立印度支那各国与法国的友好关系。

越南民主共和国的建议，得到了中国和苏联代表团的支持。周恩来外长郑重指出："摆在我们面前的重大任务就是要在承认印度支那人民的民族权利的基础上，停止敌对行动，恢复印度支那的和平"。

当时摆在法国政府面前的路有两条，一是在印度支那继续扩大战争，这不仅损害印度支那各国的利益，危害亚洲地区的和平，而且也违背它的国家的根本利益；另一是同印度支那各国建立正常的关系，这既符合印度支那各国的利益，有利于亚洲的和平和稳定，又满足法国人民反战的愿望。法国代表团团长、外交部长皮杜尔，在会上一方面为法国殖民主义者的侵略辩护，另一方面表示愿意促成军事行动的停止，企图把会议只限制在纯军事问题上，不解决政治问题。但是，没有政治问题的解决，印度支那的和平就不能恢复。不过，法国代表团的某些建议，如与会国保证停战的原则，成立国际委员会以监督停战条款的执行等，还是有利于谈判顺利进行的。但就总体说来，法国的建议不是旨在达成印度支那和平，而只是在越南人民的沉重打击下，考虑停止军事行动。他们甚至避而不谈柬埔寨、老挝的停战问题。

会议进行中，被无理地拒之于会议之外的寮国抗战政府和高棉抗战政府，于5月22日发表了"关于在全印度支那实行停火和停战以恢复和平的声明"，表达了这两个国家的人民渴望停战，恢复和平的强烈愿望。

为促进会议的进展，使印度支那早日恢复和平，中国代表团于5月27日的9国代表团会议上，提出了《关于在印度支那停止敌对行动的建议》。这是中国代表团为谋求在军事停战方面达成协议所做的重大努力、目的在于使与会国根据共同点达成协议，以便作为进一步谈判的基础，同时，对于那些差异点也寻找方法加以解决。中国代表团主张，目前在印度支那应该不分哪一个国家，

不分正规军和非正规军，都必须同时停火而没有例外。这份含有6项条款的建议，更进一步促进了会议参加国观点的接近，并为会议达成协议铺平了道路。苏联、越南民主共和国代表团坚决支持中国的建议。

在中国代表团的推动下，5月29日，日内瓦会议达成了第一个协议——《9国代表团关于印度支那问题的一项决议》。决议的核心是：双方军事司令部的代表"应即在日内瓦会晤"，讨论有关停战的具体问题，以便"促使敌对行动的早日和同时终止"。这一决议的通过，为日内瓦会议处理印度支那问题打下了良好的基础。

当时的国际形势和法国的国内形势，也为印度支那问题的解决，提供了有利条件。世界各国人民渴望印度支那和平的恢复，许多国家的政府，首先是亚洲各国政府，都表现出解决印度支那问题的积极态度。会议在6月19日达成了在柬埔寨和老挝停止敌对行动的协议后，各国外长暂时离开日内瓦期间，周恩来总理访问印度、缅甸，在发表的"联合声明"中，都表示切望印度支那和平问题能得到满意解决。英国政府也表现出"和平精神"，赞成

谋求达成协议的办法。这时，法国政局发生了变化。法国人民一贯反对印度支那战争，他们对拉尼埃政府"依靠实力摆脱战争"和热衷于依靠美国扩大干涉与援助的方针，表示强烈不满，曾多次派代表团去日内瓦，要求结束战争，恢复印度支那和平。法国政府的立场在议会中也遭到了多数的反对，在一片反对声浪中，坚持顽固立场的拉尼埃—皮杜尔政府倒台，国民议会通过了停止"肮脏战争"的决议，由孟戴斯—弗朗斯领导的新内阁表示"将竭尽一切力量达成印度支那的和平"。

在这种形势下，经过努力，会议终于冲破重重障碍，达成了恢复印度支那和平的一系列协议。这些协议包括《关于在越南停止敌对行动的协定》、《关于在老挝停止敌对行动的协定》、《关于在柬埔寨停止敌对行动的协定》。这3个协定，是由在越南、老挝、东柬埔寨3国交战双方司令部的代表，于1954年7月20日夜和7月21日中午签订的。7月21日，在最后一次的日内瓦会议上，通过了恢复印度支那和平的《日内瓦会议最后宣言》。历时3个月的日内瓦会议随之宣布结束。

日内瓦会议关于恢复印度支那和平协议的达成，结束了1946年到1954年长达8年的印度支那战争，这是印度支那人民的胜利，是对帝国主义侵略势力的一次沉重打击。协议的主要内容是：①规定印度支那3国停止敌对行动；②在北纬17度线以南，9号公路以北划一条临时军事分界线，建立非军事区。3国不得再从境外运入增援性的外国军队、军事人员和武器弹药；③设立双方司令部代表组成的联合委员会解决争端，设立由印度、波兰、加拿大3国代表组成的国际委员会，负责监督实施；④法国政府被迫同意越南、老挝和柬埔寨独立，并从这3个国家撤出其军队；印度支那3国在尊重基本自由的情况下，分别于1955、1956年举行自由选举；⑤日内瓦会议的与会国家在对柬埔寨、老挝和越南3国的关系上，保证尊重上述各国的主权、独立、统一和领土完整，并对其内政不予任何干涉。印度支那3国保证不参加任何军事集团，任何外国也不得在他们的领土上建立军事基地。

对于这个《日内瓦会议最后宣言》，美国政府未予签字，仅仅声明，美国政府将"按照联合国宪章第二条第四款关于各会员国在其国际关系上不得使用威胁和武力的规定，美国将不使用威胁或武力去妨害这些协定和条款。"但是，后来的事实证明了，美国政府完全背弃了自己的诺言和它所承担的义务，并彻底地破坏了《日内瓦会议最后宣言》和各项协定。

日内瓦会议关于印度支那协议的达成，促进了国际局势的进一步缓和，促进了印度支那地区和平的实现，这是具有重要意义的成果。同时，会议的结果表明：任何国际争端是可以用和平协商的方法解决的，不同社会制度国家间可以和平共处，并能在国际事务中合作。会议也反映了美国在国际事务中的孤立。尽管由于杜勒斯之流的阻挠和破坏，和平解决朝鲜问题没有能达成任何协议，但朝鲜问题并没有从日程上抹掉。诚如周恩来总理兼外长在中央人民政府委员会第三十三次会议上的外交报告中所指出的，"日内瓦会议在恢复印度支那和平问题上，既已达成了解决政治问题的原则协议，这就为朝鲜问题的政治解决带来了新的希望"。

日内瓦会议能够获得如此重大的成果，是印度支那人民、法国人民和全世界爱好和平的国家及人民从各方面共同努力的结果。中华人民共和国政府对日内瓦会议所做出的卓越的贡献，是为世人所公认的。同时，印度支那问题谈判的成功，雄辩地证明了中国参加解决国际问题的决定性意义。

全世界人民都热烈地欢迎日内瓦会议的成功。日内瓦会议，作为第二次世界大战后的一次极为重要的国际会议，已载入了现代国际关系的史册。

万隆会议——亚非握手

第二次世界大战结束后，帝国主义势力遭到严重削弱，民族解放运动蓬勃兴起，促进了战后第三世界的崛起。亚、非、拉国家争取民族独立和解放的斗争风起云涌，一个接一个的国家摆脱殖民主义的桎梏而取得独立。在二战前夕，帝国主义殖民地和附属国的总人口为 14.5 亿，总面积为 7800 万平方公里，到 1959 年的时候，人口就降到 3.6 亿，面积缩小到 3255 万平方公里。

亚洲首先冲破了殖民体系的枷锁，印度、巴基斯坦、印度尼西亚等国家相继独立，不久，中国、朝鲜、越南先后成立了社会主义国家。随后，中朝两国在朝鲜战争中打败了美国为首的"联合国军"。亚洲的崛起鼓舞了非洲的民族独立运动：阿尔及利亚、摩洛哥和突尼斯举行反帝武装斗争；撒哈拉以南的非洲人民爆发了争取民族独立的大规模群众运动。到1955年，亚非地区出现了近30个民族独立国家。

由于非洲和亚洲的大部分地区在二战之前是帝国主义的殖民地，因此亚非国家的独立大大损害了殖民主义的利益。他们总是通过干涉这些民族国家的内政，使用武力对这些国家进行威胁和封锁，力图使这些新诞生的国家再次听命于自己。例如，新中国成立后，就马上成为美国等国家的眼中钉，同台湾当局签订所谓"共同防御条约"，当即派了第七

周恩来与亚非会议部分代表团的代表合影

舰队封锁台湾海峡，并发动了朝鲜战争。

1954年4月初，美国总统艾森豪威尔以"多米诺骨牌一个倒、倒一片"来比喻印度的形势，鼓吹美国必须介入印度以顶住"共产主义的攻势"。9月，在美国一手策划下，东南亚条约组织成立，这是一个以西方国家为主体的军事同盟，它的成立严重破坏了日内瓦协议。

1955年，在美国的策划与支持下，"巴格达条约组织"成立。美国期望通过"巴格达条约组织"把北大西洋公约组织与亚太地区的军事同盟体系连结起来，形成了一个包围社会主义国家的新月形军事同盟条约网。此外，美国还在亚非地区积极推行"第四点计划"，加紧向亚非国家进行渗透。

美国的所作所为严重威胁了这些新兴民族国家的独立和安全。在这种形势下，新兴国家认识到亚非国家应该相互支持，团结一致反对帝国主义侵略的必要性。因此，这些国家迫切需要建立新型的平等的国际关系，以维护国家主权，改变以往建立在殖民主义和弱肉强食基础上的旧国际关系。在这些思想指导下，亚洲国

家之间的横向联系加强了，中国开始同这些国家建立和发展友好关系。

中华人民共和国自诞生之日起，毛泽东就在一系列文章中反复论述了新中国同各国建交的原则。1953 年 9 月开始，中国和印度两国总理开始通过外交途径，就解决中国西藏地方同印度的关系问题进行安排。12 月 31 日，周恩来在中南海接见了印度政府代表团。

在总结建国后的外交实践和国际关系史经验之后，周恩来对印度代表团说："中印两国……某些成熟的悬而未决的问题一定会顺利地解决的。新中国成立后就确定了处理中印两国关系的原则，那就是互相尊重领土主权，互不侵犯，互不干涉内政，平等互惠和和平共处的原则。"这是周恩来第一次在公开场合提出和平共处五项原则，印度代表团团长当即表示完全同意这五项原则。

中国和印度是亚洲的两个大国，都曾遭受过殖民主义的长期侵略和压迫，二战后也都取得了独立。新中国成立后，印度成为第一个和中国建交的非社会主义国家。但是由于历史原因，中印之间存在一些历史遗留问题。印度代表团这次访华，和中国政府进行了一次坦诚的商谈。1954 年 4 月 29 日，双方签订了《中印关于中国西藏地方和印度之间的通商和交通协定》。周恩来提出的五项原则写进了该协定的序言，成为指导两国关系的准则。

同年 6 月 24 日至 28 日，周恩来访问印度，和印度总理尼赫鲁进行了多次正式会谈。会谈中，他们共同商讨了如何消除一些国家对中印两个大国的疑惧，建立互相信任、发展友好关系的问题。周恩来认为，应该以五项原则给全世界树立一个范例，证明是可以和平共处的。不久，周恩来还访问了缅甸。在中印两国总理和中缅两国总理分别发表的《联合声明》中，再次确认了和平共处五项原则。同时，3 国总理都表达了支持召开亚非会议的声明。

为了巩固和推进民族独立运动，1954 年 3 月，印度尼西亚总理沙斯特罗阿米佐约建议召开亚非会议。同年 4 月和 12 月，新独立的南亚五国：印度、印度尼西亚、缅甸、锡兰（斯里兰卡）和巴基斯坦的总理先后在锡兰科伦坡和印尼茂物举行会议，就召开亚非会议进行专门研究。茂物会议决定 1955 年 4 月在万隆召开亚非会议，邀请亚非国家的政府首脑或它们的代表参加。会议的目的和宗旨是：促进亚非各国之间的友好合作与睦邻关系；商讨与会国家社会、经济和文化的发展问题；研究有关民族主权、反对种族主义和殖民主义、促进世界和平等问题。会议决定邀请：中国、越南民主共和国、南越（今越南南部）、阿富汗、柬埔寨、老挝、日本、菲律宾、泰国、尼泊尔、伊朗、也门、沙特阿拉伯、伊拉克、叙利亚、黎巴嫩、约旦、土耳其、埃及、苏丹、埃塞俄比亚、黄金海岸（加纳）、利比亚、利比里亚、中非联邦参加。被邀请的这些国家除中非联邦因"环境困难"不能与会外，其余国家都同意参加会议。

其实，早在 1953 年 8 月，印尼总理就提出了召开亚非会议的设想。1954 年 4 月，在南亚 5 国总理参加的科伦坡会议上，印尼总理正式提出"举行一次更广泛的亚非国家会议的可能性"的问题。科伦坡会议正式讨论了这项倡议。会议的最后表示："支持印尼总理探讨召开这种会议的可能性。"同年 9 月，印尼总理访问了印度和缅甸，继续讨论召开亚非国家会议问题，3 国总理都认为有必要在近期内举行亚非会议。

1954 年 12 月底，南亚 5 国总理在印尼茂物举行会议，专门研究亚非会议问题。会议决定联合发起召开亚非会议，邀请 25 个亚非国家和地区参加，并定于 1955 年 4 月在印尼万隆举行第一次会议。

茂物会议最后提出，亚非会议的目的是促进亚非各国之间的亲善和合作，探讨和促进各国间的共同利益，建立和增进友好及睦邻关系；讨论亚非国家捍卫民族主权和反对种族主义及殖民主义问题；讨论亚非国家的社会、经济与文化问题的关系；讨论亚非国家对促进世界和平与合作应做出的贡献等。

1955 年 4 月 18 日～24 日，来自中国、缅甸、印尼、印度在内

周恩来代表中国政府出席在印度尼西亚万隆召开的首届亚非会议。图为周恩来在万隆会议上发言，阐明中国政府的原则立场。

的亚非两大洲的 29 个国家和地区的代表，在没有任何一个西方国家参加的情况下，在印度尼西亚的万隆召开了举世瞩目的亚非会议。

这次会议的规格前所未有。各国代表团团长中有 13 位是总理或相当总理一级的国家领导人，有 3 位副总理和 4 位外交部长。另外，一些正在争取民族独立的亚非国家民族主义政党也派代表参加了会议，例如阿尔及利亚民族解放阵线、南非联邦非洲人国民大会、南非印度人大会等。这些代表分别以观察员身份列席了会议。

中国政府对这次会议十分重视，派出了以国务院总理兼外交部长周恩来为团长，副总理陈毅、外贸部长叶季壮、外交部副部长章汉夫、中国驻印尼大使黄镇为代表，廖承志、杨奇清、乔冠华、黄华等为顾问，王倬如为秘书长的代表团参加会议。

为送中国代表团去印尼参加亚非会议，中国政府包租了印度航空公司的"克什米尔公主号"星座式客机。台湾情报人员获悉，周恩来将率中国代表团包租克什米尔公主号飞往雅加达开会，由于专机会在香港短暂停留加油，

他们决定趁此机会炸毁飞机，暗杀周恩来。

在台湾情报人员安排下，安排了香港启德机场的一个年轻清洁工小郑来安放炸弹，并给了 50 万港币。4 月 11 日，小郑带着美国中情局提供给台湾情报网使用的炸药，跟往常一样上班。由于炸弹被做成了牙膏模样，小郑平安通过了例行检查，并神不知鬼不觉地将炸弹放到了飞机上。

但"克什米尔公主号"并没有按原定计划从香港起飞，因为周恩来接到缅甸及印尼总理的邀约，准备先赴仰光，然后再转赴万隆开会。4 月 11 日，"克什米尔公主号"载着参加亚非会议的中国政府代表团工作人员 3 人、越南民主共和国代表团工作人员 1 人、中国记者 5 人、奥地利和波兰记者各 1 人，从香港起飞，前往印尼首都雅加达。

下午 6 时 30 分，"克什米尔公主号"在飞越北婆罗洲沙劳越西北的海面时，突然从行李舱中传来一声巨响，飞机爆炸起火，机身坠入海中。机上除副驾驶员等 3 人幸免于难外，其余 16 人全部遇难。这就是震惊中外的"克什米尔公主号"事件。

4 月 16 日，以周总理为首的

中国代表团按时飞抵雅加达。4月18日，亚非会议在万隆如期开幕。

印尼总统苏加诺首先对各国代表和在场的世界各国记者做了名为"让新亚洲和新非洲诞生吧！"的开幕词，并说"这是人类有史以来第一次有色人种的洲际会议。"他呼吁，亚非国家联合起来，共同反对殖民主义和种族主义。同时他还强调，亚非国家在世界政治舞台上发出呼声的时刻已经到来，"我们不是要建立反对其他集团的集团，而是为亚非各国、为全人类找出通向和平的道路"。

会议一致推选印尼总理沙斯特罗阿米佐约为会议主席。之后，会议一致通过了会议的议程：经济合作；文化合作；人权和自决权；附属国问题；世界和平和合作的促进。

会议一致通过的议程是：一、经济合作，二、文化合作，三、人权和自决权，四、附属国问题，五、世界和平和合作的促进。巴勒斯坦、突尼斯和摩洛哥问题也将予以讨论。会议主席宣布，会议将以全体会议、秘密会议和代表团团长会议的形式进行。各代表团团长还决定会议上达成的任何决议都必须全体一致通过。开幕式以后，会议分两个阶段进行。

第一阶段全体会议，从18日下午至19日全天进行大会发言，发言的共有22个国家的代表。大多数代表的发言在基本点上都是一致的。他们谴责殖民主义、种族主义，认为这些祸害是世界不稳定的根源；希望在五项原则基础上加强和扩大亚非国家间的合作和团结；要求维护世界和平与缓和国际紧张局势，渴望发展民族经济和文化，消除饥馑和贫困。

由于与会国家在社会制度和意识形态方面存在着差异，加上历史遗留问题造成的某些国家之间的隔阂，彼此间存在分歧是难免的。美国利用这些分歧，在会前、会外多方活动，使会议很难不受干扰。有少数代表的发言就重复了尽人皆知的西方的反共观点，并把矛头指向中国。有的诬蔑共产主义是一种"新形式的殖民主义"；有的提出"亚非国家当前面临的问题不是反对殖民主义，而是反对共产主义"，并要与美国联合反对共产主义；有的指责中国进行"颠覆活动"要中国代表团表明"对和平共处的诚意"。这些发言一度把会议气氛搞得相当紧张，引起普遍忧虑和不安。

在这种形势下，中国代表团

团长周恩来总理将在 19 日下午发言的消息，引起会议内外格外的关注和重视。周恩来决定把原来准备的一个系统阐明亚非形势和任务以及我国和平外交政府的主要发言用书面形式散发，针对会议出现的情况，在大会上作一补充发言。周总理的发言被安排在下午全体会议接近结束之前。当时会场上座无虚席，包括苏联大使、美国大使、荷兰高级专员等许多国家外交官都来列席旁听。数以百计的记者也涌进会议厅，有的人甚至站在椅子上，等待着中国代表团的发言。

周总理首先向与会各国表明："中国代表团是来求团结而不是来吵架的"，"中国代表团是来求同而不是来立异的"。他深刻地论述了亚非国家间存在着广泛的求同基础，他说："亚非绝大多数国家和人民自近代以来都曾经受过，并且现在仍在受着殖民主义所造成的灾难和痛苦"，"从解除殖民主义痛苦和灾难中找共同基础，我们就很容易互相了解和尊重、互相同情和支持，而不是互相疑虑和恐惧、互相排斥和对立。"周总理还就关于不同的思想意识和社会制度问题、关于有无宗教信仰自由问题、关于所谓颠覆活动

问题，以确凿的事实和令人信服的论述回答两天来少数代表对中国的误解和指责，阐明中国政府的立场和政策。周总理真挚地表示欢迎所有到会的各国代表来中国参观。他最后热忱地呼吁："让我们亚非国家团结起来，为亚非会议的成功努力吧！"

与会代表热烈欢迎和高度评价周总理的发言。大会主席沙斯特罗阿米佐约等人指出这个发言是使会议走向成功的一个转折点。周总理的发言不仅驱散了两天来在会议上空一度凝聚起来的阴云，而且及时地提出了"求同存异"方针，为下一阶段会议找到了一条绕开对立和争吵而继续进行的道路，为会议的成功作出了重要贡献。

第二阶段会议，从 20 日到 24 日进入专项议程讨论。由各国代表团团长及其顾问组成的政治委员会和由各代表团代表组成的经济、文化委员会分头举行秘密会谈。后两个委员会分别讨论经济合作、文化合作两项议程，并很快达成了一致意见。政治委员会讨论其余的全部议程，它是 3 个委员会中最重要、权限最大，也是争论最多的一个。争论主要集中在下面两个问题上：

第一，反对殖民主义问题。亚非国家深受殖民主义之害，对何谓殖民主义本应是一清二楚的。正如周总理所说："再没有比西方殖民国家几百年来在亚非两洲的殖民统治更能清楚地说明殖民主义的实质。"但有些人节外生枝，对殖民主义作了奇异的和别有用心的歪曲，硬把共产主义诬为"殖民主义"，提出"要像反对西方殖民主义那样反对苏联殖民主义"。在政治委员会会议上，中国、印度尼西亚、印度、埃及、土耳其等9个国家分别提出了关于殖民主义的4个不同提案。土耳其等9国的提案要求"谴责一切形式的殖民主义，包括凭借武力、渗透和颠覆活动的国际学说"。政治委员会为此发生很大争论，最后由主席裁决成立一个专门小组，负责在上述四个提案的基础上拟出各方都能接受的方案。

第二，关于和平共处问题。在讨论世界和平与合作的问题时，政治委员会出现了两种对立观点：坚持和平中立的国家主张同共产主义国家共处，避免结成任何军事联盟，提出以五项原则代替实力政策；参加西方军事联盟的国家则反对同共产主义国家共处，宣扬实力政策，它们把北约、东南亚条约组织等美化成"和平的支柱"，攻击和平共处是共产党的语言。两种观点截然对立、僵持不下，会议面临危机。在关键的时刻，周总理在4月23日上午会议上作了长篇发言。他提出亚非国家讨论世界和平和合作问题，应该撇开不同的意识形态和国家制度，以要求和平合作为共同基础，这样我们就能够达成协议，组成保卫世界和平的强大力量。他举例说，有人说"和平共处"（Co—existence）是共产党用的名词，那么可以换一个名词，可以采用联合国宪章中所用的"和平相处"（live in peace）。他说，如果有人反对五项原则的措辞和数目，那么五项原则的写法可以修改，数目也可以增减，因为我们所寻求的是把我们的共同愿望肯定下来，让大家来遵守，随之他提出了一项由中国代表团草拟的把各国代表连日发言中都同意的共同点归纳成为七项原则的"和平宣言"草案，并且就每项原则都作了详尽的解释。周总理的发言引起了与会代表的极大注意。大家感到就和平共处问题达成协议已经有良好的基础。

促进亚非团结、推动会议成功的种种努力。不只发生在会议厅内，许多代表团为着增进友谊和了解，积极进行接触，展开广泛的会外外交活动。其中中国和印尼两国政府签署关于双重国籍问题条约以及周总理就台湾地区局势问题发表的声明，被认为是对推动会议进展有重要意义的两件大事。

华侨双重国籍问题是旧中国遗留下的一个烦难问题。万隆会议上有的国家代表在发言中借此攻击中国，说中国有可能利用海外华侨的双重国籍进行颠覆活动。为此周总理在会议上正式声明：中国毫无颠覆它的邻国政府的意图，中国政府准备与有关国家的政府解决华侨的双重国籍问题。4月22日，中国和印尼两国政府签订了关于双重国籍问题的条约。这不仅解决了两国之间一个久悬未决的问题，而且表明了中国的诚意，为中国同东南亚其他国家解决这一问题提供了范例。

会议期间发生的轰动最大的事件，是周总理就台湾地区局势发展的重要声明。4月23日中午，中国、缅甸、锡兰、印度、印尼、巴基斯坦、菲律宾、泰国的代表团团长对和缓远东紧张局势问题、特别是和缓台湾地区紧张局势问题进行了会谈。周总理在8国代表团团长会议上发表声明："中国人民同美国人民是友好的。中国人民不要同美国打仗。中国政府愿意同美国政府坐下来谈判，讨论和缓远东紧张局势问题，特别是和缓台湾地区的紧张局势问题"。周总理这一简短的声明，立刻震动了万隆，传遍世界，粉碎了美国想利用它一手造成的台湾地区的紧张局势来影响亚非会议的阴谋，向全世界表达了中国人民的和平诚意，并导致了尔后的中美大使级谈判。在万隆的各国代表团对周总理的声明几乎是一致地作出积极反应，认为它是"一篇非常好的声明"，"完全符合亚非会议的目的"。

寻求亚非团结和求同存异的精神，终于使会议克服了分歧。4月24日晚上，万隆会议举行最后一次全体会议。在热烈的掌声中，与会国家一致通过会议决议，即《亚非会议最后公报》。会议充满着亚非世界团结胜利的喜悦。包括中国在内的19个国家的代表先后在闭幕式上发言，他们盛赞会议取得的重大成就，盛赞会议对促进世界和平和合作所作的重大贡献。大会主席沙斯特罗阿米佐约在闭幕词中集中表达了亚非国家的心声："现在我们大家都知道，我们需要实行容忍，彼此像友好的邻居一样在和平中一起生活，而这是人类赖以昌盛的唯一可靠的、真实的基础。愿我们在我们已经共同采取的道路上继续前进，并愿万隆会议成为指引亚洲和非洲的进步前途的灯塔。"

《亚非会议最后公报》内容包括经济合作、文化合作、人权和自决、附属地人民问题、其他问题、促进世界和平和合作、关于促进世界和平和合作的宣言等7项。

万隆会议，是亚非人民团结合作、求同存异、协商一致精神的体现。万隆会议为与会国提供了难得的相互接触的机会，这种面对面的接触促进了各国之间的相互了解和尊重，加强了亚非各国家的团结。周恩来在会上提出的和平共处五项原则，成为各国外交的重要参照物。此后，亚非各国联合反帝，发展中国家开始作为一支新兴的政治力量登上世界政治舞台，促使国际政治力量向着多元化方向发展。因此，万隆会议是战后两极政治向多极政治演变的转折点。

亚非会议取得了重大成就，具有不可磨灭的历史意义。会议在《关于促进世界和平合作的宣言》中提出了各国和平相处、友好合作的十项原则：（1）尊重基本人权、尊重联合国宪章的宗旨和原则；（2）尊重一切国家的主权和领土完整；（3）承认一切种族的平等，承认一切大小国家的平等；（4）不干预或干涉他国内政；（5）尊重每一个国家按联合国宪章单独地或集体地进行自卫的权利；（6）（甲）不使用集体防御的安排来为任何一个大国的特殊利益服务；（乙）任何国家不对其他国家施加压力；（7）不以侵略行为或侵略威胁或使用武力来侵犯任何国家的领土完整或政治独立；（8）按照联合国宪章，通过如谈判调停、仲裁和司法解决等和平方法以及有关方面自己选择的任何其他和平方法来解决一切国际争端；（9）促进相互的利益和合作；（10）尊重正义和国际义务。这十项原则也是中、印两国早就倡导的和平共处五项原则的引申和发展。

亚非会议是亚非历史上第一次在没有西方殖民主义国家参加的情况下举行的国际会议。它反映了亚非人民团结反殖反帝、争取民族独立、维护世界和平、加强各国人民之间友好和合作的精神，这就是通称的"万隆精神"。

在万隆精神鼓舞下，亚洲的民族解放运动继续向纵深发展。在非洲，民族解放运动的浪潮，猛烈冲击着殖民统治。

亚非会议是二次大战后新兴政治力量登上国际关系舞台的重要标志，它宣布新独立的国家要求奉行独立自主、和平中立的外交，这种要求终于成为强大的国际政治潮流，随后又发展为非集团的不结盟运动，并形成第三世界力量。

第二次中东战争

1956年10月29日，以色列向埃及发动突然袭击。10月31，英法空军空袭埃及机场，爆发了第二次中东战争。亦称苏伊士运河战争。战争持续到1957年3月，以色列军队全部撤出埃及领土方告结束。

埃及自由军官团领导人、陆军中校纳赛尔，于1952年7月23日发动埃及革命，并于1954年执掌埃及政权，着手进行经济建设和加强军队建设。1956年6月18日，最后一批英军从苏伊士运河撤出。7月26日，纳赛尔宣布将苏伊士运河收归国有，并以运河

的收益修建阿斯旺水坝。埃及实行运河国有化的举措，激起英、法两国极大的不满。英国首相艾登明确表示，在必要时不惜动用武力，以解决苏伊士运河问题，直至重新占领苏伊士运河。为此，英国政府于8月3日向英军下达了准备制定对埃及采取军事行动的作战计划。法国政府向英国派出联络员，以协调行动。而以色列一方，早在1953年埃及就封锁其蒂朗海峡。因此，当1956年7~8月间爆发的苏伊士运河危机，以色列就力主以军事手段解决危机，并指示国防军制定"卡达希"作

在六日战争中，以色列攻占西奈半岛、耶路撒冷老城、约旦河西岸及戈兰高地

世界通史

最新整理图文珍藏版

以色列国防部长达场与拉宾进入耶路撒冷旧城

战计划；同法国建立军事合作关系，购进武器装备，以增强其军队实力。

苏伊士运河、扼控欧、亚、非3洲海上交通要冲，欧、亚、非海上航运直航苏伊士运河，比绕道非洲好望角，其航程缩短5500～8000公里，战略地位十分重要。运河从1869年开通以来，一直受英国长期占领和控制。因此，当纳赛尔宣布运河国有化后，英、法深感其战略利益受到严重损害，便以运河国有化后，运河的自由通航将受严重威胁为借口，一方面冻结埃及的资金，策划召

开"国际管制"运河的会议，另一方面加紧战争准备，包括英、法建立联合军事机构，制定作战行动计划，举行海陆空联合演习，大量集结部队，进行秘密动员，积极准备以军事行动解决运河问题。截至9月初旬，英、法基本完成了战争准备。

交战双方投入的兵力

英国、法国和以色列投入的兵力为22.9万人；海军舰艇185艘（其中有航空母舰7艘）；各型飞机1261架，分别部在马耳他岛、塞浦路斯、利比亚，以色列、约旦、亚丁地区和航空母舰上。埃及总兵力为15万多人，坦克530辆，火炮500余门，其中部署在西奈半岛的3个师（第三步兵师、第八巴勒斯坦师、第四装甲师）3万余人；有作战飞机250余架，可遂行作战任务仅有100余架。英、法、以3个国家无论在兵力和武器装备上都对埃及占有明显的优势。

就重要作战方向和地区来看也是如此。在西奈半岛，以色列军队较埃军多一半以上，个别作战方向达2倍以上；在塞得港地区，英法军队较埃军多4倍以上。

战争发起一方的作战企图

英、法的作战企图是：利用

以色列军队率先沿边境对埃发起大规模的突然攻势，将埃及军队主力和注意力吸引在西奈半岛上，尔后英、法集中空军力量，一举歼灭埃及的空军，并在运河地区实施登陆和空降，切断埃及军队主力的退路，将其歼灭在西奈半岛地区，进而夺占开罗、亚历山大地区，以控制埃及的心脏地区。

以色列则按事先同英、法商定的方案，首先发起代号为"卡达希"的西奈战役，作战企图是席卷西奈半岛，击溃埃及，解除埃及对蒂朗海峡的封锁，并摧毁埃及军队设在加沙地区和边境附近的基地。

为了达成以上作战目的，英、法以采取的作战方法是，英、法在以色列发起攻抛之后，借口"保证运河的通航安全和自由"，向埃、以双方发出"最后通牒"，要求双方实行战场停火，并从运河区后撤10英里，英、法进驻运河区，以保护航行安全。当埃及拒绝接受这一"最后通牒"，便立即集中空军力量，突然攻击埃及的大城市和机场、基地等。

1956年10月28日，即以色列向埃及发动进攻的前一天，其陆军共18个野战旅完成了作战部署。其中，12个旅由南部军区司令阿萨夫·辛霍尼准将负责指挥，总兵力4.5万人，分为4个支队，每个支队负责一个作战方向：第七十七支队辖第一、第十一、第二十七旅，向北部海岸公路推进；中路支队辖第四，第十步兵旅，第七装甲旅，遂行半岛中部的作战任务；南部的作战任务，由第二零二空降旅负责；沙姆沙伊赫方向，由第九旅负责，作战目的是，以突然袭击席卷西奈半岛，击溃埃及军队，并解除埃军对蒂朗海峡的封锁，以阻止埃及军队尔后的进攻行动，并摧毁埃及军队设在加沙及其附近地区的基地。

以军发起突然袭击，埃及奋起抗击

10月29日下午5时，以军4架运输机搭载第二零二空降旅一部，穿越西奈半岛边境，在米特拉山隘附近实施空降。同时第二零二空降旅主力3000余人，则在孔蒂拉附近突破边境，沿萨马德、纳赫勒直指米特拉山隘。从约旦

戈兰高地上的以军坦克部队

以军伤兵

方向攻击的以色列军队，经过30小时战斗，推进250公里，终于抵达米特拉山隘。

以色列作战的重点方向是阿布奥格拉方向。阿布奥格拉是埃及军队在西奈半岛的主要防御阵地。攻战阿布奥格拉，便可打通通往阿里什的海岸公路。以军中路支队3个旅，为加强这一作战方向的攻击力量，还将37机械化旅配属给中路支队。但第七装甲旅、第三十七机械化旅，要待以军方确实判明英、法作意图后才能投入作战。因此，初期作战，中路支队实际只投入2个旅的兵力。中路支队于10月29日深夜，以第四步兵旅突击边境埃军防御阵地，于次日上午6时占领了库

赛马地区，并乘胜追击，还向阿布奥格拉方向派出侦察部队。与此同时，第十步兵旅也突击了边境埃军防线，于30日12时30分推进至乌姆·卡泰南人南侧600米处，遭受埃军顽强阻击，前进受阻。第七装甲旅在意识到从正面攻占乌姆·卡泰夫无望的情况下，决定派出侦察部队，试图从达伊卡山隘突击。第七装甲旅通过达伊卡山隘这后，在以空军的支援下，经过与埃及军队的激烈战斗，夺占并守住阿布奥格拉，尔后于31日下午4时攻占鲁瓦法水坝。以军第十步兵旅和第三十七机械化旅进攻乌姆·卡泰夫，遭到埃军的顽强阻击，进攻受挫，被迫宣布终止对乌姆·卡泰夫阵地的进攻行动。

11月1日晨，北路支队以军向加沙地区发起攻势。其作战企图是，首先攻战腊法，并扫荡加沙地区，尔后打通阿里什，向坎塔腊、苏伊士运河推进。以工兵部队先行在腊法阵地正面的地雷场开辟了3条通路，以色列和法国海军对腊法阵地实施了舰炮火力准备，以空军进行了猛烈的空中火力袭击，尔后地面部队发起攻击。而实际上埃军已经接到撤退命令，并于数小时前就开始撤

最新整理图文珍藏版

退，仅后卫部队以炮火和机枪火力阻拦以军进攻，以军基本没有遇到大的抵抗行动，便占领了腊法地区。随后于2日下午攻战了加沙地区。

以军在西奈的自行火炮

以色列作战目的之一，是解除埃及军队对蒂朗湾的封锁。以军第九步兵旅担任这一方向的作战任务。11月2日上午5时，以军第九步兵旅越过边境，至4日下午2时，推进至沙姆沙伊赫以北地区，夺占了埃军警戒阵地。以空降兵为配合第九步兵诱的作战行动。于2日中午在托尔空降了2个连的兵力，并以1个伞兵营自苏德尔沿公路南下。5日凌晨，以地面部队在空军和地面炮兵火力的支援发起进攻，经过数小时的激烈战斗，于当日上午9时30时发，夺占了埃军沙姆沙伊赫要塞。

埃军总司令于10月29日下午

3时，获悉以军向埃军阵地发动进攻的信息。埃军东部军区对空降在朱特拉山隘的以军作出反应，下令驻守在苏伊士运河西岸的第二步兵旅派出部队，向以空降部队发动攻势。30日上午，埃、以双方均出动空军飞机动摇地面部队作战。经过激烈争夺，埃军控制了米特拉山隘东端入口的海坦谷地；以军地面部队后撤，以利于英法空军对埃及军队阵地的空中袭击。

埃军的作战企图是，埃军前沿部队竭力迟滞以军的进攻，主力则向吉夫加法、萨马代迅速集结，从左翼向阿布奥格拉实施包围作战，准备投入1个装甲师和2个步兵旅，预定于11月2~3日发动攻势。30日，埃及总统约赛尔发布总动员令，号召埃及军民奋起抗击侵略者。埃及人民掀直自动参军的热潮，积极准备抵抗侵略者的入侵行动。

埃、以双方在朱特拉山隘的争夺战斗相当激烈。朱特拉山隘全长30公里，包括东端的海坦谷地，西端的朱特拉谷地及中间的蝶状谷地3部分。海坦谷地长6公里、宽50米，两侧为悬崖峭壁，是米特拉山隘的要冲。埃空控制海坦谷地东半部后，以军进行反复争夺。31日中午，以军侦察部队在坦克的支援下，强行通过海坦谷地。埃军以猛烈炮火予以阻击，致以军坦克、弹药车、油料车中弹起火，其前进纵队被阻于谷地内无法前进。为此，以军增派部队，并在火力支援下，同埃及军队展开了激烈的争夺战斗，至当日黄昏，夺占了海坦谷地东部地区。

埃、以在西奈地区的作战，持续到11月6日，以军经过反复争夺，迫使埃军撤出西奈半岛，以军全部夺占了西奈半岛。

英、法两国空军对埃及实施大规模空袭

以色列向埃及发动入侵之后，英、法两国于10月30日下午6时，当即向埃及、以色列两国政府发出"最后通牒"。其内容包括：两国应立即停止陆、海、空的作战行动；两国军队各自后撤，埃军撤至苏伊士运河西岸，以军

以军发起进攻

撤至运河东岸的12英里处；埃及政府同意英、法联军为隔离埃、以两国军队及保障一切国家船舶依据国际法在运河航行，而暂时占领富阿德港、伊斯梅利亚、苏伊士城。这个所谓致埃、以两国政府的"最后通牒"，实际上是对埃及进行军事干预的"最后通牒"，也是向以色列显示英、法准备军事介入的决心和企图。

"最后通牒"要求埃及、以色列两国政府在12小时内作出答复。以政府答复接受"通牒"的要求。30日深夜，埃及纳赛尔总统表示断然拒绝接受"最后通牒"的无理要求，并于31日上午6时发出命令，要求尼罗河流域与苏伊士运河地区的埃及防空部队，进入防空作战的戒备状态。在埃及政府宣布拒绝接受英、法的"最后通牒"的次日，即31日19时，英、法两国空军向埃及发动空中突然袭击，对埃及4个主要机场进行集中轰炸。11月1日晨，再次出动空军作战飞机和海军舰载飞机，对这些机场实施猛烈的补充轰炸，并同时袭击了埃及另外5个机场，还运用燃烧弹袭击了埃及首都开罗及亚历山大等5个大城市。随后，英、法空军对埃及的袭击目标，转向对埃及军

2957

备受人民敬爱的埃及独立之父纳赛尔

在战争的第一天就被炸毁于地面的埃及
空军米格-21战斗机

坦克、炮兵、战斗车辆集中地域及重要交通线，试图将埃军拦截在西奈半岛，配合以军将埃军包围歼灭。

埃军统帅部识破了英、法联军的作战企图，适时指挥埃军撤出西奈半岛，以便集中力量在苏伊士运河沿岸地区，抗击英、法的地面入侵。11月2日，埃军完成从西奈半岛的安全撤离，从而保存了有生力量。

埃军在苏伊士运河地区抗击英、法联军的地面入侵

11月5～6日，英、法联军开始向苏伊士运河地区发动地面入侵。英、法在塞得港和富阿德港实施空降作战和登陆作战。11月5日拂晓，英军舰载飞机袭击了塞得港和富阿德港的埃军防御阵地，8时20分，其第十六空降旅一部

在加密尔机场实施空降，并夺占了机场附近地区；8时35分，法军第二空降团一部在富阿德港空降。下午1时45分，英、法军第二批空降部队实施空降。至此，英、法联军共空投了两个伞兵旅。10月6日上午6时50分，英海军陆战旅一部于炮火准备之后，在塞得港登陆；法海军陆战旅则在富阿德港登陆，至当日下午，英、法2.2万登陆部队完成登陆任务，夺占了塞得港和富阿德港，并于当日深夜，沿苏伊士运河向南推进，企图一举攻占整个运河地区，遭到埃军的顽强抗击，仅前进35公里，抵达开普地区。6日下午4时，法军空降部队夺占了伊斯梅利亚，英军也攻占了阿布苏外尔机场。

英、法联军的入侵，激起了埃及军民的愤慨和英勇抵抗，并

给予英、法入侵部队以沉重打击。埃及军民在保卫塞得港的战斗中，英勇奋击。埃及军民在保卫塞得港的战斗中，英勇奋战。英、法联军的第一批空降部队着陆后1个小时，即被武装起来的埃及工人所歼灭。英、法联军以8万兵力从陆海空三面对塞得港发起突击。但直到停战前夕，也未达成全部占领塞得港的目的。在运河南端，英、法联军也受到埃及的陆海空部队的顽强抵抗，其登陆夺占苏伊士市的企图也未得逞。

英、法、以3国军队对埃及发动侵略战争，激起了埃及人民、阿拉伯国家和全世界爱好和平的人民的强烈反对，也引起了美、苏两个大国的强硬反应，当时，前苏联部长会议主席赫鲁晓夫发表声明，宣称如英、法等国不同意停战，将对英国本土实施核攻击。但前苏联当时正卷入东欧匈牙利事件之中，难以抽身。英、法将其看作是一种恐吓姿态。而美国总统艾森豪威尔的强硬态度，却使英、法不得不有所顾忌。艾森豪威尔命令部署在世界各地的美军进入戒备状态，并强烈要求英、法必须立即停战。英、法两国政府迫于各方的强烈反应和压力，接受停战要求。11月6日，

第二次中东战争即苏伊士战争宣告结束。但以色列入侵部队直至1957年3月，才全部撤出埃及领土。

在整个战争过程中，英、法对埃及连续6天的空中袭击，地面作战40余小时，伤亡约300人，损失飞机50余架（一说20架）；以色列伤亡1000余人。埃及损失飞机约200架，伤亡、被俘约1.1万人，5个大城市遭到严重破坏。

英、法并未达成战略目的，反而使其在政治、军事上都遭到严重挫折和失败，在国际上处境孤立，失去了在中东地区的主动权，英国首相艾登被迫宣布辞职。战争的结果之一，为美、苏进一步涉足中东地区埋下了深重的祸根。

以色列虽然最终被迫撤出西奈半岛，但达成击退西奈半岛的

在国内受到广泛支持的埃及总统纳赛尔

埃军和解除埃军对蒂朗海峡封锁的目的，以在亚喀巴湾的航行已不再受阻。而联合国部队驻扎在西奈半岛停战区，则使埃及的部队再无可能潜入以色列境内活动。埃及在军事斗争上遭到失败，但在政治上达成了实现苏伊士运河的国有化和促使以色列军队撤出西奈半岛的目的。当然，这一政治目的的达成，是同美、苏两个大国的插手和干预密切相关的。

英国和法国老殖民主义者在50年代中期撤离中东后，苏联和美国在中东地区展开了日益激烈的争夺。

随着英法两国在中东殖民统治的基本结束，美国首先向这一地区进行扩张。1957年初，美国总统艾森豪威尔提出填补中东"真空"的艾森豪威尔主义。他要求美国国会授权总统在中东国家实行"军事援助和合作计划"，给予中东国家经济"援助"，必要时使用美国武装力量"保护"中东国家的"独立"。其目的在于对中东进行经济和军事渗透，遏制这一地区的民族独立运动，确立美国在中东的霸权。

60年代，苏联趁美国陷入越南战争，加紧对中东国家首先是对埃及的渗透。1960年1月，苏联得知美国表示支持世界银行为阿斯旺高坝工程提供资金后，即同埃及就高坝第二期工程问题达成协议，给埃及贷款8000万英镑。1964年5月，苏联领导人赫鲁晓夫访问埃及，答应为埃及实行第二个五年计划提供1亿英镑贷款。到1964年，苏联向埃及提供"经援"、"军援"已达5亿英镑。在勃列日涅夫时期，苏联增加了对埃及的军事援助，包括提供新式飞机、坦克和萨姆导弹。1966年埃苏签订军事协定，苏军获得在埃及使用3个海港和3个机场的权利。

60年代中期，苏联在叙利亚取得扩建铁路和开采石油的权利。

阿拉法特与他的支持者们

至 1966 年底，苏联给叙利亚经济援助达 2.5 亿美元，并向它提供武器，派遣军事顾问。苏联还给予伊拉克以经济和军事援助。在这同时，苏联多次邀请巴勒斯坦解放组织领导人访苏，表示愿向巴解组织提供武器等援助。

苏联在中东的渗透，加深了它同美国的矛盾。当时的美国总统约翰逊在回忆录中写道："苏联在这个战略地区扩充势力，威胁着我们在欧洲的地位。"约翰逊政府曾对阿拉伯国家特别是埃及施加压力，结果适得其反。由于美国的援助附加许多政治条件，1964 年 11 月埃及总统纳赛尔表示："我不准备为了 3000 万，4000 万，或者 5000 万英镑而出卖埃及的独立。"同年 12 月，埃及击落一架入侵的美国飞机。1967 年 2 月，美国停止向埃及供应小麦。美埃关系紧张。

美国为了改变与苏联争夺中东的不利地位，着手制订主要包括支持以色列打击埃及的新战略，排挤苏联在中东的渗透。1967 年 3 月至 5 月，美国不仅给以色列 400 辆新型坦克和 250 架新式飞机，还抽调 1000 余名"志愿人员"充实以色列空军力量。美国的行动，助长了以色列对阿拉伯国家发动侵略战争的嚣张气焰。

60 年代前期，阿拉伯各国间的矛盾尖锐。埃及和其他阿拉伯国家的矛盾尤为突出。阿拉伯世界内部的不和，给以色列发动侵略战争以可乘之机。

1961 年 9 月，叙利亚退出由它与埃及联合组成的阿拉伯联合共和国。约旦在 24 小时内立即承认叙利亚。埃及同叙、约两国的关系处于紧张状态。埃及还因沙特阿拉伯承认叙利亚，引起两国关系的不和。埃及和伊拉克关系，由于 1959 年 3 月的摩苏尔事件早已恶化。1962 年 9 月，也门军官发动推翻巴德尔王朝的政变，成立共和国，得到埃及的承认。然而，王室势力在沙特阿拉伯和约旦的支持下，在也门北部聚集力量，力图恢复它们的统治。埃及为此派遣 6 万兵员，帮助也门共和国镇压王室的反抗。埃及出兵也门使阿拉伯世界矛盾更趋激化，也有损于埃及的实力。正如后来埃及萨达特总统所说："（也门）

以军坦克在苏伊士城郊外

战争消耗了我们很大一部分的外汇储备，拖住了我们两个精锐师的兵力使之无法投入 1967 年的战争。"

与此同时，巴勒斯坦人反对以色列侵略扩张、争取民族权利的斗争，从 1965 年起进入了一个有组织、有领导的阶段。1963 年，阿拉伯联盟理事会决定建立巴勒斯坦人的组织。1964 年 5 月，召开了由巴勒斯坦各解放组织代表参加的第一届巴勒斯坦全国委员会会议，决定成立巴勒斯坦解放组织（同年 6 月正式成立），并通过了巴勒斯坦民族宪章。1965 年 1 月 1 日，巴勒斯坦最早成立的民族解放组织"法塔赫"在加利利地区开始了反对以色列侵略者的武装斗争。此后，巴勒斯坦游击队在阿拉伯国家的支援下，经常从约旦边境和加沙等地主动出击，仅 1965 年就达 31 起。以色列决定发动战争，用武力消灭巴解组织及其所属的游击队，打击阿拉伯国家。

特别是以色列于 1957 年从西奈半岛撤军后，不甘心它在第二次中东战争中的失败，加紧扩军备战。它力求发动一场新战争，打败阿拉伯国家中力量最强的埃及，至少应使埃及蒙受屈辱。

他的 4 个孩子都在战争中丧生，他欲哭无泪。

自 1963 年起，以色列统治集团内出现了深刻的政治危机。1959 年再次出任总理兼任国防部长的本·古里安于 1963 年 7 月 16 日辞去职务。1965 年，本·古里安和前参谋长摩西·达扬等退出执政的工党，另建新党——拉菲党（以色列工人党），同担任总理

大屠杀之后的悲惨场景

的艾希科尔和工党领袖梅厄夫人互助攻讦。本·古里安等人指责政府对阿拉伯国家的"威胁"没有作出强有力的反应，"危及了以色列的安全"。他主张"扩大以色列军队的威慑能力"，对阿拉伯国家"采取更为大刀阔斧的行动"；他还批评政府在经济问题上无能为力。

当时，以色列经济状况日益恶化。德国给以色列第二次世界大战的战争及人身损害赔款已告结束，犹太国民基金会收到的捐款越来越少，加上外贸逆差等困难，使以色列经济萎缩，企业倒闭，失业人数迅速增加。1967年初以色列失业人口达10万人，占劳动力总数的16～20%。犹太移民入境人数下降到1948年以来的最低点，而迁移出境的犹太人特别是知识分子却大量增加。以色列统治集团为摆脱困境，转移国内视线加紧对阿拉伯国家的军事挑衅，并且扬言："以色列军队将在自己选择的时间和地点、以自己选择的方式"发动进攻。

以色列为发动侵略战争寻找借口，蓄意在边界制造事端。1966年11月12日，以色列因一辆军事指挥车在约以边境巡逻时触雷，13日黎明便以3000人的军队进攻约旦境内3公里处的萨木村。当赶来迎击的约军车队开进萨木村时，遭到以军伏击。这是苏伊士运河战争以来以军进行的规模最大的一次军事挑衅。后因联合国停火组织观察员进行干涉，以军被迫撤离。

在阿拉伯国家中，以色列把埃及作为军事进攻的主要对象。1966年埃叙防御协定规定，对两国中任何一国的侵略都认为是对另一国的侵略。以色列认为对叙利亚施加压力，就可以挑动埃及卷入战争。从1967年起，它在叙利亚边境加紧军事挑衅。4月7日，以军一辆装甲拖拉机在正规军掩护下，强行耕种非军事区内属于阿拉伯人的土地，叙军鸣枪警告。以军借口叙军开火，用火炮和坦克袭击叙利亚戈兰高地，并出动幻影式飞机入侵叙利亚领空。以色列在空战中击落叙利亚6架米格战斗机，侵入大马士革上空。叙以空战是以色列预谋发动大规模侵略战争的信号。在4月11日以后，叙以两国陆军多次交战，5月12日，以军参谋长拉宾扬言："我们要对叙利亚发动闪电进攻，占领大马士革，推翻阿萨德政权后再班师回国。"

以色列为挑起战争，利用发

最新整理图文珍藏版

假电报设下圈套。1967 年 5 月 10 日前后，苏联截获一份紧急"绝密情报"，宣称以色列在叙利亚边境集结 11~13 个旅的兵力，计划在 5 月 17 日向叙利亚发动进攻。5 月 12 日，苏联驻埃使馆向埃及政府通报这份"情报"。第二天，苏联最高苏维埃主席团主席波德戈尔内又将这份"情报"通知当时正在苏联访问的埃及副总理萨达特，建议埃及增兵西奈半岛，表示苏联将给予支持。同日，苏联还将此"情报"通知叙利亚等阿拉伯国家。

纳赛尔接到苏联的"情报"后，为了警告以色列不要冒险，于 5 月 14 日决定往西奈增派部队。15 日，埃及宣布全国进入紧急状态。同日，叙利亚政府发表声明，揭露以色列武装进攻叙利亚的企图。

5 月 16 日，埃及外交部通知各国驻开罗大使，如果以色列进攻叙利亚，埃及将进攻以色列。但是，以色列在 17 日并没有向叙利亚发动进攻。16 日，埃及武装部队总参谋长穆罕默德·法齐中将奉总司令阿密尔之命，写信给联合国紧急部队司令里克耶将军，要求他的部队从加沙到埃拉特的埃以边界一线撤走。为了避免事

态进一步扩大，法齐在信中特意说明，联合国部队可以继续留驻加沙地带和战略要地沙姆沙伊赫。当联合国秘书长吴丹拒绝部分撤军时，纳赛尔在 5 月 17 日提出联合国紧急部队全部撤离埃及的要求。两天后，联合国部队全部撤离埃及。

5 月 19 日，以色列下达局部动员令，增兵埃以边境前线，至 21 日已达 5 个师。为了防止以军抢占西奈南端的沙姆沙伊赫，埃军于 21 日进驻该地。次日，埃及宣布封锁亚喀巴湾，禁止以色列船舶和为以色列运送战略物资的外国船舶通过。24 日，埃及政府宣布所有通往亚喀巴湾的入口都已布下水雷，并用海岸炮兵部队、武装舰艇和空中巡逻加强对海湾的封锁。5 月 23 日，以色列总理艾希科尔表示，埃及封锁亚喀巴湾构成"对以色列的侵略行动"，扬言要对封锁进行"坚决斗争"。

美国总统约翰逊在 5 月 15 日至 22 日一周之内就中东局势发表了 3 次声明，攻击埃及所采取的行动。5 月 23 日，美国驻埃及大使诺尔迪通知埃及外长马哈茂德·里亚德，美国反对撤出联合国紧急部队；埃及部队不得占领沙

姆沙伊赫，除非埃及宣布承认海峡自由通航原则；埃及军队不得进入加沙地带，仍由联合国紧急部队负责管理。美国还威胁说，如果埃及不接受吴丹的建议，它将不惜使用武力。

埃及封锁亚喀巴湾后，苏联政府于5月23日发表声明，谴责以色列是中东的一个不稳定因素，强调维护和平的重要性。苏联担心埃及的行动会使事态进一步扩大，导致自己同美国直接冲突。24日，苏联部长会议主席柯西金对来访的埃及国防部长巴德朗说："现在最重要的是使事情平息下来，不要给以色列或帝国主义势力以挑起武装冲突的任何借口。"同时，苏联又与美国进行"紧急而又秘密的接触"。26日，柯西金向约翰逊建议"两国采取行动缓和中东局势"。27日凌晨，苏联驻埃及大使匆忙求见纳赛尔，要求埃及"不要首先开火"。

随着战争危险的增加和阿拉伯国家面临共同的敌人，埃及和约旦两国的紧张关系得以缓和。5月30日，约旦国王侯赛因访问埃及，与纳赛尔会谈。两国签订了防御协定，规定一旦战争爆发，约旦军队将归阿拉伯联合司令部副司令阿卜杜勒·穆奈姆·里亚德将军指挥。

在整个5月期间，以色列抓紧发动战争的最后准备。6月1日，以色列改组内阁，任命力主侵略阿拉伯国家的摩西·达扬任国防部长。2日，达扬提出侵占西奈的作战计划。3日，达扬发表讲话，扬言要"打败阿拉伯人"。4日，以色列召开内阁紧急会议。以驻美大使从美国带回约翰逊的密信参加会议。会后，达扬和参谋长拉宾着手完成进攻计划的最后细节。

在发动战争前夕，以色列在埃及边境集结部队6.5万人，坦克650辆；在叙利亚边境集结部队2.5万人，坦克100辆；在约旦边境集结部队5万人，坦克350辆；还有增援各条战线的预备队。

非洲独立国家会议召开

1958年4月15至22日，由加纳总理恩克鲁玛倡议召开的非洲独立国家会议，在加纳首都阿克拉举行。参加会议的有加纳、阿拉伯联合共和国（埃及、叙利亚）、利比亚、突尼斯、摩洛哥、苏丹、埃塞俄比亚和利比亚

加纳总理恩克鲁玛

8 个非洲独立国家的代表,当时尚未获得独立的阿尔及利亚、喀麦隆等国的民族解放运动领导人也出席会议。会议就有关非洲各国的外交政策、非洲未独立国家的前途、阿尔及利亚问题、种族问题、保卫非洲独立国家的措施、经济合作和文化交流等方面交换了意见,并通过了 11 项决议。会议提出了"不许干涉非洲"、"非洲必须自由"的口号,并决定每年 4 月 15 日为"非洲自由日"。

美苏戴维营会议

1959 年 9 月 15 日至 28 日,苏联部长会议主席赫鲁晓夫访问美国,同美国总统艾森豪威尔在离华盛顿 100 千米的美国总统别墅戴维营举行了非正式会谈,并发表了会谈公报。这是赫鲁晓夫上台以后,苏美两国首脑的第一次会晤。双方就德国问题、柏林问题、裁军问题、禁止核试验问题、进行科学文化交流、发展经济合作和双边关系等广泛地交换了意见。此次会谈虽未取得任何实质性的成果,但它是美苏两个超级大国试图走出冷战禁锢、走向对话缓和、彼此伸出橄榄枝的初步尝试,不仅此后美苏关系得到了逐步缓和,也为美苏两国通过以首脑会晤的形式来解决国际争端和双边关系问题开创了历史性的先河。

古巴革命

20 世纪 50 年代,古巴人民为摆脱亲美独裁统治掀起了一场轰轰烈烈的民族民主革命。

1952 年 3 月 10 日,巴蒂斯塔·萨尔迪瓦在美国支持下发动军事政变再次上台,实行亲美独裁统治,激起广大人民的不满,全国各地不断发生示威和暴动。1953 年 7 月 26 日,卡斯特罗组织一批青年起义军攻打圣地亚哥的蒙卡达兵营，失败后被捕入狱。1955年5月获释，随即建立了革命组织"七·二六运动"。1956年12月，卡斯特罗再次组织一批青年起义军从墨西哥乘"格拉玛"号游艇渡海回古巴，登陆后转战到马埃斯特腊山区开展游击斗争。1957年3月13日，以安东尼奥·埃切瓦里亚为首的一批青年学生攻打总统府，失败后建立"三·一三革命指导委员会"，转入拉斯维利亚斯省山区打游击。1958年，人民社会党也在亚瓜哈依地区组织游击队。不久，这两支队伍同"七·二六运动"领导的游击队主力汇合成一支较大的起义军。同年10月，卡斯特罗颁行土地改革法，各阶层人民组成广泛的统一战线。12月，起义军解放圣克拉腊，消灭政府军主力，直逼哈瓦那。1959年1月1日，在革命形势的逼迫下，巴蒂斯塔·萨尔迪瓦逃亡国外。起义军进入首都哈瓦那，宣告古巴革命的胜利并成立临时政府。卡斯特罗担任武装部队总司令，同年2月出任政府总理。

以卡斯特罗为首的新政府成立后，在经济、社会等方面实行了一系列重大改革。新政权摧毁了旧的国家机构，没收巴蒂斯塔分子的财产；颁布石油法和矿业法，废除美国公司的一切租让地，把外国和本国大资本家的厂矿企业收归国有；建立国家新银行。1962年，政府将私营大、中商业企业收归国有，到1963年10月，政府在农村中进行了两次土地改革，消灭了大庄园制和富农经济，农村中出现了国营农场、农牧业生产合作社和个体小农三种土地占有形式。1961年5月1日，卡斯特罗宣布古巴是社会主义国家。

韩国"四·一九"起义

1960年3月韩国大选，人民对这次政府变动机会寄予厚望。但李承晚傀儡集团为维持其法西斯统治，不甘于退出执政地位，使用了一些不合法律的手段操纵选举，企图使权柄不易人手。韩国人民对政府的做法坚决反对。4月19日，汉城几十万群众上街游行、示威，同反动军警展开了英勇搏斗。在韩国人民斗争力量的沉重打击下，李承晚伪政府成员被迫在4月21日宣告集体辞职，27日，李承晚本人被迫下台。

石油输出国组织成立

1960 年 9 月 14 日，伊拉克、沙特阿拉伯、伊朗、科威特和委内瑞拉 5 个石油生产国在伊拉克首都巴格达举行会议，成立石油输出国组织，简称欧佩克，目的是联合起来，反对国际石油垄断资本的控制和剥削，维护石油资源和民族利益。后卡塔尔、印度尼西亚、利比亚、阿拉伯联合酋长国、阿尔及利亚、尼日利亚、加蓬、厄瓜多尔相继加入，到1986 年，欧佩克共有 13 个成员国。1980 年已探明该组织成员国的石油储量占世界总储量的 67%、开采量的 45%，出口量的 80%。

长期以来，西方石油公司控制产油国油价制订权，1959 年 2

石油输出国组织成立

月和 1960 年 8 月，两次降低中东和其他地区的原油标价，使产油国遭受很大损失。该组织成立后，多次迫使西方石油公司提高油价和石油税率，增加产油国的股权。1973 年 10 月第四次中东战争爆发后，又以收回原油标价权、提高油价、减产、禁运及国有化等措施展开斗争，不仅保障了产油国的合理收入，而且第一次以石油作为武器沉重地打击了以色列及其支持者，促发了1973 年至 1974 年资本主义世界的经济危机。1975 年 3 月，在阿尔及尔召开石油输出国组织第 1 届首脑会议，通过《庄严宣言》，提出了维护石油输出国合法权益，争取建立国际经济新秩序的一系列方针和原则。1979年末，由于伊朗政局变化，石油收入受到美元贬值的影响，该组织决定大量减产，并提高长期供油合同的油价，对资本主义世界的经济和政治再次造成深刻的影响。

进入 20 世纪 80 年代以来，该组织成员国还在石油的运输、提炼、化工和销售等领域加快发展步伐，以全面控制各自的石油资源。该组织注意增进与发展中国家（特别是非产油国）的合

世界通史

最新整理图文珍藏版

石油的开采

作，1976 年，设立石油输出国组织特别基金，向其他发展中国家提供财政援助。石油输出国组织的斗争打破了帝国主义长期垄断国际石油经济的局面，在第三世界原料生产国和输出国组织中所起作用最为显著，它已成为当今世界经济和政治发展中的一个不容忽视的因素。该组织总部初设于日内瓦，1965 年迁至维也纳。最高权力机构是大会，由各成员国石油部长率团组成，每年举行两次会议，负责制定总政策和确定实施办法，协调成员国的石油政策。下设理事会和秘书处，负责整个管理工作和日常事务。秘书处内设一经济委员会，协助该组织把国际石油价格稳定在公正合理的水平上。

不结盟运动

　　不结盟运动是第三世界形成的重要里程碑。1961 年 6 月，由 20 多个国家发起的第一届不结盟国家首脑会议筹备会议在埃及首都开罗举行。同年 9 月，由南斯拉夫、埃及、印度尼西亚、印度、阿富汗发起，第一届不结盟国家和政府首脑会议在南斯拉夫首都贝尔格莱德召开，出席会议的有 25 个国家的代表。由此，不结盟运动正式形成。会议结束时发表了《不结盟国家和政府首脑会议宣言》。

不结盟运动的创始人铁托

赫鲁晓夫与肯尼迪在维也纳

不结盟运动奉行独立、自主和非集团的宗旨和原则，对各国人民争取和维护民族独立、捍卫国家主权以及发展民族经济和民族文化的斗争给予大力支持，对帝国主义、新老殖民主义、种族主义和一切形式的外来统治和霸权主义则坚决反对，呼吁发展中国家加强团结，主张国际关系民主化和建立新的国际经济秩序。截至2006年底，不结盟运动共有116个成员国。

苏美冷战大较量

1959年5月11日，在日内瓦召开苏、美、英、法4国外长会议，讨论对德和约和柏林问题，毫无结果。9月15日至27日，苏联党和国家领导人赫鲁晓夫访美，同艾森豪威尔总统举行"戴维营会谈"，双方达成就柏林问题恢复谈判的谅解。随后，美、苏商定于1960年5月16日在巴黎召开4国首脑会议。由于5月1日发生美国U-2型飞机侵犯苏联领空事件，首脑会议和艾森豪威尔访苏均被取消。1961年1月20日，肯尼迪继任美国总统。6月3日，美苏两国首脑在维也纳会晤，赫鲁晓夫重提苏联1958年11月27日建议，声称"必须在今年使欧洲的这个问题得到和平解决"。肯尼迪也持强硬态度，扬言要武力"保卫西柏林"。会谈仍无任何结果。8月华沙条约各国党中央第一书记在莫斯科集会，声明：如西方不愿签订对德和约，华约各国决定单方面与民主德国签订和约。8月13日，在华约组织的建议下，民主德国沿东西柏林分界线修筑"柏林墙"，封锁东、西柏林边界。18日，美国派遣1500名士兵通过民主德国检查站增援西柏林。接着，双方互相以核武器进行威胁。当危机达到高峰时，赫鲁晓夫态度软化，宣布苏联将不再坚持单方面缔结和约，撤销了"六个月的期限"，从而结束了这场持续3年多的"柏林危机"。

柏林墙

在德国投降 16 年后，第二次世界大战战胜国仍然没有同德国签署和平条约。这表明苏联新的西部边界即同波兰和捷克斯洛伐克的边界还没有得到确认。位于西部的德意志联邦共和国成为大西洋联盟的组成部分，北约组织的一员。位于东部的德意志民主共和国参加社会主义阵营，加入华沙条约组织。

这种形势对东德更为不利。战争期间，属于民主德国的地区受到的破坏大于属于联邦德国的地区，而且 1939 年以前东德地区的经济就已经落后于西部地区。况且，德意志民主共和国承担的战争赔偿更为沉重，因而民主德

国的生活水平大大低于西德。资本家、地主、富农对民主德国的社会变革不满，移居西德。更为严重的是，高级专家和熟练技术工人也纷纷离去。

1961 年 8 月 13 日夜，一道道耀眼的探照灯光刺破夜空，宣告了柏林市东西分隔的开始。当柏林人一觉醒来时，发现一道 40 千米长的带刺铁丝网沿着苏联占领区界限被匆匆布下。民主德国人民议院发布命令，用铁丝网封锁西柏林，后改为混凝土墙，建成举世瞩目的"柏林墙"，切断了东西柏林间的自由往来。

当时这个被东德称作"反法西斯保护墙"的堡垒于 1964 年建成。1975 年最后一次工程竣工。柏林墙全长 169.5 千米，其中包括水泥板墙 104.5 千米、水泥墙 10 千米、铁丝网 55 千米。墙高约 3.6 米。沿墙修建了 253 个观望台、136 个碉堡、270 个警犬桩、108 千米长的防汽车和坦克的壕沟。此外，还有一触摸会发出信号的铁栅栏 119.5 千米和供边防军士兵巡逻用的巡逻道 119.5 千米。柏林墙设有 7 个过境站，供墙两边的人员来往之用。在隔离期间不断有人试图越过柏林墙，寻求自由。在近 30 年中，至少有 255

把德国分离近 40 年的柏林墙

人在越境时死亡，其中的 171 人是在试图越过市中心的混凝土墙时丧生的。

柏林墙也成了冷战及东西德间谍战的最前沿。克格勃和中央情报局在两边分别设有大规模的谍报机构相互对敌，苏联就在连接波茨坦与西柏林的格利尼克桥上与西方交换被俘间谍。1961 年 10 月 27 日至 28 日间，美苏两军就美方进入苏占区一事发生争执，双方坦克在弗里德里希大街的查利检查哨正面对峙了 16 小时之久，这可能是东西方关系中最危险的一幕。

越南抗美战争

越南抗美救国战争，是越南人民反对美国侵略，实现国家统一的民族解放战争。这次战争从 1961 年 5 月 14 日美国"特种作战部队"入侵南越开始，到 1975 年 4 月 30 日越南军民解放西贡结束，历时 14 年，是第二次世界大战以后的一场持续时间最长、最激烈的大规模局部战争。在这场战争中，美国共投入侵略军 60 余万人，还拼凑盟国军队 6 万多人，使用了原子弹以外的各种现代化

武器装备，对越南军民进行了灭绝人性的屠杀。但是，越南军民遵照胡志明主席决战决胜的教导，不畏强暴，不怕牺牲，英勇抗击，最后夺取了这场抗美救国战争的胜利。美国侵略者遭到了侵朝战争后的一又一次惨重失败。在这场战争中，越南得到了老挝、柬埔寨两国人民抗美战争的密切配合和大力支援，同时也得到中国、前苏联、东欧各国以及全世界主持正义的国家和人民的同情和援助。中国人民不惜作出重大民族牺牲，先后向越南派出 30 多万人的防空、工程、铁道和后勤保障部队，并从武器、弹药到粮食、被服等方面，向越南人民提供了巨额无偿援助。

美国早在第二次世界大战结束时就开始插手印支地区。1945 年 9 月 23 日，法国殖民主义者再次对越南南方发动殖民战争。1946 年 12 月 19 日大举进攻河内，开始了对越南的全面武装入侵。自从法国侵越战争爆发，美国就大力支持法国侵略者，而且在越南极力物色和扶植亲美势力，以图一旦法军撤出印支地区，便把越南变成美国的新殖民地和侵略东南亚其他国家的军事基地。

1954 年 5 月 7 日，越南人民

美军一支装甲部队正在搜索越共游击队

军在奠边府战役中取得了全歼法军的辉煌胜利。同年7月21日，在日内瓦会议上，交战双方就印度支那停战和政治解决达成了协议，法国被迫同意撤出印度支那地区。但是，美国政府却拒绝在日内瓦协议上签字，并宣布不受日内瓦协议各项规定的约束。这就为最终破坏日内瓦协议，发动侵略战争，埋下了伏笔。

1954年9月，美国拼凑了"东南亚条约组织"，把越南南方列入由美国实际操纵的东南亚集团的"保护"地区之内。1955年1月以后，美国大量向南越派遣军事人员，将"美驻印支军事援助顾问团"改为"美驻南越军事援助顾问团"，逐步取代了法国殖民主义在南越的地位，并揭力扶植西贡傀儡政权。1955年10月23日至26日，由美国扶植的"内阁总理"吴庭艳组织"公民投票"，成立了"越南共和国"伪政权。在美国策划和支持下，吴庭艳政权很快建立了一支拥有数十万人的伪军，并秉承美国的旨意，疯狂发动"诉共"、"灭共"运动，残酷镇压和屠杀爱国的南越人民。

南越人民有着光荣的革命斗争历史和丰富的斗争经验。特别9年抗法战争期间，人民游击战争曾遍及南越各地，除大城市及其近郊地区以外，都建立过革命政权或有过人民武装的活动。其中，中部地区和南部平原的金瓯、同塔梅、西宁以北等地，均为抗法战争时期的巩固根据地。

日内瓦协议签订后，越南人民本来希望能够通过和平斗争，经过普选，实现越南的统一。但是，美国取代法国的地位后，支持吴庭艳集团破坏停战协议，对南越人民进行血腥镇压。

在敌人屠刀的逼迫下，越南南人民于1959年开始了英勇反抗美伪统治的革命武装斗争。1960年12月20日，越南南方民族解放阵线宣告成立，并着手建立主力部队和地方部队。1961

年 2 月 15 日，越南南方民族解放阵线把各地人民武装统一组成了越南南方人民解放武装力量。美国为防止吴庭艳集团垮台，1961 年 5 月，派 100 名"特种部队"（代号为"绿色贝雷帽"）官兵进入越南南方，从此开始了历时 14 年的侵越战争，越南人民也开始了反对美国侵略者的民族解放战争。

这场战争，从 1961 年 5 月至 1965 年 2 月，主要是在越南南方进行。从 1965 年 2 月开始，美国又将战火引向了越南北方，蔓延到整个越南国土；1970 年以后，战祸又殃及老挝、柬埔寨等整个中南半岛。这场战争按照美国侵越的基本样式和特点，大致可分为 3 个阶段："特种战争"阶段；局部战争阶段；战争"越南化"阶段。

"特种战争"阶段（1961 年 5 月~1964 年 7 月）

美国在南越发动的谓"特种战争"，实际上是一种由美国出钱、出顾问，协助南越伪军进行的"反游击战"。其根本目的是镇压越南南方人民的爱国革命运动，维持西贡政权的反动统治，以图推行美国的新的殖民主义政策，为实现其"全球战略"的总目标

服务。

1961 年 5 月，美国派遣 100 名"特种作战部队"入侵南越，之后又提出了在"18 个月内绥靖南越并在北越建立其地的'斯特莱计划'"。10 月，美国总统的军事顾问泰勒赴南越研究派遣美军后续部队入侵南越问题，提出了 18 个月内"平定"南越游击队的"斯特莱—泰勒计划"。其主旨是争取农民，控制群众，切断革命武装斗争的领导；封锁南越与外界的联系，尤其是切断越南北方的支援。至 1961 年底，侵越美军由 1960 年的 785 人增至 3000 人，飞机约 60 余架。

这名美国士兵头盔上的文字：战争是地狱

1962 年 2 月，美国在西贡成立了由保罗·哈金斯为司令的"美国驻南越军事援助司令部"，积极扩充南越伪军，提供大量武器装备。到 1964 年，南越伪军已扩充到 38 万，正规部队约 21 万，其中：陆军 18.2 万，编 4 个军、9 个师、2 个旅和 12 个独立团；空军 7000 余人，装备飞机 300 余架；海军 1.5 万人，拥有舰艇 900 余艘。大批美军军事顾问深入到伪军营、连，指挥伪军全面"蚕食"、"清剿"解放区。

1963 年，南越人民武装在阿

美国总统约翰逊让更多的美军士兵陷入越战泥潭

巴村成功地伏击了美直升机，并歼灭大量伪军，这不仅使美国政府大为震惊，而且进一步激化了美吴之间的矛盾。美国在南越策动了第一次军事政变，由杨文明取代了吴庭艳的统治。

1964 年 1 月，伪军第一军军长阮庆发动了南越第二次政变，并自封为"革命军事委员会"主席兼总理。2 月，美国成立南越问题"特别委员会"。针对"斯特莱—泰勒计划"的破产，美国防部长麦克纳马拉于 3 月 8 日第五次去南越，同阮庆拟定了一项所谓"重点清剿"的"麦克纳马拉—阮庆计划"（亦称"十二点计划"）。计划要求适时收缩据点，大力建立"战略村"（后改称为"新生村"）和无人地带；强化军事"清剿"，实行重点"扫荡"。

所谓"战略村"，就是以自然村为单位，在民用工事围起来，实行严密控制，以断绝他们与人民武装的联系，进而把各村联成一片，形成封锁地带，以分割解放区。在"战略村"内成立了反动武装，实行"联保制"，镇压革命力量，以加强对"战略村"的控制。

美伪军的"扫荡"活动，是以师规模的大"扫荡"，团、营规模的中"扫荡"和连、排规模的小"扫荡"结合进行的。"扫荡"的方法根据行动地区的地形特点而不同,对山区的"扫荡"主要采取分进合击的方法实施。对平原地区的"扫荡"多采取联合"围歼"的方法,依靠直升机、装甲车和小型快艇,迫使人民武装陷入"歼灭区",聚而歼之。此外,还使用别动队以"游击战对游击战"的方法,对革命根据地进行袭击、破坏。

为了粉碎美国"特种战争"计划,越南南方人民武装在解放阵线的领导下发动全民,坚持全面、长期的游击战争的战略方针,执行"小打稳吃",积小胜为大胜的作战指导思想,把武装斗争同政治斗争结合起来,逐步改变力量对此,为向运动战发展直到最后消灭敌人创造条件。武装斗争的主要形式是扫荡与反扫荡。反扫荡主要由当地民兵游击队和人民群众在地方部队的配合下,依托"战斗村"进行。主力部队在敌人"扫荡"时,寻机跳出合击圈,转移到敌人侧后,借机打击敌人;或者诱敌到预定地区,给敌以歼灭性打击。当被敌包围时,则依托"战斗村"和有利地形,予以抗击,坚持到夜晚再转移。

在与美伪集团的斗争中,越南南方人民武装力量不断发壮大,至1964年,已发展成为一支拥有20万人的坚强力量,解放了越南南方4/5的土地,2/3的人口,逐步形成了农村包围城市的有利战略态势。从而宣告了美国侵略者发动的所谓"特种战争"的破产。

据越南南方民族解放阵线统计,在"特种战争"阶段,人民武装力量共歼敌22万余人,其中美军约3500人,击落敌机约2000架,捣毁"战略村"7659个,拔除敌据点1391处。

局部战争阶段(1964年8月~1968年12月)

美国侵越战争,由"特种战争"转化为局部战争是从1964年8月份开始的。国外军事评论者将这种局部战争阶段称之为美国侵越战争逐步升级阶段。美国政府于1964年6月1日,召开了檀香山会议,确定了"逐步扩大"侵越战争的计划。6月20日,威斯特摩兰接替哈金斯担任美驻南越军援司令部司令。6月23日,泰勒接替洛奇任美驻南越大使。至此,美国完成了由"特种战争"转化为局部战争的作战方针调整和必要的组织准备。

为了制造扩大战争的口实,

1964年8月2日，美军驱逐舰"麦道克斯"号驶入北部湾挑衅，与越方鱼雷快艇发生遭遇战，制造了第一次"北部湾事件"。8月4日，美驱逐舰"麦道克斯"号和"腾纳·乔埃"号再次驶入北部湾寻衅，诡称遭到民主越南的鱼雷快艇攻击，蓄意制造了第二次"北部湾事件"。次日，美国政府便借口"北部湾事件"，悍然出动64架飞机空袭越南北方的广溪、宜安、沥长、鸿基等地。这次轰炸，成了局部战争的导火线。8月6日，美国防部宣布向西太平洋增兵的6点措施。随后，大批美军作战飞机侵入中南半岛，大批美军舰艇集结在越南海面。9月和11月，泰勒两次返美，与总统商定"逐步扩大"侵略战争的具体步骤，确定了轰炸民主越南的三部曲，即逐步轰炸北纬17度附近的越南运补基地、纵深的军事目标、工业基地。美军于1965年2月7日，开始对越南北方进行大规模轰炸。3月2日，美空军动用B—52轰炸机轰炸越南北方。3月8日，美军地面部队开始大举入侵南越，从此，正式开始了以美军为主体与仆从军相配合的武装侵略越南的局部战争阶段。

美国侵略越南的"局部战争"阶段，按其主要作方战方式大致区分为"南打"、"北炸"两个战场，即在越南南方以地面作战行动为主，在越南北方以空袭为主。

"南打" 1965年美军大举入侵南越后，首先推行所谓"墨渍"战略，即以北纬17度线至西贡的沿海基地为据点，构成环形防御圈的战役布局，逐步向解放区"渗透"，诱寻人民武装主力进行"决战"。

1965年3月底，美陆军在西贡成立作战指挥机构。4月8日，美国在西贡成立所谓"国际军事援助局"，参加者有南越、泰国、新西兰、澳大利亚、菲律宾、南朝鲜和台湾当局。4月19日至21日，美国决定在继续轰炸越南北方的同时，重点对南越人民武装发动军事进攻，以稳住美伪在南越的阵脚。会议还决定把美国对南伪集团1965年度的军援由2.7亿增至3.3亿美元，把南越伪军从55万人扩充到71万人。到1965年底，侵越美军已增至18万人，其中地面兵力共3个师、3个旅、1个团。

为了寻歼南越人民武装主力，美伪军发动了1965～1966年的第一个"旱季攻势"，重点指向南越东部、中部平原和西原地区。其

最新整理图文珍藏版

企图是：集中美军机动兵力，伺机寻找人民武装主力作战；扩大占领区，改变美伪军的被动局面；打通长期瘫痪的交通干线，特别是贯通整个南越沿海平原的 1 号公路，改善后勤供应状况。同时，出动大量空中力量轰炸南越解放区，配合美伪"攻势"作战。

为了挫败美军的"墨渍"战略，越南南方人民武装力量积极开展机动作战，主要采取了奇袭、伏击、攻点打援等灵活的战法。先后先进行了波莱古战役和巴嘉、云祥、保邦等大规模的战斗，取得了鼓舞人心的胜利。在局部战争开始后的近 2 年多的时间内，越南南方人民武装共歼敌 10 万余人，粉碎了美伪军第一个"旱季攻势"，使其"墨渍"战略宣告破产。

美伪第一个"旱季攻势"失败后，并不甘心失败，于 1966 年 2 月再次召开檀香山会议，决定强化"南打"、加强"北炸"，继续向南越大量增兵。到 1966 年 10 月，侵越美军增加到 32.8 万人，其中地面部队共 6 个师、3 个旅、2 个团。从 1966 年 11 月起，美伪军发动了第二个大规模"旱季攻势"。这次攻势，美军将"墨渍"战略改为"搜索与摧毁"战略，

即以南越伪军和仆从军守点保线，美军则集中主力和优势装备，深入越柬、越老边境，对南越人民武装的根据地进行长时间的反复"扫荡"。进而摧毁民族解放阵线的军队及其在西贡地区、南越中部和北部的根据地，前凸到西贡西北和波莱古以西的越柬边境一线，并把南越人民武装分割成 3 个部分，切断越南北方通过老挝和柬埔寨向南方输送物资的交通线。从此，越南南方人民武装与美伪军的武装斗争进入了最为激烈的时期。在第二个"旱季攻势"中，美军驻南越总兵力已增加到近 47 万人，并全部投入到"扫荡"活动。此外，美伪军还在非军事区及其附近对人民武装进行了连续不断的"搜剿"。这一系列的"扫荡"和"清剿"，使南越解放区蒙受了巨大的损失。

这一阶段斗争最为激烈。南越军民充分发挥人民战争的威力，连续开展反"扫荡"作战，给敌以沉重打击，歼敌约 16 万余人。正当美军进行最大规模的"联络城扫荡"之际，南越人民武装在非军事区南侧开辟新战场，2 次攻占南越北部重镇广治市，歼敌3000 余人。美军被迫收兵，匆忙抽调 3 个旅北上驰援。

南越人民武装粉碎美伪第二个"旱季攻势"后，为了不给敌人喘息之机，于1967年雨季结束时就先机制敌，主动出击，在西贡地区、中部越老边境和北部9号公路地区，向美伪军发动了一系列进攻。

1967年至1968年旱季，美伪军为巩固已夺得的最重要的地区和继续扩大战果，采取了"固守与清剿"相结合的战略，其主要固守行动：一是把执行"寻歼任务的美军主力陆续集中到内线，固守西贡、顺化、岘港等主要城市和基地"；二是构筑"堡垒障碍"，制造无人区。其清剿行动基本采用搜索围剿的战术手段，以小股兵力在不远离阵地（主要是基地）或驻地的情况下，实施小规模的攻势作战，而在广大农村，美军主要以空军支援南越伪军进行作战。

南越人民武装在逐渐积蓄力量的同时，其武装斗争亦开始由农村向城市发展。他们实行游击战与运动战相结合，抓住战机，对美伪军实施主动出击。1968年初，南越解放军在非军事区以南转入战略进攻，1至3月份，组织了3次连续大规模的"新春攻势"，袭击了敌人的许多城市、机场、重要指挥机关和后方设施等目标，打死打伤敌25万人（其中美军8万人），全歼敌30个营、300个连，解放区人口增加了200万以上。由于南越人民武装在1968年取得了巨大胜利，美国在南越实施的局部战争计划遭到失败，被迫进行和谈。

"北炸" 对越南北方实施空袭，是美国侵越战争的重要组成部分，其基本目的的是切断越南北方与南方的联系，阻断中对越南的物资援助，使南方战场陷入孤立无援的境地。

美军对越南北方的空袭始于1964年8月5日，止于1968年11月，历时4年零3个月，大致分为3个阶段。

逐步升级阶段（1964年8月~1966年6月）。1966年8月5日，美国借口"北部湾事件"，出动64架飞机对越南北方的广溪、宜安、沥长、鸿基等地实施"报复"、威胁、破坏性轰炸；从1964年10月12日至1965年1月14日美军派出战斗机掩护老挝右派空军大规模轰炸"老挝走廊"；从1965年2月7日，美军借口南越人民武装袭击美军波莱古基地，正式把战火引向越南北方，接连实施"报复"轰炸。空袭规模由

最新整理图文珍藏版

每次出动 30～40 次增加到 240 架次。空袭目标开始为兵营、仓库、雷达站，后转为交通系统为主。3月 26 日，美空军首次越过北纬 20 度线，并逐步将空袭地区扩大到河内—老街和河内—友谊关铁路线以及河内、海防地区。轰炸目标仍以交通系统为主。

全面轰炸阶段（1966 年 6 月底～1968 年 3 月底）。1966 年 6 月 29 日，美军集中轰炸河内、海防的石油设施，突破了美军自己划定的所谓"禁区"。随后，美机又轰炸了河内、海防地区的油料、工业和交通系统，并多次袭击了机场、水利工程和居民区。空袭强度也较以往增大，平均每天出动飞机约 300 架次，最多一天出动达 790 架次。

"部分停炸"到"全面停炸"阶段（1968 年 4 月～10 月）。美国当局迫于国内外的种种压力，1968 年 3 月 31 日抛出了"部分停炸"方案。随后，美机便集中轰炸 19 度线以南到非军事区的狭长地带，重点对"胡志明小道"实施遮断轰炸。在"部分停炸"期间，出于和谈需要，美机轰炸地区缩小，但轰炸强度反而增大，出动飞机最多时每天达 380 架次。在美、越第二十八次巴黎会谈后，

美国宣布从 1968 年 11 月 1 日起，"全面停止"对越南北方的轰炸。

据美国防部透露，自 1965 年 2 月到 1968 年 11 月，美对越南北方空袭共 10.77 万次（平均每次出动 3 至 4 架次），投弹 258 万余吨。在面积约 15.9 万平方公里的越南北方，平均每平方公里投弹 16.2 吨。其飞机出动量，在 1966 年以前出动量为 100 至 200 架次；1966 年以后，日出动量约 300 架次，最多时一天达 749 架次。

在"局部战争"阶段，越南北方军民实行军队防空与群众防空相结合，消极防空与积极防空相结合，开展全民防空运动，与敌空袭进行了顽强斗争。在此期间，越南北方军民共击落敌机3300 余，有效地挫败了美国"北炸"企图。

战争"越南化"阶段（1969年 1 月～1975 年 4 月）

1969 年 1 月，尼克松取代约翰逊就任美国总统，随之美国的侵略战争方针也发生了"戏剧性"的变化。1969 年 7 月，尼克松宣布，美军将撤出越南；同时采取了加强南越伪军在南越推行绥靖计划的手段，以实现"以当地人打当地人"的企图。从此，美国的侵越战争便进入了战争"越南

化"阶段。

在战争"越南化"阶段，按照双方的企图与行动，大致可分为两个阶段。

边打边谈，美国撤军阶段。1969 年至 1973 年初，美国一面与越南举行和谈，一面大力扩充南越伪军，积极实现战争"越南化"计划。随着伪军接替美军实行作战能力的加强，美军从 1969 年 7 月开始从越南分批撤离。与此同时，美伪军也更加紧了对解放区的扫荡。

但是，南越人民武装不断壮大，到 1968 年，已拥有 10 个步兵师和若干独立部队，共约 30 万人，连同游击队，已超过 100 万人。在此期间，南越人民不仅挫败了美伪军的进攻，而且也发动大大模进攻。其间，双方进行的主作战行动有：

1. 南越人民武装发动第二次战略进攻

1969 年 3 月底至 4 月初，南越人民武装趁美军准备撤退之际，在非军事区到湄公河三角洲一带发动了第二次战略进攻，袭击了敌伪 100 多个基地和军事据点。南越人民武装的这次进攻，迫使敌军转入战略防御。1969 年 6 月，成立了越南南方共和，建立了临时革命政府。

2. 九号公路战役

1971 年 2 月 8 日，美伪军队根据"兰山～719"作战计划，集中 4.6 万人的兵力，在 2000 架飞机和直升机支援下，以九号公路为轴线，分 3 路在老挝的下寮地区发起进攻。其企图是：切断"胡志明小道"，摧毁人民武装在车邦、孟农地区的战略后方基地。所谓"胡志明小道"，是指贯穿九号公路向南延伸至柬埔寨的南北公路网。车邦是这条通道上的枢纽和南越人民武装的战略基地。

为了粉碎敌人的进攻。确保车邦、孟农地区运输线畅通和后方基地的安全，南越人民武装集中 5 个师，约 5 万余人的兵力，采取诱敌深入、各个歼灭的战法，基本上歼灭了公路北侧的美伪军，粉碎了美伪军进攻孟农和占领车邦的企图，并对进攻敌主力达成了合围态势。至 3 月 23 日，九号公路战役全部结束，历时 43 天。此役共歼灭美伪军 2.1 万余人，击毁、击伤美伪军飞机 500 多架。这次战役的胜利，加速了美国推行的战争"越南化"政策的破产。

3. 南越人民武装发动第三次战略进攻

1972 年初，南越人民武装总

最新整理图文珍藏版

指挥部制定了把侵略者赶出国土、推翻西贡伪政权、解放全部国土的战略目标。为了实现这一目标，南越人民武装于 1972 年 3 月 29 日夜在 1000 多公里的战线上发动猛攻，揭开了第三次战略进攻的序幕。3～6 月，人民武装分 3 个战役集团在预先选定的方向上作战：第一战役集团发动了旨在夺取广治和顺化的战役，从非军事区以南向广治实施主要突击，由顺化以西 30～40 公里的地区向顺化实施辅助突击，结果攻占了广治并前凸到顺化的近接近地；第二战役集团在中部高地行动，重创敌 2 个师，进至中国南海沿岸一线，造成了分割美伪军的威胁；第三战役集团在西贡方向发起进攻，歼敌 2 个师，解放了安禄并直逼西贡。整个战略进攻的结果，解放了 250 多万人口的土地。

4. 美国对越南北方再次进行破坏性轰炸

为了打击南越人民武装的战略进攻，美国悍然撕毁"全面停炸"的诺言，从 1972 年 4 月起，动用大量海空军兵力和激光炸弹，对河内、海防进行了比以往规模更大的破坏性空袭。1972 年 12 月，美越巴黎和谈陷入僵局，美国为逼越南在谈判桌上让步，遂于 18 日～29 日，动用空军和海军航空兵战术飞机和战略空军 B—52 型飞机，对河内、海防地区实施最后 1 次大规模轰炸。其作战企图是：从根本上阻截越南北方对南方的支援，并切断国际上对北越的支援；摧毁越南北方的经济和国防潜力；动摇北越持续抗战的意志和决心；稳定南越阮文绍伪政权。在此期间，美国共出动战术飞机 1800 架次，B—52 飞机 729 架次，投弹 5 万余吨，重点袭击了越方的交通枢纽、电力系统、工业中心、广播设施、机场等目标。

越南北方军民采用各种积极和消极防空手段，有力地抗击了美国的破坏性轰炸，给敌人造成了极大损失，据越方公布的数字，共击落敌机 734 架，其中 B—52 型飞机 54 架，粉碎了敌人为期 12 天的大规模空袭，保障了对南方人力物力的支援和交通运输的畅通，有力地打击了美国的战争讹诈政策。

1972 年，由于越南军民在各个战场上的英勇斗争和连连胜利，终于迫使美国于 1973 年 1 月 27 日，在《关于在越南结束战争，恢复和平的巴黎协定》上签字。

越军解放南方，统一祖国阶

段。"巴黎协定"生效后，美国被迫于1973年3月将美军地面部队撤离南越，但在越南南方仍以"文职人员"名义留驻2.5万余名军事人员，并在南越附近地区保持相当规模的海空军部队，继续推行其战争"越南化"政策，支援110万南越伪军蚕食解放区。1973年至1974年间，南越战场上蚕食反蚕食、"绥靖"反"绥靖"和扫荡反扫荡的斗争持续不断。

1974年4月，南越伪政权破坏巴黎协定，单方面中断与南方共和临时革命政府的会谈，进一步加强了"蚕食"、"扫荡"行动。对此，南越人民武装坚决进行了反击，进一步巩固和扩大了解放区，取得了反"蚕食"、反"扫荡"的巨大的胜利。在人民武装的打击下，南越伪政权在军事上接连失败，政治上越来越孤立，经济上更加困难，特别是阮文绍集团的贪污腐败，更激起了南越各阶层人民的强烈不满，直接威胁着阮文绍的"总统"地位。在这种情况下，越南北方于1975年3月将大部分正规部队投入南方战场，与南方人民武装相配合，乘胜扩张战果，发动了著名的春季攻势，经过3大战役——西原战役、顺化—岘港战役、胡志明战

役（又称西贡战役），完成了解放南方、统一祖国的任务。

5. 西原战役

西原地区地处越南南方中部，位于越、老、柬三国接壤地区，14号和19号公路在这里成十字相交，是越南南方南北交通和越柬之间交通的枢纽部，战略地位十分重要。南越伪军在这里部署有2个主力师和7个团，除波莱古和邦美蜀两地的兵力相对集中外，其余均分散驻守在14、19号和21号公路沿线。

越军认为，西原地区既是伪军的要害，又是伪军的弱点，因此，选定西原作为初战的战场，并集中5个师的兵力首先在该地区实施进攻。其目标是：夺取西原地区，伺机向南北机动，进一步发起进攻。战役从3月10日开始，至4月3日结束，历时25天。此役中，越军先后攻占邦美蜀、波莱古、昆嵩等要地，控制了西原地区，歼灭伪军万余名，俘敌数千人，为随后进行统一南方的战役创造了极为有利的形势。

6. 顺化—岘港战役

顺化岘港地区与越南北方相邻，伪军驻防较强，共有5个主力师，约10万人。岘港海军基地设防最强，停泊有作战舰艇和许

最新整理图文珍藏版

多运输船只。西原战役打响后，伪军极度恐慌，企图收缩兵力，集中防守顺化和岘港。

越军发起此战役的目的是：歼灭南越北部各省的伪军，把越南南北方连成一片。战役从1975年3月21日开始，3月29日结束，历时9天。越军采取分割、包围，逐个歼敌的方针，首先集中3个师的兵力，围歼了顺化之敌。然后转战岘港，与从西原战场北调的部分兵力配合，包围了岘港。这时驻岘港美军紧急撤离，当地伪军大批逃亡。在这种情况下，越军在敌后武装的支援下，经过两天战斗，攻克了岘港。

此役，越军共歼灭和瓦解敌军10万，缴获了美军遗留的大批武器装备，极大地提高了自己的作战能力。连同西原战役在内，越军共歼灭伪军35%的兵力，缴获伪军40%以上的作战物资，解放了南方12个省，并与北方连成一片，将南越伪军压缩到西贡地区，为统一祖国创造了良好形势。

7. 胡志明战役

西贡是南越伪军的最后据点，兵力集中，共有2个军7个师驻防。岘港战役结束后，伪军实行战略收缩，企图稳住残局，争取时间，继续与北方保持割据局面。

为此，将全部兵力集中在西贡周围及其西南地区。

越军领导认为，西原战役和岘港战役胜利后，南方战场的形势和兵力对比发生了有利于己的根本变化，战略决战的时机已经成熟，因此决定，集中兵力，继续进攻，发起解放西贡、统一祖国的战役，并将此役命名为"胡志明战役"。为此，越军成立了战役指挥部，集中了5个军，共17个师的兵力，并于1975年4月初，对西贡形成四面包围态势。

战役从4月9日开始，4月30日结束，历时21天，前后分2分阶段。第一阶段，歼灭西贡外围伪军。截至4月21日，越军第二军在解放西贡东北沿海诸省后，趁伪军向西贡收缩之际，攻克了坚固设防的春禄城，为主力投入决战打开了东大门。越军其余主力分别从西北、西南和北面逼进到西贡接近地。至此，南越首都陷入重围之中。第二阶段，合围攻克西贡。总攻发起前，越军5个军完成了对西贡的合围，西贡伪政权陷入混乱之中。4月29日，越军全线发起总攻，仅经2天战斗，解放了西贡。胡志明战役的胜利，推动了越南抗美战争的结束，并为越南的统一奠定了基础。

古巴导弹危机

1962 年 10 月，苏联在古巴建立导弹基地引起苏、美两国在加勒比海地区的尖锐冲突。这次冲突，差一点引发一场核战争，使世界处于千钧一发的危险之际。在人类进入核时代以来，在美苏军备竞赛和争夺世界霸权的激烈斗争中，没有任何一次危机达到如此惊心动魄的程度。

1959 年古巴独立后，苏联以"保卫古巴"为名，从 1962 年 7 月下半月开始，把进攻性导弹秘密运进古巴，以加强对美国的威慑力量。10 月中旬，美国根据 U—2 型飞机的侦察，得知古巴正在修建针对美国的中、远程导弹

U-2 型侦察机拍摄到的加勒比海沿岸的导弹基地照片

发射场。10 月 22 日，美国总统肯尼迪发表电视演说，宣布武装封锁古巴，要求苏联从古巴撤出进攻性武器，并威胁不惜使用武力，战争一触即发。23 日，肯尼迪又下令拦截并强行检查可能前往古巴的舰船。同时，美国在古巴周围集中了大批武装力量，驻西欧和远东的美军也都处于高度戒备状态。美国在北大西洋公约组织和美洲国家组织中的盟国军队也

SA-2 式导弹

进入戒备状态。与此同时，苏联，古巴和华沙条约国家也进行了相应准备。苏联政府也发表声明，坚决拒绝美国拦截，按苏、古协议继续用武器援助古巴，对美国的威胁将进行最强烈的回击。但事实上，苏联驶往古巴的船只却开始返航。25 日，美国在联合国展示了在古巴的苏联导弹和发射场的照片。26 日，赫鲁晓夫给肯

尼迪一封秘密信件，提出愿在联合国监督下从古巴撤出进攻性武器，并表示不再向古巴运送这种武器，交换条件是美国撤销对古巴的封锁，并保证不再入侵古巴。27 日，肯尼迪复信赫鲁晓夫并发表白宫声明，要求苏联在联合国监督下从古巴撤出导弹，美国保证不入侵古巴。28 日，赫鲁晓夫回函，表示已下令撤除在古巴的核武器，并同意让联合国代表到古巴核实。11 月 1 日卡斯特罗发表电视演说，宣布拒绝联合国视察，并提出维护古巴主权和领土完整的 5 点要求。11 月 2 日至 26 日，苏联部长会议第一副主席米高扬到古巴同古巴领导人会谈，施加压力。11 月 8 至 11 日苏联从古巴运走了 42 枚导弹，并在公海上接受美国"船靠船的观察"。20 日，肯尼迪宣布取消对古巴的海上封锁。12 月 26 日，苏联轰炸机撤出古巴。至此，古巴导弹危机宣告结束。

非洲统一组织成立

1963 年 5 月 22 ~ 26 日，31 个非洲独立国家在埃塞俄比亚首都亚的斯亚贝巴举行首脑会议，非洲未独立国家的一些民族解放运动领导人也作为观察员出席了会议。会议于 25 日通过了《非洲统一组织宪章》，宣布成立非洲统一组织（简称"非统组织"）。总部和秘书处设在亚的斯亚贝巴，现有 53 个成员国。

非洲统一组织的旗帜

依据《非洲统一组织宪章》的规定，其宗旨是：促进非洲国家的统一与团结；协调并加强非洲国家之间政治、外交、经济、文教、卫生、科技、防务和安全等方面的全面合作；努力改善非洲各国人民的生活；保卫和巩固非洲国家的主权、领土完整与独立，从非洲根除一切形式的殖民主义；在尊重《联合国宪章》与《人权宣言》的前提下，增强国际合作等。

非洲统一组织主要机构有：

国家和政府首脑会议，是最高机构，部长理事会，由成员国的外交部长或其他部长组成；秘书长处，为常设机构；解放委员会（又称非洲解放运动协调委员会）；调解、和解和仲裁委员会；经济和社会委员会；教育、科学、文化和卫生委员会；防务委员会。

法国退出北约组织

北大西洋公约组织（简称"北约"），是地球上现存的最大的多国联盟军事集团，1949 年在华盛顿成立，然而它却受控于美国。法国作为北约的一个成员国，既承担有共同防务的义务，又承担着北约在法国领土上驻军的义务，而且在外交和防务政策上都必须

北约成员国正在召开部长会议

和美国保持一致，没有独立性可言。1958 年第五共和国成立后，戴高乐执政，对美苏称霸世界的局面非常不满。为了重振法国，戴高乐政府执行独立自主的外交政策，抵制和摆脱美国的控制。在欧洲问题上，戴高乐主张建立"欧洲人的欧洲"，同西德和西欧各国加强联系，同东欧和苏联改善关系。对美国，戴高乐采取不依附的政策，坚持法国防务的独立性。1960 年 2 月法国成功地爆炸了第一颗原子弹，独立地发展了核力量。在这种情况下，法国政府认为，法国不需要美国的核保护，因此无需听命于美国的摆布。1964 年 4 月，法国政府召回了在北约海军司令部任职的全体法国军官。9 月 22 日，法国政府又决定，法国不参加北大西洋公约组织的海上联合演习。这些行动是法国正式退出北大西洋公约组织的具体行动。1966 年 3 月，戴高乐致函美国总统约翰逊，要求正式退出北约各军事机构，并宣布在 7 月之前撤回受北约指挥的全部法国军队，同时还取消了北约军用飞机在法国过境和降落的权利，限令美军及其基地在一年内撤出法国。7 月 1 日，法国退出北大西洋公约组织一体化军事

机构。10 月，法国退出了北约军事委员会。北约总部从此由巴黎迁至布鲁塞尔。

东南亚国家联盟的建立

1965 年 8 月，美国扩大侵略越南的战争，对靠近越南的东南亚各国的安全造成严重威胁。为了本地区的安全、安定和经济发展，1967 年 8 月 5 日，印度尼西亚、泰国、菲律宾、新加坡、马来西亚 5 国外交部长在泰国曼谷举行会议，8 月 8 日发表《东南亚国家联盟成立宣言》，宣告成立"东南亚国家联盟"，简称"东盟"。

东盟的宗旨和目标是：一、以平等与协作精神共同努力促进本地区的经济增长、社会进步和文化发展；二、遵循正义、国家关系准则和《联合国宪章》，促进本地区的和平与稳定；三、促进经济、社会、文化、技术和科学等问题的合作与互相支援；四、在教育、专业和技术及行政训练和研究设施方面互相支援；五、在充分利用农业和工业，扩大贸易，改善交通运输和提高人民生活水平方面进行更有效的合作；六、促进对东南亚问题的研究；七、同具有相似宗旨和目标的国家或地区组织保持紧密和互利的合作，探寻与其更紧密合作的途径。

2002 年东盟首脑在柬埔寨会议

东盟成员国包括：菲律宾、马来西亚、泰国、文莱、新加坡、印度尼西亚、越南、缅甸、老挝和柬埔寨。东盟对话伙伴国有：美国、日本、欧盟、加拿大、澳大利亚、新西兰、韩国、印度、中国和俄罗斯。

第三次中东战争

1967 年 6 月 5 日，以色列以突然袭击向埃及、约旦、叙利亚大举进攻，这次战争称为"六·五战争"，又称"第三次中东战争"。以色列在这次战争中取得胜利，阿拉伯国家遭受重大损失。

这一结局进一步激化了以色列和阿拉伯国家的矛盾。

1967年6月5日晨，以色列空军对埃及、叙利亚和约旦发起突然袭击。埃及时间8时14分，第一批以色列飞机袭击开罗、苏伊士运河区和红海沿岸的机场。以机轮番轰炸了11个埃及机场，在1个多小时内炸毁机场6个，摧毁飞机197架，炸坏雷达站16个。

第二批以机164架于埃及时间上午10时43分出击，轰炸埃及的14个空军基地，击毁埃机107架。埃及总共拥有军用飞机430架，仅5日上午就损失320架。

5日午前，叙利亚空军轰炸以色列海法炼油厂周围地区、麦吉多空军基地和太巴列湖附近的以军阵地。以机随即轰炸大马士

巴勒斯坦的阿拉伯人游行示威

革附近的机场，炸毁埃机53架。中午，约旦空军轰炸以色列纳塔尼亚空军基地，炸毁以机1架。以色列则出动飞机轰炸安曼、马弗拉克机场及阿杰隆雷达站，炸毁约机28架。同日，伊拉克空军袭击了以色列拉马戴维亚空军基地。以机于6日轰炸伊拉克哈巴尼亚空军基地，炸毁伊机6架。同日，以机还击落黎巴嫩飞机1架。

以色列地面部队于6月5日埃及时间8时15分开始进攻埃及的西奈半岛。埃军在西奈半岛的总兵力为5个步兵师和两个装甲师，约12万人，分别据守在巴勒斯坦的加沙地带和西奈半岛的阿里什、阿布奥格拉、沙姆沙伊赫等战略要地。以军分3路入侵，每路一个师的兵力，每师约1.5万人。

北路以军由塔勒少将率领，于6月5日攻克汗尤尼斯和腊法，6日又攻占加沙城和阿里什。以军在上述战斗中受到埃军顽强抵抗，遭受重大损失。北路以军在夺取阿里什后，分兵两路，一路往西进击马扎拉和苏伊士运河东岸，另一路往南与约菲部队会合，从背部进攻库塞马。

中路以军纵队由约菲少将率领，于5日越过边境后，经过数

十小时的强行军抵达米特拉山麓，于 7 日晚向山口发动猛攻。埃以双方有 1000 辆坦克投入战斗，经过一昼夜激战，以军攻克山口，并迅速在山口西部封堵埃军通向运河的退路。埃军在比尔古夫贾法至米特拉山口一线多次发动进攻，力图打开退路，都未成功。约菲部队占领米特拉和吉迪两个山口后，往西向运河进攻。

南路以军纵队由沙隆少将率领，于 5 日上午在奥贾和尼扎纳附近越过埃以边境，向乌姆卡特夫进军。6 日，沙隆部队进攻阿布奥格拉，经过 20 个小时战斗后，占领阿布奥格拉，打开西进运河的大门。然后，沙隆的一部分部队折向东南往库塞马方向前进；其中的装甲旅向利卜尼山南部的纳赫勒前进，并于 8 日下午占领该地。

6 月 7 日晨，已有少量以军抵达运河东岸。同日，以军占领埃军弃守的沙姆沙伊赫。8 日，另一支以军攻克孔蒂拉至纳赫勒一线。当天，3 路以军均已抵达运河东岸。西奈全部陷落。纳赛尔在当晚接受停火。

"六·五"战争爆发后，埃及于 6 日宣布关闭苏伊士运河，并与美国断交。叙利亚、伊拉克和苏丹仿效埃及与美、英断交。接着，阿尔及利亚、也门和毛里塔尼亚也相继与美国断交。

6 月 5 日上午 11 时 20 分，约以部队在耶路撒冷东、西区分界线上开始交战。下午，以色列装甲部队在空军掩护下，进攻耶路撒冷东区和北部的杰宁，6 日，杰宁失陷。7 日，以军占领面积约 4800 多平方公里的约旦河西岸地区；同时突破耶路撒冷东区的斯蒂芬斯门，在空军支援下，经过激战夺取东区。当晚 8 时，约以双方指挥官接受联合国建议，实行停火。

6 月 8 日，大批以军从约旦开往叙利亚。9 日，以军在通往叙利亚的库奈特腊—大马士革公路以北，分兵 3 路进攻戈兰高地。以军突破从赫尔蒙山至太巴列湖北部边缘一带的叙军防线，接着向纵深推进，先后攻占马萨达，布特米亚和库奈特拉等地，进而占领整个戈兰高地。10 日晚，叙以双方接受联合国安理会的停火建议。11 日，双方代表在库奈特拉签署停火协议。

"六·五"战争给埃及、约旦和叙利亚造成巨大损失。埃及在西奈战役中有 80% 的武器装备遭到破坏，阵亡官兵约 1.15 万人，被俘官兵约5500人，负伤和被打散的官兵约3万多人。约军阵亡和失踪约6100人，伤700多人，被俘400余人，叙军阵亡约2500人，伤约5000人，被俘约600人。以军在战争中死759人，伤约2300余人，损失飞机40架、坦克80辆。

以色列在战争中占领了包括约旦河西岸、耶路撒冷东区、加沙的巴勒斯坦全境、埃及西奈半岛和叙利亚的戈兰高地，总共攫取了面积达6.5万多平方公里的阿拉伯土地。此外，战争给阿拉伯人民生命财产造成巨大的损失，近100万包括巴勒斯坦人在内的阿拉伯人沦为难民。

以色列发动进攻前，埃以实力大致相同，而埃约叙3国实力的总和则优于以色列。由于埃及麻痹轻敌，埃约叙3国在军事上未能协调一致，使他们遭受战争的失利。就客观原因而论，美国对以色列的支持，是造成埃约叙3国在战争中失败的主要因素。

从"六·五"战争爆发以来，阿拉伯各国人民的反美情绪不断高涨，苏联趁阿拉伯国家处境艰难以及美国在这一地区影响的下降，与美国展开争夺。

"六·五"战争爆发5小时后，苏联部长会议主席柯西金首次使用连接莫斯科—华盛顿之间的"热线"，同美国进行联系。他向美国总统约翰逊表示，将促成中东停火，不希望在中东发生同美国的冲突。约翰逊得知苏联不会干涉美国对以色列的支持，回电表示："愿意施加一切影响结束这场冲突。"他还提出阿以双方"无条件停火"的"建议"。6日，柯西金表示，苏联完全同意美国建议。于是，美苏两国代表立即向联合国提出一项阿以双方"立即实现停火"决议草案，并在当晚的安理会会议上获得通过。7日，苏联再次要求召开安理会，提出让阿拉伯国家停止抵抗的"限期停火"决议草案，得到美国的支持而被通过。以色列于8日晨表示接受停火，条件是阿拉伯国家也必须接受停火。

然而，以色列以假停火之名行战斗之实，于6月9日向叙利亚发动大规模进攻。苏联担心叙利亚战败，从而损害它在中东的利益。10日，柯西金通过热线电告约翰逊：中东局势正处于"十分危急时刻"，如果以色列不立即停止军事行动，苏联将采取"必要的包括军事上的措施"。同日，苏联宣布与以色列断交。针对柯西金的表态，约翰逊立即指示美国国防部长麦克纳马拉令第六舰队改变航向，加速开往叙利亚，将通常巡逻时离各国海岸100海里的限制缩小到50海里。约翰逊采取这一行动被认为是美国决定在中东与苏联进行对抗的信号。

在这种情况下，6月16日，柯西金率领一个庞大的代表团，参加讨论中东局势的联合国大会紧急会议，前往美国。23日上午，柯西金和约翰逊在葛拉斯堡罗会晤，就"政治解决"中东问题举行两次秘密谈判。7月10日，在美苏两国参与下，安理会通过关于派遣联合国观察员进驻苏伊士运河区等地监督停火的决议。此后，美苏两国几经磋商。安理会通过英国的提案，即联合国关于中东问题的"242号决议"。这个决议包含了维护阿拉伯国家利益的积极方面，它规定：以色列武装部队从这次冲突中占领的土地上撤退；结束一切挑战言论或交战状态，尊重和承认该地区每个国家主权、领土完整和政治独立，以及在安全和公认的边界范围内和平生活的权利，免遭武力威胁和武力行动；公正解决难民问题等。但是，这个决议没有谴责以色列的侵略，没有要求以色列从

它所占领的阿拉伯领土上立即无条件撤退全部侵略军，反而要求保证以色列在苏伊士运河和蒂朗海峡的"自由通航"。决议否认巴勒斯坦人民收复失地、重返家园的民族权利，把巴勒斯坦问题归结为"难民问题"。它遭到一些阿拉伯国家和巴解组织的反对。242号决议通过后，联合国秘书长吴丹指派瑞典驻苏大使贡纳尔·雅林为特使，"与有关国家建立和保持接触，以便促使意见一致和帮助根据决议条款解决问题"。雅林从12月13日至28日对黎巴嫩、以色列、约旦和埃及进行穿梭访问。叙利亚谴责联合国242号决议，拒绝接待雅林。埃及为雅林执行使命提供一切方便，但拒绝向以色列让步。以色列拒绝履行242号决议认为它只是提供进行磋商的一些条件，阻挠雅林的使命。此后，由于以色列在美国的袒护和支持拒不撤出被占领的阿拉伯领土，雅林的使命终于失败。

阿拉伯国家在"六·五"战争中的失利，使他们认识到加强军事力量和团结对敌的重要性。1967年8月29日至9月1日，阿拉伯国家首脑响应约旦国王侯赛因的呼吁，在苏丹首都喀土穆举行会议，讨论共同反对以色列侵

略的政策。与会各国本着团结对敌的精神，达成协议：不承认以色列、不与以色列磋商、不停战，"不了结巴勒斯坦问题"。会议还决定，在阿拉伯国家恢复石油出口后，沙特阿拉伯、科威特和利比亚将赠款补偿埃及和约旦因战争受到的经济损失。喀土穆会议加强了阿拉伯国家之间的团结。

"六·五"战争结束后，以色列在美国支持下，继续侵犯阿拉伯国家。从 1967 年 10 月至 1970 年夏天，在苏伊士运河两岸、约旦河两岸和叙利亚的戈兰高地，不断挑起武装冲突。1968 年 11 月和 1969 年 4 月，它两次派遣直升飞机袭击尼罗河上的桥梁上与埃及的发电厂。1969 年夏，以色列空军多次袭击埃及炮兵阵地。9 月，以色列从美国得到了鬼怪式轰炸机后，袭击埃及导弹基地和其他军事目标。它的炮兵不断袭击苏伊士运河西岸的埃及居民区。1970 年 1 月，以军攻占红海边沙德万岛上的埃及雷达站。1969～1970 年，有时一天约用 1000 吨炸弹轰炸埃及，耗资约 100 万英镑。以色列想以武力压服埃及等阿拉伯国家，永久霸占已占领的领土。埃及面对以色列不断的武装挑衅，采取打消耗战，试图打破以色列

在"六·五"战争中侵占大量阿拉伯领土的既成事实。

"六·五"战争后，巴勒斯坦游击队加强了反对以色列侵略的战争。1968 年 3 月，阿拉法特领导的"暴风突击队"在约旦的卡马拉战役中，击溃 1.5 万名以军的进攻。同年 6 月，阿拉法特担任法塔赫中央委员会主席。次年 2 月，他被推选为巴勒斯坦解放组织执行委员会主席，后又兼任巴勒斯坦革命武装力量总指挥。从 1969 年至 1971 年 5 月，巴勒斯坦各游击队出击近万次，活动范围直至以色列首都特拉维夫，成为对抗以色列侵略的一支重要力量。

埃及为了重建军队，在消耗战中打击以色列侵略者，要求苏联提供武器装备。1967 年 6 月下旬，波德戈尔内访问埃及，纳赛尔要求苏联赠送武器，派遣顾问和技术人员。苏联既为帮助埃及摆脱战败的困境，也为了控制埃及，使自己在中东站稳脚跟，表示同意埃及的要求。为此，波德戈尔内提出应由苏联海军陆战队驻守亚历山大港，在这里设指挥部，并悬挂苏联国旗。纳赛尔因此停止同苏联的会谈，指出："这意味着我们要给你们一个基地。"1970 年 1 月 22 日，纳赛尔秘密访

苏，要求苏联提供萨姆地对空导弹和派遣发射员等。苏联担心向埃及提供尖端武器将引起与美国直接冲突的危险，起初执意不允。纳赛尔当场表示："你们不准备像美国援助以色列那样援助我们，这意味着我只有一条路可走：回到埃及去把真相告诉埃及人民。我将告诉他们说，现在是我下台让位给一位亲美的总统的时候了。如果我不能拯救他们，别人就得去拯救他们。这就是我要讲的最后的话。"经过多次争论，苏联同意纳赛尔的要求。1970年3月，苏联给埃及提供萨姆导弹，派出导弹技术人员，控制了埃及的防空网。到1970年底，苏联在埃及的军事人员达到1.6~1.9万人。

在美国看来，苏联对埃及的援助与渗透，会对西方构成严重威胁。1970年4月，美国总统尼克松委派负责中东事务的助理国务卿约瑟夫·西斯科访问中东，同阿以双方讨论恢复停火的解决办法。接着。美国国务卿威廉·罗杰斯于6月25日宣布"政治解决"中东问题的新方案，即所谓"罗杰斯计划"。他主张埃及和以色列恢复至少为期3个月的停火；停火期间，双方各派代表团同雅林会谈，讨论执行联合国242号决议的方法。

在这同时，纳赛尔为从苏联获得进攻性武器，于1970年6月下旬抱病访问苏联，苏联拒绝提供这方面的武器，还拒绝支援埃军越过苏伊士运河进行反攻。苏联的这种态度，迫使纳赛尔当着勃列日涅夫的面下决心接受罗杰斯计划。当勃列日涅夫问纳赛尔"怎么接受一项美国的解决办法"时，纳赛尔回答说："我只能这样做，因为你们不动，我不能使我的国家利益受到损失"。7月23日，纳赛尔正式宣布接受罗杰斯计划。

1970年8月7日，埃及、以色列双方宣布停火90天，以利联合国特使进行调停。11月停火到期，调停又毫无结果。美苏两国在联合国建议延长停火3个月，到1971年2月调停仍无结果。埃及为了打破"政治解决"的僵局，宣布再延长30天停火期，提出要以色列部分撤军，重新开放苏伊士运河的建议。但是，由于两个超级大国都需要在中东保持一个既紧张而又不发生直接军事对抗的局面，致使埃及的建议终未达成协议。中东仍然处于不战不和的僵局。这种局面实质上是鼓励以色列向阿拉伯各国继续进行侵略，从而导致1973年第四次中东战争的爆发。

《防止核武器扩散条约》签订

1968年7月1日，苏、美、英等62个国家分别在莫斯科、华盛顿和伦敦签署《防止核武器扩散条约》。条约于1970年3月5日生效。条约规定，有核武器缔约国不向任何国家转让核武器或其他核爆炸装置，不协助、鼓励或引导无核武器国家获取核武器或其他核爆炸装置，其全部和平核活动接受国际原子能机构的监督；各缔约国承诺促进和平核活动，并就早日停止核军备竞赛和核裁军的有效措施及缔结一项全面彻底裁军条约进行谈判。条约有效期为25年。

该《条约》在防止核武器扩散方面起了重要作用，有利于维护世界的和平与稳定。同时，《条约》也存在一些缺陷和不足，主要表现在，对有核武器国家和无核武器国家规定的义务不平衡，未禁止在无核武器国家领土上部署核武器，但总的看来《条约》具有积极意义。

利比亚"九·一"革命

1969年9月1日凌晨，年轻的卡扎菲领导的"自由军官组织"，趁78岁的老国王伊德里斯在土耳其度假之机，发动军事政变，参加政变的武装力量逮捕了正在出席宴会的国王警察部队的高级将领，顺利占领了电台和其他要害部门。此时，正在国外度假的国王向英国发出紧急呼吁，要求出兵进行干预，但遭到英国的拒绝。9月5日，哈桑王储发表声明：放弃对王位的一切权力，支持新政权。至此，"九·一"革命不发一枪，不流一滴血而取得成功。卡扎菲担任了新成立的阿拉伯利比亚国家元首和总司令。

卡扎菲

越南主席胡志明逝世

1969年9月，越南人民的领袖、劳动党主席、国家主席胡志明因病去世。

胡志明原名阮必成，1890年5月19日生于义安省南坛县一个爱国儒生家庭。1920年12月出席都尔大会，加入新建的法国共产党，成为法共最早的党员之一。1921年参加创立"殖民地各民族联合会"。1923年到苏联学习和研究革命经验。1925年在中国广州创立"越南青年革命同志会"。1930年领导建立越南共产党（同年10月改名为印度支那共产党）。日本侵占印度支那后，他于1941年5月发起建立民族解放统一战线即越南独立同盟，被选为主席，领导越南人民进行反对法国殖民者和日本侵略者的斗争。1945年发动和领导八月革命，革命胜利后，任越南民主共和国临时政府主席。1946年3月，当选为越南民主共和国主席兼政府总理。1951年12月，党的"二大"将印度支那共产党改为越南劳动党，他被选为党中央委员会主席。1945年至1954年，他领导越南人民进行了长达9年的抗法救国战争，终于赶走了法国殖民者，赢得了越南北方的全部解放。20世纪60年代他又领导越南人民进行抗美救国战争，取得了历史性胜利。但是，长期动荡艰苦的革命生涯严重损害了胡志明的健康。1969年9月3日，胡志明因严重的心脏病不幸逝世，享年79岁。

胡志明纪念堂

胡志明为建设社会主义的越南进行了终身的奋斗，建立了不朽的功勋。越南人民把他当做自己民族的灵魂和象征。为纪念他在领导越南人民争取祖国自由独立和建设社会主义斗争中的功绩，越南人民特将西贡市命名为胡志明市。他的遗著有《胡志明选集》等。

世界通史

最新整理图文珍藏版

柬埔寨"三·一八政变"

1970年3月18日，柬埔寨朗诺·施里玛达集团，在美国中央情报局的密谋和策划下，趁西哈努克亲王出国治疗和进行国事访问而不在金边的机会，发动了政变，宣布废黜西哈努克亲王柬埔寨国家元首的职位。这一消息震动了印度支那，震动了全世界。10月9日，在美国的直接导演下，朗诺·施里玛达集团宣布成立"高棉共和国"。为此，柬埔寨人民展开了抗击美国侵略、讨伐朗诺·施里玛达集团的正义战争，最终于1975年4月推翻了朗诺·施里玛达集团的统治，取得了胜利。

第三次印巴战争

1971年，第三次印巴战争爆发，这次战争结束后，孟加拉国建立。20世纪70年代初，巴基斯坦国内政局动荡。1970年12月，以穆吉布·拉赫曼为首的人民联盟在东巴基斯坦人民的支持下在大选中获胜，并提出东巴自治的

"六点纲领"。这种分裂主张遭到巴政府的严词拒绝，并宣布人民联盟为非法组织，派军队对其进行镇压。印度对东巴人民的行动非常支持，并派各种武装人员渗入东巴，以及调集军队靠近东巴。巴基斯坦高度警惕印度的备战，也进行了相应备战。

被俘虏的巴基斯坦士兵

到1971年11月，双方的兵力部署基本完毕。1971年11月21日，印军向巴基斯坦发起突然袭击，印巴战争爆发。战争在东巴和西巴两个战场展开。在东巴战场，印陆军在海、空军密切配合下，集中兵力，从东、西、北3个方向，对东巴实施"多路向心突击"，至12月9日攻占了阿舒甘杰、道德坎迪和昌德普尔3个重镇，打开了通往达卡的门户。

在3个作战方向的印军先后完成对达卡合围攻击的作战准备后，印军开始向达卡发起总攻。印军第50伞兵旅首先在距达卡70千米的西北部重镇坦盖尔和距达卡30千米的东北要点纳西格迪实施空降作战，一举切断了巴军退路，向南直逼达卡。12月15日，印军完成从东、西、北3个方向对达卡的合围，海、空军则从海上和空中实施严密封锁，完全切断了东巴与西巴以及外部的任何联系。在这种情况下，东巴守军于12月16日向印军投降，东巴战场的攻防作战遂告结束。

向巴基斯坦阵地发起进攻的印度炮兵

在西巴战场，双方主要以空战为主。印军凭借其空军力量的优势，力图重创巴空军于基地，达到削弱与钳制西巴地面部队的目的。巴军则努力加强要地防空，钳制与削弱印空军作战力量，阻止或限制印空军的空袭行动，保障地面作战的进行。交战结果，双方均未取得决定性战果。此时，印军已在东巴战场取得胜利，因此印度于12月17日宣布，在西巴地区实行"单方面停火"。巴基斯坦接受了印度的停火建议，西巴战场的作战行动至此结束。

第三次印巴战争结束后，东巴脱离巴基斯坦，成立了孟加拉共和国。此外印度还占领了巴控克什米尔地区的320平方千米的土地。

九号公路进攻战役

1971年2月8日至3月23日，美军和西贡军队发动了代号为"兰山719行动"的进攻战役，企图切断越南人民武装的战略运输线，摧毁位于车邦、孟农地区的越南人民武装后方根据地。

战役分3个阶段，第一阶段（2月8日~12日）：美军和西贡军队向老挝境内班东等要点发

美国后勤保障部队

美国总统尼克松访华

1972年2月21日至28日，应中国政府的邀请，美国总统尼克松及夫人一行，来中国进行国事访问。周恩来总理等中国领导

毛泽东在中南海会见尼克松

动进攻，10日攻占班东。越军一部将敌军阻滞于班东地区，主力相继展开。第二阶段（2月13日~3月11日）：美军和西贡军队向车邦等要点发动进攻，并增调美军4个营、西贡军队2个团（旅）约5000人加强攻势。越军连续反击，挫败对方攻占车邦的企图，并形成合围态势。第三阶段（3月12日~23日）：美军和西贡军队实施退却，越军全线进攻，夺回班东等要点并实施追击，进一步扩大战果。

此役美军和南越军共损失2.1万余人（其中被俘1100余人），被击落、击伤飞机和直升机550余架（其中直升机500余架），被击毁坦克、装甲车1100余辆。

人在北京机场代表中国政府欢迎尼克松来访。21日下午，毛泽东会见了尼克松，两位领导人就中美关系和国际事务认真、坦率地交换了意见。周恩来同尼克松就两国关系正常化及双方关心的其他问题进行了广泛的讨论。28日，中美双方在上海发表了《联合公报》即"上海公报"，指出"双方同意，各国不论社会制度如何，都应根据尊重各国主权和领土完整、不侵犯别国、不干涉别国内政、平等互利、和平共处的原则来处理国与国之间的关系"；"中美两国关系走向正常化是符合所有国家的利益的"。双方在公报中阐明了各自对国际形势的立场和态度。中国方面重申："中华人民共和国政府是中国的惟一合法政府"；"台湾是中国的一个省"，"解放台湾是中国内政，别国无权干涉"；"全部美国武装力量和军事设施必须从台湾撤走"。美国方面声明："认识到在台湾海峡两边的所有中国人都认为只有一个中国，台湾是中国的一部分，美国政府对这一立场不提出异议"，并确认从台湾撤出全部武装力量和军事设施的最终目标。

日本内阁田中角荣访华

1972 年 2 月，尼克松访华改善了自朝鲜战争以来中美两国间相互敌视的状态，在全世界引起了一场政治大地震。其中，震动最大的当属中国的东邻日本。面对美国对华政策的急速转弯，一向追随美国敌视中国的日本政府顿感措手不及。

1972 年 6 月 17 日，佐藤荣作

毛泽东接见日本首相田中角荣

内阁被迫下台。7 月 7 日，田中角荣内阁登场。上任之初，田中角荣便把促成中日邦交正常化作为自己任期内的重要目标。上任当天，田中发表讲话说："在动荡的世界形势下，应该加速实现同中华人民共和国的邦交正常化，强有力地开展和平外交。"9 月 25 日，日本首相田中角荣偕大平正芳外相和二阶堂进官房长官等来中国访问，周恩来总理与田中首相举行了多次会谈。9 月 29 日，两国政府首脑签署了《中日联合声明》，宣布中日之间的不正常状态宣告结束，日本承认中华人民共和国政府是中国惟一合法政府，双方决定从 1972 年 9 月 29 日起建立外交关系。

智利发生右翼军事政变

1973 年 9 月 11 日，在美国国务卿基辛格的精心策划和中情局的支持下，智利武装部队三军司令和警察首脑发动震惊世界的右翼军事政变。政变部队首先占领了海港城市瓦尔帕莱索，接着控制了首都圣地亚哥总统府前的广场，宣布成立了一个以陆军总司令皮诺切克将军为首的军政府委员会。军政府委员会通过广播要求智利总统阿连德立即辞职，并许诺提供飞机，送他与家属及合作者一起离开智利，阿连德总统对此表示坚决拒绝。政变部队开始向总统府发起进攻，除使用坦克外，还出动飞机对总统府进行轰炸和扫射。面对政变部队的进攻，阿连德总统忠于职守，毫不退却，决心誓死保卫智利人民的事业。他辞退了总统府内被认为不能依赖的军队官兵和警察，率领 30 余名总统卫队的战士，坚持抵抗，一直战斗到英勇牺牲。执政不满 3 年的阿连德政府被右派发动的军事政变推翻。从此智利开始了皮诺切克长达 20 余年的独裁统治。

阿连德总统准备与叛军决一死战

第四次中东战争

1973 年 10 月 6 日，爆发了第四次中东战争（又称："十月战争"）。埃及和叙利亚在其他阿拉伯国家和巴勒斯坦人民的支援下，突破苏美两国的控制，取得了反击以色列侵略的重大胜利。阿拉伯产油国在战争过程中发动的石油斗争震撼了整个西方世界。十月战争打破了以色列"不可战胜"的神话，迫使美国对其中东政策作出一定的调整，为后来中东和谈局面的形成创造了条件。

1973 年 10 月 6 日下午 2 时，埃及出动 200 多架飞机，集中 2000 多门火炮向以军在西奈的防御阵地——巴列夫防线发起攻击。巴列夫防线全长 170 公里，其主阵地以运河为屏障，依托沙堤构成，共筑有 19 座要塞和 30 个据点。各据点之间的坦克和火炮掩体的火力互相交叉，控制着苏伊士运河和重要通道。这条被以色列吹嘘为"坚不可摧"的防线，在埃军炮火轰击下，顿时变成一片大海。埃军先头部队 8000 人在防空导弹和飞机掩护下，分乘 1000 余艘橡皮艇和两栖车辆从运河北部的坎塔拉、中部的伊斯梅利亚、南部的大苦湖等地强行渡河。以军面对突如其来的攻势，弃阵溃逃。埃军先头部队登上运河东岸沙滩后，用爆破筒在敌军阵地的铁丝网和地雷区中开辟通道，架设软梯，登上河堤，分割包围以军主要据点，接连粉碎以军前沿坦克的反攻，并掩护工兵部队在沙堤上打开缺口和在运河上架桥。埃及工兵部队不到 10 个小时就打开了 60 个可容坦克通过的缺口，架设了 10 座浮桥和 50 个门桥渡场，保证了坦克、装甲车、火炮和地对空导弹等重型军事装备不断通过运河。在战争开始后的 24 小时内，8 万多名埃及士兵分成 12 批突破巴列夫防线，向西奈纵深推进达 3.4 公里。

埃军初战告捷，8 日收复运河东岸重镇坎塔拉和夏特。9 日击退以军装甲部队 3 次大规模反扑，

全歼以色列第一九〇旅，活捉旅长亚古里上校。此后，埃军攻占富阿德港以南地区、伊斯梅利亚以东地区和陶菲克港一带。13 日，盘踞在运河东岸最后一个据点的以军缴械投降。埃军在运河东岸的兵力增至 5 个师，约 10 万人，坦克 600 多辆，控制了东岸 10 ~ 15 公里的地区。埃军的数 10 支伞兵部队和特种部队乘直升飞机在苏伊士湾东岸的一些地区降落，破坏敌人的交通联系和后勤供应。

在埃军发起进攻的同时，叙利亚以 3 个师的兵力，约 500 辆坦克，在空军掩护下向戈兰高地的以色列部队发起进攻。以军凭借工事和有利地形阻止叙军推进，调遣预备队增援前沿据点。叙军集中优势兵力于 10 月 8 日突破以军防线，夺取赫尔蒙山顶峰，包围戈兰高地重镇库奈特腊。9 日，北路叙军攻占马萨达，中路推进到叙以边境的贝纳特雅古布桥和阿里克桥以东数公里处，并对以军前线指挥部驻地纳法赫发起攻击。南路叙军推进到菲格，越过 1967 年"六·五"战争停火线 35 公里。

战争开始后，巴勒斯坦突击队约 2.6 万人在戈兰高地、加沙地带和以色列北部地区展开游击

战，有力地配合了埃叙军队的战斗。

以色列从最初的打击中逐渐恢复过来，力图先稳住叙以战场，以改变两线作战的被动局面，解除对其本土的威胁。从 9 日起，以军集中 15 个旅的兵力，近 1000 辆坦克，继续向叙军反击。以色列空军向叙军坦克部队和防空导弹阵地展开攻击，空袭大马士革和其他后方城市。叙利亚为保卫首都，从前线撤回部分防空导弹。11 日，以军突破叙军阵地向大马士革进犯，12 日，越过 1967 年停火线约 30 公里，占领纳赛吉，逼近卡塔纳和萨萨。13 日，伊拉克、摩洛哥、约旦和沙特阿拉伯等国的装甲部队和炮兵部队先后到达，与叙军一起制止了以军推进。

以色列在战争初期遭到猛烈打击，损失惨重。仅前 3 天就有 49 架飞机和 500 辆坦克被击毁。战争开始一星期后，武器弹药和后勤物质严重匮乏，以色列便不断呼吁美国给予紧急援助。尼克松政府为帮助以色列挽回败局，在抵消苏联给阿拉伯国家军援的借口下，10 月 13 日在国家安全委员会会议上作出立即向以色列空运军火的决定。美国从当天下午起，抽调大批 C5A 型军用运输机和属于库存装备的鬼怪式飞机，把包括 F—4 战斗机、"空中之鹰"飞机、各种自动导向炸弹在内的大批军事装备运往以色列，有些飞机还是从现役空军中调拨或从工厂的生产线上直接装运的。

以军依靠美国的军火补给，在叙以战线稳住阵脚，即向埃以战线转移兵力。从 10 月 14 日起，集结约 10 万军队，1000 辆坦克，组成北、中、南 3 个战群，连续 3 天对埃军阵地实施反突击。14 日，埃以两军在运河东岸进行了规模空前的坦克战。双方共投入 1600 多辆坦克。15 日，以色列依靠美国间谍卫星和高空侦察所得情报，发现埃及第二集团军和第三集团军防线的接合部间隙大，防御薄弱，便决定从该地段偷渡到运河西岸。当晚，以色列西奈前线指挥官沙龙率领一支由数百人组成的突击队，驾驶"六·五"战争中缴获的 13 辆苏制 F—54 型和 T—55 型坦克，乔装成埃及士兵，从大苦湖以北的德维斯瓦附近渡河。16 日凌晨到达运河西岸，在伊斯梅利亚和大苦湖之间加设 3 座浮桥，保障了两个装甲旅渡河。突入西岸的以色列部队摧毁埃军不少防空导弹基地和炮兵阵地，为以色列空军的活动创造了条件。

此后，以军除 2 个师在东岸作战外，另 2 个师陆续渡河，向南推进，占领法伊德以及附近的埃及空军基地，控制了吉素法丘陵地带。埃及对以军偷渡运河的重大军事行动开始时并未警惕，认为只是小股部队的骚扰，到 18 时发现大批以色列军渡河后，才打算封锁以军突破口，但在运河西岸的兵力不足，虽从东岸调回第四装甲师，终未能扭转战局。23 日，沿苏伊士运河向南迁回前进的以军抵达苏伊士湾，占领阿达比亚港，对埃及第三集团军和苏伊士城构成合围之势。

十月战争打响不久，苏美两国就策划停火，10 月 6 日晚，苏联驻埃及大使维诺格拉多夫要求紧急会见萨达特。他谎称叙利亚已正式向苏联表示希望停火，企图以此劝诱埃及停火，遭到萨达特严词拒绝。美国在同一天傍晚要求召开联合国安理会紧急会议，企图让英国出面提出"立即就地停火"的决议草案，遭到阿拉伯国家的抵制。此后几天，埃叙军队在战场上占据优势，美国生怕以色列战败，曾两次通过外交途径要求埃及停火，均遭萨达特拒绝。苏联暂时打消停火的念头，改而采取支援阿拉伯国家的姿态，

从 10 月 10 日起，向埃及和叙利亚实施紧急空运计划。

战争进入第二个星期后，以色列进行大规模反扑。苏联既怕埃及和叙利亚战败会招致阿拉伯世界对它的不满；又怕战争升级导致苏美直接对抗，又开始呼吁双方停火。10 月 16 日，苏联部长会议主席柯西金秘密到达开罗，与萨达特就停火问题举行了 5 次会谈。10 月 19 日，勃列日涅夫给尼克松发去急电，要求他派基辛格立即前往莫斯科举行"适当的谈判"。在此后的谈判中，基辛格提出包括阿以双方就地停火、全面履行安理会 242 号决议和有关方面立即进行谈判的美国方案。苏联除要求对某些措辞作些改动外，全盘接受美国的停火方案。10 月 21 日晚到 22 日凌晨，安理会应苏美两国紧急要求召开会议，通过关于阿以立即就地停火的决议，即第 338 号决议。10 月 22 日晚，埃及宣布接受第 338 号决议。叙利亚在同苏联接触后，于 24 日宣布接受第 338 号决议。以色列表面上被迫接受停火决议，却利用埃军在接到停火命令后不再战斗的时机，于当晚占领苏伊士—开罗公路的一些路口，并在第二天切断埃及第三集团军两个师约 2

万人与外界的联系，控制了向他们运送补给的路线。

由于以色列违反停火决议，安理会应埃及要求于 23 日再次开会。会议通过第 339 号决议，重申第 338 号决议的有效性，要求联合国秘书长立即派遣观察员去中东监督停火。但是，以色列无视安理会决议。25 日出动大批坦克多次猛攻苏伊士城。埃及军民在极端困难的条件下坚持战斗，保卫了苏伊士城。

埃及迫于以色列破坏停火，第三集团军随时可能遭到以军进攻，在 24 日的安理会上，要求苏美两国"各自立即从驻在中东附近的部队中抽派队伍去监督停火的实施"。苏联认为这是它重返埃及的良机，表示支持，美国认为，这一步骤会使苏联在中东地区的作用"合法化"，断然加以拒绝。24 日晚，勃列日涅夫向尼克松发出一封措辞强硬的信件，声言美国如拒绝联合出兵，苏联将考虑"单方面采取适当步骤"。苏联的 7 个空降师处于戒备状态，随时准备开赴埃及。苏联驻地中海的军舰激增至 85 艘。美国对此作出强烈反应，国家安全委员会于 24 日深夜召开特别会议讨论对策。11 时 41 分，参谋长联席会议主席穆

勒命令美国所有军事部门进入三级戒备。25 日凌晨，美国在全球的武装部队 220 余万人，包括核打击力量，战略空军司令部，全部处于三级戒备状态。

而对美国所采取的强硬态度，苏联很快降低了调门。勃列日涅夫于 10 月 25 日给尼克松的信中已不再提单方面出兵，仅表示拟派遣一些非军事人员去中东观察停火执行情况。同日，埃及鉴于美国反对派遣苏美联合部队，它要求安理会提供一支国际部队。27 日，联合国秘书长根据安理会通过的有关决议，首先抽调驻塞浦路斯的部分联合国维持和平部队去中东，由芬兰的恩肖·西拉斯沃少将担任临时司令。11 月 2 日，由印度尼西亚、巴拿马、尼泊尔、秘鲁、奥地利、芬兰、爱尔兰和瑞典派出部队正式组成联合国紧急部队，加拿大和波兰参加后勤工作。

10 月 25 日以后，被围的埃及第三集团军 2 万多人弹尽粮绝，情况危急。美国为了拉拢埃及，对以色列施加压力，要其在允许埃及向第三集团军供应非军事性物质方面作出让步。基辛格于 11 月 6 日到 8 日访问开罗，向萨达特提出 6 点停火协议。萨

达特接受了这一协议。以色列经美国劝说，于11月9日宣布原则上接受6点协议。11月11日，埃及武装部队助理参谋长贾马斯和以色列作战部长里亚夫在开罗—苏伊士公路101公里处签署6点停火协议：双方同意认真遵守联合国安理会要求的停火；从11月15日起分批交换战俘；以色列在开罗—苏伊士公路上的检查站由联合国军接管；以色列允许向埃及第三集团军和苏伊士城运送非军事物资。

十月战争的过程中，阿拉伯产油国采取减产、禁运和提价等措施，以石油斗争配合军事斗争，沉重打击以色列及其支持者。10月16日，海湾6国的石油部长会议决定把原油标价提高70%，北非阿拉伯产油国同时宣布把原油标价提高100%以上。10月17日，阿拉伯石油输出国组织作出决议，规定10个成员国以各自9月份的油产量为基础，每月递减5%，直到以色列从"六·五"战争中占领的土地撤走为止。同一天，沙特阿拉伯照会美国政府，要其停止对以色列的援助，否则将对美国实施石油禁运。美国国会以同意给予以色列22亿美元军援的法案作为回答。这个行动激起阿拉伯产油国的极大愤慨。它们从18日起纷纷宣布对美国实施石油禁运。由于荷兰和葡萄牙执行偏袒以色列的政策，产油国宣布也对它们实施石油禁运。

阿拉伯国家发动的石油斗争猛烈地冲击了西方经济。美国石油进口量每天减少200万桶，促使70年代以来日趋严重的能源危机进一步激化。一些大石油公司趁机抬价以牟取暴利，加剧了石油短缺的恐慌。尼克松政府被迫采取一系列应急措施，如减少班机航次，限制车速，假日关闭全国加油站等，引起美国人民的不满。西欧各国和日本由于对中东石油的依赖比美国更为严重，阿拉伯产油国采取减产、提价等措施后，它们纷纷制定严格的节油办法，有的还宣布进入紧急状态。人们上街抢购石油，工业股票价格猛跌，经济生活处于混乱不安的状态。

美国为了摆脱石油斗争带来的困境，先是企图诱使沙特阿拉伯撤销禁运，遭到拒绝后，又接连进行威胁和恫吓，暗示将使用武力占领阿拉伯油田。产油国就此发出严正警告，如果美国胆敢使用武力破坏石油斗争，它们将不惜炸毁油田。

世界通史

最新整理图文珍藏版

阿拉伯国家在石油斗争过程中曾多次表示，它们的目的是要唤起全世界对中东问题的注意，促使中东问题早日获得公正的解决。而不是要给其他国家制造经济困难。对于同情和支持阿拉伯事业的国家，将优先保证它们的石油需要。阿拉伯石油输出国组织还成立了专门委员会来确定友好国家、中立国家和敌对国家的名单。绝大多数西欧国家和日本为确保石油供应，对中东问题采取新的立场。法国、西德、英国、西班牙和意大利等中止了同以色列的军火贸易，拒绝美国利用它们的设施向以色列运送补给品，禁止替以色列装运军火的美机在其领土上加油或检修。11月6日，欧洲共同体9国外长发表联合声明，正式要求以色列归还"六·五"战争中占领的阿拉伯领土和恢复巴勒斯坦人的合法权利，并敦促阿以双方的军队撤退到10月22日停火线。11月22日，日本政府也就中东形势发表声明，敦促以色列遵守联合国宪章的原则，放弃"六·五"战争中侵占的阿拉伯领土。西欧国家和日本还对美国施加压力，迫其采取较为明智的中东政策。针对这一情况，阿拉伯石油输出国组织于11月18

日和12月底先后把除荷兰、葡萄牙以外的西欧国家和日本列为友好国家，对它们的石油供应量恢复到1973年9月时的水平。

阿拉伯产油国既坚决又灵活的斗争策略使美国处于极为孤立的境地，促使它对中东政策实行某些调整。1974年初，由于美国在阿以脱离接触谈判中开始起"调解人"的作用，一些阿拉伯国家在内部提出解除对美国石油禁运的建议。1974年3月17日～18日召开的阿拉伯石油输出国会议，通过埃及关于解除对美国石油禁运的提议。

埃及军民在十月战争中洗刷了"六·五"战争中的耻辱，从而为战后与以色列进行谈判创造了条件。埃及在战争中也付出了重大的代价，8000多名军人阵亡，10万多人受伤或被俘，遭受重大的经济损失。萨达特总统感到，埃及人民迫切需要休养生息，恢复和发展经济，需要寻求新的途径来解决埃以争端。

以色列在十月战争中遭到沉重的打击。2400多名军人被打死，800多辆坦克、115架飞机被击毁。军事动员使以色列减少近一半的劳动力，物质消耗和财产损失达70亿美元。以色列人民饱尝

最新整理图文珍藏版

战争之苦，要求和平的呼声越来越高。在国际上，以色列进一步孤立，十月战争期间有20多个国家与它断绝外交关系。以色列统治集团在国内外舆论的压力下，不得不考虑进行和平谈判。

1973年12月21日到22日，在日内瓦召开了埃及、约旦、以色列、美国和苏联参加的中东和平会议。美国和苏联担任会议的两主席，联合国秘书长瓦尔德海姆出席了会议。会议的主要结果是决定成立军事工作小组，负责具体处理阿以军队脱离接触问题。根据这一决定的精神，埃及和以色列从1973年12月26日到1974年1月9日就双方军队脱离接触问题举行了6轮谈判，由于在具体问题上存在着明显的分歧，谈判在1974年1月9日后中断。

1974年1月11日到17日，基辛格在阿斯旺和耶路撒冷之间往返穿梭，与埃以领导人分别会谈。经基辛格的斡旋，埃及与以色列于1974年1月18日签署了第一个有关军队脱离接触的协议，主要内容是：以色列放弃在苏伊士运河西岸的桥头堡；埃军控制运河东岸5～7.5公里宽的地带；双方军队由一个驻有联合国部队的缓冲区隔开，缓冲区宽为3.5～5公里。脱离接触工作于1月25日开始，按预定计划在3月4日完成。

从1974年4月28日起，基辛格开始在叙以之间进行调停。经过32天来回穿梭，5月29日签订了叙以军队脱离接触的协议。协议对以色列撤出十月战争以及"六·五"战争中占领的叙利亚领土，遣返战俘，交还士兵尸体等事项作出规定。

埃及在同以色列签订第一个军队脱离接触协议后，经过一年多的谈判斗争，通过美国的多次斡旋，于1975年9月1日与以色列签订了第二个军队脱离接触协议，主要内容包括：以色列进一步后撤至吉迪山口和米特拉山口以东，把阿布鲁迪斯油田交还埃及；埃及允许以色列非军用船只通过苏伊士运河；双方保证不相互进行战争威胁、使用武力或实行军事封锁。协议还同意由美国派出人员参与管理设在上述两个山口及其附近的监听站。

十月战争结束后，美国与埃及等阿拉伯国家的关系逐步改善。1974年2月28日，埃美恢复了中断7年之久的外交关系。6月，尼克松在访问开罗期间与萨达特签署了《埃美关系和合作协定》；在访问大马士革时，美叙宣布恢复外交关系。

十月中东战争在阿拉伯国家反侵略史上写下了光辉的一页，在军事上，它粉碎了"以色列军队不可战胜"的神话。阿拉伯国家同仇敌忾，配合军事斗争运用石油武器，在反对以色列及其支持者的斗争中发挥了重要作用，给予帝国主义和霸权主义以沉重打击。阿拉伯国家在十月战争中的胜利，鼓舞了第三世界国家捍卫国家主权和保卫民族权益的斗争，为第三世界国家反帝反殖反霸斗争开创了一个新的局面。

越南实现统一

1975 年 3 月 4 日，为了实现南越与北越的统一，越南军民利用南越政权面临严重统治危机的有利形势，以北方正规军为主，在南越人民武装和人民群众的配合下，发起了春季总进攻，连续进行了西原战役、顺化—岘港战役和西贡战役三大战役。经过 55 天激战，共歼灭和瓦解敌军 100 多万人，推翻了南越政权，实现了国家的统一。

1975 年 3 月 4 日，北越集中 4 个师兵力，开始对西原地区之敌进行分割包围，最后确定西原南部的邦美蜀为战役的主要突击方向。至 4 月 4 日，西原战役胜利结束，共歼敌万余名，并缴获大批作战物资，为以后作战行动创造了有利的条件。

西原战役打响后，南越极为惊慌，迅速收缩兵力，准备固守顺化和岘港地区。这一地区与越南北方相邻，驻有武器装备精良的南越 5 个主力师。为了保证战役顺利进行，同时鉴于美军对北越军队南下攻势未采取大的行动，北越将全部主力部队 3 个军投入了南方战场。3 月 19 日，南越人民武装积极配合北方军队行动，乘虚攻入广治市。两天后，北越军主力兵分北、西、南 3 个方向向顺化发起攻击，重点打击该市守敌的指挥所、机场及封锁海上退路。至 25 日，攻克顺化市，随后转兵进攻岘港。北越军相继攻占了岘港南面的广义、王岐、巡养三地，尔后全力逼近岘港市。在这种情况下，南越政府总统阮文绍下令固守城池，要求至少坚持两个月时间，以便调整兵力部署，伺机反扑。与此同时，调兵遣将，增援岘港守军。

然而由于美军顾问临阵撤离，军心混乱，大批南越军向南溃逃。

北越军抓住这一时机，大举向岘港以南发起进攻，29日更进占岘港市。此役，北越军共消灭和瓦解敌军10多万人，使该地区与越南北方连成一片，将南越军逼退至西贡一带。西贡是南越政权的首府，也是其兵力集聚的重镇，驻有7个师兵力。4月9日，北越军首先向西贡市外围据点的南越军发起攻击，但遭到南越军的顽强抵抗。于是，北越军变更部署，集中强大炮火轰击南越军防御阵地。南越守军损失惨重，军心动摇，被迫退却。4月29日凌晨，北越军向西贡发起全面攻击，重点进攻市内的南越总统府、警察总署、总参谋部、广播电台和郊区的新山机场。经过1天激战，北越军相继攻克诺中、龙平、莱眺、富利、厚义、芹德等重要据点和基地。4月30日晨，北越军攻入市区，与南越军队展开巷战，

中午时分占领全部西贡市区。至此，越南抗美救国战争终于取得最后胜利，越南实现了国家的统一。

黎巴嫩内战爆发

1975年4月，黎巴嫩爆发了基督教派与伊斯兰教派之间的战争。

黎巴嫩位于亚洲西部、地中海东岸，是中东地区惟一不以伊斯兰教为国教的阿拉伯国家，首都贝鲁特是西亚通向地中海的门户。黎巴嫩国内教派众多（伊斯兰教和基督教是两大基本教派），党派林立，人口虽只有300余万，但却有80余个党派团体和不受政府控制的30余支武装力量。1943年独立前，基督教与伊斯兰教的人口比例为6：5，各教派即在此基础上达成分配国家领导职务与议会席位的协议：总统、军队司令由基督教马龙派人士担任，总理和议长由伊斯兰教的逊尼派和什叶派人士担任，在议会99个席位中，基督教派占53席。这种状况一直延续了几十年。后来，伊斯兰教派人口迅速增长，逐渐居全国多数。他们对基督教派继续

北越军坦克攻陷南越总统府

世界通史

最新整理图文珍藏版

掌握军政大权日益不满，迫切要求重新分配国家权力。而基督教派统治集团为维护既得利益，不肯作出让步，两派之间的矛盾日益加剧。另外，在黎巴嫩还有40多万巴勒斯坦难民；1970年9月，约旦当局镇压巴勒斯坦游击队的事件发生后，巴勒斯坦游击队主力1万余人从约旦转移到黎巴嫩境内，并在黎巴嫩南部建立营地，不断对以色列进行袭击，因而黎巴嫩也经常遭到以色列的报复；巴勒斯坦游击队还支持伊斯兰教派的斗争，这些都引起基督教派统治当局的强烈不满。加之，美国、以色列和一些阿拉伯国家经常插手黎巴嫩事务，从而增加了黎巴嫩局势的复杂性，促使全面内战的爆发。

1975年4月13日，黎基督教长枪党马龙派武装袭击了巴勒斯坦居民区，造成数十名巴勒斯坦人死亡。这一事件成为内战的导火线，随即发生伊斯兰教派与基督教派民兵的激烈战斗，就这样一场持续10余年的内战开始了。

民主柬埔寨成立

1976年1月，民主柬埔寨正式成立。1970年3月18日，柬埔寨朗诺·施里玛达集团趁柬埔寨国家元首西哈努克出国之机发动政变，推翻了西哈努克亲王领导的王国政府。3月23日，西哈努克亲王在中国北京宣布成立柬埔寨民族统一战线，并担任主席。5月5日成立以宾努亲王为首相的柬埔寨王国民族团结政府。1975年4月，柬埔寨民族解放人民武装力量解放了全国，西哈努克亲王和宾努首相离开北京回国。1976年1月5日颁布新宪法，废除了君主立宪制，改国名为民主柬埔寨。新宪法规定：人民代表大会是最高立法机关，其常设机构为常务委员会，人民代表由选举产生，任期5年；政府为最高执行机关，由人民代表大会决定其组成；司法委员会为最高司法机关，成员由人民代表大会任命。1976年4月，西哈努克亲王辞去国家元首后退休，王国民族团结政府解散，人民代表大会选举乔森潘为国家主席团主席。

马约特岛争端

马约特岛争端是科摩罗与法国之间关于马约特岛的主权之争。

西哈努克同第 6 个妻子在一起

卡特与福特在进行竞选演说

马约特岛是科摩罗的四大岛之一，位于科摩罗群岛南部，处于莫桑比克海峡北部的咽喉要道，战略地理位置十分重要。1975 年 7 月科摩罗宣布独立。同年 11 月联合国大会在接纳科摩罗为其成员国的决议中确认了包括马约特岛在内的科摩罗的统一和领土完整。法国不顾联合国和非洲国家的反对，于 1976 年 4 月单方面在马约特岛举行"公民投票"，宣布马约特岛为"法西共和国的一个地方行政单位"。

卡特当选美国总统

1976 年 11 月，美国举行大选。民主党候选人卡特获胜，当选为美国第 39 任总统。卡特于

1924 年 10 月 1 日生于美国佐治亚州普兰斯一个花生农场主家庭，1946 年毕业于马里兰州美国海军军官学校（即安纳波利斯海军学院），获理学士学位，随后加入海军服役 7 年。1953 年父亲去世，他退役回家乡经营卡特农场、卡特仓库等业务。1962 年，38 岁的花生农场主卡特决心步入政坛，参加竞选州参议员。1963 年 1 月，卡特当上了佐治亚州的一名州参议员，正式登上了美国政府宝塔的第一层。1971 年 1 月，经过 9 年的拼杀，卡特又在亚特兰大的佐治亚州大会堂，宣誓就任该州第 76 届州长。在当时美国南方的年轻州长中，卡特以办事富有实效、积极消除种族歧视赢得声誉。1974 年卡特宣布竞选总统，并轻易获得民主党提名。1976 年，他经过艰苦的竞选战以微弱优势击败福特总统，出任美国第 39 任总统。

伊朗伊斯兰革命

20世纪60年代以来，伊朗礼萨·巴列维国王大权独揽，实行君主专制。国王的专制统治激起了群众的不满，遭到以宗教领袖霍梅尼为代表的伊斯兰教什叶派上层的强烈反对，国内政局动荡不定。霍梅尼运用宗教力量组织

礼萨·巴列维国王

反国王的群众运动。国王先是实行武力镇压，继之妥协让步，但都无济于事。1979年1月16日国王被迫出国"长期度假"（1980

年7月27日在埃及病故）。巴列维王朝覆灭。同年2月，霍梅尼由法国回伊朗，宣布成立伊斯兰革命委员会，废除君主制，建立伊朗伊斯兰共和国。根据新宪法的规定，霍梅尼为"伊斯兰革命领袖"，即最高领袖，《古兰经》和《圣训》被宣布为指导人们思想和行动的准则。伊朗的伊斯兰革命对世界上伊斯兰复兴运动有巨大影响。

中美建交

1977年，美国第39任总统卡特上任后，致力发展同中国的外交关系。1978年12月16日（美国为15日），中美双方发表了《中华人民共和国和美利坚合众国关于建立外交关系的联合公报》，"商定自1979年1月1日起互相承认并建立外交关系"，并"将于1979年3月1日互派大使并建立大使馆"。在公报中，"美利坚合众国承认中华人民共和国政府是中国的惟一合法政府。在此范围内，美国人民将同台湾人民保持文化、商务和其他非官方关系"。同日，中国政府发表声明，重申"台湾是中国的一部分"，美国政

邓小平与卡特交谈

美国总统福特与勃列日涅夫签署《关于
进攻性战略武器问题的联合声明》

府发表声明说：1979 年 1 月 1 日，美利坚合众国将通知台湾，与之结束外交关系，美国和台湾之间的《共同防御条约》也将按照条约的规定予以终止。至此，中美关系实现正常化。

美苏签订《限制进攻性战略武器条约》

1979 年 6 月，美、苏两国签订《限制进攻性战略武器条约》。

1972 年 11 月 21 日，美、苏在日内瓦开始第二阶段限制核武器会谈，中心议题是制订一项限制进攻性战略武器条约，以取代《临时协定》。1973 年 6 月勃列日涅夫访美，与尼克松签订了《关于进一步限制进攻性战略武器谈判的基本原则》。1974 年 11 月，福特和勃列日涅夫在海参崴举行会谈，签署了《关于进攻性战略武器问题的联合声明》。1979 年 5 月，美苏达成协议，6 月 18 日，卡特和勃列日涅夫在维也纳会晤，草签了《美苏限制进攻性战略武器条约》和《附加议定书》，有效期到 1985 年底。《美苏限制进攻性战略武器条约》由于美国国会的反对未获批准生效。1981 年里根上台后，美国政府反对批准该条约。

英国历史上的第一个女首相

1979 年 5 月 3 日，玛格丽特·撒切尔成为欧洲第一个女首相。

在这一天的英国大选中，她和她的保守党获得了决定性的胜利。

撒切尔于1925年10月13日生于英格兰肯特郡的格兰瑟姆。毕业于牛津大学索默维尔女子学院，先后获牛津大学理科学士、文科硕士学位。她在大学时代就热衷于政治，在牛津大学读书时，她加入了英国的保守党，曾担任该党在牛津的协会主席。毕业后任律师，并最终走上参政之路。

1965年至1969年先后任保守党要职。1970年保守党再度执政，任教育和科学大臣。1975年当选保守党领袖。1979年5月出任英国首相。1983年6月、1987年6月两次连任。她不仅是英国历史上第一位女首相，也是20世纪内执政时间最长的政府首脑。1990年11月，因政策分歧失去内阁支持，22日宣布退出保守党领袖竞选，并辞去首相职务。次年4月正式去职。

曾4次访问中国，1984年在北京代表英国政府与中国政府签署了《关于香港问题的联合声明》。

素有"铁娘子"之称的撒切尔夫人

萨尔瓦多内战

1979年10月28日，萨尔瓦多内战爆发。萨尔瓦多位于中美洲，近50年来一直由亲美军人实行独裁统治，国家的政治权力和经济命脉一直掌握在本国的"14个家族"和以美国为主的外国垄断资本家手中，广大人民过着极为贫困的生活。极端的经济不平等孕育着越来越严重的社会动乱，军政府的独裁统治也引起人民的强烈不满和反抗。1977年，前国防部长罗梅罗通过舞弊选举上台后，几年内就有7000人被杀。1979年10月，在尼加拉瓜革命胜利的影响下，萨尔瓦多人民武装斗争进一步高涨，矛头直指罗梅罗军事独裁政府。美国被迫换马，支持宪法派军人发动军事政变，建立温和政府——"执政委员会"，进行一些社会改良，企图稳定政局。但执政委员会内部矛盾重重，国内经济日趋恶化，更引起人民的失望和极度不满，反政府武装的规模扩大，活动加强，整个国家处于剧烈的动荡之中。

美国第40任总统里根

波兰"团结工会"成立

1980年7月1日，波兰政府公布肉制品提价，引起群众不满，全国各地开始出现罢工。面对着不断蔓延的罢工浪潮，波政府不得不同罢工委员会进行谈判。8月31日，罢工领袖瓦文萨与政府副总理雅盖尔斯基签署复工协议，政府同意在承认统一工人党领导作用和波苏同盟条件

瓦文萨等人庆祝工会成立

下成立"独立自治工会"。不久，独立自治团结工会筹委会宣告成立，瓦文萨当选为临时负责人。9月22日，波全国36个独立自治工会的代表在格但斯克举行第二次会晤，通过独立自治"团结"工会章程。这次会议决定，把全国划分为17个工会运动行政管理区，工会总部设在格但斯克。9月24日，团结工会全国协议委员会负责人正式向华沙地区法院提交了要求登记的申请。团结工会成立后，组织发展十分迅速，很快就发展到950万会员，统一工人党300万党员中有100万加入了团结工会。

里根当选美国第40任总统

1980年11月，共和党人里根

世界通史

最新整理图文珍藏版

以压倒多数的选票优势当选为美国第 40 任总统。里根于 1911 年 2 月 6 日生于美国伊利诺伊州坦皮科城。1932 年毕业于尤雷卡学院获经济学和社会学学士学位。毕业后在艾奥瓦州电台担任广播员 5 年。1937 年进入好莱坞华纳兄弟电影公司当电影和电视演员。第二次世界大战期间应征入伍，在陆军服役。退伍后重返好莱坞，此后 20 多年，曾在 50 余部影片中担任角色。1949 年当选为电影业委员会主席。里根早年参加民主党。1962 年改入共和党。1966 至 1974 年连任两届加利福尼亚州州长。1968 年和 1976 年曾两次争取共和党总统候选人的提名，但均未成功。1980 年里根被提名为共和党总统候选人。他选择前得克萨斯国会议员、联合国大使乔治·布什作为他的竞选搭档。当时，选举人深受通货膨胀的折磨，另有数名美国人在伊朗被作为人质扣押了一年。所有这些最终使之前的民主党政府落败，共和党在选举中获胜。11 月 4 日选举揭晓，里根囊括了 538 张选票中的 489 张，以绝对的优势击败前总统卡特（49 票）当选为美国第 40 任总统。

美国总统里根遇刺

1981 年 3 月 30 日，美国第 40 任总统里根上任才两个月，然而不幸却降临到他的头上。这天，里根应邀出席华盛顿康涅狄格大街的希尔顿饭店举行的一次美国劳联—产联集会。下午两点半钟，当他走到汽车跟前，向欢迎的群众招手致意时，突然一个金发青年拔出左轮手枪，向他射出了 6 发爆炸性子弹。枪声响后，白宫特工人员迅速扑向凶手，用自己的身体挡住总统，从而使最后几枪都打偏了。受伤的里根被送往附近医院抢救。其实，子弹并没有直接击中他，而是打在防弹车上反弹进他的胸部，击断了第 7 根肋骨后钻进左肺叶离心脏仅 3 厘米的地方。里根很快地恢复了

里根离开希尔顿饭店

健康。枪击事件发生 12 天后，里根重返白宫。

王储查尔斯和戴安娜结婚

1981 年 7 月 29 日，英国王储查尔斯王子和戴安娜在伦敦圣保罗教堂举行结婚典礼。英国官方宣布，这是 300 多年来第一位英国王储和英国的贵族小姐结婚，也是 400 多年来第一位英国王储在圣保罗教堂举行婚礼。英国报刊称誉这场婚礼为"世纪婚礼"。

在圣保罗教堂的婚礼盛况

这天清晨，在王家车队行经的白金汉宫到圣保罗教堂长达 3.2 千米的街道上，早就聚集了观礼和看热闹的人群，估计达 100 万人之多。沿途建筑物的高层窗口边，也站满了观礼的人们。上午 9 时整，远近教堂的钟声齐鸣，应邀来伦敦观礼、身穿各色礼服的外国皇室人员、政府代表、外交使节和英国各界人士共 2500 名贵宾，陆续进入教堂。接着，英国女王夫妇、查尔斯王子、戴安娜等英国王室人员，分别乘坐传统精致的王家马车，由骑着高头骏马、身穿红色武士服装的王室卫队护送先后到达。英国的两家电视台对婚礼实况进行现场直播，从早晨 7 时半开始，长达六七个小时。

32 岁的查尔斯王子是英国女王伊丽莎白二世的长子，是英国王位的未来继承人。戴安娜年仅 19 岁，是斯本塞伯爵的女儿，曾在伦敦的一所幼儿园担任教员。

查尔斯王子与戴安娜的婚车驶向礼堂

1981年2月24日，白金汉宫宣布查尔斯王子和戴安娜订婚的消息后，英国新闻界和出版界作了大量报道，掀起了筹备婚礼的高潮。尤其是进入7月下半月以后，查尔斯王子和戴安娜每天的社交活动、言谈举止，都成了各家报纸竞相报道的热门消息。查尔斯与戴安娜的婚礼被誉为20世纪最隆重的爱情盛事。

第五次中东战争爆发

1982年6月6日，以色列借口其驻英国大使被巴勒斯坦游击队刺杀，出动10万大军，对黎巴嫩境内的巴勒斯坦解放组织游击队和叙利亚驻军发动了大规模的进攻，第五次中东战争爆发。以军仅用了8天时间，就占领了黎巴嫩的半壁江山，并将巴解总部和武装人员5000人包围在贝鲁特西区及南部，同时给叙军以沉重打击。从6月14日开始，以军集中兵力围攻巴解总部所在地贝鲁特西区。6月27日，联大第七次紧急特别会议通过决议，要求以色列无条件从黎巴嫩撤军。8月5日，以军包围了巴解总部大楼。8月12日，巴解宣布愿意撤出贝鲁特西区，从8月21日~9月1日，巴解总部和游击队12000余人，先后由贝鲁特西区撤至约旦、伊拉克、叙利亚、阿尔及利亚等8个阿拉伯国家；驻贝鲁特西区的25000名叙军士兵也于8月30日和9月1日撤往贝卡谷地。

9月15日，以军以黎总统杰马耶勒遇害为由，进驻贝鲁特西区。9月18日，以军配合黎巴嫩基督教民兵对巴勒斯坦难民营的无辜平民进行血腥屠杀，激起了世界公愤。在国际舆论的压力下，9月29日，以军撤离，由多国和平部队进驻贝鲁特西区维持秩序。但大批以军仍占据在此。经过长达5个月的谈判后，黎以签订了撤军协议。此后，以军单方面分批从黎撤军。

英阿马岛战争

1982年3~6月，英国和阿根廷围绕马尔维纳斯等三个群岛主权的战争，是第二次世界大战以后南大西洋地区爆发的一场局部战争。虽然这场战争规模不大，持续时间不长，但它为现代条件下的局部战争、特别是海上作战提出了值得重视的新问题，提供了新经验，因而引起了全世界的关注。

马岛——南大西洋通往太平洋的"钥匙"

马尔维纳斯群岛，也称福克兰群岛。它位于靠近南美洲大陆的大西洋洋面上，形状像一个打开的扇贝。马尔维纳斯群岛的确切地理坐标是南纬 51°40′ ~ 52°00′，西经 57°40′ ~ 62°00′。它由346 个大小岛屿组成，面积 12800 平方公里。主岛有两个，它们东西并列，中间被福克兰海峡隔开。

英国特遣部队向南大西洋进发

东岛叫索莱达岛，又叫东福克兰岛；西岛叫大马尔维纳岛，也称西福克兰岛。其他小岛如众星捧月，围绕在两个主岛四周。马岛的这一地理状况，造成了这一带海湾众多，水道纵横的特点。马岛陆上多为山地和丘陵地，平原面积不大。东岛有两条横亘东西的山脉，海拔 705 米的厄斯本山是东岛最高点，山南是一片叫拉福尼亚的平原，山北侧是丘陵地。西岛山峰林立，地势崎岖，亚当山海拔 700 米，是西岛最高点。马岛属海洋性气候，平均气温较低，冬季十分寒冷。这里的海洋资源十分丰富，矿产主要有铝、银、铁、铅、煤和石油。马岛在军事上是一个战略要地。由于它距离麦哲伦海峡东部入海口仅 450 公里，是过往该海峡的船只必经之地，因此被称为南大西洋通往太平洋的"钥匙"。同时，它对于控制南极大陆至南美洲合恩角之间的德雷克海峡，保障大西洋通往太平洋南部航线的安全，也具有十分重要的意义。

与马尔维纳斯群岛在地理上相隔较远，但在地缘上却几乎融

英国首相希思

为一体的另有一个岛和一个群岛，这就是南乔治亚岛和南桑德韦奇群岛。围绕马岛主权的争端，通常也包括这两个部分。南乔治亚岛位于南纬54°15′~54°55′，西经36°45°~38°05′之间，距马岛1300多公里，是个火山岛。南乔治亚岛长168公里，宽32公里，周围有一些小岛和岩礁，总面积3765平方公里。主岛中部山峦起伏，地势险峻，最高峰是佩吉特山，海拔2934米。雪山、冰川约占全岛面积的2/3，气候严寒、多暴风雪。周围海上生物资源丰富。南桑德韦奇群岛是个未开发的火山岛，位于南纬58°18′~59°30′，西经26°00′~28°30′之间，距马岛2000多公里。该群岛主要由11个小岛组成，总面积310平方公里。岛上多山，覆有冰雪。

错综复杂的历史背景

据记载，1504年有一支意大利探险队在沿阿根廷东部海岸航行时，因暴风袭击，被卷入南大西洋，于漂泊中偶然登上了马尔维纳斯群岛，1520年，西班牙航海家戈梅斯到达该岛。1529年，英国航海家约翰·戴维斯在该岛停泊，宣称自此该岛归属英王。1个世纪以后，另一位英国航海家约翰·斯特朗乘"幸福"号船上

岛，他以当时的英国海军官员福克兰子爵的名字，为该岛起了一个英国名字。1764年，法国青年贵族路易·安东·德·布甘维尔率领一支由140人组成的探险队，分乘"雄鹰"号和"人面狮身"号两艘帆船来到岛上，建立了第一个定居地，并给该岛起了一个富有法国式浪漫色彩的名字——马尔维纳斯。在此以后，还有许多知名和不知名的探险队和航海家曾抵达该岛。这里的一个重要因素是，众多的探险队和航海家当时并不知道马尔维纳斯是一个群岛，他们所登临的只是群岛的某个部分，即使是同一部分，大多数情况下也都是从完全不同的方面登岛的。根据国际普遍认定的法则，先占对于拥有无主土地具有决定性意义，但是，有效先占最低限度必须具备两项条件，首先必须是有取得主权意愿的行为，其次，必须以适当的方式表现这种主权。用这一最低标准来衡量他们的行为，都不能认为他们中任何人是这块土地主权完全够格的拥有者。因此，争端的出现成了必然现象。

1764年，西班牙政府首先对法国政府发难，宣称按照1493年《教皇划定的分界线》，马尔维纳

斯无可争议地属于西班牙，要求已在岛上建立栖居地的以布甘维尔为首的法国人撤走。经过谈判，1766年10月3日确定，由西班牙付给法国2.4万英镑，"收回"马岛主权。次年4月1日，西班牙向岛上委派了第一位总督，并将首府定名为索莱达港。在西法两国举行谈判的时候，英国人约翰·拜伦率船队到达马岛，也向法国人提出了归还主权的问题。由于西法两国已达成协议，矛盾遂转为西英之争，1768年，岛上两国官员多次互致信件，要求对方撤离，没有结果。1770年，西班牙派出一支由5艘护卫舰组成的舰队和1500名军人，在胡安·伊格纳西奥·德马达里亚指挥下，以武力赶走了英国人。1806年，在拿破仑战争期间，西班牙投降法国。趁此机会，英国派出由海军上将波费姆率领的舰队，攻陷了西班牙殖民政府在阿根廷的首府布宜诺斯艾利斯，驻马岛的西班牙总督闻讯逃离。英国认为，西班牙对马岛的管辖权就此结束。1810年，阿根廷布宜诺斯艾利斯地区人民举行起义，推翻西班牙殖民统治。1820年，阿根廷政府特使戴维·朱厄特海军上校以拉普拉塔联合省的名义，宣布正式

从西班牙手中接管马岛。1829年，阿根廷又向岛上派出了第一位行政长官。但是，这一切遭到了英国的反对。1831年，阿根廷驻马岛行政长官为了制止外国渔船在马岛海域捕猎海豹，扣留了3艘美国渔船。为了报复阿根廷，美国政府派海军护卫舰"列克星敦"号炮轰了索莱达港。英国抓住了这一机会，以保护马岛不受外来武力侵犯为由，于1833年1月派出由约翰·詹姆斯·翁斯洛舰长率领的"史诗女神"号护卫舰，攻占索莱达港，赶走了阿根廷驻马岛总督。1843年6月23日，英国任命了第一位驻马岛总督，1945年7月18日，又将首府由索莱达港迁往斯坦利港。从此，围绕马岛主权长达数百年的纷争集中到了英阿两国之间。

英阿争端的激化

英国和阿根廷两国围绕马岛主权问题的争端持续了将近1个半世纪，它由争端发展到战争，有着深刻的原因。

主权争端在长达100多年的过程中得不到解决，两国积怨加深，是导致战争的历史原因。在英国实际控制马岛以后长达1个世纪的漫长过程中，阿根廷始终保持了对马岛的主权要求。20世

纪中期，世界反殖民主义的高潮使阿根廷的这一要求变得更为坚定了。由于阿根廷的要求，1958年联合国开始审议这一问题。1964年，联合国非殖民化特别委员会邀请两国举行谈判，以求和平解决争端。1965年以后的多届联大都作出了类似的决定。在联合国的调解和世界舆论的压力下，两国在谈判中取得了一些进展。1971年，两国签署一项协定，将岛上的居民并入阿根廷；1972年，阿根廷与马岛实现通航；1978年，英国外交部代表尼古拉·里德利在受命对马岛问题进行考察后，提出可以考虑将马岛主权遗交阿根廷，但前提是阿根廷将马岛长期租借给英国。但是，英国议会否定了里德利的方案，双方重又回到最初的立场。阿根廷强调，骟是西班牙殖民体系的组成部分，根据反殖宣言确认的领土完整原则，马岛无疑应归还阿根廷。英国则坚持先占而获得的主权的有效性，同时强调尊重岛上居民的自决权。两国在这一点上各执己见，互不相让，为日后酿成战争埋下了祸根。

马岛海域蕴藏的丰富资源和第二次世界大战以后国际间对资源的激烈争夺，是引起战争的经济原因。马岛海域丰富的海洋资源是逐步被认识的，而且，随着二战后世界各国对资源需求的增加，它的战略地位显得愈益突出和重要了。1975年，英国一个考察团提交的报告说，马岛周围的大陆架估计蕴藏有2000亿桶石油以及丰富的天然气资源，这个数字已经高于北海油田。1981年，由法国和德国等9个国家联合举行的一次国际性海洋生物考察证实，在马岛以南的大片海域中，蕴藏有极其丰富的水产资源。此外，马岛地处南大西洋，靠近南极，是这一纬度的海洋上几乎唯一的陆地，也是任何想在这一地区进行开发和建立自己势力范围的国家必欲利用的"跳板"。由于这些原因，两国对马岛的归属问题愈益重视，而每当有关马岛经济资源新的报告出现时，谈判的气氛就急转直下。在这样的情况下，当一方用武力夺占马岛时，另一方自然不惜用武力来维护它。

阿根廷军政府希望通过解决马岛问题摆脱国内困境，是触发战争的政治原因。阿根廷是南美洲比较发达的第三世界国家。但是，阿根廷经济的外国资本份额巨大，几乎控制了国家的经济命脉。20世纪70年代中期，资本主义世界经济陷入困境，阿根廷成了转嫁危机的对象，国内出现了经济萎缩，生产停滞，出口缩减，财政亏空的严重情况。1976 年 3 月 24 日，阿根廷武装部队发动军事政变，推翻了束手无策的文官政府，组成军人政权。军人政权企图以强制性措施控制局面，渡过难关，但收效甚微，并且造成了政变频繁发生，社会蕴藏更大动乱的危险局面。于 1981 年 12 月出任总统的莱奥波尔多·福尔图纳托·加尔铁里将军在对形势进行全面分析后认为，阿根廷陷入了困境：局势的改善需要人民的支持和忍耐，但人民的支持和忍耐又必须以局势的改善为前提。为了铸就整个社会的团结，唤起全体人民的热情，共同克服国内困难，军政府把目光投向了马尔维纳斯群岛。

阿根廷总理加尔铁里

战争第一阶段：双方开战决策和战略展开（1982 年 3 月 26 日～4 月 11 日）

1. 阿根廷夺取马尔维纳斯群岛

1981 年底加尔铁里就任总统后不久，阿根廷军方即制定了旨在武力收复马岛的"罗萨里奥行动"计划。1982 年 3 月 19 日，阿根廷斯科蒂斯公司一行 60 人，根据同英方的协议，在商人达维多夫率领下，乘阿根廷海军运输船"布恩苏塞索"号来到南乔治亚岛的利斯港，准备拆除一个旧的鲸鱼加工厂。上岛工人在岛上升起了阿根廷国旗。岛上的英国人发现这一情况后，用无线电向英国驻马岛总督雷克斯·亨特作了报告，后者又向伦敦作了报告。3 月 22 日，英国外交部就此事向阿根廷提出抗议照会。次日，阿根廷军人执政委员会举行会议，讨论马岛主权和应付事变问题，作出了将"罗萨里奥行动"计划付诸执行的决策，时间定于 3 月 26 日。

根据计划，阿根廷海军组成 3 支特混舰队。第一支为第 40 两栖特混编队，负责占领马岛首府斯坦利港。编成内有"圣特立尼达"号、"赫尔克里斯"号导弹驱逐舰,"德拉蒙德"号、"格兰维尔"号导弹护卫舰,"圣菲"号潜艇,"圣安东尼奥上士"号坦克登陆舰,"伊里萨尔海军上将"号破冰船,"洛斯·埃斯塔多斯岛"号补给船和海军陆战队第一、二营,第一野战炮营,海军航空兵直升机第一、二中队。第二支为第六十特混编队,负责收复南乔治亚岛。编成内有"格里科"号结弹护卫舰,"帕莱伊索湾"号南极供应船,以及海军陆战队 2 个排和陆军 1 个支援分队。第三支为第二十特混编队,负责担负这次作战行动的战役掩护任务。编成内包括"5 月 25 日"号航空母舰等7 艘军舰。

3 月 26 日夜,第四十和第六十两支特混编队先后离开贝尔格拉诺海军基地,向任务区开进。与此同时,陆军第二十五步兵团在里瓦达维亚空军基地集结待命,准备乘空军飞机对斯坦利港机场实施机降。第四十特混编队出航后,佯装沿正常航线向南行驶,然后突然转向马岛北部海域。4 月 1 日,舰队抵达斯坦利港外海。4 月 2 日凌晨,攻击部队以两栖侦察队为先锋,实施登陆行动。由

于岛上英国守军只有几十人,阿军仅遇到了十分有限的抵抗,很快便占领了岛上的英国兵营和机场,包围了总督府。继之,阿军机降部队在被占机场着陆。在这种情况下,英国驻马岛总督被迫宣布投降。

在马岛登陆行动取得成功的次日,第六十特混舰队到达南乔治亚岛的格里特维肯港。经过短时间的交火,英军被迫缴械投降。

2. 英国作出强烈反应

阿根廷军队以突然性行动占领马岛,使英国政府感到十分震惊。马岛被占领的当天下午,英国政府在唐宁街 10 号首相府举行内阁会议,作出 6 项决定:1. 与阿根廷断绝外交关系;2. 对阿根廷实行经济制裁;3. 向联合国提起控告;4. 要求欧共体对阿根廷实行集体经济制裁和武器禁运;5. 任何一方出面调停,必须以阿根廷首先撤军为前提;6. 立即派出一支特混舰队,以武力收复失地。次日,英国议会通过了内阁的决定。

4 月 3 日,英国成立了以撒切尔首相为主席的战时内阁,成员包括外交大臣皮姆、内政大臣怀特洛、国防大臣诺特、主计大臣帕金森。战时内阁决定,在国防

3025

总参谋长特伦斯·卢因海军元帅领导下，成立联合作战司令部，负责制订作战计划，协调三军行动，监督战场情况，组织各种保障。联合作战司令部由英国舰队总司令菲尔德豪斯海军上将任总指挥，陆军中将特兰特、空军中将柯蒂斯任副总指挥。在联合作战司令部下建立3个作战司令部，负责具体的作战指挥。这3个司令部是，第三一七特混舰队司令部、登陆部队司令部和第三二四潜艇特混部队司令部。其中潜艇特混部队司令部为原有建制，司令官赫伯特海军中将。另两个司令部为战时建制，特混舰队司令官为50岁的海军少将伍德沃德，登陆部队司令官为54岁的海军陆战队少将穆尔。这两人后因战争的胜利而成为新闻人物。

在确定战时指挥体制的基础上，战时内阁对军事行动采取了"委托式指挥"的原则。根据这一原则，战时内阁仅就军事行动的基本准则作出规定，其余由总部和部队指挥员临时处置，以赋予他们充分的指挥权和机断权。在这次战争中，英国战时内阁规定的基本准则是：尽量减少伤亡，包括敌方的伤亡；不把战斗行动扩大为两国间的全面战争，绝对

不得轰炸阿根廷本土；何时展开登陆行动，听从内阁决定。

3. 英国组建特混舰队

英国实际的军事行动首先是组建一支特混舰队。英国国防部和海军的计划是，出动各型海军舰船61艘，约49万吨，其中作战舰艇44艘，24万余吨，勤务支援舰艇17艘，25万余吨。对照这个计划，英国海军的困难是十分明显的。原因是多方面的。首先，由于政府财政拮据，海军军费削减，装备计划缩小；其次，由于北约的防务分工，海军规模收缩，已成为一支负责大西洋东北部作战的区域性海军；最后，由于英国政府确定将加强英国战略核威慑力量作为重点，海军常规水面舰艇总数减少。针对这种情况，英国国防部和海军决定，立即启封部分现有舰只；紧急召回分布于各地的舰船；给部分军舰加装必要装备和设施，以适应战争需要；下令缩短部分在造军舰的完工期。

根据计划，正在各执行任务的军舰于4月3日到达指定集结地，等待人员、装备和物资上舰，做好出航前的各项技术准备工作。首批出征人员于4月4日晚6时前全部归队，8时登舰完毕。各军用

世界通史

最新整理图文珍藏版

物资仓库开始进行物资的紧急调拨和出库，并由征用的民用运输工具运往指定港口。接受战时订货的工厂开始加班生产武器和军用物资。

英国特混舰队是分3个梯队出航开赴战区的。第一梯队于4月5日分别由英本土各港口和直布罗陀出航，距4月2日内阁批准组建特混舰队仅3天时间。第一梯队共有海军舰船37艘，占特混舰队舰船总数的62％，其中航空母舰2艘、驱逐舰2艘、护卫舰6艘、两栖突击舰1艘、大型登陆舰6艘、舰队油船7艘、舰队补给舰3艘，其他舰艇10艘。配备"海鹞"式战斗机20架，反潜、攻击、侦察、运输等直升机58架。该梯队搭载的有海军陆战队第三旅第四十、四十二突击营，伞兵第二团第三营，陆军"特别空勤团"和海军"特别舟艇中队"一部及支援分队共约3000人及其建制装备。

4. 英国征用商船

从英国本土到马岛的补给线漫长，单靠海军本身的勤务支援舰船是无法满足需要的。因此，英国沿袭了第一次世界大战以来的一个传统的有效方法——征用商船。这是英国军事准备的一个重要方面。4月2日，国防会议刚刚结束，国防部国防物资运输参谋部和海军舰队支援署根据国防大臣诺特的指示，立即开始制定征用商船的计划。由于英国国防部在平时就制定了300艘商船的动员计划，海军同海运部各轮船公司又保持着经常性的联系，因此，计划的制定主要在于通过计算机遴选那些适于本次战争的船只及其船长。十分引人注目的是，像"伊丽莎白二世女王"号和"堪培拉"号这样的豪华游轮也在征用之列。据统计，计划征用的各类商船达67艘，100余万吨。商船的类别及数量具体为：远洋客轮3艘、油船22艘、散装货船16艘、集装箱货船5艘、滚装车

驻马岛的英军向阿根廷军队投降

辆渡船7艘、远洋拖船3艘、水船1艘、潜水支援船3艘、补给和修理船1艘、系留船1艘。4月4

日，根据战时内阁的要求，英国枢密院在温泽召开会议，作出了授权政府征用商船支援战争的决议。当天，英国女王以国家元首和武装部队统帅的名义签署了征用商船的命令。4月5日，英国国防部和海军发布了第一批征用命令。

在完成了战时军事指挥机构的设置和持混舰队的组建之后，英国于4月7日宣布，自4月12日格林尼治时间4时起对马岛周围200海里海域实行海上封锁。

5. 阿根廷向马岛增兵

针对英国的反应，阿根廷也进入了占岛后的战略展开阶段。阿根廷的企图是，以向岛上增兵的行动压制英国的强硬态度，迫使英国接受既成事实。为此，阿根廷在4月7日正式宣布把马岛列为阿根廷的第二十四省，在岛上建立了行政机构，任命前陆军作战参谋长马里奥·本哈明·梅嫩

南乔治亚岛海岸

德斯少将为马岛最高军事长官兼岛上行政首脑。成立南大西洋战区司令部，任命海军作战参谋长胡安·何塞·隆巴多海军中将为司令。从4月2日到12日，通过里瓦达维亚海军准将城、里奥加列戈斯和乌斯怀亚等地从海上和空中向马岛紧急运送人员和物资。至4月12日，马岛守军已有1个机械化旅、2个步兵旅、1个海军陆战队营、1个防空营、3个炮兵营，总兵力达到1.3万人。阿军指挥官认为，马岛首府斯坦利港地处岛的最东侧，是英军进攻的重点，因此，在兵力部署上贯彻了东重西轻的原则。在斯坦利港及其周围的制高点和陆上要道共部署兵力约9000人以及防空雷达和导弹；在沿岸地带修筑了抗登陆工事；在港口航道布设了水雷，并在外海部署了侦察船。在马岛东岛的中部地区部署了约2000余人，重点防守作为斯坦利港西南门户的达尔文港和古斯格林两地。在马岛西鸟部署兵力约2000人。其他地方由于多为山地和沼泽地，阿军将之视为天然屏障而没有或很少布兵。

6. 国际社会的反应

马岛事件给国际社会造成了强烈震动。对于广大等三世界国

家来说，关注的重点是，通过这一事件，探讨究竟如何解决殖民主义留下的历史争端，真正执行联合国多次通过的关于非殖民化的决议，而对于超级大国来说，最关心的则是其战略利益以及相互间战略态势的变化。4月3日，联合国安理会经过激烈辩论，以10票赞成，1票反对，4票弃权通过了502号决议，要求双方采取措施恢复和平。会后，各国先后发表声明，表明本国立场。这些立场大致可分为三类，即：支持阿根廷；支持英国；中立或主张用和平方式解决争端。其中持第一种立场的大多为亚洲、非洲和拉丁美洲的第三世界国家，持第二种立场的则多为西欧、北美和大洋洲国家。在表明政治立场的同时，部分国家还直接以军事和经济方式分别对阿根廷和英国提供了援助。

3月28日，英国外交大臣卡林顿曾致函美国国务卿黑格，要

被阿根廷空军击中的英军驱逐舰在西福克兰群岛北部沉没

求美国出面，"使局势缓和下来"。4月5日，美国总统里根发表谈话，宣布委派国务卿黑格从中斡旋。4月8日至13日，黑格先后抵达伦敦和布宜诺斯艾利斯。但是，由于双方在先撤兵和先承认主权问题上相持不让，这一阶段的斡旋没有取得成功，于是，随着英国宣布的封锁日期的到来，战争进入了第二阶段。

战争第二阶段：封锁与反封锁（4月12日~5月20日）

4月12日格林尼治时间4时，英国于4月7日宣布的对以南纬51°41′，西经59°30′为圆心马岛周围200海里范围的海上封锁开始生效。英国总的企图是，通过对马岛的封锁，迫使阿根廷从岛上撤军，如不能奏效，则以此对阿造成压力，增强英国在外交谈判中的地位，同时为特混舰队的展开和必要时在马岛的登陆创造条件。针对英国的行动，阿根廷总的指导思想则是，通过战争动员和一系列备战措施，做好抗击英军的准备，以坚决的迎战姿态，迫使英国放弃军事行动，同时配合以外交手段，以期在谈判中解决马岛主权的归属问题。这一阶段从4月12日起至5月20日英军开始登陆行动的前夜止，其间根

据形势的发展，以4月30日为界，又分为前后两个阶段，前一阶段双方主要为继续调整部署，后一阶段则开始了直接的军事冲突，展开了激烈的封锁与反封锁斗争，进行了一系列展示现代战争特点的海空战。

1. 阿军调整防御部署

面对英军的封锁，阿根廷开始了一项10万人的动员计划，许多新兵开始补入部队。另一方面，重新组建了"79"舰队，加强了岛上的防御。重新组建的"79"舰队所辖兵力情况是，由"5月25日"号航空母舰和英制42型导弹驱逐舰"圣特立尼达"号和"赫克里斯"号组成"79.1"特混大队，由美制驱逐舰"塞吉"号、"派准将"号、"斯托尼海军上将"号组成"79.2"特混大队，由"贝尔格拉诺将军"号巡洋舰及美制驱逐舰"伊波利托·布查德"号、"布埃纳·彼德拉"号组成"79.3"特混大队，另有法制导弹

从"无惧"号两栖登陆舰中驶出的登陆艇向岸上全速冲去

护卫舰等军舰组成"79.4"特混大队。不知为何原因，阿根廷海军在英军海上封锁生效后，停止了向岛上输送兵力和物资装备，同时，上述特混大队按部署仅限于在封锁范围以外活动，其中"79.1"特混大队部署在圣豪尔赫湾东北方至马岛西北海域，"79.2"特混大队部署在圣豪尔赫湾东南方，"79.3"特混大队部署在洛斯埃斯塔多斯岛附近，"79.4"特混大队作为机动兵力。由此而形成的阿军的防御态势是，马岛以岛上兵力形成自身防御体系，而"79"舰队则着重在封锁圈以外伺机抗击英特混舰队，破坏或削弱海上封锁的作用。

2. 英军重占南乔治亚岛

英军特混舰队自4月5日陆续启程后，于4月中旬抵达位于南纬7°56′，西经14°22′的阿森松岛，作短暂休整。4月19日，英特混舰队离开阿森松岛南下。特混舰队指挥部经过对形势的分析认为，必须首先夺取南乔治亚岛，以进一步向阿军显示英军的决心和存在，鼓舞士气，同时为下一步军事行动建立一个临时后方基地。伦敦的联合作战司令部批准了特混舰队的作战计划。

4月23日，英军从阿森松岛

起飞 1 架 C—130 型运输机，向预定海域空投了 14 名海军"特别舟艇中队"的侦察人员。他们在预定海域登上接应的潜艇，而后由潜艇隐蔽送往南乔治亚岛。侦察人员登岛后在严寒中坚持了 3 昼夜，对阿军兵力部署进行了周密侦察。

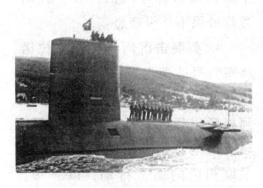

击沉阿根廷"贝尔格拉诺将军"号巡洋舰的英军潜艇

英军派出夺取南乔治亚岛的是由"安特里姆"号、"华美"号、"普利茅斯"和"忍耐"号 4 艘军舰组成的分遣队及部分地面作战部队。收到侦察人员发回的情报后，分遣队原计划以一支 300 人的突击队以奇袭方式发起攻击，但一个偶然的插曲使分遣队指挥官改变了原计划而改以强攻方式攻岛。

担负侦察任务的"特别舟艇中队"侦察人员在埋伏侦察的第三天发现了阿根廷海军向岛上运送补给物资的"圣菲"号潜艇，随即向分遣队指挥部报告了这一情况。总指挥"安特里姆"号驱逐舰舰长布赖思·扬上校立刻派出 2 架"大山猫"式和两架"黄蜂"式直升机前去攻击。潜艇在毫无防备的情况下被一枚"海上大鸥"式空舰导弹击中，随后抢滩搁浅，被英军俘获。英军的行动暴露了登陆企图。特别舟艇中队指挥官约翰少校建议由他率领的突击队对南乔治亚岛实施强攻。这一建议得到了批准，舰炮在上岛侦察人员的引导下对岛上的阿军目标进行了轰击，突击队员分乘直升机和小艇从空中和海上向格里特维肯港发起攻击。由于阿军守岛部队仅 60 余人，经 2 小时激战之后，逐渐支撑不住，被迫投降。次日，英军又占领了岛上的另一主要港口利思港。

3. 英军轰炸马岛军事目标

英军重占南乔治亚岛以后，在军事上取得了较为有利的态势。一方面，因重占南岛而取得了临时性后方基地，另一方面，特混舰队大部分舰船已到达指定海域，并展开执行封锁任务。但是，阿根廷并没有因此而屈服。为此，英军开始执行这一阶段的第二步作战计划，于4月28日，将原定以马岛为圆心的200海里封锁圈由海上扩展到空中，实行立体封锁，进一步切断阿根廷本土与马岛的联系，空袭马岛的阿军机场设施、雷达站和导弹基地，寻歼封锁区内的阿军舰船，以对阿方施加更大的压力，为谈判和下一步必要时的登陆作战做好准备。

XM-607"火神轰炸机"

英国皇家空军轰炸机对马岛军事目标的空袭是从阿森松岛的韦特瓦克机场起飞的。4月30日晚，101飞行中队的1架"火神"式轰炸机在2批3架"维克多"式加油机的伴航下执行奔袭任务。编队起飞后，以1万米高度南下，一路保持无线电静默，相互间仅用信号灯进行联络。在距马岛400多公里处，轰炸机飞行员下降飞行高度，进入轰炸航路，同时打开机载电子干扰机进行电子对抗，摆脱阿军雷达的跟踪。随后，轰炸机飞临斯坦利港机场上空，向机场跑道投射了21枚千磅炸弹。

英军的这次远程奔袭取得了成功。在此后的1个月里，皇家空军为配合海上作战和登陆作战，还进行了6次奔袭行动，但由于"火神"式轰炸机毕竟属于接近淘汰的老式飞机，设备和武器系统均不能适应现代条件下作战的需要，尤其不适应在敌方电子对抗条件下对精确目标作战的需要，因而轰炸效果不是很理想。

4. 英舰击沉阿"贝尔格拉诺将军"号巡洋舰

英军重占南乔治亚岛后，给阿根廷以很大震动，使其开始比较清醒地看到英军的企图，决定采取相应的回击行动，以"79"舰队的4个特混大队出击，搜索拦截英特混舰队军舰，特别是航空母舰。阿海军的作战指导思想是，以不进入英军重点设防警戒的封锁圈为前提，在英特混舰队的前进方向上，预先查明情况，选准目标，以飞机或导弹采用"打了就跑"的方式攻击之。英军通过对战场形势的分析，察觉了阿军的这一企图，同时认为，一旦使阿根廷海军无所顾忌地活动起来，双方展开大规模海战，就很有可能给远道而来的特混舰队造成较大损失，进而贻误以武力收复马岛的计划。因此英军联合作战司令部决定，一方面加强对进入封锁圈的阿舰的搜索，同时不惜违反不在200海里禁区以内攻击阿舰的限制，有选择地打击阿舰，威慑和制止阿海军的拦截活动。这一请求得到英国战时内阁的批准。

5月2日下午，阿根廷海军"79.3"特大队的"贝尔格拉诺将军"号巡洋舰执行完预定的搜索拦截任务，在埃克托尔·庞索海军上校指挥下，由2艘驱逐舰伴航，向埃斯塔多斯岛方向返航。"贝尔格拉诺将军"号是1艘1939年下水的老舰，由阿根廷于1951年购回。舰上设备大多陈旧老化，防空反潜能力较差。该舰在执行任务时，一直受到英国海军"征服者"号核潜艇的监视。在该舰编队即将脱离任务区时，"征服者"号的理查德·拉斯艇长向上级提出攻击请求，得到同意。旋即，潜艇向"贝尔格拉诺将军"号发射了两枚鱼雷，一枚命中左机舱，另一枚命中一号炮塔前舰身下方。一小时后，该舰沉没于马岛东南225海里南纬55°24′，西经60°32′处。1000多名船员中大部分被救起，321人殉难。

击中"贝尔格拉诺将军"号巡洋舰的是"虎鱼"式鱼雷。此种鱼雷系英国马可尼公司和普利塞公司共同研制生产的一种大型线导加主动声波自导鱼雷。鱼雷长6.464米，直径533毫米，全重1550公斤，最高航速可达33节，航程3.2万米。这种鱼雷射出潜艇后，能通过连在鱼雷上的极细的导线不断发出指令来修正轨迹，当导线放完和拉断后，鱼雷头部的主动和被动式声波自导装置开始工作，将鱼雷继续引向目标。此外，鱼雷上还装有触发式和感应式两套引信，因此，它的命中精度极高。

5. 阿海军航空兵击沉英"谢菲尔德"号驱逐舰

在英军击沉"贝尔格拉诺将军"号巡洋舰后，阿军迫于英国海军的实力，从战区撤回了其所有军舰。为了打破英军的封锁，阿军决定出动航空兵，重点打击英特混舰队中的航空母舰及主要作战舰艇。从5月初起，曾进行了多次战斗出动，其中成功的一次就是于5月4日一举击沉英"谢菲尔德"号驱逐舰。

英特混舰队的军舰于4月底大部分已到达指定位置，担任封锁任务。英军认为，对特混舰队构成的威胁主要来自阿军的潜艇和飞机，即来自海底和空中。因此，反潜和防空受到特混舰队高度重视。在导弹问世之后，现代防空，其中包括舰队防空成了战争中的一个新课题。在 1973 年的第四次中东战争中，以色列海军运用电子对抗，使埃及海军发射的数十枚"冥河"式导弹全部偏离目标，创造了现代条件下舰队防空的成功范例。从理论上讲，舰队防空必须具备三个条件，即 1. 舰队必须获得及时的空袭警报和预警时间；2. 在敌机或其他发射平台发射攻击弹头之前，有能力进行截击；3. 在敌方攻击弹头飞近军舰时，有能力将其摧毁或进行电子对抗。用这一要求来衡量，英军认为特混舰队的防空体系是不完善的。诚如英军自己所承认的，其最大的困难在于缺少空中预警。几年前，英国海军的"皇家方舟"号航空母舰曾装备"塘鹅"式舰载预警机，但这艘航空母舰已经退役，"塘鹅"式预警机也已经被淘汰。这次，英军出动了"猎迷"式预警机，但这是一种岸基飞机，航程较短，难以昼夜不停地为舰队防空服务。面对这种情况，英国特混舰队采取了二次大战中使用过的老办法，组成一个以航空母舰为核心，外面由 3 道防空警戒线组成的防空

体系。在舰队的最外围，特别是在阿根廷航空兵威胁最大的方向上派出雷达哨舰，配以在空值班的"海鹞"式战斗机作为第一道，亦即远程防空警戒线。雷达哨舰通常由 42 型驱逐舰和"利安德"级或"罗思赛"级护卫舰担任。在这一层，舰载对空雷达可以发现 250 海里范围内的中高空飞机，发现目标后，可引导在空值班飞机前往拦截，在空值班飞机也可自行搜索、拦截空中目标。在舰队的中层，派出部分 42 型驱逐舰和"州郡"级驱逐舰组成第二道，亦即中程防空警戒线。在这一层，任务舰负责用装备的"海参"式和"海标枪"式中程防空导弹打击来袭飞机，并由航空母舰上 3 分钟待命的"海鹞"式战斗机升空配合作战。在舰队的内层，也就是航空母舰的周围，由若干艘护卫舰组成第三道，亦即近程防空线。在这一层，军舰用"海狼"和"海猫"式近程防空导弹，以及舰上高炮等武器抗击突破前两道防线的敌机或导弹。然而，即使采用这样的防空体系，漏洞仍然很多，尤其是在最外层，雷达哨舰上的雷达只能够探测到高空目标，而对低空目标则无能为力，在空飞机的活动亦受天气制约，

在恶劣气象条件下，它们即使能够起飞，也难以找到母舰而安全降落。阿根廷海军航空兵所利用的正是英国特混舰队在防空方面的这些缺陷。

5月4日上午，阿根廷海军的"海王星"式侦察机发现，在马岛斯坦利港东方100海里处有军舰活动。10时45分，从距这一地点760公里的埃斯波罗少校基地起飞了3架"超级军旗"式战斗机。战斗机开始以高空高速飞向英舰，当接近英舰对空警戒雷达探测范围时，急剧下降飞行高度，进行超低空飞行，并在侦察机的引导下继续接近目标。11时30分，战斗机进入导弹发射区，接通了机翼下挂着的"飞鱼"AM39式反舰导弹的电源。"飞鱼"导弹是法国制造的一种超低空掠水面飞行导弹。它能从50~1000米高度上发射，射程50~70公里。导弹发射

后，载机可立即返回。发射1.5秒后，弹体自由降落10米，助推器点火，飞行约20公里后，高度降至15米，作水平飞行。当距目标10公里时，高度再次下降，作掠水面飞行，直致命中目标。由于"飞鱼"导弹采用的是惯性制导和末端主动雷达制导，所以在发射前，机载设备必须将目标数据输送给导弹上的计算机，这样，不管海上风速如何，弹体惯性制导系统都能将导弹精确地从发射点制导到距目标一定距离的地方，然后由自动开机的主动雷达引导弹头对目标进行搜索。搜索区的大小主要取决于目标运动的速度，但这个搜索区足能保证导弹截获运动速度从零到时速40海里的水上目标，并有95%的截获概率，一旦跟踪上目标，导弹就能击中它。战斗机接通导弹电源后，急剧跃升，同时打开机载雷达。这

"箭"号护卫舰帮助扑灭被"飞鱼"导弹击中后起火的"谢菲尔德"号驱逐舰上的大火

时，雷达荧光屏上出现了一大一中两个目标，夹角40°，飞行员按分工分别将目标数据输入计算机，随即按动发射按钮。完成发射后，战斗机重新降至 15～20 米的高度，调转航向全速返航。

"谢菲尔德"号是英国比较先进的 1 艘驱逐舰。当它受到攻击时，舰长索尔特上校正在同伦敦通话，并因此而下令暂时关闭舰上雷达。自导弹发射几分钟后，临时设立的目标观察哨值班员用肉眼发现了导弹，然而为时已晚，导弹击中了军舰，在水线以上近 2 米处穿透 10 毫米厚的舰舷，穿过厨房和中央指挥舱，在动力损害管制控制室爆炸，炸穿甲板，引起了大火。火势顺着通风管道蔓延到机舱和船体中部，导致供电中断，消防系统失灵。舰上普遍使用的聚氯乙烯绝缘电缆和泡沫塑料地板垫在大火的灼烤下也燃烧起来，散发出剧毒的浓烟。5 小时后，军舰开始大量进水。在抢救无望的情况下，舰长下令弃舰。值得提及的是，另一艘被"飞鱼"导弹攻击的"普利茅斯"号护卫舰，因舰员在发现来袭飞机后及时向空中发射了大量金属箔条，同时对导弹实施被动和主动电子干扰而奇迹般地躲过导弹，幸存

下来。

6. 英军袭击贝卜尔岛

英阿双方封锁与反封锁斗争的激烈化，使和谈成功的可能性降低了。5 月 7 日，英国特混舰队和登陆部队指挥部在伍德沃德和穆尔的主持下，在"无恐"号两栖突击舰上召开军事会议，制定了旨在实施马岛登陆作战的"萨顿"计划。计划要求英军的军事行动更加紧密地同登陆作战联系起来，具体包括：继续扫清外围，消除阿根廷海空军对两栖登陆的威胁；彻底切断阿根廷海上和空中补给线，使马岛阿根廷守军在人力和物资方面得不到新的增援，在精神上承受更大的压力；轰炸岛上机场、雷达站、加油站和其他军事设施，特别是几个沿岸港口的岸防工事；勘察登陆地区航道和海湾的水文、地质及障碍物，派出侦察分队上岛，侦察阿军的兵力部署、工事构筑、火力配系和障碍物设置等情况；派出足够的军舰，实施广泛佯动，迷惑敌方。同一天，英国宣布把禁区扩大到离阿根廷大陆 12 海里以外的地方。

按照计划要求，自 5 月 9 日起，英军飞机和军舰连续数日对马岛军事目标进行袭击。在这个

过程中，英军发现在马岛西岛北端的海峡口有一个小岛，岛上有阿军的一个简易野战机场及部分强击机和侦察机，还开设有雷达站。这个小岛就是贝卜尔岛。英特混舰队指挥部认为，这个小岛对英军未来在马岛登陆构成了很大威胁，于是决定摧毁这个障碍。同时认为，对贝卜尔岛进行空袭很容易引起阿方对该岛的注意，进而暴露登陆点的选择方案，而且，采取空袭手段效果也不一定好，因此决定派出特种部队实施登陆突袭。

5月11日夜，"特别舟艇中队"的8名侦察人员首先乘直升机到达贝卜尔岛附近的坎塔依斯岛，然后乘橡皮舟秘密上岛，昼伏夜动，观察并查清了岛上的阿军飞机、人员和各种设施的配置情况，选定了机降区。5月14日凌晨，负责突袭行动的50名突击队员又乘直升机上岛，按照侦察人员所掌握的情况，进入指定位置。随后，突击队员用自动夜视激光测距仪测定岛上机场的位置，并将这些数据发给离岸两公里处的"格拉摩根"号驱逐舰。舰指挥所收到情报后，立即在计算机上编出114毫米舰炮的射击程序，以每2秒1发的速度向岛上机场进

行轰击。突击队员则分成几个行动小组，分别奔向指定的其他目标，迅速摧毁了这些目标。

英军的这次行动事实上已经叩响了马岛的大门。但是，由于阿根廷军方认为，自4月7日英宣布对马岛实行封锁以来，英军的重点是摧毁马岛军事设施，寻歼阿海上和空中目标，故而判断英军的指导思想是打一场旷日持久的消耗战，以此削弱阿方的实力，压阿方在谈判中作出让步，因此，没有能够判断和掌握英军的真实企图，从而在军事上进一步陷入被动。

7. 国际调停

4月15日，美国国务卿黑格再次抵达阿根廷首都布宜诺斯艾利斯。美国政府派出特使出面调停，开始时曾受到了阿根廷和英国的欢迎。阿根廷认为，美国同阿根廷同为美洲国家，两国间长期保持着良好关系，美国的调停最低限度会是中立的。英国则认为，美国同英国是全球战略上的密切合作者，美国站在英国一方是毫无疑义的。事实证明，英国的自信是有根据的。美国非常担心马岛危机会给其全球战略利益带来影响，因此，希望这一事件尽快平息下去。对阿根廷，它采

取的是以劝说为主，必要时不惜施加大压力的方针；对英国采取的则是以支持为基调的立场。黑格再度访阿，正是带着这样一种政策来的。在同阿根廷领导人的会谈中，他发现阿方的强硬态度同其所面临的局势以及所做的战争准备很不相称。因此，他着意分析了阿根廷所面临的局势，指出，英国最终收复马岛的决心是巨大的。之后，黑格提出了新建议：双方撤军，岛上建立由阿、英、美三方参加的行政机构；自1982年12月起开始就马岛归属问题举行谈判；在岛上举行公民投票，听取岛民对归属问题的意见；阿根廷同马岛保持商业关系。针对美国的建议，阿方作出了认真考虑。阿方意识到，局势的发展已经把双方推到了做出最后决断的边沿，如果说哪一方原先摆出的强硬态度是为了促使事态向着相反方向发展的话，那么现在这一态度就只能是一种对本来愿望的直接表示了。而且，阿军本身的准备并不充分，三军的协调至今仍是个老问题，岛上的防务也不能使人放心。有鉴于此，加尔铁里总统于4月19日主持军人执政委员会会议，拿出了一个新方案。这一方案除否定由美国参加马岛事务外，同意在1982年12月31日前通过协商解决冲突。阿方的这一方案受到黑格的欢迎，客观上也为和平带来了一线希望。但是，阿政府和军队中持强硬态度的人认为，英军的军事行动不足以对阿军构成威胁，同时，鉴于阿根廷人民的爱国情绪正处于巅峰状态，采取让步势必在国内造成混乱，因而应该撤回这一方案。4月19日下午4时，当黑格怀着满意的心情准备离开布宜诺斯艾利斯时，在飞机上收到了阿根廷外长科斯诺·门德斯的信，信上说，"谈判必须在1982年12月31日结束并谈出结果，这是绝对重要。绝对必要的条件。谈判的结果必须包括承认阿根廷对这个群岛的主权。"这事实上又否定了几小时前提出的建议，回到了原来的立场。4月25日英国重占南乔治亚岛以后，尽管美国又提出了新的调停建议，但是由于仍没有涉及承认阿根廷对马岛主权的问题，因而遭到了阿根廷的拒绝。而在军事上逐步取得主动的英国，这时却摆出了一副十分愿意谈判的姿态。4月30日，美国在一再敦促阿根廷接受它所不能接受的新建议未能奏效的情况下，宣布停止调停，支持英国，中止向阿出口一切军事物资，禁止向阿发放军事销售许可证，中止商品信用公司向阿提供保证。美国的态度使阿根廷感到大为吃惊和愤慨。由于美国撤出调停，双方停止谈判。

战争第三阶段：登陆与抗登陆（5月21日～6月14日）

英国在同阿根廷进行外交谈判和对马岛海域实施封锁的同时，始终没有放弃最终在马岛实施登陆的目的及其准备工作。特别是在美国撤出调停之后，基于对战争形势发展的判断，英国更加紧了登陆作战的准备。在5月7日特混舰队指挥部最后通过"萨顿"两栖登陆计划之后，作为特混舰队后续部队的第五步兵旅3000余人于5月12日搭乘"伊丽莎白二世女王"号客轮从南安普敦港启程，开往战区。在作好登陆准备的同时，英国利用外交、新闻和军事等手段，极力掩盖其登陆的真实企图，以保证最大限度地达成登陆行动的突然性。5月21日，特混舰队指挥部经过对战争形势以及天候、阿方动态等多方面情况的综合分析，下达了实施登陆的命令。

1. 英军选择登陆点

"萨顿"计划最终确定的登陆点是马岛东岛的圣卡洛斯港。英军考虑到：登陆作战的最终目标是位于东岛的马岛首府斯坦利港，因此如果登陆点选在西岛显然是不合适的。东岛的东部是斯坦利港，也是阿军主力所在地，是英军所要回避的；南面是一个自东北向西南延伸的曲折海岸，地形复杂，没有良好的上陆点，而且特混舰队的舰只大多处于马岛北部，向这一地带机动很容易暴露登陆企图；北面是一片开放式的海岸，极易受到阿根廷空军和海军航空兵的袭击。因此，选择东岛的西面（北端）在逻辑上虽然是冒险的但却是正确的。东岛西面（北端）地形的特点是，一个叉状的海湾从福克兰海峡向东插入陆地，这个海湾称为圣卡洛斯湾。此湾北部一个海叉称作圣卡洛斯内湾，通往圣卡洛斯港，湾的北侧是范宁港，从这里向东至圣卡洛斯港之间约10公里的地段是理想的登陆场，而范宁港北部一片叫范宁岬的小山则是良好的观察点和设置防空导弹的场所；此湾南部的一个海叉叫圣卡洛斯水道，优点是水深域宽，适于停泊大型舰船，便于登陆部队换乘。

2. 英军展开登陆行动

5月20日，英国两栖突击编

队在福克兰海峡东北 200 海里的海面完成集结。编队中的军舰有大型两栖突击舰"无恐"号和"勇猛"号、登陆舰"杰拉恩特爵士"号、"加拉哈德爵士"号、"贝德维尔爵士"号、"佩塞瓦士爵士"号、"特里斯特拉姆爵士"号、"兰斯洛特爵士"号，滚装渡船"埃克尔"号，运兵船"堪培拉"号以及 6 艘护卫舰。登陆部队为先期出发的陆战队和伞兵全部兵力，包括陆战队第三突击旅的第四十、四十二、四十五突击营，伞兵第二、三营，第二十九炮兵突击营，以及坦克、防空和工兵分队共 5000 多人。此外还有"海王"式、"威塞克斯"式、"小羚羊"式和"支奴干"式直升机，各种建制武器装备、登陆器材和后勤物资。

下午 4 时，编队收到特混舰队副司令克拉普准将从"无恐"号两栖突击舰下达的登陆命令。此时，一直活动在马岛东面的两艘航空母舰开始向南机动，并不顾恶劣天气带来的危险，起飞多批"海鹞"式战斗机，对马岛南部的古斯格林和达尔文港等地区进行牵制性攻击。部分舰艇在斯坦利港以北的伯克利港进行了佯动。

当晚 11 时 30 分，先头舰只驶入了福克兰海峡北口，布置了警戒舰，用雷达和声纳搜索海面和水下可能出现的阿潜艇和军舰。5月 21 日凌晨 2 时，突击编队全部驶入福克兰海峡，登陆舰开始向叉型的圣卡洛斯湾开进。3 时 30分，特种部队在登陆部队副司令汤普逊准将的直接指挥下开始行动。"特别舟艇中队"的突击队员乘直升机上陆，向登陆点的阿军哨所发起攻击，占领了哨所，俘虏了阿军士兵，同时在选定的滩头侦察敌情，勘察地形，清除障碍。5 时许，登陆舰驶入圣卡洛斯湾南北两个水叉。登陆部队每个营派出 1 个排充当警戒分队，首先乘摩托艇上岸，同"特别舟艇中队"的突击队员们汇合，在各自部队的上陆滩头布置警戒哨，控制附近的制高点，设立掩护火力点。6 时 30 分，登陆部队主力开始上陆。登陆兵分批乘登陆舰上岸，直升机则往来于登陆舰和陆地之间，运送火炮、坦克、吉普车和防空武器。至上午 10 时左右，第一波 2800 名英军官兵和大部分装备上陆完毕。部队上陆后，士兵们立即开始构筑阵地，炮兵用 105 毫米野战炮、81 毫米迫击炮并协同"蝎"式坦克组成地面火网，防空分队则在山上架设起由全天候盲射雷达控制的"轻剑"式地对空导弹。

英军上陆之后，防空问题迅速突出出来。为此，特混舰队指挥部作出部署，组织了一个由四层对空火力组成的防空网。第一层，由从航空母舰上起飞前来执行战斗巡逻任务的"海鹞"式战斗机用"响尾蛇"式空空导弹截击阿方飞机；第二层，由配置在福克兰海峡北口的驱逐舰和护卫舰用"海标枪"和"海狼"式导弹拦截阿机；第三层，由配置在圣卡洛斯湾出口的护卫舰用火炮和导弹组成又一道拦截火力网；第四层，则由圣卡洛斯湾内的"无恐"号、"勇猛"号两栖突击舰上的火炮、"海猫"式导弹和岸上的"轻剑"式防空导弹、"吹管"式肩射防空导弹以及高射机枪组成最后1道火力网。

3. 阿军举行空中反击

英军的登陆达成了突然性，但阿根廷在发现英军大量军舰云集福克兰海峡的异常情况后，立即警觉起来。5月21日上午，马岛守岛部队派出侦察机前往英军登陆点侦察，在查明情况后，立即组织了大规模的空中反击。

5月21日当天，阿军共出动"幻影"式和A－4"天鹰"式飞机约30架70多架次，分几个波次向圣卡洛斯英军登陆场发动空中攻击。攻击中，英军的"热心"号护卫舰被击沉，另有4艘军舰被击伤。5月22日，不知何故阿军没有派出飞机连续攻击，使英军获得了极其宝贵的一天。5月23日下午2时许，阿机又恢复了大规模空袭。阿根廷飞行员表现了突出的勇敢精神。为了保证轰炸效果，不少飞行员将攻击高度降到最低限度。有时飞机甚至撞断了英舰的天线。5月23、25、26三天时间里，阿军平均每天出动飞机约120架次，又先后炸沉和击沉英军"羚羊"号护卫舰、"考文垂"号驱逐舰和"大西洋运送者"号大型运输船。在几天的空中反击中，阿军本身也付出了很大的代价。

值得提及的是，阿军对"大西洋运送者"号的攻击。5月24日晚，针对英军登陆后的形势，阿根廷总统加尔铁里亲自主持召开军事会议。第二天就是阿根廷国庆节，因此，会议着重研究了如何以更加有力的行动粉碎敌人的登陆计划，以新的胜利庆祝这一节日的问题。会议决定，为了使有限的空中力量发挥更大作用，应采取两套办法，一方面继续攻击英军的登陆滩头和舰只，另一方面主动寻击其航空母舰，以此对英特混舰队造成巨大的震慑，破坏其整个登陆计划。根据会议决定，阿根廷海军和空军破例进行了协同合作，将兵力分成两部，一部继续向登陆地区执行轰炸任务，另一部则随时听令出动，打击英航空母舰。

5月25日下午，阿海军航空兵司令部收到发自斯坦利港的情报，得知英航母编队正在马岛东北方向100海里海面活动，随即下令在里奥格朗德基地待命的2架"超级军旗"式战斗机前往攻击。双机经空中加油后，以超低空飞向目标。由于没有侦察机配合，飞行员几次打开雷达，跃升到有效高度探测目标，都未能查明哪个目标是航空母舰。16时30分，双机进入导弹发射的有效范围，于是再次拉起飞机，从雷达荧光屏上选择了最大的一个目标，按动了导弹发射按钮。显示在机载雷达屏幕上的正是英国航母编队，但是，飞行员选择的那个最大的目标并不是航空母舰，而是集装箱运输船"大西洋运送者"号。该船排水量1.8万吨，全长230米，宽30米。由于它体积较

大，而且距阿机来袭方向最近，因此，被阿根廷飞行员当成了航空母舰。"大西洋运送者"号在全然不知的情况下被导弹击中，船体顿时起火并进水，船员们在灭火无效的情况下被迫弃船。船上的3架"支奴干"式大型直升机、6架"威塞克斯"式直升机，以及一大批急需的军用物资随船一起沉入了大海。

阿根廷航空兵的反击最大限度地贯彻了阿根廷军事当局的作战意图，给英军造成了严重损失。但是，由于实力的限制和英军的抗击，它并没能起到完全破坏英军登陆计划的作用。英军在猛烈的空袭下，继续扩大登陆成果。至5月25日晚，第一梯队5000多人，连同3.2万多吨作战物资和工程机械全部上陆完毕，登陆场面积由登陆第一天的25平方公里扩大到150平方公里。英军还在岛上建立了补给基地，通讯枢纽和简易机场，并把部分"海王"式直升机和"海鹞"式战斗机移到了岸上。从这时起，激烈的战斗也就从海上移到了陆地。

4. 英军向斯坦利港开进

当阿军的空中反击还在进行时，英军登陆部队副司令汤普森准将已开始着手部署登陆地区的

环形防御。然击，英国战时内阁从伦敦发来命令，要求上陆部队立即向马岛首府斯坦利港开进。因为英国战时内阁估计到，由于英军的登陆，残酷的地面战斗即将展开，因此，联合国可能通过一项要求双方就地停火的决议。这样一来，英国地面部队将处于距斯坦利港数10公里之外的不利位置，即将到手的胜利果实也有丢失的可能。根据战时内阁的命令，登陆部队指挥部又不得不在立足未稳之时，改变原计划，作出向斯坦利港开进的部署。

阿军在斯坦利港外围共设有3道防线。第一道为肯特山、挑战者山、查林杰山一线，是前哨警戒线；第二道为浪顿山、两姐妹山、哈里特山一线，是主要阵地；第三道为无线岭、欲坠山、威廉山、工兵山一线，是最后防线。最后一道防线被阿军自称为"加尔铁里防线"。圣卡洛斯和斯坦利港处于马岛东岛的东南两端，中间横亘着一大片没有道路、荒无人烟、难以逾越的山地。向斯坦利港进军，唯有经过南北两侧的沿海小路。走北路，依次要通过道格拉斯和蒂尔两个居民点，走南路，则必经达尔文港和古斯格林两地。由于阿军早先估计英军

可能在此登陆，加之这里有一个野战机场，因此，在此部署了2个营共1600人的兵力。根据地形和阿军防御态势，英军的决心是，南北两路分进合击，向斯坦利港外围发动钳形攻势，待后援的步兵第五旅上陆后，向斯坦利港发起总攻。具体部署是，北路由陆战队第四十五营担任先锋，伞兵第三营跟随其后，依次攻取道格拉斯和蒂尔两地，进抵肯特山一线；南路由伞兵第二营担任先锋，负责攻克达尔文港和古斯格林。陆战队第四十和四十二营担任预备队。工兵分队负责修筑道路，直升机部队则负责吊运重武器装备。

北路英军两个营按计划于5月28日攻下了道格拉斯和蒂尔两地，并于5月31日攻克肯特山一线阿军阵地。作为预备队的陆战队第四十二营一部也被空运至此一线。

南路的伞兵第二营在达尔文和古斯格林同阿根廷守军打了一场硬仗。该营于5月27日夜间离开登陆场后，经过短时战斗，于28日凌晨占领了预定的进攻出发地域。在白天对达尔文港的进攻中，英军遇到了登陆以后阿军最顽强的抵抗。即设在阵地上的机

枪、火炮和"普卡拉"式与"天鹰"式飞机的空中支援，阻挡了英军的进攻。英军得不到急需的火力支援，担负炮火支援的"箭"号护卫舰为躲避阿军飞机的空袭撤到了安全区，"海鹞"式飞机也因机场上空浓云密布而无法起飞。在交火中，英军伞兵第二营营长琼斯中校阵亡。下午，英军调整部署，派出1个连加强原先担负攻击任务的2个连。不久，天气放晴，"海鹞"式飞机立即执行了近距空中支援任务。这些措施使英军夺回战场主动权，攻克了达尔文港。29日晨，伞兵2营得到了陆战队第四十二营1个连的加强，以5个连的兵力向古斯格林发起最后攻击。阿军被迫放下武器，宣布投降。在这场战斗中，英军付出了亡17人，伤35人的代价。阿军则有250人阵亡，1200人被俘。至此，英军又打开了通往斯坦利港的南大门。

5. 英军发动总攻

当进至斯坦利港外围的英军开始巩固阵地，补充物资的时候，换乘以后进入战区的英军第五步兵旅于5月30日开始在圣卡洛斯上陆。同期抵达的英国地面部队指挥官穆尔少将也带指挥班子登上了马岛，他随即从汤普森旅长手中接过了指挥权，开始组织两个旅对斯坦利港实施决定性的攻击。

穆尔在组织最后的攻击时，首先遇到了1个刻不容缓的战术问题，即，是将1个旅派出担任主攻，另一个旅作预备队，还是令2个旅共同发起攻击。经征求部属意见，最终采取了第二方案，由第三突击旅从肯特山——查林杰山一线阵地沿北部轴线发起攻击，由第五步兵旅在布拉夫湾以外沿南部轴线发起进攻。

命令下达后，第五步兵旅旅长威尔逊准将开始组织本旅向距圣卡洛斯数十公里外的布拉夫湾的集结。这时，一个十分意外的问题发生了：马岛松软的地质使该旅2个机械化营的重装备和战斗车辆无法通行。为此他决定，1个廓尔喀步兵营继续向古斯格林开进，另2个营，即苏格兰第二近卫营和威尔士第一近卫营重新上船，经东岛南部沿海在布拉夫湾进行2次登陆。

6月5日，苏格兰第二近卫营登上"勇猛"号突击舰，次日登陆成功。而在6月7日登上"加拉哈德爵士"号和"特里斯特拉姆爵士"号登陆舰的威尔士第一近卫营却遇上了麻烦。两艘登陆舰于6月8日在布拉夫湾外海遭到了阿根廷航空兵的空袭,其中"加拉哈德爵士"号被炸沉,"特里斯特拉姆"号和另一艘担任护航任务的"普利茅斯"号护卫舰受重创,31名士兵和18名水手阵亡。在遭受了这次损失后,英军终于按计划于6月10日完成了总攻准备。

6月11日黄昏,英特混舰队的10艘护卫舰组成几个编队从不同方向对斯坦利港进行炮击,以进一步破坏阿军防御体系,吸引阿军注意力。地面部队随之向阿军的第二道防线发起攻击。至次日拂晓,伞兵第三营占领了浪顿山,陆战队第四十五营占领了两姐妹山,第四十二营占领了哈里特山。6月13日,英军向阿军第三道防线发起全面进攻。伞兵第二营攻占了最北面的无线岭,苏格兰第二近卫营同阿军战斗力较强的陆战队第五营激战数小时,夺取了无线岭以南的欲坠山,廓尔喀营占领了威廉山。6月14日晨,英军又占领了最南面的工兵山。

由于第三道防线的失陷,斯坦利港已完全暴露在英军面前。攻城和守城都已没有必要。在这种情况下,阿根廷守岛部队指挥部通过无线电向英军提出停火要求。6月14日下午,英军地面部队司令官穆尔少将同阿根廷守岛部队司令官梅嫩德斯少将举行会晤,双方同意自格林尼治时间当日19时起实行正式停火。

6月19日,英国特混舰队派出一支特混小队抵达南桑德韦奇群岛的图勒岛。2架满载武装人员的直升机在岛上降落,占领了岛上的科学站,迫使阿方全体人员投降。至此,一度被阿根廷占领的马尔维纳斯等3个群岛又重新落入英国手中,历时74天的英阿马岛战争宣告结束。

战争结束后,双方公布了战争损失情况。英国死亡255人,负伤777人,被俘91人,损失舰船6艘,其中25%毁于导弹,75%毁于航空炸弹和火箭;损失飞机34架,其中41.2%被击落,26.4%毁于飞行事故,32.4%随舰船沉入海底。阿根廷死亡746人,负伤1053人,被俘11845人;损失舰船9艘,其中66%毁于火箭、鱼雷和炸弹,33%被缴;损失飞机132架,其中26.1%毁于空空导弹和舰炮,73.9%毁于地空导弹和高炮。然而,政治上的得失是无法统计的。1982年6月17日,阿根廷总统莱奥波尔多·

最新整理图文珍藏版

福尔图纳托·加尔铁里将军辞职，几天后因被指控对战争的失败负有全面责任而被捕。内政部长圣琼担任临时总统，空军司令拉米·多索任军人执政委员会主席。战争的胜利为英国保守党内阁争得了荣誉，并为保守党在不久后举行的大选中再次获胜奠定了基础。由于阿根廷在战后保留了对马尔维纳斯等 3 个群岛主权归属的原有立场，因此，这场战争并没有最终解决问题。英国为了保护胜利果实，加强了岛上的防务，而阿根廷则开始了争取收复领土的新的斗争历程。

美国入侵格林纳达

1983 年 10 月 25 日凌晨，美国出动"快速部署部队"，采用突然袭击手段，对加勒比海岛国格林纳达发动了一场海空联合入侵，这是自越南战争失败以来美国最大的一次军事行动，一时间，格林纳达这块过去几乎无人知晓的弹丸之地成为全世界瞩目的中心。对此，人们不禁要问，美国这么一个具有世界头号军事和经济实力的当代超级大国，为什么会对小小的格林纳达大动干戈呢？

格林纳达的战略地位和美国入侵的背景

格林纳达是位于中美洲加勒比海的一个小岛国，由主岛格林纳达岛和卡里亚库岛、小马提尼克岛等附属岛屿组成，陆地总面积为 344 平方公里。其中格林纳达岛南北长 34 公里，东西最宽处为 19 公里，面积约 310 平方公里，整个岛屿平面呈石榴状仰卧于加勒比海之中。格林纳达总人口约 11 万（1982 年统计），其中黑人占 80%，混血人种占 15%，其余为加勒比印第安人和白人。格林纳达通用英语，另外还有一种法语和当地土语相混合的独特方言。大多数居民信奉天主教和基督教。首都为位于格林纳达岛西南海滨的圣乔治，人口约 1.2 万，是一个天然良港。格林纳达岛多山，全岛地势由中部向四周逐渐低平。岛上气候宜人，年平均气温 24 度，多雨，年降水量为 1900 毫米。格林纳达半数以上人口从事农业，主要农产品为肉豆蔻等香料作物，故有"香料岛"之称。工业极为落后，仅有十来家制作饮料、香烟和服装等的小工厂。旅游业较发达，为国民经济的支柱产业之一。

格林纳达最初由哥伦布于 1498 年 8 月 15 日在其第三次美洲

之行中被发现，当时被命名为康塞浦森岛。随后，西班牙人开始在该岛建立殖民地，并从非洲运来大批黑奴。1608年，英国试图在该岛移民，但未成功。1650年，法国政府从法商手中购得此岛。1763年，英国依据凡尔赛条约从法国手里割占了该岛，此后，一直统治该岛达200余年，直到1974年格林纳达宣布独立。

格林纳达地方虽小，但其战略地位十分重要。格林纳达位于加勒比海东部的小安的列斯群岛南端，西濒加勒比海，与巴拿马运河遥遥相对，东临大西洋，扼加勒比海出入大西洋的东部门户，历来为兵家必争之地。

格林纳达独立后，成为英联邦成员国，由统一工党执政。以埃利克·盖里为总理的统一工党政府奉行亲西方和亲美的政策，引起了在野党"新宝石运动"的不满。"新宝石运动"又称"争取福利、教育和解放的联合进军"运动，成立于1972年，由格林纳达亲苏联和古巴的人士组成，主张"恢复一切民主和自由"，举行"自由和公正的选举"，实行"经济革命化"，建立"人民参政的国家"，走社会主义道路。该运动于1979年3月13日发动政变，推翻

了盖里政府，成立了以莫里斯·毕晓普为总理的新政府。毕晓普政府成立后，在外交上奉行向苏联和古巴"一边倒"的政策。大量接收苏联和古巴的经济和军事援助，成立"人民革命军"和民兵队伍；由古巴派出工程部队在岛上修建新的"旅游机场"，其主跑道长达3000米。美国认为"格林纳达已经成为苏联和古巴的殖民地，用来作为输出恐怖行动和颠覆民主的基地"（里根总统语）。如果格林纳达被苏古完全控制，由格林纳达、古巴和尼加拉瓜三国的机场构成的"铁三角"，将使作为美国传统"后院"的中美洲加勒比海地区处于苏、古作战飞机的威胁之下，美国海上运输线的畅通和本土的安全将受到严重威胁。格林纳达有成为"第二个古巴的危险"。由此，美国便不断向毕晓普政府施加压力，处心积虑地试图推翻格林纳达的亲苏古政权，将其纳入"民主"国家之列。随着格林纳达形势的发展，格实质上已逐渐成为美苏争霸和美古矛盾的一个斗争焦点。

迫于美国的压力，毕晓普政府开始采取措施缓和与美国和其他西方国家的紧张关系。1983年6月7日，毕晓普还亲自访问美国，并与

最新整理图文珍藏版

美国达成了一项"谅解"。但是，毕晓普的上述行动引起了政府内部以副总理科尔德和政府军司令奥斯汀为首的亲苏古"强硬派"的激烈反对，并且前苏联和古巴对此也耿耿于怀。10 月 13 日，强硬派突然发动政变，将毕晓普软禁起来。19 日，数千群众在首都圣乔治游行支持毕晓普，并将毕晓普解救出来，随之，这些人与政变者发生冲突，毕晓普又重新落到政变者手中，当天便被秘密处决。20 日，军方接管政权，并成立了以奥斯汀为首的"革命军事委员会"，格政权落入亲苏古的强硬派手中。

政变"使里根政府有了它所需要的派遣海军陆战队的借口：由于格林纳达成立新政权，居住在该岛的上千名美国人遇到了危险。"加之惧于苏、古、格"输出革命"的东加勒比组织于 21 日开会，要求美国出兵格林纳达，22 日，美国副总统布什便召开国家安全委员会计划小组会议，初步决定出兵。24 日，美国总统里根再次召开国家安全委员会计划小组会议，正式决定出兵。当时的美国国防部长温伯格在其回忆录《为和平而战》中宣称，美国是为"……救出在那里（格林纳达）的美国人，使他们不至于被抓起来当做人质，避免再次出现 1979 年在伊朗所发生的那种事。"应加勒比各国的"紧急要求"而决定出兵的。上述情况表明，格林纳达 10 月政变给美国入侵提供了契机，成为美国入侵格林纳达战争的导火索。

美国的战略企图和作战计划

美国的战略企图为：以解救美国在格林纳达的侨民为借口，集中优势兵力，速战速决，推翻政变政权，扶植亲美新政府，同时慑服其他中美洲国家亲苏古的政治势力，以对抗苏联和古巴在中美洲"渗透"和"扩张"。

为实现这一企图，美国参谋长联席会议制订了详细的作战方案。据温伯格在其回忆录中透露，最初制订的方案主要内容是：海军陆战队将在珍珠机场附近的贸易港口的东北部登陆，而突击队将空降到格林纳达西南部的萨林斯机场，这两支部队会合后，迅速向北，向西行进，去营救美国学生，然后，与特种部队一道救出总督，占领电台，释放关押在鲁帕特要塞和里奇蒙山的其他政治犯。方案制订好后，参谋长联席会议又根据总统、国防部长等人的指示，以及侦察得来的情报对方案作了进一步的补充、修改。

世界通史

最新整理图文珍藏版

至 24 日晚 6 时，里根总统签署命令，入侵格林纳达的方案被批准实施，行动代号为"暴怒"。

美军入侵行动的总指挥是坐镇于华盛顿的大西洋舰队司令威廉·麦克唐纳海军上将；第二舰队司令约瑟夫·麦特卡夫海军中将为战场指挥官。美军先后投入的主要作战兵力为：各型舰船 15 艘，主要包括航空母舰 1 艘（关岛号，排水量 7.8 万吨，载机 85 架）、导弹巡洋舰 1 艘、导弹驱逐舰 1 艘，驱逐舰 2 艘，以及包括 1.83 万吨的两栖攻击舰"关岛号"在内的两栖舰船 5 艘；各型陆基与舰载飞机和直升飞机共 230 架；地面部队主要包括陆军第八十二空降师 1 个旅部率 4 个营（5000 人）、特种部队第七十五团 2 个营（700 人）、海军陆战队 1 个加强营（1900 人）等。上述部队均来自美"快速部署部队"。另外，巴巴多斯、牙买加、圣文森特、圣卢西亚、多米尼加和安提瓜等六国还派出 396 人的分遣队配合美军行动，这支分遣队实质上是一支警察部队。

战争爆发前，"独立"号航空母舰编队和"关岛"号两栖攻击舰编队已于 10 月 23 日到达格林纳达周围海域，并在格岛周围建立了半径为 50 海里的海空封锁区，对格林纳达实施全面封锁。24 日，美军又将部分陆军别动队员和武器装备运往距格岛只有 250 公里的巴巴多斯。同日，配合美军行动的加勒比国家的部队也集结于巴巴多斯。与此同时，美国本土的参战部队也进入临战状态。

格林纳达守军计有：格政府军 2 个步兵营、1 个野炮连、1 个高炮连，共约 2000 人，主要装备步兵轻武器，包括冲锋枪、机枪、火箭筒、120 毫米迫击炮、23 毫米双联高炮等，另外还有少量苏制 BTR—60 型装甲输送车，没有海空军，也没有坦克、大口径火炮等重武器；格方民兵约 2000 人；不过，格林纳达还有负责在格修建机场的一个约 700 人的古巴工兵营，据美方在战后发表的缴获的花名册透露，在格林纳达的该营内含 2 个步兵连、1 个迫击炮连和 1 个机枪连，由托尔托洛上校指挥。据美方实战体验，这部分古巴人的战斗力颇强。

格政府军部队主力部署于首都圣乔治周围以及格岛西南海岸地区，一部部署于珍珠机场，格方的 2000 民兵多分散部署。古巴工兵营则主要部署于萨林斯机场及其附近地区，以及从该机场到首都的公路线上。

最新整理图文珍藏版

1983年10月25日拂晓，随着格林纳达珍珠机场的第一声爆炸，美国入侵格林纳达战争正式爆发。战争历时共8天，大体上可分为2个阶段。

第一阶段（10月25日～28日）：南北对进，控制要点

25日晨4时30分，美军舰载航空兵对珍珠机场实施航空火力准备。5时，来自84—1陆战队两栖戒备大队的400名海军陆战队，从集结于珍珠机场以东水域的"关岛"号两栖攻击舰搭乘直升机，直接在珍珠机场跑道上垂直登陆，接着，后续部队约800人分别搭乘直升机和登陆艇登陆。美军在珍珠机场只受到少量格林纳达军的轻微抵抗。经2小时战斗，美军便完全控制了珍珠机场。然后，美军继续向机场附近敌据点进攻，占领了格伦维尔。美军在这一方向上的战斗行动十分顺利，基本上是按原计划进行的。

但是，美军在格岛西南方向的行动却比预计的要困难得多。

在攻击珍珠机场的同时，美陆军特种部队第七十五团2个别动营约700人，分乘18架C—130型运输机，在AC—130E型武装运输机的掩护下，从低空掠过加勒比海，扑向格林纳达，准备在格岛西南端的萨林斯机场实施伞降。在飞机到达目标之前，机上别动队指挥官获悉机场及其附近高地配有大量防空武器，于是决定跳伞高度由原计划的1200英尺（约366米）降至500英尺（约152米），以减少伞降时的损失，这将是二战后美军最低跳伞高度。伞降前，从"独立"号航空母舰起飞的A—6和A—7型舰载攻击机对机场守敌实施了航空火力准备，5时36分，伞兵乘坐的运输机到达萨林斯机场上空，并立刻开始伞降。地面火力非常强，以至第一连美军跳伞后，伞降活动不得不暂时中止。AC—130E飞机被召来压制敌防空火力，15分钟后，伞降活动才得以继续进行。在伞降过程中，机场守军对空火力基本上没有中断，美军部分伞兵伤亡，许多降落伞上弹洞累累。别动队员着陆后，立即投入地面交战，经过激战，美军于7时15分控制了机场。此时，机场周围格方抵抗力量还比较强，机场上美军不断遭到火力袭击。美军别动队队员冒着密集的狙击火力清除机场跑道，同时向机场周围的格方抵抗力量进攻，占领了位于机场附近的圣乔治医学院校园，以"保护"那里的大约500多名美国学生。下午2时，后续部队第八十二空降师2个营和多国警察部队共约1500人陆续到达，并立即投入战斗。美军在航空火力支援下，继续打击机场附近的抵抗力量，巩固了机场，占领了弗里昆特。随后，除留多国警察部队保卫机场以外，主力兵分两路：一路向北，沿滨海公路向首都圣乔治方向发起进攻；另一路东进，经特鲁布卢、圣乔治医学院，向卡尔维尼格兵营方向发起进攻。

在萨林斯机场激战的同时，美军"海豹"部队的一个11人小组顺利伞降于位于圣乔治的总督官邸，营救斯库恩总督。但当队员准备携总督一家撤离时，3辆古巴人操纵的BTR—60装甲车将总督一家连同美军"海豹"小组成员一起包围在总督官邸内。为解救被围的总督，同时为配合南路美军迅速攻占圣乔治，麦特卡夫将军调整了作战计划：珍珠机场方向美军不再从陆路向圣乔治进攻，而是改走海路。为此，除部分海军陆战队员留在珍珠机场方向担负警卫任务外，其余240名海军陆战队员返回"关岛号"，并乘该舰从格岛北面迅速绕到格岛

西海岸圣乔治以北约1公里处的大马尔弯附近海域。19时30分，陆战队员乘登陆艇登陆，随同登陆的还有坦克和装甲车共18辆。登陆后，经12小时的通宵战斗，歼灭了包围总督府之敌，救出了总督及"海豹"小组成员。

经过25日1天的激战，美军夺取了两个对战争具有决定意义的机场，在圣乔治以北开辟了新的战场，从而与萨林斯机场方向的美军形成了从南北两路对格首都实施夹击的有利态势。

鉴于格方抵抗比预料的要强得多，为达到速战速决的目的，美军又紧急从国内增调部队和作战物资，至26日，美军在格林纳达的地面部队总数已达6000余人，形成了3倍于格军的优势。西部美军继续以优势兵力南北对进，逐个攻击沿途格方据点，向首都圣乔治逼近，东路美军则向卡尔维尼格兵营攻击前进。26日，陆战队攻占格军司令部所在地弗雷德里克堡。27日，陆战队占领卢卡斯堡和军事要地里奇蒙山监狱；东路美军在卡尔维尼格兵营遇到激烈抵抗，经苦战，攻占了该兵营，缴获了大量武器和文件。28日，美军南北两路终于会师圣乔治，完成了对格首都的占领。至此，美军完

成了对格岛要点的控制，整个入侵行动的主要战斗结束。格军溃散，零散武装人员退往北部和中部山区，继续抵抗。参战的古巴人一部分伤亡，大部分被俘。

第二阶段（10月20日~11月2日）：清剿残敌，巩固胜利

针对格方残余抵抗力量孤立分散，隐藏地形复杂等情况，美军化整为零，以连排为单位，空地配合，清剿残敌，搜捕政变主要领导人。

10月29日，美军在圣乔治郊区抓获政变主要领导人之一前副总理科尔德。30日，前"革命军事委员会"主席奥斯汀被俘。11月1日，"关岛"号两栖攻击舰编队奉命驶抵格岛以北32公里的卡里亚库岛，搜索残敌。登陆兵力共2个连（300人），其中1个连乘20架直升机在该岛首府哈维以北的野战机场垂直登陆，另一个连乘13辆登陆车在哈维以西的海湾登陆，登陆人员经7小时搜索，俘获15名格军，并发现一军火库，别无其他收获，于是便返舰离岛。

至11月2日，美军顺利完成了清剿任务。残敌基本被肃清，缴获了大量武器弹药和文件，美军完全控制了格林纳达，战争遂告结束。战争结果，美军仅18人阵亡，90人受伤，损失直升机10余架。格军亡40余人，被俘15人，其余逃散。古巴人亡69人，伤56人，被俘者达642人。

美方战略指导和战术运用的特点

美国入侵格林纳达战争是一场"一边倒"的战争。美军在战争过程中始终掌握着主动权，并最终以很小代价，在短时间内就完成了对格林纳达的占领，达成了战略目的；而格林纳达方面则处处被动、处处挨打，8天之内就落得个丧权辱国的局面。之所如此，究其原因，除了双方武器装备数质量差距巨大；国力对比悬殊；格林纳达国土太小，无持久作战的回旋余地；格又是个岛国，远离苏联和古巴，外援易被断绝等方面原因外，美方正确的战略指导和战术运用对美国这次军事行动的成功也起了极为重要作用。

从战略指导和战术运用上看，美方主要有以下几个特点：

1. 预有准备，未雨绸缪

面对苏联和古巴在中美洲的挑战，美国早就有必要时在这一地区进行武装干涉的准备。长期以来，美国利用侦察卫星、高空侦察机一直保持着对这一地区，尤其是其中亲苏联、古巴的国家的严密监视。

美国在 80 年代初建立的"快速部署部队"的一个重要作战方向就是这一地区,这支部队对这一地区的行动不但有预案,而且还通过训练和演习等手段不断完善作战方案。对格林纳达,美军早在 1981 年就在波多黎各的韦克斯岛举行过侵格模拟演习。从古巴工兵营进驻格林纳达修建机场的那刻起,美国就通过侦察卫星监视施工进度,同时派出地面特工人员前往该国收集地理、水文和军事部署等方面情报,为尔后可能的军事行动作准备。据外电报道,入侵前 9 周,美国陆军特种部队和海军陆战队部分人员还进行了为期 9 周的针对格林纳达作战的专门演习。10 月 20日,即毕晓普被暗杀的第二天,美国国防部长温伯格在美国总统尚未作出出兵决定之前,就同意了参谋长联席会议主席维西上将的建议,命令"独立号"航空母舰以及去黎巴嫩接防美军的海军陆战队补充舰队改航朝南行进,到格林纳达附近随机待命。所有上述行动,都为美军适时出兵并夺取胜利打下了良好的基础。

2. 抓住时机,果断出兵

美国入侵格林纳达是蓄谋已久的,但一直苦于没有恰当的时机下手。格林纳达的十月政变给美国提供了难逢的良机。因为格政变使全国处于一片混乱状态,军心不稳,人心涣散,新政权一时难以在全国建立威信,恢复秩序。此时入侵,易收事半功倍之效。另外,格林纳达的内乱还给美国提供了入侵的借口:"救出那里的美国学生。"于是,美国在毕晓普被处决的第二天便命令军队处于战备状态,第四天就正式作出出兵决定,第六天出兵。否则,如果美国出兵太晚,一旦格林纳达国家局势稳定下来,苏联和古巴与新政权的联系进一步加深,美国再出兵就困难了。

3. 突然袭击,速战速决

越南战争的失败给美国的主要教训之一就是采用战争手段必须力争做到速战速决。在这次侵格战争中,美国仅用 4 天就完成了主要战斗任务,8 天之内结束了战争,全面控制了格林纳达。美方为了能达成速决,主要采取了以下两项措施:一是集中了绝对优势的兵力兵器;二是力争达成突然性。在集中兵力方面,美军先后投入的兵力对格方形成了 9∶1之优势,美格双方舰船之比为15∶0,各型军用飞机之比为230∶0。为了达成战争的突然性,美方主要作了以下努力:1. 利用苏军击落南朝鲜客机事件、驻黎巴嫩美海军陆战队被炸事件，转移国际社会的注意力；2. 进行新闻封锁，禁止记者随入侵部队采访；3. 打着与加勒比海多国警察部队进行"联合演习"的幌子，隐蔽集结兵力；4. 利用拂晓，从多方向对格古兵力密集区突然发动进攻。另外，原计划调往黎巴嫩的舰艇编队在接到转航格林纳达的命令并执行以前的行动，客观上也起到了转移视线的作用。所有上述行动都为美军达成速决提供了有力保障。

4. 多种战法配合，充分发挥高技术装备威力

美军是一支装备高度现代化的军队。为充分发挥技术装备的优势；美军针对格林纳达是个岛国，四面环海，境内多山，格古军队部署比较分散等实际情况，在作战中，十分强调各军兵种的密切协同；在登陆作战时，以垂直登陆为主，广泛采用伞降和机降等手段，从多方向迅速登陆，歼灭守军主力，并向纵深发展；在控制要点作战和清剿作战中，广泛进行空中机动作战，避开不利地形，歼灭孤立分散之敌，加速了战争进程。

英迪拉·甘地总理被刺身亡

1984 年 10 月 31 日，印度总理英迪拉·甘地被刺身亡。葬礼那天，数百万人为她送行。英迪拉·甘地是印度已故著名政治家尼赫鲁的独生女儿。1917 年 11 月 19 日生于印度北方阿拉哈巴德市。1929 年 12 岁时即参加反对英国殖民当局的运动。1938 年加入国大党，同年任议员。1942 年 3 月同印度帕西族律师费罗兹·甘地结婚，被称为甘地夫人。婚后不久因从事国大党的反英不合作运动，被英国殖民当局逮捕入狱，一年后出狱。印度独立后，她担任她父亲尼赫鲁总理的私人秘书，同时从事妇女、儿童等社会活动。1959 年任国大党主席。1964 年尼赫鲁逝世后，出任新闻和广播部长，同年 8 月当选联邦院议员。1966 年 1 月当选为国大党议会党团领袖，并首次出任印度总理，为印度历史上第一任女总理。1967 年和 1971 年两次蝉联总理并兼任外交、财政、能源、国防部长等职。在 1977 年 3 月举行的第六届大选中，人民党上台执政，她失去总理职务。1980 年初在大

印度第一位女总理英迪拉·甘地

人契尔年科病逝，戈尔巴乔夫当选为苏共中央总书记。

戈尔巴乔夫于 1931 年 3 月 2 日生于俄罗斯南部的斯塔夫罗波尔边疆区的普里沃尔诺耶村的一个农民家庭。1955 年从莫斯科大学法律系毕业后回到家乡从事党团工作。1970 年 6 月起连续当选为第八至第十一届苏联最高苏维埃代表。1971 年 4 月在苏共二十

选中获胜再次出任总理。

英迪拉·甘地是集权主义者，被称为"世界上最有权势的女人"。在 1971 年的印巴战争中，她把巴基斯坦肢解为孟加拉和巴基斯坦两个国家。她派兵攻打锡克教的大金庙，制造了金庙血案，激起了锡克人的极大愤怒，最终，英迪拉·甘地被深得她信任的锡克教卫士枪杀。

戈尔巴乔夫上台

1985 年 4 月 11 日，苏联领导

戈尔巴乔夫

四大上当选为苏共中央委员。1978 年 11 月进入苏共中央书记处任主管农业的书记。1979 年 11 月当选为苏共中央政治局候补委员，次年升为中央政治局委员，成为政治局中最年轻的委员。1984 年 4 月当选为苏联最高苏维埃联盟院

外交委员会主席。1985 年 3 月继任苏联共产党中央委员会总书记。戈尔巴乔夫在职期间，积极推行"全面改革"的方针，加速发展经济和苏共政治民主化进程，公开提出苏联应实行多党制。1991 年苏联"8·19"事变后辞去苏共中央总书记一职。1991 年 12 月 21 日苏联解体，25 日戈尔巴乔夫宣布辞去苏联总统职务。

"挑战者"号航天飞机失事

  1986 年 1 月 28 日，美国第二架航天飞机"挑战者"号在进行第 10 次飞行时，从发射架上升空 72 秒后发生爆炸，价值 12 亿美元的航天飞机化作碎片，坠入大西洋，7 名机组人员全部遇难，造成了世界航天史上最大的惨剧。

  在"挑战者"号 7 名遇难的宇航员中，有两名女宇航员。其中有一位名叫麦考利夫的 37 岁的小学女教师，她是从 11416 位申请者中选拔出来的美国第一位参加航天飞行的普通公民。她准备在"挑战"号进入第四天飞行时，在太空向地面的学生讲两堂课，每堂 15 分钟，以此标志航天飞机走向更为实用的阶段。飞机失事

前，她的丈夫和孩子们以及她的学生们都坐在电视机前观看电视转播。不幸的是麦考利夫壮志未酬，献出了宝贵的生命。

遇难的 7 名宇航员

  "挑战者"号的爆炸，使美国举国震惊，华盛顿和其他各地均下半旗致哀。"挑战者"号的残骸落入大西洋中后，被美国海军潜水员打捞出来。经过调查分析，最后确定这次事故是由于一个助推火箭的密封装置出现故障而引起的。"挑战者"号升入天空后不久，泄漏出的燃料便着了火，火焰很快就扩散到了主燃料舱，进而导致航天飞机爆炸。这次事故后，科学家们对所有航天飞机进行了全面的检查，采取了改进措施，提高了航天飞机的安全程度。两年后，美国航天飞机开始恢复飞行。

帕尔梅遇刺身亡

1986年2月28日深夜，瑞典首相帕尔梅在斯德哥尔摩市中心的格兰德电影院看完电影后，在回家的路上遇刺身亡，终年59岁。

帕尔梅于1927年1月30日生于瑞典斯德哥尔摩的一个普通家庭。早年在斯德哥尔摩附近的锡格蒂纳学校学习，毕业后入伍。第二次世界大战后到美国俄亥俄州凯尼恩学院，1948年获文学学士学位。回国后入斯德哥尔摩大学，1951年获法学学士学位。1950参加社会民主党。1953年任瑞典首相特别顾问。1958年当选为议员。1969年任社会民主党主席。1969年、1982年两度出任首相。帕尔梅生前一直致力为发展中国家的和平、民主事业奋斗。他积极主张和平，提倡民主，反对扩张和侵略，为维护瑞典的中立做出了不懈的努力。但他的言行也遭到了国际反对势力和国内政治极端分子的敌视，终于遭到暗杀。帕尔梅遇害后，瑞典人民络绎不绝地到帕尔梅遇害的地方献上束束鲜花，点上长明灯；在他灵车通过的路上，数十万市民自动聚集站在冰雪覆盖的街道两旁为他送行；全世界132个国家和国际组织的代表参加了帕尔梅的葬礼。为了永远纪念这位"平民首相"，瑞典政府将帕尔梅遇害的那条街被改名为"奥洛夫·帕尔梅大街"。

血溅政坛的瑞典首相帕尔梅

《苏美中导条约》

《苏美中导条约》全称为《苏联和美国消除两国中程和中短程导弹条约》，是1987年12月苏美两国签订的军事协定。条约规定：美苏双方将全部销毁和彻底禁止生产射程为500至1000千米的中短程导弹及射程为 1000 至 5000 千米的中程导弹，包括已经部署和虽已生产但尚未部署的导弹，在未来 3 年内两国首先拆除和销毁双方的 2611 枚中短程导弹

戈尔巴乔夫与里根签署《苏美中导条约》

和中程导弹。按照该条约，两国中程和中短程导弹的发射装置、导弹基地等也在销毁之列。1988 年 5 月 29 日至 6 月 2 日，美国总统里根访问苏联期间，与苏共总书记戈尔巴乔夫互换了《苏美中导条约》的批准书，意味着该条约正式生效。据统计，随后的几年中俄罗斯和其他 3 个加盟国家共销毁中程导弹 889 枚，发射装置 587 个，销毁中短程导弹 957 枚，发射装置 238 个。美国销毁中程导弹 677 枚，发射装置 288 个；销毁中短程导弹 169 枚和一个发射装置。

德国统一

建立柏林墙

第二次世界大战以后，苏联、美国、英国和法国各占据原德国的一部分地区。1949 年，苏联在包括东柏林在内的占领区成立了德意志民主共和国，并把首都定在了东柏林，美、英、法则把各自的占领区连成一体而成立了德意志联邦共和国，首都定在波恩。

奔向西德的东德士兵

马歇尔计划实施后，英、美、法控制下的西柏林发展很快。起初，柏林市民可在各区间自由活动，但随着冷战的加剧，东、西柏林的边界在 1952 年关闭了，市民的往来受到严格限制。但不断

世界通史

最新整理图文珍藏版

有东德人跨越边界涌入到西柏林，仅 1949 年到 1961 年，就有大约 250 万东德人逃到了西柏林，严重威胁了民主德国的经济发展和政治稳定。为此，在苏联策划下，民主德国政府在 1961 年 5 月做出秘密决定，修建柏林墙以遏制外逃浪潮。

建设柏林墙作为当时的最高机密，如果西方事先得知，民主德国将会非常被动。因此，1961 年 6 月 15 日，当时的民主德国领导人乌普里希曾对西方记者说："西方有传闻说，我们要在东西柏林之间建造一堵高墙，据我所知，政府从没有过这样的打算。"乌普里希的讲话起到了麻痹西方国家领导人的效果，他们被蒙蔽，以为东德人根本没有建墙的打算。

1961 年 8 月 13 日凌晨，与西柏林相接壤的东柏林街道上的所

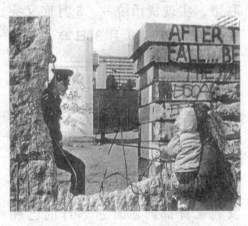

倒塌前夕的一段柏林墙

有灯光突然间熄灭了，无数辆军车有序地驶出，车上的大灯把东西柏林的边界线照得通亮，2 万多东德士兵突然涌出，排满了东西柏林间 43 公里的边界上，他们手里都拿着铁丝网、水泥板、铁锹。六个小时后，一道由铁网和水泥板构成的临时屏障绵延在 43 公里的边界上。8 月 18 日，柏林墙的建设全面展开。

高墙难成障碍

最终完成的柏林墙全长 170 多公里，其中路上部分长 115 公里。墙高平均 4.2 米，由水泥浇筑而成，墙顶铺设水泥管。柏林墙共有前后两道，其间留有 100 米宽的无人区巡逻通道，通道内设有防汽车壕、反坦克路障、电网、地雷、自动射击装置等，还设有了望塔 190 座，地堡 137 座，警犬桩 294 个。通道内有警卫人员 24 小时值班，对强行闯关者可当场击毙。

但是，柏林墙很难挡住那些坚决去西德的人们：有人以 14 辆载重卡车同时撞倒墙体得以逃脱，有 36 名学生用半年时间挖地道 145 米逃到西柏林。比这更精彩的是，有一家人制造了一只热气球，乘着夜色"飞"到了西柏林。在柏林墙修建后的 28 年里，先后有

西柏林人远远地向他们在东柏林的亲人招手

187868 人逃跑成功，但也有 254 人在逃跑时被击毙。

德国统一

作为东、西方政治以及冷战两大阵营相对抗的有力象征，柏林墙的建成使得"铁幕"一词变得形象而具体了许多，冷战也由此升级。但到 20 世纪的 80 年代时冷战渐入尾声，东西方的关系逐渐缓和起来，当时的西德总理勃兰特实行了新政策，促使两个德国之间由对峙走向对话。1987 年 6 月 12 日，美国总统里根在勃兰登堡门发表讲话，建议当时的苏联领导人戈尔巴乔夫拆掉这座柏林墙。

1989 年 11 月 9 日，东德政府决定放松对东德人民的旅游限制。当天夜晚，共有 10 万人次涌入西柏林，其中有 2000 余人滞留未归。11 日和 12 日两天，共有 100 多万东德公民进入西德及西柏林。但人们这时在心中还有一个疑问：自二战以来一直关注德国事务的苏联会对此做何反应？这时，苏联总统戈尔巴乔夫也放出风来："苏联这次不会干出干预柏林墙开放的蠢事。"

西德科尔政府立刻决定顺水推舟，借柏林墙开放的大好时机促成德国迅速统一。1990 年 7 月 1 日，两德建立货币、经济和社会联盟，实现货币统一。8 月底又完成政治联盟。10 月 3 日晚，两德正式宣告统一。

巴勒斯坦国成立

1988 年 11 月 15 日，在阿尔及利亚首都阿尔及尔举行的巴勒斯坦全国委员会第 19 次会议宣告

世界通史

最新整理图文珍藏版

成立巴勒斯坦国,首都耶路撒冷,国家元首为阿拉法特,国土面积和疆界未定,临时政府待组成。同时宣布承认联合国安理会242号决议和338号决议,承认以色列的存在。同年12月,由于美国反对而改在日内瓦举行的"联大"关于巴勒斯坦讨论会通过决议,以巴勒斯坦国代替巴解组织并成为联合国正式成员。中国于12月31日宣布同巴勒斯坦建立外交关系,驻华"巴解"办事处升级为大使馆。

苏联裁军50万

20世纪80年代中期以来,世界范围的国际关系开始发生深刻变化,美苏在亚太地区的政治军

从东欧国家运回第一批巡航导弹

事对峙局面逐渐缓和。戈尔巴乔夫上台后,在军事建设上提出了"合理足够"的原则,放弃了同美国争夺全球军事优势的努力。1988年12月7日,戈尔巴乔夫在第43届联大会议上宣布,苏联决定在两年内裁军50万人,常规武器数量也作重大削减,此举被认为是戈氏对于其外交新思维的实践之一,引起了其他各国的广泛关注。到1990年底,这一计划基本完成。其间,苏军还裁减了2万多辆坦克、1.9万辆装甲车、近3万门火炮、约1500架飞机、1900多架战斗直升机、近30艘潜艇和近50艘舰艇。

两伊战争的背景

20世纪80年代初,在世界热点地区——中东,爆发了一场举世瞩目的战争,即伊拉克和伊朗之间的战争(简称两伊战争)。此次战争,从1980年9月爆发,至1988年9月战争双方握手言和,整整持续了8年之久。长期燃烧的战火,使两伊双方均蒙受了巨大的损失。两伊战争是第二次世界大战以来,又一场延续时间较长、规模较大的局部战争。而且,

由于两伊战火蔓延，还殃及到海湾地区其他国家的经济利益和安全稳定，尤其是曾导致美国和苏联在海湾地区的严重对立，致使海湾局势一度空前紧张，成为国际社会广泛关注的焦点。因此，追溯两伊战争的起因，纵观两伊战争的进程，分析两伊双方的得失，对于研究现代条件下局部战争的特点，是有意义的。

（一）由来已久的领土争端

领土问题是导致两伊战争的主要原因。这一问题包括两个方面：一是阿拉伯河的边界划分问题；二是波斯湾入口处3个小岛的主权归属问题。

1. 阿拉伯河的边界划分问题

伊拉克同伊朗长期存在着边界争端，经常发生武装冲突。两伊陆地边界全长1100公里，基本上是根据1913年奥斯曼帝国（当时的伊拉克为该帝国的1个行省）同伊朗签订的"君士坦丁协议"

两伊战争中，伊朗军队从沼泽地向伊拉克军队发动进攻。

伊拉克总统萨达姆

确定的。长约100公里的阿拉伯河是两国南部的自然边界。这段边界原以该河伊朗一侧的浅水线为界，河流主权属伊拉克。根据1914年双方划界委员会会谈纪要和1937年签订的边界条约，双方同意霍拉姆沙赫尔和阿巴丹两段（共约11公里）以该河深水线为界。此后，伊朗一再要求以河流主航道中心线为边界线，并对阿拉伯河实行双方共管，伊拉克则坚决反对，为此双方进行了长期的斗争。1975年3月，在当时的阿尔及利亚总统布迈丁斡旋下，两国领导人就边界问题举行会谈并签署了《阿尔及尔协议》，决定在1913年边界议定书和1914年划界委员会会谈纪要的基础上划定两国疆界，当时处境困难的伊拉克，被迫同意按阿拉伯河主航道中心线划定两国河界。伊朗也答应归还扎因高斯等 4 个地区约 300 平方公里的原属伊拉克的领土，并承诺不再支持伊拉克国内少数民族库尔德族的反政府武装斗争。事后，伊朗迟迟未交割土地。伊拉克认为《阿尔及尔协议》是不公平的，多次要求重划边界，均遭伊朗拒绝。于是，伊拉克总统萨达姆·侯赛因下了"以战斗收复领土"的决心。1980 年 9 月 17 日，伊拉克宣布废除 1975 年的《阿尔及尔协议》，对阿拉伯河拥有主权。

2. 波斯湾入口处 3 个小岛的主权归属问题

两伊领土纠纷的另一个问题是波斯湾入口处 3 个小岛的主权归属问题。1971 年，巴列维国王统治下的伊朗，派遣军队，占领了波斯湾入口处的阿布穆沙、大通布和小通布 3 个小岛。这 3 个小岛本应属于阿拉伯联合酋长国，但当时阿联酋尚未成立。伊朗占领这些岛屿后，便加强岛上军事设施建设，使之成为可以控制波斯湾出入航道的军事基地。波斯湾国家所生产的石油每天总数约为 2000 万桶，占全世界每天消耗石油 6000 万桶的 1/3，也是每天世界石油市场 3000 万桶的 2/3。

伊拉克总统萨达姆·侯赛因在指挥作战

所以谁能控制波斯湾的出入航道，谁就扼住了海上石油通道的"咽喉"，也就把握住了海湾油库的"阀门"。伊朗占据了这 3 个小岛使海峡阿拉伯国家觉得如鲠在喉，遭到海湾阿拉伯国家特别是伊拉克的激烈反对。伊拉克认为这些岛屿不应该由伊朗占领，而应该归还阿拉伯国家。伊朗根本不理

美伊危机中，愤怒的伊拉克妇女。

会伊拉克的立场，因此两国在这一问题上也积怨甚深。

（二）难以调和的宗教矛盾

伊朗和伊拉克同是伊斯兰教国家，伊朗把伊斯兰教定为官方宗教，伊拉克定为国教，伊斯兰教在两国政治生活中起着重要的作用。伊斯兰教主要分为逊尼派和什叶派两大教派。伊朗和伊拉克两国的穆斯林（伊斯兰教徒）多数属于激进的什叶派。其中，伊朗什叶派人数占其穆斯林总数的92%，伊拉克什叶派人数占其穆斯林总数的60%。但两国什叶派穆斯林在本国政治生活中的地位是迥然不同的。1979年初，伊朗什叶派宗教领袖霍梅尼领导"伊斯兰革命"在伊朗取得了胜利，推翻了君主制，建立了以什叶派高级教士集团为核心的、政教合一的伊斯兰共和国，什叶派处于领导地位。而伊拉克宪法虽然规定伊斯兰教为国教，但复兴党政府推行的完全是世俗主义路线，在政治生活中努力使政教分离，削弱宗教势力，将宗教活动纳入政府控制的轨道。伊拉克的什叶派穆斯林虽然占国内人口的多数，但长期以来，国家权力却被逊尼派阿拉伯人控制，对此什叶派十分不满。而"伊斯兰革命"

后的伊朗，在对国内推行"百分之百的伊斯兰化"的同时，还对外"输出伊斯兰革命"。伊拉克首当其冲，这是因为：在地理位置上，伊拉克紧邻伊朗，历史上双方一直存在很深的矛盾，伊拉克是什叶派的发源地，什叶派的宗教圣地大多在伊拉克境内，什叶派在伊朗得势后，一直想夺取伊拉克地区。伊拉克现在的复兴党世俗民族主义与伊朗的什叶派宗教神权主义在意识形态上根本对立，互不相容。伊朗对伊拉克的政教分离、以极少数的逊尼派统治大多数的什叶派极为不满。伊朗的什叶派与伊拉克的什叶派虽然分属不同的民族，但共同的信仰使他们之间有着千丝万缕的联系，霍梅尼当年受国王迫害流亡伊拉克期间，在纳贾夫居住了13

英国首相撒切尔夫人同约旦国王侯赛因讨论海湾局势

年，他在这里讲课传教，著书立说，在伊拉克什叶派中很有威望。所以，伊朗革命胜利后，伊拉克自然就成了其"输出伊斯兰革命"的第一个国家。

伊朗伊斯兰革命在伊拉克什叶派中引起了强烈反响。早在1977年和1978年，什叶派聚居的卡尔尼拉和纳贾夫曾发生了较大规模的骚乱，并出现了以"号召党"为首的一些反政府什叶派政党。从1979年上半年起，什叶派集中的伊拉克南部不断发生政治骚乱，"号召党"的反政府活动空前活跃，并得到了伊朗的支持。在国内外宗教势力的夹击下，加上复兴党内部的权力斗争，伊拉克政局一度出现严重危机。

1979年7月，萨达姆·侯赛因任伊拉克总统，伊拉克复兴党政府为了遏制伊朗的"输出伊斯兰革命"，对国内宗教反对势力采取了强硬措施，处死了以什叶派领袖巴克尔·萨德尔为首的数百名宗教界人士，逮捕了数千人，并宣布取缔"号召党"。伊拉克政府还大规模地驱赶侨居在伊拉克的伊朗人和有伊朗血统的伊拉克什叶派居民，先后有10余万人被从伊拉克驱赶到伊朗。为了解除伊朗和国内宗教反对势力的威胁，

伊拉克决定先发制人，利用伊朗"伊斯兰革命"后的混乱时机抢先发动战争，速战速决，一举打垮伊朗新政权，以战争抵制其"伊斯兰革命的输出"和威慑国内的宗教反对势力，使其停止反政府活动。在此情况下，伊拉克迫不及待地率先开动了战争机器。

（三）错综复杂的民族纠纷

伊朗历史上属于波斯民族，伊拉克则属于阿拉伯民族。很久以来，波斯人和阿拉伯人时常发生冲突，民族矛盾尖锐复杂。而且，伊拉克和伊朗两国国内都有一个少数民族——库尔德族。伊拉克有库尔德少数民族200万人，占其总人口的15%。这一民族一直要求自治，曾多次进行反政府的武装斗争，伊朗积极给予支持。伊朗本身也有库尔德少数民族200万人，伊拉克也唆使并支持其进行反对伊朗政府的斗争。此外，伊朗西部的胡齐斯坦省在奥斯曼帝国统治时期属伊拉克，1925年划归伊朗，该省的大多数居民（约占全省人口60%）为逊尼派阿拉伯人，在民族感情上亲伊拉克。反政府组织"阿瓦士解放阵线"早在伊朗国王统治时期，便进行反政府斗争谋求该省自治。因此，伊拉克在支持伊朗库尔德族反政

两伊战争中，伊朗边境城市逃难的难民。

府斗争的同时，还联合"阿瓦士解放阵线"共同反对伊朗新政权。

（四）急剧膨胀的称雄海湾的欲望

伊朗和伊拉克都有争当海湾"盟主"的雄心。自从1977年11月埃及总统萨达特访问以色列，并于次年9月在美国与以色列签订"戴维营协议"后，中东形势剧变，阿拉伯世界内部各种力量重新分化、组合。一些阿拉伯国家纷纷与埃及断交，阿拉伯联盟也将埃及逐出该组织，使以往在阿拉伯世界具有极大影响的埃及

地位骤然下降。接着，70年代一直充当"海湾宪兵"的伊朗国王巴列维于1978年倒台，海湾霸位悬空。机会难得，素有称雄海湾、觊觎阿拉伯世界领袖地位的伊拉克跃跃欲试。伊朗在"伊斯兰革命"成功后，最初并不急于充当海湾盟主。其一，伊朗是海湾地区的一个大国，盟主地位非伊朗莫属，无需去争；其二，伊朗"伊斯兰革命"刚刚成功，国内矛盾复杂，局势尚不稳定，无暇去争。因此，1979年3月6日，霍梅尼宣布"伊朗不当波斯湾宪兵"，放弃前国王在波斯湾建立海军基地的计划，并表示不再购买美国武器。这一声明受到波斯湾各国的欢迎。但当对什叶派教徒持较温和态度的伊拉克前总统巴克尔于1979年7月16日辞职，由激进的实权人物、二把手萨达姆·侯赛因接任后，伊朗态度就变了。伊朗深知萨达姆对海湾盟主地位觊觎已久，自然是不甘示弱，针锋相对，极力宣扬要以"伊斯兰革命"推翻萨达姆的统治。这一号召在海湾国家引起了极大恐慌，给萨达姆发动战争、推翻伊朗新政权、夺取海湾霸权提供了借口。萨达姆自恃伊拉克的军事优势，又有海湾国家的大力支持，

便企图将立足未稳的伊朗新政权一举推翻，实现其称雄海湾的"壮志"。于是1980年9月22日，伊拉克率先向伊朗发动进攻，导致两伊战争全面爆发。

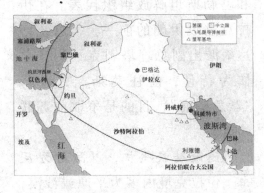

伊军坦克"堡垒"成为靶标

（五）战前双方基本情况

长期以来，海湾地区既是世界最大的石油输出地，同时也是世界最大的军火输入区。1973年第四次中东战争，由于广泛使用了先进的导弹、坦克、飞机、电子设备等武器装备，突出地显示了战争的现代化特点。这使海湾国家深受刺激。而且，70年代初期，世界石油价格大涨，海湾国家石油收入猛增，在此情况下，海湾国家都不惜巨资采购武器装备。自1974年到1980年，海湾国家仅引进武器一项开支竟高达3500亿美元。对急于在海湾地区称雄的伊朗和伊拉克来说，自然

是不甘落后，从1973～1980年8年中，两伊在兵力与武器装备方面取得了惊人的发展。仅1973～1977年短短的4年中，伊朗和伊拉克的武器采购费竟分别达到705亿美元和374亿美元。在国防开支方面，两伊也是逐年递增。

两伊在耗费巨资购买武器装备的同时，还组建了规模庞大的军队，伊拉克总兵力22万人，其中：陆军19万人；海军4000余人，各种舰艇43艘；空军2.8万人，各种飞机500余架。此外还有人民军10万人，后备役部队25万人。伊朗1979年以前，总兵力为41万人，伊朗"伊斯兰革命"胜利后，对前国王统治时期的军队进行了大规模的清洗。总兵力锐减至24万人。其中：陆军减少了一半，剩15万人；海军减少1/3，有2万多人，各种舰艇80余艘；空军减少1/3，有7万人。此外还有新组建的伊朗革命卫队9万人，预备役部队30万人。伊朗军队由于很多军官被清洗和革职，加之美国顾问及技术人员的撤走，以及武器装备零配件不足，其实力已大大下降。

两伊相比，伊朗总的经济军事实力占优势。但当时伊朗刚刚进行"伊斯兰革命"不久，内外

交困，实力大减。与此相反，伊拉克国内政局相对稳定，经济发展较快，军队战备程度较高。在这种背景下，伊拉克认为伊朗此时不堪一击，甚至会不战自乱，因而决定扬长避短，以速战速决一举击垮伊朗。

（六）双方临战准备

1. 伊拉克方面

为了对伊朗突然发动进攻，迅速达成战争目的，在临战前伊拉克采取了以下措施：

制造"和平"空气，麻痹伊朗　1980年9月17日，伊拉克总统萨达姆·侯赛因在国民议会宣布1975年两伊"阿尔及尔协议"无效时，声称"伊拉克不希望战争"。次日，萨达姆·侯赛因还强调说，伊拉克要同所有的邻国保持"睦邻关系"，并预言不会同伊朗发生大规模战争。伊拉克革命委员会副主席伊扎特·易卜拉欣·杜里1980年9月15日在罗马说，伊拉克在边境地区与伊朗之间进行的小规模冲突"将于本周末结束"，而事实上恰好是一周后军事行动突然升级。

突击开展外交攻势，争取同情和支持　1980年8月至9月，伊拉克领导人与海湾国家首脑来往频繁。9月17日至20日的4天

中，伊拉克又派出革命指挥委员会成员、副总理和部长等高级官员并通过驻外使节，向13个阿拉伯国家和组织解释伊拉克的立场。萨达姆总统还亲自接见法国大使和巴勒斯坦解放组织代表。在伊拉克进攻伊朗的前一天，总统萨达姆派出副总理塔利克·阿齐兹作为特使，前往莫斯科，进行"紧急磋商"，目的是争取前苏联的援助。

隐蔽转换飞机，以防对方反击　伊拉克境内多为平原或沙漠，隐蔽飞机难度较大，伊拉克在沙漠中建造一些飞机掩体，并设置假目标。此外，据透露，战争爆发前，伊拉克部分军用运输机事先转移到了亲伊拉克的约旦境内，另有部分军用飞机转移到了巴林。

利用边境冲突掩护地面部队向战区集结　战争爆发前3周内，两伊边境连续发生小规模武装冲突。1980年9月上、中旬，伊拉克发起了收复边界中部被伊朗军

摆脱战争的不利局面

队控制的扎因高斯等 4 个地区的战斗，并以此为掩护，调动地面部队，完成大规模进攻部署。战争爆发时，伊拉克共集结了 3 个陆军师，坦克 1000 余辆，后参战兵力增至 10 多个师，兵力 11 万余人，坦克 1500 余辆，作战飞机约 300 架。另外还有数万预备役部队参战。

2. 伊朗方面

临战前，伊朗对伊拉克的进攻企图已有所察觉。据当时的伊朗总统巴尼萨德尔称，早在伊拉克发起进攻前 1 个多月，伊朗就获悉伊拉克进攻计划的概要，在开战前 15 天掌握了伊拉克进攻计划的文本。这种报道不一定完全属实，但伊朗方面有所觉察则是确定无疑的。因此，伊朗在临战前采取了一系列应急措施。

及时改变外交政策，谋求它国支援 由于伊朗奉行"既不要东方，也不要西方"的政策，它与美国、苏联都有矛盾，关系也很冷淡。苏联出兵阿富汗，伊朗曾予以严厉谴责，并在行动上支持阿富汗穆斯林抵抗组织。1979 年 11 月 14 日，霍梅尼在宣布废除 1951 年"伊美双边军事协定"的同时，也声明废除了 1921 年"伊苏友好条约"中的第五、六条

伊拉克总统萨达姆·侯赛因

（该两条规定，如伊朗遭受到别国侵略，从而威胁到苏联安全时，苏联可出兵伊朗）。1980 年，两伊战争迫在眉睫，伊朗不得不改变过去的外交政策。当叙利亚总统阿萨德到苏联签订"苏叙友好合作条约"时，伊朗总统巴尼萨德尔便委托其就以下条件与苏斡旋，并取得了一定成果，即：停止援助伊拉克武器，向伊朗提供地地战术导弹；同意越南向伊朗出售印支战争中缴获的美制武器和零部件；恢复 1976 年"伊苏贸易协定"，用伊朗的石油换取苏联的武器。

突击购置武器装备 伊朗临战前先后从国外购买急需的武器装备。为了使之具备有效、持久

最新整理图文珍藏版

旷日持久的阵地战

美国总统布什及夫人在感恩节这天慰问士兵

的作战能力，伊朗不惜一切代价购买零配件和设备。

加强空军戒备　空军战斗机秘密向国内纵深基地转场，并紧急抢修约200架F—4和F—14喷气式战斗机。

释放一批被捕的前国王统治时期的军官和飞行员　1979年"伊斯兰革命"后，对前国王统治时期的伊朗军队进行了大规模清洗，许多军官和飞行员被逮捕。现在，大敌当前，伊朗将他们释放，希望他们能以国事为重，捐

鲍威尔将军在空中指挥所

弃前嫌，抗击外敌入侵。

转移霍梅尼的住地，以确保其安全　霍梅尼是伊朗的宗教领袖，在伊朗这样一个宗教色彩极浓的国家，霍梅尼的安全对国家稳定起着决定性作用。

进行战争动员　战争爆发前2天，总统下令征召后备役官兵服现役，并在国内进行战争动员，一名总统助理当时宣称：这是一个大规模的戒备行动，不管是否有一方正式宣战，作为一场战争将不可避免。

两伊战争的历程

两伊战争大致经历六个阶段。

（一）第一阶段（1980年9月22日～1981年9月）伊拉克大举进攻，伊朗仓促防御。战争在伊朗境内进行

1980年9月22日拂晓，伊拉克总统萨达姆下达了对伊朗的军事目标发动"威慑性打击"的命令，接着伊拉克出动大批作战飞

机，袭击了伊朗首都德黑兰、大不里士、阿瓦士、克尔曼沙赫、提斯孚尔等共15个城市和7个空军基地，企图一举歼灭伊朗空军。23日凌晨3点，伊拉克以地面部队5个师又1个旅约5万余人的兵力，1200余辆坦克，越过边境，在北起席林堡、南至阿巴丹的480余公里的战线上，分北、中、南3路向伊朗境内大举推进：北路以3个装甲师重点攻打席林堡；中路以1个装甲师、1个机械化旅向梅赫兰和提斯孚尔等战略要地进攻；南路以1个机械化师重点围攻伊朗石油主要产地胡齐斯坦省的3个战略要地，省会阿瓦士、炼油中心阿巴丹和重要港口霍拉姆沙赫尔。伊拉克把主要力量集中在北部战线，企图夺取北部边界有争议的地区，控制交通要点，尔后转兵南下，占领阿巴丹，控制阿拉伯河口地区。经过1周激战，10月初，伊拉克军队占领了伊朗约2万平方公里的土地和边境全部哨所，控制了阿拉伯河东岸长600公里，宽20公里的狭长地带。深入伊朗境内10～30公里，南部战线最大入侵纵深达90公里。其中，北路攻占了席林堡、纳夫特沙赫地区；中路攻占了梅赫兰、提斯孚尔地区；南路则进逼至胡

齐斯坦省的霍拉姆沙赫尔、阿巴丹和省会阿瓦士等重要城镇。最激烈的战斗发生在霍拉姆沙赫尔周围地区，伊拉克军队对其实施了3面围攻。

面对伊拉克咄咄逼人的强大攻势，伊朗军队仓促应战。9月22日，在伊拉克发动空袭不到2小时，伊朗的美制"鬼怪"式飞机就轰炸了伊拉克巴士拉地区的空军基地及大型石油化学工厂。23日，伊朗空军又对伊拉克实施"报复性回击"，袭击了伊拉克境内的16个目标，包括首都巴格达、北方产油城市摩苏尔、基尔库克和阿尔比勒。伊朗海军也炮击了伊拉克港口城市法奥的石油码头。与此同时，伊朗国内进行了紧急动员，全国戒备，地面部队迅速调整部署，向边境机动。伊朗在西部边境地区原有4个师，分别驻守萨南达季、克尔曼沙赫、霍拉马巴德、阿瓦士等地，战争开始后，又从德黑兰调2个步兵师到达梅赫兰、阿瓦士一线；从加兹温调1个师至克尔曼沙赫，还从伊苏边境的马什哈德调2个旅至纳夫特赛菲德作预备队，使前线兵力增至7个师又2个旅，此外还有大批的革命卫队。伊朗设防的重点在北线，以扼守主要通

道，迟滞伊拉克军队的进攻。在南线，伊朗军队固守阿瓦士、阿巴丹、霍拉姆沙赫尔等城镇，力图持久作战。

伊拉克军队在北线控制了一些交通要点后，开始向南转用兵力，主攻方向为霍拉姆沙赫尔和阿巴丹。为了达到速战速决的目的，伊拉克变原来的全线出击为重点进攻，并进一步调整兵力部署，从北线调2个师至中线提斯孚尔方向，又调原提斯孚尔地区的1个师到南线阿瓦士、阿巴丹方向。同时，从内地摩苏尔、基尔库克各调1个步兵师补充北线席林堡和中线梅赫兰。至此，伊拉克投入的地面部队兵力达7个师又2个旅。其中，中、南两线为5个师另2个旅。为保持并发展战场上的有利态势，从1980年11月起，伊拉克以2个师的兵力在北线固守已占城垣阵地，集中5个师在中、南两线向东扩张，企图夺取阿巴丹，迅速占领胡齐斯坦省，切断伊朗经济命脉，尔后

从实力地位出发，逼迫伊朗接受其和谈条件，签订城下之盟，进而体面地结束战争。

伊朗根据战争初期战场失利的教训，一方面成立有各派代表参加的"最高防务委员会"，通过各地的宗教组织，动员组织人民为伊斯兰革命而战，唤起国民保卫祖国的激情；另一方面用9万余人的兵力，采取制敌扩张、稳定战线、争取时间、伺机反击的战略方针和战术手段，逐步改善战场形势。

11月中下旬，在中部战线，伊拉克军队越过卡尔黑河攻占舒什特尔后，从北、中、南3面进逼提斯孚尔，遭到伊朗增援部队狙击；在南部战场，伊拉克出动2个师约2万余人和10余个坦克旅，对阿巴丹发起持续不断的攻击，由于伊朗军队和革命卫队、民众组织的顽强抵抗而未能奏效。1980年12月底，伊拉克在北线马里万地区开辟了新战场，使整个战线延长到610多公里。伊朗调

M1A1 坦克

B－52 战略轰炸机

"阿帕奇"直升机

F－117A 隐形战斗机

世界通史

最新整理图文珍藏版

整部署，加强了重要城镇的防御，并在沙伊普勒扎哈卜、苏桑吉尔德和阿巴丹同伊拉克展开激烈争夺。此后，北部战线冰冻雪封，南部战线进入雨季，双方交战激烈程度有所减弱。加之战争消耗巨大，双方兵员不足，补给困难，战线基本稳定在阿巴丹至阿瓦士、提斯孚尔、沙赫阿巴德一线。1981年1～4月，伊拉克在北、中部战线全面转入防御，南部继续以重兵围攻阿巴丹；伊朗则在阿瓦士地区、提斯孚尔、伊拉姆以东等处多次组织局部反击，并以猛烈的炮火袭击伊拉克石油城巴士拉和纵深要点，由于双方势均力敌，都未能取得大的进展。双方固守各自阵地，实施炮击，互有攻守，战场出现有进有退，时缓时紧，僵持不下的局面。伊拉克由于兵力分散，攻坚能力弱，以守求和，不能也无力发动有效的进攻，因而一步步陷入被动；伊朗则因稳定了战局，争取了时间，逐步改变了被动失利的态势。

（二）第二阶段（1981年9月～1982年7月）伊朗实施战略反攻，伊拉克全线溃退，战争在两伊边界展开

伊朗阻滞了伊拉克的进攻势头后，逐渐夺取并掌握了战争主动权，为进一步发展胜利，伊朗不失时机地发动了带有决战性质的全面反击。

1981年9月，伊朗加强了正规军与革命卫队以及志愿人员的联合作战，将主要力量集中在中部和南部战线，开始大举反攻。9月底，伊朗在南部战场上集中了数十万兵力，发动了大规模的阿巴丹反击战，首先解除了伊拉克对阿巴丹的包围，并由南向北推进。10月，伊朗又在南、北两线发动攻势，收复了一些失地，战场形势逐日向有利于伊朗的方向转化。1982年2月，伊朗在中部地区发动了博斯坦战役，给伊拉克军队一定杀伤，改善了中部战场态势。3月下旬，伊朗经过周密部署准备，发动了"胜利行动"攻势。在胡齐斯坦省集中了3个师的兵力和大批革命卫队，以及数千名具有宗教狂热的青少年参战。同时为迷惑对方，达成突然性，还在南部战线的阿瓦士和阿巴丹一带调集部队，实施佯动，主力则在中部战线从提斯孚尔和舒什特尔分两路发起大规模进攻，迅速突破了伊拉克中路防御。这次战役，伊朗获得了较大的胜利，全歼伊拉克2个旅，重创2个师，共毙伤伊拉克士兵2.5万名，俘虏 1.5 万名，击毁坦克 360 辆，击落飞机 20 余架，缴获了上百辆坦克和装甲车，收复了扎赫阿巴斯、艾因霍什、切纳奈等城镇共约 2000 平方公里的失地，切断了伊拉克南北两线部队的联系。伊拉克第四军团被迫从中部战线后撤了 30 至 60 公里，4 月下旬，伊朗又集中了近 3 个师的兵力和大批革命卫队约 10 万余人，在南部战线发起了以收复霍拉姆沙赫尔市为目标的"耶路撒冷圣城行动"攻势。以部队兵力在阿瓦士至苏桑吉尔德以南地区和切纳奈方向实施牵制性进攻，主力在达尔霍文一带越过卡隆河，迅速突破了伊拉克军队防御，攻占了对岸的重要据点哈米德市，向西前进至两国边界附近，然后，伊朗军队冒着摄氏 40 多度的高温挥师南进，于 5 月 22 日兵临霍拉姆沙赫尔城下。伊拉克方面也集中了 5 个主力师和大批"人民军"，力图阻止伊朗的强大攻势。经过 25 天激战，伊朗终于收复了南部重要港口城市霍拉姆沙赫尔。伊拉克守城部队 3 万余人被歼，南线残部绝大部分撤回国内，伊朗收复了 4000 余平方公里的大片土地。南部战线伊朗夺取霍拉姆沙赫尔的重大胜利，使伊拉克在战场上

的处境十分不利。6 月 10 日，伊拉克提出全线停火建议，并单方面实施停火，宣布承认两国于 1975 年签订的"阿尔及尔协议"继续有效，并准备在伊拉克根本权利得到承认的基础上同伊朗谈判。6 月 20 日，又宣布在 10 天内从伊朗境内撤回全部军队。6 月 29 日，其军队基本撤出伊朗。

（三）第三阶段（1982 年 7 月 13 日～1984 年 3 月）伊朗越境作战，伊拉克奋力反击，战争在伊拉克境内进行

伊拉克的停火呼吁和实际行动，使伊朗面临着战与和的战略抉择，经过一番权衡，伊朗最终作出了把战争推向伊拉克境内的决定。首先，伊朗提出了令伊拉克难以接受的极其苛刻的停战条件：1. 伊拉克军队必须全部撤出伊朗并承认是侵略者；2. 赔偿战争损失 1500 亿美元；3. 萨达姆下台并作为"战争罪犯"受到惩罚。

F-18 战斗机

这实际上等于拒绝了伊拉克的停火建议。伊拉克欲战不能、欲和

演习中的美军坦克

不得，被绑上了战车无法脱身。伊朗挟胜利之余威，为了争取时间，乘胜前进，不给伊拉克以喘息之机，决定把战线推向伊拉克境内。1982年7月13日晚，伊朗出动包括正规军第七十七师大部，装甲92师一部和革命卫队第七师以及动员部队共12万多人的兵力，向伊拉克发动了代号为"斋月行动"的大规模进攻。伊朗军队从巴士拉以东当面和东北50公里处越过两伊边界，突破伊拉克防线，直取伊拉克第二大城市巴士拉，深入到伊拉克境内20余公里。对于伊朗的进攻，伊拉克预有准备，利用本土作战的有利条件，采取后撤一步、收缩战线、正面狙击、两翼迂回的战术，动用10万兵力进行反击。伊拉克军

队在巴士拉以东地区设下口袋包围圈，对进攻的伊朗军队进行围歼，挫败了伊朗军队的攻势，迫使其退至距边界约5公里的狭长地带固守。据美国情报部门估计，"斋月"之战，伊朗伤亡达3万余人，伊拉克伤亡6000～8000人。此战当时被称之为"波斯湾现代史上最大规模的陆战"。

伊朗在"斋月行动"攻势受挫后，经过短暂的准备，于7月下旬又先后5次向伊拉克守军发起大规模进攻，但都未能取得进展，双方在巴士拉地区处于胶着状态。

自此以后，伊朗频繁采取攻势行动，其中规模较大的有：

1982年10月1日至11月底，在北线苏马尔以西向伊拉克第二军团防区发动了"穆斯林伊本——阿吉勒"攻势。

1982年11月1日至9日，在中线提斯孚尔以西地区发动了代号为"穆哈拉姆"的攻势，又称"一月行动"（穆哈拉姆即伊斯兰教历1月）。

1983年2月6日至17日，在中线迈桑地区发动了代号为"曙光"的攻势。

1983年4月10日至15日，在北线法卡以北地区发动了代号

为"曙光—1号"的攻势。

1983年7月22日至8月6日，在北线库尔德山区发动了代号为"曙光—2号"的攻势。

1983年7月29日至8月上旬，在中线德赫骄兰西北地区发动了代号为"曙光—3号"的攻势。

1983年10月19日至11月下旬，在北线马里万西北地区发动了代号为"曙光—4号"的攻势。

1984年2月11日、15日、21日5和22日，伊朗军队分别在北线的达尔班迪汗地区、中线的库特东部地区、南线的阿马拉地区和胡韦扎地区发动代号为"解放耶路撒冷"、"曙光—5号"、"曙光—6号"和"海巴尔"4次攻势。到3月底，攻势基本结束。

这一阶段，伊朗军队连续不断地发动地面攻势，占领了伊拉克南部沼泽地区石油资源丰富的马季农岛和边境沿线一些地区，但未能向腹地推进。伊拉克凭借其坚固多层的防御阵地和空中优势，不仅挫败了伊朗自1982年7月至1984年3月先后发动的10余次攻势，而且组织了强有力的反击，基本守住了防线，使伊朗军队付出了巨大的代价，战场形势也随之改观，逐步变得对伊拉克有利。

（四）第四阶段（1984年4月～1986年1月）陆上烽烟未灭，海上惊涛骤起，战火由陆地向海上蔓延

伊拉克为了改变2年来一直被动挨打的局面，并迫使伊朗罢兵言和，自1984年4月起，采取了使战争升级的"以战迫和"的

美国总统布什的态度极为坚决

英国首相梅杰宣布空中打击开始

方针。变消极的专守防御（又称"静态防御"）为积极的攻势防御（又称"动态防御"）。在地面和海上连续向伊朗发起主动出击。

陆战场：伊拉克利用伊朗军队急于进攻，忽视防御的弱点，决定在稳固防御的基础上，实行积极主动的进攻，以其打乱伊朗的进攻部署。从1984年4月开始，伊拉克便在局部地区对伊朗军队发动一系列的小规模袭击，并取得了一定效果。战斗中，伊拉克多次使用了化学武器。1985年1月27日，伊拉克第三军团以2个师的兵力分3路对马季农岛南部的伊朗部队发动了"闪电式"进攻，同月31日，第二军团对中线曼达利地区的伊朗军队发动了"扫荡性进攻"，据称1天之内向伊朗境内推进了2～3公里。此后，3月22日、5月16日、7月25日和9月8日，伊拉克军队又在南北战线发动了4次规模较大的攻势。

伊朗在自身发动大规模地面攻势有困难的情况下，为了继续贯彻以长期消耗战拖垮伊拉克的战略方针，从1984年9月开始采取"蚕食战略"，即在前线不同地段发动中、小规模的有限制的进攻，如果发现对方抵抗过猛便撤

"霍克"防空导弹

下来，但是一旦发现有薄弱的地点，便大量投入增援部队，集中力量尽可能多地占领土地，企图通过此举迫使伊拉克将其注意力集中在地面战场，并使全线长期处于紧张状态，以达到积小胜为大胜，最终打败伊拉克的目的。

在这一战略思想的指导下，自1984年4月以来，伊朗除了在中部战线的梅马克地区（1984年4月17日），南部战线胡韦扎沼泽地（1985年3月11日），北部战线提卜地区（1985年7月10日）和哈吉乌姆及其以北地区（1985年9月9日）向伊拉克发动过4次规模较大的进攻外，其余进攻（约10多次）都是营以下规模的"打了就跑"式的小规模行动。由于这些攻势行动都没有明确的作战目的，只是一些试探性的"袭扰"，因此，其效果也微乎其微。这一阶段两伊陆战场实际上处于

打打停停，时断时续的僵持状态。

海战场：由于两伊陆上战争陷入僵局，双方都无力一举击垮对方，战争表现出明显的消耗战的特点。伊朗凭借国大、人多、经济逐步好转等有利条件，同伊拉克拼消耗，力图在军事和经济上拖垮伊拉克。为了对付伊朗的消耗战略，伊拉克一方面把战争引向海湾水域，打击伊朗的石油设施，另一方面，伊拉克扩建了经土耳其至地中海的输油管道并计划修建通过沙特阿拉伯到红海的新输油管道，以取代被切断的从海湾出口石油的渠道，达到增加石油出口、改善国内经济以支持长期战争的目的。

1984年4、5月间，双方在打击对方军事目标的同时，把袭击的重点转向经济目标和民用目标，尤其是把对方赖以生存的经济命脉——石油设施及为对方运输石油的油轮作为主要袭击目标。由于伊拉克的幅员和人口数量远不及伊朗，战争的长期持续对伊拉克十分不利，加之地面战场上的连连失利，议和的呼吁又遭到伊朗拒绝。为了摆脱战和两难的困境，伊拉克率先发动了举世震惊的"袭船战"，发挥其"空中优势"，开始封锁伊朗的主要石油出口基地哈尔克岛并频繁袭击来往于该岛的油轮。伊拉克发动"袭船战"的主要目的是：1.削弱伊朗的经济潜力。伊朗的经济能否维持，取决于海上的石油出口，位于海湾中的哈尔克岛是伊朗主要的石油出口基地。伊拉克设想，袭击哈尔克岛的石油设施及运油船队可打击伊朗的石油输出能力，从而使伊朗因石油出口大幅度减少而导致经济衰退，这样便可迫使伊朗不得不坐到谈判桌上与伊拉克进行谈判，和平解决争端。2.把战火引向海湾，增强该地区的动荡不安，以引起世界关注，通过国际舆论来促使伊朗停战言和。

由于伊朗的空军力量相对较弱，伊拉克的石油大多通过陆上输油管道出口，而伊朗则主要靠海上油轮运输。因此，在"袭船战"中，伊朗损失较大，处于不利地位，为了报复伊拉克，伊朗一方面更加频繁地对伊拉克发动地面攻势，用地地导弹袭击伊拉克首都巴格达及其他重要目标。另一方面不断增加袭击手段，出动海军快艇并使用岸对舰导弹对伊拉克的石油设施及油船进行"以牙还牙"的袭击；扩大袭船范围，不仅袭击伊拉克的油轮，而且把支持伊拉克的其他国家船只也列入袭击对象,特别是把频频支援伊拉克的科威特油轮作为主要攻击目标。伊朗此举的意图是:1. 显示伊朗与伊拉克战斗到底、毫不妥协的决心;保持对伊拉克的军事压力,使之在海上的袭船行动有所收敛。2. 增加对海湾阿拉伯国家尤其是科威特的压力,迫使它们减少对伊拉克的支持。

"袭船战"是两伊战火蔓延的产物。自"袭船战"开始以来,在海湾地区遭到袭击的油轮和商船数量不断上升,1984 年为 49 艘,1985 年为 53 艘。"袭船战"的不断升级使海湾成为世界上最危险的水域,而且损害了除两伊之外的其他国家的利益,这样便使海湾局势更趋复杂。

(五)第五阶段(1986 年 2 月 ~ 1987 年 3 月)地面战场高潮迭起,海上袭船愈演愈烈

两伊战争进行到 1986 年,又掀起了一个新的高潮。伊朗一反过去打消耗战的方针,力争速战速决。经过长期的精心准备,1986 年 2 月初,伊朗出动 9 万余人的兵力,对伊拉克南部石油港口法奥地区发动了规模较大的代号为"曙光—8 号"的攻势。伊朗发动此战役的企图是:1. 攻占法奥,在伊拉克领土上建立一个立足点,以便封锁伊拉克出海口,切断伊拉克与科威特等海湾国家之间的海、陆通道,孤立巴士拉,威胁巴士拉附近两大油田和连接伊拉克、沙特的两条输油管道;2. 把战线推进到靠近科威特边界,以此警告海湾阿拉伯国家,迫使它们放弃对伊拉克的政治和财政支持;3. 摧毁伊拉克设在法奥北部的 3 个导弹基地和雷达监听站,以减少其对本国哈尔克岛石油设施安全的威胁。

2 月 9 日夜,伊朗正规部队、革命卫队和动员部队一部,共 3 万余人,兵分 2 路向伊拉克南部重镇巴士拉以东和以南地区发起进攻。一路从陆地向巴士拉东北地区插入伊拉克第三军团防区;另一路强渡阿拉伯河攻击伊拉克第七军团阵地。10 日,伊朗按照原计划迅速地在多处突破了伊拉克军队的防线,攻占巴士拉以南阿拉伯河中的乌姆拉萨斯岛以及河西岸的一些阵地。同日夜,伊朗又以 6 个师约 6 万余人的兵力,从陆地和海上 3 面向伊拉克最南端的法奥半岛发起猛烈进攻,攻占法奥港口以及该地区的 3 个导弹发射场,并继续向北、向西推进。到 13 日,其先头部队向北、向西各推进了 20 余公里。

面对伊朗发动的新的攻势，伊拉克投入正规部队 9 个师，共 10 万余人，进行反击。11 日，夺回乌姆拉萨斯岛和北部第三军团失去的阵地，后又击退了伊朗的多次进攻，稳住了阵脚，同时，伊拉克空军对伊朗阵地和后勤供应线进行了轰炸。2 月 14 日，伊拉克军队分北、南、中 3 路向伊朗部队发起钳形反击。北路从乌姆拉萨斯岛以南的哈希卜沿阿拉伯河向南推进；南路从夫旺向乌姆卡斯尔（沿海湾）推进；中路从哈希卜向西推进，旨在包围法奥的伊朗军队。为配合法奥地区的反击，伊拉克空军对伊朗在海湾的海军船只和哈尔克岛石油出口中转站等目标进行袭击。由于法奥地区 2 月份阴雨天较多，地面多泥泞，伊拉克装甲部队行动受限制，无法发挥其优势，因此，伊拉克的反击也未能奏效。

"曙光—8 号"攻势的胜利，增强了伊朗夺取战争最后胜利的信心，伊朗军队士气大振。为了保障法奥战场的胜利，2 月 24 日，伊朗军队又在北线向伊拉克的苏莱马尼亚地区发动代号为"曙光—9 号"攻势，深入伊拉克境内 25 公里。这一推进，不仅对伊拉

克基尔库克油田构成威胁，也形成伊朗军队南北呼应的态势，牵制了伊拉克的力量。继"曙光—9 号"攻势之后，伊朗又于 5 月底和 9 月上、中旬，分别在中部战线的梅赫兰和北部的哈杰姆兰等地区发动代号为"卡尔巴拉—1 号"、"卡尔巴拉—2 号"和"卡尔巴拉—3 号" 3 次规模较大的攻势。伊拉克则坚持其"以攻为守"的战略，连续向伊朗发动进攻，并加紧空袭伊朗的经济目标，特别是石油输出中转站，使伊朗在经济上蒙受了重大的损失。

1987 年，两伊战争进入第八个年头。在两伊战场的南部和中部，双方地面部队的厮杀达到了白热化的程度，与此同时，空中报复也交替升级。双方频繁使用飞机和导弹对敌方的重要城市和经济目标狂轰滥炸。仅从 1987 年 1 月 9 日至 23 日的两星期内，伊拉克空军就出动飞机 4000 多架次，对伊朗首都德黑兰、"圣城"库姆等 10 多个城市实施轰炸，伊朗也以飞机、重炮等予以还击。

早在 1985 年冬天，霍梅尼就公开宣布伊朗将发动一场旨在彻底击垮伊拉克的"最后决战"。1 年多来，伊朗确实在为此加紧准备。1987 年 1 月 9 日，伊朗出动

11个师计12万余人的兵力，在两伊边境的沙勒谢赫一带发动了代号为"卡尔巴拉—5号"的攻势。在付出惨重的伤亡代价后，于13日突破伊拉克防线，向伊拉克第二大城市巴士拉推进。在中部战线，伊朗收复了被伊拉克占领的100多平方公里领土，并先后夺取了阿拉伯河中的4个岛屿。数天后又跨过贾西姆河，占领巴士拉以东9公里的杜艾吉地区，其先头部队进逼至巴士拉郊外一座大型石化企业500米处。伊朗发动这次攻势的目的，是要夺取巴士拉。这是继占领法奥半岛后伊朗采取的新的战略步骤。从军事角度看，攻占巴士拉将使它与法奥连成一体，从而确保伊朗能在伊拉克土地上长期站稳脚跟。位于巴士拉地区的乌姆卡斯尔是伊拉克唯一实际使用的海军基地和通往海湾的唯一出海口，如果将其攻占，则不仅能封锁伊拉克的唯一出海口，而且也为伊朗海军在海湾北部自由活动扫清了障碍；从经济角度看，攻占巴士拉地区不仅将使伊拉克失去重要的石油生产和出口中心，还将使位于巴士拉以南48公里处的伊拉克最大油田置于伊朗军队的炮口之下，从而沉重打击伊拉克的石油经济；

从政治角度看，攻占巴士拉地区在政治上对伊朗更有着明显的利益。巴士拉地区是伊拉克什叶派穆斯林聚居之地，在这一地区扶持一个伊斯兰什叶派政权同萨达姆·侯赛因的逊尼派政权分庭抗礼，比在其他地区容易得多。而且，一旦夺取巴士拉地区，可以直接威逼伊拉克首都巴格达，震撼萨达姆·侯赛因的统治。同时又能切断伊拉克与科威特的公路联系，对于两伊战争中站在伊拉克一边的阿拉伯国家也将是一个警告。

伊拉克当然也深知能否守住巴士拉对自己生死攸关。为此，它早就在巴士拉东、南、北3个方向筑起一条以防空导弹、直升飞机和坦克为主体的立体防线，部署其最精锐的第二军团进行坚守防御。萨达姆·侯赛因总统也曾屡次亲临前线视察，鼓舞士气。由于两伊对巴士拉地区势在必争，双方都在此投入重兵，反复争夺，为之付出了惨重的代价。由于伊拉克军队的顽强抵抗，伊朗军队尽管尽了最大努力，但终因伤亡过大的后勤供应极为紧张等问题，致使所谓"最后攻势"——"卡尔巴拉—5号"仅仅维持了48天，在未能攻下巴士拉的情况下，于1987年1月26日宣布结束。

与地面战场遥相呼应的海上"袭船战",也是一波未平,一波又起。1986年,两伊"袭船战"一再升级,呈现以下特点:1.袭击次数频繁。1986年遭到袭击的船只数是1985年的2倍,达106艘。其中由伊朗进行的袭击增加了3倍多,从1985年的13艘增加到1986年的41艘;伊拉克的袭击增加了50%,从1985年的40艘增加到1986年65艘。2.打击手段多样。"袭船战"开始之时,伊朗和伊拉克主要出动空军喷气式飞机和直升机发射导弹袭击船只。但由于伊朗在波斯湾沿岸的空军机场和直升机基地被伊拉克摧毁,所以转而主要依靠海军快艇和岸对舰导弹拦截和袭击过往船只,并在波斯湾布放了大量水雷。3.攻击范围扩大。当初,双方都把对方的石油设施及为对方运输石油的油轮作为主要袭击目标。这一阶段,攻击目标明显扩大,其他国家船只也接连遭到袭击。特别是1986年9月以来,"袭船战"更趋激烈。由于伊拉克的出海口早已被伊朗切断,它所需要的武器和货物主要是经由科威特港口运入。因此,伊朗在海上打击的主要目标是进出科威特港口的船只,从而使科威特受到很大威胁。1986年,有28艘进出科威特港口的船只遭到袭击。在这种形势下,科威特于1986年11月和12月,先后向联合国的5个常任理事美国、前苏联、中国、法国和英国提出租船和护航要求。伊朗对科威特进一步施加压力,仅1987年的头4个月,袭击出入科威特港口的船只就达16艘。由于两伊"袭船战"日趋激烈,并影响到非交战国的利益,使两伊战争陷入更为错综复杂的局面。

(六)第六阶段(1987年4月～1988年9月)国际社会多方调解,两伊双方弭兵言和

两伊战争进行到1987年,战争的重心由地面转移到海上。自4月以来,伊朗发动了"卡尔巴拉—6、7、8、9、10"5次攻势,伊拉克也加紧在海上的袭船行动。由于苏美相继同意为科威特油轮护航,并以此为由不断向海湾派遣军舰,从而使原来就很紧张的海湾局势增添了更大的危险。为避免战争进一步升级,尽早结束两伊战争,联合国安理会于7月20日一致通过了第598号决议。决议要求两伊双方立即停火,将全部军队撤至国际承认的各自边界线以内;交换、释放战俘,通

过谈判解决两国之间的争端。决议还促请有关各方克制，不采取任何导致或可能导致冲突升级的行动。

598号决议通过后，受到国际社会的普遍欢迎。伊拉克于7月23日宣布接受这项决议。伊朗对这项决议的态度是既不拒绝也不接受，迟迟不作答复。鉴于此，伊拉克内阁于8月29日决定恢复打击为伊朗运油的油轮和伊朗的石油设施，迫使其接受598号决议。伊朗不甘示弱，旋即针锋相对地予以报复，不仅袭击为伊拉克及海湾盟国运油的油轮，甚至袭击在海湾国际航道上的别国商船，海湾局势空前紧张。1987年，共有178艘外国船只在海湾遭到袭击。两伊在海湾频繁袭击船只严重危及国际航运的安全，使这场战争的影响和后果远远超出了两伊的范围。

尽管国际社会广泛斡旋，但两伊对如何执行598号决议执己见。伊朗方面认为：只有确定伊拉克是侵略者并加以惩罚，伊朗才同意从伊拉克撤军。而伊拉克方面则认为：598号决议是"实现海湾和平不可分割的整体"，执行决议应按照各项条款的顺序即停火、撤军、换俘来进行，"坚决拒绝对决议或决议条款的次序进行重新考虑的任何图谋"。由于两伊积怨已久，在停火问题上立场各异，分歧较大，谁也不愿主动作出让步，因而，两伊冲突一直未能得到缓解。

1988年新年伊始，两伊便在陆上和空中又展开了新的军事较量。1月12日、15日和25日，伊朗军队在伊拉克库尔德族反政府武装配合下，连续在伊拉克北部发动"耶路撒冷—2号"、"佐法尔—5号"和"佐法尔—6号"3次攻势。2月7日，伊朗又在中部曼达利地区发动了一次旅级规模的攻势，面对伊朗接连不断的地面进攻，伊拉克继续强化其"以炸逼和"的既定政策，在加强防御力量、顶住伊朗的有限规模地面攻势的同时，依仗"空中优势"，不断空袭伊朗的部队集结地域和纵深的政治、经济目标。

1988年2月27日，伊拉克飞机袭击了伊朗首都德黑兰，引发了两伊之间一场空前规模的"袭城战"。在长达8年的两伊战争中，1985年3月6日和1987年1月2日曾发生过2次"袭城战"，在这两次"袭城战"中，两伊双方主要是用重炮和飞机轰炸对方边境的一些城市目标。而1988年

2月27日"袭城战"，双方都以现代化的导弹武器"唱主角"，且目标多集中于一些大、中城市。截止到4月8日，伊拉克共向伊朗德黑兰等城市发射了60枚"飞毛腿—B"型地地导弹，由于双方都使用先进的导弹武器作为袭击对方城市的主要工具，所以，此次"袭城战"的规模也大大超过了前2次，伊拉克除将伊朗德黑兰、库姆、伊斯法罕作为主要袭击目标外，还将袭击范围扩大到大不里士等城市。伊朗也把对伊拉克的袭击范围由巴格达扩大到乌姆卡斯尔等地，并由袭击经济目标转向袭击市区中心。同时，也继续对伊拉克的边境城镇进行炮击和空袭。由于用造价昂贵的导弹袭击城市耗资巨大，收获甚微，因而两伊导弹"袭城战"持续了不到两个月，双方就不宣而停了。

伊朗在"袭城战"中始终处于劣势，为了摆脱不利局面，伊朗不得不借助其地面攻势，以转移伊拉克的袭击目标。1988年3月13日，伊朗革命卫队约2个师，在伊拉克库尔德族反政府武装配合下，在伊拉克苏莱马尼亚城东南约60公里的胡尔马勒地区发动"佐法尔—7号"攻势，14日，伊朗以另1个师向胡尔马勒以南约

20公里的哈拉卜贾发动攻势。同时在苏莱马尼亚城以北的马沃特和东南的达尔班迪汗两个方向发动"耶路撒冷—3号"攻势，进入伊拉克纵深10～15公里，然后，伊朗又以2个师的兵力发动"曙光—10号"攻势，继续扩大战果。在地面进攻中，伊朗军队击毙击伤伊拉克士兵数千人，占领了包括哈拉卜贾在内的3座伊拉克边陲城镇，进入伊拉克领土纵深20余公里。

面对这一严峻形势，伊拉克总统萨达姆连续召开了5次武装部队总部会议研究对策，国防部长阿德南上将4次亲临北部前线视察，并采取了以下措施：

清剿库尔德族反政府武装伊拉克认为，伊朗此次进攻取得进展的一个重要原因，是得到了伊拉克库尔德族反政府武装的密切配合，因此，伊拉克在组织力量遏制伊朗军队继续推进的同时，于3月18日和4月1日先后对位于苏莱马尼亚省的库尔德族反政府武装总部和另一重要据点卡尔达格进行了大规模清剿，控制了反政府武装的主要活动区域。

增强兵力 北部战线失利后，伊拉克从中部和南部前线急调约2个师北上，并令共和国警卫部队

约 2 个旅增援北部第一军团，从而使该军团由原来的 6 个师增至近 9 个师，形成了梯次纵深防御态势。

组织反击　3 月下旬开始，伊拉克对伊朗突入部队进行了多次反击，第一天出动飞机数百架次对伊朗占领地区进行狂轰滥炸，并多次使用化学武器，伊拉克的反击给伊朗部队以重大杀伤，遏制了伊朗在北线的进攻势头。

伊拉克在北线有效地顶住伊朗的进攻后，又抓住有利时机在南部战线向伊朗军队发动了进攻。

1988 年 4 月 17 日凌晨，伊拉

去世前的裕仁天皇

克第七军团的 6 个师及共和国警卫部队 3 个师，在海空军的配合下，兵分两路，对南线法奥地区的伊朗守军发动了代号为"斋月"的攻势，经过两天激战，于 18 日下午全部收复被伊朗占领两年之久的法奥地区。

伊拉克收复法奥地区，拔掉了伊朗赖以进攻伊拉克南部地区的重要据点，是伊拉克在近 8 年的两伊战争中取得的最大的一次战役性胜利。外国评论家和军事专家评论，这是"两伊战争的转换点"，它"打开了结束两伊战争的大门"，"为两伊通向和平开辟了道路"。

历时 8 载的战争，使两伊双方遭受了惨重的损失。由于两伊国力和军力上都势均力敌，因此，双方谁也无法在军事上战胜对方，解决问题的最后出路必然是政治谈判。1988 年，伊拉克在其盟国的支持下，国力有所加强，其军队也运用正确的战略战术，在数月之内接连收复数地，几乎夺回了伊朗前几年占领的全部伊拉克领土。而伊朗则在国际上形象孤立，国内经济衰败，政局不稳，人民厌战情绪加剧，军队损失惨重，同时又面临美国的军事压力，这使伊朗在战场上每况愈下，渐

渐地陷入被动。严峻的现实再一次迫使伊朗领导人，必须在战争与和平问题上作出理智的选择。

1988 年 9 月 20 日，也就是两伊战争整整进行了 8 年的日子，在国际社会的多方努力下，两伊双方终于弭兵言和，历时 8 年的两伊战争终于落下了帷幕。

日本裕仁天皇去世

1989 年 1 月，日本天皇裕仁因患肠癌去世，终年 87 岁。1 月 7 日，明仁天皇即位，年号"平成"，成为日本第 125 代天皇。

裕仁生于 1901 年 4 月 29 日，称号迪官，是大正天皇嘉仁的长子。1916 年 11 月被立为王储。1926 年 12 月即位，继任第 124 代天皇。裕仁是日本历史上执政时间最长的天皇，在日本国民的心目中，他一度被尊崇为"神"。在他执政的前半期，日本军国主义先后发动了侵华战争和向美、英等盟军开战的珍珠港事件。日本战败以后，日本国内外都有人主张应追究裕仁天皇的战争责任。但裕仁解释说，他在从执政到战争结束期间，只作过两次个人决定：一次是在 1936 年"2·26"

事变后他力主惩办发动叛乱的少壮派军人，另一次就是在 1945 年 8 月 14 日的"御前会议"上宣布日本接受波茨坦公告，无条件投降。1946 年 1 月 1 日，裕仁发表《人格宣言》，表明自己"是人不是神"，从而否定了日本一千多年来天皇一直被奉为神的传统。但在日本国民中，裕仁仍然是受到尊崇的"偶像"。

阿拉法特出任巴勒斯坦国总统

1989 年 4 月 2 日，巴勒斯坦解放组织中央委员会在突尼斯召开会议，会上一致选举巴勒斯坦解放组织执委会主席、革命武装力量总司令阿拉法特为巴勒斯坦国总统。

亚西尔·阿拉法特于 1929 年 8 月 4 日生于耶路撒冷。1956 年在英埃苏伊士运河战争中加入埃及军队，从此与战争、政治和革命结下不解之缘。1959 年，阿拉法特筹建"巴勒斯坦民族解放运动"（简称"法塔赫"）。1964 年底组建"法塔赫"军事组织"暴风"突击队。1969 年任巴勒斯坦解放组织执委会主席。1973 年兼任巴勒斯坦革命武装力量总司令。1989 年 4 月当选为巴勒斯坦国总

刚担任巴勒斯坦总统时的阿拉法特

接受审判的诺列加

统，1991 年 9 月蝉联总统。1994 年 7 月，阿拉法特由突尼斯返回巴勒斯坦自治区主持自治领导机构工作。同年被授予诺贝尔和平奖。1996 年 1 月，巴勒斯坦自治区举行首次大选，阿拉法特当选为巴民族权力机构主席。

美军入侵巴拿马

1989 年 12 月，美国为维护其在巴拿马运河区的殖民利益而对巴拿马发动了武装入侵。

1977 年，美、巴签订的巴拿马运河新条约规定，美国于 1999 年底将运河区主权归还巴拿马。1983 年，诺列加任巴拿马国防军司令后，要求美国提前归还运河区。由此美巴关系日趋紧张。1989 年 12 月，美、巴在提名运河管理委员会主任问题上再生争端，

关系急剧恶化。15 日，巴全国民众代表大会任命诺列加为政府首脑。16 日，一名美军军官在与巴士兵冲突中丧生，美国随即以此为借口入侵巴拿马。20 日凌晨，美军 2 万多人入侵巴拿马，部分巴军进行顽强抵抗，但寡不敌众。美军仅 8 个小时就击溃巴军的抵抗，15 个小时摧毁巴军主要军事设施，控制巴军大部分兵营，占领了巴拿马城和科隆市，并推翻了诺列加政府。诺列加本人被美军抓获并被押到美国审判。

罗马尼亚内乱

1989 年末，东欧大陆的动荡

波及了罗马尼亚。11月29日，罗马尼亚体操明星科马内奇出逃到美国，揭开了罗马尼亚内乱的序幕。12月15日，罗马尼亚边境城市蒂米什瓦拉发生警察与当地居民的激烈冲突，双方都使用了武器，造成了人员伤亡。12月20日，保安部队在蒂米什瓦拉实施"大屠杀"，几千人丧生，上万人被捕或失踪。当晚罗马尼亚总统齐奥塞斯库从伊朗出访回国，立即发表电视讲话，呼吁全国保持稳定。12月21日，布加勒斯特爆发了反齐奥塞斯库的示威游行。与此同时，以伊利埃斯库为首的罗马尼亚"救国阵线"宣告成立，

宣布解散齐奥塞斯库的全部政权机构。紧接着，支持齐奥塞斯库的保安部队与反对他的军队和群众在首都市区展开了激烈的巷战。12月22日"起义者"占领了电台和电视台。

齐奥塞斯库感到大势已去，决定与夫人一起坐飞机出走。但此时罗马尼亚领空已被封锁，齐氏夫妇无法飞到国外去。22日15时左右，齐氏夫妇在距布加勒斯特约70千米的特尔戈维什泰附近被捕。25日16时齐奥塞斯库夫妇被枪决。12月26日，伊利埃斯库任救国委员会主席，28日，"罗马尼亚社会主义共和国"改名为"罗马尼亚共和国"。

波兰政治的和平演变

1988年，波兰政府进行第二阶段的改革，决定大幅度地提高消费品和服务的价格，遭到工人的普遍反对，再次爆发了大规模的罢工。美英等国政府趁机向波兰政府施加压力，迫使其恢复团结工会的合法地位。在内外交困之下，1989年2月6日，波兰政府被迫同意无条件与团结工会举行圆桌会议。4月5日，波兰政府

齐奥塞斯库与夫人埃列娜

同团结工会达成协议，同意团结工会重新登记后合法化，同意吸收建设性反对派参政，进行非对抗性的议会选举，实行立法、行政、司法三权分立，实行总统制与两院制，总统由国民大会选举产生。

华沙人民欢庆胜利

1989 年 6 月，波兰举行选举。团结工会大获全胜，在议会 460 个席位中占 161 席，在参议院 100 席位中占 99 席。1989 年 7 月 19 日，议会选举雅鲁泽尔斯基为波兰总统。8 月 24 日，团结工会顾问、反对派的核心人物马佐维耶茨基出任政府总理。1989 年 12 月 19 日，波兰人民共和国改名为波兰共和国。波兰从此走上了政治上奉行西方式的议会民主制，经济上实行以私有化为基础的市场经济制度的发展道路。

苏阿战争

1979 年 12 月，苏联经过精心策划和周密准备，乘美国与伊朗关系恶化和南亚动乱之际，采用突然袭击的方式，对阿富汗发动

1979 年 2 月霍梅尼抵达德黑兰受到民众欢迎

了全面入侵。苏军共动有 9 个多师约十几万人的兵力，以陆空协同的突击行动。七天之内即席卷了阿富汗全境，并建立了由苏联直接控制的卡尔迈勒政权。苏联入侵后，遭到了阿富汗人民的顽强抵抗和国际社会的强烈谴责。尽管苏联使用了各种手段一再强化战争，但始终未能达到征服目的。在阿抵抗运动的沉重打击和

国际舆论的强大压力下，1989 年 2 月，苏联撤走了全部侵阿苏军，历时九年的阿富汗战争，由此宣告结束。

阿富汗的基本情况和战略地位

阿富汗位于亚洲中西部，总面积 65.5 万平方公里，人口 2100 万。北邻苏联，边界线长 2300 公里；西接伊朗，边界线长 800 公里；东部和南部紧毗巴基斯坦，边界线长 2200 公里；东北突出部的瓦罕走廊与中国新疆接壤，边界线长 92 公里。阿富汗是个山地内陆国家，兴都库什山脉自东北向西南横贯全境，绵延 1200 余公里，平原只占国土总面积的 1/5。阿交通极不发达，没有铁路。公路线长 7000 余公里。铺装路面仅 2700 公里。主要城市有：首都喀布尔；居于南部的第二大城市坎大哈；古丝绸之路上的西部贸易名城赫拉拉；商业中心马查沙里夫；北部交通枢纽昆都士；东部军事重镇贾拉拉巴德。

苏军入侵前，阿军总后力有 10 万人左右。其中陆军 9 万人，空军约 1 万人。有坦克 500 辆，火炮 1000 余门，飞机近 300 余架为苏式装备。

阿富汗人民勤劳俭朴，英勇善战，有反抗外国侵略者悠久的传统。19 世纪 30 年代，为抵御英帝国主义的入侵，阿富汗人民曾坚持了半个多世纪的斗争，终于在 1919 年恢复了独立，为了反对苏联的渗透与控制，在亲苏的达乌德政权执政时期，阿富汗各部族人民又掀起了反政府武装斗争。塔拉基推翻达乌德后，反抗运动乘隙取得了较大进展，开始从农村扩展到城市，有的地区还建立了地方政权。在阿明政府存在的短暂时间内，反抗运动逐步扩大到阿全境，形成了全社会的反抗力量。

阿富汗位于中近东地区的中心、南亚北端。是联结欧亚两大洲的战略要冲，距阿拉伯海仅 400 公里。经阿富汗向东，可伸入次大陆的印度乃至中国腹地；西进可至地中海、迂回欧洲；南下可控制中东入印度洋的出海口，并由陆路进入非洲。地缘位置十分重要。从全球战略的角度来看，谁占据了阿富汗，谁就拥有了战略空间上的主动权，早在 1857 年 8 月，恩格斯就曾指出，阿富汗的地理位置和民族特征，使这个国家在中亚细亚的事务中具有重大的政治作用。因此，自近代以来，阿富汗就成为帝国主义推行扩张政策的目标。俄国在 17 世纪就谋

苏军入侵阿富汗的决策者列日涅夫

划南下印度洋，在彼得大帝设想的三条南进路线中，以通过中亚经阿富汗至阿拉伯海这一条为最佳。拿破仑在1800年远征中东、北非时，也曾企图夺取阿富汗转而进军印度。而英国向来把阿富汗视为防止沙俄南下屏障，并以阿为跳板向周边地区扩充势力。第二次大战前，希特勒为开辟进攻苏联的第二战场，不惜以巨额军费援助扶植当时的阿富汗政府。战后，美国也把这个国家作为其全球战略链条上重要的一个环节，加以经营，以达到遏制、包围苏联的目的。苏联自20世纪50年代

开始，利用就近之便，从政治、经济和军事上对阿进行了长期渗透，不断干涉阿内政，最终排除了其他大国的影响。培植起了亲苏势力。

苏联入侵阿富汗的战略目的和战争背景

1. 苏联的战略目的

苏联入侵阿富汗，是基于其全球战略的需要，旨在通过占领阿富汗继而挥戈南下，达到战胜美国的目的。战后，国际社会的显著变化是，由过去数个帝国主义角逐的多极格局，演变为由苏美两个超级大国争雄的两极格局。其主要战场在欧洲，次之在远东，其他则分别位于中东、中北非和拉丁美洲。在欧洲，由于华约和北约两大军事集团的长期重兵对峙，使欧洲战场陷入僵局，双方都无力打破均势。而远东地区，已形成中、美、日联合抗苏的局面，力量对比使苏处于劣势，仅能自保。在其他地区，虽然苏联充分利用了战后全球范围兴起的民族、民主解放运动，借机极大地扩展了自己的势力范围，占据了不少有利阵地。并以咄咄逼人的攻势，迫使美国防不胜防，处于被动。然而，在反复的较量中，苏也并未能取得战略上的重大突破，

陷入了全局性的僵持状态。为此，苏联于 70 年代中期，逐步把目光转向了中近东，积极准备南下，以求转换局势。

中近东地区居于欧洲和远东两大战区的接合部，邻近的中东产油区是西方赖以维持生存的命脉所在，也是其战略上的软肋。多年来，这一地区战事频起、动乱不已，美国几乎丧失了控制能力，而苏经过二十余年的经营，已在该地区站稳了脚跟，并且态势极为有利。阿富汗已基本在其掌握之中；东侧的盟友印度，可有效地制约亲西方的巴基斯坦，并掩护苏的战略翼侧；西面，是推翻了巴列维王朝的伊朗，具有强烈的反西方倾向，可作为借用力量钳制美国。只要苏军占领了阿富汗，巩固了这一前进阵地，举兵南下、饮马海湾便指日可待。

阿富汗山区的村庄

这样，苏联在战略上便可实现中央突破，割裂美国东西战线的联系，拿到战略主动权。向西，可拊北约侧背，从后方进攻欧洲；向东，可对中国北部完成合围；顺势南进，可切断海湾石油外运通道，扼住西方咽喉，并伺机进占中东，攫取丰富的石油资源，使美国不战自溃。所以，苏联入侵阿富汗是其南下战略的先期重大步骤，是称霸全球的一着重棋。

1. 战争背景

苏发起阿富汗战争，是在总形势有利，但具体情况又迫使其必须采取行动的境况下进行的。为夺取阿富汗，苏联进行了多年准备。从 50 年代开始，就打着反对"新殖民主义"的旗号，以帮助阿防止西方利用部族叛乱、颠覆其政权名义，运用经援和军援进行渗透。随后发展为政治干预，扶植亲苏政权。1973 年，策划了推翻查希尔王朝的达乌德政变；1978 年，又扶塔拉基上台，签订了具有同盟性质的《阿苏友好睦邻合作条约》，为尔后的入侵与军事占领创造了条件和借口。1979 年 3 月，阿明被任命为总理，形势出现逆转。这时，阿富汗政局急剧动荡，统治集团内部纷争愈演愈烈，反政府武装日趋活跃，

世界通史

最新整理图文珍藏版

苏便密谋借塔拉基之手除掉阿明。不想事情败露，反被阿明抢先搞掉了塔拉基。阿明夺权后，自任革命委员会主席兼总理，一方面表示继续保持对苏好关系；另一方面大加防范。先是采取了一系列人事变动措施，撤换了政府内的亲苏分子；继之，公开谴责苏插手阿内部事务，逼苏更换驻阿大使，限制苏军事人员入境，监视苏使馆人员的活动。同时，向美表示要重修旧好，要求美恢复各种援助。阿明的所作所为和澎湃兴起的反抗运动，使苏预感到阿富汗有丢掉的危险，如不及时采取措施，将陷入极大的被动。于是断然决定实施武装占领。这时的美国，正忙于处理伊朗事件和总统选举，无暇他顾。巴基斯坦为应付印度威胁和国内事务，深感力不从心。西方早已丧失了在这一地区的阵地，鞭长莫及。况且苏进入阿富汗尚未直接危及中东"石油生命线"，不足以引起美国和西方作出强烈反应。这种背景，为苏突然行动提供了便利条件。

苏联的战前准备

1. 隐蔽完成战场建设

苏联利用援助作幌子，为顺利入侵进行了战场准备，并于临战前完成了对阿的军事控制和纵深接应部署。苏在阿境内，先后修建了3条能够通行机械化部队的柏油战略公路。一条由苏阿边境的土尔甘迪经赫拉特至坎大哈；一条由希尔汉港经萨兰隧道至喀布尔；一条由库巴尔甘经马查里沙里夫到普利胡姆里。同时，还建成了巴格拉姆、兴丹空军基地和喀布尔国际机场。并在普利胡姆里修建了大型后勤补给基地。苏在阿军中原派有1000多名专家和顾问，1978年增到3000多名，直接控制了阿军要害部门，并渗透到了营级和部分连级战斗分队。入侵前的1979年11月中，又以协助阿冬训为名，向阿全境增派了1000多名"顾问"。12月8日至9日，苏向格拉姆空运了配备坦克和火炮的3营兵力，于18日至19日将其配置在萨兰山口，以控制2676米长的隧道。12月21日至22

阿富汗萨兰山口

日，又向格拉姆机场空运了 1 个空降团，将机场置于控制之下。24 日至 27 日，连续出动 350 架次的运输机，向喀布尔投放了 1 个多空降师。入侵发起的前半年，苏以扩大军援量为名，陆续向阿境内各战略要地运进大批武器装备，进行了充分的物资储备。

2. 精心组织兵力编成

根据对阿军作战的特点和大纵深立体突击的闪击战要求，苏军精确地计算了应使用的兵力、武器的种类和数量，有针对性地进行了作战编组。总的编成按照战区战略性战役来设计，大体是个简编的方面军。共动用 26.6 万军人，计摩步师 10 个、坦克师 1 个、炮兵师 1 个、空降师 2 个和空中突击旅 1 个，以及一些战斗勤务支援部队。编有坦克 3600 辆、火炮 3000 门、飞机 600 架，约相当于 3 个合成集团军。主要兵力出自土耳其斯坦军区，外加中亚和高加索军区的部分部队，航空兵和空降兵主要从内地军区调入。实际参战的为方面军第一梯队的 2 个集团军，计有摩步师 7 个、空降师 2 个、前线航空兵师 1 个、运输航空兵团 3 个、直升机团 2 个、防空火箭团 3 个、雷达团 1 个和一些独立支队，共 12.5 万余人；坦

克 2000 辆、火炮 2000 门、各型汽车 2500 台、飞机 100 余架、直升机 150 余架。其余部队留驻苏阿边境本土，作为战略预备队集结待命。阿政府军原有兵力近 11 万人，由于内讧和逃跑，至苏联入侵时仅剩 5 万人左右。这样，苏军投入使用的兵力虽然只为阿军的两倍，但在兵器数量和火力，特别是机动、突击能力上却拥有压倒的优势，实际作战能力高于阿军十倍以上，因此，完全掌握了战场主动权。

3. 周密安排作战部署

侵阿苏军的战役布局，以能发挥强大的突击能力来安排，以能达成速战速决的目的而展开。具体编成为 1 个梯队和 1 个合成预备队。第一梯队由 2 个合成集团军组成，当前任务是前凸到喀布尔、兴丹一线，夺取该线以北全部城镇，纵深达 320 到 470 公里。尔后任务是攻占坎大哈，控制边境重要通道，纵深近 1000 公里。空降师由方面军直接掌握，主要任务是先期夺占喀布尔、赫拉特和巴格拉姆空军基地等要地，配合第一梯队完成当前任务。诸军兵种合成预备队配备在边境地区，必要时进入阿境，增援或接替第一梯队，并应付来自巴基斯坦或

伊朗方向可能的不测行动。方面军直属的运输旅、工兵旅、油管旅随第一梯队后跟进，确保工程需求和补给畅通。歼击航空兵师和2个直升机团进驻阿境基地，完成直接支援第一梯队行动的任务。运输航空兵团担负空中机动的输送和供给保障。另有2个歼击航空兵师在苏境内前进机场戒备待机。

旷日持久的游击战争

一梯队两个集团军组成东西突击集群，间隔500公里，实施正面钳形突击，东突击群遂行主要突击任务，由第四十集团军组成。编有第二○一、三六○、十六摩步师和1个加强团，亦分为2个梯队。第一梯队左翼为二○一师，由驻地杜尚别进驻边境地区的喷赤，占领进攻出发阵地；尔后由希尔汗港入阿境，主力沿公路经昆都士、巴格兰、萨兰隧道至啼布尔；部分兵力由昆都士经汉阿巴德到东北部的法扎巴德。右翼为三六○摩步师，由驻地帖尔美兹出发，过阿姆河、经马查里阿里夫、胡尔姆、普利姆里、多利希到喀布尔；尔后以一部兵力南下，经加兹尼攻占坎大哈；以另一部分兵力经加德兹向霍斯特，封锁巴德吉山口与穆萨塔尔巴尔山口。原驻撒马尔罕的第十六摩步师为第二梯队，在三六○师后跟进，尔后进驻马查里沙里夫、昆都士、汉阿巴德里等城镇，保护后方补给线的安全。入侵得手后，集团军指挥部进驻喀布尔，预备指挥所设在普利胡姆里。

西突击群遂行辅助突击任务，也分2个梯队、左右两翼。一梯队左翼摩步第三五七师，由驻地库什卡出发，经土尔甘迪、泽尔马斯山口、赫拉特到兴丹；尔后主力沿公路经迪拉腊姆至坎大哈；并派小股部队进占斯宾布耳达克，封锁至霍加克山口的通道；另一部自兴丹南下，攻占法腊。右翼驻马雷的第六十六摩步师，前出至库什卡，出境后经卡腊巴格由西北方向进入赫拉特；尔后以一部南下占领兴丹。二梯队为摩步五十四师，原驻土库曼西部基孜尔—阿尔瓦特，战前已进至马雷。

最新整理图文珍藏版

战役发起后在一梯队后跟进，到达耶克达腊克特、卡拉巴格一线后留守西路补给线和赫拉特以北的泽尔马斯山口；一部进驻赫拉特。西突击群指挥所在拿下兴丹后进驻该城。

先期投放阿境内的第一〇五、一〇三、一〇四空降师主力，在已进入阿要地的2个步兵团协同下，配合主要突击方向的行动，协助方面军一梯队各师攻占赫拉特、兴丹、坎大哈一线。

苏空军米格–23"鞭击者"歼击机，该型飞机在阿富汗战争中被全部用来对地攻击。

入侵经过

1. 发起突击

1979年12月24日至27日，苏联借为阿运送装备及随伴警卫人员之名，开始向阿境内大规模投送部队。几天内出动大型运输机350架次，从奇姆肯特、巴尔喀什、莫斯科等纵深地区将3个空降师运抵阿境内。旋即控制了喀布尔国际机场、巴格拉姆空军基地和萨兰山口，12月27日19时半，一〇五空降师在苏克格勃的配合下，首先夺占了喀布尔电报大楼，切断该市与外界联系。同时，迅速包围占领了阿明官邸、总统府、广播台和阿政府各要害部门。除电报大楼与阿明住处发生短暂冲突外，整个行动十分顺利。经与阿总统卫队和首都部分驻军激战四小时，苏军击毙了阿明，逮捕了重要官员，解除了喀布尔阿军武装。次日凌晨，设在苏中亚某地的秘密电台，使用喀布尔的频率发布了阿人民民主党旗帜派头目卡尔迈勒的声明，宣告新政府成立。

2. 进入纵深

28日晨，苏地面部队蜂拥越过边境，沿东西两条战略公路向阿纵深地区开进。东突击群的二〇一摩步师入境后，经昆都士到达了巴格兰，解除了阿步兵第二十师的武装；尔后一部向东进占法扎巴德，主力经多希、萨兰山口进入喀布尔。第三六〇师由捷尔梅兹出发，进占了马查里阿里夫，解除了阿步兵第十八师武装，尔后也经萨兰山口进入喀布尔，与先期到达的二〇一摩步师会合。西突击群越境后，分别从北和西北方向对赫拉特实施突击，迅速攻占了该城。30日，东突击群主力第三六〇摩步师和二〇一摩步师由喀布尔沿公路继续南下，在加兹尼解除了阿军1个师武装后，快速向坎大哈挺进。二〇一师一部占领了贾拉拉巴德；三六〇师行进间夺取了加德兹；第十六摩步师随三六〇师之后，到达马查里沙里夫、昆都士、巴格兰地域，即按计划留驻该地区。该师坦克团进占萨兰山口，完成了对隧道的全面控制。西突击群一梯队以一部攻占兴丹、法腊，主力第三五七师则快速向坎大哈进发；其后的第五十四摩步师进占赫格拉特以北地域后，迅速展开布防，并控制了该城。

苏军入侵阿富汗的战争很快演变成一场全面的反侵略的游击战争

3. 占领全境

在苏军地面部队推进过程中，其空降兵部队又由喀布尔、巴格拉姆机场起运，以机降形式先期占领了赫拉特、兴丹、坎大哈机场，策应地面部队行动。与此同时，苏军还出动4个前线航空兵团的数百架米—21、米—23、苏17战斗机和米—24直升机，进行空中随伴支援。1980年1月2日，西路苏军主三五七摩步师与东路三六〇摩步师1个团在坎大哈会师。次日，完成了对阿巴、阿伊边境和主要通道的封锁。苏军侵阿的战役行动，以在一周内实现了对阿富汗主要城镇和交通干线的占领而结束。在苏军强大突击面前，阿政府军完全丧失了有组织的抵抗能力，仅在马查里沙里夫、昆都士、巴格兰、法扎巴德、赫拉特和贾拉拉巴德进行了一些微弱抗击，很快就被苏先头部队击溃，对苏军的高速推进未起到多大影响。阿富汗各派穆斯林反政府武装也进行了一些抵抗，但都未形成规模，没能起到必要的作用。这些组织自1978年开始，经过一年多的战火，已拥有了近4万多人的兵力。虽无力阻止苏军入侵，可是在以后的斗争中，却成为抗苏的主力军，并发展为波

苏军坦克部队在围剿阿富汗游击队

澜壮阔的抵抗运动。

自苏军入侵时的1979年冬至1982年春，是阿人民抗苏斗争最艰苦的时期，也是战争的第一个阶段。

战争的转折与结局

1982年6月至1988年4月，是阿富汗战争的第二个阶段。这一时期，无论是战场上的形势还是国际环境，都产生了极其有利于抵抗力量的转变。最后，终于导致第三个阶段1988年5月至1989年2月苏军的撤离。

1. 战场形势的变化

经过初期严峻的战争考验，阿抵抗力量逐步掌握了对敌斗争的规律，积累了丰富经验，军事力量规模也日益壮大。到80年代中期，总兵力已近20万人，与苏阿军对比也从1:2提高到1:1.5。武装斗争一体化进程加快，有组织化程度不断增强。1985年5月，由7个逊尼派穆斯林组成的

"阿富汗圣战者伊斯兰联盟"（简称七党联盟）在巴基斯坦宣告成立。同时，在东北部成立了"联合抵抗最高指挥部"，将北部、东部和中部6个重要省份武装斗争连成一片。此后，8个什叶派穆斯林组织也在伊朗组建了"伊斯兰革命联盟"（简称八党联盟），于西部4省建立了统一的"军事作战司令部"。抵抗力量的装备也不断改善，通过购买、外援、缴获等渠道，开始拥有防空导弹、反坦克导弹和一些重型火器。整体作战能力大大提高，作战行动从过去孤立、分散的小股袭击，向能够进行运动战、阵地战和攻坚战的方向转化。随着斗争的深化，抵抗力量已经控制了全国70%以上的人口，总面积80%的国土，迫使苏军将其控制范围缩在50%多个大中城镇及就近地区。而这时的前苏联，由于久战未果，劳民伤财，已暴露出巨大的危机。苏军伤亡总人数已逾5万人，每年耗资近40亿美元；军队士气极度低落，国内不满情绪逐年上升。加之，在这一期间，美国和西方已恢复了元气，借苏深陷在阿战场之机，奉行"推回战略"，在全球战场实施了"反攻"，使前苏联落入了战略上的被动困境。出于

被俘虏的苏军战俘

内政外交的需要。自 1985 年戈尔
巴乔夫上台后，苏联即图谋从阿
脱身，以便腾出身来进行国内改
革，推进经济和科技发展，全面
加强抗衡美国的综合国力。同时，
在对外事务上，改善与中、巴、
伊和一些伊斯兰国家及不结盟国
家的关系，改变在国际上的孤立
处境和不良形象，重新组织国际
力量与美展开新的争夺。国内外
形势的有利变化，使阿抵抗力量
开始占据战场上的主动。

阿富汗游击队在试射缴获的苏制机枪

2. 有关国家的参与

阿富汗人民的抗苏斗争，得
到了国际社会的广泛同情和支持。
在苏军入侵后，巴基斯坦和伊朗
两国率先发表声明，谴责苏的侵
略行径，表示将不遗余力地支持
阿富汗人民。巴基斯坦把白沙瓦
等边境城镇和地区，划为阿逊尼
派抵抗组织的营地和难民营。不
仅接受了近 400 万阿富汗难民，
而且提供了大批援助物资。每年
支付的费用高达 2 亿多美元。伊
朗也把边境许多地点为什叶派抵
抗力量的基地，为之提供装备、
给养和庇护场所。许多伊斯兰国
家和不结盟国家则掀起了支持阿
人民斗争的运动，尽可能从道义、
舆论和物质上提供支持。从某种
意义上来说，巴、伊两国，特别
是巴基斯坦已成为阿抵抗力量的
可靠后盾和对外交往、争取支持
的窗口。绝大多数的伊斯兰国家，
成为阿的国际盟友。这样，阿富
汗人民的抗苏民族解放斗争，在
国内有各派抵抗力量进行的独立
自主的游击战争，在国外有各派
抵抗组织进行的宣传和争取外援
的活动，并得到国际社会的大力
支持，从而形成了内外互相配合
的局面。

美国在苏侵阿初期，尚持观

望态度。后意识到，苏长期占领阿富汗并推行苏联化政策，已威胁到其安全利益，并有进一步危及中东、使其南部防线崩溃的危险。于是，很快便把阿富汗问题推上其大政方针的议事日程。自80年代初以后，美一方面着力协调西方和亲西的伊斯兰国家，组成反苏联盟，压苏在阿让步；另一方面逐步增加了对阿抵抗组织的援助。援阿物资从一般救济品发展到后来的军事装备，金额也从数万美元上升到数亿美元。尽管美国是从自身战略利益的考虑采取这些举措的，但在客观上却起到了增强阿人民斗争实力的作用。阿富汗战争的国际化，使阿人民的抵抗运动越过国界，成为世界反霸斗争的一个组成部分，并为最终促进战争的政治解决，驱逐侵阿苏军创造了外部条件。

3. 联合国的干预

从阿富汗战争爆发后的1980年至苏军开始撤离的1988年，历届联大与其他有关国际会议，都以压倒的多数通过了要求苏停止侵略，实行撤军的决议。1982年2月，联合国秘书长德奎利亚尔选派负责特别政治事务的副秘书长科多韦斯为他的私人代表，往来于巴基斯坦和喀布尔政权之间。

装备简陋却士气高昂，阿富汗军对抗政府当局及苏联入侵者。

进行促成阿富汗问题政治解决的调解工作。当年6月，在科氏斡旋下，巴、喀代表在日瓦举行了首次间接会议，并于尔后的六年进行了十一个轮回。1987年9月举行的第十轮会谈终于有了重大突破。双方就互不干涉内政、由苏美提供国际保证和遣返难民问题达成了原则协议。1988年1月20日，科多韦斯又飞往中近东，开始了第十一轮调解工作。他四访喀布尔，五进伊斯拉堡，同双方领导人讨论所涉及的各方面问题。并于2月6日在白沙瓦首次会见了阿七党联盟领导人。他明确表示：所有阿富汗人和组织都有资格参加政治解决的和平进程，由于他的活动，使各方的看法趋于一致。3月2日第十一轮会谈开始，双方就苏撤军及监督问题达成协议。但在会谈中，巴方强调前苏联撤军必须同组成广泛的阿富汗临时政府同时进行。但喀布尔代表认为这是阿"内政"，拒绝讨论这个问题。美国提出美苏双方分别立即停止对阿的援助，也遭苏拒绝。最后经过磋商，各方同意在苏撤军之后由科氏在建立各派临时政府问题上进行调解，美苏可继续向阿作战双方提供军事援助。4月14日，德奎利亚尔在日内瓦万国宫主持了协议签字仪式。苏、美、巴、阿4国外长出席并签了字。协议共包括四个文件和一个谅解备忘录。主要内容是：第一，苏联从1988年5日撤军，8月15日前撤出一半军队，其余部队九个月内撤完。第二，巴基斯坦和喀布尔政权互相尊重主权、政治独立、领土完整、国家统一以及民族特点和文化传统；互不使用武力或以武力相威胁，避免侵犯彼此边界和破坏对方政治、社会及经济秩序；互不干涉内政，防止在本国领土上为对方的颠覆、骚乱提供各种支持。第三，美苏提供国际保证，支持巴、阿的政治解决方案，保证不以任何形式干涉双方的内部事务，尊重它们的主权、独立、领土完整和不结盟政策，并敦促所有国家采取同样行动。第四，喀布尔政权采取一切必要措施，确保难民

自愿返回家园，巴基斯坦为之提供便利和帮助；在协议生效同时，建立联合委员会负责协调和监督难民事宜。第五，规定由联合国选派军事官员监督协议执行，协议于当年8月15日生效。

1988年5月至1989年2日，苏军除约1000名"顾问"仍留在阿境外，作战部队全部完成了撤离，苏侵阿战争以政治解决而告结束。这是联合国多年干预和调解的结果，同时也标志着阿人民反抗外来侵略斗争的胜利和超级大国军事干涉与占领政策的破产。可是，苏联在政治军事上的失败并没有给阿富汗带来和平。由于阿富汗战争的政治解决未能从根本上促成阿民族和解与禁止美苏

戈尔巴乔夫决意撤出阿富汗实属无奈之举

继续提供援助，因此苏军撤离后，取而代之的是在外部势力支持下，阿富汗各派组织为争夺国家政权而展开的内战，致使这场战火，至今未能停息。

梅杰出任英国首相

1990 年 11 月 22 日，英国首相撒切尔在任职 11 年后宣布辞职，梅杰当选保守党领袖并出任英国首相。

约翰·梅杰于 1943 年 3 月 29 日生于英国梅尔顿一个马戏团演员家庭。毕业于拉特里什中学。曾在银行担任主管。1960 年加入保守党。1979 年当选议员。1981 年起先后任内政大臣秘书、政府助理督导员、财政部专员、社会保障事务政务次官、社会保障事务国务大臣，财政部首席副大臣等职。1989 年出任财政大臣、外交大臣。1990 年 11 月出任首相。1992 年 4 月，梅杰在大选中再次获胜，继续出任保守党领袖和英国首相。1995 年 6 月 22 日，梅杰辞去保守党领袖职务。同年 7 月 4 日，梅杰再次当选为保守党领袖。1997 年 5 月 2 日，保守党在大选中失败，梅杰辞去保守党领袖职务。

梅杰与前任首相撒切尔夫人

海湾战争

两伊战争的战火刚熄灭不久，1990 年 8 月 2 日凌晨，伊拉克便出动 10 余万兵力、350 辆坦克、近千辆装甲车、数十架飞机和 10

正在空中加油的美军飞机

余艘舰艇，向其盟国科威特发起突然袭击，迅速击溃了只有 2 万人的科威特军队，于 3 日上午攻占了科威特王宫，随后占领了科威特全境。科威特元首埃米尔及王室成员流亡沙特阿拉伯。8 月 28 日，伊拉克宣布将科威特北部地区划归伊拉克的巴士拉省，其余地区划为伊拉克的第十九个行省。伊拉克进攻和吞并科威特的举动酿成了举世瞩目的海湾危机。

美军在海湾北部地区巡逻

科威特是海湾地区一个盛产石油的阿拉伯国家，面积 1.7 万平方公里，人口 191 万（1988）。在两伊战争中，它曾全力支援伊拉克。但是，它在历史上与现实政治经济利益方面又与伊拉克存在矛盾与争端。伊拉克出兵占领科威特的目的有二：一是为了扩张领土；二是掠取经济利益。

伊拉克一直宣称科威特为其领土的一部分。科威特在 7 世纪是阿拉伯帝国的一部分。1871 年，科威特是奥斯曼帝国巴士拉省的一个县。英国殖民者向海湾扩张后，1899 年，英国成为科威特的宗主国，1939 年科威特又正式沦为英国的"保护国"。科威特于 1961 年 6 月 19 日，摆脱英国统治，宣布独立。但伊拉克的历届政府却认为科威特是伊拉克的一

部分，尽管在 1963 年承认了科威特的独立自主，但没有放弃兼并其领土的企图。两国曾多次就边界划界问题举行谈判，但均无结果。1973 年，曾发生边界冲突。伊拉克提出要科威特割让或"租借"位于阿拉伯河以西的布比延岛和沃尔拜岛，以保证伊拉克有一个通向海湾的出海港口，但遭到科威特的拒绝。

伊拉克入侵的另一动因，是企图获得科的石油资源与美元储备，增强其经济实力。伊拉克在

"挑战者"主战坦克.

两伊战争中损失 2000 亿美元，外债高达 800 亿美元，其中欠科威特 200 亿美元。伊拉克认为它为保卫阿拉伯世界作出了贡献和牺牲，称所欠之债为一笔"血债"，要求勾销，科威特没有同意。在武装入侵前夕，伊拉克还指控科威特从 1980 年起"偷采"了属于伊南部鲁迈拉油田价值 24 亿美元的原油。此外，伊拉克还指责科威特不遵守石油输出国组织分配的采油限额，与阿联酋一起，超产和滥售石油，致使它蒙受 140 亿美元的石油收入，要求科威特赔偿。科威特是一个拥有世界石油储量 20% 的石油王国，并拥有大量石油外汇储备，伊拉克企图通过兼并它，占据其油田，成为主宰中东事务、影响世界的地区大国。

边界领土争端与石油、债务纠纷，使科伊之间矛盾日趋尖锐。1990 年 7 月 31 日，伊拉克与科威特高级谈判代表在沙特阿拉伯的吉达会晤。伊拉克在边境集结兵力达 10 万人。8 月 1 日，吉达谈判破裂。双方当时商定，后续会谈将在两国首都举行。但是，伊拉克自恃军事力量强大，不顾国际法准则，发动了对科威特的武装进攻。

伊拉克入侵科威特，引起国际社会强烈震动，联合国安理会也对此迅速作出反应。8 月 2 日伊拉克入侵科威特当天，安理会即通过第六六〇号决议，明确规定了和平解决伊科争端的前提条件是伊拉克立即无条件地将其所有部队撤至其 1990 年 8 月 1 日所在据点。以后，针对伊拉克的顽固立场，安理会又连续通过了关于制裁伊拉克（第六六一号）、不承认伊拉克对科威特的兼并（第六六二号）、对伊拉克进行海上封锁（第六六五号）和空中封锁（第六七〇号）、要求伊拉克停止扣留并不得虐待"人质"（第六七四号）等决议。鉴于伊拉克无视上述决议，继续其侵略和兼并行动，1990 年 11 月 29 日，安理会通过第六七四号决议，决定"授权同科威特政府合作的会员国，"除非在 1991 年 1 月 15 日前伊拉克完全执行所有安理会有关决议，"否则可以使用一切必要手段，"维护并

F－18 战斗机起飞

世界通史

最新整理图文珍藏版

伊拉克入侵科威特

执行安理会上述决议，"并恢复该地区的国际和平与安全"。从而为美国为首的多国部队的军事行动开了绿灯。

美国认为伊拉克的地区霸权主义行为是对美国"建立世界新秩序"的大国霸权主义计划的挑战。美国为了它在海湾的石油利益和战略地位，为了维护西方的经济命脉以及显示它在世界上的领导作用，布什政府对伊拉克侵略科威特的行动立即作出反应。8月7日，美国实施"沙漠盾牌"计划，在海湾地区部署军队，并以联合国的名义，组织并部署了一支由英国、法国、加拿大、澳大利亚等国组成的多国部队，以阻止伊拉克袭击沙特阿拉伯。经过160天的调兵遣将，多国部队在海湾的总兵力已达70万，战舰400艘，作战飞机2000架，坦克4300辆，大炮2300门，还配备有"爱国者"式和"毒刺"式导弹、

F-117隐形轰炸机、B-52远程战略轰炸机、MIAI主战坦克等先进武器。在此期间，联合国秘书长和各国代表为和平解决海湾危机而进行了穿梭外交。美国、伊拉克代表也在日内瓦进行了直接会谈。1991年1月5日，布什向萨达姆发出最后通牒：如果伊拉克在1月15日不从科威特撤军，它将面临可怕的后果，但遭到萨达姆的断然拒绝。伊拉克在科威特构筑了坚固的防御工事。伊拉克共有120万军队，驻前线总兵力达55万人，拥有坦克5600辆、飞机774架、舰艇60艘。

1991年1月17日晨，多国部队以其空中优势对巴格达进行大规模持续的空袭。布什发表电视讲话，宣布解放科威特的"沙漠风暴"行动开始了。整个战争以空袭、反空袭的方式进行。多国部队每天出动2000~3000架次飞机，发射各种导弹，轰炸伊拉克的通信枢纽、指挥中心、情报系统、机场桥梁、核、化武器基地以及伊军主力共和国卫队。连续30天"地毯式"的超饱和轰炸，切断了前线伊拉克军队与后方的联系。伊拉克军队虽向沙特、以色列发射了"飞毛腿"导弹，但大都被美制"爱国者"导弹拦截。

投降的伊军士兵

意接受 687 号决议，次日安理会宣布海湾实现正式停火。

海湾战争是一场高技术战争，电子战自始至终发挥了重要作用。据美方宣布，伊拉克军队死伤 10 多万人，被俘 17.5 万人，而多国部队伤亡、失踪共 600 余人，其中美国军队死亡 79 人。大部分中东国家卷入了这次战争。埃及、叙利亚、沙特阿拉伯等多数国家支持并参加多国部队，只有约旦、也门、巴基斯坦等少数国家支持伊拉克，阿拉伯世界再次陷入分裂，大国的插手使中东地区危机四伏，形势更加复杂。

2 月 24 日凌晨，多国部队发起代号为"沙漠军刀"的地面进攻，从三个方向、兵分四路占领伊拉克南部地区，切断伊拉克军队供给线和所有的退路。仅用 100 个小时，伊拉克军队便溃不成军。27 日，伊拉克宣布无条件接受安理会关于伊拉克的决议。28 日零时，多国部队停止一切进攻，战争基本结束。

3 月 2 日，安理会通过第六八六号决议，要求伊拉克采取进一步行动结束海湾敌对行动，并规定正式停火前伊拉克必须答应的一些条件。4 月 3 日，安理会又通过第六八七号决议，规定伊拉克必须在国际监督下销毁其所有化学和生物武器及远程导弹、接受 1963 年伊拉克同科威特划定的边界、对科威特和其他国家给予战争赔偿等。4 月 10 日，伊拉克同

海湾，又称波斯湾，位于西亚中部。东西长约 984 公里，南北最窄处 56 公里，最宽处 336 公里，面积 24 万平方公里。海湾周边有 8 个国家，按面积大小依次是沙特阿拉伯、伊朗、伊拉克、阿曼、阿拉伯联合酋长国、科威特、卡塔尔、巴林。霍尔木兹海峡是海湾唯一的进出口，通往印度洋的阿拉伯海，是世界著名的战略通道。海湾地区是世界石油主要产区之一，1990 年已探明的石油储量为 6517 亿桶，占世界储量的 65%。1989 年月产石油 1490 万桶，占世界产量的 25%。海湾石油的 90% 左右供出口，主要输

世界通史

最新整理图文珍藏版

往美国、西欧和日本，对这些国家的经济具有举足轻重的影响。所以，这一地区历来受到西方世界的重视，具有十分重要的战略地位。

1990年8月，由于伊拉克入侵科威特而在这一地区引发了战后世界最大的一场局部战争——海湾战争。以美国为首的多国部队，先后对伊拉克实施了"沙漠盾牌"、"沙漠风暴"和"沙漠军刀"等军事行动，取得了战争的胜利。这场战争是在东西方关系缓和，各种力量重新分化组合的大背景下发生的，它对国际战略新格局的形成和世界新秩序的建立产生了重大影响。这场战争又是一次广泛使用高技术兵器的现代化战争，它所展示的现代高技术条件下作战的新情况和新特点，对军事战略、战役战术和军队建设等问题带来了众多启示，引起了世界各国的普遍重视。

伊科争端

伊拉克，地处世界古代文明摇篮之一的两河流域——美索不达米亚平原，面积43.8万平方公里，人口1765万。科威特，位于海湾西北岸，面积1.7818万平方公里，人口205万。

伊科争端是海湾战争爆发的

GBV激光制导炸弹

导火索。但是，战争的起因又有着深刻的历史渊源。主要表现在两个方面，一是伊拉克对科威特主权的承认问题，另一是两国边界的划分问题。历史上，伊科曾同属一个国家。公元7世纪时，它们都是阿拉伯帝国的属地。1710年，居住在阿拉伯半岛中部地区的萨巴赫家族迁至科威特，逐步取得统治地位，于1756年建立了科威特酋长国。但在1871年，它又被奥斯曼帝国吞并，成为其巴士拉省的一个县。1899年，英国与科威特酋长签订"英科秘密协定"，将科纳入英国势力范围。1913年，奥斯曼帝国承认这一协定，从此，科威特成为英国保护下的独立国家。伊拉克建国晚于科威特。1920年，英国在现在的伊拉克建立"委任统治区"，次年宣布其独立，成立伊拉克王国。1922年，伊拉克、科威特和

被友军误伤的美24步兵师的士兵

沙特阿拉伯3国代表在英国驻巴格达高级专员珀西·考克斯主持下，在地图上划分了3国边界线。但是，伊科对边界线均不满意。这时，产生了伊科争端的第一个矛盾冲突点。伊拉克认为，科威特历史上曾为巴士拉省的一个县，因此，应将科全境划入伊。以后，伊拉克一直保留这一观点。1932年，伊拉克首相赛义德提出划定伊科两国边界的意见，得到科威

特埃米尔艾哈迈德·萨巴赫的确认，双方达成协议。该协议成为目前两国边界实际控制线的依据，但边界未能勘定，这又为日后两国产生边界争端留下了遗患。果然，随着石油在这一地区的发现和开发，以及英国殖民者的撤出，伊科两国围绕主权和边界问题的争端突出起来。1958年，伊拉克发生革命，推翻了费萨尔王朝，建立了共和国。1961年，科威特脱离英国势力，宣布彻底独立。但伊拉克共和政府不予承认，并对科威特提出了领土要求，只是由于英国人干预，才未贸然动武。1962年，伊拉克复兴党上台执政，承认了科威特的独立，但两国边界仍未划定，历史争端持续下来，并为此发生多起武装冲突。

被伊军点燃的油田

两伊战争于 1988 年结束之后，伊科争端又激化起来。1990 年 7 月 15 日，伊拉克外长阿齐兹向阿拉伯联盟秘书长卡利比递交了一份备忘录，指责科威特和阿拉伯联合酋长国不执行欧佩克制定的限产保价政策，仅 1989 年上半年就使伊拉克蒙受 140 亿美元的损失。对此科威特反驳说，两伊战争期间，科威特确实超产石油，但盈利的大部分用在了援助伊拉克、巴解组织和阿拉伯事业之上。两伊停火后，科已为限产保价作出了牺牲，部分超产是为了满足在西欧发展"下游业务"的需要。7 月 18 日，阿齐兹又指责科威特 10 年来一直在伊拉克的鲁迈拉油田南部偷采石油，价值达 24 亿美元，并在这一地区建立军事设施。对此科威特则指出，鲁迈拉油田南部延伸到科境内，科是在自己领土上采油和建立哨所，无可非议，并且反过来指责伊在科境内打井采油，使科威特油田储量蒙受损失。7 月 31 日，伊拉克革命委员会副主席易卜拉欣在同科威特王储兼首相萨阿德谈判时，又向科威特提出了勾销前债，赔款 24 亿美元，重划边界，租用布比延和沃尔拜两岛 99 年的要求，遭到了科方的拒绝。

伊拉克的战略意图

伊拉克在两伊战争结束不久，国内经济尚待恢复之时，即提出一系列科威特难以接受的要求，致使两国关系恶化，进而发展到对科威特的入侵，绝非偶然，而是有其战略意图的，主要是：

1. 彻底解决出海口问题

伊拉克虽地处海湾，但在地理条件上却几乎是一个内陆国家。它的东面被扎格罗斯山脉所阻挡，北面是东南罗斯山系，西面是阿拉伯——叙利亚高原，唯有南面是出海口，但海岸线极短，只有 50 公里左右，而且，作为出海水路的阿拉伯河末端在主权上同伊朗存有争议，易遭封锁。唯一的海港法奥港历来是敌对国家袭击的重要目标。在两伊战争中法奥港又遭到严重破坏，吞吐能力有限。这种情况严重制约了伊拉克在海湾的出入，系于其经济命脉的石油出口和事关国计民生的各种物资的进口不能顺畅进行。两伊战争以后，由于法奥港破坏严重，伊拉克出口石油不得不经过土耳其和沙特阿拉伯等国的石油管道输送，既要付巨额费用，又要冒受制于人的风险，又一次饱尝了缺乏出海口的苦头。因此，谋求出海口是伊拉克的一项长期

英国 GR-1 战斗机

战略方针。历史上伊拉克同科威特的领土与边界争端，对伊朗的战争，以及对布比延和沃尔拜两岛的租借要求，都与此有直接关系。伊拉克从历史上遭受的挫折中认识到，只有获得整个科威特，才能彻底解决出海口问题。是时，伊拉克的海岸线将延长 213 公里，并可获得现代化的科威特港和艾哈迈德油港，海上出入条件将得到极大改善。

2. 免除所欠巨额债务

两伊战争中，伊拉克共欠下 750 亿美元外债，其中欠科威特 150 亿美元。两伊战争后，伊拉克国民经济亟待恢复，部分裁减下来的军队需要安置，粮食等必需物品的进口又要花费大量外汇，财政危机十分突出。1989 年，伊拉克的石油收入约为 130 亿美元，如果不重新举债，仅仅偿还非阿拉伯国家的年债务本金和利息就可能占去上述收入的一半以上。沉重的债务使伊拉克感到难以承担。为此，伊拉克曾经提出，它同伊朗作战是为了保卫阿拉伯民族，要求科威特等阿拉伯国家免除债务，但得到的许诺很少。在这样的困境下，如果征服科威特，情况将立即变得完全两样。一方面，欠科威特的债务将一笔勾销。另一方面，又可以利用科威特雄厚的财力。科威特年石油收入近百亿美元，在国外还有 1000 亿美元资产，海外投资收入比石油收入还高，此外，还有 800 亿美元的国家储备金。依靠这些财源，不仅可以在短期内偿清外债，而且对于解除伊拉克的财政危机和实现今后的发展起到根本性作用。

3. 提高在中东地区的战略地位

长期以来，伊拉克一直在谋求中东地区的大国地位，执政的阿拉伯复兴社会党把获得阿拉伯世界的领导地位和实现阿拉伯国家的统一作为最高目标。从地缘政治上讲，伊拉克欲向北、东、西 3 个方向发展都将遇到很大困难。北面的土耳其，东面的伊朗，西面的叙利亚和以色列，无论从哪方面讲都是伊拉克的强大敌手。因此，向南发展是伊拉克的战略重点和突破口。向南发展首先将遇到科威特问题。夺取科威特，虽然要冒很大风险，但却是实现

世界通史

最新整理图文珍藏版

战略上突破的关键步骤。从地理上讲，实现这一步，海湾国家沿岸的工业重镇和石油输出港以及海上航路，都将处于伊拉克能够以军事手段控制的范围之内。如果继续向东南发展，控制霍尔木兹海峡南岸的哈萨卜角，那它就真正掌握了开启海湾大门的钥匙。从经济和政治上讲，伊拉克得到的好处更为突出。伊拉克和科威特已探明的石油储量各占世界的10%，加在一起即意味着掌握了世界已探明石油总储量的20%，成为仅次于沙特阿拉伯的世界第二储油大国，其石油总产量也将上升至占世界总产量的7.3%。凭借这一点，它能够在很大程度上影响世界石油价格，进而左右海湾其他石油输出国的利益，制约美国和西方工业国家的经济发展。

4. 伊拉克的军事力量

萨达姆·侯赛因执政以后，经过8年两伊战争，伊拉克的军事力量得到迅速发展，已经拥有中东最强大的一支武装力量。伊拉克的武装力量包括陆军、海军、空军、阿拉伯社会复兴党领导的人民军和伊拉克共和国卫队。

陆军兵力95.5万人，编有7个军部、7个装甲机械化师、42个步兵师、6个总统卫队师、20

民众对被污染的海水感到不安

余个特种作战旅、2个地地导弹旅。主要装备有：主战坦克5500辆，装甲侦察车850辆，步兵战斗车1000辆，装甲输送车7100辆，自行火炮500门，牵引火炮3000门，战术导弹发射架86个，火箭炮200门，地空导弹330部，防空火炮4000门，武装直升机103架，运输直升机229架，以及迫击炮、无后坐力炮、反坦克炮和反坦克导弹等武器。

海军兵力5000人，装备护卫舰5艘，小型护卫舰4艘，导弹艇8艘，鱼雷艇6艘，巡逻艇20艘，

死难者家属无比悲痛

水雷战舰 8 艘，扫雷舰 8 艘，两栖登陆舰 6 艘，支援和后勤舰 3 艘。

空军兵力 4 万人，编有 2 个轰炸机中队、17 个攻击战斗机中队、16 个战斗机中队、1 个侦察机中队、2 个运输机中队。主要装备有：轰炸机 16 架，攻击战斗机 284 架，战斗机 223 架，侦察机 8 架，运输机 62 架，以及空地、空空导弹等武器。

人民军是阿拉伯复兴社会党领导下的带有预备役性质的民兵部队，规定只有复兴党党员才可参加。两伊战争期间总人数曾达到 65 万人，战后减至约 25 万。人民军的装备较差，任务仅限于保障后方安全。

共和国卫队是独立于总部队以外的一支特殊武装，隶属国家特别安全组织，主要任务是保卫萨达姆·侯赛因总统。共和国卫队是伊拉克作战能力最强的一支部队，装备精良，人员待遇高于其他部队。正规兵力达 12 万人，编为 8 个师，其中包括 2 个坦克师、5 个机械化和装甲师、1 个补给师。主要装备苏制 T—72 主战坦克，苏制 BMЛ 装甲输送车，法制 GCT 自行榴弹炮和奥地利 GHЛ—45 牵引榴弹炮等。

十分引人注目的是，在伊拉克的武器库中还有化学武器和生物武器。这些武器均能用于实战。化学武器主要有芥子气、塔崩、沙林和路易氏气，其中以塔崩威力最大，具有速杀性，其蒸气能在几分钟内致人死命。生物武器主要有肉毒杆菌病毒和疾病病毒，能以火箭炮弹和航空炸弹等多种手段投掷。除此之外，伊拉克还制订了核武器发展计划，并在研制方面取得了显著进展。

对科威特的入侵

当伊拉克确定了对科威特入侵的战略目标以后，开始了一系

美军士兵与家人团圆

世界通史

最新整理图文珍藏版

列周密的战争准备。自7月15日就石油和边界问题向科威特提起指责之时起，伊拉克开始向伊科边境调集部队。这一行动引起了科威特和其他阿拉伯国家的警觉与不安。在局势紧张的情况下，埃及总统穆巴拉克和沙特阿拉伯国王法赫德曾在伊科之间进行积极斡旋。伊拉克当局和萨达姆本人向穆巴拉克保证，伊拉克不会对科威特使用武力，愿意同科和平解决争端。此后，伊拉克作出了象征性撤军，并一度停止了对科威特的新闻攻击。这一措施使国际舆论认为，伊拉克的兵力调动只是为了配合外交谈判而对科威特施加的军事压力。与此同时，伊拉克的军事准备并没有放松。在战前几周里，先后向伊科边境地区集结了共和国卫队的全部8个师，另有一个"蛙—7"战术导

弹营，总兵力达14万人，配有1500多辆坦克和步兵战斗车等重型武器。许多作战飞机也转场到了南部机场。伊军部队主要部署在萨夫旺地区和纳西里亚一线，从此出发，能够保证在科威特来不及预警的情况下取得突然性进攻的胜利。为了隐蔽战略企图，伊拉克在最后时刻还通过新闻媒介向外界宣称，它的兵力集结完

为和平共存的握手

全是针对以色列的。这一做法进一步麻痹了阿拉伯国家，也使世界舆论和有关国家情报机构对其真实意图的判断变得更加困难。入侵的日子最终定在8月2日，而这一天正是科威特的周末和什叶派穆斯林为纪念其第三个伊马姆侯赛因遇难而举行悼念活动的"阿舒拉"节。

8月2日凌晨1时（科威特时间），伊拉克共和国卫队3个师越过伊科边界发起突然进攻。担负

伊军坦克"堡垒"成为靶标

主攻的 1 个机械化步兵师和 1 个装甲师分多路高速向位于科威特正西的贾赫腊山口开进，另 1 个担负助攻的装甲师在主攻部队西侧跟进。猝不及防的科威特军队没有能够组有效的抵抗。3 个师长驱直入，很快在贾赫腊会师。随后，2 个主攻师挥师东进，直扑科威特市，另 1 个师则从贾赫腊南下，在科沙边境地区建立防御。与此同时，一支特种作战部队乘海军舰艇南下至科威特市外海，开始对首都实施登陆作战和直升机突击。天亮时分，东西对进的两支部队在科威特市汇合，开始逐一攻打市内目标。在王宫、国防部等地发生了激烈的争夺战。科威特埃米尔贾比尔·萨巴赫在伊军到来前，携部分王室成员逃到停泊在海湾的美国军舰上，后转移至沙特阿拉伯。科威特埃米尔的弟弟法赫德亲王在保卫王宫的战斗中阵亡。伊军在粉碎了科威特武装部队有限的抵抗和反击以后，于上午 9 时左右基本控制了科威特市，关闭了国际机场。此后，进攻部队继续南下，分头占领各城镇和港口，至下午 4 时占领了科威特全境。

伊拉克占领科威特以后，开始实施将科威特从根本上吞并的一系列措施。入侵当天，伊拉克当局即宣布废黜科威特萨巴赫政权，解散科国民议会，成立"自由科威特临时政府"。两天后，伊拉克宣布了 9 人"临时政府"名单，阿利亚·侯赛因·阿里上校担任总理。8 月 7 日，"临时政府"宣布成立"科威特共和国"。次日，伊拉克又宣布"科威特共和国"与伊拉克合并，并称这是"科威特回归其祖国大伊拉克"。8

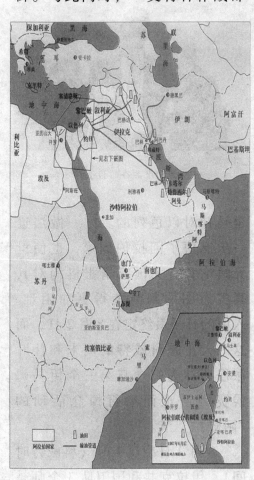

中东

月 28 日，伊拉克进一步宣布将科威特划为其第十九个省。为了彻底取消科威特的国家特征，伊拉克先后取缔了科威特的货币，代之以本国货币，取缔了科威特政府的喉舌科威特国家通讯社，关闭了科国家航空公司。此外，伊拉克当局还强迫科威特公民在 10 月 31 日以前改为伊拉克国籍，并向科大量移民，企图以此改变科威特的人口结构。

伊拉克还对科威特的财富和资产进行了有计划的劫掠，许多军用车辆、豪华轿车、民航客机被开往伊拉克。科威特金库中约 254 万盎司黄金和 20 多亿美元流动资金被没收。大量油田设施和工厂设备被拆卸后运走。博物馆的名画和其他珍品，以及私人的大量金银珠宝等也遭到浩劫。

科索沃战争

入侵科威特

1990 年 7 月末，伊拉克宣布停止与科威特的谈判。随后将大批伊军进驻伊科边界，虎视眈眈，大战一触即发。

为迷惑视听，萨达姆召见了美国驻伊大使，表示了对科威特

科威特难民

的强烈不满，同时表示不会入侵科威特。大使表示美国对伊科关系以及双方在边界上的武装力量频繁活动十分关注。大使的表态，使伊拉克高层人士和萨达姆本人错误地理解了美国人的回应，以为美国还会像两伊战争中支持援助他们那样，默认了他们即将对科威特动武的暗示。于是 1990 年 8 月 2 日，萨达姆悍然下令出兵科威特。

科威特时间 1990 年 8 月 2 日的凌晨 1 时，伊拉克共和国卫队的三个师在空军、海军、两栖作战部队和特种部队的密切配合下迅速越过伊科边界，向科威特发动了突然袭击。由一个机械化步兵师和一个装甲师组成的主攻部队，沿着萨夫万——阿卜代利——科威特市一线实施进攻，350 多辆坦克在前面引导，首先攻占了古贾赫腊山口，然后迅速折向

东面进攻科威特城。另一个担任助攻部队的装甲师在主攻部队的西侧向南进攻，与主攻部队在贾赫腊山口会合后继续南下，在沙特阿拉伯与科威特边界主要通道上建立阻击阵地，防止科威特军队逃往沙特。

5时30分，主攻部队与特种部队在科威特市会合了，在进行了14个小时的城市战斗后，到19时许，伊军完全占领了科威特首都科威特城。后续部队也源源不断地赶到，与先头部队一起迅速向未占领的科威特其他地区展开进攻。到8月3日中午时，伊军就占领了科威特全境。8月8日，萨达姆宣布，科威特是伊拉克的"第19个省"，"永远是伊拉克不可分割的一部分"。

在不到一周的时间里，因为对伊军的突然袭击毫无准备，再加上本身就势单力孤，不到两万人的科军，只进行了微弱的抵抗后，不是投降就是溃逃了，只有5000多人逃到了沙特。科威特埃米尔贾比尔·萨巴赫也仓皇地带着部分王室成员乘飞机逃到了沙特。

伊科矛盾

伊拉克与科威特的矛盾由来已久，早在第一次世界大战之前，科威特就是隶属于奥斯曼土耳其帝国的伊拉克的。一战后，科威特成为一个独立王国，但伊拉克却一直不承认它的独立，并在1961年企图以武力吞并它。当时英国出于自己的目的和利益，竭力阻止伊拉克的行动，并派兵进

被击落的伊拉克直升机

世界通史

最新整理图文珍藏版

驻科威特，阻止伊拉克的入侵，同时与其他阿拉伯国家一起，谴责伊拉克的企图。在英国和阿拉伯世界的一片声讨下，伊拉克被迫在1963年承认了科威特的独立地位。但双方因边界划分问题一直争吵不休，边界武装冲突一直没有停息过。

20世纪80年代，伊拉克与伊朗进行了八年的战争。1988年8月20日，在国际社会的调停下，才实现停火，两伊战争结束。但八年战争使伊拉克负债累累，其中欠科威特的就达140亿美元之多。

为了缓解陷于困境的国内经济状况，恢复元气，并逐渐建成海湾地区的强国，伊拉克要求科威特减免它所欠的债务，并指控科威特超产石油，偷采伊科边界地区的石油，导致伊拉克石油产量降低，收入锐减，要求科威特道歉并赔偿自己的损失，同时又提出重新划分边界、租用科威特的布比延岛和沃尔拜岛99年等要求。

科威特立即回绝了伊拉克的各种要求，使伊科之间的矛盾激化。虽然双方间的谈判一直在进行，但各持己见，互不相让，没有任何进展，火药味十足，谈判已没有任何意义了。于是，伊拉克决定侵占科威特，把它变成自己的"粮仓"。

国际反应

伊拉克占领科威特后，国际社会马上做出了反应。伊拉克入侵科威特数小时后，在科威特和美国的要求下，联合国安理会就召开了紧急会议，通过了660号决议，决议要求伊拉克必须无条件地从科威特撤军，恢复科威特的独立和主权，并自行裁军，否则将会遭受武力打击。

8月3日，阿拉伯联盟发表决议，在强烈谴责伊拉克的侵略行为，要求它立即无条件撤兵的同时，呼吁在阿拉伯内部解决这场冲突，拒绝外部干涉。

美国总统布什在伊军入侵科威特的当天就发表讲话，谴责伊拉克的行动是"赤裸裸的侵略"，对美国的国家利益"构成了真正

联合国会议

开始对伊拉克进行海上封锁的美国战舰

的威胁",并宣布冻结伊拉克和科威特在美国的所有资产,还命两个航母战斗群驶往海湾,做出了武力解决的军事反应。

当时的苏联一改与美国做对的常态,在8月3日与美国达成共识后共同发表了《联合声明》,也要求伊拉克"无条件地从科威特撤军","充分恢复科威特的主权、合法政权和完整领土",并在同一天停止了对伊拉克的军事援助和武器供应。

世界上绝大多数国家和国际组织都对伊拉克入侵科威特作出了迅速的反应,普遍强烈谴责伊拉克的侵略行径,要求恢复科威特的主权,许多国家的领导人为化解这场危机,还设计出了许多解决方案。

大战在即

面对联合国的决议和国际社会的一片谴责声浪,萨达姆置若罔闻,而且还公开宣称:"圣战"已经开始,绝不会屈服于美国。

从8月2日至11月29日,联合国安理会先后通过了12个谴责和制裁伊拉克的决议,使伊拉克处在极端孤立的境地。其中的第678号决议更明确规定了伊拉克必须撤军的最后期限为1991年1月15日,否则的话,决议授权联合国会员国可以使用"一切必要手段"来执行联合国通过的各项决议。这就为美国出兵海湾,用武力解决这场危机提供了法律依据。

美国之所以要积极出兵打击伊拉克,是因为美国以及西方主要发达国家的石油都来自海湾地区,如果让伊拉克吞并了科威特进而占领了沙特阿拉伯,它就可以控制全世界一半以上的石油资源,这如同卡住了西方工业大国的脖子,萨达姆就可以对西方指手画脚了。美国绝不能允许海湾地区出现一个与它叫板的强国,为了控制海湾地区的石油资源,美国决定教训一下这个不知趣的地头蛇——萨达姆政权。

科威特受难者纪念馆

因此，在伊拉克入侵科威特的当天，美国"独立"号航空母舰就奉命驶进海湾。8月6日，美国总统布什又下令实施"沙漠盾牌"行动，向海湾地区部署军队。又以执行联合国安理会对伊的各种制裁决议为借口，建立了多国联盟，英、法等38个国家在它的召集下，出于各自不同的目的，共派出20多万的战斗部队或支持部队，准备参与对伊的军事行动，日本等10多个国家也捐助了540

多亿美元作为军事行动的经费。

一时间，在联合国授权下，以美国为首的多国部队军事打击伊拉克的宣传一浪高过一浪，战争已笼罩在伊拉克上空，大战一触即发。

战争前夕

1999年3月22日（布鲁塞尔时间），美国巴尔干半岛问题特使霍尔布鲁克赴南斯拉夫进行了最后的努力，但无功而返，他随后返回了布鲁塞尔的北约总部。

23日23时15分，北约秘书长索拉纳宣称，"由于所有旨在以谈判和政治方式解决科索沃危机的努力都已经失败，除了采取军事措施外已经没有别的选择，北约决定对南联盟进行大规模空袭。"同时，索拉纳还说，"这次军事行动是为了支持政治目标"，南联盟可以随时接受北约的要求。

一个坦诚的面孔

他指示北约盟军最高指挥官克拉克将军，展开先期军事干预行动，空袭南斯拉夫的军事目标。但是他并未说明进行空袭的具体时间和目标。

在此之前，南斯拉夫已宣告全国进入紧急状态防备北约的军事打击。在科索沃和平谈判的最后努力失败后，南斯拉夫总理布拉托维奇在电视上宣布，由于北大西洋公约组织的"侵略威胁"，有可能立即爆发战争，政府宣告全国进入紧急状态，即时生效。他说，发布这个命令是为广面对"来自北约的侵略和战争的威胁，它是对一个主权国家的直接侵犯"。

科索沃危机

北约与南斯拉夫的矛盾源于科索沃危机，而科索沃危机则源于南斯拉夫联邦的解体。东欧剧变发生后，1945 年成立的南斯拉夫联邦于 1991 年迅速解体，分裂为五个独立国家：斯洛文尼亚，克罗地亚，波斯尼亚—黑塞哥维那，马其顿，塞尔维亚和黑山组成的"南斯拉夫联盟共和国"。

在南联邦解体过程中，由于领土、财产和利益分割上的矛盾以及原本存在的民族纠纷和宗教冲突，在波黑境内发生了严重的内战，并涉及其周边的塞尔维亚和克罗地亚。在长达三年半以上的内战中，死亡人数超过 25 万。1995 年 11 月 21 日，各方在美国的干预下签署了和平协议。然而，南联邦解体带来的动荡很快以民族冲突的形式在南联盟境内兴起，科索沃危机成为世人关注的中心。

科索沃 90% 以上是阿尔巴尼亚族，在南斯拉夫联邦时期，科索沃是塞尔维亚共和国内的自治省，但这个地区要求民族自治。

科索沃难民

米洛舍维奇

世界通史

最新整理图文珍藏版

被杀害的阿尔巴尼亚族人

1989年2月，科索沃被取消了自治省地位，阿族于是在1992年5月形成了与塞族政权并行的另一个政权。1996年，阿族激进分子成立武装组织"科索沃解放军"，开始运用暴力手段进行分离活动。以米洛舍维奇为首的南联盟和塞尔维亚当局采取强硬镇压措施，在1997年以后不断发生的武装冲突事件中，约有30万人流离失所。科索沃危机使力图控制巴尔干局势的美国等西方国家感到不安。从1998年底起，以美国为首的北约开始介入科索沃危机，北约与南联盟的矛盾逐渐成为主要矛盾。

1999年2月6日，在美国和北约的压力下，塞尔维亚和科索沃阿族代表在巴黎附近的朗布依埃举行和平谈判，主要内容是：科索沃享有自治权，但"科索沃解放军"要解除武装，按当地居民人口比例组成新的警察部队维持治安；南联盟军队撤出科索沃，北约向科索沃派遣多国部队保障协议实施。但双方似乎都不愿意接受这个条件，因为阿族想取得独立，并且不愿意解除武装，南联盟则不同意科索沃获得自治共和国的地位，同时也反对北约部队进驻科索沃。但是，主持谈判的美国和北约态度强硬，这个方案的绝大部分内容不许改变，必须接受，否则拒绝的一方将受到惩罚。3月18日，阿族代表最终签署了协议，但塞尔维亚方面仍然拒绝签字。在美国特使霍尔布鲁克努力无果的情况下，北约秘书长索拉纳宣布，空袭南联盟。

被北约炸死的难民尸体

空袭开始

1999年3月24日，当地时间 20：00（北京时间25日3：00），科索沃首府普里什蒂纳响起剧烈的爆炸声。北约在布鲁塞尔宣布，向南联盟境内的军事目标发动空袭。当地时间21：00，北约空袭南联盟首都贝尔格莱德。

F/A－18大黄蜂战斗机

被北约轰炸后的贝尔格莱德繁华商业区

空袭开始3小时后，南斯拉夫宣布全国进入战争状态。这是南斯拉夫自二战以后第一次宣布全国进入战争状态。按照南斯拉夫国家宪法规定，在战争状态下，个人的权力和自由将受到限制，同时如果必要，国家可以进行拘捕而不必解释。

北约的空袭，引起了巨大的反响。俄罗斯总统叶利钦发表声明宣布，俄中止与北约的合作关系。同时指出，北约正在对南联盟进行"公开的侵略"，为此，俄决定召回俄驻北约的代表，如果北约继续空袭南联盟，俄有权作出确保本国及整个欧洲安全的相应措施。

联合国秘书长安南，对北约在没有安理会授权的情况下对南联盟实施军事打击，深表遗憾。他还表示，北约对南联盟的空袭是外交努力最终失败的"悲剧"，是国际社会最不希望看到的，与此同时，美国总统克林顿发明声明说，"只有空袭才能制止科索沃危机蔓延，如果我们不采取断然的行动，科索沃的局势还将继续恶化"。

英国副首相普雷斯科特说，首轮空袭非常猛烈，但这还远远不够，米洛舍维奇一日不妥协，北约就将继续对南联盟实施空袭。

劫后余生

在多个国家吵闹不休、联合

国捶胸顿足的情况下，北约对南联盟进行了两个多月的空袭。北约出动1000多架飞机和40多艘战舰向南联盟仅10万平方公里的土地上倾泻了数千枚导弹、两万多吨炸弹。

在北约空袭的巨大压力下，经过俄罗斯、芬兰等国的斡旋调停，南联盟最终放低了姿态。6月2日，南联盟总统米洛舍维奇接受了由俄罗斯特使切尔诺梅尔金、芬兰总统阿赫蒂萨里、美国副国务卿塔尔博特共同制定的和平协议，该协议在坚持原"朗布依埃方案"基本内容的同时，强调了通过联合国机制解决问题的必要性，科索沃未来自治地位的确切性质将由联合国安理会决定，难民返回家园的安排也将在联合国难民事务高级专员的监督下实施。

6月3日，南联盟塞尔维亚共和国议会通过了接受上述协议的决议。6月9日，南联盟军队随即开始撤离科索沃。6月10日，北约正式宣布暂停对南联盟的空袭。同一天，联合国安理会以14票赞成，1票（中国）弃权通过了关于政治解决科索沃问题的决议。历时78天的科索沃战争至此落下帷幕。

科索沃的战火虽已熄灭，但这次战争的恶果却难以消失。科索沃根深蒂固的民族矛盾并没有解决，无辜平民继续流血流泪，而参加战争及维和的大国也正加紧在科索沃的争夺。更令人不安的是，北约在对南斯拉夫轰炸中使用了大量的贫铀弹，在78天的轰炸中使用的导弹、航空弹的弹头含有所谓贫铀的芯，共投下了23吨此类具有潜在性危害的杀伤物。它们爆炸后一部分铀芯蒸发并随风飘散，伤害人和动物的肺脏及其他重要的器官，这将威胁到50万人的健康和生命。

叶利钦当选俄罗斯联邦总统

1991年6月，叶利钦在全民选举中当选为俄罗斯联邦首任总统。鲍里斯·叶利钦于1931年2月1日生于俄罗斯联邦斯维尔德洛夫斯克州布特卡村一个农民家

被北约炸毁的南联盟亚格迪娜的桥梁

庭。1955 年毕业于乌拉尔工学院建筑系。1968 年起先后任斯维尔德洛夫斯克州党委部长、州委书记。1981 年 3 月当选为苏共中央委员。1989 年 7 月，叶利钦与萨哈罗夫等一批持不同政见的议员组建了"跨地区议员团"，并任主席。1990 年 1 月，叶利钦又联合一些激进派人士成立苏共内的"民主纲领"，并任该组织三人核心领导之一。1990 年 7 月在苏共二十八大会议上，叶利钦宣布退出苏共。1990 年 4 月，他联合部分持激进观点的俄罗斯联邦人民代表组成"民主俄罗斯"。1990 年 5 月他当选为俄罗斯联邦最高苏维埃主席。

1991 年 6 月，俄罗斯举行总统选举，叶利钦以 57.30% 的选票率获胜，成为俄罗斯历史上第一位总统。1991 年 12 月，他同原苏联其他 10 个加盟共和国领导人一起发表联合宣言，宣布建立独立国家联合体。1996 年 7 月，叶利钦再次当选为俄罗斯联邦总统。他曾于 1992 年 12 月和 1996 年 4 月两次访问中国。

南斯拉夫共和国分裂

1991 年初，南斯拉夫境内的克罗地亚当局突然收缴塞族聚居区警察的武器，3 月双方发生武装冲突，而且冲突愈演愈烈。1991 年 6 月 25 日，南斯拉夫斯洛文尼亚和克罗地亚两个共和国单方面宣布独立，斯洛文尼亚武装力量还与南人民军发生了武装冲突。经欧共体调解，7 月 7 日冲突双方达成停火协议，南人民军撤出斯领土。不

俄罗斯联邦总统叶利钦

分裂前的南斯拉夫共和国

久，克罗地亚当局同克境内的塞族再次发生冲突，造成众多人员伤亡。塞尔维亚共和国也派"志愿军"去克罗地亚境内为塞族人"助战"，致使冲突越来越大。随后南人民军又去干预克境内冲突，使战火愈燃愈烈。

斯洛文尼亚、克罗地亚两个共和国宣布独立后，在南斯拉夫引起连锁反应，另有一些共和国相继宣布独立。10月8日，斯、克两共和国正式宣告独立，并表示与南斯拉夫联邦"断绝一切联系"。1991年10月15日，波黑共和国议会通过了《波黑主权国家问题备忘录》，强调波黑是"主权国家"。11月20日，马其顿颁布新宪法，宣布成立"独立的主权国家"。这样，南斯拉夫6个共和国就有4个宣布独立，战后重建的南斯拉夫联邦制国家分裂了。

格林纳达的战略地位和美国入侵的背景

格林纳达是位于中美洲加勒比海的一个小岛国，由主岛格林纳达岛和卡里亚库岛、小马提尼克岛等附属岛屿组成，陆地总面积为344平方公里。其中格林纳达岛南北长34公里，东西最宽处为19公里，面积约310平方公里，整个岛屿平面呈石榴状仰卧于加

勒比海之中。格林纳达总人口约11万（1982年统计），其中黑人占80%，混血人种占15%，其余为加勒比印第安人和白人。格林纳达通用英语，另外还有一种法语和当地土语相混合的独特方言。大多数居民信奉天主教和基督教。首都为位于格林纳达岛西南海滨的圣乔治，人口约1.2万，是一个天然良港。格林纳达岛多山，全岛地势由中部向四周逐渐低平。岛上气候宜人，年平均气温24C，多雨，年降水量为1900毫米。格林纳达半数以上人口从事农业，主要农产品为肉豆蔻等香料作物，故有"香料岛"之称。工业极为落后，仅有十来家制作饮料、香烟和服装等的小工厂。旅游业较发达，为国民经济的支柱产业之一。

格林纳达最初由哥伦布于1498年8月15日在其第三次美洲之行中被发现，当时被命名为康塞浦森岛。随后，西班牙人开始在该岛建立殖民地，并从非洲运来大批黑奴。1608年，英国试图在该岛移民，但未成功。1650年，法国政府从法商手中购得此岛。1763年，英国依据凡尔赛条约从法国手里割占了该岛，此后，一直统治该岛达200余年，直到1974年格林纳达宣

布独立。

格林纳达地方虽小，但其战略地位十分重要。格林纳达位于加勒比海东部的小安的列斯群岛南端，西濒加勒比海，与巴拿马运河遥遥相对，东临大西洋，扼加勒比海出入大西洋的东部门户，历来为兵家必争之地。

格林纳达独立后，成为英联邦成员国，由统一工党执政。以埃利克·盖里为总理的统一工党政府奉行亲西方和亲美的政策，引起了在野党"新宝石运动"的不满。"新宝石运动"又称"争取福利、教育和解放的联合进军"运动，成立于1972年，由格林纳达亲苏联和古巴的人士组成，主张"恢复一切民主和自由"，举行"自由和公正的选举"，实行"经济革命化"，建立"人民参政的国家"，走社会主义道路。该运动于1979年3月13日发动政变，推翻了盖里政府，成立了以莫里斯·毕晓普为总理的新政府。毕晓普政府成立后，在外交上奉行向前联和古巴"一边倒"的政策。大量接收苏联和古巴的经济和军事援助，成立"人民革命军"和民兵队伍；由古巴派出工程部队在岛上修建新的"旅游机场"，其主跑道长达3000米。美国认为"格

林纳达已经成为前苏联和古巴的殖民地，用来作为输出恐怖行动和颠覆民主的基地"（里根总统语）。如果格林纳达被苏古完全控制，由格林纳达、古巴和尼加拉瓜三国的机场构成的"铁三角"，将使作为美国传统"后院"的中美洲加勒比海地区处于苏、古作战飞机的威胁之下，美国海上运输线的畅通和本土的安全将受到严重威胁。格林纳达有成为"第二个古巴的危险"。由此，美国便不断向毕晓普政府施加压力，处心积虑地试图推翻格林纳达的亲苏古政权，将其纳入"民主"国家之列。随着格林纳达形势的发展，格实质上已逐渐成为美苏争霸和美古矛盾的一个斗争焦点。

迫于美国的压力，毕晓普政府开始采取措施缓和与美国和其他西方国家的紧张关系。1983年6月7日，毕晓普还亲自访问美国，并与美国达成了一项"谅解"。但是，毕晓普的上述行动引起了政府内部以副总理科尔德和政府军司令奥斯汀为首的亲苏古"强硬派"的激烈反对，并且前苏联和古巴对此也耿耿于怀。10月13日，强硬派突然发动政变，将毕晓普软禁起来。19日，数千群众在首都圣乔治游行支持毕晓普，

并将毕晓普解救出来，随之，这些人与政变者发生冲突，毕晓普又重新落到政变者手中，当天便被秘密处决。20日，军方接管政权，并成立了以奥斯汀为首的"革命军事委员会"，格政权落入亲苏古的强硬派手中。

政变"使里根政府有了它所需要的派遣海军陆战队的借口：由于格林纳达成立新政权，居住在该岛的上千名美国人遇到了危险。"加之惧于苏、古、格"输出革命"的东加勒比组织于21日开会，要求美国出兵格林纳达，22日，美国副总统布什便召开国家安全委员会计划小组会议，初步决定出兵。24日，美国总统里根再次召开国家安全委员会计划小组会议，正式决定出兵。当时的美国国防部长温伯格在其回忆录《为和平而战》中宣称，美国是为"……救出在那里（格林纳达）的美国人，使他们不至于被抓起来当做人质，避免再次出现1979年在伊朗所发生的那种事。"应加勒比各国的"紧急要求"而决定出兵的。上述情况表明，格林纳达10月政变给美国入侵提供了契机，成为美国入侵格林纳达战争的导火索。

美国的战略企图和作战计划

美国的战略企图为：以解救美国在格林纳达的侨民为借口，集中优势兵力，速战速决，推翻政变政权，扶植亲美新政府，同时慑服其他中美洲国家亲苏古的政治势力，以对抗苏联和古巴在中美洲"渗透"和"扩张"。

为实现这一企图，美国参谋长联席会议制订了详细的作战方案。据温伯格在其回忆录中透露，最初制订的方案主要内容是：海军陆战队将在珍珠机场附近的贸易港口的东北部登陆，而突击队将空降到格林纳达西南部的萨林斯机场，这两支部队会合后，迅速向北，向西行进，去营救美国学生，然后，与特种部队一道救出总督，占领电台，释放关押在鲁帕特要塞和里奇蒙山的其他政治犯。方案制订好后，参谋长联席会议又根据总统、国防部长等人的指示，以及侦察得来的情报对方案作了进一步的补充、修改。至24日晚6时，里根总统签署命令，入侵格林纳达的方案被批准实施，行动代号为"暴怒"。

美军入侵行动的总指挥是坐镇于华盛顿的大西洋舰队司令威廉·麦克唐纳海军上将；第二舰队司令约瑟夫·麦特卡夫海军中

将为战场指挥官。美军先后投入的主要作战兵力为：各型舰船15艘，主要包括航空母舰1艘（关岛号，排水量7.8万吨，载机85架）、导弹巡洋舰1艘、导弹驱逐舰1艘，驱逐舰2艘，以及包括1.83万吨的两栖攻击舰"关岛号"在内的两栖舰船5艘；各型陆基与舰载飞机和直升飞机共230架；地面部队主要包括陆军第八十二空降师1个旅部率4个营（5000人）、特种部队第七十五团2个营（700人）、海军陆战队1个加强营（1900人）等。上述部队均来自美"快速部署部队"。另外，巴巴多斯、牙买加、圣文森特、圣卢西亚、多米尼加和安提瓜等六国还派出396人的分遣队配合美军行动，这支分遣队实质上是一支警察部队。

战争爆发前，"独立"号航空母舰编队和"关岛"号两栖攻击舰编队已于10月23日到达格林纳达周围海域，并在格岛周围建立了半径为50海里的海空封锁区，对格林纳达实施全面封锁。24日，美军又将部分陆军别动队员和武器装备运往距格岛只有250公里的巴巴多斯。同日，配合美军行动的加勒比国家的部队也集结于巴巴多斯。与此同时，美国本土的参战部队也进入临战状态。

格林纳达守军计有：格政府军2个步兵营、1个野炮连、1个高炮连，共约2000人，主要装备步兵轻武器，包括冲锋枪、机枪、火箭筒、120毫米迫击炮、23毫米双联高炮等，另外还有少量苏制BTR—60型装甲输送车，没有海空军，也没有坦克、大口径火炮等重武器；格方民兵约2000人；不过，格林纳达还有负责在格修建机场的一个约700人的古巴工兵营，据美方在战后发表的缴获的花名册透露，在格林纳达的该营内含2个步兵连、1个迫击炮连和1个机枪连，由托尔托洛上校指挥。据美方实战体验，这部分古巴人的战斗力颇强。

格政府军部队主力部署于首都圣乔治周围以及格岛西南海岸地区，一部部署于珍珠机场，格方的2000民兵多分散部署。古巴工兵营则主要部署于萨林斯机场及其附近地区，以及从该机场到首都的公路线上。

1983年10月25日拂晓，随着格林纳达珍珠机场的第一声爆炸，美国入侵格林纳达战争正式爆发。战争历时共8天，大体上可分为2个阶段。

第一阶段（10月25日～28

日）：南北对进，控制要点

25日晨4时30分，美军舰载航空兵对珍珠机场实施航空火力准备。5时，来自84—1陆战队两栖戒备大队的400名海军陆战队，从集结于珍珠机场以东水域的"关岛"号两栖攻击舰搭乘直升机，直接在珍珠机场跑道上垂直登陆，接着，后续部队约800人分别搭乘直升机和登陆艇登陆。美军在珍珠机场只受到少量敌军的轻微抵抗。经2小时战斗，美军便完全控制了珍珠机场。然后，美军继续向机场附近敌据点进攻，占领了格伦维尔。美军在这一方向上的战斗行动十分顺利，基本上是按原计划进行的。

但是，美军在格岛西南方向的行动却比预计的要困难得多。

在攻击珍珠机场的同时，美陆军特种部队第七十五团2个别动营约700人，分乘18架C—130型运输机，在AC—130E型武装运输机的掩护下，从低空掠过加勒比海，扑向格林纳达，准备在格岛西南端的萨林斯机场实施伞降。在飞机到达目标之前，机上别动队指挥官获悉机场及其附近高地配有大量防空武器，于是决定跳伞高度由原计划的1200英尺（约366米）降至500英尺（约152

米），以减少伞降时的损失，这将是二战后美军最低跳伞高度。伞降前，从"独立"号航空母舰起飞的A—6和A—7型舰载攻击机对机场守敌实施了航空火力准备，5时36分，伞兵乘坐的运输机到达萨林斯机场上空，并立刻开始伞降。地面火力非常强，以至第一连美军跳伞后，伞降活动不得不暂时中止。AC—130E飞机被召来压制敌防空火力，15分钟后，伞降活动才得以继续进行。在伞降过程中，机场守军对空火力基本上没有中断，美军部分伞兵伤亡，许多降落伞上弹洞累累。别动队员着陆后，立即投入地面交战，经过激战，美军于7时15分控制了机场。此时，机场周围格方抵抗力量还比较强，机场上美军不断遭到火力袭击。美军别动队队员冒着密集的狙击火力清除机场跑道，同时向机场周围的格方抵抗力量进攻，占领了位于机场附近的圣乔治医学院校园，以"保护"那里的大约500多名美国学生。下午2时，后续部队第八十二空降师2个营和多国警察部队共约1500人陆续到达，并立即投入战斗。美军在航空火力支援下，继续打击机场附近的抵抗力量，巩固了机场，占领了弗里昆特。随后，除留多国警察部队保卫机场以外，主力兵分两路：一路向北，沿滨海公路向首都圣乔治方向发起进攻；另一路东进，经特鲁布卢、圣乔治医学院，向卡尔维尼格兵营方向发起进攻。

在萨林斯机场激战的同时，美军"海豹"部队的一个11人小组顺利伞降于位于圣乔治的总督官邸，营救斯库恩总督。但当队员准备携总督一家撤离时，3辆古巴人操纵的BTR—60装甲车将总督一家连同美军"海豹"小组成员一起包围在总督官邸内。为解救被围的总督，同时为配合南路美军迅速攻占圣乔治，麦特卡夫将军调整了作战计划：珍珠机场方向美军不再从陆路向圣乔治进攻，而是改走海路。为此，除部分海军陆战队员留在珍珠机场方向担负警卫任务外，其余240名海军陆战队员返回"关岛号"，并乘该舰从格岛北面迅速绕到格岛西海岸圣乔治以北约1公里处的大马尔湾附近海域。19时30分，陆战队员乘登陆艇登陆，随同登陆的还有坦克和装甲车共18辆。登陆后，经12小时的通宵战斗，歼灭了包围总督府之敌，救出了总督及"海豹"小组成员。

经过25日1天的激战，美军夺取了两个对战争具有决定意义的机场，在圣乔治以北开辟了新的战场，从而与萨林斯机场方向的美军形成了从南北两路对格首都实施夹击的有利态势。

鉴于格方抵抗比预料的要强得多，为达到速战速决的目的，美军又紧急从国内增调部队和作战物资，至26日，美军在格林纳达的地面部队总数已达6000余人，形成了3倍于格军的优势。西部美军继续以优势兵力南北对进，逐个攻击沿途格方据点，向首都圣乔治逼近，东路美军则向卡尔维尼格兵营攻击前进。26日，陆战队攻占格军司令部所在地弗雷德里克堡。27日，陆战队占领卢卡斯堡和军事要地里奇蒙山监狱；东路美军在卡尔维尼格兵营遇到激烈抵抗，经苦战，攻占了该兵营，缴获了大量武器和文件。28日，美军南北两路终于会师圣乔治，完成了对格首都的占领。至此，美军完成了对格岛要点的控制，整个入侵行动的主要战斗结束。格军溃散，零散武装人员退往北部和中部山区，继续抵抗。参战的古巴人一部分伤亡，大部分被俘。

第二阶段（10月20日～11月2日）：清剿残敌，巩固胜利

针对格方残余抵抗力量孤立

世界通史

最新整理图文珍藏版

分散，隐藏地形复杂等情况，美军化整为零，以连排为单位，空地配合，清剿残敌，搜捕政变主要领导人。

10月29日，美军在圣乔治郊区抓获政变主要领导人之一前副总理科尔德。30日，前"革命军事委员会"主席奥斯汀被俘。11月1日，"关岛"号两栖攻击舰编队奉命驶抵格岛以北32公里的卡里亚库岛，搜索残敌。登陆兵力共2个连（300人），其中1个连乘20架直升机在该岛首府哈维以北的野战机场垂直登陆，另一个连乘13辆登陆车在哈维以西的海湾登陆，登陆人员经7小时搜索，俘获15名格军，并发现一军火库，别无其他收获，于是便返舰离岛。

至11月2日，美军顺利完成了清剿任务。残敌基本被肃清，缴获了大量武器弹药和文件，美军完全控制了格林纳达，战争遂告结束。战争结果，美军仅18人阵亡，90人受伤，损失直升机10余架。格军亡40余人，被俘15人，其余逃散。古巴人亡69人，伤56人，被俘者达642人。

美方战略指导和战术运用的特点

美国入侵格林纳达战争是一场"一边倒"的战争。美军在战争过程中始终掌握着主动权，并最终以很小代价，在短时间内就完成了对格林纳达的占领，达成了战略目的；而格林纳达方面则处处被动、处处挨打，8天之内就落得个丧权辱国的局面。之所如此，究其原因，除了双方武器装备数质量差距巨大；国力对比悬殊；格林纳达国土太小，无持久作战的回旋余地；格又是个岛国，远离前苏联和古巴，外援易被断绝等方面原因外，美方正确的战略指导和战术运用对美国这次军事行动的成功也起了极为重要作用。

从战略指导和战术运用上看，美方主要有以下几个特点：

1. 预有准备，未雨绸缪

面对苏联和古巴在中美洲的挑战，美国早就有必要时在这一地区进行武装干涉的准备。长期以来，美国利用侦察卫星、高空侦察机一直保持着对这一地区，尤其是其中亲苏联、古巴的国家的严密监视。美国在80年代初建立的"快速部署部队"的一个重要作战方向就是这一地区，这支部队对这一地区的行动不但有预案，而且还通过训练和演习等手段不断完善作战方案。对格林纳达，美军早在1981年就在波多黎各的韦克斯岛举行过侵格模拟演习。从古巴工兵营进驻格林纳达修建机场的那刻起，美国就通过侦察卫星监视施工进度，同时派出地面特工人员前往该国收集地理、水文和军事部署等方面情报，为尔后可能的军事行动作准备。据外电报道，入侵前9周，美国陆军特种部队和海军陆战队部分人员还进行了为期9周的针对格林纳达作战的专门演习。10月20日，即毕晓普被暗杀的第二天，美国国防部长温伯格在美国总统尚未作出出兵决定之前，就同意了参谋长联席会议主席维西上将的建议，命令"独立号"航空母舰以及去黎巴嫩接防美军的海军陆战队补充舰队改航朝南行进，到格林纳达附近随机待命。所有上述行动，都为美军适时出兵并夺取胜利打下了良好的基础。

2. 抓住时机，果断出兵

美国入侵格林纳达是蓄谋已久的，但一直苦于没有恰当的时机下手。格林纳达的10月政变给美国提供了难逢的良机。因为格政变使全国处于一片混乱状态，军心不稳，人心涣散，新政权一时难以在全国建立威信，恢复秩序。此时入侵，易收事半功倍之效。另外，格林纳达的内乱还给美国提供了入侵的借口："救出那

里的美国学生。"于是，美国在毕晓普被处决的第二天便命令军队处于战备状态，第四天就正式作出出兵决定，第六天出兵。否则，如果美国出兵太晚，一旦格林纳达国家局势稳定下来，前苏联和古巴与新政权的联系进一步加深，美国再出兵就困难了。

3. 突然袭击，速战速决

越南战争的失败给美国的主要教训之一就是采用战争手段必须力争做到速战速决。在这次侵格战争中，美国仅用4天就完成了主要战斗任务，8天之内结束了战争，全面控制了格林纳达。美方为了能达成速决，主要采取了以下两项措施：一是集中了绝对优势的兵力兵器；二是力争达成突然性。在集中兵力方面，美军先后投入的兵力对格方形成了9：1之优势，美格双方舰船之比为15：0，各型军用飞机之比为230：0。为了达成战争的突然性，美方主要作了以下努力：1. 利用苏军击落南朝鲜客机事件、驻黎巴嫩美海军陆战队被炸事件，转移国际社会的注意力；2. 进行新闻封锁，禁止记者随入侵部队采访；3. 打着与加勒比海多国警察部队进行"联合演习"的幌子，隐蔽集结兵力；4. 利用拂晓，从多方向对格古兵力密集

区突然发动进攻。另外，原计划调往黎巴嫩的舰艇编队在接到转航格林纳达的命令并执行以前的行动，客观上也起到了转移视线的作用。所有上述行动都为美军达成速决提供了有力保障。

4. 多种战法配合，充分发挥高技术装备威力

美军是一支装备高度现代化的军队。为充分发挥技术装备的优势，美军针对格林纳达是个岛国，四面环海，境内多山，格古军队部署比较分散等实际情况，在作战中，十分强调各军兵种的密切协同；在登陆作战时，以垂直登陆为主，广泛采用伞降和机降等手段，从多方向迅速登陆，歼灭守军主力，并向纵深发展；在控制要点作战和清剿作战中，广泛进行空中机动作战，避开不利地形，歼灭孤立分散之敌，加速了战争进程。

苏联解体

历史回放

1991 年 12 月 25 日晚 7 时左右，往年这是一个美妙的圣诞节，人们应该在暖暖的炉火旁品尝着欢声笑语。但今天莫斯科市民却

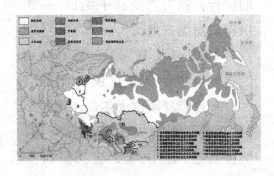
苏联地图

冒着凛冽的寒风赶到隆冬中的红场，随之而来的还有大批的外地人。戈尔巴乔夫今晚 7 时左右将要发表辞职演说——这是莫斯科电视台在前一天预报的。这意味着，克里姆林宫上空飘扬多年的旗帜将要更换。人们希望自己能见证这一历史时刻。

有些人围在一起，用收音机收听戈尔巴乔夫的演讲，那么认真、投入；有些人面红耳赤地争论着，寒冷的空气在他们的争吵中逐渐升温；有些人举着苏联国旗，高声地喊着"苏联万岁"；有些人庄重地站在那里，凝望着暮色中飘动的苏维埃社会主义共和国联盟国旗……

"怎么能没有联盟呢？一个大国分裂成 15 个国家，就不是什么大国了。"一对来自乌克兰的老年夫妇叹息道。

"换旗是理所当然的，苏联已

经不存在了。"几名女青年说。

"挂什么旗都可以，只要有吃的就行，我有六个孩子啊！"一位中年妇女无奈地说。

"俄罗斯又复兴了，就看叶利钦有没有办法制止饥民造反了！"一位来自雅罗斯拉夫尔的工人说。

"戈尔巴乔夫辞职倒无所谓，但换旗是一件大事，应当举行一个隆重的仪式，毕竟这面旗帜已经在克里姆林宫飘扬几十年了。我从小就是在这面旗帜下长大的，我一直都认为自己是苏联人，可现在他们突然决定我不是苏联人了！我的祖国改变了，这么大的事一定要隆重些才行！"来自萨拉托夫的一位青年工人说。

"我倒觉得举不举行仪式无所谓，关键是给我们做点实事，不要总是说空话就行了！"另外一个工人回应道。

7 时 25 分，躁动的人群安静下来了，戈尔巴乔夫的讲话已经结束。透过暮色望去，一个人影出现在苏联总统府的屋顶上。人们寂静无声，都屏住呼吸静静地看着那个模糊的身影。

7 时 32 分，陪伴了人们几十年的镰刀锤子旗徐徐下降，有的人呆呆地看着，有的人露出了笑容，有的人充满了祈盼，有的人

戈尔巴乔夫像

发出了啜泣声……

7 时 45 分，一面三色的俄罗斯联邦国旗缓缓升起，克里姆林宫有了新的旗帜。莫斯科的夜空开始飘起了雪花，有人离开了广场，有人又赶到了广场，但人们都已经意识到：苏联从地图上消失了。

走向解体

1985 年，戈尔巴乔夫走上了苏联政治的前台。让人意想不到的是，他随即推行了一条背离马克思主义的政治路线。1990 年苏共二月全会以后，受西方国家的影响，他提倡实行"人道的民主的社会主义"，鼓吹"民主化、公

开性、多元化”，并主张多党制，甚至放弃了党对国家政权的领导。他这种不计后果的做法，在苏联国内引起了极大的恐慌，人们不知道国家将会朝哪个方向发展，不知道自己的未来会变成什么样子，甚至动摇了对社会主义制度的信仰……整个国家陷入了恐慌之中，人民不知道将何去何从，而那些政客们不是想着如何去拯救苏联这条飘摇不定的巨轮，而是想着如何逃生，如何保证自己的利益……

于是，苏联全国上下思想上的混乱，导致了政治上的危机，经济危机也随之而来，苏联这艘巨轮似乎真的要沉了。

1990 年 3 月 11 日，立陶宛宣布独立，不再依托苏联；拉脱维亚和爱沙尼亚随后也宣布独立，脱离苏联；紧接着，摩尔多瓦和亚美尼亚宣布脱离苏联……10 月底，格鲁吉亚共产党在竞选中失败，反对派“自由格鲁吉亚圆桌会议”发表了独立宣言，希望国际社会给予支持；而另一些加盟共和国如俄罗斯联邦、白俄罗斯、乌克兰等，虽然没有宣布独立，但却发表了“主权宣言”，声称本共和国的法律“至高无上”，并颁布了与联盟宪法相悖的法律，公然对抗苏联总统的命令，实际上与苏联已是貌合神离。

8·19 事件

为了保住逐步走向解体的苏联，1991 年 5 月，戈尔巴乔夫和十五个加盟共和国领导人达成协议，同意组成“新苏联”。1991 年 8 月 14 日，苏联公布了新联盟条约文本，苏维埃社会主义共和国联盟将改名为“苏维埃主权共和国联盟”，简称仍为苏联。新联盟条约的签署工作预定在 8 月 20 日开始。

就在新联盟条约签署的前一天，即 8 月 19 日，清晨六点钟时，苏联副总统亚纳耶夫突然发布命令宣布，鉴于苏联总统戈尔巴乔夫健康状况已不能履行总统职务，根据苏联宪法，他本人即日起履行总统职务。亚纳耶夫同时宣布，成立由 8 人组成的苏联“国家紧

在辞职书上签字的戈尔巴乔夫

在坦克上发表演说的叶利钦

急状态委员会"，在苏联部分地区实施为期 6 个月的紧急状态。在此期间，国家全部权力移交给苏联国家紧急状态委员会行使。

苏联国家紧急状态委员会发表《告苏联人民书》说，戈尔巴乔夫倡导的改革政策已经"走入死胡同"，"苏联国家和人民的命运处在极其危险的严重时刻"，呼吁苏联公民支持该委员会使国家摆脱危机的努力。此时正在黑海海滨克里米亚半岛休养的戈尔巴乔夫被软禁在别墅里，他同莫斯

在克里姆林宫附近的坦克上玩耍的孩子们

科的联系完全中断。

苏联解体

8·19 事件发生后，莫斯科市进入紧急状态，坦克和军队开始出现在莫斯科街头。莫斯科市民表现得比较平静，人们照常上班工作，似乎已默认了这种变更。但时任俄罗斯联邦总统的叶利钦立即跳到议会大厦前的坦克上发表演讲，指责紧急状态委员会要恢复苏联的政治铁幕统治，并号召群众进行总罢工。

紧急状态委员会过于谨慎，纵容了反对言论的传播，议会大厦成了叶利钦的表演舞台。20 日晚，议会大厦前聚集了数万示威群众，甚至有人构筑了堡垒，要誓死保卫议会。21 日下午，苏联国防部命令军队撤回驻地，国家紧急状态委员会领导人放弃了行动。

21 日晚 8 点，戈尔巴乔夫发表声明，强调他已完全控制了局势，并恢复了曾一度中断的与全国的联系，并称将于近日内重新行使他的总统职权。

然而刚到 24 日，戈尔巴乔夫就宣布辞去他的苏共总书记职务，并建议苏共中央"自行解散"。8 月 29 日，苏联最高苏维埃通过决议："暂停苏共在苏联全境内活

世界通史

最新整理图文珍藏版

苏联国旗与俄罗斯国旗

动"。

随后，宣布独立的浪潮开始兴起。截至 9 月底，宣布独立的加盟共和国已达到 12 个。1991 年 12 月 1 日，第二大加盟共和国乌克兰宣布独立，1991 年 12 月 8 日俄罗斯、白俄罗斯、乌克兰宣布成立独立国家联合体。同时宣称，苏维埃社会主义共和国联盟"已不存在"。1991 年 12 月 21 日，俄罗斯等 11 个独立国家领导人在哈萨克斯坦首都阿拉木图举行独立国家首脑会议，正式宣告建立独立国家联合体。

1991 年 12 月 25 日，在克里姆林宫上空飘扬了七十余年之久的苏联国旗缓缓降下。世界上第一个社会主义国家从此在地图上消失了。

加利就任第六届联合国秘书长

1992 年 1 月 2 日，原埃及副总理兼移民部长布特罗斯·加利接替佩雷斯·德奎利亚尔，成为联合国第六任秘书长。这是自联合国成立以来，第一次由非洲人和阿拉伯人担任这一职务。

第六届联合国秘书长加利

加利于 1922 年出生在一个科普特人家庭。祖父在 20 世纪初曾任埃及首相，父辈中也出过外交大臣、农业大臣等高级官员。1949 年加利毕业于法国巴黎大学，获法学博士学位。毕业后做了近 30 年的国际法教授。1977 年，加利被埃及总统萨达特选入内阁后任代理外长和外交国务部长。
1978年，加利陪同萨达特总统对
以色列进行访问，他在后来埃以
谈判签署戴维营和平协议过程中
发挥了重要作用。1979年至1982
年，加利参加了埃、以、美有关
巴勒斯坦人自治的会谈。穆巴拉
克执政后，加利继续任埃及外交
国务部长。1990年3月，他被提
升为掌管外交事务的副总理。加
利经常以部长身份出访非洲及拉
美的第三世界国家，为埃及和这
些国家的关系架桥铺路，在非洲
有"埃及飞行大使"之称。1992
年1月，加利出任联合国第六任
秘书长。在联合国6种工作语言
中，加利能流利地使用英、法、
阿拉伯3种语言，这在历任秘书
长中也是头一个。

前苏比克海军基地

美军撤出苏比克海军基地

　　1992年11月24日，美军从
菲律宾苏比克海军基地撤军，从
而结束了美国军事力量在菲律宾
将近一个世纪的存在。

　　苏比克海军基地是美国在海
外最大的海军基地。该基地位于
菲律宾马尼拉市以西的苏比克湾。
从20世纪50年代初，菲律宾与美

国缔结了《共同防御条约》和
《军事基地协定》，从此美军就驻
守在菲律宾苏比克海军基地。冷
战结束后，它的战略地位有所下
降，同时菲律宾人民民族情绪高
涨，要求收回该基地。1992年11
月24日，苏比克海军基地正式被
移交给菲律宾。1993年，当时的
菲总统拉莫斯将其开辟为自由港。

日本正式向海外派兵

　　1992年6月9日、15日，日
本参、众两院分别通过了允许向
海外派兵的法案。20世纪90年代
以来，日本一直在谋求突破传统
"专守防卫"的自卫队体制，力图
摆脱宪法第9条的"不战"约束。
1991年4月24日，在美国总统布
什的邀请下，日本政府绕开国会，
以政府令形式决定向海湾派遣扫

雷艇，协助多国部队作业。这虽然不是参加战争，但实际上是日本战后第一次向海外派兵。

日本驻东帝汶维和部队

1992 年 6 月 9 日和 15 日，日本分别在参众两院强行通过了"联合国维持和平活动合作法案"。法案规定日本自卫队可以以自卫队员的身份，携带武器装备以部队的形式参加联合国的维持和平活动，而且在人身生命受到威胁时可以用武器进行自卫。法案于 1992 年 8 月 10 日生效。同年 9 月 23 日，日本向柬埔寨首次派出自卫队，日本自卫队在柬期间完成了修路、架桥等任务后，于 1993 年 4 月 10 日撤回国内。1993 年 5 月 11 日，日本又向莫桑比克派出一个运输中队的"国际和平合作队"。这一系列行动标志着日本战后以来的防卫政策框架被突破了。日本越来越大胆地在国际军事领域中充当参与者。

克林顿当选美国第 42 任总统

1992 年底，民主党人克林顿在美国总统大选中以压倒多数的选票获胜，当选为美国第 42 任总统。

克林顿于 1946 年 8 月 19 日出生于美国南方阿肯色州。1976 年，克林顿通过竞选担任阿肯色州首席检察官。1978 年，32 岁的克林顿被选为这个州的州长，成为当时美国最年轻的州长。1982 年至 1992 年他又连续 5 次担任阿肯色州州长。1990 年，克林顿被选为

美国第 42 任总统克林顿

民主党最高委员会主席。1992 年 11 月 3 日，克林顿在大选中击败前任总统布什，当选为美国第 42 任总统，从而结束了共和党人连续 12 年的统治。1996 年他再次当选美国总统。1998 年 6 月 25 日至 7 月 3 日，克林顿对中国进行了国事访问。他是第 5 位在任时访华的美国总统。访问期间，克林顿提出美国不支持"两个中国"或"一中一台"，不支持台湾独立，不支持台湾以主权国家身份参加国际组织的"三不"政策。

《禁止化学武器公约》签订

化学武器是一种大规模杀伤性武器。1993 年 1 月 13 日，世界 120 多个国家在巴黎联合国教科文组织总部召开了《禁止发展、生产、储存和使用化学武器及销毁此种武器的公约》的（简称《禁止化学武器公约》）签约大会，其中大多数国家在公约上签了字。中国外长钱其琛代表中国政府在公约上签了字。

公约规定任何缔约国不得发展、生产、储存和使用化学武器；任何拥有化学武器的国家应在 10 年之内全部销毁其所拥有的化学武器及其生产设施；缔约国应负责销毁其遗留在另一国领土上的所有化学武器。该公约是迄今为止世界上第一个多边裁军协议，公约的达成使人类朝着无化学武器世界发展的目标迈出了重要的一步。

纽约市民反化学武器游行

欧洲军团成立

1993 年 11 月 5 日，在德国科尔总理和法国密特朗总统的大力推动下，由法国、德国和比利时 3 国创建的欧洲军团宣告成立，其总部设在法国东部的斯特拉斯堡。

欧洲军团的成立，表明欧洲有了第一支统一指挥的武装力量。在欧洲军团成立前，整个欧洲仅有一个没有实际权力的联合组织——西欧联盟，这个机构只能在

装备精良的欧洲军团

各国防务政策方面发挥某种协调作用。当时欧洲一体化进程正在加紧推进，实现欧洲政治联盟，使欧共体在欧洲防务安全方面有所作为，必然需要一支可以自行指挥调遣的武装部队，面对欧洲的动荡局面，西欧联盟就显得难有作为。欧洲军团的成立，弥补了这一空白。欧洲军团计划明确提出，其使命是充当西欧联盟的防卫部队，一旦发生危机，其成员国将参加人道主义行动和维持和平行动。欧洲军团成立前负责欧洲安全的是以美国为首的北约组织。

莫斯科"十月事件"

1993 年 9 月 21 日晚，叶利钦总统突然在俄电视台发表告俄罗斯人民书，宣布终止俄罗斯人民代表大会和现届最高苏维埃，同时宣布将于 12 月 12 日举行国家新的立法权力机构——联邦会议选举。与此同时，俄罗斯最高苏维埃也于当晚在俄议会大厦举行紧急会议，宣布停止叶利钦的俄联邦总统职务，同时决定由副总统鲁茨科伊接替。一时间，克里姆林宫和议会大厦中的两位总统形成对峙局面，俄"双重权力"危机达到了白热化。对叶利钦总统作出解散议会的决定，以切尔诺梅尔金为首的俄政府表示坚决支持，俄国防部也宣布"不服从已解散的最高苏维埃"。但俄宪法法院通过决议，认定叶利钦总统解散议会的命令和告人民书"违反宪法"，俄总检察长斯捷潘科夫也表示支持议会。10 月 3 日，叶利钦总统下达攻打俄议会大厦的命令。政府军同忠于议会的战斗队进行了长达 10 个小时的激战。最

叶利钦总统发表告俄罗斯人民书

后，议长哈斯布拉托夫和"代总统"鲁茨科伊等人被捕入狱。至此，长达70余年的苏维埃议会制度不复存在。

"十月事件"后，叶利钦总统对新宪法草案做了重大修改，进一步扩大了总统的权力和联邦中央政府的权力。在12月12日新议会选举的同时就新宪法草案举行全民公决，在全民公决中，叶利钦总统提出的"总统制"新宪法顺利通过。

斯里兰卡总统普雷马达萨

斯里兰卡总统普雷马达萨遇刺身亡

1993年5月1日，斯里兰卡总统普雷马达萨在由统一国民党组织的庆祝五一劳动节游行途中遇爆炸身亡，终年69岁。五一节中午11时30分，普雷马达萨带领群众游行队伍行进到科伦坡阿姆奥街，突然一名青年骑车向他冲来。普雷马达萨总统的助手和保镖上前阻拦，就在这时，那名青年拉响了绑在他身上的炸药。总统和他的同事、保镖约25人一同丧生。斯里兰卡长时期来存在着严重的种族冲突，泰米尔猛虎组织不断袭击政府军，并频繁进行恐怖主义活动。普雷马达萨总统生前拒不接受该组织提出的单方面停火协议，并对其进行军事围剿，要求其无条件放下武器后进行谈判。双方矛盾十分尖锐。警方调查宣布，炸死总统的凶犯名叫韦拉库尔，化名巴布，他是泰米尔猛虎组织成员。

巴以签署和平协议

1993年9月13日，以色列和巴勒斯坦及解放组织签署和平协议。全世界观看了这样的历史性镜头：在美国白宫草坪上，在笑容可掬的克林顿总统主持下，以色列外长佩雷斯与巴解组织执委会成员阿巴斯分别代表以色列和巴解组织在《巴勒斯坦人首先在加沙和杰里科实行自治的原则宣言》上签字。随后在一片热烈的掌声中，在过去几十年间相互视为仇敌的巴解主席阿拉法特和以色列总理拉宾握住了对方伸出的手……此前的9月9日巴解和以色列已宣布互相承认对方的存在。此后的9月16日，巴解宣布结束对以色列的敌对状态。

巴勒斯坦问题是阿以问题的核心。1948年，根据1947年联合国通过的181号分治决议，在巴勒斯坦的70万犹太人建立了以色列国，阿拉伯人强烈反对分治决议和犹太复国主义。1949年，联大又通过对耶路撒冷实行国际托管的决议。从此，历史上两个饱受压迫的民族开始了旷日持久的激烈冲突，双方先后进行过5次

连日的暴雨使密西西比河洪水漫过堤岸，淹没房屋。

大规模战争，积怨甚深。

巴以和平协议的签署具有重要历史意义，它不仅标志着巴勒斯坦人与犹太人开始结束近百年来的敌对，准备走向和解，而且还打开了解决整个中东问题的锁。

俄军大举进攻车臣

1994年12月11日，俄国防部和内务部出动4万大军，在飞机、坦克、火炮的掩护下，分3路向车臣全境发起大举进攻，从而开始了自苏军入侵阿富汗以来俄军所采取的最大规模的军事行动。

俄军坦克开进车臣

车臣是俄罗斯联邦下属的21个自治共和国之一，位于俄罗斯南

第四编 世界现代史

最新整理图文珍藏版

部大高加索山脉以北地区，人口约 32 万，面积仅为 1.7 万平方千米。1936 年车臣与印古什两自治州合并而成自治共和国，二次大战中被解散，1957 年又重建。1991 年，曾任苏联空军重型轰炸机师少将师长的杜达耶夫趁"8·19 事件"爆发之机，发动兵变，自任总统，并宣布车臣脱离俄联邦独立。为了遏制杜达耶夫的分离倾向，1994 年俄当局出兵向车臣发起大举进攻。俄当局一开始对速战速决充满了盲目自信。当时的国防部长格拉乔夫甚至声称，"俄军可在几天内拿下车臣首府格罗兹尼"。实际上，这场战争打了两年，最终以失败告终。在长达 20 个月的车臣战争中，共有 8 万人丧命，24 万人伤残，近百万人沦为难民，耗资数十亿美元。其中，俄军 2941 名官兵阵亡，1.78 万名受伤。

世界贸易组织成立

1995 年 1 月 1 日，关贸总协定的继承组织——世界贸易组织（简称 WTO）——在日内瓦成立。

建立世界贸易组织的设想是在 1944 年 7 月举行的布雷顿森林会议上提出的，当时的设想是成立一个"货币—金融—贸易"三位一体的国际性贸易组织。1947 年联合国贸易及就业会议签署的《哈瓦那宪章》同意成立世界贸易组织，由于美国反对，世贸组织未能成立。同年，美国发起拟订了关贸总协定，作为推行贸易自由化的临时契约。1986 年关贸总协定乌拉圭回合谈判启动后，欧共体和加拿大于 1990 年分别正式提出成立世贸组织议案。1994 年 4 月在摩洛哥马拉喀什举行的关贸总协定部长级会议正式决定成立世界贸易组织。

世界贸易组织是处理国际贸易全球规则的惟一国际组织。其宗旨是促进经济和贸易发展，以提高生活水平、保证充分就业、保障实际收入和有效需求的增长，根据可持续发展的目标合理利用世界资源、扩大货物和服务的生产；达成互惠互利的协议，大幅

WTO 素有"经济联合国"之称

度削减和取消关税及其他贸易壁垒并消除国际贸易中的歧视待遇。实际上这些宗旨有些并未实现。世界贸易组织的最高决策权力机构是部长会议，每两年召开一次会议。部长会议下设总理事会和秘书处，负责世贸组织日常会议和工作。截至 1999 年 10 月底，加入 WTO 成员国有 134 个。

以色列总理拉宾遇刺

1995 年 11 月 4 日，以色列总理兼国防部长拉宾在参加特拉维夫一个有 10 万人参加的和平集会后遭一名犹太极右组织成员刺杀，经抢救无效身亡，终年 73 岁。拉宾是以色列建国后第一位被国内反对派势力暗杀的总理。

伊扎克·拉宾于 1922 年 3 月 1 日生于耶路撒冷一个左翼犹太复国主义贵族家庭。曾在以色列农业学校和美国迈阿密大学受过教育。1940 年底加入"帕尔马赫突击队"（犹太人秘密武装组织），第二次世界大战时参加盟军在叙利亚的敌后作战。1948 年 5 月第一次中东战争时期，他任著名的哈雷尔旅旅长，1964 年晋升为三军参谋长。1967 年第三次中东战

中东和平使者拉宾

争爆发时，他是以军的主要组织者和指挥者，6 天之内率军攻占了 6.5 万平方千米的阿拉伯土地，成为以色列的一代英雄。长达 27 年的军旅生涯，使拉宾养成了直率、果断、务实的性格。他于 1974 年和 1992 年两次出任工党领袖和内阁总理。1993 年 9 月 17 日，联合国教科文组织授予拉宾"博瓦尼和平奖"。1994 年，拉宾获诺贝尔和平奖和"阿斯图里亚斯王子国际合作奖"。拉宾曾于 1993 年 10 月访华。拉宾在任职期间积极致力于实现中东和平。他自 1968 年退役后即为阿以和解奔忙，他不同意对阿拉伯人采取"寸土不让"的政策，而主张"以土地换和平"。在他的

总理任期内，以色列先后同巴勒斯坦解放组织和约旦签署了和平协议，中东和平进程取得空前进展。但他提出的"土地换和平"的政策也遭到了以色列右翼势力的强烈反对，终于在 1995 年 11 月 4 日遭到杀害。6 日，以色列人民在耶路撒冷西的赫茨尔山国家公墓为拉宾举行了盛大国葬，世界 80 多个国家的领导人及代表参加了葬礼，联合国总部全天降半旗悼念拉宾。

八国核安全首脑会议召开

1996 年 4 月 20 日，由俄罗斯总统叶利钦建议召开的 8 国核安全首脑会议在莫斯科举行，英、德、意、加、美、俄、法和日本领导人参加了会议。会议由叶利钦和法国总统希拉克主持。

这次会议的主要成果是通过

各国政要齐聚莫斯科

了"关于加强核安全合作宣言"，"反对核材料非法交易的纲领"，"关于全面禁止核试验条约的声明"和"关于乌克兰问题的声明"等 4 项文件。但会议也表明了各国间、特别是西方 7 国与俄罗斯之间在一系列问题上存在分歧。针对北约东扩，核武器可能部署到新加入北约的国家领土上，俄罗斯在会上提出只把核武器部署在本国领土的建议。在落实会上提出的提高核安全措施的经费问题上，各方的反应也不尽一致，日本首相桥本表示将向俄提供援助。德国总理科尔认为经济问题不应超越现实的框架。俄则认为，不出资金落实，核安全的前景未必光明。8 国核安全首脑会议的召开，使美、欧、俄伙伴关系达到了新水平。

阿富汗"塔利班"攻占喀布尔

塔利班在普什图语中是"学生"的意思，实际是伊斯兰学生运动组织。1994 年，一个名叫穆罕默德·奥马尔的阿訇因不满连年内战，便在坎大哈省率领难民营中的数百名伊斯兰学校学生

塔利班士兵

发动了起义，并成立了塔利班政权。他们提出"铲除军阀，恢复和平，重建国家"的口号，深得人心，民众很支持他们。1996年1月，塔利班发起代号"进军喀布尔"的大规模战役，仅一个多月就夺取了9个省。9月25日晚，塔利班向喀布尔发动进攻，翌日，占领塔戈巴战略村，直取巴格拉空军基地，拉巴尼总统与西克马蒂亚尔总理被迫退出喀布尔。27日塔军顺利占领喀布尔并宣布由6人委员会组成临时政府，穆尔拉·穆罕默德·拉巴尼被任命为该委员会主任，并且将前总统纳吉布拉和他的兄弟处死。截至1996年10月，塔利班控制了阿富汗境内75%的土地。1998年，塔利班控制了全国90%的土地。这支派别高举铲除军阀、重建国家的旗帜，而且纪律严明、作战勇敢，并提出反对腐败、恢复商业的主张，因此深得阿富汗平民的支持和拥戴。

"巴尔干铁娘子"普拉夫希奇出任波黑总统

1996年5月18日，波黑塞尔维亚共和国总统卡拉季奇迫于内外压力宣布辞去总统职务，由副总统比丽亚娜·普拉夫希奇继任总统。

普拉夫希奇于1930年7月出生于波黑小镇图兹拉。1956年任萨拉热窝大学生物学教授。1990年她与卡拉季奇一道创建波黑塞族民主党，开始进入政坛。1992年波黑穆斯林和克罗地亚族通过全民公决宣布脱离南斯拉夫独立，但遭到波黑塞族的拒绝。波黑战争就此爆发。战争期间普拉夫希奇担任波黑塞族副总统，被认为是总统卡拉季奇的亲密助手。普拉夫希奇为人十分干练，能力超群，是被公认的强硬派人士，因此在国际社会获得了"巴尔干铁娘子"的称号。她上台后，奉行亲西方政策，对卡拉季奇的强硬

巴尔干铁娘子普拉夫希奇

政策予以谴责。1998 年她退出政界。2001 年初海牙国际法庭发出了对她的通缉令，普拉夫希奇主动赴海牙法庭自首。2002 年海牙法庭以"反人类罪"罪名判处普拉夫希奇 11 年监禁。

联合国通过《全面禁止核试验条约》

1996 年 9 月 10 日，第 50 届联大全体会议以 158 票赞成、3 票反对、5 票弃权通过了《全面禁止核试验条约》。全面禁止核试验条约谈判于 1994 年正式开始，1996 年 8 月中旬《全面禁止核试验条约》条文拟定。1996 年 9 月 24 日在联合国总部举行了条约签字仪式。

《全面禁止核试验条约》包括序言、17 条、两个附件及议定书。条约规定：缔约国共同努力在全球范围内裁减核武器，以求实现消除核武器、全面彻底核裁军的最终目标；所有缔约国承诺不进行任何核武器试验爆炸或任何其他核爆炸；建立国际监测系统对全世界违反条约的核试验进行监测；在证据充分的情况下，对被怀疑进行核试验的国家可进行现场核查；在奥地利首都维也纳建立全面禁止核试验条约组织，其主要机构是成员国大会，大会下设由 51 个成员国的代表组成的执行理事会，在程序问题上，以参加投票成员国的 2/3 多数来作决定；条约须在附件 2 所开列的 44 国签字并批准后方能生效。联大通过《全面禁止核试验条约》后，于 1996 年 9 月 24 日开放供所有国家签署，中国、法国、俄罗斯、英国和美国首先在条约上签字。1997 年 3 月 17 日，核禁试组织在维也纳正式开始工作。至 2000 年 3 月，

第50届联合国大会会场

签约国有 155 个，批准该公约的国家有 55 个。

安南当选联合国秘书长

联合国秘书长安南

1996 年 12 月 13 日，安南当选为联合国第 7 任秘书长。

科菲·安南于 1938 年 4 月 8 日生于加纳的库马西。先后就读于库马西理工大学、美国明尼苏达州麦卡莱斯特学院、日内瓦高等教育大学和美国麻省理工学院，曾获经济学学士和管理学硕士学位。从 20 世纪 60 年代起，他先后在联合国非洲经济委员会、联合国总部、联合国日内瓦办事处、日内瓦难民专员办事处、世界卫生组织等部门工作。20 世纪 80 年代初，安南调回联合国总部，先后担任人事和财政部门的领导工作。1986 年，他升任联合国助理秘书长。1991 年海湾战争期间，他率领联合国小组同伊拉克谈判释放联合国及国际组织工作人员和西方人质问题。1993 年 3 月 1 日，安南任负责维持和平事务的副秘书长，总管全球的维和行动。1996 年 6 月，联合国第 6 任秘书长加利宣布竞选连任，由于美国的反对，选举陷入僵局。12 月 13 日，安理会一致同意安南为秘书长候选人。17 日，联合国以鼓掌方式通过了任命安南为联合国第 7 任秘书长的决议。1997 年 1 月

1 日，安南正式走马上任，任期 5 年。安南头脑冷静，富有幽默感，精通英语、法语和几种非洲语言，是位经验丰富的外交家，在联合国外交中享有较高的声誉。

布莱尔当选英国新首相

1997 年 5 月 2 日，在野 18 年之久的英国工党以绝对优势击败保守党，43 岁的工党领袖布莱尔当选英国新首相，成为英国自 1812 年以来最年轻的首相。

英国首相布莱尔

托尼·布莱尔于 1953 年 5 月 6 日生于英国北部的爱丁堡市一个中产阶级家庭。毕业于牛津大学

圣约翰学院法律系。1984 年成为大律师。1994 年被女王封为枢密院成员。1983 年布莱尔进入下议院，从此步入政坛。此后他历任财政、工贸、能源和就业事务部发言人、内政事务发言人。1994 年当选工党领袖。1997 年 5 月，英国举行大选，年轻的布莱尔以"知识革命、脑力革命、技术革命和信息革命"为口号唤起民众，赢得大选的压倒性胜利。在 659 个下议院席位中，梅杰领导的执政 18 年的保守党仅获得 240 个席位，而布莱尔领导的工党则获得了 419 个席位。5 月 2 日，布莱尔出任英国首相，成为英国工党历史上最年轻的领袖，也是英国 185 年来最年轻的首相。布莱尔出任首相后，对工党大胆进行革新，对原保守党政府的内外政策进行了一系列调整，他被视为锐意改革、有思想并具魄力的领导人。布莱尔曾于 1988 年和 1998 年两次访华。1997 年，布莱尔出席了香港政权交接仪式，并与江泽民主席和李鹏总理举行了会谈。

英国王妃戴安娜遇车祸身亡

1997 年 8 月 30 日，英国王妃戴安娜在法国巴黎塞纳河畔的高速公路上，为躲避尾随拍照的记者遇车祸惨死，年仅 36 岁，与她同车的男友多迪和司机也一同丧命。

1981 年 7 月 29 日，戴安娜与查尔斯王子的"世纪婚礼"在伦敦圣保罗教堂隆重举行，100 万人亲临现场，至少有 8 亿人通过电视领略了这一现代婚姻童话的美丽与辉煌。然而婚后不久，两人的婚姻即陷入危机。首先两人在性格、志趣上格格不入，查尔斯经常外出打球、钓鱼，很少有时间陪戴安娜。1992 年传媒指出查尔斯和已婚的卡米拉有婚外情，而且维持已久。在种种压力下，戴安娜变得心情抑郁，并患上了厌食症，她先后曾 5 次自杀。1992 年 12 月 9 日，英国首相梅杰向国会宣布两人将分居。1996 年

8 月 28 日，两人正式宣布离婚。离婚后的戴安娜更是成了传媒关注的焦点和摄影记者的饭碗，他们不分昼夜，动用飞机、汽艇对戴安娜的行踪紧追不舍，满世界地拍照。最终，戴安娜为躲避记者的追击而丧身车祸。

戴安娜不仅年轻美丽，而且心地善良、平易近人。她热衷于慈善事业，经常出席各种慈善活动。她及时出访饱受战争之苦的国家，在波黑、安哥拉探望伤病员和生活贫困的难民，出面禁止使用地雷。她也常去医院看望普通的病人，其中包括麻风病和艾滋病患者。她为自己的使命奔波世界各地，赢得了全世界数百万人的爱戴，被誉称为"平民王妃"。戴安娜猝然辞世的消息传到英国，英国人民陷入一片悲痛之中，男女老幼纷纷涌到戴安娜生前居住过的白金汉宫和肯因顿宫前，献上 1000 多万束鲜花，以悼念戴妃。1997 年 9 月 6 日 4 点 10 分，戴安娜的灵柩从她生前府邸肯因顿宫运到威斯敏斯特大教堂安葬。大道两旁有 600 万人肃立为她送葬。据有关统计，全世界至少有 25 亿人通过电视直播观看了她的葬礼。她的遗骨被安葬在她的家乡奥尔索普。

一代名妃戴安娜

金大中当选韩国第15届总统

1997年12月19日，韩国在野党领导人金大中击败执政的大国家党候选人李会昌和国民新党候选人李仁济，当选韩国第15任总统，成为韩国自1948年建国以来第一位以在野党候选人身份当选的总统。

韩国总统金大中

金大中于1925年生于韩国全罗南道务安郡。早年毕业于庆熙大学经济科。毕业后办过报纸，经营过海运。从20世纪60年代起开始步入政坛，曾6次当选为国会议员，3次竞选总统。1995年他重返政坛，创建新政治国民会议。金大中长期致力于反独裁、争民主的斗争，为此曾几度入狱，两次面临杀身之灾。他在长期与朴正熙军事政权进行斗争的过程中，作为在野党的一面反独裁、争民主的旗帜，在韩国民众中有自己稳固的政治根基。1997年12月19日他终于当选为韩国第十五届总统。金大中政府的诞生宣告了韩国长期军事独裁政权的结束和民主政治的开始。金大中当选总统后表示，他将诚实履行与国际货币基金组织达成的协议，彻底实行市场经济并进行经济改革。对于南北关系，他建议南北双方以南北协议书为基础开展对话，在必要的时候和朝鲜领袖金正日举行会晤。

印尼骚乱

1998年5月，印尼发生了持续3天的排华暴乱。5月13日上午，一些不明身份的人带头在雅

一具被烧焦的华人尸体

世界通史

最新整理图文珍藏版

加达西区拦截公路上行驶的汽车，哄抢华人商店，然后在其他城区也相继发生类似事件，一场大规模的针对华人的骚乱开始了。14日，骚乱进一步加剧，有"唐人街"之称的班芝兰一带成为骚乱者攻击的主要目标，所有华人开的商店、旅馆均被抢劫一空，焚烧殆尽。短短几个小时，班芝兰地区变成了一片废墟，被烧的汽车、摩托车残骸狼藉满地，令人惨不忍睹、触目惊心。在雅加达发生骚乱前后，其他一些大中城市如梭椤、棉兰、巨港等地也发生了严重的骚乱抢劫事件，受害者大多是华裔。在骚乱中，暴徒还丧心病狂地对妇女进行强暴。

据"印尼全国人权机构"的不完全统计，在 3 天的骚乱中至少有 1188 人死亡，168 名华人妇女遭强奸或轮奸，其中有 20 多名华人妇女因此而重伤死亡，包括一个 9 岁和一个 11 岁的女童。仅在雅加达就有 40 座购物中心、12 个市场、4000 多家店铺、2400 多间住宅和办公室、66 家银行、25 家饭店、19 家旅馆遭到砸、抢、烧，1119 辆机动车和 8000 多辆摩托车被烧毁，经济损失达 10 亿美元。骚乱还迫使 10 万多华人出国逃难。

国际社会对印尼华人华侨受迫害的事件高度关注，要求印尼采取切实措施伸张正义，保障基本人权。印尼的公正舆论也对暴行予以强烈谴责。在各方的呼吁下，印尼政府于 1998 年 7 月下旬提出了加入联合国《反种族歧视公约》和《反酷刑公约》方案，制定了人权五年计划行动纲领，并承诺将公布《反种族歧视法》。司法部长也表示要取消对华人的特别行政管制。

被暴徒残杀的华裔妇女

八国集团首脑会议闭幕

1999 年 6 月 20 日，在德国科隆举行的西方 7 国与俄罗斯的首脑会议通过了最后公报、《关于地区问题的声明》和《科隆宪章》等几份文件后闭幕。

各国首脑在圆桌上会谈

会议就世界经济、国际金融秩序、免债等问题发表了十点公报。在谈到对最贫穷的国家免债问题时，公报说，最新的经验表明，对于不可忍受的债务负担必须继续做出努力，以便取得持久的解决办法。从免债中获益的国家应该将相应的款项用于卫生、教育和其他社会福利事业。在《关于地区问题的声明》中，8 国要求科索沃冲突的有关方面遵守停火协议，呼吁科索沃的全部居民为重建作出贡献。在谈到中东问题时说，8 国支持"以土地换和平"的原则，以便和平地结束冲突。在谈到印巴在克什米尔地区的冲突时，8 国呼吁双方立即结束军事行动，印巴现有边界不能改变。

北约成立 50 年确立联盟新战略

1999 年 4 月 23 日，北约首脑会议在美国的里根国际贸易中心开幕。会议主要议题是纪念北约成立 50 周年、科索沃危机以及迎接 21 世纪的安全挑战等。来自北约 19 个成员国以及 23 个和平伙伴关系国的国家元首和政府首脑出

北约成立 50 周年首脑会议现场

席了会议。俄罗斯和白俄罗斯因抗议北约对南斯拉夫空袭而拒绝与会。4月24日，会议通过了新的《联盟战略概念》。这是冷战结束后北约提出的第二份有关战略概念的文件。

北约通过的战略概念共65条，主要包括4项内容：联盟的目的和任务，战略展望，21世纪维护安全的方式，北约军事力量指导原则。文件提出，北约今后将继续坚持"集体防御"政策，但同时将对其周边地区的冲突作出反应，确保欧洲—大西洋联盟地区的安全。文件还强调，北约在解决21世纪的安全问题时，不仅要采取军事措施，而且还将在政治、经济、社会和环境领域动用"广泛的手段"，以便建立一个"欧洲安全大厦"。

北约轰炸中国驻南联盟大使馆

1999年5月8日，以美国为首的北约用5枚导弹从不同角度袭击了中国驻南斯拉夫大使馆，造成包括许杏虎、朱颖夫妇及邵云环3名中国新闻工作者牺牲，20余名外交官受伤，馆舍严重毁坏。这一强盗行径严重违反了有关国际公约和国际关系基本准则，严重侵犯了中国主权，极大地伤害了中国人民的感情。同日上午，中国政府发表声明，对这一野蛮行径表示极大的愤慨和严厉谴责，并提出最强烈抗议。此后，中国的各大城市的学生和市民都举行了声势浩大的示威游行，强烈抗议以美国为首的北约的侵略暴行，世界上许多正义人士和国家都纷纷表示支持中国政府的行动。美国政府表示此一事件完全是"无意"造成的，完全是"失误"，向中国人民郑重道歉，后又赔偿2800万美元。

导弹从这里射入

巴基斯坦发生军事政变

1999 年 10 月 12 日晚，巴基斯坦总理谢里夫宣布解除正在斯里兰卡访问的参谋长联席会议主席兼陆军参谋长穆沙拉夫的职务，穆沙拉夫及其支持者立即策动军事政变，宣布解散总理谢里夫领导的穆斯林联盟政府。10 月 25 日，穆沙拉夫成立了国家安全委员会，并担任首席执行官。这次政变没发一枪一炮，也没流一滴血，被称为"没有流血的政变"。穆沙拉夫执政后表示，巴基斯坦的对外政策不会改变，将遵守一切国际关系准则，发展与伊斯兰国家和中国的友好合作关系，重视保持与美国等世界大国的关系。

发动军事政变的穆沙拉夫

他重申，将继续致力于改善与印度的关系，在核问题和导弹问题上继续保持克制，以缓解巴印边境地区的紧张。

布什出任美国第 43 届总统

2000 年 1 月 20 日，布什宣誓就任美国第 43 届总统。乔治·W·布什是美国前总统乔治·布什（老布什）的长子。1946 年 7 月 6 日生于得克萨斯州。在耶鲁大学获学士学位后又在哈佛商学院获工商管理学硕士学位。毕业后在得克萨斯州当过一段空军驾驶员。1975 年后从事其石油天然气事业。1994 年，布什成功当选得克萨斯州州长并于 1998 年获选连任。在州长任期内，他对得克萨斯州的税收，教育等方面进行了行之有效的改革，降低了得克萨斯州的犯罪率，获得了包括西班牙和非洲等不同种族的多数民众的支持。

1999 年底，美国举行新总统选举。在选举过程中，作为共和党总统候选人的布什和民主党总统候选人戈尔得票数十分接近。由于佛罗里达州计票程序引起双方争议，最终结果迟迟不能确认。而佛罗里达州的 25 张选

美国第43届总统乔治·W·布什

普京出任俄罗斯总统

2000年3月26日，普京在俄罗斯全国大选中当选俄罗斯联邦第三届总统。

弗拉基米尔·普京于1952年10月7日生于俄罗斯第二大城市列宁格勒。1975年毕业于国立列宁格勒大学法律系国际法专业，毕业评语是"诚实、纪律性强、具有高度责任感"。1975年起进入苏联国家安全委员会（克格勃）对外情报局工作。1989年离开克格勃。此后历任列宁格勒大学副

举人票的归属关系到谁能入主白宫，因此戈尔要求在佛罗里达州的一些地方重新进行人工计票，但遭到得票数领先的布什的反对，双方遂对簿公堂，官司一直打到美国联邦最高法院。这在美国200多年的历史上还是第一次。最终，美国联邦最高法院作出裁决，判定在佛罗里达州人工重新计票"违反宪法"。12月18日美国东部时间下午5时30分（北京时间19日上午6点30分），美国国会宣布布什当选美国第43届总统。2000年1月20日，布什正式宣誓就职。

克格勃出身的政坛黑马普京

校长的国际问题助理、圣彼得堡市第一副市长、俄罗斯总统事务管理局副局长、总统办公厅副主任、俄联邦安全局局长、俄罗斯总理、俄罗斯和白俄罗斯执行委员会主席。1999年12月31日，叶利钦总统宣布辞去总统职务，并宣布由普京代行总统职务。2000年3月26日至27日，俄罗斯总统选举在俄全国范围内举行，俄全国近1.08亿登记选民纷纷前往设在各地的9万多个投票站参加选举。来自55个国家和82个国际组织的近1000名外国观察员和俄各党派团体派出的众多观察员在各投票站监督选举进程。选举结果，普京以获52.52%的选票当选俄罗斯联邦第三届总统。5月7日，普京正式宣誓就职，任期为4年。

遇难官兵的葬礼

联合国千年首脑会议

2000年9月6日~8日，世界上150多位国家元首和政府首脑出席了在纽约联合国总部举行的千年首脑会议。召开千年首脑会议的倡议是由联合国秘书长安南在1997年提出来的，并于1998年12月17日在第53届联大上获得通过。千年首脑会议的主题是"21世纪联合国的作用"。会议着重讨论了和平与安全、裁军、全球化、消除贫困、保护环境、强化联合国机构的职能等影响世界和平与发展的主要问题。中华人民共和国主席江泽民在会上发表了重要讲话。首脑会议在结束时通过和发表了一项政治宣言，承诺努力实现全人类谋求和平、合作与发展的普遍愿望。联合国秘书长安南敦促世界各国积极行动起来，力争在2015年以前帮助10亿人口摆脱贫困，并要求发达国家对贫穷国家的产品敞开大门，减免其债务负担，向其提供经济、技术等方面的援助。

印度复兴

不断发展的印度

作为四大文明古国之一的印

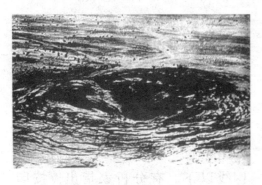

印度第一次地下核试验现场

度，在经历了英国长期的殖民统治后，终于在 1947 年获得独立。

独立后的首位总理尼赫鲁确定了国家长远的战略目标：富国强兵、称雄南亚，挺进印度洋，称雄世界。他曾明确地指出：“印度要么成为一个有声有色的大国，要么销声匿迹。”在 20 世纪 50 年代时，印度是“和平共处五项原

尼赫鲁像

则”的倡导国和不结盟运动的创始国之一。历届印度政府都贯彻不结盟的原则，发展跟各国间的友好关系，努力争取在地区和国际事务中发挥重要的作用。80 年代后期，随着冷战格局被打破，和平与发展成为时代的主流，印度也像别国一样把发展高科技、提高综合国力作为国家核心战略，并确定要在 21 世纪继续巩固其在南亚和印度洋的主导地位，从而力争从地区性大国转而成为世界强国。90 年代，伴随着经济全球化、政治多极化的大趋势，印度认为实现其世界大国的大好时机到了。

改革成就

1998 年 5 月 11 日，冒天下之印度进行了 3 次大不韪的核试验，又进行了一次短程导弹的发射试验。尽管招致国际社会的强烈谴责，却使印度国内欢欣鼓舞，国内人士普遍认为；这是印度综合国力增强的具体表现。虽因核试验在国际上一度处于孤立的地位，但是 1999 年，在同邻国巴基斯坦就克什米尔问题发生的冲突中，印度表现出来的克制态度又赢得了国际社会的同情。印度抓住这个时机，积极地调整和美国等西方国家的关系，成功扭转了外交

印度阅兵式上近程导弹

上的被动局面。

经过近年来的经济改革，印度的综合国力明显加强，国民经济体系逐步完善。"绿色革命"后粮食在自给自足的同时还成为世界第三大粮食出口国。"白色革命"使印度成为世界上最大的牛奶生产国。1998年，印度国内生产总值就跃居世界第十一位。在科技上，印度每百万人口中科技人员达3000多人，仅次于美国和俄罗斯，居世界第三位，已成为科技大国。在计算机软件开发方面，印度已经成功地研制出了第五代计算机，仅次于美国，居世界第二位。在军事方面，印度一直把扩充军备当做一项基本国策，印度现有总兵力已经由独立初期的30万人增加到了120万人。2000年时，印度海军已发展成为世界十强之一，空军实力居世界第四。

积极的外交斡旋

印度一心想实现其大国梦想，但经济实力的薄弱，决定它不可能在短时间内实现这一梦想。印度目前总人口已达10亿，居世界的第二位，但三分之一生活在贫困线以下。有分析家指出，按印度目前的经济发展水平，要达到中等发展中国家的水平，至少要20年的时间。

尽管如此，印度仍没有放弃大国梦。2000年以来，全球外交舞台上掀起了一股"印度热"，一些大国的领导人纷纷造访这个"东方神秘国家"。2000年3月下旬，克林顿成为22年来首位对印度进行访问的美国总统，访问期间，印美两国签署了《印美关系：21世纪展望》的声明，表示建立一种"持久的、政治上建设性、经济上有成效"的新型关系，8月下旬，日本首相森喜朗访问印度，

难得的印巴和解

世界通史

最新整理图文珍藏版

双方宣布建立一种全球性伙伴关系；10月初，俄罗斯总统普京访问印度，双方共同签署了《战略伙伴宣言》。

为了实现大国梦，印度政府对内进行经济改革，对外进行开放，努力加速经济的发展、提高综合国力和国际竞争力，逐步实现其在地区的主导作用乃至在世界政治、经济舞台上的主要地位。

"9·11"事件

"9·11"事件爆发

2001年9月11日，美国航空公司的四架民航班机几乎同时遭到恐怖分子的劫持，当地时间早上8时46分，一架装满燃料的波音767飞机，以每小时约500英里的速度撞向纽约世界贸易中心北塔楼的94至98层之间，当即发生

冒出滚滚浓烟的世贸大楼

爆炸，油箱里的燃料从楼体的缺口处倾倒进大楼，大火迅速燃起，使北楼的建筑结构遭到严重毁坏。9时零2分，又一架波音767飞机以每小时约600英里的速度撞向世界贸易中心南塔楼的78至84层间，飞机的残骸从大楼两侧穿出，在六个街区以外的地方落地，不久，世界贸易中心南塔楼就爆炸倒塌。与此同时，另一架波音757飞机则撞向美国国防部五角大楼的西翼，并立即燃起大火。10时零3分，又一架波音757飞机坠毁在宾西法尼亚州的尚克斯维尔南部，机上人员全部丧生，据估计，可能是乘客与劫机者发生冲突而导致飞机提前坠毁的。

在这次事件中，共有近3000人死亡，六座高层建筑被完全摧毁，23座高层建筑遭到破坏。世界贸易中心南、北塔楼相继倒塌后，废墟上的大火燃烧了三个月。半年后，遗址上的150万吨瓦砾才被完全清理干净。这就是"9·11"恐怖袭击事件。

恐怖的阴云

9·11事件发生后，世界为之震惊。美国政府高度戒备，严防类似恐怖袭击事件再次发生，同时，还多次发布最新的恐怖袭击警报。英国军事基地也提高到警

遭到撞击的美国五角大楼一角

戒状态，命令所有途经伦敦市区的航班全部改为绕过市区飞行，飞往美国和加拿大的航班一律停飞。北约总部和欧洲议会还进行了紧急疏散，并郑重声明宣布启动1949年北大西洋公约中的第五款，即：如果恐怖袭击事件是受到了某个国家的指示，那么这将被视为是该国对美国实施的军事袭击，同时也将被视为是对所有北约成员国发动的军事袭击。这还是北约历史上第一次启动共同防卫机制。

9月底，美国各地又爆发了多起炭疽菌感染案件，虽然没有发现和9·11事件有关联，但又在世界范围内引起了极大的恐慌，一时间恐怖袭击的阴云笼罩着全世界。

影响深远

9·11事件是美国建国以来所遭受的最严重的恐怖袭击事件，这一事件的发生使原本已经下滑的美国经济又遭到严重打击，对全球经济也造成了负面影响。此外，另一个重大影响就是导致了国际范围内的反恐大行动发生。美国政府在事件发生后立即公开表示要用军事行动打击事件的策划者。9月底，英国首相托尼·布莱尔公开表示，沙特阿拉伯恐怖头目奥萨马·本·拉登就是这起事件的幕后主使者。本·拉登在苏联入侵阿富汗时曾接受美国中央情报局的资助组织阿富汗义勇军抵抗苏军，后与阿富汗塔利

轰炸倒塌的世贸大楼

世界通史

最新整理图文珍藏版

班政权关系密切。美国要求阿富汗塔利班政权交出本·拉登，但塔利班政权以没有确凿证据为由拒绝合作。

2001年10月7日中午12点30分，美英联军以反恐为名发动了对阿富汗的军事袭击，将塔利班政权的军事、通讯设施以及恐怖分子训练营一举摧毁。11月，在美英支持下的阿富汗北方联盟控制了首都喀布尔，铲除了塔利班政权。尽管将悬赏提到50阆万美元，地点锁定在巴基斯坦和阿富汗边境，但至今没有发现拉登的踪迹。

伊拉克战争

攻打伊拉克

在经历了9·11恐怖袭击的沉重打击后，美国开始变得草木

父子留影

皆兵了，动辄就发表将遭受恐怖袭击的警报，弄得人心惶惶。基于此，美国总统乔治·沃克·布什宣布向恐怖主义宣战，同时将伊拉克等几个国家列入所谓"邪恶轴心国"名单。接着，又以萨达姆政权拥有大规模杀伤性武器、生化武器、践踏人权、支持恐怖主义与基地组织头目本·拉登有联系等为借口，在2003年3月20日，绕开联合国，正式宣布向伊拉克开战。

在布什发出要萨达姆本人和他的儿子在48小时内离开伊拉克的最后通牒期限过后，军事行动就开始了。以美军为首的大约21万多人的联合部队，通过驻扎在科威特的美军基地正式对伊拉克发动了军事打击，其中美军约有12万人，英军有4.5万人，澳大利亚军队2000多人，波兰军队200多人，还有大约5万人的伊拉克反叛军队。

战争打响后，美国第三步兵师和空中突击师、空降师的若干部队从科威特西北方向的沙漠出发直扑巴格达。美国海军陆战队第一远征部队和英国远征军在伊拉克的东南部地区，发动了钳形攻势，以便打开伊拉克的海运通道。两周后，在伊拉克的北部山区，美军又投入了空降旅和特种

最新整理图文珍藏版

美国总统布什的决心

部队，配合当地的库尔德反叛武装，从北面夹击巴格达，使萨达姆形成腹背受敌之势。

而萨达姆为了避免再出现海湾战争时被美军摧毁通讯系统，使指挥失灵、军队乱作一团的情况，改变了由总统统一指挥全国各地的军队进行作战的作法，把军队的指挥权下放到各个战区的指挥官手里，让他们根据实战情况灵活指挥。而各战区的指挥官也如法炮制，逐级地下放指挥权力，一直下放到最基层的指挥官手中，这就使得战争打响后，伊拉克各部队之间各自为战，不能有效地协调合作共同抵抗，从而造成从中央到各战区没有组织起具有一定规模的反击战，基本上是一触即溃，没什么战斗力可言。仅两周时间，英军就控制了伊拉

克南部的石油重镇、第二大城市巴士拉；三周后，美军就几乎兵不血刃地顺利进入巴格达，沿途并没有受到任何顽强的抵抗。

安定人心

美军占领伊拉克首都巴格达后，萨达姆已不知去向，当地时间4月10日晚6时，美国总统布什和英国首相布莱尔向伊拉克人民发表了电视讲话，宣布"萨达姆政权正在被推翻"，并悬赏捉拿萨达姆政权的高官。

遭受战火的伊拉克一片狼藉，人心惶惶，为收拢伊拉克以及阿拉伯世界的民心，美、英展开了强大的攻心宣传。

英国首相布莱尔在解释发动这场战争时声称："并不希望发动这场战争，但萨达姆拒绝解除大规模的杀伤性武器，我们别无选

被美军的坦克拉倒的萨达姆铜像

世界通史

最新整理图文珍藏版

择，只好如此"，现在萨达姆政权已经被推翻，"一个崭新和美好的未来正在向伊拉克人民招手致意"。

伊拉克总统萨达姆出现在巴格达的居民区

美国总统布什也宣称："萨达姆政权的残暴以及拥有大规模的杀伤性武器、生化武器和与恐怖组织的联系，使它成为对世界独一无二的威胁，我们的行动目标明确而有限，那就是结束这个残暴的政权，恢复伊拉克的统治和秩序，使伊拉克人民能安全度日"，"然后我们就撤军"，"帮助你们所建立的保护所有民众权利的、和平的、有代表性的政府"将使"伊拉克成为一个独立的、统一的主权国家"。

抓获萨达姆

在美军攻占巴格达后，萨达姆就下落不明，不知去向了。

"扑克牌通缉令"上的伊高官

2003 年 5 月 1 日，布什宣布伊拉克战争结束后，开始了对萨达姆以及他政权中各级高官的追捕缉拿行动。

虽然一直未能抓获萨达姆，但从伊拉克境内不时出现的号召伊拉克人民武装反抗入侵者的磁带录音中，美国情报部门料定他

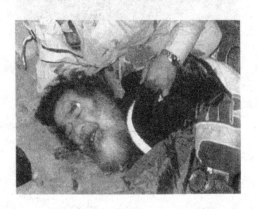

萨达姆被捕

还活着，并且还在伊拉克境内，于是便加大了搜索力度。2003年7月22日，萨达姆的两个儿子乌代和库赛被美军发现后击毙。12月13日，大约600名美军第四步兵师的士兵与特种部队在萨达姆的家乡提克里特开始了一次突袭搜捕萨达姆的军事行动。行动开始后，士兵们对一个很小的有围墙的农家院产生了怀疑，于是决定对它进行搜查。结果在院子中金属架和小泥棚的掩遮下，士兵们发现了一个用砖头和垃圾伪装起来的人工挖的小洞。训练有素的特种部队士兵一看就知道，这伪装的洞口下面一定是掩体或隧道网。于是他们进入洞内，抓住了正在洞里的萨达姆，随后萨达姆被美军秘密关押。

2004年6月30日，萨达姆被移交给伊拉克临时政府司法部门羁押。

2004年1月时，美国就宣布萨达姆为战俘。2005年6月，伊拉克过渡政府总理贾法里的发言人称，萨达姆面临达500多项的指控，但仅就其中12项"证据确凿"的接受审讯。2005年10月19日，萨达姆与7名他政权时的高官同时受审。

伊拉克战争的影响

伊拉克战争是21世纪人类所爆发的第一次国际性的战争，这次战争对未来的国际影响极大。

从整个战争过程可以看出，美国的单边主义更加突出，霸权主义形象更加清晰，世界必须以它为中心，它可以根据自己的价值观去决定一个主权国家的存在，可以不受联合国的授权，不顾国际舆论的谴责而用武力去改变一个国家的政权和领导人。

伊拉克战争还使欧洲在政治上分裂了。尽管随着欧元的流通，欧洲经济一体化的步伐在加快，但是由爆发伊拉克战争而显露出来的法、德等国与英、美、西等

美国纽约反战大游行

世界通史

最新整理图文珍藏版

国的分歧，使统一的政治欧洲在短期内不可能建成，弥合这一分歧是需要一定时间的。

伊拉克战争美国的胜利，意味着以美国为中心的单极主义世界政治体制正在威胁着全世界的和平，绕开联合国而公然用武力打击一个主权国家的军事行动，对用和平方式解决国际争端是极大的挑战，开了一个很不好的先例，对联合国宪章的宗旨和原则是极大的蔑视。

东扩计划

东扩计划的提出

北约全称是北大西洋公约组织，是由美国、加拿大、英国、法国、比利时、荷兰、卢森堡、丹麦、挪威、冰岛、葡萄牙和意大利十二国于 1949 年 4 月 4 日在美国首都华盛顿签订了《北大西洋公约》后成立的。其宗旨就是缔约国实行集体"防御"，其中任何一个缔约国如果同其他国发生战争，缔约国都必须给予包括武力在内的一切援助。北约的最高决策机构是北约理事会，理事会由各成员国的国家元首及政府首脑，外交部长、国防部长组成，常设理事会则由全体成员国大使组成，总部设在布鲁塞尔。

1949 年北约创始成员国会议

20 世纪 90 年代，华沙条约组织解散、东欧剧变，欧洲冷战的格局发生了巨大的变化，1990 年 7 月，北约第十一届首脑会议在伦敦宣布冷战结束。1991 年 12 月，北约罗马首脑会议上又决定和部分中东欧国家成立北大西洋合作委员会。自 1992 年开始，波兰等东欧国家相继提出加入北约的请求。同年，北约批准了允许它的军队离开成员国领土到其他地方参与维和行动的提议。按照这一

伊拉克城市费卢杰一处被摧毁的房屋

北约欧洲盟军最高司令詹姆斯·琼斯

原则，当年年底北约就以军事力量介入了南斯拉夫危机。1994年1月，北约布鲁塞尔首脑会议通过了与中东欧国家以及俄罗斯建立"和平伙伴关系"的计划，12月开始向波黑派出了维和部队。1996年9月，北约正式公布了《东扩计划研究报告》。1997年5月，旨在加强北约同欧洲和欧亚大陆的非北约成员之间安全关系的"欧洲一大西洋伙伴关系理事会"正式成立了，就这样北约逐步转型为政治军事型组织。

持续东扩和新使命

《东扩计划研究报告》提出来后，1997年7月，马德里首脑会议首先接纳了波兰、捷克和匈牙利加入北约，这3个国家于1999年3月正式成为北约新成员。2002年11月，北约布拉格首脑会议决定邀请爱沙尼亚、拉脱维亚、立陶宛、斯洛伐克、斯洛文尼亚、罗马尼亚和保加利亚7个国家加入北约，这是北约成立以来规模最大的一次扩充。到2004年3月29日，随着向保加利亚、爱沙尼亚、拉脱维亚、立陶宛、罗马尼亚、斯洛伐克与斯洛文尼亚等国正式打开大门，北约的成员国已达26个，还有若干个国家在等待挤进北约的大门。

对北约的东扩计划，俄罗斯是旗帜鲜明表示反对的。因为俄罗斯认为，北约东扩的主要目的就是对俄罗斯进行封锁，从而削弱俄罗斯的力量，这对俄罗斯的切身利益和安全是巨大的威胁。从军事政治意义上来讲，北约东扩把俄罗斯从黑海方向给包围了，那样的话，面对一个地域、军事实力、经济和人力资源极大增长的北约，俄罗斯将无法应付。尽管一再表示了对北约东扩的不满，但北约却并不理睬而继续东扩。美国明确表示，最终会让阿尔巴尼亚、克罗地亚和马其顿加入其中。而当拉脱维亚等波罗的海国家加入北约后，美国的军事基地就将直抵俄罗斯北部边境，到那时，中东欧地区将不再是美俄双方的军事缓冲地带，而直接成为前沿，北约的军事触角很快将伸向俄罗斯"柔软的腹部"。

"9·11"事件发生以后,美国驻北约大使曾经说过:"北约需要苏醒过来。它应当去出问题的地方"。这句话表明,今后北约的存在价值将体现在美国的全球军事战略之中。因此,2002年,美国提出建立一支拥有2.1万人的"新北约快速反应部队"的计划获得通过。建立这支部队表面上说是为了建立一支技术先进、行动灵活、部署迅速、协作能力强、后勤供给有保障的"北约快速反应部队",实际上是建成一支由海、陆、空各兵种组成的、可按照北大西洋理事会的决定迅速奔赴任何地方的、能够维护美国利益的"世界警察"。

欧盟成立

欧盟的成立与扩大

1946年9月,英国首相丘吉尔就提出过建立"欧洲合众国的设想"。1950年5月9日,法国外交部长罗伯特·舒曼代表法国政府提出建立欧洲煤钢联营的倡议后,很快得到了联邦德国、意大利、荷兰、比利时和卢森堡6国的响应,并于1951年4月18日在巴黎签订了建立"欧洲煤钢共同

美国国务卿艾奇逊签署《北大西洋公约》

体条约"。1957年3月,6国又在罗马签订了建立"欧洲经济共同体条约"和"欧洲原子能共同体条约"。1965年4月8日,6国签订的《布鲁塞尔条约》,决定将三个共同体的机构合并,统称为欧洲共同体。1967年7月1日,《布鲁塞尔条约》生效,欧洲共同体正式成立。

1973年后,英国、丹麦、爱尔兰、希腊、西班牙和葡萄牙也先后加入欧共体,使成员国扩大到12个。欧共体成员国之间建立

"欧洲煤钢共同体条约"签署仪式

起关税同盟，统一了外贸政策和农业政策，创立欧洲货币体系，从而建立起统一预算和政治合作制度。就这样，欧共体逐渐发展成为欧洲国家经济、政治利益的代言人。1991年12月11日，欧共体马斯特里赫特首脑会议通过了以建立欧洲经济货币联盟和欧洲政治联盟为目标的《欧洲联盟条约》，其宗旨是"通过建立无内部边界的空间，加强经济、社会的协调发展和建立最终实行统一货币的经济货币联盟，促进成员国经济和社会的均衡发展"，"通过实行共同外交和安全政策，在国际舞台上弘扬联盟的个性"。随着该条约1993年11月1日的正式生效，欧盟就诞生了，这标志着欧共体已从单纯的经济实体过渡到经济政治实体。

欧盟成立后，经济得到了快速发展，1995年至2000年间，经济增速达3%，人均国内生产总值也迅速提升。2002年11月18日，欧盟又决定邀请塞浦路斯、匈牙利、捷克、爱沙尼亚、拉脱维亚、立陶宛、马耳他、波兰、斯洛伐克和斯洛文尼亚10个中东欧国家入盟。2004年5月1日，这10个国家正式成为欧盟的成员国。这是欧盟历史上规模最大的一次扩充。此后，欧盟成员国增加到了25个，总体面积、人口、国内生产总值都有了很大提高，特别是经济总量，跟美国已不相上下。

欧洲人的欧洲

作为当今世界上一体化程度最高的国家集团，欧盟组织机构健全，有自己的盟旗、盟徽、盟歌、铭言以及庆典日，还有统一的货币欧元，以及欧盟宪法，使"欧洲人的欧洲"意识更加突出。

欧盟还有自己的武装力量，一支由5000人组成的联合警察部队，可随时参与处理发生在欧洲的危机和冲突。

在外交上，欧盟与世界上大多数国家和地区建立了外交关系，160多个国家向欧盟派驻了外交使团，欧盟也在120多个国家和国际组织派驻了代表，用以加强双边关系，宣传欧盟主旨，提升欧盟的国际形象。

希腊总理签署加入欧共体的议定书

尼斯条约签字仪式

但是欧盟的政治一体化进程不可能是一蹴而就的，首先不可能在短时间使所有欧洲国家都加入欧盟，这是由政治，经济等各方面的因素所制约的。

其次，作为冷战结束后世界唯一超级大国，美国绝不允许任何国家或国家集团来与它平起平坐，挑战它的霸权地位，它需要的是听命于它的欧洲，这与欧盟强调在国际舞台上"弘扬联盟个性"的宗旨是相悖的，这决定了欧盟政治一体化进程不可能顺利完成。

2003 年 7 月，欧盟制宪筹备委员会全体会议就欧盟的盟旗、盟歌、铭言与庆典日等问题经过磋商后达成了一致：欧盟的盟旗为现行的蓝底和十二颗黄星图案，盟歌为贝多芬的第九交响曲中的《欢乐颂》，铭言为"多元一体"，定 5 月 9 日为"欧洲日"。欧洲人为"建立一个统一的欧洲，增强人们对欧洲联盟和欧洲同一性的印象"，付诸的活动会越来越多。

第二节　文化中兴：艺海拾贝　科技撷英

戈达德

果园设想

在美国马萨诸塞州的一个果园里，一个小男孩正在给樱桃树修剪枯枝。他奋力地爬上一棵高大的樱桃树，眺望着远方的田野。突然，一个奇异的想法在他的头脑中闪现：人类要是能够飞到星上去，该有多好啊……我要制造出能飞到星星上去的机器，想到这小男孩急忙从樱桃树上溜了下来，在他的脑海中，已有一种机器正在飞快地旋转，然后急速上升，冲向太空，奔向那闪闪的星星……这个小孩就是罗伯特·戈达德，美国伟大的物理学家、火箭技术的先驱者。

罗伯特·戈达德在克拉克大学

罗伯特·戈达德

从那以后，果园中的梦想就成为戈达德生活中的方向，正是怀着对太空的憧憬，他开始深入研究数学，并为此进行了大量的

世界通史

最新整理图文珍藏版

实验。稍大些后，又攻读物理学家牛顿的著作。后来，戈达德进入伍斯特工学院，开始在大学中继续探索他儿时在果园里的设想。

付诸实践

1911 年，29 岁的戈达德在克拉克大学取得了理学博士学位，并在这里开始了他的火箭研制工作。起初，戈达德主要探讨火箭在高空大气中的各种反应，预测达到月球的可能性。1919 年，发表了他的研究成果《达到超高空的方法》一文后，并没有引起人们的注意。

有了充足的理论积累后，戈达德决定亲自实践操作。他想通过成功的试验，告诉人们他理论的正确和可行。1922 年，戈达德开始使用汽油和液氧作为燃料来着手进行火箭的引擎试验。1926 年冬，在马萨诸塞州的田野上，戈达德亲手发射了自己制作的第一枚火箭。虽然这枚火箭只有大约 1.2 米高，直径约为 15 厘米，但在装有的汽油和液氧混合燃料耗尽后，仍继续向上爬升高度达 60 米，时速在一百公里左右，这坚定了戈达德继续探索的信心。

冲向天空

1929 年 7 月，戈达德在家乡又放飞了一枚火箭。点火后，火箭飞得比以前还高，他在火箭上装载了气压表、温度计和拍摄这些装置的小型照相机。但是在试验成功后，警察告知他以后不准在马萨诸塞州做这样的试验。无奈，戈达德只好到新墨西哥州的一块荒地上继续进行新的试验。但是一个人的力量毕竟有限，后来，一位好心而热爱科学的慈善家赠给他一笔钱，才使他的试验得以继续进行。

随后，戈达德又制作了一个所有设备都得到更新的更大的火箭。不仅具有单独的燃烧室，还采用了汽油和超高压的液氧作为燃料，使燃烧室的壁具备冷却功能。随着研究的进一步深入，戈

罗伯特·戈达德和他的液体燃料火箭

达德又发明了能够对火箭飞行方向进行控制的转向装置和让火箭沿着正确方向飞行的陀螺仪。

1930 到 1935 年间，戈达德又进行了数次试验，使发射的火箭速度提高到了超音速的程度，飞行高度也跃升到两千五百米。但遗憾是，当时的美国政府对戈达德的实验没有给予任何关注和支持。

在美国不受重视的戈达德却拥有众多的德国崇拜者，他们利用戈达德的原理研制成的 V2 火箭，在第二次世界大战中产生了巨大的影响。

第二次世界大战结束后，美国科学家向德国人请教火箭的制造技术，德国科学家被问得莫名其妙，诧异地说："难道你们不知道戈达德吗？我们就是利用他的原理来研究和制造火箭的。"

惊诧的美国科学家这才想到去寻找戈达德，但已经晚了，戈达德已于 1945 年 8 月 10 日离开了人世。

弗莱明

奇怪的现象

弗莱明是英国伦敦圣玛丽医

诺贝尔奖牌上的弗莱明头像

院的一名细菌学家，在他的实验室里，很多玻璃培养器皿整齐地排列在一排排的架子上，上面的标签分别写着：葡萄状球菌、炭疽菌、链状球菌、大肠杆菌等字样。这些都是毒性很强的细菌，弗莱明收集它们，是为了寻找制服它们的方法，进而把它们培养成无毒细菌。在这些细菌中，有一种细菌特别奇怪，在显微镜下呈现出葡萄球状，生存范围非常

在实验室工作的弗莱明

广，危害也特别大。

生活中，生物伤口感染后化脓，就是这种细菌在"作怪"。弗莱明想找到杀死它的方法，虽然做了各种各样的试验，但始终没有成功。

这天，弗莱明来到实验室的架子前，想看看培养器中的细菌有没有新的变化。当他走到靠近窗户的那只培养器皿面前时，忽然发现标签上写有"葡萄状球菌"器皿中的培养基发霉了，从中长出了一团青色的霉菌。

助手发现后，急忙说："这可能遭到了杂菌的污染，别用了，我把它倒掉。"弗莱明制止了助手的行为，认真地观察了一会，惊奇地发现：青色霉菌的周围竟然出现一小圈空白区域，在那里，葡萄状球菌完全消失了。这是怎么回事呢？

弗莱明把它拿到显微镜下，仔细观察发现，青霉菌附近的葡萄状球菌已经全部死去。他立即决定，把青霉菌放进培养基中进行培养。

发现青霉素

几天后，培养基中的青霉菌开始大量繁殖。接着，弗莱明将一些葡萄状球菌放在青霉菌的培养器中进行试验。奇迹又出现了，

只几个小时的工夫，毒性很强的葡萄状球菌居然全部死亡了。这使弗莱明兴奋异常。接着，他又分别把白喉菌、肺炎菌、链状球菌、炭疽菌放了进去。结果一样，这些细菌也都很快死亡。

为了进一步验证青霉菌对葡萄状球菌的杀灭能力，弗莱明向青霉菌培养液中逐步加水稀释，一倍、两倍……直至八百倍，结果它对葡萄状球菌和肺炎菌的杀灭能力依然存在。

但是，这种青霉菌液体是否会对动物构成危害呢？弗莱明又小心地把它注射到兔子的血管里，结果发现兔子活动正常，这证明青霉菌液体不具有毒性。

1929年6月，弗莱明发表了他的论文，把青霉菌分泌的杀菌物质称为青霉素。当时，曾有人建议他把青霉素的制造申请为专利权，那样会发大财。弗莱明拒绝说："那样的话我自己富有了，但无形中危害了无数人的生命，这我怎能忍心呢。"

验证药效

虽然结论已经得到验证，但令人遗憾的是，无法提取足够的数量供给治疗使用。弗莱明被迫暂时停止了对青霉素的培养，中止了这项研究，但他的伟大发现

钱恩（1906～1979）

却为后来的科学家们开辟了广阔的道路。

　　1940 年，在牛津大学主持病理研究的澳大利亚病理学家弗洛里对青霉素产生了浓厚的兴趣。

弗洛里（1898～1968）

他邀请一些生物学家、生物化学家和病理学家组成了一个联合实验组，其中，德国生物化学家钱恩是他最主要和最得力的助手。

　　在弗洛里的领导下，联合实验组展开了紧张的研制工作，每天都要配制几十吨培养液，然后分别灌进培养器皿中，让它们在里面接种青霉菌菌种，等到充分繁殖后，再装进大罐里，送往钱恩的实验室中进行提炼。但一大罐的培养液里只能提炼出针尖那么大小的一点儿青霉素。经过几个月的艰苦努力，钱恩终于提取出了一小匙青霉素。

　　为了验证药物的效果，钱恩把它溶解在水中，用来杀灭葡萄状球菌，非常成功。即使稀释到二百万倍，同样具有杀灭真菌的能力。接着联合实验组改用五十只小白鼠试验，给每只小白鼠都注射了同样数量、足以致死的链状球菌，然后再为其中的二十五只注射了青霉素，其余的二十五只没有注射。结果，没有注射的全部死亡，注射了的仅有一只死亡。这个成功实验促使他们更深入地投入到提取工作实验中。终于，他们所积累的青霉素成功地救活了一个病人，进一步充分地验证了该药物的惊人效能。

1945 年，弗莱明、弗洛里和钱恩因在青霉素发现和利用方面的杰出贡献，被共同授予了该年度的诺贝尔生理学及医学奖金。

贝尔德

尴尬的实验

1925 年的一天，在伦敦最大的一家百货商店里，兴致勃勃而来的人们沮丧地议论着：

"真是吹牛，就这样的影子也算是图像？"

"这一定是百货商店老板的鬼主意。"

年轻时的贝尔德

"能不能把图像再调得清楚一些？是否可以在上面展示一只动物让我们看看呢？"

贝尔德十分尴尬地说："对不起，现在我只能做到这种程度。"

原来这个不到 20 岁的毛头小伙子贝尔德，正在展示他发明的电视机！

贝尔德出生在苏格兰海伦斯堡的一个牧师家庭，从小就爱好发明。为了发明电视机，他在英格兰西南部的黑斯廷斯建造了一个极为简陋的实验室：用一个盥洗盆作框架，然后同一个破茶叶箱连起来，再把捡来的电动机安上去……这些废品，就是他发明电视机的整个实验装备。

按照电视机的工作原理，贝尔德把需要发送的场景分成若干个小点儿，区分明暗的差别，再以电信号形式把它们传送出去，最后在另一端接收并显示出来。就这样，他年复一年地在简陋的实验室反复试验着。1924 年春天他终于成功地发射了一朵十字花。虽然发射距离只有短短三米，而且图像只是一个模糊的轮廓，还闪烁不定，但却令贝尔德兴奋不已。为找出图像不清晰的原因，他把几百个干电池分别连接起来，但一不小心左手碰到一根裸露的连接线，高达两千伏的电压把他击昏了过去。

第二天，伦敦《每日快报》用大字标题报道了贝尔德遭电击的消息。贝尔德抓住这个契机，大肆宣传来筹集实验资金。一家无线电老板表示愿意赞助经费，但要获取发明成功后创收的一半。尽管条件苛刻，但贝尔德同意了。此后，实验装置从黑斯廷斯运到了伦敦。可不久经费就用完了，而试验却没有太大突破。

正在贝尔德焦虑时，一家百货店的老板又愿意提供二十五英镑的赞助，并免费送给他一切实验材料，条件是必须在他的商店里操作表演。令贝尔德沮丧的是，现场表演又失败了。贝尔德再次进入艰难的时期，甚至没钱吃饭、付房租。为了支持他继续试验下去，他的两个堂兄弟为他

贝尔德和他的试验装备

凑了五百英镑。这使贝尔德如重获新生一般，他又立刻投入到了试验中。

决不停息

1925年10月2日清晨，接收机上非常清晰地显示出木偶头像"比尔"的脸部特征。"成功了，成功了，我终于成功了！"贝尔德大喊着冲下楼去，遇到一个小伙子立刻把他拽上楼，按在"比尔"的位置上。几秒钟后，小伙子也同样吃惊地大喊起来："不可思议，简直不可思议！"原来他发现自己的脸竟然出现在贝尔德的"魔镜"里。贝尔德的发明很快引起了英国的震惊，发现商机的人们，纷至沓来要求资助。

有了资金后，贝尔德更新设备，开始进行更深层次的试验。1928年，他成功地把伦敦传播室的人像传到了位于纽约的接收机上。不久，又把伦敦一位姑娘的图像送到她正在远洋航行的未婚夫手中。贝尔德成功了，他的名字很快传遍了全世界。

1936年秋，英国广播公司正式从伦敦播送电视节目，这使人们的生活发生了天翻地覆的变化。但贝尔德并没有满足于眼前的成功，而是想着发明彩色电视，让色彩缤纷的世界呈现在荧屏上。

1941年12月，贝尔德第一次成功地传送了完美的彩色图像，他所发明的彩色电视机又成功了，但实验室却毁在了希特勒的炸弹下。贝尔德没有灰心失望，又重新开始了他的试验。转瞬到了1946年6月，英国广播公司又成功地播送了彩色电视节目，而贝尔德却因过度劳累病倒了，几天后，就匆匆地离开了人世，年仅58岁。遗憾的是，这位"电视机之父"始终没有看到彩色电视节目。

如今，贝尔德发明的第一架电视机、与他多年相伴的木偶"比尔"都被保存在英国南肯辛顿科学博物馆中，供游人参观。

世界第一台电子计算机问世

1946年2月15日，世界上第一台通用电子数字计算机"埃尼阿克"（ENIAC）在美国宾夕法尼亚大学诞生。"埃尼阿克"的成功，是计算机发展史上的一个里程碑，是人类在发展计算技术的历程中，到达的一个新的起点。"埃尼阿克"计算机的最初设计方案，是由36岁的美国工程师莫奇利于1943年提出的，计算机的主

要任务是分析炮弹轨道。美国军械部拨款支持研制工作，并建立一个专门研究小组，由莫奇利负责。总工程师由埃克特担任，组员格尔斯坦是位数学家，另外还有逻辑学家勃克斯。

"埃尼阿克"计算机共使用了18000个电子管，另加1500个继电器以及70000个电阻组成，其总体积约90立方米，重达30吨，占地170平方米，需要用一间30多米长的大房间才能存放，是个地地道道的庞然大物。

"埃尼阿克"每秒能做5000次加法，或者400次乘法。如果用当时最快的机电式计算机做40点弹道计算，需要两小时，而"埃尼阿克"只要3秒钟，这在当时，的确已是很了不起的成绩。然而"埃尼阿克"还不完善，实际上它没有存储器，只有用电子管做的寄存器，仅仅能寄存10个数码。当需要换算别的题目时，得重新焊接连线，很费时间。总之，第一台电子计算机的发明，是人类科技发展史上的重大突破。

F-100 飞上蓝天

1953年，美国研制成功第一

莫奇利与埃克特

种平飞速度超过音速的 F－100 制空战斗机并装备空军使用。

F－100 飞机是原北美飞机公司为美国空军研制的第一种超音速战斗机。研制工作从 1949 年 2 月开始。最初研制这种飞机时称作"佩刀－45"计划，因为该机的机翼后掠角为 45 度，形状如同一把佩刀。F－100 装一台喷气发动机，推力 7000 多千克，机上装有 4 门 20 毫米航炮，机身上有 6 个外挂架，最大外挂重量可达

经改进的 F－100 飞机

2720 千克。后期的 F－100 加装了"响尾蛇"导弹。执行对地攻击时，还可加挂空对地导弹。1953 年 5 月，YF－100A 第一号机首次试飞，飞行高度为 11000 米/时，速度达到了 1.38 马赫，成为世界上第一种平飞速度超过音速的战斗机。

世界第一艘核潜艇"鹦鹉螺"号下水

1954 年 1 月 21 日，美国建造的世界上第一艘核潜艇"鹦鹉螺"号在美国康涅狄格电船公司的船坞下水，1.2 万多名工人和观众聚在看台上观看，美国总统艾森豪威尔也参加了下水仪式。这艘核潜艇的设计者为海曼·乔治·里科弗。他面对着徐徐潜入水中的"作品"热泪盈眶。"鹦鹉螺"号从 1948 年起建造至 1954 年底全部竣工，他耗费了大量的心血。

"鹦鹉螺"号核潜艇长 70 米，总重 2800 吨，全部建造花费 5500 万美元，平均航速为 20 节，最大航速 25 节，最大潜深 150 米。按设计能力可连续在水下航行 50 天，驶完全程 3 万千米而不用添加任何燃料，潜艇外形为流线形，

核潜艇"鹦鹉螺"号下水

设计师科罗廖夫

整个核动力装置占艇身的一半左右。

苏联发射世界上第一颗人造卫星

20世纪初,俄国科学家齐奥尔科夫斯基创立宇航理论。经过半个世纪的探索和实践,1957年10月4日,人类终于突破运载火箭的难关,苏联发射了世界上第一颗人造卫星,开创了航天新纪元。

这颗人造地球卫星的本体是一只用铝合金做成的圆球,直径58厘米,重83.6千克。圆球外面附着4根弹簧鞭状天线,其中一对长240厘米,另一对长290厘米。卫星内部装有两台无线电发射机,频率分别为20.005兆赫及40.002兆赫,无线电发射机发出的信号,采用一般电报讯号的形式,每个信号持续时间约0.3秒,间歇时间与此相同。此外还安装有一台磁强计,一台辐射计数器,一些测量卫星内部温度和压力的感应元件及作为电源的化学电池。该卫星在拜克努尔发射场由一支三级运载火箭发射。起飞后几分钟,卫星从第三级火箭中弹出,

第一颗人造卫星发射情景

达到第一宇宙速度（7.9千米/秒），进入环绕地球飞行的轨道。它距离地面最远时为964.1千米，最近时为228.5千米，轨道与地球赤道平面的夹角为65°，以96.2分钟时间绕地球1周，比原来预计的所需时间多1分20秒。卫星在天空中运行了92天，绕地球约1400圈，行程6000万千米，于1958年1月4日陨落。为了纪念人类进入宇宙空间的伟大时刻，苏联在莫斯科列宁山上建立了一座纪念碑，碑顶安置着这颗人造卫星的复制品。

国际原子能机构总部

国际原子能机构成立

国际原子能机构是国际原子能领域的政府间科学技术合作组织，同时兼管地区原子安全及测量检查，于1954年12月由第9届联大通过决议设立并于1957年7月成立，是联合国的一个专门机构。总部设在维也纳，现有129个成员国。

国际原子能机构的宗旨是"加速扩大原子能对全世界和平、健康和繁荣的贡献"，并"确保由机构本身，或经机构请求，或在其监督管制下提供的协助不致用于推进任何军事目的"。由35国组成的理事会为该组织最高执行机构；秘书处由总干事领导下的专业人员和工作人员组成，总干事由理事会任命，6名副总干事负责6个独立的部门，下设科学咨询委员会、技术援助委员会、行政和预算委员会和保障委员会；每年召开一次由全体成员国代表组成的大会；出版物有《核聚变》、《国际原子能机构通报》。

工业机器人的诞生

1959年，美国人英格伯格和德沃尔制造出世界上第一台工业机器人。英格伯格负责设计机器人的"手"、"脚"、"身体"，即机器人的机械部分和完成操作部分；德沃尔设计机器人的"头脑"、"神经系统"、"肌肉系统"，即机器人的控制装置和驱动装置。这个机器人的功能和人手臂功能相似。它成为世界上第一台真正的实用工业机器人。此后英格伯格和德沃尔成立了"尤尼梅逊"公司，兴办了世界上第一家机器人制造工厂。第一批工业机器人被称为"尤尼梅特"，意思是"万能自动"。1962年美国机械与铸造公司也制造出工业机器人，称为"沃尔萨特兰"，意思是"万能搬动"。至此"尤尼梅特"和"沃尔萨特兰"就成为世界上最早的、至今仍在使用的工业机器人。

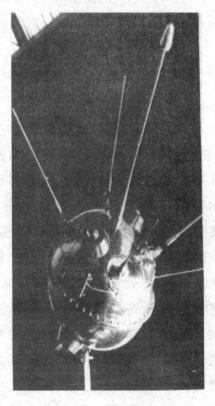

"先锋4号"探测器

飞往月球的探路者

1959年1月2日，前苏联发射了"月球1号"探测器。这个探测月球的仪器，途中飞行顺利，但是没有命中月球，而是从距离月球表面约7000千米的地方飞过去，后来成为历史上第一颗围绕太阳运行的"人造行星"。在这一年的3月3日，美国也向月球发射了"先锋4号"探测器，它从距离月球59000千米处飞过。接着，9月12日前苏联又发射了"月球2号"探测器，9月14日上午6时2分24秒抵达月球表面的"澄海"，只比预计的时间迟了1分24秒。这是到达月球的第一位使者。"月球2号"飞行的成功，开辟了飞往月球的道路。同年10月4日前苏联"月球3号"探测器飞往月球，3天后环绕到月球背面，拍摄了第一张月球背面的照片，让人们首次看全了月球的面貌。在前苏联的月球探测器陆续成功之后的2年7个月，美国的探测器"徘徊者4号"飞抵月球的背面。

苏联宇航员加加林太空飞行成功

　　1961年4月12日9时7分（莫斯科时间），苏联宇航员加加林乘"东方1号"飞船从拜科努尔发射场升空，进入地球轨道，飞行了31小时48分后安全返回，降落在萨拉托夫州斯梅洛夫卡村地区，驾驶员加加林平安归来。它标志着从这一日起，人类不再被禁锢在地球上，一个古老的梦想——走出地球——已经成为现实。

　　加加林于1934年3月9日生于苏联格扎茨克卢希洛镇的木匠家庭。1955年参加空军，成为空军飞行员。后来被挑选为苏联第一批航天员。1964年4月14日，加加林被授予"苏联英雄"称号，以后又获得列宁勋章。1968年3月27日，已晋升为上校的加加林与另一名飞行教官在演习飞行中，因为天气不好出事故而丧生。为了纪念他，苏联将他的出生地改名为加加林区，将发射"东方1号"飞船的发射阵地命名为加加林发射阵地，并在阵地旁边修建了加加林塑像，把莫斯科郊外的

"东方1号"发射升空

航天员培训中心命名为加加林航天员培训中心。国际航空联合会设立了以他的名字命名的加加林金质奖章，以奖励那些有突出贡献的航空人员。月球背面的一座环形山也以他的名字命名为加加林山。加加林成为宇宙时代的象征。

庞贝遗迹发现罗马人遗骸

　　1961年5月4日，意大利庞贝遗迹再度挖掘出数具古罗马人的遗骸，其中有小孩的遗骸。庞贝古城遗迹自公元79年因维苏威火山爆发被埋没，有2000人来不

庞贝古城内轶罗马人的遗骸

及逃出，被埋葬在厚厚的火山灰下，经过很长时间，人体腐烂了，火山的尘埃却形成了人体的模型。考古学家自 1748 年左右着手挖掘，至今已出土的有神殿石柱、石砌道路、水道、公共浴室以及美术工艺品等。如今再度挖掘出土的罗马人遗骸，对研究当年被埋没原因和古希腊罗马文明提供了宝贵的根据。

海明威

迷惘的一代

1899 年 7 月 21 日，海明威出生在美国芝加哥郊外橡树园镇。少年的海明威对父亲打猎、钓鱼等爱好不感兴趣，而对于母亲的文学爱好却特别钟情，这给海明威带来了很大的影响。中学毕业后，海明威到美国西南的堪萨斯《星报》，做了六个月的实习记者。第一次世界大战爆发后，海明威毅然加入到美国红十字会战场服务队，前往意大利战场。由于表现英勇，战后海明威被意大利政府授予十字军功奖章、银质奖章和勇敢奖章，还被晋升为中尉。但是战争在他身上所留下的 237 处伤痕，成了他恶魔般的记忆。身体康复后，海明威以加拿大多伦多《星报》记者的身份常驻巴黎。此时，他对创作产生了浓厚的兴趣，在当记者的同时还努力写小说。

10 年中，他出版了很多作品，其中最著名的就是长篇小说

一战中的海明威

《太阳照样升起》。小说描述了第一次世界大战后，流落在法国的一群美国年轻人，因为战争结束而迷失了前进的方向，因而感到空虚、苦恼和忧郁，虽然想重新振作起来，但精神上陷入了迷茫的状态之中，而尔虞我诈的社会现实又使他们十分厌恶……美国作家斯坦因把小说中的人物称为"迷惘的一代"，因而海明威及其所代表的文学流派也被称为"迷惘的一代"。

再次奔赴战场

1929 年，长篇小说《永别了，武器》问世，这是"迷惘的一代"文学的最高成就。小说描写的是战争背景下的一个爱情故事：一个叫亨利的美国青年自愿前往意大利战场。负伤后，他受到了英籍女护士凯瑟琳的照顾，并深深地爱上了她。在一次撤退中，亨利被误认为是德国间谍，而险遭枪毙。他被迫跳河逃生，想从此脱离战争。为了躲避宪兵的追捕，亨利和凯瑟琳来到瑞士，度过了一段非常幸福的生活。可是不久，凯瑟琳却因难产死亡，婴儿也未能存活。亨利从此变成了一个孤独的人……

1928 年，海明威离开巴黎，在美国的佛罗里达州和古巴度过了一段宁静的田园生活。他常以狩猎、捕鱼、看斗牛比赛作为消遣。第二次世界大战爆发后，海明威无心再过这种宁静的生活，他又奔赴战场，作为一名随军记者报道战争，还参加了巴黎的解放斗争。

写作中的海明威

太平洋战争爆发后。海明威把自己的游艇改装成巡艇，对德国潜艇的行动进行侦查，提供消灭敌人的情报。1944 年，海明威前往欧洲采访，因飞机失事而受重伤，痊愈后，他又奔赴到敌后进行采访。

"硬汉子"

1952 年，海明威完成了中篇小说《老人与海》。小说描述了老渔夫桑提亚哥在海上连续工作了

世界通史

最新整理图文珍藏版

84天都没有捕到鱼的故事。起初，一个叫曼诺林的男孩曾和他一起出海，可因连续四十天都没有任何收获，孩子的父母就让他到别的船上去了，他们认为孩子跟着老头不会有好运气。第85天，桑提亚哥一清早就出海了，并把船划到了很远的地方，这一次，他捕到了一条大马林鱼，经过两天的努力，他征服了这条鱼。但受伤的大马林鱼在海上留下的血腥味，吸引了无数的鲨鱼。老人又与鲨鱼展开了殊死搏斗，等他回到海港时，大马林鱼只剩下一副庞大的骨架了。孩子前来探望老头儿，发现了大马林鱼的庞大骨架，他感觉到桑提亚哥并没有失败，是条真正的"硬汉子"。

"一个人并不能被打败，你可以消灭他，但决不能打败他。"这是支撑着桑提亚哥生活的信念，也是文章所要阐明的思想。海明威借助桑提亚哥的形象，赞颂了人类在困难面前所显示出的坚不可摧的精神力量。在人生的角逐中，他或许已经失败了，但在命运面前，他依然是精神上的强者，是条"硬汉子"。

1954年，海明威凭借此文获得了诺贝尔文学奖。但以后因身体患有多种疾病，精神也长期处在抑郁状态，没能再创作出影响深远的作品。1961年7月2日，"硬汉子"海明威竟用猎枪结束了自己的生命……

美国宇航员约翰·格林成功环绕地球轨道飞行

1962年2月20日，美国宇航员约翰·格林乘坐美国载人宇宙飞船"友谊7号"升空，成功地环绕地球轨道3圈。他是美国第一个环绕地球飞行的太空人。这也标志着美国在太空领域开始了一个新的开端。

一战中受伤的海明威

身穿宇航服的约翰·格林

美国总统肯尼迪在察看"友谊7"号太空船内部

格林于 1921 年 7 月 18 日出生于美国俄亥俄州剑桥，高中毕业后考取了马斯金格姆大学。珍珠港事件爆发后，他加入新组建的海军航空兵训练队，1943 年又加入美国海军陆战队并参加了南太平洋战役。格林曾在海军陆战队担任试飞员数年，主要驾驶喷气式战斗机。1957 年，他从洛杉矶飞到纽约，创造了跨陆飞行的速度纪录。自 1959 年始，格林作为美国航天计划的第一批宇航员之一参加了为期 3 年的训练。1962 年 2 月 20 日，他终于实现了他的太空梦想，也成了美国人民心目中的英雄，当他返回到地面后受到美国人民的热烈欢迎。这次飞行虽然带有一定的冷战色彩（当时美苏两国正处于航天较量中），但它依然是人类征服太空的一次重大胜利。1965 年格林退役，结束了他颇有建树的军旅生涯。此后他经商从政。

人类首次在太空行走

1965 年 3 月 18 日，前苏联"上升 2 号"宇宙飞船上的宇航员列昂诺夫完成了人类首次太空漫步。他在太空行走了 24 分钟。接着美国宇航员怀特于同年 6 月 5 日从"双子星座 4 号"飞船出舱作了太空行走，历时 20 分钟。他们都身系安全带，以防离开母体飞

爱德华·怀特在太空漫步

"心脏之父"巴纳德

船后在太空中走失。列昂诺夫与怀特两名宇航员开创了人类太空行走的先河。

人类首例心脏移植手术成功

　　1967年12月3日，在开普敦大学附属医院，巴纳德和他领导的医疗小组经过5个小时的手术，成功地将因车祸死亡的25岁青年的心脏移植到一位55岁的老人路易斯·瓦沙康斯基的体内。尽管瓦沙康斯基因肺部感染于手术18天后死亡，但这一人类心脏移植的开先河之举，立即轰动了整个世界。巴纳德一夜之间成为全球新闻人物。

　　此后，巴纳德在心脏移植领域捷报频传：克服了心脏移植手术后免疫系统出现疾患的困难，接受移植术的病人生命不断延长。巴纳德医生的第二个心脏移植病人活了18个月，另外一个名为范齐尔的病人活了23年，接受心脏移植术的第一位黑人患者菲什尔活了两年半。

《外层空间条约》签署

　　《外层空间条约》全称《关于各国探索和利用包括月球和其他天体在内外层空间活动的原则条约》。1966年12月19日由联合国

外空活动关系全人类的利益

大会通过，1967 年 1 月 27 日在伦敦、莫斯科、华盛顿开放签署；同年 10 月 10 日生效，无限期有效。至 1990 年 1 月，已有 93 个国家批准加入。条约主要内容是：（1）探索和利用外层空间应为所有国家谋福利和利益。（2）各国不得由国家通过主权要求、使用或占领等方法将包括月球与其他天体在内的外层空间据为已有。（3）各缔约国在外空的活动须遵守国际法和《联合国宪章》，保证把月球和其他天体绝对用于和平目的，以维护国际和平与安全。（4）不得在绕地球轨道、天体或外层空间放置、部署核武器或其他种类的大规模毁灭性武器。（5）禁止在天体上建立军事基地、设施、工事及试验任何类型的武器和进行军事演习。（6）各缔约国对其外空的物体及所载人员保有管辖权和控制权。（7）对外空的研究和探测应避免使其受到有害污染以及将地球外物质带入而使地球环境发生不利变化。（9）外空活动应依照国际合作和相互援助的原则进行，各缔约国应向宇航员提供一切可能的援助。

《外层空间条约》是外空法方面的第一个成文法，它确立的有关外层空间活动的原则对于各国和平探索和利用外空活动有一定指导意义，有助于限制外层空间的军备竞赛。

"阿波罗1号"飞船的三名宇航员之死

1967 年 1 月 27 日，人类航天史上一个悲惨的日子。美国"阿波罗 1 号"飞船在佛罗里达州卡纳维拉尔角肯尼迪航天中心进行地面模拟飞行试验时船内失火，造成 3 名宇航员丧生，美国举国为之震惊，并将下一次发射推迟 20 个月。

这 3 名宇航员分别是：曾参加过"水星 4 号"亚轨道飞行、

3 名遇难的宇航员

"双子星座 3 号"飞行且经验非常丰富的弗吉尔·卜格里索姆上校，曾参加过"双子星座 4 号"飞行并是美国第一个到太空行走的爱德华·怀特中校，还有一名是准备第一次上天飞行的罗杰·查非少校。如果这次地面模拟试验成功，这 3 名航天员即乘此飞船进入环地轨道飞行，以考验登月飞行的程度。

后来查明，这次起火原因是飞船导线短路，电火花引燃了舱内塑料制品。阿波罗飞船采用的是纯氧方案，一些在正常空气中本来是耐火的塑料制品，在纯氧中却成了易燃物品。此外，舱门打开时间设计为 90 秒，着火时船内形成负压，无论在外面还是在里面，舱门在极短的时间内都无法打开。

卓别林

四处卖艺

1889 年 4 月 16 日，查理·卓别林在伦敦的一个贫民区出生。他的父母是喜剧演员，经常在伦敦的游艺场里演出。在卓别林一岁时，父母分居，他和大自己四岁的哥哥与母亲一起生活。因为生活贫困，所以他们居无定所，常随母亲四处奔波。卓别林在年纪很小的时候就开始接触了表演这门艺术。

卓别林的母亲为了照顾好两个孩子，日夜操劳，不幸又染上了喉炎，这对于一个普通演员来说，是非常致命的。卓别林五岁那年，母亲登台演出时，因喉炎发作，声音低哑，被观众轰下了台。就在母亲伤心欲绝时，卓别林临时上阵，替母亲演出。他蹒跚着走向前台，看着轰下母亲的观众，然后故意用沙哑的嗓音学母亲唱歌。也许因为年龄的原因，小卓别林滑稽的表演赢得了观众热烈的掌声。卓别林从此迈上了表演舞台的第一步。

8 岁时，卓别林靠母亲的关系进入"兰开夏八童伶剧团"，与其

青年时期的卓别林像

他孩子一起，穿着木屐跳舞、唱歌，往往累得脸色苍白。母亲看到他日益消瘦，十分心疼，就让他离开了这个舞蹈班。

1907年，卓别林经过努力，终于进入了伦敦专演滑稽哑剧的卡尔诺剧团。进入剧团后，他那股积极上进的精神劲淋漓尽致地发挥出来了。他把杂技、舞蹈、令人发笑的忧郁和让人流泪的笑巧妙地融为一体，初步形成了他后来那种独特的哑剧风格。

1910年，卓别林随卡诺剧团第一次来到美国。1913年，已是剧团顶梁柱的卓别林随卡尔诺剧团再次前往美国演出，在剧中表演出色的卓别林被美国喜剧电影

之父赛纳特一眼看中，并同他签订了去好莱坞的合同。

初入银幕

卓别林到好莱坞赛纳特韵启东公司后，拍摄的第一部影片《谋生》并没有给观众留下太深刻的印象。在拍摄第二部影片时，公司通知他洛杉矶正在举行一场汽车比赛，要他设法搞一身滑稽打扮，扮演一个在现场拍摄影片的摄影师。接到通知的卓别林迅速冲到化妆间，随手抓过一位以"胖哥"闻名的丑角的肥大的裤子和他的假发假须。破皮鞋是在化妆间的角落里捡到的，尺寸也明显过大。礼帽、手杖和过于窄小的上衣也都是那天上午随手捡拾的。在拍摄的过程中，卓别林想起了伦敦街头一个老摊贩横着走路的滑稽步伐，于是也借用了过来。这一切都是偶然的凑合，然而一个不朽的流浪汉形象正逐步

《阵雨之间》剧照

《狗的生涯》剧照

成形。

1914年2月28日，头戴圆顶礼帽、手持竹手杖、足登大皮靴、走路像鸭子的流浪汉夏尔洛的形象首次出现在影片《阵雨之间》中。这一形象成为卓别林喜剧片的标志，风靡欧美20余年。虽然这一形象在后来成为一代电影的某种艺术象征，但在当时却让他的老板塞纳特感到非常失望。

卓别林刚开始是作为配角演员出场，但他很多时候都是给当时的一流喜剧明星配戏，比如福特·斯特林、切斯特·康克林，"胖子"阿巴克尔等。三个月后，

他开始协助梅布尔执导影片并自导影片，此后开始受到了观众的欢迎，逐渐形成并完善了他天真可爱的"流浪汉"形象。卓别林后来对自己的形象解释说，小胡子是虚荣心的象征，瘦小的外衣和肥大的裤子是一系列可笑行为和笨拙举止的写照，而手杖呢，不但是纨绔子弟的标记，而且可以用它勾住别人的腿或肩膀，增加喜剧效果。

创作生涯

从此，影剧院只要出现启东公司的广告，观众便一阵骚动，卓别林刚一在影片上出现，观众就发出欢畅的笑声。

卓别林与启东公司的合同期

《淘金记》剧照

满后，又到过几家电影公司。1918年，卓别林受到英、美罢工工人的启示，拍摄了《狗的生涯》，描写流浪汉夏尔洛露宿街头，处处受辱的悲惨遭遇。随后又拍了《从军记》、《寻子遇仙记》。《寻子遇仙记》这部影片被评为一流的艺术品。这时的卓别林已红遍美国，而且整个世界都在为他发狂。

在逐渐的拍片过程中，卓别林发现了他偶然创造的流浪汉形象的深刻意义。离开启东公司后，流浪汉形象不再是单纯地挨打出丑，而是越来越表现出深沉的感情，越来越具有现实生活中"小人物"的共同的悲剧色彩。而观众也突然发现，在看卓别林演出

时，自己的笑声几次都突然被泪水噎住。

1925年，卓别林完成了轰动一时的长片《淘金记》，描写19世纪末美国发生的淘金狂潮。《淘金记》在卓别林的艺术生涯中具有承前启后的意义，既是他早期作品的总结，又为他以后更成熟的作品奠定了基础。

30年代到50年代，卓别林的创作生涯达到了巅峰，他于1931创作了《城市之光》，1936年创作了《摩登时代》，1940年创作了《大独裁者》，1952年创作了《舞台生涯》等优秀作品。

这些影片反映了卓别林从一个普通的人道主义者到一位伟大的批判现实主义艺术大师的过

卓别林在奥斯卡颁奖典礼上

世界通史

最新整理图文珍藏版

程。卓别林以其精湛的表演艺术，对下层劳动者寄予深切同情，对资本主义社会的种种弊端进行辛辣的讽刺，对法西斯头子希特勒进行了无情的鞭笞。

1952年，卓别林受到麦卡锡主义的迫害，被迫离开美国，定居瑞士。离开美国的时候，卓别林发表了一篇苦涩的声明，他在其中说自己已经成了"强力反动组织编造的谎言和恶意宣传"攻击的对象，这些组织"运用自己的影响力加上黄色小报的推波助澜制造出了一种不健康的氛围，在这种氛围下任何心灵自由的个人都将被孤立并遭到控告"。在瑞士期间，他拍摄了尖锐讽刺麦卡锡主义的影片《一个国王在纽约》。

1966年，77岁高龄的卓别林拍摄了最后一部影片《香港女伯爵》。此后便与爱妻乌娜一起，在风景秀丽的瑞士安度晚年，直到1977年辞世。

迟来的爵位

1975年，卓别林被英国女王伊丽莎白二世封为爵士。事实上，如果没有美国的阻挠，他得到这一荣誉的时间可能会提早20年。

1956年，鉴于卓别林的杰出表现，英国政府已经在考虑给卓

《摩登时代》剧照

别林封爵，但这一动议最终遭到否决，原因是担心此举可能引起美国方面的不满。

卓别林虽然在美国待了40多年，却一直拒绝加入美国国籍，而且演出了许多讽刺当局的影剧，这令美国当局十分恼火。

美国对卓别林的不满在英国外交部函件上就有显示：一是他对"美国42年带给他的丰厚物质收益"完全没有知恩图报的意思；另一件则是"严重道德问题"，指责卓别林和十几岁的少女结婚。

70年代早期，英国外交部的态度开始软化。1971年8月外交部的一封信函表明了英国政府当时的态度："过去的就让它过去吧。"而美国人也倾向于把卓别林看作一个"侨居美国的英国长者"。1972年，卓别林前往美国领

取奥斯卡特别奖，受到美国人民的热烈欢迎。最终卓别林在逝世前两年获得了迟来的爵位。

苏联"联盟19"号与"阿波罗18"号对接成功

1975年7月15日至21日，美国的"阿波罗18"号和前苏联的"联盟19"号宇宙飞船在太空对接成功。这是人类航天史上首次国际合作，它对缓和美苏外空紧张局势起到了重要的作用。该太空计划是美苏于1972年5月制订的。

1975年7月15日格林尼治时间12时20分，"联盟19"号飞船在拜科努尔发射场加加林发射阵地准时发射升空。在"联盟19"号发射后7小时30分后，美国

"土星1B"火箭运载着"阿波罗18"号飞船从肯尼迪航天中心39号发射阵地发射上天。

在"联盟19"号飞行36圈，"阿波罗19"号飞行29圈，即"联盟19"号发射51小时49分钟之后，两船进行了对接。对接完成得非常顺利，比原计划还提前了几分钟。接着进行航天员互访活动，阿波罗飞船两名航天员进入了联盟号。美国宇航员斯坦福尔德紧紧握住前苏联宇航员列昂诺夫的手。列昂诺夫微笑着用英语说："很高兴见到您！"两人相互拥抱，非常激动。通过电视转播，全世界数以万计的观众目睹了这一重要历史场面。在会见中，两国航天员交换了国旗，共同进餐，一起做体操，还联合举行了太空答记者问的电视节目，回答了苏、美新闻记者的问题。第一次会见

美苏两艘飞船对接成功

架起美苏友谊桥梁的5位宇航员

进行了 10 小时，会见完毕后，美国宇航员返回"阿波罗飞船"。第2天，"联盟"号飞船的指令长对"阿波罗飞船"进行了回访。两艘飞船在对接状态下，共飞行了两天。

两艘飞船分离后，"联盟19"号又经过 43 小时的飞行，于 7 月20 日在哈萨克的阿尔卡利克东北87 千米处安全着陆；"阿波罗 18"号飞船分离后，又继续飞行了 6天，于 7 月 24 日降落于夏威夷以西 434 千米的太平洋上。

宇宙飞船首次对接飞行取得了巨大成功，促进了美苏两国关系和国际关系的改善。福特总统表示，联合飞行对科学、对国际合作作出了贡献。勃列日涅夫给福特总统致电，希望这次飞行成为今后合作的基础。联合国秘书长瓦尔德海姆称这次飞行是人类史上的一个里程碑。

苏联发射"礼炮5"号空间站入轨

从 20 世纪 70 年代起，苏联的太空探索进入以载人航天为主体的研究、试验新阶段。其特点是，充分利用 60 年代载人航天的已有

苏联"礼炮5"号空间站

成果，借助于以航天站为主体、以载人飞船和无人货船为运输手段的载人航天体系，在近地轨道上开展频繁的载人航天活动，研究人在空间环境中长期生活与工作的能力，进行与军事，科研和国民经济有关的试验。1976 年 6月 22 日，苏联发射"礼炮5"号空间站入轨。运行期间先后与 3艘载人"联盟"号飞船对接，其中两艘对接成功。"联盟21"号的航天员在飞船上工作 49 天，因舱内出现呛人的气味，于 8 月 24 日返回。"联盟 23"号对接没有成功。"联盟 24"号对接后，航天员进站工作两星期。"礼炮5"号共运行了 412 天。"礼炮5"号属于第一代航天站，一次只能对接一艘飞船。

"海盗 1"号登陆火星

1976 年 7 月 20 日，美国"海盗 1"号不载人宇宙飞船在经过近11 个月的 5 亿英里的飞行后，在火星表面软着陆成功，成为第一艘降落在火星上的太空船。19 分钟后，着陆成功的消息传回地球。数星期后，"海盗 1"号的姐妹船"海盗 2"号也成功地降落在火星表面。

"海盗 1"号于 1975 年 8 月20 日在佛罗里达的堪培拉海角由"泰坦"型运载火箭发射升空，其上包含有运行于火星轨道的太空探测船以及可供脱离登陆的无人登陆艇。探测船于 1976 年 6 月 19日进入火星的轨道，登陆艇于1976 年 7 月 20 日在火星的希律塞平原斜坡着陆成功。接着，它立

即投入了事先编好程序的寻找火星微生物的工作中去，并发回了难以置信的周景全彩色照片。科学家由此知道火星的天空是略带粉红色的，并非是他们原先所想的暗蓝色。"海盗 1"号轨道探测船于 1980 年 8 月 17 日在环绕火星1400 圈后停止传送讯号，1982 年11 月 13 日其登陆艇也与地面失去了联系。

天王星光环被发现

天王星在太阳系中的位置排行第七，与太阳的平均距离为 2.9×10^9 千米。因为它距离地球非常遥远，体积也比较小，所以看上去比土星、木星暗得多。1977 年 3月，科学家们在观察天王星掩食

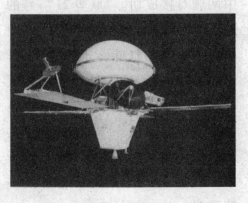

"海盗 1"号探测船

天王星的光环

恒星（即挡住了恒星的光）现象时发现，在天王星到达一颗恒星之前，星光突然变暗大约7秒钟，随后又变亮了。在天王星继续接近这颗恒星的过程中，又有4次变暗，每次都为1秒钟。在恒星从天王星的另一侧出现时，也发生了同样变暗的情况，只是顺序相反。科学家们通过进一步的观察，结果发现天王星的周围也像土星那样，有一个美丽的光环，光环中包含有9条环带。最里面的环和天王星中心相距40500千米，最外面的环距离天王星中心49100千米。天王星的光环非常薄，非常暗，亮度仅为土星环的1/3000000，在一般情况下即使用天文望远镜也难以发现。

墨西哥城再现"阿兹特克文明"

1978年2月21日上午，墨西哥城一名电缆管道工在掘地时，在索罗哥广场附近偶然触到特诺奇蒂特兰古都的金字塔。

特诺奇蒂特兰城是墨西哥现在的首都墨西哥城的前身，它是墨西哥古代阿兹特克人于1325年开始填湖而建的一座都城，人口曾发展到30余万，是当时世界上最大的城市之一。阿兹特克人于14世纪初生活在墨西哥北部高原，以游牧为生。后在部落首领特诺奇率领下向南远征，于1325年到达特斯科科湖的湖心岛并定居下来，修建了特诺奇蒂特兰城，随后以它为中心创立了阿兹特克帝国，同南美的印加帝国并列为西半球最强盛的国家。阿兹特克人极度喜好战争，他们用令人恐怖的方式将活生生的牺牲者的心挑出来，认为战争是捕获为其宗教提供所需的大量献祭用的牺牲者的必要手段。人祭牺牲的必然结果是形成吃人肉的习俗。这段文明史延续了两百年，1521年西班牙殖民者入侵这里，把宏伟的特诺奇蒂特兰城夷为平地，杀戮了成千上万的阿兹特克人。阿兹特克文明从此消失了。

阿兹特克金字塔

试管婴儿

新的试验对象

剑桥大学生理学家罗伯特·爱德华兹博士、英国曼彻斯特市的妇科医生帕特里克·斯特普托，从1966年就开始进行治疗不孕症的理论研究，他们试图找出一种新途径来解决问题，即体外受精—胚胎移植（IVF—ET）。

帕特里克·斯特普托手持用于胚胎移植的吸引装置进行演未

事实上，从1960年开始，爱德华兹就开始研究人类卵子及体外受精技术，并于1969年在试管中培育出了第一个胚胎。然而，他对IVF—ET实践结果并不乐观。到1977年时，经IVF—ET受孕的大约80例患者，在正常的情况下，没过几星期就都流产了。因此，IVF—ET存在极大的风险，令人悲观的结果似乎证明它是完全不成功的。

1977年年底的一天，对于爱德华兹博士和斯特普托医生来说是幸运的，因为又有人愿意接受IVF—ET，对于接受IVF—ET的约翰·布朗和莱斯利·布朗夫妇来说，他们也是幸运的，因为成功将从他们这里开始。

"之前的实验不很理想，这你是知道的。现在的方法已经改进很多，而且更为安全。但是，采用这种受孕方法，仍然存在流产、胎儿不健康等风险。"爱德华兹和斯特普托医生告诉莱斯利。

"没问题，我们已经做了充分的准备，我们愿意承担可能的后果。"因输卵管阻塞、已经9年未育的莱斯利说。

实验开始

爱德华兹博士立即准备实验器具，开始进行实验。他先用腹腔内窥镜从32岁的莱斯利身上取出卵子，然后放进已经准备好的培养器皿中。随后他又取得健康的约翰的精子，使精、卵在试管内相遇受精。

5天之后，试管里出现了5个胚囊，它们随后被植入了莱斯利的子宫。

"受孕的机会相对较小，或者

我们不得不进行第二次实验"。爱德华兹博士告诫她说。

"我感觉一个小生命已经悄悄生长了，我很舒服，直觉告诉我，一定会成功的！"莱斯利充满信心。

随后一切进展顺利，莱斯利的肚子渐渐隆起来了，约翰则像个孩子似的，整天跑前跑后，还不时把细微的变化告诉爱德华兹博士和斯特普托医生。

爱德华兹博士和斯特普托医生欣喜不已，然而他们的心也整天吊着，因为以前太多的失败，让他们还没有足够的准备去迎接成功。

预产期渐渐来临了，莱斯利并没有出现什么不适。

"我感觉他在踢我呢！他似乎

路易丝和母亲在一起

有点急不可耐了！"莱斯利满脸洋溢着幸福的笑容。

约翰则更加小心，他希望睁开眼就能看到莱斯利平平安安，抓起电话就能联系到任何妇科医生。

世纪之婴

1978 年 7 月 25 日，莱斯利被推进了产房。约翰和亲戚们在产房外面等待着，一群记者在医院外等待着……

深夜 11 点 40 分，兰开夏郡奥尔德姆市总医院妇产科里，斯特普托医生还在紧张地工作着，莱斯利的剖腹产由他亲自主刀。随着一声婴儿的啼哭，医生、护士都松了一口气。

"快去看你的女儿！"一名护士跑过来通知约翰。约翰喜极而

爱德华兹（右）和斯特普托（左）

泣，用拳头狠狠地砸在了墙上，然后亲吻了身边的人，包括那名护士。他冲出门外，向手术室狂奔。

爱德华兹博士和斯特普托医生轻托着孩子放到了约翰的怀里，他语无伦次地说："不敢相信！不敢相信！"而莱斯利因手术麻醉还在沉睡着，那么安详。

此时，那些围在医院外的记者已经着急了，因为种种迹象表明，孩子已经顺利产下了。他们曾报道过多次相关的新闻，但都是令人沮丧的，甚至他们自己也不愿意再看到那些坏消息了。他们拼命地往保卫严密的医院里挤，不仅是要抢头条新闻，更主要是把这个好消息告诉那些关注此事的人们。

看着这名婴儿健康正常，爱

25 岁生日上的路易丝

德华兹博士和斯特普托长舒了一口气。约翰兴奋得忘了道谢，他正念叨着"路易丝·布朗"这个名字，这是他给这个女婴取的名字。

路易丝在出生时就理所当然地成为报纸头条新闻，被冠以"世纪之婴"的美称。因为，她是全球第一个以体外人工受精方式

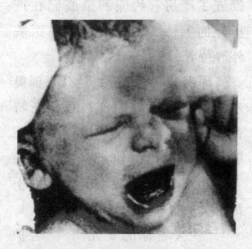

"世纪之婴"路易丝·布朗

爱德华兹（左）和斯特普托（右）

世界通史

最新整理图文珍藏版

出生的试管婴儿。

几乎震动了世界

路易丝恐怕从来没有想到，自己一出生就成为公众人物，几乎震动了整个世界。但是，并不是所有的人都为路易丝的出生而欢呼。

有人认为，这样做会把生儿育女的自然生理现象搞乱，是违背道德的行为。也有人认为，体外受精违反胚胎发育的自然规律，因而对试管婴儿能否正常发育成长持怀疑态度。甚至连某些科学家也担心，这个小孩正常吗？实验室的处理是否会留下可怕的遗传缺陷？她如果知道自己是以这种奇怪的方式创造出来的，心灵是否会留下创伤？她会不会是某个非自然物种的先锋，到头来只是为了刻意制造邪恶？

莱利斯和约翰在接受人们道喜的同时，还承受着巨大的压力。他们小心地呵护着路易丝，生怕有丝毫差错。只要有一点疏忽，那些宗教和政治人物，一定会发起更猛烈的攻击。因此，唯一的办法就是，把路易丝照顾得健健康康的。

爱德华兹博士和斯特普托没有想到，当他们实验失败时，受到了无数的苛责；为什么实验成

爱德华兹（右）、麦克唐纳（中）在路易丝的婚礼上

功时，仍然受到无数的苛责。

爱德华兹博士专门召开记者会说："我不知道他们为什么指责，难道实现一个母亲抱上孩子的愿望有错吗？"

风雨过后

令人欣慰的是，路易丝健康地成长着，和普通的婴儿没有什么区别。在她 5 岁时，父母就简略地向她讲解了她来到这个世界上的过程，并给她看了那个著名的夜晚、初生的她发出第一声啼哭的录像。此时，路易丝已经有了一个妹妹娜塔莉，英国第 40 个试管婴儿。

等到 10 岁时，路易丝发现，

自己越来越被出生的方式困扰。她也经常思考，自己到底是怎么来到这个世界上的，真的如母亲所说的那样吗？父母总说自己和普通的孩子一样，但为什么自己还老是觉得很特别、很不正常呢？

路易丝经常被突然跳出来的记者访问，问她各种各样的情况。路易丝发现，记者总是认为她不是普通人，并竭力通过提出各种问题以证明她不是普通人。路易丝感到越来越孤独，而让她感觉头疼的是，同学总是无休止地问她"你是从试管里出生的吗?"她不得不为此反复解释：自己不是。

路易丝健康地成长着，各种非议、指责越来越少，异样的目光也越来越少，无聊的发问也越来越少，而以相同方式出生的人越来越多。她和普通孩子一样愉快地学习，还成了试管婴儿技术的完美广告。

在路易丝25岁时，全世界的试管婴儿大约已经有150万人了，每一个试管婴儿都不再感到孤独。在路易丝25岁生日时，有数千名宾客和近1000名试管婴儿参加。

路易丝说："做公众人物的感觉很怪，但活着真好。虽然作为150万名试管婴儿中的第一个，但我并不感到自己很特别。我想过普通的生活，而且我的生活的确很普通。"

2004年9月4日，26岁的路易丝和33岁的安全警官威斯利·穆林德携手走上了红地毯。主持婚礼的牧师罗宾·道奇在35分钟的结婚仪式后对记者道："一切真是太感人了。"

"天空实验室"退役

1979年7月11日，美国"天空实验室"空间站在轨道运行6年后坠入大气层烧毁。"天空实验室"空间站是利用"阿波罗登月计划"的剩余物资——"土星5"号火箭第三级改造而成的，是第一个实际投入长期使用的空间站，1973年5月14日被发射入轨。

"天空实验室"全长36米，最大直径6.7米，总重77.5吨，

科学的奇迹

世界通史

最新整理图文珍藏版

"天空实验室"在绕地球轨道运行

航天飞机"哥伦比亚"号发射

由轨道舱、过渡舱和对接舱组成，可提供 360 立方米的工作场所。它在 435 千米高的近圆空间轨道上运行，先后接待 3 批 9 名宇航员到站上工作。这 9 名宇航员在站上分别居留 28 天、59 天和 84 天。1973 年 5 月 25 日、7 月 28 日和 11 月 16 日，先后由"阿波罗"号飞船把宇航员送上空间站工作。在载人飞行期间，宇航员用 58 种科学仪器进行了 270 多项生物医学、空间物理、天文观测、资源勘探和工艺技术等试验，拍摄了大量的太阳活动照片和地球表面照片，研究了人在空间活动的各种现象。1974 年 2 月第三批宇航员离开太空返回地面后，"天空实验室"便被封闭停用，直到 1979 年 7 月 11 日在南印度洋上空坠入大气层烧毁。它在太空总共运行了 2249 天，航程达 14 亿多千米。

1981 年 4 月 12 日，在卡纳维拉尔角肯尼迪航天中心聚集着上百万人，参观第一架航天飞机"哥伦比亚"号发射。宇航员翰·杨和克里平揭开了航天史上新的一页。这架航天飞机总长约 56 米，翼展约 24 米，起飞重量约 2040 吨，起飞总推力达 2800 吨，最大有效载荷 29.5 吨。它的核心部分轨道器长 37.2 米，大体上与一架 DC—9 客机的大小相仿。每

"哥伦比亚"号发射前夕

次飞行最多可载 8 名宇航员，飞行时间 7 至 30 天，轨道器可重复使用 100 次。航天飞机集火箭、卫星和飞机的技术特点于一身，

能像火箭那样垂直发射进入空间轨道，又能像卫星那样在太空轨道飞行，还能像飞机那样再入大气层滑翔着陆，是一种新型的多功能航天飞行器。

首例人工心脏移植手术

1967 年，南非开普敦的巴纳德医生进行了人类历史上第一例天然心脏移植手术。他为患者瓦香斯基换了一颗天然心脏，术后病人只活了 18 天。但天然心脏不能长期使用，因为几乎每个人都有自己独特的免疫功能，它具有很强的排斥异己的能力，可以把植入人体内的异体器官很快摧毁。所以科学家们又研究用永久性的人造心脏来代替天然心脏。

1982 年 12 月 1 日，美国犹他大学医疗中心外科医生雅维克进行世界首例人工心脏移植手术获得成功。这颗人工心脏名为"雅维克—7"，是雅维克自己研制发明的。它不像天然心脏那样由两个心房和两个心室组成，而是只有两个心室，重量比天然心脏要重些，但体积稍为小一点。"雅维克—7"全部用塑料和铝制成，可以抵挡住人体免疫力对它的冲击。

装上这个永久性人造心脏的病人是美国西雅图的退休牙科医生、61 岁的克拉克。克拉克患有心肌病，加之年纪又太大，不能再做天然心脏的移植。于是，雅维克博士在给牛犊进行试验成功后，便给生命垂危的克拉克换上了一颗永久性的人造心脏。克拉克手术后存活了 111 天 17 小时 53 分钟。这次手术被称为"历史性的大手术"。

美国实施"星球大战计划"

1983 年 3 月 23 日，美国总统里根发表电视广播讲话，正式提出"星球大战"计划。该计划包括"洲际弹道导弹防御计划"和"反卫星计划"两部分，共需耗资 1 万亿美元。

"洲际弹道导弹防御计划"就

里根正式提出"星球大战计划"

是在宇宙空间建立多层防御体系，将来袭导弹的飞行轨道分为几个阶段，在不同的阶段采取不同的防御手段，以达到全部摧毁来袭导弹的目的。

"反卫星计划"，就是研制和部署天基与陆基相结合的反卫星武器系统，以摧毁对方的卫星。"反卫星计划"实际上是战略防御系统的一个不可分割的组成部分，就是利用太空基地的监视系统，对敌卫星进行监视，并在必要时指令天基或陆基定向能武器系统摧毁敌人卫星。"星球大战"计划的提出，表明美国核战略发生了变化。

"挑战者"号航天飞机首航成功

1983 年 4 月 5 日，美国"挑战者"号航天飞机在佛罗里达州的肯尼迪航天中心发射上天，开始了它的处女航。"挑战者"号共载有 4 名机组人员，他们是指令长韦策、驾驶员鲍勃科以及专家马斯格雷夫和彼得森。这次"挑战者"号的主要任务是把一颗 2 吨半重的"跟踪和数据中继"卫星送入空间轨道，美国国家航空

和航天局将以它作为中继站，保持地面和在空间轨道运行的 26 个有效载荷以及航天飞机之间的通信联络。它的第二个任务是，两名专家将于 6 日离开机舱到敞开的大货舱，按飞行计划进行第一次空间行走，活动时间为 3 个半小时，其目的是试验新的航天服装以及为将来回收和修理人造卫星技术作准备。这次飞行还将对这架新的飞机性能进行广泛的试验，并在宇宙空间进行植物种子和对特殊材料以及微生物进行试验。"挑战者"号计划飞行 5 天，定于 4 月 9 日返回地面，在加利福尼亚州的爱德华兹空军基地降落。

"和平"号进入天空轨道

1986 年 2 月 20 日，苏联用"质子"号运载火箭将"和平"号载人空间站的核心舱送上了预定轨道，这表明前苏联开始正式组装与运行世界上第一个实用型的永久性载人空间站。"和平"号有 6 个对接口，可作为"联盟"号载人飞船和其他专业舱停靠的太空基地。"和平"号总长 13.13 米，最大直径 4.2 米，轨道重约 21 吨。到目前为止，先后有 90 多

进入天空轨道的"和平"号空间站

X－33 空天飞机设想图

艘"联盟 TM"号载人飞船和"进步"号货运飞船以及美国的航天飞机与之对接，替换航天员与补给物资设备，有 105 名航天员先后在"和平"号上生活与工作过，他们中除了前苏联与俄罗斯的航天员外，还有 44 名美国航天员、6 名法国航天员和 12 名其他国家的航天员。

空天飞机计划

空天飞机是航空航天飞机的简称。它既可以在大气层内飞行，也能在太空中飞行。与航天飞机相比，空天飞机多了一个在大气层中航空的功能，而且它起飞时也不使用火箭助推器。1986 年，美国首次提出了研制空天飞机的计划，美国计划研制一种代号为"X—30"的完全重复使用的单级水平起飞的"国家航空航天飞机"，其特点是采用组合式超音速燃烧冲压喷气发动机。接着英国也提出了一种名叫"霍托尔"单级水平起降空天飞机，其特点是采用一种全新的空气液化循环发动机。以后，法国、德国、日本等国也提出过自己的空天飞机设想。发展空天飞机的主要目的是想降低空天之间的运输费用。其途径归纳起来主要有三条：一是充分利用大气层中的氧，以减少飞行器携带的氧化剂，从而减轻起飞重量；二是整个飞行器全部重复使用，除消耗推进剂外不抛弃任何部件，三是水平起飞，水平降落，简化起飞（发射）和降落（返回）所需的场地设施和操作程序，减少维修费用。

霍梅尼病逝

1989年6月3日，伊朗革命领袖霍梅尼在接受消化道出血手术治疗2周后，因病情突然恶化病逝，享年88岁。

伊朗革命领袖霍梅尼

鲁霍拉·穆萨维·霍梅尼于1902年出生在德黑兰附近的霍梅恩镇的一个宗教世家。15岁中学毕业后到伊斯法罕、阿拉克在当时著名的大学者叶兹德长老门下学习。后在库姆执教40年，培养了大批宗教学者。20世纪60年代初被尊为大阿亚图拉，成为伊朗伊斯兰教法权威人物之一。1965年10月，霍梅尼来到伊拉克，并通过一所神学院与国内宗教力量保持联系，指导国内反君主政权斗争。1970年，霍梅尼被拥戴为什叶派领袖。1978年1月，他通过国内的毛拉和市场商人掀起全国性的反巴列维政权浪潮。同年10月移居到巴黎，并在那里建立了伊斯兰革命委员会，通过向国内派遣人员和递送其讲话录音带指挥反巴列维国王政权的斗争。巴列维出逃后，霍梅尼于1979年2月1日回到德黑兰，2月6日建立了伊斯兰共和国，并成为共和国最高领袖和武装力量总司令。霍梅尼回国次年，两伊战争即告爆发，由于双方不肯让步，这场战争在历时近8年后才在联合国的调停下停火，但已造成百万人伤亡。霍梅尼主张政教合一，建立"百分之百"的伊斯兰教国家。他著有伊斯兰教神学理论著作20多部。

奥地利指挥家卡拉扬逝世

1989年7月16日，世界著名指挥大师赫伯特·冯·卡拉扬去世，享年81岁。卡拉扬于1908年

4月5日生于莫扎特的故乡奥地利萨尔茨堡镇的一个音乐世家。

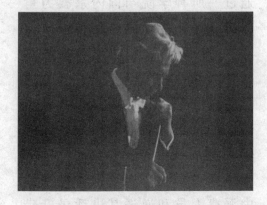

著名指挥大师卡拉扬

从1948年起，卡拉扬开始向国际乐坛进军，他与世界各地著名乐团建立关系，走遍欧洲，四处演出，名噪一时。1955年，卡拉扬成为柏林爱乐乐团的终身首席指挥。1956年，他又就任维也纳国家歌剧院音乐总监。1957年至1970年，他独揽萨尔茨堡音乐节音乐总监的职务。这样，卡拉扬在短期内顺利地夺取了世界4大王牌歌剧院（米兰、维也纳、纽约、伦敦）的霸权地位，成为欧洲乐坛上的"帝王"，被称为"欧洲的音乐总监"。卡拉扬一生灌有900张唱片，他的唱片销量永居世界之最。由于他在乐坛上所做的杰出贡献，被人们誉为20世纪下半叶国际乐坛的泰斗。

美国女宇航员露西德进入太空

1996年3月22日，美国女宇航员、生物化学家香农·露西德（时年53岁），乘坐"亚特兰蒂斯"号宇宙飞船，在"和平"号太空站同两名俄罗斯宇航员一起从事研究工作。她在那里生活了188天，同年9月26日返航。露西德于1943年1月生于上海，其父亲是美国传教士。她自幼就梦想当火箭科学家。1978年她才考入美国航天局，成为美国第一批6名宇航员中的一员。这次是她第四次飞行（1985年第一次飞行）。她已累积了223天的太空飞行纪录。

美国资历最老的女宇航员露西德

世界通史

最新整理图文珍藏版

艾滋病新疗法鸡尾酒
疗法发明

1996 年 12 月，美国艾伦·戴蒙德艾滋病研究中心的主任何大一，因研究治疗艾滋病获突破，

鸡尾酒疗法的发明者何大一

被评为《时代》周刊 1996 年度风云人物。何大一经十多年潜心研究，首创"鸡尾酒疗法"，即让刚感染艾滋病毒的患者服用由蛋白酶抑制剂和其他多种抗毒药物调配而成的混合药品，取得显著疗效。"鸡尾酒疗法"是一个重大突破，它提供了治愈艾滋病的可能性。

克隆技术

绵羊多莉的诞生

1996 年 7 月 5 日，在苏格兰的罗斯林研究所里，人们都在焦急地等待着一只绵羊的诞生。

罗斯林研究所是英国最大的家畜家禽研究所，也是世界著名的生物学研究中心，它建在距爱丁堡市 10 公里远的郊区，一个叫罗斯林村的地方，这里风景优美，堪称"世外桃源"。

傍晚 5 时左右，随着"咩"的一声，一只绵羊顺利地产了下来。人群立刻沸腾了，人们击掌相庆。

和普通的绵羊诞生一样，这

时代杂志封面上的多莉

只后来被称为"多莉"的绵羊也以普通的方式来到了这个世界。多莉体重 6.6 千克，显得有些虚弱，但看起来很健康。生下多莉的母体是一只黑脸羊，它正亲昵地用舌头舔着多莉湿漉漉的身体。但是，多莉看起来和它长得一点也不像。

阐述自己思想的伊恩·威尔穆特

对于罗斯林研究所伊恩·威尔穆特科学研究小组全体成员来说，这是一个令人激动的日子；对全世界来说，这也是值得庆贺的一天。多莉绵羊虽然以普通的方式来到了这个世界，但它的身世却不平凡，因为它是科学家们用克隆技术"复制"出来的。

多莉虽然 1996 年就出生了，但 1997 年才首次向公众披露。它

多莉和"代孕母亲"黑脸羊

被美国《科学》杂志评为 1997 年世界十大科技进步的第一项，也是当年最引人注目的国际新闻之一。科学家认为，多莉的诞生标志着生物技术新时代的来临。而威尔穆特因此被称为"克隆羊之父"，并获得了德国最高医学奖——"保罗·埃尔利希—路德维希·达姆施泰特"奖。评委会称，威尔穆特的杰出工作使"胚胎学研究发生了根本性的改变"。

复杂的身世

多莉的身世是复杂的，它没有父亲，但有三个母亲。

伊恩·威尔穆特科学研究小组成员，首先从一只 6 岁芬兰多塞特白面母绵羊的乳腺中取出乳腺细胞，将其放入低浓度的营养培养液中，经过 5 天左右的"挨饿"后，细胞逐渐停止分裂，此细胞称之为"供体细胞"，而这只芬兰多塞特白面母绵羊则成为多

莉的"基因母亲"。

　　然后从一头苏格兰黑面母绵羊的卵巢中取出未受精的卵细胞,并立即将细胞核除去,留下一个无核的卵细胞,此细胞称之为"受体细胞"。研究人员随后利用电脉冲方法,使供体细胞和受体细胞融合,最后形成"融合细胞"。电脉冲可以产生类似于自然受精过程中的一系列反应,使融合细胞也能像受精卵一样进行细胞分裂、分化,从而形成"胚胎细胞",而这只苏格兰黑面母绵羊则成了多莉的"借卵母亲"。

　　研究人员最后将胚胎细胞转移到另一只苏格兰黑面母绵羊的子宫内,胚胎细胞开始分化和发育,最后形成小绵羊——多莉,而这只黑面母绵羊则是多莉的

伊恩·威尔穆特和多莉在一起

"代孕母亲"。

　　从理论上讲,多莉继承了"基因母亲"的遗传特征,即继承了那只芬兰多塞特白面母绵羊的特征,因此它应该是一只白面羊,而不是黑脸羊。事实也是如此,多莉的确是一只白面山羊。

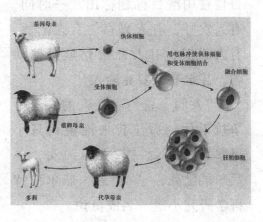

多莉复杂的身世

　　从多莉的形成过程来看,它没有父亲,而是有三个母亲。实际上,多莉与"基因母亲"的关系也很复杂,不能简单地理解为"母子关系",因为它们有完全相同的细胞核遗传物质,我们甚至可以把它们看成是一对隔了6年的双胞胎。

多莉带来的轰动

　　多莉诞生后,引来了各界的评判。"你们知道吗?在多莉诞生前一年,我们就已经克隆出了'玛根'和'莫瑞'两只威尔士小

山羊，虽然技术不同，但也很成功。为什么只有多莉一举成名呢？我想这不是科学家的问题，是媒体把它捧起来了！"伊恩·威尔穆特科学研究小组一名成员说。

世界各大媒体争相报道，只要是关于多莉的信息，无不以醒目位置用醒目标题标出。一时间，有人欢呼，有人兴奋，有人茫然，有人恐惧，有人开始克隆其他动物，甚至有人要克隆人！

"人们一直为克隆人的安全性争执不休，那让我来说说两只小母羊的故事：一只大出风头，一只却早已死去。"伊恩·威尔穆特科学研究小组一名成员说。

那只大出风头的母羊就是多

多莉和它的孩子

莉，而已经死去的则是紧随着多莉诞生的一只，它出生时看起来和普通的羊没有什么区别。但它气喘得非常厉害，一连几个星期，每天都气喘吁吁的，似乎随时都有可能被一口气憋死。经过研究人员的讨论和兽医的检查，最终给这只羊实行了安乐死。在对它进行解剖时发现，它的肺还没有发育完全。

因此，从克隆羊的成果来看，克隆技术并不完善，它存在相当大的风险。我们姑且不说对人克隆所面临的道德问题，如果克隆出来一个怪胎，我们难道也要像对等待那只肺还没有发育完全的绵羊一样吗？

多莉之死

1998年，多莉与一只叫戴维的威尔士山羊结成配偶，并于当年4月13日凌晨产下一只雌性小羔羊，体重达2.7千克，1999年，多莉又产下了三个小羔羊。

就在人们为多莉的幸福生活庆祝时，罗斯林研究所的科学家在1999年宣布，多莉体内细胞开始显露出老年动物所特有的症状。

2003年2月14日，经兽医诊断，多莉患有严重的进行性肺病。所谓"进行性"疾病是指病情不断发展恶化，情况越来越严重，直到生命衰竭。罗斯林研究所不忍眼睁睁地看着多莉郁郁而终，因为它已经不停地咳嗽一个多星期了，已经被折磨得十分虚弱。研究所最后决定，对多莉实施"安乐死"，让它平静安详地离去。

早衰的争论

多莉之死引出了更大的争论，就是克隆动物是否会引起早衰？一般说来，一只绵羊平均可以活 11～12 年，而多莉今年只有 6 岁，寿命仅相当于普通羊的一半。

其实绵羊多莉自出世后两年，科学界就发现，它正在以异常快的速度衰老。科学家们对多莉羊

靠在保罗·埃尔利希半身像上的伊恩·威尔穆特

的染色体进行了认真细致的研究，之后得出了令人惊讶的结论：按照普通羊的成长速度，多莉此时应该是两岁，可是实际上多莉已不是两岁了，而是六岁！

于是人们把目光瞄向用以克隆多莉羊的细胞供体，它取一只六岁绵羊的身上。人们似乎可以这样解释：用以克隆多莉的细胞年龄是六岁的，而这一数据会随着细胞进入到多莉的体内，所以克隆出来的多莉在年龄上也要很快赶上它的供体的年龄。多莉的死亡，再度引发了克隆动物是否早衰的争论。

伊恩·威尔穆特教授对多莉的死亡"感到十分失望"。他说，他在大约一年前已经发现多莉羊的左后腿患上了关节炎，而这种典型的"高龄病症"对当时还年轻的多莉而言，很可能意味着目前的克隆技术尚不完善。

继多莉问世之后，克隆技术在近年来得到了一定的发展，各国科学家相继克隆出牛、鼠、猪等动物，但与此同时也陆续有科学家发现一些克隆动物表现出"早衰"迹象，它们的寿命都要比正常的寿命短。早衰现象是克隆技术自身不完善所致，还是其他原因所致，人们仍在争论中。

美国女商人芬奇驾机成功绕地球飞行

1997 年 5 月 28 日，美国女商人琳达·芬奇（时年 46 岁）驾驶一架 Electra10E 型"老古董"式的飞机徐徐降落在美国西海岸的奥克兰国际机场，从而成为首位单人驾机完成环球飞行的女飞行员。芬奇驾驶的这架飞机是洛克希德公司 1935 年生产的旧式飞机，开始被遗弃在威斯康星州的野地里，样子破旧不堪，上面还筑了鸟巢，芬奇对它进行了修复和改装。芬奇驾驶这架修复的飞机，凭借自己熟练的飞行技术，在天空飞行历时 73 天，途中停留 19 个国家，累计飞行 225 小时，总航程 4.18 万千米，堪称世界飞行史上的壮举。

琳达·芬奇与她的 Electra10E 型"老古董"式飞机

飞船经过整整 7 个月旅途，在飞行了约 5 亿公里后安全而平稳地在火星上着陆了。虽然旅途漫长而艰苦，但它还是按计划准时到达了。它的神圣使命是寻找宇宙的生命。

飞船在火星上的阿瑞斯平原

登陆火星

成功登陆火星

"成功了，终于成功了！"激动的人们欢呼着拥抱在了一起。此时是 1997 年 7 月 4 日下午 1 时，就在刚才，美国的"火星探路者"

火星漫游车

世界通史

最新整理图文珍藏版

在火星上刚着陆的火星车

着陆后，人们便将焦点放在了由美国 NASA 喷气推进实验室科技人员研制成功的高科技无人自动生命分析装置火星漫游车上。火星车像个微波炉，有 6 个轮子，十几公斤重，它会自动进行火星取样、成分分析、收集样本等复杂工作。它身上的太阳能电池板，能将火星夜晚微弱的光线有效地转化为足够的电能，保证自己正常工作所需的能量。

火星车能将收集到的探索信息随时储存起来，然后把重大信息通过无线电信号及时反馈到地球上去，这个过程只需要约 11 分钟。

"火星探路者"发回的数千张火星地表的照片，使人类对火星地表的景观有了直观的认识：火星表面的阿瑞斯平原和地球上的荒漠极为相像；火星上也有山脉、丘陵和沟谷，甚至还有陨石坑。这都是以前人们所不清楚的。

圆满完成任务

此时的火星车在登陆探测中也顺利地完成了自己的任务，火星车通过自己身上的阿尔法——质子——X 射线光谱仪，能对岩石的化学成分进行现场分析，并及时将分析结果传回地面控制中心。它的前期工作中，共分析了两块火星岩石，并将其中一块岩石的分析结果传回地面，结论显示这块岩石的化学成分与地球上的岩石极为相似，这是科学家们所没有想到的。此后它返回的信息显示，火星上还有大量不同种类的岩石。从它留下的车辙也可以清晰地看到，火星表面覆着一层虚土，下面就是坚硬的壳层。

在它的帮助下，人类对火星的气候也有了深入的了解。火星的外围没有大气层保护，这使火星夜晚的最低温度达零下一百摄氏度。测定结果显示，火星当时正是夏季，白天的地表温度约是零下十几摄氏度，夜晚则骤降到零下七十多摄氏度。白天还有微风轻拂。"火星探路者"在距火星地表 48 公里高处测得的温度为零下 170 摄氏度，这是当时所记录

最新整理图文珍藏版

3217

到的火星大气层的最低温度。

在这次探测中，人们还找到了能够支持"火星生命之说"的证据。

从"火星探路者"拍到的照片科学家们得出结论，火星阿瑞斯平原在几十亿年前曾经发生过特大洪水，进一步证实了"海盗"号飞船在21年前的判断是正确的。火星车对火星岩石的化学成分分析表明，这块火星岩石在化学组成上与地球上的一块火星陨石具有相同的生物化石微粒，证明地球上的这块陨石的确来自火星。但科学家们还不能准确断定火星上确实曾经有过生命，还需要进一步测试。

此次火星探测任务成功地完成了，而且要比预先计划的要好。"火星探路者"及其所释放的火星车的工作时间都超过了科学家们的预计，从而说明美国航天局火星探测计划是具有可行性的。"火星探路者"的成功登陆，以及获得许多有重大价值的信息都充分地说明了这一点。但也暴露出了一些问题，主要集中在通信联系上，先后共出现了四次通信故障。

"火星探路者"飞船共耗费了近3亿美元，发射与探测的预算接近2亿美元，但是总成本还不到"海盗"号火星探测计划的1/15。它返回的大量信息使人类对火星有了更进一步的了解，为以后的进一步火星探测工作奠定了坚实的基础。

美国"火星探路者"着陆火星

1997年7月4日，美国"火星探路者"探测器在火星表面着陆。它首次使用所携带的6轮遥控火星车在火星上行驶，实现了对火星较大范围的移动考察，取得了重大成果，如发回了火星360°彩色全景照片，找到一些支持"火星生命之源"的证据等。这次探测费用只是当年"海盗"探测器计划的1/5，它表明，更快、更好、更便宜的新探测方针是可行的。这一次探测为未来的行星探测开辟了美好前景。

火星车上的传感器头

克隆牛诞生

1998 年 7 月 5 日，日本科学家宣布，他们利用成年动物体细胞克隆的两头牛犊顺利诞生。日本石川县畜产综合中心与近畿大学畜产学研究室在宣布这一成果时指出，这两头牛犊是利用与克隆羊多莉相同的细胞核移植技术克隆成功的。这两个机构的研究人员从成年雌牛的输卵管和子宫内侧取出体细胞，将体细胞的核进行了 5 天的血清培养后，移植人事先去除了核的卵子，再采用电刺激的方法促进两者融合，并经过 8 天的体外培养，培育出胚胎。1997 年 11 月 13 日，研究人员将 10 个这种胚胎以两个一组分别移植到 5 头母牛子宫内。结果这 5 头母牛全部怀孕，其中两头怀的是双胞胎。5 日诞生的两头克隆牛是采用输卵管细胞克隆出来的，它们出生时体重分别为 18.16 千克和 17.26 千克。这两头牛是自 1996 年 7 月 5 日多莉羊诞生后第一批利用成年动物体细胞克隆成功的动物。

健康生活的日本克隆牛

国际空间站升空

1998 年 11 月 20 日，由美国、俄罗斯、加拿大、日本和欧洲航

"团结舱"与"曙光舱"对接

天局 12 个成员国组成的 16 国国际空间站首批发射成功。这标志着人类在太空领域进行的最大规模的科技合作项目进入实际装配阶段，意味着人类在探索、开发太空道路上又向前迈出了一大步。

1998 年 11 月 20 日莫斯科时间 9 时 40 分，俄罗斯"质子"号火箭带着"太空城"主体装置俄制功能货舱"曙光"号，在哈萨克斯坦北部拜科努尔航天发射场飞向太空。9 分 48 秒后，"曙光"号功能货舱在 200 千米的高空成功地与运载火箭分离，并顺利进入轨道。12 月 7 日 1 点 7 分，俄罗斯"曙光"舱与美国"团结"舱在地球上空约 340 千米顺利对接。"曙光"号功能货舱是由美国宇航局出资、俄罗斯制造的。该舱重约 20 吨，长 13 米，内容积 72 立方米，可用面积为 40 立方米，是空间站的基础舱。该舱主要用于连接空间站的各公务舱和生活舱，为空间站提供电源、导航、通讯、温控等多种服务，是国际空间站的大本营。整个空间站建设将在 2004 年完成，使用期限为 15 年。国际空间站建成后，太空中将出现一个长 108 米、宽 88 米的大型"金字塔"，成为世界最先进的综合科研基地。

海勒黑色幽默文学

苦涩的笑

刑场上，一个被判绞刑的人走到绞架前，看了看，又看看围观的人们，故作轻松地问："这玩艺结实吗？"顿时人们轰然大笑。这个人的表现，美国作家尼克称之为"黑色幽默"，又称"绞刑架下的幽默"、"大难临头的幽默"，还叫"病态幽默"、"黑色喜剧"、"绝望喜剧"等。因为"黑色"有绝望、痛苦、恐怖和残酷的意味。黑色幽默以悲观主义为思想基础，在面对荒诞的死亡时，化悲痛为

幽默风趣的海勒

世界通史

最新整理图文珍藏版

哥伦比亚大学

苦笑，用不以为然的喜剧的方式来表现悲剧的内涵，酿造出具有苦涩阴郁味道的笑来。

黑色幽默主要表现世界的荒谬，否定个人主观能动性，存在着消极悲观的思想。作家们通过幽默的人生态度拉开了与惨淡的现实间的距离，认为荒诞是一种合理的存在，因而从容地描绘，力求在绝境中寻找心理平衡。

用荒诞的形式表现荒诞的内容是黑色幽默惯用的手法。作家们抛开传统的叙事原则，也打破一般语法规则，同时大量地采用夸张、讽刺的手法进行创作，使作品中场景奇异古怪，情节怪诞，人物滑稽可笑，但语言却睿智尖刻。从喜中揭露出悲来，因而在文坛上取得了很大的成就。

第二十二条军规

黑色幽默文学的代表性人物

约瑟夫·海勒，是 1923 年 5 月 1 日出生于美国的犹太人。他中学没毕业就当邮差。二战中，19 岁的海勒应征入伍，在空军服役，曾执行过约 60 次的飞行任务。这段不寻常的经历为他日后的创作打下了扎实的生活基础。二战后，海勒进入大学学习，后又从事教学研究工作。1952 年，他步入报界后，利用业余时间从事文学创作。

1961 年，海勒的第一部作品《第二十二条军规》问世后就引起巨大轰动。作品中虚构了一个"皮亚诺扎岛"，描绘了二战期间驻守在这里的美国空军大队的生活。小说中没有统一完整的情节，每一章只对一个人物的故事进行描述，最后再由小说中的主人公

一个现代主义的写真

海　勒

尤索林的经历把这些不同的故事串联在一起。

小说采用喜剧的手法来描写悲剧，把故事夸张到了几近荒唐的地步，是黑色幽默的典型代表。作者大量采用逻辑悖论的手法，故意在众人皆知的错误大前提下进行细致的正确推理，但得出的结论却是极其荒谬可笑的。比如作品中"第二十二条军规"规定："疯子必须停飞"，但又同时规定："必须由本人提出申请。如果某人以精神出现问题为由提出了停飞申请，那么就说明他具有正常的心理状态，所以必须继续进行飞行。"还规定："只要飞满六十次就可以停飞，但无论何时都必须执行司令官的命令。"这"第二十二条军规"制定得滴水不漏，它像"圈套"和陷阱一样，网罗住每个人，使任何人都得不到公平的待遇。海勒用逻辑悖论构造故事情节，比如，有个叫丹尼卡的军医想得到飞行补助，就托人将自己的名字编入一个机组，巧的是飞机失事，机组成员全部遇难。丹尼卡根本就没上飞机，却同样被宣判为死人，人们在悲痛地哀悼他时又避免和他说话，可笑之极。

畸形的世界

1974年，在海勒发表的《出了毛病》一书中，塑造了一个大公司的高级职员斯洛克姆的形象，在这个人物身上集中反映出了美国社会、特别是中产阶级的精神危机，海勒用"出了毛病"这个词对这种危机进行了形象的高度概括。虽然斯洛克姆生活富裕，官运通达，是典型的中产阶级，但却一天总是忧心忡忡的。既怕上司，也怕下级；讨厌妻子，也讨厌儿女，每天都惴惴不安地担心害怕各种各样的"怪事"会发生，他认为"没有怪事本身就是一件惊人的怪事"。在他的周围也有很多像他这样的人生活得"不愉快"，每个人似乎都存在着危机，个个都恐慌不安。斯洛克姆肯定地认为这个世界"出了毛病"，但哪里"出了毛病"，他却一直未找到，只能痛苦而无奈地讥笑和自嘲。

1979 年，海勒的第三部长篇小说《像高尔德一样好》出版。小说中展示了一位美国犹太裔大学教授的畸形精神世界，从而深刻地揭示了美国官僚政治的腐败。作品中所表现的典型的黑色幽默风格使它成为二战后美国最优秀的政治讽刺小说之一。1999 年 12 月，海勒在纽约东汉普敦的家里由于心脏病突发不幸逝世，享年 76 岁。

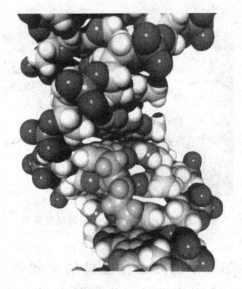

人类基因组草图

破译。这一计划的实施将为人类自身疾病的诊断和防治提供依据，给医药产业带来不可估量的变化、将促进生命科学、信息科学及一批高新技术产业的发展。

构建人类基因组草图

2000 年 6 月 26 日，人类基因组草图绘制完成。中国是参与完成这项草图绘制工作的惟一发展中国家。这项由美国科学家提出、并于 1990 年 10 月正式启动的人类基因组计划，旨在通过国际间的合作，用 15 年时间构建详细的人类基因组遗传图和物理图，确定人类脱氧核糖核酸（DNA）的全部序列，定位约 10 万个基因，并对这些基因进行鉴定识别和分离

首批居民进驻国际空间站

2000 年 10 月 31 日，俄美 3 名宇航员搭乘"联盟 TM－31"号宇宙飞船从哈萨克斯坦拜科努尔航天发射场升空，于 11 月 2 日进入国际空间站。国际空间站始建于 1998 年，是以美国和俄罗斯为主、共有 16 个国家参与的国际合作项目，是迄今为止世界上最大的航天工程，也是世界航天史上

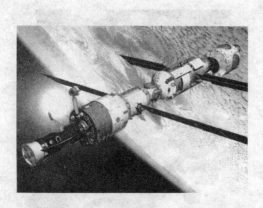

世界上最大的航天工程——国际空间站

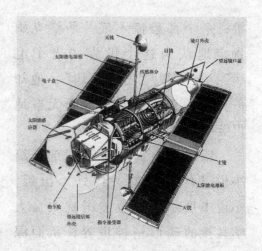

哈勃望远镜结构示意图

第一个国际合作建设的空间站。这3名宇航员成为国际空间站的首批"居民"，到2001年2月由其他宇航员接替他们。这预示着人类的身影有可能永远在太空存在，更标志着一个国际合作、和平利用空间的新时代的开始。

哈勃望远镜

冲上云天

1990年4月24日，在美国佛罗里达州卡纳维拉尔角的肯尼迪航天中心里，数百名天文学家和技术专家正全神贯注地注视着巨大的发射平台，马上，倚靠在发射塔边的"发现号"航天飞机将要把耗资巨大且备受世人瞩目的哈勃空间望远镜送入太空。哈勃空间望远镜是以美国天文学家哈勃的名字来命名的，是美国航天局主持建造的四座巨型空间天文台项目中的第一台，也是迄今为止天文观测项目中投资最多，最受关注的项目之一。

8点34分，伴随着指令的发出，"发现号"航天飞机喷着火焰，轰鸣着冲上蓝天，这标志着人类探索宇宙历程又翻开了新的一页。

20世纪40年代时就有人开始

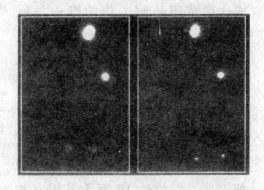

珍贵的瞬间

构想在空间设置望远镜了，但是直到七八十年代才开始进行设计和建造。哈勃空间望远镜就像一个五层楼高的圆筒，主体长13.2米，最大直径4.3米，其中光学主镜口径为2.4米。两侧是两块长达12米左右的太阳能电池翼板，总重量达11.5吨。这座空间天文台望远镜具有高度的自动化性能，比通常地面光学望远镜的主要性能要优越一个量级以上。哈勃空间望远镜是1979年才开始设计的，到1990年正式投入观测。十余年中共耗资15亿美元，按重量来计算，平均每克造价接近130美元，比纯金还要贵。天文学家期望凭借它的"神眼"，看

到宇宙里更远的地方，洞察到宇宙更深层的奥秘。

遭遇困境

哈勃望远镜被成功送上太空几周后，人们才发现它的成像质量与预期效果存在着很大差距。经过地面专家的仔细查找，很快发现，原来是在主镜研磨制作过程中发生了人为的差错，使得主镜边缘处按设计要求的尺寸少了两微米。这在现代精密光学标准中衡量是一个非常大的错误，它使得望远镜光学主镜产生严重的球形像差，使观测图像的分辨率大大降低，观测力大大受损，捕捉遥远天体信息的能力降低了近二十倍。

这样一来，原定的许多重要观测计划没法继续进行。更为严重的是，这期间，哈勃望远镜还不断遇到各种麻烦：太阳能电池板因受热不均，引发微颤；瞄准系统的稳定性被破坏后观测图像的清晰度受到很大影响；机载导向系统中的六个陀螺有两个相继失灵，一个只能断断续续地工作。这使得被寄予厚望的哈勃空间望远镜处于岌岌可危的境地，根本实现不了它的预定使命。

针对此种严峻的情况，美国航天局和科学家们决心将问题减

哈 勃

少到最小程度。为此，他们利用先进的计算机图像还原技术，尽可能地将哈勃传回图像的缺陷弥补到最佳状态。由于主镜在加工过程中造成偏差的形状非常有规则，所以计算机能将哈勃望远镜在图像清晰度上的损失控制到最小程度。因而，哈勃望远镜在最初的 3 年观测中效果不错，为人类提供了大量珍贵资料。但是，哈勃望远镜的集光能力却比原来设计的降低了 20 多倍，在地面上根本没有办法补偿这个损失。因此，天文学家们决心在太空对它进行"脱胎换骨"的维修。

脱胎换骨

1993 年 12 月 2 日，7 名机组人员搭乘"奋进号"航天飞机驶入太空。他们此行的目的是要对哈勃进行为期 12 天的太空维修，这次共携带了 7 吨重的各种器材，力图矫正哈勃望远镜的

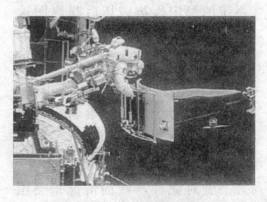

正在维修哈勃的宇航员

"视力"，同时也要检验一下人类在太空中是否能从事高难度的操作，以便为建造空间城积累经验。

宇航员在到达太空后，用机械臂将哈勃望远镜抓进"奋进号"的敞开式货舱。随后开始对它进行一系列的"手术"，几位宇航员按照事先周密的安排和演练，轮番进入太空对哈勃望远镜的诸多病症进行根治。在他们紧张而有条不紊的工作后，哈勃望远镜原先所设计的科学能力得以全面恢复。宇航员们更换了哈勃望远镜的两台陀螺仪和太阳能电池翼板上的驱动控制部件，解决了望远镜空间定向的稳定性问题。这时，矫正望远镜主镜的像差成为此次太空维修工作成败的关键，宇航员们把"光学矫正替换箱"装在了哈勃望远镜上，这就如同是给近视眼者配上了一副"矫光眼镜"，它的视力马上得到恢复。

宇航员还对望远镜上的一些科学仪器做了更换，装上了一台新一代的广角行星照相仪，这是加州喷气推进实验室精心策划制作的，能保证望远镜的天文观测能力更加突出。此外，还安装了新的计算机存储器，进一步改善

了电脑的操作效率。外层空间与地面环境是截然不同的，在这种状态下圆满完成复杂而精细的工程维修工作，充分表明人类是能够在太空从事高难度作业的，这次成功也是人类科技史上伟大的创举。正如美国航天局的主管韦勒博士所说的那样："这次飞行维修无论成功与否，都将载入史册。"

创造奇迹

12月28日，哈勃望远镜被维修后拍摄的第一幅照片传回到了地面。图像的清晰程度令天文学家们不敢相信自己的眼睛。韦勒博士说："维修后的效果比我们做出的最大胆的设想还要棒。"哈勃望远镜被治愈后，不仅像差消失了，分辨率甚至超过了当初的设计水准。

在接下来的几年里，哈勃望远镜用它高清晰的观测能力，传回一系列极有价值的图像，为人类对天体物理学的研究提供了巨

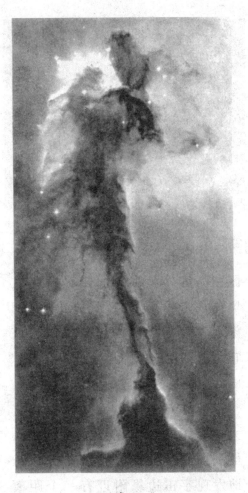

"雄鹰星云"

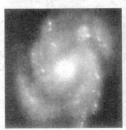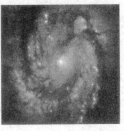

修复前后图像对比

大帮助。

1997年2月，"发现号"航天飞机再次为哈勃望远镜换装上两台更新一代的仪器。一台是"空间望远镜成像光谱仪"，它装备了更为灵敏的探测器，可以同时对多个目标进行光谱测量，另一台是"近红外照相仪"，它在2.5微米以下的近红外波段进行成像观测，尤其适合观测研究恒星形成

正在太空遨游的哈勃空间望远镜

区和高红外星系方面的诸多天文奥秘现象。正是由于对哈勃空间望远镜仪器设备的更新换代，使它观测宇宙的能力不断提升。

迟暮的"哈勃"

1999年4月，美国纽约州立大学斯托尼布鲁克分校的研究人员利用它传回的深空图像，惊奇地发现宇宙边缘附近有一个距离地球130亿光年的古老星系，这是迄今为止人类发现的最遥远的天体。科学家还利用哈勃望远镜的宽视场和行星摄像机，获取了第一张伽马射线爆发的光学照片。

2003年9月24日至2004年1月16日，哈勃空间望远镜又拍摄到了130亿年前宇宙早期畸形"婴儿"时的图像。2005年4月24日，哈勃望远镜迎来了15岁的生日。恰恰就在这段时期，哈勃望远镜似乎"返老还童"了，它发回的观测数据使科学家取得了突破性的进展。为了纪念哈勃15岁诞辰，美国天文官员展示了哈勃望远镜近来拍摄的"雄鹰星云"照片。

哈勃望远镜似乎还在努力证明自己的价值，但是美国航天局已经决定不再对它进行定期维护了，因为经过了1991年、1993年、1997年和2002年的四度维修，哈勃望远镜"身体状况"还是十分令人担忧。并且，当初在设计哈勃望远镜时，寿命就只定有15年。

或许在2007年或2008年，哈勃望远镜将"退役"，然后沉入深深的大海。

第三节 社会生活：生活百科 民俗缩影

法国举行首届戛纳电影节

戛纳国际电影节是国际上最有影响的电影节，被誉为"世界电影之窗"。二战爆发前夕，为与法西斯控制的威尼斯电影节相抗衡，建立一个充满艺术气氛不受政治左右的国际电影节，时任法国外交部艺术交流司官员的菲利

雷·米兰德

普艾尔朗在政府、文化界和地方当局的支持下，决定在法国南部的海滨旅游胜地戛纳创立一个国际电影节，并将首届戛纳国际电影节定在1939年9月1日至20日举行。明星与游客们兴致勃勃地赶到戛纳。9月1日德军入侵波兰，法国进入紧急状态。两天后，英、法联合宣布对德进入战时状态，影星、旅游者纷纷离去。1939年的戛纳国际电影节就这样在硝烟纷飞中流产了。直到1946年，在和平的晴空下，第一届戛纳国际电影节才正式撩开面纱并载入史册。

戛纳电影节设立的奖项名目繁多，最高奖是"金棕榈奖"，分别授予最佳故事片和最佳短片，此外还有银狮奖、评委会特别奖、最佳导演奖、最佳男女演员奖、技术奖，青年奖、国际评论奖、基督教评委会奖、观众奖等等。

最新整理图文珍藏版

比基尼泳装首次亮相

1946 年 7 月 25 日，在比基尼群岛附近的平静的太平洋海面上爆炸了一枚原子弹。这是历史上由美国军方实施的第一次水下核爆炸。被曼哈顿工程的工程师们称为"比基尼·海伦"的这枚原子弹爆炸的威力相当惊人，炸沉 11 艘巨型军舰并炸伤 6 艘，这支旧舰队是供试验用的，停在爆炸区内。就在这次原子弹爆炸的 4 天后，法国巴黎一个著名的服装设计师路易·雷尔德为女子设计了一种用料少，对人体遮盖少，游泳时阻力小的泳装。但是，因为这种游泳衣的遮盖面太小，穿上后近于裸体，又由于受宗教观念的影响，当时就连许多专业时装模特也不敢穿着向世人展示。这时，一位舞女勇敢地站出来，公开向传统观念宣战，带头穿上雷尔德设计的这种三点式泳装，并公开让记者拍照。舞女的大胆之举，在全世界的震动比美国在比基尼岛上 4 天前原子弹的试验成功引起的震动有过之而无不及，所以，人们称这种泳装为"比基尼"泳装。

第十四届奥运会开幕

1948 年 7 月 29 日至 8 月 14 日，第十四届奥运会在英国伦敦举行。这是因第二次世界大战而中断了 12 年后举行的第一次奥运会。伦敦曾被定为第十三届奥运会会址，但因当时（1944 年）战争尚在进行而停办，所以本届被再次选为东道主。

参加这次比赛的有 59 个国家和地区的 4099 名运动员，其中女选手 385 人。中国也派运动员参加了这次运动会。德、日等国因是第二次世界大战的发动者，按

新款式泳衣"比基尼"

伦敦奥运会上的平衡木比赛

规定未准参加。因第二次世界大战结束不久，经济尚未恢复，东道主没能增添多少新的体育设施。由于战争使各国的体育运动受到影响，一些有才华的选手年岁已大，而年轻运动员又未经过系统的训练，所以，总的水平不高，仅破了4项世界纪录。

柏林国际电影节

1951年，德国人阿尔弗莱德·鲍尔在柏林创办了第一届柏林国际电影节。当时二战已结束6年，柏林作为美、英、法共占的城市，在三国政治，文化政策的影响下，创办了这一影展作为西方阵营的文化展台。

柏林国际电影节是欧洲最有

影响的综合性国际电影节之一，其目的就是通过放映世界各国的优秀影片，促进全世界电影工作者之间的沟通和交流，同时为优秀影片寻找更广阔的市场。柏林国际电影节主要内容有故事片及短片的评比，同时举行故事片、长纪录片、短片、动画片观摩展。每次电影节放映的各类影片有二三百部，最多时高达500余部。同一类型的影片，每个国家和地区只能提供一部，放映的影片每种类型也不超过8部。电影节期间，还为电影工作者举办专场演出，举行新电影座谈会，举办青年电影论坛，或为某个国家和地区举办有代表性的影片回顾展，以探讨电影的新倾向、新流派，另外还设立国际电影市场，进行电影交易。

柏林国际电影节原先都在每

《灰姑娘》剧照

年六七月间举行，自 1978 年起，为和法国戛纳国际电影节竞争，提前到每年的二三月间举行，为期两周。电影节的主要奖项有金熊奖、银熊奖、国际评委奖、评委会特别奖、纪念奖等，分别授予最佳故事片、短片、导演、男女演员等。

伦敦现景

伦敦烟雾事件

英国首都伦敦是世界上最为著名的多雾之城，素有世界"雾都"之称，每当春秋之交，这里经常被浓雾所笼罩，像是披上一层神秘的面纱。据统计，伦敦的雾天，每年可高达七八十次，平均 5 天之中就有一个"雾日"。

1952 年 12 月 4 日，伦敦城发生了一次世界上最为严重的"烟雾"事件：连续的浓雾将近一周不散，工厂和住户排出的烟尘和气体大量在低空聚积，整个城市为浓雾所笼罩，陷入一片灰暗之中。大雾期间，有 4700 多人因呼吸道病而死亡，雾散之后的两个月内又有 8000 多人死于非命。这就是震惊世界的"雾都劫难"。

酿成伦敦烟雾事件主要的凶手有两个，冬季取暖燃煤和工业排放的烟雾是元凶，逆温层现象是帮凶。伦敦工业燃料及居民冬季取暖使用煤炭，煤炭在燃烧时，会生成水、二氧化碳、一氧化碳、二氧化硫、二氧化氮和碳氢化合物等物质。这些物质排放到大气中后，会附着在飘尘上，凝聚在

白天的伦敦需要点燃街灯

世界通史

最新整理图文珍藏版

雾气上，进入人的呼吸系统后会诱发支气管炎、肺炎、心脏病。当时持续几天的"逆温"现象，加上不断排放的烟雾，使伦敦上空大气中烟尘浓度比平时高10倍，二氧化硫的浓度是以往的6倍，整个伦敦城犹如一个令人窒息的毒气室一样。

伦敦烟雾事件，不仅给人们的健康带来危害，还给英国的经济带来了巨大的损失。这次烟雾事件过后，有关部门对英国器物腐蚀情况作了测算，认为大约损失8亿美元，即人均损失17美元。据说，烟雾对伦敦的铁路损害极大，大约1/3的铁轨遭到了不同程度的腐蚀。

可悲的是，烟雾事件在伦敦出现并不是独此一次，相隔10年后又发生了一次类似的烟雾事件，造成1200人的非正常死亡。直到20世纪70年代后，伦敦市内改用煤气和电力，并把火电站迁出城外，使城市大气污染程度降低了80％，至此，骇人的烟雾事件没有再度发生。

日本水俣湾污染事件

日本水俣病事件是世界有名的公害事件之一，1953至1956年间该病开始在日本熊本县水俣镇不断发生。

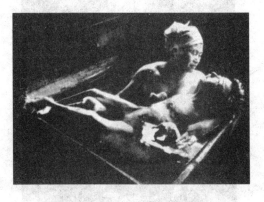

一位母亲在照料她的患水俣病的儿子

水俣镇是位于日本九州南部的一个小镇，属熊本县管辖，全镇有4万人，周围村庄还住着1万多农民和渔民。由于西面就是产鱼的水俣湾，因此这个小镇渔业很兴旺。

1925年，一个资本家在此建成一个小工厂，叫日本氮肥公司。1932年又扩建了合成醋酸工厂，1949年开始生产氯乙烯，从此生意开始不断扩大。然而就在这"繁荣"的背后却酝酿着一场灾难。

1950年，在水俣湾附近的小渔村里，出现了一些莫名其妙的疯猫。它们一开始步态不稳，走路摇摇晃晃，后来便两眼映射出惊恐不安的神色，还不时出现抽

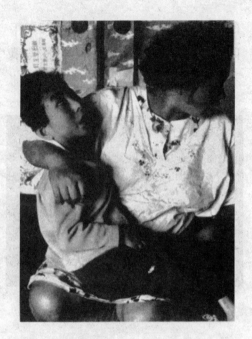

水俣湾污染的受害者

了针对这种怪病的对策委员会，组织专家对这些病例进行分析，调查怪病产生的原因。在调查中发现，疯猫的症状与人们得的病非常相似，于是，专家们将二者联系起来进行分析，最后终于找到了原因。原来，罪魁祸首就是日本氮肥公司水俣分厂排出的废水。这些废水中含有大量的甲基汞毒水废渣，排放到水俣湾的海水中，使鱼和虾体内含有了这些毒素。当地居民常年吃的就是这些带毒的鱼虾，大脑和神经系统受到损伤，轻者眼神呆滞，常流口水；重者手脚不停颤抖，发作起来就狂蹦乱跳。因这种怪病发生在水俣地区，因而被称为"水俣病"。

筋麻痹等症状，最后跳入海中溺死。这种疯猫跳海的奇闻，在当时却没有引起人们的重视和关注，当地人还开玩笑地称这些疯猫为"自杀猫"。1953年，在水俣镇发现了一个生怪病的人，开始时只是口齿不清，步态不稳，面部痴呆，进而耳聋眼瞎，全身麻木，最后精神失常，一会儿酣睡，一会儿兴奋异常，身体弯弓高叫而死。1956年4月，一位只有6岁的女孩也得了这种病，接着又有4个人被送进了医院，此后，又有50多名患者相继住进医院。这时，人们才关注起此事来。

当时的熊本大学和医院组成

人类首次登顶珠峰

神秘的珠穆朗玛峰被人们喻为"世界屋脊"、"地球之巅"。

珠峰静候了几千万年，直到20世纪初才有登山探险者到这里活动。这些勇士们庄严地宣告：攀登珠峰是"在地理上对世界的最后一次挑战"，并称在它的斜坡上横贯着世界上"最长"的里程。1921年，豪威德·布里率领一支

由 9 名队员组成的英国登山探险队，取道印度到达珠峰活动，他们从北坡和东坡攀登，在那里活

地球之巅珠穆朗玛峰

动了 3 个月，只到达了北坳海拔 7028 米的地方，并且有一名协作队员死亡。这是第一支向珠峰挑战的登山队，尽管没有成功，但是却留下了勇士们的深深足迹。以后，一直有人沿着他们的足迹攀登，但是均未成功。1953 年，由队长汗特率领的第九支英国珠峰登山队，从尼泊尔一侧沿珠峰南脊攀登，5 月 29 日，队员希拉里（新西兰籍）和尼泊尔向导丹增·诺尔盖终于登上 8848.13 米的珠峰峰顶。这是人类首次登上珠峰峰顶。从 1921 年登山队尝试攀登珠峰，到 1953 年登顶成功，整整相隔了 32 年。

第一座迪斯尼乐园开放

1955 年 7 月 18 日，孩子们梦想中的奇境迪斯尼乐园，在美国加州安那汉实现了。沃特·迪斯尼将人们所喜爱的米老鼠、唐老鸭等卡通人物重现于距洛杉矶 35 千米、占地 64.7 公顷的主题公园中。这座构思精巧的超级乐园耗资 1700 万美元，每天需要 2500 名工人维护。园内共有 4 个区域：冒险世界、西部边疆、童话世界和未来世界。在这里你可以尽情欣赏有着真人大小的卡通人物，也可以驾驶未来车、搭乘密西西比的船尾舨车嬉游于中世纪的城堡，或在美国大街上漫步。

当 1965 年迪斯尼乐园 10 岁生日时，它的游客总数达到了 5000 万人。在 10 年里，迪斯尼乐园的

创造出童话世界的迪斯尼乐园

收入高达 1.95 亿美元之多。自1955 年迪斯尼乐园建成开放以来，每天到此游玩的人约 4 万人，最多时可达 8 万人。仅一天的门票收入就近百万美元。再加上园内各项服务行业，其收入更为可观。近 40 多年来，乐园已接待游客达 10 多亿人次。

慕尼黑空难

1958 年 2 月 6 日，英国足球劲旅曼联队在欧洲冠军杯 1/4 决赛中淘汰了南斯拉夫贝尔格莱德红星队，获得半决赛权。他们兴高采烈地踏上了返乡路程，可这却成了一场死亡之旅。飞机在慕尼黑加油之后，在风雪中两次起飞都没有成功，最终坠毁，23 名乘客在空难中丧生，其中包括 8 名曼联球员、3 名俱乐部官员、8

曼联征战贝尔格莱德

名记者，教练巴斯比也身受重伤。

在死亡的 8 名球员中，最受球迷崇拜的是邓肯·爱德华兹，他外号"美洲豹"，身受重伤的他被送到医院抢救了 15 天后，最终没能逃过死神的魔爪，死于肾衰竭。他当时只有 21 岁，如果能活下来，他很可能成为英格兰历史上最伟大的射手。死去的人中还有托米·泰勒，当年身价最高的球员，身价为 29999 英镑。天才的队长罗杰·拜恩也死于这场浩劫中，他和布兰奇弗勒是最早的两名"Busby babies"（巴斯比宝贝）。10 名幸存的队员中，博比·查尔顿身上多处骨折，但幸运地活了下来；布兰奇弗勒和强尼·巴里伤势严重，终生不能踢球。

为了曼联的复兴，空难的幸存者们强忍悲痛，用血泪和着汗水立即投入了工作。昔日曾在曼联队踢球的队员纷纷赶来效力，空难后曼联的首场比赛是足总杯第 5 轮对谢菲尔德星期三队，上场阵容中除了福克斯和格雷格两名老队员外，其余全是替补和青年队员。他们一进场，全场观众就报以热烈的掌声。曼联队同仇敌忾，以 3：0 获胜。此后他们一路闯进足总杯决赛，但在决赛中负于博尔顿队。在 1958 年的冠军

左前卫邓肯·爱德华兹

杯半决赛首轮回合中，曼联在球迷的助威声中仍然以 2：1 战胜了 AC 米兰，捍卫了老特拉福德的荣誉，只是在客场失利。此后曼联积极地培养新秀和招兵买马，许多英雄也为他们的精神所感动，从四面八方投至曼联旗下，其中包括后卫坎特威尔、前锋丹尼斯·劳和乔治·贝斯特等。1963 年 5 月，巴斯比苦心经营 5 年重建的球队得到了回报，曼联夺得了当年的足总杯冠军，这是慕尼黑空难后曼联首次夺冠。1968 年 5 月 29 日，在慕尼黑空难整整 10 年后，巴斯比带领他的新孩子们终

于捧起了欧洲冠军杯。

引起全世界关注的厨房辩论

1959 年 7 月 24 日，在莫斯科举行的美国国家展览会上，美国副总统尼克松和苏联总理赫鲁晓夫之间发生了著名的"厨房辩论"。这个展览是美国消费商品的橱窗，展览目的是通过"政治和经济自由的意识形态"表现资本主义的优越性。但展览真正要传达的信息不是自由，而是消费观念——更准确地说，是两者的合一。尼克松在为莫斯科之行做准备时，一位前美国驻苏联大使敦促他要强调美国价值观："我们是理想主义者；他们是物质主义者。"但展览会开幕日发生的事情好像将两者的位置颠倒过来。尼克松讲话的题目是"自由对我们来说意味着什么？"，但全部内容不是讲言论自由，也不是讲不同的政府形式，而是美国的"不同寻常的高生活水平"。他宣称，美国已经取得了苏联人只能梦想的事情——"在一个无阶级社会中的、所有人共同享有的繁荣"。

展览会第二天，尼克松与赫鲁晓夫就资本主义与共产主义谁

赫鲁晓夫与尼克松展开激烈辩论

优谁劣进行了两次辩论，第一次在展出一个现代城郊平房住宅的厨房中进行，第二次在展出的一个未来世界的"梦幻厨房"中进行，那里有一个移动机器人在扫地。尼克松宣称，这个厨房象征普通美国人对自由的享受，将"我们的家庭妇女"从枯燥乏味的工作中解放出来。赫鲁晓夫却嘲笑美国人迷信家用电器。他问道："你们有没有把食物送进嘴里再压下去的机器？"他认为，展出的许多东西"有意思"，但却"没有任何有用目的"。可是，当他预测说在7年之内国家消费品生产上会超过美国时，在某种意义上已在辩论中认输。这样看起来，两种制度间的竞争不是在政治理想或军事力量方面，而是在于谁能提

供更大程度的物质富裕。

莱维顿经济适用房

战后初期，美国房荒严重。由于战时的劳动力和建筑材料都用在军事工业上，战后数百万军人退伍，随之而来的结婚人数增加、"婴儿潮"的出现，使房荒问题更为突出。1946年底，纽约实业家、建筑营造商威廉·莱维顿在政府给予的优惠政策支持下，在牡蛎湾附近的一片土豆地上用预装配构件建造了第一批造价低廉的科德角式家庭住房。结果出现了第一个以莱维顿命名的"莱维顿镇"，共有17544户人家。

"莱维顿"式住宅因造价低廉、经济实用很快地被各地效仿。一时间，美国的版图上如雨后春笋般地出现了许多以"莱维顿"

美国的莱维顿住房

命名的小镇。当时，曾有人预计，莱维顿建造的这些没有地下室的廉价住房很可能成为未来的"贫民窟"，然而，10 多年过去了，这些住宅依然挺立。购买莱维顿式住宅的都是低收入者，一是退伍大兵；一是纽约城里想改善住房条件的低收入者。

西雅图世界博览会

1962 年 4 月 21 日至 10 月 21 日，美国西雅图举办了一次规模不大的专业性的博览会，主

西雅图的太空针塔和单轨火车

题为"太空时代的人类"，它是由美国国务院根据艾森豪威尔总统早先的一个声明而举办的，受邀请的是所有与美国有外交关系

的国家。博览会展出了最新的先进科技，如自动售货机和单钢轨铁路等，获得了巨大的成功。

玛丽莲·梦露神秘死亡

在美国和西方世界，玛丽莲·梦露这个名字几乎是无人不晓的，即使在今天，她仍然是大多数美国人心目中的"性感女神"。20 世纪 50 年代和 60 年代初，这名从孤儿院出来的姑娘红透整个好莱坞，是好莱坞的星中之星，但她竟与奥斯卡奖完全无缘。她年仅 36 岁便服药自杀，她的死因至今还是一个未解之谜。

玛丽莲·梦露于 1926 年 6 月 1 日出生在美国加州洛杉矶，童年在颠沛流离中度过。1942 年 6 月与一个卡车司机结婚，两年后，丈夫应征入伍，她在一家飞机制造厂工作，就在这儿，她的生活突然发生了改变。一家电影机构来飞机厂拍摄电影，25 岁的戴维·康纳沃开始为她拍照，效果极为出色，于是她做起了模特，并多次成为杂志封面女郎。1946 年 7 月，梦露与 20 世纪福克斯电影公司签了约，开始了她的银幕生涯。1950 年起，梦露陆续在《无需敲

20世纪40年代的玛丽莲·梦露

门》、《恶作剧》等影片中，开始穿着越来越裸露的服装出现在公众面前，并且得到了影迷们狂热的喜爱。1950 年她主演的影片

美丽性感的玛丽莲·梦露

《七年之痒》成为世界新闻，影片中女主角裙子被风卷起的形象成为梦露的经典形象。1956 年，梦露参加了《热情似火》的拍摄，这部影片后来成了 1956 年最受赞扬和最卖座的影片之一。

1961 年 10 月，梦露与美国总统约翰·肯尼迪在一次晚宴上认识，她开始与总统和总统弟弟保持比较密切的关系，而且引起了很多绯闻。可是让所有的人感到吃惊的是，1962 年 8 月 4 日，玛丽莲·梦露却服用大量安眠药死于自己的寓所。她全身赤裸躺在床上，现场没有留下任何遗言，她的死因引起人们的种种猜测，但谁也没有弄清楚，以至于直到现在，她的死还是一个谜。

世界上第一位妇女进入太空

1963 年 6 月 16 日，苏联宇航员瓦连金娜·捷列什科娃驾驶"东方 6 号"升空，成为进入太空的第一位女性。她在太空停留了 70 小时 40 分 49 秒，绕地球飞行 48 圈以后，于 6 月 19 日 8 时 16 分平安地在卡拉干达东北 620 千米的地方着陆。这次飞行正是在国际妇女代表大会开幕的

女宇航员瓦连金娜·捷列什科娃

前夕。这一事实本身强有力地表明，妇女可以在任何方面与男人并驾齐驱。

捷列什科娃 1937 年出生于莫斯科东北的一个集体农庄。1955 年，她调到一家纺织厂工作。不久，她迷上了跳伞，并成为该纺织厂工人跳伞俱乐部的负责人。1961 年苏联宇航员加加林成功完成了人类的首次太空飞行，世界为之震惊，无数年轻人都梦想成为宇航员。捷列什科娃与女友一起联名上书航天部门，要求培养女宇航员登天。1961 年底，她与许多妇女一起被邀请做身体检查，经过严格的体检和试训，捷列什科娃等 4 名女性入选参加首批女宇航员培训。1963 年 6 月 16 日她成功地进入太空飞行后，成为一名苏联英雄。1967 年她被选为最高苏维埃

（苏联议会）成员，成为第一位步入政界的太空旅行者。1971 年成为苏联共产党中央委员会成员。1974 年成为最高苏维埃主席团成员。1989 年被选入人民代表大会。2000 年 10 月 9 日，英国"年度妇女"国际学会授予捷列什科娃"20 世纪女性"荣誉称号。

甲壳虫乐队风靡世界

20 世纪进入 50 年代，在英国逐步兴起并盛行摇滚乐。1959 年，在英国利物浦成立了以 4 名男青年为成员的摇滚乐队——"甲壳虫"乐队。这 4 位成员都出身于利物浦市的工人家庭：约翰·列侬，吉他手，担任节奏演奏（兼奏口琴，风琴和钢琴）；保罗·麦卡特尼，低声部人员（兼奏钢琴、风琴和吉他）；乔治·哈利逊，首席吉他手；林戈·斯达，鼓手。

"甲壳虫"乐队在外形上温文尔雅，他们那稍带点缀的不修边幅与未脱稚气，很具亲和力，他们象征着早期"嬉皮"运动中反主流的美妙的理想主义，他们用自己特有的"甜歌"反映着对于

"甲壳虫"乐队的演出

爱情、和平、梦想诸如此类的思考，是"乌托邦"式幻想的缔造者。

　　"甲壳虫乐队"英文叫 Beatles Band，中文音译名叫"披头士乐队"。有趣的是"披头士"这个词倒用得恰到好处，因为它形象地概括了他们留着长发、穿着牛仔裤、休闲衣的颓废形象。而 Beat 这个词，原义的意思是拍、打，正说明了他们的摇滚演唱风格。

"甲壳虫"获得大英帝国勋章

"披头士"后来也成了这类形象的时尚青年的专用词。可见，"披头士乐队"已影响了整个社会。

　　1962年10月，由列侬与麦卡特尼创作的歌曲《请爱我》在英国发行。1963年5月，乐队的唱片《请让我高兴点》发行后连续30个星期在排行榜上保持第1名。接着乐队的另一张唱片《与"甲壳虫"乐队在一起》又连续22个星期占据着第一名的宝座。1964年2月，由美国"开底托"唱片公司出版发行的歌曲《我想握握你的手》在排行榜上达到第一名。不久，"甲壳虫"乐队出现在美国电视台的名为"艾德·萨利文"的文艺节目中。"甲壳虫"热开始冲击整个美国，尤其强烈震撼着青年一代的心灵。

肖洛霍夫

从事写作

　　1905年，肖洛霍夫出生在顿河畔的维辛克镇，他的父亲是一个磨坊主。小的时候，因为当时沙皇俄国国内发生战乱，所以他只读了四年书就辍学了。此后，他是完全靠自学进行写作的。十月革命后的国内革命战争时期，

静静的顿河

顿河地区的斗争非常激烈、残酷。少年时代的肖洛霍夫不但目睹了这场斗争，而且还积极参与了组建和保卫红色政权的工作。当时，他担任办事员和扫盲教师，还参加了武装征粮队的工作，征集粮食保卫苏维埃政权。顿河哥萨克地区艰苦而又丰富多彩的生活，

少年时代的肖洛霍夫和父母在一起

不仅磨练了肖洛霍夫的性格，更主要的是成为他创作的源泉。

1922 年，肖洛霍夫来到莫斯科，从此开始进行写作，步入了他的文学生涯。1923 年，他加入莫斯科共青团作家和诗人的文学团体"青年近卫军"。这期间，他陆续发表了小品文《考验》、《三人》和《钦差大臣》等。1924年，他又加入俄罗斯无产阶级作家联合会，同年发表了第一篇短篇小说《胎记》。1926 年，小说集《顿河故事》和《浅蓝的原野》相继出版，开始受到文坛的特别关注。在小说集的 20 多篇小说中，肖洛霍夫通过对家庭和个人之间关系的描写，把复杂的社会斗争展现得淋漓尽致，尤其是通过对哥萨克内部尖锐的阶级冲的描绘，深刻地展示了触目惊心的悲剧情景和众多鲜活的悲剧人物。

受到攻击

从 1926 年开始到 1940 年，肖霍洛夫用了 14 年的时间，艰苦创作后完成了他的长篇巨著《静静的顿河》。这部小说共四卷，先后在 1928、1929、1933、1940 年完成并与读者见面。小说中描写了当时发生于苏联境内的政治大风暴对一个哥萨克村镇以及镇中一户哥萨克人家的猛烈冲击。小说

出版后就受到读者热烈欢迎，再版竟达百次之多，还被翻译成60多种语言在世界范围内广泛传播。但却给他带来了很多麻烦，使他先后受到来自不同方面的各种攻击。比如小说第一卷刚出版，就有人散布谣言说是肖洛霍夫抄袭别人的。

第二次攻击是在斯大林时期。斯大林对语言改革非常感兴趣，因而要求极严，而肖洛霍夫使用的却是哥萨克人非常简洁的生活语言，因此受到严格审查。其实正是由于他作品中语言带有浓厚的地方色彩，所以才使作品显得粗犷有力，引人入胜。在经过有关方面的严格删削后，小说在1953年再版时，语言已经变得十

肖洛霍夫

分苍白无力了。更为严重的是，肖洛霍夫作品的出版在每一阶段的审查都会被长时间延迟。

虽然《静静的顿河》以及小说中的主人公曾引起苏联社会各界多次尖锐而激烈的争论，但是它却以真实地再现了1912年至1922年动荡岁月中哥萨克民族的经历而在苏联文学史上赢得了高度的赞誉。

声名远播

1941年6月22日，希特勒悍然入侵苏联，肖洛霍夫立刻投入到反法西斯战斗中。他先后担任《真理报》和《红星报》记者，撰写了大量的战地通讯和战争题材的短篇小说。1942年，他发表的《学会仇恨》，用生动的语言和饱满的激情唤起苏联人民对法西斯的仇恨。1943年，他发表的长篇小说《他们为祖国而战》，又真实生动地反映了卫国战争中的历史情况。在卫国战争期间，肖洛霍夫始终同战士们并肩作战，用自己手中的笔与敌人战斗，反映人民的感情和苦难，揭示战争的残酷。

1957年，他发表的短篇小说《一个人的遭遇》，在当时产生了巨大的影响，被称为"当代苏联军事文学新浪潮的开篇之作"。小

辉煌的荣誉

说里描绘了主人公索科洛夫在战争中的不幸遭遇以及他的坚韧品格，深刻痛斥了法西斯侵略战争带给苏联人民的深重灾难，同时又表现出苏联人民强烈的爱国主义精神和坚不可摧的钢铁意志。在作品中肖洛霍夫没有进行任何人为的感情渲染，而是真实客观地描写了主人公的家庭悲剧，以及他所遭受的精神压力和心灵创伤，使作品焕发出强烈的人道主义气息，使英雄主义的品格更加贴切。自然。

1965年，瑞典皇家文学院决定授予肖洛霍夫诺贝尔文学奖，理由就是"他对顿河流域的史诗般描写，以有力的艺术和真诚的创造性反映了俄罗斯人民的一个历史阶段"。

肖洛霍夫在领奖后说："无论过去和现在，我都认为作家的天职就是用自己的作品，向劳动的人民、建设的人民、英雄的人民表示敬意……帮助人们变得更完美，心灵更加纯洁，唤起人们的爱，唤起人们积极地为人类的进步理想而斗争。"

反越战示威与和平旋律

20世纪60年代，美国发动越南战争。反战的抗议浪潮此起彼伏。1967年10月，数千名美国群众在华盛顿举行了一次反对越南战争的示威游行，他们不停地呼喊着停战的口号，朝着五角大楼走去。保卫五角大楼的士兵和联邦执法人员都装备了步枪和刺刀，他们组成警戒线防止示威者的冲击。而示威者仍冲击着警戒线，警戒人员迫不得已使用警棍和枪托击打示威者。在游行示威活动中有近300人被捕，入夜后示威活动渐渐平息下来，只有数百人在重要地点举行抗议活动。

而同时许多具有良知的音乐家、歌手们通过音乐和歌声来表达出他们对战争的憎恨以及对和平的憧憬。最让人记忆犹新的就是吉他演奏家吉米·亨德里克斯在1967年的蒙特雷音乐节上的表

3245

演，他通过手中的吉他，把美国国歌扭曲成最难听的声音，所有的人都知道他为什么这样——对美国政府发动越战的抗议。这次音乐节拉开了20世纪60年代美国流行音乐反战的序幕。两年后，一次更大规模的以"爱与和平"为主题的伍德斯托克音乐节更使和平的声音深入人心。

墨西哥奥运会"黑权事件"

1968年10月12日，第19届奥运会在墨西哥举行。伴随着点燃的奥运圣火，紧张激烈的各项比赛在进行着。

当奥运会进行到第四天时，两名美国黑人运动员史密斯和卡洛斯分别获得了200米的金牌和铜牌。在举行发奖仪式时，举世震惊的历史性一幕出现了：这两位黑人运动员戴着黑手套站到了领奖台上，24岁的史密斯系着黑领带，卡洛斯脖子挂着珠子项链。当国际田径联合会主席艾克萨特向他们颁奖和祝贺时，他们拒不摘下黑色手套。不仅如此，颁奖之后，俩人悄悄脱下鞋，只穿着黑袜子，低垂着头，举起了拳。当星条旗在美国国歌的伴随声中

史密斯和卡洛斯在领奖台上

徐徐升起之际，全场沉寂，接着掌声、嘘声、欢呼声、惊叹声潮水般滚滚而来。因为他们的黑领带和珠子项链象征着美国社会强加于黑人的刑法，赤脚代表着黑人的贫穷，黑拳头则显示着黑人的力量和团结，他们在伸张黑人的自由平等权利，抗议美国国内的种族歧视，声援国内的黑人民权运动。史密斯和卡洛斯的抗议引起了奥林匹克世界的震惊。国际奥委会主席布伦戴奇满面怒容，美国代表团的白人更是狼狈之极。

这一抗议活动，后来被人称

为"黑权事件"。它迫使美国向国际奥委会道歉。史密斯和卡洛斯也为此付出了代价，二人被取消了本届奥运会参赛资格，并被墨西哥政府移民局驱逐出境。

阿斯旺高坝建成

1970年，埃及人在尼罗河上建成了举世闻名的阿斯旺高坝。从1960年动工到建成，历时11年，耗资10亿美元。高坝位于埃及阿斯旺市附近，是一种填石坝，坝高111米，顶长3830米，体积4430万立方米，所形成的水库（纳赛尔水库）容量为1689亿立方米。

阿斯旺高坝的建成有效地控制了尼罗河每年的洪水，保护了居民和农作物，使埃及原有的灌溉面积增加32万多公顷，并把28万公顷的洪泛区改造成常年灌溉区。同时也改善了上下游通航能力，发电量大幅度提高，为埃及的经济发展发挥了巨大的作用。但也产生了环境问题。

肯特大学惨案

1970年，美国大学校园的反越战风潮如野火燎原。尼克松总统在宣布将从越南撤军后不久，在1970年4月30日又宣布，他已向柬埔寨派遣了美国作战部队，以摧毁在那里的共产党军队避难所。此事再次激起美国人民的反战浪潮。5月4日俄亥俄州州立肯特大学学生在校园内举行大型集

阿斯旺高坝

国民警卫队冲进肯特大学

会，抗议美军入侵柬埔寨。学校当局向国民警卫队发出请求，要求恢复校园秩序。荷枪实弹的国民警卫队开进校园，驱散示威学生。愤怒的学生向士兵叫喊并投掷石块。士兵开枪射击，打死4人，打伤多人。消息传出，举国震惊。惨案发生当天，坎特伯里准将为国民警卫队辩护，提出了三条理由：（1）有人打冷枪；（2）催泪弹用完了；（3）学生们离警卫队员太近，他们投掷的石块构成了致命威胁。然而，美国联邦调查局和总统特别委员会的调查结果，彻底推翻了这三条理由。全国各大校园再次掀起抗议浪潮，美国当局又制造了多起血案。

斯塔夫里阿诺斯的《全球通史》出版

世界史，自从它作为一门独立的学科问世以来，就一直被西方垄断着。它的研究对象一直以西方为中心。至此，1970年，当斯塔夫里阿诺斯的《全球通史》出版时，格外引人注目。这部通史被认为是第一部由历史学家运用全球观点，囊括全球文明而编写的世界历史。

总览世界文明的先驱者——斯塔夫里阿诺斯

该书分为《1500年前的世界》和《1500年后的世界》两册。斯塔夫里阿诺斯认为，整个世界是一个不可分割的整体，因此，他将目光投向了那些对人类历史进程产生了巨大影响的历史事件，着重分析了各种历史事件之间的有机联系和相互作用。斯塔夫里阿诺斯在记录西方文明发展的同时，同样对在儒家文化、阿拉伯文明等影响下的东方各国政治、经济、文化作了全面的分析，充分肯定了各民族对世界文明进程所作出的贡献。

该书并不是简单地对人类文

明的进程加以总结，它的精华在于，通过对历史现象的分析，对历史的发展提出了作者自己创造性的见解，并对20世纪，尤其是第二次世界大战以来至70年代的这段历史给予了格外的关注。对于人类所面临的越来越多的社会问题，斯塔夫里阿诺斯认为，其根源在于技术革命在全球范围内突飞猛进地发展，而社会革命却相对沉寂。正是这两种革命之间的时间之差，才使整个世界陷入了空前的危机。由于具有深刻的思想性和深厚的社会责任感，该书在世界上受到了极高的评价，被誉为当今社会的"救世箴言"和现代社会的"资治通鉴"。

《全球通史》中文版封面

百慕大三角区神秘灾难

1971年10月21日，一架"超星座"号运输机，从一艘正在海面工作的探测船上空飞过。船员们眼看它飞了一分钟左右，突然，飞机好像被海水吸住似的一头坠进海里。以后，船员们什么也未看见，既没有发现油迹，也没有找到飞行员的尸体和飞机残骸。惟一能证实飞机失踪的，只是海面上漂浮着星星点点的货物。

"超星座"号飞机的失踪，只是这片神秘海域众多起失踪事件之一。据统计，自1840年至1945年间，这片海域上空就有100余架飞机失踪；而在这里消失的船只则更多。这片被世人称作"海上墓地"的地方，就是引起全世界许多科学家关注的百慕大三角区。

正在海面工作的"超星座"号运输机

"超星座"号的失踪,与以往的众多失踪事件一样,充满着神秘色彩。所有试图对百慕大三角地区失踪事件做出合乎逻辑解释的人都遇到了无法摆脱的矛盾。于是就有人提出"超自然"理论,试图揭开这个世纪之谜。更有一部分研究者,把百慕大三角区发生的灾难与外星人和飞碟联系起来进行推断。

以上所举的各种解释,都很难说清百慕大三角区飞机、轮船失踪灾难的根源。但尽管如此,人们还是信心百倍,随着世界科学技术的日新月异,百慕大三角区海域和上空的神秘面纱终究会被人类所揭开。

加拿大人民抗击美国核试验运动

1971 年,美国在太平洋北部的阿留申群岛进行核试验。一批来自加拿大温哥华的环境保护者乘坐两条船前去抗议。从此绿色和平组织登上了世界环保舞台。

当时,核试验掀起了凶猛的海啸。他们乘坐的第一艘"绿色和平"号船,在汹涌澎湃的海洋上搏击,抗议美国在群岛上进行

地下核武器试验。面对美国的蛮横无理,绿色和平组织紧接着再次派出成员,乘坐"绿色和平"2号船,前往阿留申群岛增援。加拿大绿色和平组织的行动引起全世界公众的关注,人们对于核试验可能对人类带来的危害,予以了高度警惕。有人提出,科学技术发展如果被军备竞赛所用,那将是全人类的灾难,因此必须将科学技术发展纳入和平的轨道,使之符合全人类的利益要求,符合人类基本的道德准则。

最后,加拿大绿色和平组织的行动赢得了胜利。美国政府不得不宣布:取消在阿留申群岛上的核试验。前往抗议的成员,乘"绿色和平"号船凯旋,返回温哥华时,他们如同英雄般受到了国民的欢迎。

"绿色和平"号扬起风帆奔向阿留申群岛

慕尼黑奥运血案

1972年9月，第20届奥运会在德国慕尼黑举行，主办国新建了现代化比赛场馆，并首次使用精确的电子计时器和激光测距仪，第一次开通卫星环球电视直播。当运动会赛程过半时，巴勒斯坦恐怖组织"黑九月"制造了一起奥运史上罕见的惨剧。

"黑九月"的恐怖分子

9月5日凌晨5点，当运动员们正准备起床参加奥运会的第10天比赛时，大约8名全副武装的巴勒斯坦"黑九月"恐怖分子悄悄来到了奥林匹克村。这些人身穿黑衣服，涂黑了手和脸，带着武器，在朦胧的天色掩护下翻墙进入村内。有9名以色列运动员成了被劫持的人质。经过近一整天的谈判，西德方面同意派飞机将恐怖分子和人质一起运到开罗，并派出3架直升机把他们从奥运村送往布鲁克军用机场。此时，西德方面担心以色列人质到达开罗后会有生命危险，决定在机场发动攻击，救出人质。

在机场上，以色列人质们已经同意了和绑架他们的人一起飞往开罗。而德国警方对行动成功并无把握。恐怖分子迫使直升飞机的驾驶员站在前面，然后，恐怖分子的头目检查他们将要乘坐的开往开罗的客机。此时，德国警方突然开火了，由于恐怖分子用人质做掩护加上灯光造成许多阴影，使人难以分辨出人质和恐怖分子，结果未击中目标。枪声一响，恐怖分子立即还击并向人

遇害人员

质开了枪。德国警备队的扫射还没有停止，9 名以色列运动员已经躺倒在机场上了。一个绑架者在直升飞机里拉响手榴弹，直升飞机顿时成了一团大火。其他恐怖分子向救火车开枪。阻止救火车接近直升飞机救火和营救人质。在枪战中，一共有 9 名以色列运动员、2 名警察和 5 个恐怖分子死亡，3 名恐怖分子被捕。

在象征和平的奥运会上，发生这样的流血事件，令人痛心。9 月 6 日，国际奥委会主席宣布当天为哀悼日，慕尼黑体育场比赛暂停一天，改成有 8 万人参加的追悼会。9 月 7 日，比赛才恢复举行。"慕尼黑大血案"作为奥运会上恐怖的一页，将永远载入奥运会史册，并促使以后的奥运会主办国加强了安全警卫工作。

民主党总部水门大厦

窃听器时被捕。在策划者的多方掩盖下，被告一直否认有其他任何人参与此事。同年 11 月，尼克松以压倒优势再次当选总统。

1973 年 3 月 23 日，参与此事件的被捕的共和党人麦科德在

水门事件

水门事件是美国历史上著名的总统竞选舞弊事件。1972 年 6 月 17 日，一些帮助尼克松策划竞选连任的美国共和党人，为了探听民主党竞选人的活动情况和竞选策略，潜入华盛顿的水门大厦民主党总部，在偷拍文件和安装

水门事件的策划者之一埃利希曼

面临重刑的威胁下认罪，并写信给受理此案的华盛顿地区法院西里卡法官说自己和其他被告是在政治压力下认罪并保持沉默的，实际上白宫和争取总统连任委员会都卷入了水门事件。4月30日，尼克松被迫宣布以正直著称的理查森取代原司法部长，并同意他应参议院请求任命考克斯为特别检察官，负责处理此案。7月间，欧文委员会和考克斯要求尼克松交出9盘录音带，尼克松予以拒绝。在考克斯坚持下，西里卡法官和哥伦比亚特区上诉法院分别下令尼克松照办。10月，尼克松要求理查森解除考克斯职务。然而，理查森却因这无理的要求愤而辞职。后来考克斯虽被解职，但立即引起全国愤怒，许多人要求国会考虑弹劾总统。随着案情的发展，全国要求总统辞职和弹劾的呼声愈来愈高。

1974年初，10多个专门机构对这一事件进行仔细调查与核实。6月，美众议院司法委员会公布了尼克松与此事件的相关材料，紧接着提出了对尼克松的弹劾案。8月，尼克松被迫宣布辞职，由副总统福特继任。"水门事件"的发生，反映了美国总统竞选的阴暗面以及美国两大政党之间的矛盾。

纽约世贸大楼竣工

纽约世界贸易中心大楼位于曼哈顿闹市区南端，雄踞纽约海港旁，是美国纽约市最高、楼层最多的摩天大楼，也是美国人在世界建筑史上的又一个骄傲。

美国纽约世贸大楼

它由纽约和新泽西州港务局集资兴建、著名日裔美籍建筑师雅马萨奇所设计。大楼于1966年开工，历时7年，1973年竣工以后，以110层、412米的高度作为摩天"巨人"而载入史册。它是由5幢建筑物组成的综合体。其主楼呈双塔形，塔柱边宽63.5米。大楼采用钢架结构，用钢7.8万吨，楼的外围有密置的钢柱，墙面由铝板和玻璃窗组成，有"世界之窗"之称。大楼内有84万平方米的办公面积，可容纳5万名工作人员，同时可容纳2万人就餐。其楼层分租给世界各国800多个厂商，还设有为这些单位服务的贸易中心、情报中心和研究中心。在底层大厅及44、78两层高空门厅中，有种类齐全的商业性服务。第107层是瞭望厅，极目远眺，方圆可及72千米。地下有可供停车2000辆的车库，并有地铁站。楼中共有电梯104部，一切机器设备全由电脑控制，被誉为"现代技术精华的汇集"。

澳大利亚悉尼歌剧院落成

澳大利亚的悉尼歌剧院是20世纪建设史上的一个长篇大作。

建筑师雅马萨奇

它位于新南威尔士州首府悉尼市贝尼朗岬角上，紧靠着世界著名

悉尼歌剧院全景

的海港大桥的一块小半岛上，3面环海，南端与市内植物园和政府大厦遥遥相望。建筑造型新颖奇特、雄伟瑰丽，外形犹如一组扬帆出海的船队，也像一枚枚屹立在海滩上的洁白大贝壳，与周围海上景色浑然一体，富有诗意。它已成为悉尼的标志。

悉尼为兴建这座歌剧院于1955年举行国际建筑设计竞赛，从233个方案中选定丹麦建筑师伍重的设计。1966年伍重辞去剧院总建筑师职务，剩下的室内设计由澳大利亚建筑师完成。歌剧院从1959年破土动工，历时14年，耗资1亿多澳元，1973年10月落成揭幕。英国女王伊丽莎白二世专程前来剪彩。

悉尼歌剧院建筑总面积88258

平方米，长183米，宽118米，高67米。包括一个有2690个座位的大音乐厅，一个有1547个座位的歌剧厅，一个可容500多人的剧场和一个小音乐厅。此外，还设有排演厅、接待厅、展览厅、录音厅以及戏剧图书馆和各种附属用房（如餐厅、售品部等），共900多个房间，同时可容6000多人在其中活动。

歌剧院规模宏大，陈设讲究，演出频繁，除圣诞节和耶稣受难日外，每天开放16小时，平均有10个不同的活动项目让人共享。歌剧院已成为澳大利亚最热闹的场所，旅游者、观众从早到晚络绎不绝。入夜，到这里来的人，不仅仅能看到精彩的演出，而且也能观赏到悉尼湾迷人的夜景。

第一次石油危机

1973年10月6日，第四次中东战争爆发，为打击以色列及其支持者，阿拉伯石油输出国组织（即"欧佩克"）的成员国把石油作为战略武器，采取减产、提价、禁运以及国有化等措施掀起一场震撼世界的石油风暴。

战争爆发的当天，叙利亚和黎巴嫩立即关闭了来自伊拉克的输油管。10月7日，伊拉克宣布将伊拉克石油公司所属巴士拉石油公司中美国埃克森和莫比尔两家联合拥有的股份收归国有。接着，阿拉伯各产油国在短短几天内连续采取了相应措施：10月16日，海湾地区的科威特、伊拉克、沙特阿拉伯、卡塔尔、阿拉伯联合酋长国5个阿拉伯国家和伊朗决定，将海湾地区的原油市场价格提高17%。10月17日，阿尔及利亚等10国参加的阿拉伯石油输出国组织部长级会议宣布，立即减少石油产量，决定以9月份各成员国的产量为基础，每月递减5%；对于美国等支持以色列侵略的国家的石油供应，逐月减少5%。10月18日，阿拉伯联合酋长国中的阿布扎比酋长国决定完全停止向美国输出石油。接着利比亚、卡塔尔、沙特阿拉伯、阿尔及利亚、科威特、巴林等阿拉伯主要石油生产国也都先后宣布中断向美国出口石油。

阿拉伯国家的石油斗争，突破了美国石油垄断资本对国际石油产销的控制，沉重打击了美国在世界石油领域的霸权地位。美国每天的石油进口减少了200万桶，许多工厂因而关闭停工，正

开采石油

在受到能源危机困扰的美国政府不得不宣布全国处于"紧急状态"，并采取了一系列节省石油和电力的紧急措施，其中包括：减少班机航次，限制车速，对取暖用油实行配给，星期天关闭全国加油站，禁止和限制户外灯光广告等，甚至连白宫顶上和联合国大厦周围的电灯也限时关掉，尼克松还下令减低他的座机飞行的正常速度，取消了他周末旅行的护航飞机。美国国会通过法案，授权总统对所有石油产品实行全国配给。美国国防部正常石油供应几乎有一半中断，美国在欧洲的驻军和地中海的第六舰队不得不动用它们的战时石油储备。美国为了对抗阿拉伯产油国的石油斗争，威胁要使用武力占领这些国家的油田，美国的恫吓遭到阿拉伯国家的迎头痛击。沙特阿拉伯、科威特和利比亚发出严正警告，如果美国武装入侵，就立即炸毁油田和有关设施，彻底摧毁美国在中东的全部石油利益。阿拉伯国家的坚决态度，迫使美国不敢贸然出击。

这场石油斗争大大加强了阿拉伯国家的经济实力。如提价一项使阿拉伯国家的石油收入由1973年的300亿美元，猛增到1974年的1100亿美元，而且也极大地鼓舞了第三世界人民捍卫国家主权和保护民族经济权益的斗争。它为第三世界国家的反帝反殖反霸斗争开创了一个新的局面。

嬉皮士运动

新型文化

"现在不结婚就是嬉皮，我对嬉皮不感兴趣。"这是美国著名摇滚巨星、甲壳虫乐队成员约翰·列侬在1980年说的一句话，作为嬉皮士运动的代表性人物能说出这样的话，表明风光一时的嬉皮士运动已经开始退潮了。

嬉皮士运动发起于20世纪60年代的美国。当时，由于物质生活的富足，加上对传统信仰的缺失，一些年轻人对生活感到迷惘，于是在美国东海岸的格林威治村，一些年轻的反文化者聚集起来，他们称自己为"hips"，他们的聚集吸引了很多对生活失望的纽约市区的年轻人穿着最破旧的衣服，加入到格林威治村的"hips"们当中。

当时，美国一家广播电台第一个用"嬉皮士"这个词对这些穿着破旧衣服的中产阶级年轻人进行了描绘。1965年9月6日，旧金山的一家报纸首先采用了"嬉皮士"这个词，用来描写这些年轻的"波西米亚主义者"。

在旧金山的海特·亚许柏里地区，嬉皮士以Diggers这个团体为中心，将即时性的街头剧、无政府主义行动和艺术表演结合在一起，来表现自己的思维。他们受到了波西米亚主义地下艺术剧团和左派民权主义和平运动的影

聚会的旧金山嬉皮士

伍德斯托克音乐节上的嬉皮士

响，宣扬要建立一个"自由城市"。1967年夏，海特·亚许柏里聚集了大量的年轻人，其中包括75000名警察，他们分享着由音乐、毒品和反抗组成的"新文化"。20世纪60年代末，嬉皮士运动逐渐进入高潮。

政治运动

嬉皮士们主张仁爱、反对暴力，提倡和平主义和利他主义，他们常留着长发和大胡子，穿着色彩鲜艳的衣服，戴上不寻常的饰品，标榜与尔虞我诈的社会现实针锋相对。他们通常听一定的音乐，比如杰米·亨得里克斯和杰菲逊飞艇的幻觉性的摇滚乐、顶级乐队、死之民乐队等的音乐。

节日里，他们也会在家里与朋友一起使用吉他弹奏音乐。他们崇尚自由恋爱，喜欢公社式的生活，有一些人还喜欢毒品。

嬉皮士文化的最初发动者是那些反对越南战争的美国青年们，他们自称是"有良知的反对者"，拒绝参军，反对使用暴力，坚信和平的思想与表达方式会产生巨大的积极能量，即"花的力量"可以解决世界上的所有问题。因此许多嬉皮士在他们的头发里插着花，或向行人不停地发送花。他们不断地挑战社会的既有规范和传统道德观的"禁区"，并决心把社会引导到另一种生活方式上去，即"沉沦"下去。

嬉皮士经常去参加反越战游行和争取人权游行。起初，嬉皮士的性别歧视非常严重，但是很快就开始接受女性主义和平等主义的原则。早期他们也特别排斥同性恋，但慢慢地又接受了同性恋。为了表达自己的政治愿望和实现所寻求的变化，"回到农村去"运动、合作企业、替代型能源、新闻自由运动和有机农业等主张都受到他们的青睐。

新时代的嬉皮士

支持越战的人经常夸张地形容嬉皮士滥用毒品的程度。而实际上，虽然很多嬉皮士使用毒品，但他们是想利用毒品所产生的幻觉来达到内心的修炼，这样一来即使不用毒品的嬉皮士，也往往把毒品看作是嬉皮士的一个标志，来表现他们不肯遵从社会守则的形象。所以，使用毒品至今仍被看作是嬉皮士文化的一个中心内容。

1970年，嬉皮士的许多生活形式进入到美国社会的主流文化当中，但实质性内容却很少被主流文化所吸收。随着时间的推移，媒体渐渐地对这个次文化失去了兴趣，一些年轻人也丧失了时髦感、认同感。庞克摇滚出现后，年轻人开始反感嬉皮士了，但仍有许多嬉皮士保持着原有的生活方式和心中的信仰。

21世纪又出现了新嬉皮士，他们复活了20世纪60年代嬉皮士运动的观点，比如也强调拥有自

伍德斯托克音乐节现场

由，穿自己愿意穿的衣服，做自己想要做的事等。但与 60 年代嬉皮士属于政治运动本质不同的是他们远离政治，从不参与政治活动。

第一次世界妇女大会

1975 年 6 月 19 日至 7 月 2 日，联合国在墨西哥首都墨西哥城举行了第一届世界妇女大会。该次大会是自联合国成立以来第一次专门讨论妇女问题的世界性政府间会议，也是"国际妇女年"的重要活动之一，有 1000 人参加了这次会议。

第一次世界妇女大会现场

会议通过了《关于妇女的平等地位和她们对发展与和平的贡献的宣言》和《为实现妇女年目标而制定的世界行动计划》。同

年，联大宣布 1976 年至 1985 年为"联合国妇女十年：平等、发展与和平"。

沃尔夫基金会创立

1976 年 1 月，德国化学家 R. 沃尔夫及其家族捐献 1000 万美元成立了沃尔夫基金会，其宗旨是促进世界科学、艺术的发展。沃尔夫基金会设有数学、物理、化学、医学、农业 5 个奖（1981 年增设艺术奖）。在此之前，在数学

沃尔夫基金会的创始人沃尔夫

界被称为"数学诺贝尔"的菲尔兹奖，只授予 40 岁以下的年轻数学家，所以年龄较大的数学家没有获奖的可能。而沃尔夫数学奖的设立，则弥补了这一缺陷。沃尔夫数学奖于 1978 年开始颁发，通常每年颁发一次，奖金为 10 万美元，可以由几人分得。由于沃尔夫数学奖具有终身成就奖的性质，所有获得该奖项的数学家都是享誉数坛、闻名遐迩的当代数学大师，他们的成就在相当程度上代表了当代数学的水平和进展。

R. 沃尔夫于 1887 年生于德国，曾在德国研究化学，并获博士学位，后移居古巴。他用了近 20 年的时间，经过大量的实验成功发明了一种从熔炼废渣中回收铁的方法，从而成为百万富翁。1981 年，沃尔夫逝世。

塞韦索毒气泄漏

1976 年 7 月 15 日，意大利米兰市附近塞韦索村一座使用剧毒化学品二氧芑制造除草剂的化工厂发生毒气泄漏事故。事故发生时，一股烟云状二氧芑排放到大气中，接着塞韦索村的家畜无缘无故地死去。村里人恐慌不

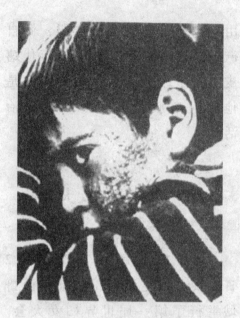
受到毒气伤害的儿童

已，当局命令群众从该村疏散。二氧芑的毒性极大，人体只要接触到一点点便立即皮肤起疱，出现皮疹。在塞韦索毒气泄漏两周以后，每 6 个受检居民中，就有 1 人呈二氧芑中毒症状。但更糟糕的是，二氧芑在人体内的潜伏期很长，其毒性需要很多年才能从人体内消除。二氧芑中毒能导致癌症，孕妇中毒后，就会生育畸形婴儿。在接触二氧芑很长一段时间后所引发的疾病，目前医疗上尚难以解决。自塞韦索毒气泄漏事故发生后，世界各国对涉及化学品的工业事故倍加警惕，对使用危险化学品的工厂也实施更严格、更安全的管制措施。

美国隆重庆祝独立200周年

　　每年7月4日，是美国的独立日，以纪念1776年7月4日大陆会议在费城正式通过《独立宣言》。北美大陆原是印第安人土著居民世代生息繁衍之地。从17世纪初开始，北美大陆陆续沦为英国的殖民地。1783年9月3日，英国正式承认美国独立，美国人民赢得了独立战争的最后胜利。从此，通过《独立宣言》的这一天被定为美国独立日，成了美国人民永远纪念的节日。

　　1976年7月4日，美国各地举行盛大庆祝活动，纪念美国独

美国海军庆祝国庆

立200周年。这天，费城自由钟首先敲响，接着全美大大小小的教堂钟声齐鸣，国会山上升起了成千上万面星条旗。随后，各地居民自发地进行庆祝游行，有的扮作骑马的旧时牧师或坐着古式马车的贵族小姐举行化装游行；有的组成家庭小乐队参加游行，还有的全家祖孙几辈载歌载舞，边舞边行。大街上更是一片欢乐的海洋，各种彩车、模型车、杂技车和小孩玩具车同欢乐的人群一起排成浩浩荡荡的游行队伍，场面十分壮观。游行结束，人们聚会在公园或公共场所共同欢度节日。在一片乐曲声中，人们或翩翩起舞，或席地野餐，商人们忙着叫卖纪念品，政客们乘机进行竞选演说，孩子们则在草地上做各种游戏，全美各地呈现出一派节日的欢乐景象。

第21届蒙特利尔奥运会

　　蒙特利尔是位于加拿大魁北克市南部蒙特利尔岛上的一个港口城市。为举办1976年的第21届奥运会，蒙特利尔市耗费了巨额资金，在城区北部开辟了奥运会中心。本届奥运会费用远远超过

了预算，亏空 10 多亿美元，使该市纳税人至今无法还清这笔债务。

开幕式的升旗仪式

运动会于 1976 年 7 月 17 日~8 月 1 日举行。应邀参赛的有 88 个国家和地区，运动员 6189 人。首次参赛的有安道尔、安提瓜、开曼群岛和巴布亚新几内亚。中国台湾没有参加本届运动会。本届奥林匹克火焰传递首次采取了卫星传递的方法，最后点燃主体场奥林匹克火焰，是由一对少年男女共同完成的，这是奥运会史上第一次、也是惟一的一次由两人共同执行点燃圣火的仪式。本届奥运会增设了女子篮球、女子手球等项目，单项数由上届的 195 增加到 198。本届奥运会共破 60 项奥运会纪录，其中世界纪录为 33 项。举重、射箭的奥运会纪录被再次刷新。游泳破 24 项奥运会纪录和 21 项世界纪录，其中男子

12 项为世界纪录。

洛克希德行贿事件

洛克希德行贿事件是美国洛克希德飞机公司于 1976 年制造的一起重大行贿事件。洛克希德公司是美国最大的飞机制造厂家和军火商之一。

日本前首相田中角荣

1976 年 2 月 5 日，美国民主党人丘奇揭发了洛克希德公司为推销飞机向日本前首相田中角荣和联邦德国、意大利等国政府官员大量行贿的丑闻。消息当天传到了日本，日本朝野为之震惊。5 月，日本众议院成立调查洛案特别委员会，经日本司法当局查明，田中角荣在 1972 年至 1974 年任首相期间共接受洛克希德公司 5 亿

日元贿款，同时涉嫌此案的还有日本政界其他高层人士共 15 人。田中受贿事实被揭露后，日本各报几乎全以洛案为头条新闻报道，杂志和专刊也纷纷撰文大曝有关内幕，电视台更是直接转播，事件轰动性极为罕见。1976 年 7 月 27 日，东京地方检察厅逮捕了田中角荣。从逮捕之日起到 1983 年 10 月的 6 年多时间里，田中共受审 190 多次，其审理之细密为世界刑事审判史所罕见。1985 年 2 月田中角荣因患脑血栓而病倒，洛案也就随之不了了之。

特纳里夫岛空难

1977 年 3 月 27 日，一架美国泛美航空公司波音 747 飞机，从加那利群岛特内里费岛上的国际机场起飞。当飞机驶上了机场的主跑道时，驾驶员突然发现前面的跑道上还有一架荷兰皇家航空公司的波音 747 飞机时，已为时太晚。由于喷气式飞机不能及时刹车，撞上了荷兰皇家航空公司的波音 747 飞机，使荷兰飞机上 248 人全部罹难。两架飞机机翼下满载的油箱爆炸起火。泛美公司的飞机上有 70 人死里逃生，但大多数遭到严重烧伤。死亡总人数为 574 名。

这次悲惨事故起因是加那利群岛的另一大岛——拉斯帕尔玛斯岛的机场发生了一起炸弹爆炸事件。由于这一紧急情况，这两架巨型喷气式客机都被转移到特纳里夫岛。而荷兰皇家航空公司喷气式客机的驾驶员未经机场空中交通管制中心许可，擅自起飞是造成该事故的主要原因。

恐怖的天花病绝迹

1980 年 5 月 28 日，世界卫生组织宣布：人类从此消灭了天花。天花是由天花病毒引起的烈性传染病，主要表现为严重的全身中毒症状和循序成批出现的斑疹、丘疹、疱疹、脓疱等皮疹。天花传染性猛烈，患者死亡率极高，

机场人员清理机场残骸

侥幸逃生者，也会留下永久性的疤痕（如脸上的麻子）或失明。历史上天花给人类带来了深重的灾难。1555年，天花在墨西哥大流行，全国1500万人中有200万人死亡。16至18世纪，欧洲每年死于天花病的人数为50万，亚洲达80万。18世纪末，英国乡村医生琴纳发明了牛痘接种术，终于制伏了天花这个病魔。人类的最后一例天花病人于1977年出现在索马里。1978年12月以后，世界卫生组织没有再收到天花病例的报告。1980年5月，世界卫生组织在第33届世界卫生大会上宣布天花已在全世界彻底消灭，全世界停止接种牛痘。但是，由于天花病毒杀伤力巨大，冷战期间美国和前苏联都曾试验用它制成生物武器，现在还有天花病毒保存在美国和俄罗斯的绝密实验室里。

接受天花疫苗的刚果儿童

世界首例艾滋病

1981年6月，美国洛杉矶加州大学医院医学中心诊断出世界首例艾滋病。艾滋病的全称为获得性免疫缺陷综合症（AIDS），是一种由逆转录病毒引起的人体免疫防御系统方面的疫病。艾滋病病毒进入人体后要经过数年，甚至长达10年或更长的潜伏期以后才发病。艾滋病病毒严重破坏人体免疫功能，病人因抵抗疾病的能力极度下降而重复感染多种疾病，如带状疱疹、口腔霉菌感染、肺结核，特殊病原微生物引起的肠炎、肺炎、脑炎及其他感染，后期常常发生恶性肿瘤。最终因

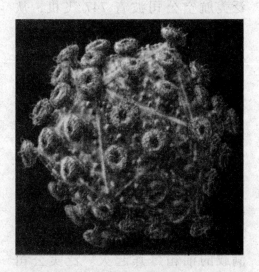

艾滋病病毒模型图

长期消耗，全身衰竭而死亡。艾滋病的传染性极强，是一种病死率高达 100% 的极为严重的传染病。

艾滋病发源于非洲，1982 年将此病被正式命名为"艾滋病"。以后，艾滋病迅速蔓延到了各大洲。目前还没有治疗艾滋病的特效药，也没有可用于预防的有效疫苗。至今全球已有 1880 万人死于这被称之为"世纪绝症"的病症。

南极上空发现臭氧洞

早在 20 世纪 70 年代初，科学家就发现地球上的紫外线有所增加，70 年代末，科学家又发现南极上空的臭氧明显减少。1984 年，英国科学家首次公布了南极上空

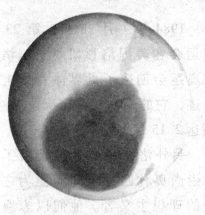

南极上空的臭氧洞正在逐年增大

平均臭氧含量减少约 50% 这一事实，即南极上空已形成一个巨大的臭氧空洞。1985 年，美国"雨云"7 号气象卫星对南极上空进行了探测，证实了英国科学家的预言。"雨云"7 号的探测结果表明，南极上空的臭氧洞面积与美国领土面积相当，高度相当于珠穆朗玛峰的高度。

南极上空臭氧洞的出现，引起了科学界、社会公众和各国政府的忧虑和重视。国际社会开始加强了联系，共同商讨研究制订全球性保护臭氧层的有效措施。1985 年，世界各国在维也纳签署了《保护臭氧层维也纳公约》，《公约》明确指出了大气臭氧层损耗对人类健康和环境可能造成的危害，呼吁各国政府采取合作行动保护臭氧层。

安德罗波夫逝世

1984 年 2 月 9 日，苏共中央总书记、苏联最高苏维埃主席团主席安德罗波夫逝世，终年 70 岁。契尔年科继任苏共中央总书记。

安德罗波夫于 1914 年 6 月 15 日生于俄国斯塔夫罗波尔州一个铁路工人家庭。早年做过工人、电报员和水手。1936 年毕业于水

刚上任时的安德罗波夫

运专科学校。1937 年任共青团雅罗斯拉夫州委书记。1940 年当选为卡累利阿 - 芬兰共和国团中央第一书记。苏德战争期间，被任命为彼得罗扎沃茨克市党委第二书记。1947 年当选为卡累利阿 - 芬兰共和国党中央第二书记。1951 年，调到中央机关工作，先后在苏共中央对外联络部任检查员和苏共中央某处处长。1953 年至 1957 年，调外交部工作。1957 年被任命为苏共中央联络部部长。1962 年至 1967 年任苏共中央书记。1967 年安德罗波夫被免去苏共中央书记职务，接替谢米恰斯内伊任国家安全委员会主席（克格勃），1982 年 5 月又重新当选为苏共中央书记。安德罗波夫在执政

的一年零三个月期间，进行了大胆的改革工作，大刀阔斧地进行人事调整，为发展国民经济和人民福利事业方面作出了贡献。安德罗波夫先后 4 次来中国，他执政期间主张"改善苏中关系"，"恢复苏中两国人民的友谊"。

庆祝诺曼底登陆 40 周年

1984 年 6 月 6 日，来自欧美一些国家的元首、政府首脑、参加过二战的老战士在法国北部隆重纪念盟军诺曼底登陆 40 周年。美国总统里根、法国总统密特朗、英国女王、荷兰女王等参加了纪念仪式。

第 23 届洛杉矶奥运会

1984 年 7 月 28 日，第 23 届奥运会在美国洛杉矶举行。洛杉矶奥运会创造了世界体育史上的奇迹，它的赢利额是个天文数字：高达 2.15 亿美元。

另外洛杉矶奥运会吸引了大批崇尚奥林匹克运动而愿为之献身的理想主义者。他们以志愿者的身份投入到工作中去，为的是

世界通史

最新整理图文珍藏版

场面壮观的开幕式

"促进与维护世界和平，让世界变得更加美好"。事实上，洛杉矶奥运会辉煌的业绩之一就是广大志愿服务人员的加盟，洛杉矶市市长曾说，为奥运会及火炬接力长跑活动工作的千万名志愿服务人员是"奥运会的灵魂和精神"。众多媒体的评论指出："组委会实行的志愿人员参赛政策，不但为组委会节省了数百万美元，而且它促进了人们对奥运会的了解，激发起人们的奥运激情。"

印度博帕尔异氰酸甲酯泄漏事故

1984 年 12 月 3 日凌晨，印度博帕尔市发生了震惊世界的毒气泄漏事故。2 日午夜，坐落在印度博帕尔市郊的联合碳化杀虫剂厂的一座存贮 45 吨异氰酸甲酯贮槽的安全阀突然松动。1 小时后毒烟雾袭向这个城市，形成了一个方圆 25 英里的毒雾笼罩区。首先是近邻的两个小镇上，有数百人在睡梦中死亡。随后，火车站里的一些乞丐死亡。一周后，有 2500 人死于这场毒气泄漏事故，另有 1000 多人危在旦夕，3000 多人病入膏肓。在整个事故中，有 15 万人因受毒气危害而进入医院就诊，20 多万人双目失明。

博帕尔事件造成多人死亡

事故发生时，在博帕尔估计有 1.2 万人居住在离联合碳化物工厂只隔一条路远的地方，没有人事先告诉他们关于异氰酸甲酯的有关常识。气体泄露的那天夜晚，工厂的警报系统和备用系统一概失灵，3 小时内一次警报也未发出。工厂的 620 名雇员由于缺乏必要的安全措施，大难临头束手无策，各奔东西。博帕尔市的这次毒气泄漏事故是 20 世纪最严重的一次有毒物质泄漏事故。

非洲大饥荒

20 世纪 80 年代，非洲经历着 20 世纪以来最大的一次干旱和饥荒。1985 年一年的统计，从非洲北部至南部有 34 个国家遭受大旱，24 个国家发生了饥荒，1.5 亿至 1.85 亿人口受到饥饿的威胁。这次饥荒被联合国称为"非洲近代史上最大的人类灾难"。

1982 至 1984 年，非洲发生了持续 3 年的特大旱灾。这次百年未遇的特大旱灾，使非洲河流干涸、田地龟裂、粮食歉收。饥荒笼罩着整个非洲大地，数以亿计的非洲灾民挣扎在死亡线上。在埃塞俄比亚，全国 700 万人处于饥饿折磨和死亡的威胁下，其中

一群饥饿的非洲儿童

47% 是儿童，饥饿的人们拥向巴提难民营，一个只有足球场大的帐篷里竟挤着 16000 人，盼望着过往的车辆发放食物，每天大约有 120 人在这种盼望中悲惨地死去。在乌干达，10 万灾民陷入饥馑，竟然出现同类相食的悲剧。在塞内加尔，仅牲畜就死了 150 万头，村庄、道路两旁，饥民的尸体和倒毙的牲畜处处可见，惨不忍睹。在津巴布韦，30 万头牛被饿得奄奄一息。在坦桑尼亚，每天饿死 1500 名儿童。在莫桑比克，饥魔夺走了 10 万人的生命，并且还有上百万的人苦苦挣扎在死亡线上。在毛里塔尼亚，饥民们四处寻觅小动物，他们挖地 3 尺，以带壳的甲虫充饥，甚至有人吃自己亲人的尸体。在乍得，一座座牧民小村子不再有人。在苏丹，从苏

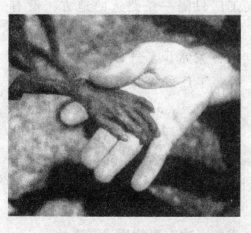

一个鲜明的对比

世界通史

最新整理图文珍藏版

丹港到喀土穆的公路上，饥民们饿得只剩下骨头，有气无力地挪动着脚步，不时有人倒下再也起不来，尸体被挪到路边，许多饿得奄奄一息的饥民互相倚靠，坐以待毙。据日内瓦红十字协会的资料显示，1983年非洲有1600万人死于饥饿或与营养不良有关的疾病，1984年的死亡数字更高，到1985年底，大饥荒使上百万人成为幽魂。

尼奥斯湖灾难

1984年8月21日，素有"中部非洲粮仓"之称的喀麦隆西部省的尼奥斯湖突然喷发毒气，附近的1800名村民因之丧生。这一消息震惊了整个世界。

灾难发生后，喀麦隆政府组织科学家探测"杀人湖"的秘密。由国内外科学家组成的考察团经过几番深入实地的调查研究，终于揭开了这个"杀人湖"的神秘面纱：尼奥斯湖为火山湖，地层深处的二氧化碳缓慢向湖底渗进，并逐渐溶解于湖水中，密度不断增大；湖表层的冷水就像一个大盖子一样平静地盖在上面，使二氧化碳及其他有害气体难以散发。

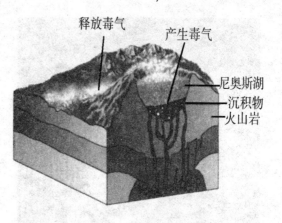

尼奥斯湖毒气形成示意图

如遇地震或地层变化，湖表层的"盖子"发生震荡，失去平衡，毒气随时有可能发生剧烈的喷发。尼奥斯湖目前至少积存了3亿立方米的二氧化碳和二氧化硫等有害气体，而且这些有害气体还正在与日俱增，喷发时造成的灾难也与之成正比。

经过科学论证，科学家采取了"疏导法"释放湖底的有害气体，以达到"排气防喷"的效果。目前，尼奥斯湖内的有害气体已经得到有效的遏制。

墨西哥大地震

1985年9月19日7时18分，墨西哥太平洋沿岸发生了8.1级地震，36个小时后又发生了7.5级强烈余震。距震中400千米的

墨西哥城市建筑遭到严重破坏

火山区。各种大规模的建筑过分集中在市中心地区地基不到2.5千米厚的高含水沉积层上。几百年前，墨西哥城所在地曾是一片湖泊，地质结构不是十分坚硬。所以大地震袭来时，墨西哥城中心就成了重灾区。同时，有些楼房本身施工质量差，经受不起强地震的袭击，也是这场地震损失巨大的一个重要原因。

世界最大的单机空难事故

墨西哥城遭到严重破坏，7000多人死亡，1.1万人受伤，30多万人无家可归，市区大部分小学校和10层以上楼房严重破坏，楼房倒塌上千栋，直接经济损失达50多亿美元。大地震发生后，世界各国迅速给墨西哥政府全力支援。墨西哥政府也立即组成了一个由12名地震学家参加的委员会，对地震发生的原因进行了研究。这场地震发生在海底，受灾最重的是墨西哥城。墨西哥城周围是死

1985年8月12日晚7时，日本航空公司的一架波音747宽体客机，在东京飞往大阪的途中失去控制，撞到群马县境内上野村附近的山冈上坠毁，机上509名乘客和15名机组人员仅4人获救，其余520人全部罹难。这是日本民航史上最大的空难事件，也是世界民航史上单机发生的最大空难事件。消息传出，举世震惊。

事故发生后，人们很快找到了"黑匣子"，它记录了机组人员同地面联络的全过程。日本首相中曾根迅速组织了事故调查委员会，参加这个委员会的还有来自美国国家安全委员会和波音飞机制造公司的9名代表。8月27日，

事故现场的紧急救援

空中分解；紧接着液压系统失去功能，使飞机失控而撞上山冈坠毁。

哥伦比亚鲁伊斯火山灾难

1985年11月30日夜，哥伦比亚鲁伊斯火山爆发，附近的几个小镇被吞没，25000多人死亡。鲁伊斯火山位于南美洲哥伦比亚的托利马省境内的阿美罗地区。1985年8月，鲁伊斯火山就有浓烟冒出，这本是"死灰复燃"的信号，也是火山喷发的前兆。但阿美罗地区的人们却不以为然，见怪不惊。11月30日夜晚，鲁伊斯山脚下阿美罗小镇上的25000人陆续进入了梦乡。半夜11点钟声刚刚敲过，鲁伊斯火山在沉睡了百余年后开始大规模喷发了。火山喷发发出了一声声震天动地的巨响，火山喷出的灼热岩浆顺着山脉，挟着大量的泥沙、碎石，犹如脱缰的野马，奔腾咆哮而下。短短的8分钟时间，泥石流就吞没了阿美罗镇，两万多居民也在这一瞬间成为大自然的牺牲品，幸存者寥寥无几。奔腾的泥石流在吞没了阿美罗镇之后，又向附近一些村落扑去，农田、牧场、

这个事故调查委员会公布了事故调查结果：飞机起飞12分钟后，发生了"异常的冲击"，几乎与此同时，压力隔板损坏，飞机密封性能的破坏使机舱内压力急剧降低，导致飞机垂直尾翼损坏并在

林区、房屋、工厂、各种公共设施均遭破坏，受灾面积迅速扩大。据统计，鲁伊斯火山喷发导致受灾面积达 3 万平方千米，2.5 万人丧生，5000 多人受伤，5 万人无家可归，13 万人成为灾民。鲁伊斯火山给哥伦比亚经济造成的损失达数十亿美元。

切尔诺贝利核事故

1986 年 4 月 26 日，原苏联乌克兰境内的切尔诺贝利核电站第四号反应堆发生爆炸，大量放射性物质外泄，成为有史以来最严重的一次核污染。在这次事故中，31 人当场死亡，233 人受到严重的放射性损伤，附近 13 万居民被紧急疏散，经济损失达 35 亿美元。事故产生的放射性尘埃，随风飘散，使欧洲许多国家受到不同程度的污染。

这一重大事故不仅在欧洲，而且在整个世界引起强烈震动。事故发生至今，已有近万人死亡，数十万人受到辐射伤害。切尔诺贝利周围地区的居民在事故发生后甲状腺癌发病率成倍上升，而这只是开始。因为受核辐射后甲状腺癌的发病潜伏期长达 20 年左

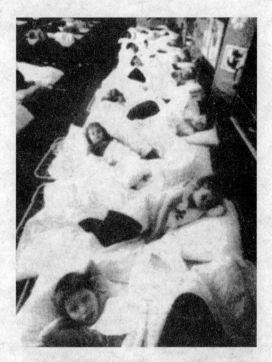

遭受核辐射的儿童接受治疗

右，也就是这次事故的严重后遗症要在 2006 年左右才显现。1994 年，国际原子能机构发表的一份调查材料表明：在当年参加切尔诺贝利核事故救援行动的 15 万名工作人员中，有 6000 人的后代出现了因核辐射造成的病理现象。专家认为，要彻底消除切尔诺贝利事故所造成的核污染至少要100 年。

美国自由女神的百年华诞

自由女神像矗立在美国纽约

港口的自由岛上，它象征着美国人民争取自由的崇高理想。

1986 年 7 月 4 日，美国举行了隆重的自由女神像百年庆典活动。庆典之前，美国政府花费巨额资金将女神像修缮一新。这天清晨，美国总统里根驾驶着"衣阿华"号巡洋舰视察了美国的 2 艘军舰和 21 艘来自外国的军舰。天空中，来自法国的喷气式战斗机在进行特技飞行表演。中午时分，里根会见了法国总统密特朗，双方开诚布公地讨论了武器控制问题。午夜，数百艘船只，从小舢板船到驱逐舰，停泊在纽约港湾。夜深人静，但焰火味仍未散尽。就在几小时前，夜空中呈现着壮观的景象，持续 28 分钟的焰火照耀着自由女神像的面容和火炬。

掩映在午夜焰火中的自由女神

国际禁毒日

进入 20 世纪以来，世界范围的毒品蔓延泛滥，已成为严重的国际公害。据联合国统计，全世界每年毒品交易额达 5000 亿美元以上，是仅次于军火交易的世界第二大宗买卖。毒品是指鸦片、海洛因、吗啡、可卡因等，它损害人的大脑，影响中枢神经系统功能、血液循环及呼吸系统功能，还会影响人的正常生殖能力，并使人体免疫功能下降。吸毒的人容易感染各种疾病，严重还会死亡。20 世纪 80 年代，全世界因吸毒而死亡的人数达 10 万。毒品不仅严重摧残人类健康，危害民族素质，助长暴力和犯罪，而且还吞噬巨额社会财富。

1987 年 6 月，在奥地利首都维也纳举行了联合国部长级禁毒国际会议，有 138 个国家的 3000 多名代表参加了这次国际禁毒会议。这次会议通过了禁毒活动的《综合性多学科纲要》。26 日会议结束时，与会代表一致通过决议，从 1988 年开始将每年的 6 月 26 日定为"国际禁毒日",以引起世界各国对毒品问题的重视,同时号召全球人民共同来解决毒品问题。

华尔街股市狂跌

1987 年 10 月 19 日星期一,美国华尔街股票交易所的股市发生暴跌。道琼斯工业平均指数下跌了 500 多点,道琼斯指数骤跌至 1738.74 点,跌幅达 22.6%,远远高于 1929 年 10 月 28 日的"黑色星期一"的 12.8% 的跌幅。受纽约股市的影响,世界其他各主要股票市场的股票价格指数也全盘下跌,美元同西方主要货币的比价降到了半年来最低点。10 月 20 日和 21 日,在各方采取了有效措施后,纽约股市开始出现回升。其后,在经历了一次起伏后,世界各主要股市才恢复正常。

世界艾滋病日

自 1981 年美国诊出首例艾滋病以来,世界艾滋病人的发病率迅速上升,艾滋病的传染范围也在不断扩大,几乎遍及世界各

第一个艾滋病日在华盛顿举行盛大的庆祝活动

地。1988 年 1 月,世界卫生组织在伦敦召开了一次"全球预防艾滋病规划"的部长级高级会议。这次会议宣布把 1988 年作为"全球防治艾滋病年",把 12 月 1 日作为全世界宣传防治艾滋病的日子,称之为"世界艾滋病日"。世界卫生组织倡导"世界艾滋病日"的宗旨在于号召全世界人民行动起来,共同对抗艾滋病,鼓励艾滋病病人和感染者鼓起生活的勇气,勇敢面对现实,提高生活质量;倡导人们反对歧视,鼓励和动员全社会为艾滋病病人和感染者创建一个宽松的生活环境。在第一个"世界艾滋病日"这一天即 1988 年 12 月 1 日,世界各国的政党领袖、精神领袖、医生、摇滚乐歌星、足球运动员和普通男女,纷纷表明了自己的看法,并且在世界各国纷纷行动起来支持

这项伟大的事业。

全斗焕家族舞弊丑闻

1988 年 3 月，韩国总统全斗焕刚刚让出总统职位后，韩国的几家主要报纸几乎在同一天揭露了其胞弟全敬焕贪污的丑行。在在野党和舆论的压力下，新总统卢泰愚被迫成立"调查第五共和国腐败特别委员会"，与各地检察机关协同调查全斗焕家族的经济舞弊问题，最终揭露出包括全斗焕本人及其胞兄、胞弟、岳父等亲属贪污舞弊的事实，全斗焕因此被人们称为韩国最大的"腐败总统"。据调查，全斗焕在执政期间共收受贿赂 9 亿美

元。他曾强令地方当局耗资 109 亿韩元为其建造 5 处豪华行宫，在汉城（今名首尔）西部的延禧洞，全斗焕占有 1.1 万平方米的宅地，建有 4 处楼房，还花费了 31 亿韩元为其家族的私宅和祖坟大造山林和风景区。在全斗焕执政的 7 年中，仅其总统府的装饰费就达 76 亿韩元。全斗焕起先被判死刑，后改判无期徒刑，1997 年底获释。全斗焕的儿子也被捕入狱，在金大中政府时期获释。

韩国总统全斗焕

土耳其的欧亚大陆桥

1988 年，土耳其伊斯坦布尔市建成第二座横跨博斯普鲁斯海峡的斜拉网索式大桥——"征服者苏丹迈赫迈特大桥"（全长 1090 米）。从此，一分钟之内乘车往返于欧亚之间，成为伊市居民和土耳其人民的骄傲。伊斯坦布尔是世界上惟一的地跨两大洲的城市，是联系欧亚两大洲的枢纽，公路和铁路四通八达。为解决博斯普鲁斯海峡横断欧亚交通的问题，土耳其政府耗巨资在海峡上建起两座大桥。1973 年土耳其建国 50 周年国庆之际，第一座连接欧亚

的斜拉网索式大桥——"博斯普鲁斯海峡大桥"建成（全长1074米），改变了以往必须乘坐渡轮往来于海峡两岸的局面。伊斯坦布尔同时也是土耳其文化、教育、科研中心之一，拥有著名的伊斯坦布尔大学、土耳其大学、伊斯坦布尔技术大学、海峡大学等高等学府。全国近50家广播电视台和近30家日报的总部均设在伊市。伊斯坦布尔每年接待大量外国游客，许多游客盛赞该市是"欧亚大陆的明珠"。

列宁纳坎被震毁的建筑物

亚美尼亚地震

1988年12月7日上午11时41分，一场震级为6.9级的地震袭击了位于俄罗斯南部的亚美尼亚地区。虽然这次地震的规模不算大，但仍是自1976年中国7.8级的唐山大地震以来最严重的一次。这次地震夷平了斯皮塔克镇（人口25000），在离震48千米的亚美尼亚最大城市列宁纳坎4/5的建筑物被摧毁，附近的基洛瓦坎城几乎每幢建筑物都倒塌了。在这场灾难中，死亡人数接近10万，15000人受伤，517000人无家可归。地震发生时，苏联新当选的总统戈尔巴乔夫正在访问美国的途中，他立刻中断访问，回国亲自负责救援工作。

博斯普鲁斯大桥

微软帝国

小试牛刀

1955年10月28日，比尔·盖茨在美国西北部华盛顿州的西雅图出生。他的父亲是律师，母亲是学校教师。

小盖茨迷上了大艾伦

盖茨从小就酷爱数学和计算机，在踏上中学的时候，就成为有名的"电脑迷"。当时，保罗·艾伦是他最好的朋友，两个人经常在湖滨中学的电脑上玩各种电脑游戏。从 8 年级开始，盖茨就和同学一起帮人设计简单的电脑程序，以此赚取零用钱。那时候的电脑就是一台 PDP8 型的小型机，学生们可以在一些相连的终端上，通过纸带打字机玩游戏，也能编一些小软件，诸如排座位之类的，小比尔·盖茨玩起来得心应手。当时，学校曾经要求比尔·盖茨编制一个排座次的小程序，盖茨很快就完成了任务，只

不过在编写的过程中他要了一点小聪明，使自己座位的前后左右都是女生。

保罗·艾伦后来回忆说："我们当时经常一直干到三更半夜，我们爱死了电脑软件的工作，那时候我们玩得真开心。"

盖茨说："那时候，保罗常常把我从垃圾桶上拉起来，而我却继续趴在那里不肯起来，因为在那里我找到一些上面还沾着咖啡渣的程序设计师的笔记或字条，然后我们一起对着这些宝贵的资料研究操作系统。"

1973 年，盖茨考进哈佛大学，在那里和现在微软的首席执行官史蒂夫·鲍尔默结成了好朋友。哈佛给盖茨提供了更广阔的空间，他更加无法抵抗电脑的诱惑，于是就经常逃课，一连几天呆在电脑实验室里整晚地写程序、打游戏。在哈佛时，盖茨为第一台微型计算开发了 BASIC 编程语言的一个版本。

创立微软

1975 年，盖茨感觉到，计算机的发展速度太快了，如果等到大学毕业后再投入进去，可能就会失去一个千载难逢的好机会。于是，他毅然退学了，然后和保罗创立了微软公司。他们在一间

灰尘弥漫的汽车旅馆中租用了一间办公室，开始了艰苦的创业旅程。他们挤在那个杂乱无章、噪音纷扰的小空间中，没日没夜地写程序，饿了就吃个比萨饼充饥，太累了就出去看场电影或开车兜兜风解困……

盖茨和微软的元老们

"电子革命已经来临，它具有极强的冲击力。伴随这场革命，在如何工作、如何消遣、如何相互影响、甚至在如何去思考方面都产生了巨大的变革。"盖茨敏锐

盖茨（右）与艾伦创建了微软

地感觉到，计算机将会成为每个家庭、每个办公室中最重要的工具，在这种信念的引导下，他们开始为个人计算机进行软件的开发。

微软公司发展的初期，同样面临着员工管理问题。二十多岁的盖茨处理问题还不够老练，而且由于脾气急躁和缺乏耐心，大家觉得很难与他共事。有些时候，如果他发现身边的人没有尽力工作时，他就向他们大发脾气。而盖茨疯狂的工作态度，让他的员工也不敢在下班后早早地离开。终于有一天，他的助理认为自己做的工作太多，而且工作时间很长，但薪酬却没有相应地提高，于是向盖茨提出付超时工作的报酬。盖茨一口回绝了，因为盖茨认为她们的贡献并不是太大。后来，这事竟然闹到了劳工部。

盖茨被震怒了，他认为这些人想毁掉他的事业，但最后盖茨还是决定付所有超时的报酬。为了不被这些小事牵绊，盖茨邀请哈佛的同学担任总裁助理，公司的管理逐渐成熟起来，为公司的腾飞创造了条件。

微软腾飞

1980 年，对于微软来说，是极其重要的一年。8 月的一天，盖

茨正在忙着手头的工作，突然有一个陌生的电话找他。

"我对你的公司作了简单的了解，希望能与你见一面。"

"哦，那我们下周见面怎么样？"

"太迟了，我希望是现在，马上我就过去，我是IBM的代表。"

盖茨一听是世界最大的电脑公司IBM时，立即安排了会晤。这名代表在与盖茨作了简单的交流后说："你的谈话技巧很高超，你是我见过的最出色的人物之一，但你的技术并不是我们最需要的。你的热情我很欣赏，你能带着报告到我们公司详谈吗。"

盖茨用敏捷的反应、幽默的

1984年《时代》杂志封

口才征服了挑剔的IBM，他赢得了这个合同。接下来的日子里，微软上上下下所有的员工都忙碌起来。尽管如此，IBM公司似乎还不放心，他们在保密工作上做得似乎不近人情：盖茨和同事们关在西雅图国家银行大厦十八层的一间小房子里开发软件，IBM又送来专用保密锁，还要求整天不许开门，小房间没有窗户和通风设备，因此室内温度高达38℃……

盖茨和他的员工终于完成了合同中的工作。在去IBM公司的路上，盖茨发现自己没有系领带，真是太匆忙了！于是，他中途停下车，专门去买了一条领带，以至于比约定时间迟了半个小时。但是，如果不系领带，或许要比迟到的代价还大。

一切都很顺利。1981年8月12日，IBM公司向全世界宣布80年代电脑界最大的一项新闻：新一代个人电脑IMBPC问世。而IBM个人电脑在热卖的同时，随它一起销售的还有盖茨和他的微软公司开发的MS—DOS操作系统及其他软件。而微软的报酬是，IBM每出售一台个人电脑，无论其是否安装MS—DOS或微软的其他软件，微软都可以得到一笔使用权费。

在此后的几年里，IBM 的产品被大量模仿复制。由于 IBM 急于把其电脑推向市场，因此，80% 以上的零件来自于其他公司。这样就使得其他制造商容易仿制其电脑产品并生产出被称作 IBM 兼容机的电脑。

虽然 IBM 从这种仿制浪潮中没有得到什么好处，微软却获利颇丰，因为每一台仿制品仍需要获得 MS—DOS 的使用权，这样微软又收了不少费用。

1984 年，是盖茨和微软公司丰收的一年，公司的营业额超过一亿美元，登上了软件公司的头把交椅。更引人注目的是，这年 4 月，比尔·盖茨上了《时代》杂志封面，而此时他还不到 30 岁。

建成微软帝国

1983 年 11 月，盖茨推出了一种新的技术软件——Windows，并断言一年后它将在 90% 的采用

艾伦与工作中的盖茨

MS—DOS 的 PC 机上运行。但一年过去了，Windows 在客户中反映平平。

西雅图微软总部

1990 年 5 月，Windows3.0 在卧薪尝胆 7 年之后，终于隆重推出。Windows3.0 推出的当天，微软公司仅宣传费就花了 300 万美元，看来他们准备放手一搏了。这个成熟的窗口软件，获得了空前的成功，它的问世，标志着个人电脑领域内又一轮革命开始。Windows3.0 版由于其"图形化"和"易于使用"的特点，受到千百万用户的欢迎。它的问世，把比尔·盖茨和微软公司推向了顶峰，也让一个软件帝国初步成形。

2004 年 3 月，英国王室授予

比尔·盖茨荣誉爵士勋章及荣誉爵士称号，以表彰其在英国的企业发展、就业、教育和志愿事业等方面做出的杰出贡献。

在美国《福布斯》杂志公布的 2005 年度美国富豪排名榜上，微软公司创始人比尔·盖茨连续十一年蝉联榜首，同他共创微软的保罗·艾伦则名列第三。

非洲饥饿的儿童

（日收入少于 1 美元者）的比例减少一半。目前，为达到这一目标所需减少的贫穷人口数量已不到原有数量的 1/3。

消除贫穷国际日

贫穷是困扰人类生存和发展的重大问题之一。这一问题在世界发展中国家尤其是在非洲一些国家表现得特别明显。在非洲，几乎每年都有成千上万的人们因饥饿而死亡。1992 年，许多国家的非政府组织在总部设在法国的"第四世界扶贫国际运动"这一非政府组织的倡议下，宣布以 10 月 17 日为"世界克服赤贫日"。同年 12 月 22 日，联合国大会通过 47/196 号决议，宣布 10 月 17 日为"消除贫穷国际日"。从 1993 年起，人们开始在这一天通过开展宣传、演讲等各种不同形式的活动来纪念消除贫穷国际日。在 2000 年的世界千年首脑会议上，各国元首和政府首脑明确许诺：至迟在 2015 年将极端贫穷者

欧洲迪斯尼乐园开放

1992 年 4 月 12 日，位于巴黎以东 32 千米处马恩拉瓦莱的欧洲迪斯尼乐园正式投入使用。该乐园是欧洲最大的文化娱乐和度假中心，面积达 5000 英亩。它分 5 部分：美国大街、边疆乐园、探险乐园、幻想乐园和发现乐园。从正门进入乐园是主街，它模仿 20 世纪初美国一座城市的一条大街而建造。主街左边边疆乐园的游乐项目有雷鸣山，可以乘小火车在峡谷中狂奔。在该区还可以乘印第安人的独木舟游河。探险乐园里到处可见加勒比海海盗。中部幻想乐园的主

欧洲迪斯尼乐园的探险乐园

从而为地球水资源的日益短缺和不断加重的水污染敲响了警钟。水日的确定，旨在使全世界都来关心并解决这些问题。每年的这一天，世界各国根据自己的国情，就水资源的开发与保护开展各项活动，以提高公众的节水意识。

要景观是睡美人城堡，城堡内的旋梯下有流水瀑布，还有彩绘玻璃窗。发现乐园有宇宙飞船等娱乐项目，而且还有影视节目。

美国"大卫派"教徒集体自杀

世界水日

20 世纪以来，由于全球经济的飞速发展，人口的迅猛增长，水污染的加剧，世界水资源日趋枯竭。1993 年 1 月 18 日，第 47 届联合国大会通过决议，确定每年的 3 月 22 日为"世界水日"，

1993 年 4 月 19 日，一场大火焚毁了美国得克萨斯州近百名"大卫派"教徒武装据守了 51 天的卡梅尔庄园。据当时的报道，仅有 9 名教徒从火海中逃生，其余 86 名教徒包括约 24 名儿童下落不明。这是自 1978 年圭亚那"人民圣殿教"913 名教徒惨死于"森林事件"后的又一起教徒集体

第 47 届联合国大会现场

卡梅尔庄园燃起熊熊大火

死亡的宗教悲剧。

这场大火是在美国联邦调查局在 4 月 19 日早晨出动装甲车捣毁大卫派据点围墙，并向里面施放催泪弹之后发生的。联邦调查局发言人里克斯说，当局之所以决定用催泪弹将教派成员赶出据点，是因为担心他们可能会集体自杀。

据美国新闻界报道，"大卫派"头目考雷什曾告诉联邦调查局，如果联邦执法人员企图加害于他，那么执法人员将被"烈火吞没"。之后考雷什本人下落不明。

不过，据《华盛顿邮报》报道，两名逃离现场的信徒说，他们认为，政府坦克向庄园的木结构建筑物施放瓦斯时，把屋内的煤油灯打翻，从而引起了这场大火。一个死里逃生的考雷什信徒说，他们不可能集体自杀，否则，他们不可能在据点里戴上防毒面具。

"大卫教"派是从一个名叫"七日历险者教"的宗教团体中分裂出来的。"七日历险者教"的前身是由一位保加利亚移民维克多·霍特夫于 20 世纪 30 年代在美国洛杉矶创立的"大卫七日历险者教"。

世界贸易中心爆炸事件

1993 年 2 月 26 日中午 12 点 18 分，位于美国纽约曼哈顿岛南端的世界贸易中心地下发生爆炸事件。停在该中心地下停车场一辆装有数百公斤烈性炸药的汽车

爆炸后的世贸中心地下室

突然发生爆炸，中心地下建筑层（包括 3 层停车场）有 4 层被炸穿，6 人被炸死，1042 人受伤。事件发生后，世贸中心大楼被迫关闭数周，经济损失达 5.5 亿美元。事后经调查，这起爆炸事件系恐怖组织所为。

印度发生强烈地震

1993 年 9 月 30 日，印度西部

地震过后的拉杜尔

的马哈拉施特拉邦拉杜尔县附近发生一场毁灭性的地震灾害。印度地震监测部门称，这次地震震级为里氏6.4级。地震波及7个邦，使基拉里镇和73个村庄被毁，地震发生时，大多数印度人都在家休假，加上一些楼房年代久远，结构老化，因此伤亡格外惨重，约3万人丧生，1万多人受伤。这是印度50年来伤亡人数最大的一次地震，也是20世纪全球十大地震之一。

哥伦比亚贩毒集团头子埃斯科瓦尔被击毙

1993年12月2日，越狱潜逃达16个月之久的世界头号毒枭、哥伦比亚贩毒大王巴勃罗·埃斯科瓦尔在麦德林市被警察击毙。

埃斯科瓦尔于1949年12月1日生于哥伦比亚第二大城市麦德林西南约20千米的小镇思维加多的一个中产阶级家庭。他于20世纪70年代初开始贩毒，80年代成为世界最大贩毒组织麦德林贩毒集团的头子。1989年8月18日，他制造了震惊世界的枪杀哥伦比亚自由党总统候选人路易斯·加兰的血案。这一事件激怒了哥伦比亚政府，8月19日，哥伦比亚总统巴尔科命令陆、海、空三军与警察部队采取联合行动，在全国范围内进行"全面扫毒大战"。面对政府强大的军事攻势，1991年6月埃斯科瓦尔向政府投降，投降后被关押在麦德林一座特别监狱中。1992年7月22日，埃斯科瓦尔越狱潜逃。哥当局巨额悬赏缉拿埃斯科瓦尔，并进行了多次全国性搜捕。埃斯科瓦尔曾无数次逃脱上百人甚至数千人的搜捕。1993年12月2日下午1时，埃斯科瓦尔企图逃跑时被打死在房顶上，其尸体由其家属埋葬在麦德林城南的一块墓地，从而结束了他罪恶的一生。

卢旺达种族大屠杀

1994年4月6日，卢旺达的胡图族总统哈比亚利马纳因飞机失事遇难身亡。许多胡图族人认为这是一起由图西族策划的谋杀行动，从而引发了一场图西族与胡图族间的部族大屠杀。在历时3个月的种族大屠杀中，共约有107万人死亡，其中94%的受害者是图西族人。

卢旺达大屠杀震惊了国际社会。1994年11月，联合国在坦桑尼亚北部城市阿鲁沙成立卢旺达国际刑事法庭，专门调查审判这起大屠杀事件的策划者、组织者、鼓动者及参与者。案件审理至今已有约3000名嫌疑人受到了审判，其中500多人被判处死刑，而涉案人员的身份很复杂，有政府要员、新闻记者、神职人员，而更多的还是未成年人。目前，仍有大约12万人被关在监狱中，等待接受与屠杀有关的各项审判。

被杀害的部分图西族人头骨

欧洲海底隧道通车

1994年5月6日，连接英伦三岛与欧洲大陆的欧洲海底隧道建成通车，为欧洲交通史写下了重要的一笔。

欧洲海底隧道内景

欧洲隧道又称海峡隧道，它西起英国的福克斯通，东到法国的加来，横穿英法之间多佛海峡的海底，全长50千米，水下长度38千米，为世界最长的海底隧道。这项工程由3条隧道和两个终点站组成。3条隧道自北向南平行排列，南北两隧道相距30米，是单线单向的铁路隧道；中间隧道为辅助隧道，用于上述两隧道的维修和救援工作。在辅助隧道的1/3和2/3处，分别为两运营隧道修建了横向连接隧道。当铁路出现故障时，可把在一侧隧道内运行的列车转入另一隧道继续运行，而不中断整个隧道的运营业务。在辅助隧道线上，每隔75米，都有通道与两主隧道相连，以便维修人员工作和在紧急情况下疏散人员。据英国铁路当局估算，每年通过隧道的旅客人数达1800万人，货运量可达900万吨。

"太阳圣殿"教成员集体自杀

　　1994年10月5日，在瑞士、加拿大同时发生3起"太阳圣殿"教成员集体自杀事件，共死亡53人，包括教主儒雷、迪蒙布洛。这些教徒是因相信世界末日即将来临而集体自杀的。

　　10月5日凌晨，位于瑞士弗里堡州的一个村子发生了神秘的农舍起火事件。当地消防人员扑灭了农舍大火后，共发现了23具尸体。多数死者身穿红色或白色斗篷，一些女子则穿着金色长裙。许多死者脑袋上有枪伤，还有一

在瑞士自杀的"太阳圣殿"教成员

些教徒的手互相捆在了一起，有10具尸体头上包着塑料袋。在教徒们自杀的会议室和地下圣殿的墙上挂着镜子和宗教象征物。当天凌晨，位于瓦莱州的第二个村子里的3座农舍也神秘起火。消防人员在两座农舍中发现25具尸体，自杀的人中有瑞士人、法国人和加拿大人。同一天在加拿大也发生了"太阳圣殿"教成员自杀事件，共有5人死亡。

　　"太阳圣殿"教以加拿大为基地，该教派的成员分布在法国、瑞士和加拿大的魁北克省。"太阳圣殿"由刚果人儒雷和加拿大人迪蒙布洛创始于20世纪80年代初，布道基地设在瑞士日内瓦，1987年迁到加拿大。该教成员有数千名，分布世界各地，在瑞士、加拿大、法国、比利时、荷兰、丹麦等国设有分支机构。"太阳圣殿"教拥有武器，鼓吹世界末日说，要求信徒把

火焚自杀看成是飞向天界的旅行，是一种真正的解脱。

美国偶像派人物辛普森杀妻案

1994 年 6 月 13 日，美国前橄榄球明星、影视界当红演员辛普森的前妻妮科尔和她的男友戈德曼在妮科尔的公寓外惨遭杀害。

美国家喻户晓的明星辛普森

当日警方传讯辛普森后将其释放。17 日，辛普森在驾车外逃时被捕，美国全国电视实况转播了警察在洛杉矶高速公路上惊险追捕辛普森的场面。

辛普森是一名黑人，在美国是一位家喻户晓的体育、电影、广告三栖明星，也是美国人心目中的英雄。1994 年 6 月 13 日，妮科尔和戈德曼被发现双双倒在血泊之中。妮科尔的脖颈被砍去大半，颈部脊椎骨露出，戈德曼则死得更惨，身上被剁 20 余刀。辛普森被捕后，警方指控他犯有双命血案，辛氏自称无罪。于是警方开始了一场历时 474 天、震撼全美的"世纪审判"。1995 年 10 月 3 日由绝大多数黑人组成的陪审团在分析了 113 位证人的 1105 份证词后，宣判辛普森无罪。受害者亲属对判决不满，又将辛普森告到民事法院。1997 年，受害者亲属获得了 3350 万美元的赔偿。

彗星撞击木星

1994 年 7 月 16 日～22 日，一颗名为"苏梅克·列维 9"号的彗星断裂成 21 个碎块（其中最大的一块宽约 4 千米），以每秒 60 千米的速度连珠炮一般向木星撞去。这是人类首度实际目睹的千米级天体撞击行星现象。

这颗彗星是美国天文学家尤金·苏梅克和卡罗琳·苏梅克夫妇以及天文爱好者戴维·列维，于 1993 年 3 月 24 日在美国加州帕洛玛天文台用天文望远镜发现的，每小时 21 万千米的速度落入木星大气层，释放出相当于 2000 亿吨 TNT 炸药的能量，它撞击木星后产生的多个火球绵延近 1000 千米，发出强光。科学家们计算，在太阳系中，像这次彗木相撞的天文奇观大约要隔数百万年乃至上千万年才会出现一次，它为人类更深刻地了解宇宙的奥秘，揭示地球上生命的起源及进化提供了一次千载难逢的机会。

世界防治荒漠化和干旱日

由于日益严重的全球荒漠化问题不断威胁着人类的生存，1994 年 12 月，联合国第 49 届大会决定将每年的 6 月 17 日定为"世界防治荒漠化和干旱日"，呼

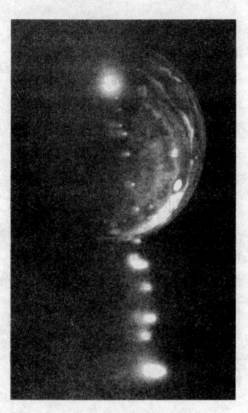

"苏梅克·列维 9"撞击木星

故以他们的姓氏命名。这颗彗星曾于 1992 年 7 月 8 日运行到距木星表面仅 4 万千米的位置，被木星引力拉碎，彗核断裂成 21 块碎块。该彗星与木星相撞的撞击点在相对于地球的背面阴暗处，人们在地球上无法直接观察到撞击情况。但是木星周围有 16 颗卫星和两道暗淡的光环，科学家们可以观察到撞击对木星的卫星和光环产生的反光效应。"苏梅克·列维 9"号彗星的第一块碎片于格林尼治时间 7 月 16 日 20 时 15 分以

荒凉的沙漠

吁各国政府重视土地沙化这一日益严重的全球性环境问题。世界防治荒漠化和干旱日的确立，标志着人类共同防治土地荒漠化时代的开始。

国际保护臭氧层日

大气中的臭氧层能够保护地球免受太阳紫外线的强烈辐射。但近些年来，由于人类生产活动所产生的一些化学物质排入大气中，导致了臭氧层的破坏，在两极上空形成臭氧空洞，并已经对地球生物包括人类的正常生存造成威胁。为唤起人们保护臭氧层的意识，采取协调一致的行动保护地球环境和人类的健康，1987年9月16日，46个国家在加拿大的蒙特利尔签署了《关于消耗臭氧层物质的蒙特利尔议定书》，开始了保护臭氧层的具体行动。1995年1月23日，联合国大会通过决议，确定从1995年开始，将每年的9月16日定为"国际保护臭氧层日"。国际保护臭氧层日的确立，进一步表明了国际社会对臭氧层耗损问题的关注和对保护臭氧层的共识。

日本阪神大地震

1995年1月17日，日本兵库县南部发生里氏7.2级强烈地震。地震波及14个府县，其中大阪、神户损失尤为惨重。这场灾难造成5200多人死亡，26800多人受伤，10万多栋建筑物被毁，31万人无家可归，经济损失约8万亿日元。这次地震也是日本自1923年关东大地震以来人员伤亡最惨重的一次。

东京地铁"沙林"毒气事件

1995年3月20日晨，日本"奥姆真理教"的成员在东京地铁的几处施放了一种名叫"沙林"

救援人员将尸体抬出地铁站外

第四编　世界现代史

最新整理图文珍藏版

3289

的毒气，东京地铁系统中的日比谷线、丸内线、千代田线上共有5辆列车、16个车站的乘客受到危害，造成了震惊一时的东京特大毒气恐怖事件。

"沙林"被称为"穷国的原子弹"，是一种比空气重的毒气，比氰化物威力大出500多倍，它对接触到的东西可以产生永久的影响，对受害者的肺、眼睛和中枢神经系统产生长期的危害。"沙林"毒气能破坏神经系统，使受害者产生最终使其窒息的黏液，接着使人出现心脏和呼吸系统衰竭症状。在这场"沙林"毒气事件中，共有12人丧生，5500人受伤。事发后据东京警方说，当时大批乘客相继从地铁站被抬出，出来的人都是大口喘气，有人口吐白沫，有人神志已经不清。各方投入了紧急救援，各种救援及救护车辆笛声不断，来往于各地铁出口和医院之间，导致全市交通堵塞。事件发生后，奥姆真理教教主麻原彰晃等主犯被捕。1995年6月，东京地方检察厅以杀人和杀人未遂罪对麻原彰晃等7人提起公诉。到目前为止，东京地铁沙林事件的5名执行主犯中有3人被判死刑、两名被判无期徒刑。

英国疯牛病

1996年3月20日，英国政府首次承认食用疯牛肉可能导致一种脑衰竭的绝症。据当年统计，英国已发生10起这种病症，其中8人死亡。消息传出，在英国和全球引起恐慌。

该病症起源在1986年，英国政府兽医人员在解剖"疯牛"时，发现牛的脑部呈海绵状病变。疯牛病的正式名称是牛脑部海绵状病，系人畜共同传染病，目前无药可治。此病是由一种病原性蛋白颗粒，在染病绵羊山羊脑组织内，经制成肉骨粉喂牛而传染给牛的。人误吃病牛脑，这种病就

一头患有疯牛病的牛

从牛传染给了人。此种病原性蛋白颗粒极具抗热性及抗药性，感染后潜伏 3～9 年，病况异常复杂，患者脑组织呈海绵状。

疯牛病严重冲击了全球肉品供应市场。英国 660 家麦当劳连锁店当即决定停止用英国牛肉，欧盟各国、澳大利亚、新西兰、新加坡、日本和南非等 30 多个国家相继宣布禁止进口英国牛肉，疯牛病风波严重损害了英国经济，使英国养牛业面临危机，不仅 5 亿多英镑的牛肉出口化为泡影，每年还需花费 35 亿英镑进口牛肉，因而扩大了英国的贸易赤字。4 月 3 日结束的欧盟农业部长会议决定，继续禁止英国牛肉出口，对英国宰杀处理肉牛的损失给予 70% 的补偿。

波音、麦道公司联姻

1996 年 12 月 16 日，美国波音公司总裁菲利浦·康迪完成了他一生中最重大的商业活动。在经过 3 年的不懈努力后，他终于成功说服美国国防工业的老大麦道公司的董事们同意同波音合并。波音同麦道的合并组成世界上最大的航空工业公司。

东南亚金融危机

1997 年 7 月 2 日起，东南亚爆发了一场始于泰国、后迅速扩散到整个东南亚并波及世界的金融危机，使许多东南亚国家和地区的汇市、股市轮番暴跌，金融系统乃至整个社会经济受到严重

泰国政局发生动荡

创伤。1997 年 7 月至 1998 年 1 月仅半年时间，东南亚绝大多数国家和地区的货币贬值幅度高达 30% 至 50%，最高的印尼盾贬值达 70% 以上。同一时期，这些国家和地区的股市跌幅达 30% 至 60%。据估算，在这次金融危机中，仅汇市、股市下跌给东南亚国家和地区造成的经济损失就达 1000 亿美元以上。受汇市、股市

暴跌影响，这些国家和地区出现了严重的经济衰退。直到1998年2月初，东南亚金融危机恶化的势头才初步被遏制。

以色列大规模兴建犹太人定居点

1997年，以色列决定在东耶路撒冷的哈尔霍马大规模建设犹太人定居点。以色列是世界上惟一依靠移民并建立定居点而形成的国家。犹太人定居点在巴勒斯坦地区的存在已有100多年的历史。现在所谈的犹太人定居点问题，主要是指以色列在其公认边界外，尤其是1967年第3次中东战争后，不顾国际法和有关协议规定，在巴勒斯坦被占领土上建立的非法定居点。目前主要集中在加沙地带、约旦河西岸附近、约旦河谷、西岸南部的希伯伦山

守卫在犹太定居点中的以色列士兵

区以及东耶路撒冷等。截至1999年，以色列建立的犹太人定居点已超过200个，定居者达35万人左右。此次以色列又强行在东耶路撒冷修建犹太人定居点，这引起了巴勒斯坦和整个伊斯兰国家的强烈反对，从而加剧了这一地区的动荡局势。

国际象棋冠军卡斯帕罗夫与"深蓝"计算机对弈

1997年5月3日~11日，国际象棋冠军卡斯帕罗夫与美国IBM公司生产的一台超级国际象棋"深蓝"在纽约曼哈顿对弈。结果卡斯帕罗夫以2.5分比3.5分败北，暂时退居为世界上第二高手。由于"深蓝"是机器而不是人，所以就人类棋手而言，目前卡斯帕罗夫仍然是第一象棋高手。

"深蓝"和卡斯帕罗夫曾于1996年交过手，结果卡斯帕罗夫以4：2战胜了"深蓝"。经过一年多的改进，"深蓝"有了更深的功力，因此又被称为"更深的蓝"。"更深的蓝"重1270千克，有32个微处理器，每秒钟可以计算2亿步。它输入了100多年来优秀棋手的对局200多万局。

国际象棋顶尖高手卡斯帕罗夫

卡斯帕罗夫是人类有史以来最伟大的棋手，在国际象棋棋坛上他独步天下，无人能敌。前世界冠军卡尔波夫号称是惟一能与其抗衡的棋手，但在两人的交战史上，每次都是卡斯帕罗夫取胜。可是，在临近世纪末的1997年，独孤求败的卡斯帕罗夫不得不承认自己输了，而战胜他的是一台没有生命力、没有感情的电脑。也许这是一件偶然的事件，可是，这件事使人类看到了一个自己不愿看到的结果：人类的工具终于有一天会战胜自己。

这次人机大战也引来了全世界无数棋迷和非棋迷的关注。人们对此次人机大战倾注了巨大的热情，各种新闻媒体都竞相报道和评论此次人机大战，显然不只是出于对国际象棋的热爱，事实上，许多关心比赛的记者和读者都是棋盲，是因为这场比赛所蕴涵的机器与人类智慧的较量的特殊意义吸引了他们。

意大利时装设计师范思哲遇刺

1997年7月15日早晨9点，意大利时装设计大师詹尼·范思哲在美国迈阿密他的寓所门前遇刺身亡，年仅50岁。这一事件在

服装设计大师范思哲

国际上引起极大震动。

范思哲于 1946 年 12 月 2 日出生在意大利南部的雷佐卡拉布一个裁缝师家庭。高中毕业后在他母亲的服装店帮忙。1972 年范思哲和他母亲一起搬到米兰经营服装工厂和服装店。除设计服装外，范思哲还为顾客复制"仙奴"和"迪奥"等名牌高级时装，其模仿的时装几可乱真，大受顾客青睐。"佛罗伦萨之花服饰坊"的老板发现了范思哲才能，于是重金邀请范思哲担任佛罗伦萨之花服饰坊的设计。自此范思哲开始步入独立自由设计师之途。1971 年，第一批以范思哲名字为品牌的服饰正式上市，从此范思哲声名大噪。范思哲的设计风格奔放、幽默、豪华、性感、超现实、色彩缤纷。他最重视女性美的体现，善用不同的质料和剪裁方式；范思哲曾为英国王妃戴安娜，世界级名模辛迪·克劳馥、克罗迪亚·雷芙，流行乐圣手艾尔顿·约翰、斯汀、昆西琼斯·蒂娜特娜，以及国际电影红星伊丽莎白·泰勒、波姬小丝、金贝辛格、珍妮西·摩尔等世界知名人士设计过时装。然而这样一位天才服装设计师在处于他事业辉煌的时期却死于非命。范思哲的死是世界服装业的惨痛

损失。杀害范思哲的凶手后来畏罪自杀，使他被害的真正原因至今仍是个谜。

世界拳击冠军争霸赛

1997 年 6 月 28 日，在美国拉斯维加斯举行了世界重量级拳击冠军争霸赛。前世界重量级拳王泰森与强敌霍利菲尔德战至第三局，泰森眼见败势已定，气急败坏地张嘴去咬霍利菲尔德的耳朵。说时迟那时快，泰森一口就把霍利菲尔德的右耳咬掉了一块。泰森这个臭名昭著的"世纪之咬"断送了他的职业拳击生涯——他当即被取消比赛资格，并被裁决无限期地停止比赛，他的拳击执

泰森咬人瞬间

世界通史

最新整理图文珍藏版

照也被吊销，3000 万美元出场费也付之东流……

《美国全能体育》杂志摄影记者杰德·亚克布森拍摄的霍利菲尔德被泰森咬损的右耳，成为这一"世纪之咬"的最佳佐证。这张照片被 1998 年第 41 届世界新闻摄影比赛评为体育单幅照片一等奖。目前，霍利菲尔德受损的耳朵已由外形整容师进行了补治。

克林顿的性丑闻

1998 年 1 月，美国总统克林顿与白宫实习生莫妮卡·莱温斯基的性丑闻被曝光，震动美国与世界。

1995 年 11 月期间，克林顿与在白宫当实习生才几个月的莱温斯基发生了不正当关系。1998 年 8 月，莱温斯基正式出庭向大陪审团承认与克林顿有染，克林顿也接受了大陪审团的讯问，其受审的过程被录了像后又被公开。同月，克林顿在白宫向全国发表了电视讲话，就自己在莱温斯基性丑闻案中误导美国人民而向全国人民道歉，并表示对所发生的事情负全部责任，同时希望国人能转移注意力，去面对下个世纪的

挑战和机遇。但事情并没有就此结束。1999 年 1 月中旬，美国参议院开始了 131 年来的第一次弹劾审判，这是美国历史上第二次对总统进行弹劾审判，也是美国总统第一次因性丑闻而遭到的弹劾审判。1999 年 2 月，在参议院表决中，由于民主党议员的大力帮助，克林顿免遭弹劾。后来参议院判定克林顿无罪。尽管如此，经过这一番折腾，克林顿已在美国和世界人民面前出尽了洋相。

欧洲中央银行正式运作

1998 年 6 月 1 日，欧洲中央银行正式成立，以取代欧洲货币局。

1991 年 12 月，欧洲联盟在马斯特里赫特条约中商定，最晚至 1999 年建立一个政治上完全独立的欧洲经济与货币联盟——欧洲中央银行。1998 年 5 月初，欧盟理事会决定，首先由 11 个国家采用共同的货币。1998 年 6 月 1 日，欧盟理事会在德国法兰克福召开董事会议，正式任命欧洲中央银行行长、副行长及执行董事会的 4 位成员，这一天被视为欧洲中央银行的正式成立日期。欧洲中央

首位行长维姆·德伊森贝赫

欧元币样

银行的宗旨是保障欧元的稳定，并和欧元区各成员国的中央银行共同组成"欧洲央行体系"，负责制定欧元区统一的货币和金融政策，以维持欧元区的价格稳定、刺激欧元区的经济增长。欧洲中央银行总部设在德国法兰克福，机构有监管理事会、执行董事会和常务理事会。欧洲中央银行行长正常任期为8年，但由于欧盟成员国对第一任行长人选争执不下，后达成折中方案，两位行长候选人各任4年。荷兰人维姆·德伊森贝赫被推选为第一任行长。

欧元启动

1999年1月1日，欧洲统一货币——欧元正式启动，成为欧盟的统一货币。

欧洲货币体系自1979年3月正式运作以来，走过了整整20个年头。在这20年的时间里，欧洲货币体系推进了欧共体货币一体化的发展。欧元的正式启动是欧洲经济一体化几十年发展顺理成章的一个结果。1999年1月1日，由比利时、德国、西班牙、法国、爱尔兰、意大利、卢森堡、荷兰、奥地利、葡萄牙和芬兰等11个欧盟成员国联合推出共同货币欧元。其纸币和硬币到2002年1月1日开始流通。欧元硬币总共分成8种，分别为2元、1元、1分、2分、5分、10分、20分和50分。所有欧元硬币其中一面的设计是一样的，另外一面的设计则反映出每个国家的民族特征。欧元纸币有 7 种，分别为 5 欧元、10 欧元、20 欧元、100 欧元、200 欧元和 500 欧元。无论在哪个国家印制，纸币两侧的印刷必须一致。每一种纸币都显示了欧洲各个文化历史时期从古典到现代的建筑风格。纸币背面是欧洲中央银行行长维姆·德伊森贝赫的签名。欧元的诞生，打破了美元在国际金融体系中的垄断地位，深深影响着 21 世纪的国际金融体系。

国际反恐

血迹斑斑的恐怖罪行

1995 年 3 月 20 日，日本东京的早晨，正是人们乘坐地铁上班的高峰时间，这时几名日本"奥姆真理教"的成员拥挤在人群中，趁人们不注意施放了一种名叫"沙林"的毒气。这是一种比空气重的毒气，对人的肺、眼睛和中枢神经系统会产生长期的危害，是纳粹德国研制的，但连希特勒都拒绝使用。当时东京地铁系统中的日比谷线、丸内线、千代田线上共有 5 辆列车、16 个车站的乘客受到伤害，共造成 5000 多人

日本"奥姆真理教"施放毒气的地铁站现场

中毒，70 人昏迷不醒，12 人死亡。

2001 年 9 月 11 日早晨，在美国的纽约，人们像往常一样走进了自己的工作岗位——世界贸易中心。8 点 45 分，一架波音 767 飞机突然撞向了世贸中心的北塔楼，顿时火球喷射，黑烟弥漫。正值上班高峰时间的人们被惊得目瞪口呆、不知所措。在人们还没有缓过神来的时候，又一架飞机穿过云霄迅速在人们的注视下撞向了南塔楼。它从一侧撞入，

西班牙马德里火车爆炸案现场

从另一侧钻出，顿时又引起巨大的爆炸。大约一个小时后，两座塔楼先后倒塌，造成近3000人死亡。9点35分时，一架飞机还撞向了位于华盛顿中心的美国国防部五角大楼，造成楼体一角毁坏倒塌。还有一架飞机坠毁在宾西法尼亚。原来这是由恐怖分子精心策划的恐怖袭击，他们劫持了四架民航客机，用来作自杀式袭击，坠毁的那架是因为乘客的顽强搏斗才没使他们的阴谋得逞。据后来美国官方公布的数字，"9·11"事件共有3113人死亡或失踪。

2004年3月11日，当地时间早晨的7点45分，也是上班的高峰时刻，人们像往常一样焦急地等待着火车。这时一列短途旅客列车驶入了马德里的阿托查火车站，人们正要上车，突然两声巨响在拥挤的人们头上响起，顿时一辆列车被炸成两截。几乎与此同时，蒂奥雷蒙多和圣欧亨尼娅两个火车站也相继发生爆炸。爆炸现场到处躺满了遇难者的尸体，列车车厢被炸得面目全非。火车站顿时一片混乱，人们四处逃奔，拥挤不堪，甚至于发生了严重的踩踏事件。据事后调查，恐怖分子在列车车厢内及铁轨上

共安置了13包黄色炸药，其中有10包相继遥控引爆了，每次爆炸最长间隔不超过3分钟。幸存者回忆：当时到处是尸体和炸断了的胳膊、腿，简直如同人间地狱一般。据事后统计，此次恐怖袭击共造成190人死亡，1800多人受伤。

此外，恐怖分子还制造了俄罗斯别斯兰劫持人质事件、两次巴厘岛爆炸事件、伦敦地铁爆炸事件、莫斯科地铁爆炸事件等许多恐怖事件，造成大量无辜生命丧失，罪行累累，罄竹难书。

"恐怖主义"的由来

"我们要对一切阴谋分子采取恐怖的革命手段！"这是18世纪法国大革命时期，执政的雅各宾派针对封建贵族对抗资产阶级革命和共和制政权，策划大量暗杀资产阶级革命派代表人物活动而喊出的呼声。封建贵族们把这一措施叫做"恐怖主义"。

而现代恐怖主义是从20世纪60年代末才开始蔓延开来的，据不完全统计，在1968～1980年间，全世界范围内共发生了6000多起恐怖事件，造成近4000人无辜丧命，所以国际上把1968年作为现代恐怖主义的起点。现代恐怖主义不同于以前那种单个杀手、刺

客的个人恐怖行为，而是包装"政治行为"的、跨国性的、职业性的、有组织的、游击性、多样化的暴力活动。恐怖分子实施恐怖活动的手段极为残暴，上至老人，下至婴儿都成了残杀的对象；他们的恐怖活动遍布世界，已完全打破了国家、地区的界限；他们恐怖袭击的方式也变得越来越隐蔽，而且采用先进的高科技手段，甚至瞄向了生化武器和核武器。

现代恐怖主义的盛行与国际政治、经济和文化的发展等有着十分复杂的关系。因南北差距、民族矛盾、宗教歧视、贫富不均等许多问题没能很好地解决，而这些有关民族、文明、社会、宗教、地区冲突等本可以通过对话、经济合作等方式来加以解决的问题，在怀有不同政治目的的各种势力介入后，变得更加激化，于是孕育出了名目繁多的恐怖组织。

反恐武装

"9·11"事件后人们清醒地认识到，恐怖活动已是21世纪威胁人类生存的主要敌对力量。因此，世界上绝大多数国家都采取了绝不向恐怖分子妥协的严厉打击政策，千方百计地力争消灭恐怖组织，保护人类生命、财产的

美军三角洲突击队

安全。

为此，建立一支专业化的、具有极强战斗力的反恐怖特种部队是十分必要的反恐的措施，因

训练有素的德国边防警察第九大队

为它对恐怖组织具有巨大的震慑作用。世界上主要的反恐武装有：

德国的边防警察第九大队，队员都是百里挑一、训练有素的，并配有最精良的武器和各种先进设备。英国的反恐怖部队是"特别空勤团"，有900人，队员是从空降伞兵中精选的，又经过长达三年的严格训练。法国的反恐怖

部队叫"国家宪兵干涉组"，只有50名成员，十分精干，快速反应能力极强。美国的反恐怖部队规模最为庞大，由四支部队组成，其中最著名和最精锐的是陆军的"三角州"部队，被誉为"美国武装部队的精英"。荷兰有两支反恐怖特种部队，一个是海军陆战队中的"反恐怖支队"，一个是皇家陆军的"骑警队"。意大利的反恐特种部队叫"宪兵突击队"，因在战斗中常戴着头套，所以又叫"皮头套突击队"。这些反恐武装力量给恐怖分子带来了极大的震慑。

国际反恐合作

由于恐怖活动越来越国际化，光有专门的反恐特种部队还不够，必须加强国际间的协调合作，共同对敌。因此在1996年2月21日，多个国家的代表在菲律宾召开了首次国际反恐会议，3月13日又有29个国家的首脑参加了在埃及举行的国际反恐大会，共同研究国际合作反恐问题。

联合国安理会反恐会议

头戴防毒面具的法国"国家宪兵干涉组"反恐队员

各国普遍认为应从三个方面人手应对恐怖主义：一是切断恐怖组织的经费来源，二是对恐怖主义、恐怖组织以及恐怖活动的概念理解，进行沟通和统一，在法律法规方面进行协调和确认，第三要加强在情报和安全行动方面的合作。

世界通史

最新整理图文珍藏版

同时各国也认识到，国际合作打击恐怖主义任重而道远，只有在联合国的领导下，才能完成。因为只有联合国才能担负起在国际间就反恐问题达成共识以及建立广泛的国际反恐联盟等艰巨的任务。为此，联合国安理会专门成立了反恐怖主义委员会，用以指导、监督各国对安理会有关反恐问题决议的执行情况。